浙江省哲学社会科学规划"之江青年课题""教师的儿童研究和教学创新"
（项目批准号：11ZJQN083YB）的研究成果
全国教育科学规划办教育部青年专项课题"学校促进教师研究的机制和策略"
（项目批准号：EFA100392）的部分研究成果

Jiaoshi de Ertong Yanjiu Yinlun

教师的儿童研究引论

王丽华 著

ZHEJIANG UNIVERSITY PRESS
浙江大学出版社

图书在版编目(CIP)数据

教师的儿童研究引论 / 王丽华著. —杭州：浙江
大学出版社，2017.8(2023.8 重印)
ISBN 978-7-308-16986-8

Ⅰ.①教…　Ⅱ.①王…　Ⅲ.①儿童教育－研究　Ⅳ.①G61

中国版本图书馆 CIP 数据核字(2017)第 130892 号

教师的儿童研究引论

王丽华著

责任编辑	吴伟伟 weiweiwu@zju.edu.cn	
责任校对	杨利军　魏钊凌	
封面设计	春天书装	
出版发行	浙江大学出版社	
	(杭州市天目山路 148 号　邮政编码 310007)	
	(网址：http://www.zjupress.com)	
排　　版	浙江时代出版服务有限公司	
印　　刷	广东虎彩云印刷有限公司绍兴分公司	
开　　本	710mm×1000mm　1/16	
印　　张	18.5	
字　　数	322 千	
版 印 次	2017 年 8 月第 1 版　2023 年 8 月第 8 次印刷	
书　　号	ISBN 978-7-308-16986-8	
定　　价	68.00 元	

序

　　教师即独特的学生研究者。教师的一切工作均需建立在对所教学生的倾听与理解之上，否则不仅会贻误学生，而且有可能摧残学生。教师这一职业的最大特点之一：不是帮助学生发展，就是给学生发展带来损害，没有第三种可能。在这一点上，教师不仅和一切与物打交道的职业区分开来，也与技术取向的与人打交道的职业区分开来。以医生职业为例，因其技术性强，且一个医生往往只与患者短暂接触一次，因而很可能既未对患者提供帮助，也未造成损害。但这种情况在教师行业则极为罕见，因教师要长时期与学生在一起，是学生学校生活的一部分。当教师面对学生时必须有一种"如履薄冰、如临深渊"的谨慎、反省意识，又要有一种保护学生、捍卫学生利益的担当精神。教师与学生之间首先是一种存在关系——建立在"教育爱"的基础之上；其次是一种认识关系——建立在教师对学生的理解之上。"教育爱"与"教育理解"很可能是教师专业素养的两个核心构成。

　　教师的学生研究（在基础教育阶段，即教师的"儿童研究"）又具有独特性。这主要表现在：第一，教师是实践研究者。如美国著名课程学者施瓦布（Joseph Schwab）所言，"实践"（the practical）是课程的语言。教师的学生研究不是采用归纳、演绎的方法，并基于缜密的数量关系分析，得出关于学生的普适性科学结论或逻辑体系，而是针对每一个学生的具体、鲜活并动态生成的问题，通过集体审议的方法，理解问题的成因，得出恰当的、适应学生发展需要的问题解决的方案、策略与方法。第二，教师是行动研究者。教师的学生研究以改善学生的学习与发展为根本目的。提出问题、制定计划、开展行动、收集数据、反思数据等方面是构成教师的学生研究的核心要素。只有改善了学生的学习与发展,才能研究学生的学习与发展。教师的学生研究是负责任的和道德的行动研究。教师的一切学生研究,在行动中、由于行动并转化为教育行动。第三,教师是参与性研究者。教师的学生研究迥异于某些"职业心理学家"的研究:后者往往以旁观者的姿态,把儿童当作信息提供者,以获取"数据"和发表学术论文为目的。恰恰相反,教师的学生研究是参与者的研究:教师关于学生的一切数据都是自己与学生联合创造的。这是一种民主的参与性研究。

教师在持续的学生研究中,不仅促进了学生的发展,而且实现了自身的专业发展与自由发展。因此,教师做学生研究或儿童研究,是实现我国教育民主化的必由之路。

王丽华博士在本书中比较系统地梳理了"教师做儿童研究"的理论基础、本质内涵与方法策略。难能可贵的是,她还在理论思考的基础上,与实验学校的老师们合作进行了长时间儿童研究,积累了大量经验与案例,实现了儿童、教师和研究者发展的三位一体。我认为王丽华博士的研究在我国教师教育领域有一定的开创性,取得的成绩值得肯定。我真诚期待广大教育研究者与学校教师共同探索"儿童研究"这一课题,以最终实现我国教师与学生的解放。

是为序。

张华

2016 年 11 月 22 日于沪上三乐楼

前　言

呈现在读者诸君面前的这本小书,是我近15年阅思行的初步成果。

我对儿童世界的兴趣源自于儿子,走进婚姻殿堂后,内心颇为惶恐,除了教科书知识和一些经验性认知外,对儿童世界几乎一无所知。在如此懵懂无知的状态下,怎能胜任母亲这一角色赋予的伟大使命呢?于是,我开始阅读与儿童世界相关的专著,并将阅读与对儿童的日常观察相联系。为了进行较深入的日常观察,身怀六甲的我曾持续到附近的一所幼儿园做儿童观察。通过这样的努力,在儿子出生之前,我对儿童世界有了些许理性思考。

对儿童世界的兴趣引发了我对所任教的"教学设计"课程的反思,该反思指引我进入了"教师的儿童研究"领域。在"教学设计"课中,学习者分析是其中的一节内容,该内容主要引导职前或在职教师通过分析学习者的学习准备状态、学习风格、学习动机等,为后续教学目标的阐明和教学策略的制定提供依据。尽管学习者分析能为教师做出科学的教学设计决策提供重要依据,但总体而言,学习者分析更关注教师课前的教学设计决策。然而,每位儿童都是鲜活的个体,其学习过程不会完全按照教师课前的预设发展;同时,即便是教师能考虑到在教学实施过程中谋求"静态设计和动态实施之间的平衡",也很难在教学过程中真正兼顾每位儿童的学习需要。只有当教师将每位儿童都视作需要深入研究的个体时,每位儿童的学习需要才有可能真正被考虑。据此,教学设计中的学习者分析亟待走向教师的儿童研究。

读博期间,我读到了导师张华教授主编的"研究性教学译丛",对其中帕特丽夏·F. 卡利尼(Patricia F. Carini)等美国田园教育学者的著作《从另一个视角看：儿童的力量和学校的标准——"展望中心"之儿童叙事评论》①《让学生强壮起来——关于儿童、学校和标准的不同观点》印象深刻，这些著作为我走进教师的儿童研究领域奠定了基本的方法论和价值论基础。读博期间，每周一到两天走进导师在浦东新区的实验学校，为我思考教师的儿童研究的实践问题提供了鲜活素材，在此期间，我还与上海市浦东新区梅园小学的教师持续合作开展儿童研究。

之后，恰逢浙江省实施"之江青年社科学者行动计划"，我有幸入选浙江省第一批"之江青年社科学者"，"教师的儿童研究和教学创新"课题被浙江省社科联立项。课题立项是落实"之江青年社科学者行动计划"，支持"之江青年学者"开展研究的重要方式。在课题的资助下并与梅园小学继续合作的基础上，我又与宁海潘天寿艺术幼儿园、台州玉环实验学校建立了合作关系，这些合作为深化本研究提供了重要的实践基础。期间，我于 2012 年 9 月至 2013 年 3 月赴美访学，访学期间收集了大量文献，同时考察了美国东西部的一些中小学，这为本书的写作开阔了视野。此外，全国教育科学规划办教育部青年专项课题"学校促进教师研究的机制和策略"中"促进教师研究的学校内部机制"探寻的部分内容，成就了小书第十章第二节的内容。

为何用"教师的儿童研究"来命名此领域？教师课堂研究的倡导者戴维·霍普金斯(David Hopkins)曾指出："'教师研究'这一说法的好处是简单，并指明了主要的行动者和相关的过程。正是从这个意义上，正是希望实现这一目标，我在本书里使用'教师课堂研究'、'教师本位研究'和'教师研究者'这些提法。"②诚如霍普金斯所言，提出"教师的儿童研究"并首先在我的多篇论文中了使用了此术语，是因为"教师的儿童研究"既能凸显教师的新身份，又昭示着教师是在日常实践中开展儿童研究并实现儿童研究价值的；更为重要的是，作为一种研究，尽管教师的儿童研究和学者的儿童研究同等重要，但就发现儿童的鲜活世界而言，教师的儿童研究甚至比学者的儿童研究更重要，因为教师的儿童研究是从儿童需要出发并帮助儿童成长的研究。诚如蒙台梭利(Maria Montessori)所指出的："作为教育基础的儿童

---

① 卡利尼等的《从另一视角看：儿童的力量和学校的标准》一书的副标题"儿童叙事评论"的英文是"Descriptive Review"，"Descriptive"是现象学的关键词之一，译为"描述的"，故译为描述性评论比叙事评论更合适。

② [英]戴维·霍普金斯(David Hopkins).教师课堂研究指南.杨晓琼译.上海：华东师范大学出版社,2009:35-36.

心理学一直是从成人的角度,而不是从儿童的特性来进行研究的。"①我国学者张华也曾指出类似观点:教师的儿童研究是在研究儿童中帮助了儿童成长。②

　　在我国,不论是教育理论研究者还是实践者,对肇始于欧美的儿童研究运动比较熟悉,相比较而言,对教师的儿童研究则略显生疏,尽管这是一个重要的领域。之所以如此,其主要原因在于不论是教育理论研究者还是实践者往往会认为,儿童研究是学者的专利,教师则是学者创造的儿童知识的应用者。从教育学的历史语脉看,为了真正确立儿童阶段的独特价值,教师的儿童研究和学者的儿童研究同等重要,儿童研究是教师职业的重要使命。这种重要性从第一、二两章中教师的儿童研究的倡导者和先行者的努力中可见一斑;同时,历史也揭示,教师的儿童研究是教师研究的重要领域和主要话语。

　　顺着这样的语脉,第三章开始走进我国当代教师的儿童研究,紧扣"教师的儿童研究"的四个基本问题——为何、是何、如何、有何用架构了第三至十章的内容。其中,第三章回答了为何、是何、有何用这三个问题,第四至十章回答了如何的问题。用比较多的篇幅讨论如何是因为,"教师的儿童研究"是一个新领域,我国除了个别学者引介了一些国外教师的儿童研究著述外,对此尚无系统研究。其中,第四章第一次讨论了教师的儿童研究的伦理问题;第六至第九章用一种新的思路划分并讨论了教师的儿童研究方法。教师的儿童研究方法大致有两大价值:恢复心灵的感受和体验、提升大脑的理性思维。据此,将教师的儿童研究方法分为三类——描述的方法,抽样的方法,直观、数字化的记录法;其中,描述的方法重在恢复心灵的感受和体验,抽样的方法重在提升大脑的理性思维,直观、数字化的记录法尽管以提升大脑的理性思维为主,但两种价值兼而有之。对我国教师而言,恢复心灵的感受和体验尤为重要,据此,将描述的方法分两章阐述之。不同的儿童研究方法对所收集的儿童研究数据的处理不同,有的侧重于对数据的深入提问和反思,有的侧重于解释数据,有的侧重于基于数据做出推论,据此,关于数据的处理融在不同方法的论述之中。对于上述四个基本问题的探寻,本研究的第一、二章主要从历史研究的角度围绕着"教师的儿童研究"的为何、

　　①　[意]玛丽亚·蒙台梭利.童年的秘密.单中惠译.北京:京华出版社,2002:129.

　　②　引自张华教授于2014年11月28日下午在梅园小学"小学教师的儿童研究:学校整体变革的实践与探索"课题开题中的发言。

如何架构之。

需要强调的是,在教师的儿童研究中,教师和儿童之间不是主客体的关系,而是"主体间性(或交互主体)"的关系。诚如莫特纳(Melanie Mauthner)等学者所指出的:

> 1960 年代以后,……研究者越来越意识到,自己与被研究者之间是一种"主体间性"的关系。研究者的自我意识不仅可以包容被研究的对象世界,而且可以创造一个社会世界。研究不仅仅是一种意义的表现,而且是一种意义的创造。研究不再只是对一个固定不变的"客观事实"的了解,而是一个研究双方彼此互动、相互构成、共同理解的过程。这种理解不仅仅涉及研究者在认知层面上"了解"对方,而且需要研究者通过自己亲身体验去"理解"对方,并通过"语言"这一具有人类共同性的中介,将研究结果"解释"出来。只有当研究者进入对方所关切的问题域时,"意义"才可能向研究者展现。①

考虑到研究伦理,如没有特殊说明,文中涉及的所有人名皆为化名。没有注明出处的案例,皆由笔者撰写。

回顾在教师的儿童研究领域探寻的 15 年,笔者发现这既是一个充满生机和希望的研究领域,又是一个需要多方共同努力的第三空间。让我们携手走向一个教师理解儿童、教师与儿童共同发展的未来!

---

① [英]梅拉尼·莫特纳、马克辛·伯奇、朱莉·杰索普、蒂娜·米勒.质性研究的伦理.丁三东、王岫庐译.重庆:重庆大学出版社,2008:前言 3.

目　　录

第一章　教师的儿童研究的倡导者 …………………………………… （1）

　　第一节　卢梭开启了教师的儿童研究的大门 ………………… （2）

　　第二节　杜威推动了教师的儿童研究的实践 ………………… （11）

　　第三节　杜威之后教师的儿童研究的倡导者 ………………… （19）

第二章　教师的儿童研究的先行者 …………………………………… （30）

　　第一节　蒙台梭利:儿童研究的先行者 ……………………… （31）

　　第二节　瑞吉欧:儿童研究的共同体 ………………………… （45）

　　第三节　卡利尼:儿童研究方法的开拓者 …………………… （60）

第三章　走进我国教师的儿童研究 …………………………………… （71）

　　第一节　我国教师的儿童研究的演进 ………………………… （72）

　　第二节　教师的儿童研究的本质 ……………………………… （82）

　　第三节　教师的儿童研究的价值 ……………………………… （92）

第四章　教师的儿童研究的伦理 ……………………………………… （101）

　　第一节　教师的儿童研究中伦理的涵义和原则 …………… （102）

　　第二节　儿童研究中教师为什么要遵从伦理 ……………… （104）

　　第三节　遵从儿童研究伦理的做法 ………………………… （108）

第五章　教师的儿童研究内容 ………………………………………… （112）

　　第一节　不同视野下的儿童研究内容 ……………………… （112）

　　第二节　教师确定儿童研究内容的两种思路 ……………… （118）

第六章　描述的方法（上） …………………………………………（127）

　　第一节　描述概要 ………………………………………………（128）

　　第二节　叙事性描述 ……………………………………………（139）

　　第三节　轶事记录 ………………………………………………（150）

第七章　描述的方法（下） …………………………………………（164）

　　第一节　对儿童的历时性描述 …………………………………（165）

　　第二节　对作品的历时性描述 …………………………………（177）

　　第三节　日记描述 ………………………………………………（192）

第八章　抽样的方法 …………………………………………………（206）

　　第一节　时间抽样法 ……………………………………………（206）

　　第二节　事件抽样法 ……………………………………………（220）

第九章　直观、数字化的记录法 ……………………………………（233）

　　第一节　座位表记录法 …………………………………………（234）

　　第二节　数字化记录法 …………………………………………（246）

第十章　教师开展儿童研究的尝试 ………………………………（256）

　　第一节　教师开展儿童研究的可能准备 ………………………（256）

　　第二节　一所小学教师的儿童研究之旅 ………………………（264）

参考文献 ……………………………………………………………（277）

索　引 ………………………………………………………………（286）

后　记 ………………………………………………………………（287）

第一章　教师的儿童研究的倡导者

"当老师前学过心理学或相关课程的请举手",举起一大片。

"至今还记得所学内容的请举手",应者寥寥;"能否例举下还记得的内容",仅有的几位回应者提到了"皮格马利翁效应"。

"至今仍能将所学的内容学以致用的请举手",应者更少。

如上是我在不同场合为在职教师做培训时所做的非正式调查。在多次调查中,大多数在职教师认为,尽管在职前教育阶段学过心理学或相关课程,但工作后能想起的并不多,能学以致用的则更少。然而,有趣的是,在中小学的教学实践中,一线教师总能向你提出这样那样的关于儿童学什么、如何学等的见解,这些见解往往基于其实践经验形成。由此可见,中小学、幼儿园教师关于儿童的见解更多来自于学校或家庭现场。这些来自现场的见解的确能在一定程度上帮助教师做出各种决策,但如果教师只是囿于见解,那么,随着经验惰性的形成,已有的见解往往会阻碍教师洞察丰富多彩的儿童世界,进而影响决策。从历史上看,卢梭(Jean-Jacques Rousseau)开启了教师的儿童研究的大门,杜威(John Dewey)推动了教师的儿童研究的实践,杜威之后,欧美、亚洲等国都相继出现了教师的儿童研究者的倡导者。历史已表明,在现场开展儿童研究是教师超越经验惰性的阳光大道。

第一节　卢梭开启了教师的儿童研究的大门①

卢梭针对当时的经院教育、研究成人甚于研究儿童的现实,对"儿童是谁"这一引发无数后人感兴趣的命题展开了深入的研究,并提倡通过"教师的儿童研究"来洞察和理解儿童阶段的独特性及其存在价值。卢梭花了20年思考和3年写作,完成了《爱弥儿》这部旷世名著的全稿。《爱弥儿》不仅开启了"教师的儿童研究"的大门,而且起到了承前启后的关键作用。总体而言,在卢梭所处的年代,只有零星的儿童研究,这些研究大抵可以划分为两类:儿童心理的研究、通过儿童研究确立教育之依据的研究;卢梭倡导的儿童研究当属后者。顺着这样的理路,在卢梭的儿童研究之前,夸美纽斯(Johann Amos Comenius)和洛克(John Locke)曾做出了局部的探索。针对当时的教科书难于理解、不符合儿童身心发展特点等问题,夸美纽斯撰写了《世界图解》一书,并于1658年出版发行。这是一本儿童启蒙读物,书中夸美纽斯亲自绘制了200多幅插图,插图与文字对应相配,让儿童在形象地阅读中认识世界。此后,洛克倡导养育儿童的人应该研究儿童,他在《教育漫话》中提出:"照料儿童的人应该仔细研究儿童的天性和才能,并且应该经常试试,看他们做什么事情比较容易,什么事情比较适合于他们;应当看看他们天生是一块什么样的材料,这块材料怎样才可得到改进,适合于做什么。"②不过,洛克在《教育漫话》中探讨的是对绅士的教育,即儿童研究的目的是旨在如何将儿童培养成为绅士。显然,这样的旨趣与卢梭不同。

一、发现儿童

卢梭之前,儿童只是成人的附庸。卢梭以自己的短暂的家庭教育经历以及对儿童持续终身的观察和思考为据,提出发现儿童是教师的儿童研究的根本价值。据此,饶有兴趣的问题是,卢梭为什么将发现儿童确立为教师的儿童研究的价值? 发现儿童有何意蕴?

(一)发现儿童确立为教师的儿童研究之价值的缘由

儿童被视作小大人是当时法国社会的常态。卢梭认为,成人既不理解

---

① 本节主要修改自作者公开发表的论文:王丽华. 教师的儿童研究:读卢梭的《爱弥儿》. 浙江社会科学,2014(4).

② [英]约翰·洛克. 教育漫话. 徐大建译. 北京:人民出版社,2005:52.

也不研究儿童,这是一种集体性的漠视和悲哀。卢梭指出:"我们对儿童是一点也不理解的:对他们的观念错了,所以愈走就愈入歧途。最明智的人致力于研究成年人应该知道些什么,可是却不考虑孩子们按其能力可以学到些什么,他们总是把小孩子当大人看待。"①据此,卢梭认为亟待通过儿童研究来发现儿童;同时,对儿童的研究是所有研究中的头等大事,这个头等大事的研究只能由具备教师品质的人承担。教师应该具备怎样的品质? 卢梭宣称:"我所求的头一个品质是:他绝不做一个可以出卖的人。有些职业是这样的高尚,以致一个人如果是为了金钱而从事这些职业的话,就不能不说他是不配这些职业的。"②换言之,在卢梭看来,高尚的教师才有可能由衷地投入儿童研究的事业中去。尽管卢梭是通过研究爱弥儿提出儿童研究及其如何教育儿童的系统理论,但由于卢梭选取的爱弥儿是个智力寻常的孩子,因此,卢梭不仅发现了爱弥儿的成长特性,也提出并确立了儿童阶段的独特性,还提出了如何教育像爱弥儿这样的儿童成"人"的伟大理论构想。

卢梭对当时法国教育制度和现状强烈不满。在卢梭看来,当时法国学校教育的现状是:

> 从我们童年时候起,人们就拿一些毫无意义的东西来教我们,虽把我们教得外表看起来很机灵,但却败坏了我们的判断能力。我发现,人们到处都在不惜花费巨额的金钱修建规模庞大的学校来教育青年;学校里什么东西都教,就唯独不教他们做人的天职……孩子们不仅没有学到区别真理与谬误的本领,反面学会了一套善于狡辩的技能,把真理谬误搞混,使人分不清真伪。③

卢梭认为,从儿童天性看,这些毫无意义的东西,根本无助于儿童学会做人及其身心的健康成长;真正适合儿童的良好教育是自然的教育、人的教育和事物的教育的融合。这意味着对于儿童而言,身体发展重于知识的学习,教师不是急着让儿童学习文字,而是"促使孩子有学习的欲望"④;一旦儿童有了学习的欲望,学的方法反倒不重要了。

---

① [法]卢梭.爱弥儿:论教育(上卷).李平沤译.北京:人民教育出版社,2001:原序 2.

② [法]卢梭.爱弥儿:论教育(上卷).李平沤译.北京:人民教育出版社,2001:24.

③ [法]卢梭.论科学与艺术.巴黎伽里玛出版社,1967:67.转引自李平沤.如歌的教育历程:卢梭《爱弥儿》如是说.济南:山东人民出版社,2008:13—14.

④ [法]卢梭.爱弥儿:论教育(上卷).李平沤译.北京:人民教育出版社,2001:135.

(二)发现儿童的意蕴

卢梭主要从如下三方面深刻地阐述了发现儿童的意蕴。

1.发现儿童首先是发现儿童阶段在人生中有其独特的存在价值

在卢梭看来,要把儿童当儿童看待。卢梭告诉世人:"在万物的秩序中,人类有它的地位;在人生的秩序中,童年有它的地位:应当把成人看作成人,把孩子看作孩子。"①发现儿童阶段的独特价值,首先要意识到儿童是人,而非小大人。作为"人"的儿童是有自己的想法和情感的,是可以独立存在的,而作为"小大人"的儿童是受成人控制和支配的。为此,发现和呵护儿童自己的想法和情感是儿童阶段的独特价值得以彰显的起点。对于卢梭提出的儿童阶段的独特性,卢梭之后,不少学者用多元的视角呈现了儿童阶段的独特性。如我国的著名画家、散文家丰子恺先生以漫画和散文的形式展现了儿童阶段的独特性,图 1-1 就呈现了小妹妹的独特想法。又如在一篇题为《给我的孩子们》的散文中,丰子恺描述了长子瞻瞻儿童时期情感表达的率真、自然与热情。

(许多汽车停着,他为什么背了重东西走路?)　(许多饭店开着,他们为什么不去吃?)

(许多房子空着,他为什么睡在地上?)　(许多衣服挂着,他们为什么不拿来穿?)

图 1-1　小妹妹的大疑问②

---

① [法]卢梭.爱弥儿:论教育(上卷).李平沤译.北京:人民教育出版社,2001:71.

② 丰子恺.丰子恺儿童漫画.缪印堂赏析.北京:中国少年儿童出版社,2012:101.

图 1-1 由四幅漫画组成。漫画（一）中，小妹妹看到两位衣衫褴褛的人端着碗在饭店门口要饭，非常疑惑："许多饭店开着，他们为什么不去吃？"漫画（二）中，小妹妹看到两位寒风中衣着单薄的行人途经服装店门口，很疑惑："许多衣服挂着，他们为什么不拿来穿？"漫画（三）中，一位行人背着重物艰难前行，边上停着很多汽车，小妹妹很困惑："许多汽车停着，他为什么背了重东西走路？"漫画（四）中，在很多空房子前一个行装简单的人睡在地上，小妹妹很疑惑："许多房子空着，他为什么睡在地上？"在小妹妹看来，饭店开着进去吃饭即可，衣服挂在店里拿来穿即可，汽车停着开走即可，房子空着进去住即可。小妹妹之所以这样认识世界，既与该阶段儿童的经验分不开，更与丰子恺先生对儿童世界的呵护分不开。在丰子恺的儿童漫画中，有不少呈现儿童阶段独特性的类似漫画，这些漫画能帮助教师更好地理解卢梭所指的发现儿童阶段独特性的具体意蕴。

需要指出的是，不论是古代、近代还是现代，凡是儿童阶段的独特性被遮蔽时，儿童除了拥有儿童的容颜外，其他方面极易被成人化。据此，如何把孩子看作孩子依然是儿童研究的重要课题和价值追求。

2. 发现儿童即发现儿童是一个自然人、自由人

卢梭所谓的"自然"是指人性中的基本能力和倾向，同样地，自然人是独立自主、自食其力、身心协调发展的人，他既有运动家的身手，又有哲学家的头脑。自然人是在自然进程中成长的，儿童成长的自然进程与其年龄相适应，卢梭如是说："不管他的外表如何，都应该按他的年龄对待他"[①]；而当时法国社会的经院教育是违背儿童成长的自然进程的。从儿童成长的自然进程看，儿童的成长首先是具有强健的体魄，在此基础之上才是思维的发展；据此，教师应该顺着儿童成长的自然进程实施相应的教育；否则，将会出现种种阻碍儿童成长的问题，诚如卢梭所告诫的："大自然希望儿童在成人以前就要像儿童的样子。如果我们打乱了这个次序，我们就会造成一些早熟的果实，它们长得既不丰满也不甜美，而且很快就会腐烂；我们将造成一些年纪轻轻的博士和老态龙钟的儿童。"[②]为了让儿童能够按其自然进程成长，卢梭认为，在儿童的成长过程中，教师应多等待、少评判。由此可见，当前流行于我国社会的"慢教育""消极教育"无不受到卢梭的影响。

---

① ［法］卢梭.爱弥儿：论教育（上卷）.李平沤译.北京：人民教育出版社，2001：115.

② ［法］卢梭.爱弥儿：论教育（上卷）.李平沤译.北京：人民教育出版社，2001：88.

3.发现儿童还意味着要发现儿童自身自然出现的积极向上生长的力量

卢梭认为,儿童与生俱来就具有积极向上的生长力量,这些生长力量显现的时间因儿童而异。据此,教师要虔诚地静候这样的生长力量的出现。卢梭说:

> 教育是随生命开始而开始的,孩子在生下来的时候就已经是一个学生,不过他不是老师的学生,而是大自然的学生罢了,老师只是在大自然的安排之下进行研究,防止别人阻碍他对孩子的关心。他照料着孩子,他观察他,跟随他,像穆斯林在上弦到来的时候守候月亮上升的时刻那样,他极其留心地守候着他薄弱的智力所显露的第一道光芒。①

卢梭极力反对向儿童灌输陈旧知识和道德观念的经院教育,这样的教育实际上扼制了儿童自身的生长力量;据此,就不难理解卢梭为何倡导消极教育了。

二、儿童的天性和需要

卢梭主张性善论,认为儿童自身具有自然生长的力量,由此,卢梭认为,儿童的天性和需要是最值得研究的。

(一)儿童的天性

对儿童天性的研究是卢梭首创的。卢梭指出:"恰恰是对于人的天性,我们所有的学者都是一无所知的。我在我的几部著作中对我在这方面的研究是讲得那么详细。"②儿童的天性即儿童与生俱来的特性,是遗传得来的身心发展潜能。儿童的天性会因正确教育而向善,同样也会因不良教育而向恶。卢梭认为,儿童天性善良、爱动、好奇、有内在的独特发展力量,儿童天性的异化往往是后天不当的教育和环境所致。以爱动为例:

> 大自然的意愿是,先强身后育智。儿童总是爱动的,在这种年龄时,他们厌恶安静和思考,一种闭门读书的生活有碍于他们的身心健康,他们的精神与身体无法忍受束缚。成天关在一间小房间里与书打交道,他们就会丧失自己的全部活力,他们也就变得无精打采,弱不禁风,变得木讷,不明事理,而他们的心灵将终生因体弱多病而吃尽了苦头。③

---

① [法]卢梭.爱弥儿:论教育(上卷).李平沤译.北京:人民教育出版社,2001:43.
② [法]卢梭.一个孤独的散步者的梦.李平沤译.北京:商务印书馆,2008:117.
③ [法]卢梭.新爱洛伊丝.陈筱卿译.北京:北京燕山出版社,2007:395.

卢梭笔下的爱弥儿就是具有上述自然天性的化身,爱弥儿体格强健,虽然书本知识不多,但通晓事理,能独立判断。

同时,每个儿童的天性是不同的,教师应通过观察每个儿童发现其天性的独特性,据此给予合适的教育;教师如果不了解儿童的天性而随便施加教育,这样的教育比不教育危害更大。卢梭的上述观点在如下两段话中清晰可见:

> 每一个人的心灵有它自己的形式,必须按它的形式去指导他;必须通过这种形式而不能通过其他的形式去教育,才能使你对他花费的苦心取得成效。①

> 通过观察,我们得知,有些人的性格是与生俱来的,有一些孩子,我们从他们在其乳母怀中的情况就可以推断出他们的性格。这样的孩子属于另一种类型,他们从生下来时起就可以加以培养。至于其他那些发育较快的孩子,如果还没搞清楚他们的天资到底怎样之前就慌急慌忙地对他们进行培养,那简直是糟践大自然创造的财富,将给孩子带来很大的危害。……在培养性格之前,必须对它加以研究,静静地观察它的种种表现,并且要向它提供表现的机会,宁可什么也不做也别做任何对它有害的事情。对一些有天分的人,必须给他们添加翅膀,而对另外一些有天分之人,则应加以阻遏;有的应当鼓励,有的则应当约束;有的应予以赞扬,有的则需要贬抑;有时必须多加启迪,有时则必须让其糊涂一点。……我们应该耐心等待理智的第一个火花的闪现;正是这第一道火花把人的性格表现出来,让别人看清它的真正类型,才好对它进行培养,因此,人在具有理智之前是不可能接受什么真正的教育的。②

反观现实,令人遗憾的是卢梭这样的真知灼见却被不少教师所漠视。不少教师不论在教学工作还是班主任工作中,很少去真正研究和洞悉儿童的天性,却经常提出一些自以为是的常规或班规要求学生遵从。对于这样的老师,的确有必要好好品读《爱弥儿》了。

(二)儿童的需要

卢梭认为,儿童的每个阶段的需要是不一样的,0～12岁的儿童理应享有如下需要。

---

① ［法］卢梭.爱弥儿:论教育(上卷).李平沤译.北京:人民教育出版社,2001:95.
② ［法］卢梭.新爱洛伊丝.陈筱卿译.北京:北京燕山出版社,2007:396—397.

1. 强健体魄的需要

卢梭指出:"只要他愿意,就让他跑跑跳跳、吵吵闹闹好了。他的一切运动,都是他日益增强的身体所必需的。"①当然,卢梭所指的吵吵闹闹与无理取闹有本质的区别。

2. 自由玩耍的需要

玩耍是儿童的天性,儿童在玩耍中成长。在《爱弥儿》中,卢梭描述了儿童自由玩耍的一幕:"雪地上有几个淘气的小鬼在那里玩,他们的皮肤都冻紫了,手指头冻得不那么灵活了。只要他们愿意,就可以去暖和暖和,可是他们不去;如果你硬要他们去的话,也许他们觉得你这种强迫的做法比寒冷还难受一百倍。"②在这样的玩耍中,即便遭受点皮肉之苦,儿童也乐在其中。

3. 表达快乐的需要

卢梭认为,儿童应当快乐地活在当下,而非为遥不可及的未来做准备。卢梭大声疾呼:"要爱护儿童,帮他们做游戏,使他们快乐,培养他们可爱的本能。你们当中,谁不时刻依恋那始终是喜笑颜开、心情恬静的童年?"③

12周岁以上的儿童理应享有思想锻炼的需要。卢梭所指的思想锻炼的需要其实就是儿童的思维或判断力发展的需要。卢梭指出:"我们在开头锻炼了他的身体和感官之后,又锻炼了他的思想和判断的能力。这样,我们就能使他把四肢的运用和智力的运用结合起来。"④卢梭还强调指出,为了让儿童成为健全的人,还需要用情感来使理性日臻完善。

卢梭还认为,儿童的需要是联系自然的教育和事物的教育的纽带,教师要善于发现儿童的不同需要。同时,儿童的需要有真实和虚幻之分,或自然和人为之分,教师关键要通过研究发现儿童的真实需要或自然需要。卢梭指出:

> 大自然是有增强孩子的身体和使之成长的办法的,我们绝不能违反它的办法。当一个孩子想走的时候,我们就不应该硬要他待着不动,但是,如果他想待在那里,我们就不应当逼着他去走。只要不用我们的错误去损害孩子的意志,他是绝不会做没有用处的事情的。……因此,我们要仔细地分辨哪些需要是他真正的需要、是自然的需要,哪些需要

---

① [法]卢梭.爱弥儿:论教育(上卷).李平沤译.北京:人民教育出版社,2001:81.
② [法]卢梭.爱弥儿:论教育(上卷).李平沤译.北京:人民教育出版社,2001:82—83.
③ [法]卢梭.爱弥儿:论教育(上卷).李平沤译.北京:人民教育出版社,2001:70.
④ [法]卢梭.爱弥儿:论教育(上卷).李平沤译.北京:人民教育出版社,2001:276.

是由于他开始出现的幻想造成的,或者是由于生活的过于优裕引起的。①

根据对儿童的天性和需要的研究,卢梭提出了相应的儿童教育理论。

三、观察、倾听和反思

品读《爱弥儿》,不难发现,观察是卢梭开展儿童研究的主要方法,倾听和反思隐含在《爱弥儿》的行文中。

(一)观察

卢梭向世人宣称,他对儿童的发现是基于他的细致观察,他撰写《爱弥儿》的很多证据都来源于自己的观察。诚如他在《爱弥儿》中所指出的:"我之所以说得这样肯定,而且我认为可以原谅我说得这样肯定的理由是:我不仅不刻板地抱着一套方式,而且还尽可能地不按理论而按我实际观察的情况去做。我所根据的,不是我的想象而是我所看到的事实。"②卢梭的这一观点其实已经含蓄地向世人宣称,他的研究是原创性的。卢梭的《我的自画像》一文中也进一步表露了这样的观点,在该文中,卢梭提到他经常思考自己是一个怎样的人,卢梭认为:"我是一个观察家,而非道学家。"③的确,《爱弥儿》全书的行文中贯穿着大量卢梭观察所得的鲜活案例。比如,对于孩子学说话这一问题,卢梭认为,在他那个时代,和城里孩子相比,乡下孩子更能清晰大声地说话,因为乡下人的交谈方式更适合儿童语言发展的自然进程,对此卢梭写道:"我同乡下人一起生活的时间很多……我的窗子前面正好有一个土坡,这一带的小孩子常常聚集在这个土坡上玩。尽管他们离我是相当的远,我也能清清楚楚地听出他们说些什么;我常常回忆他们的话,以便用来写这本书。"④

同时,卢梭认为,教师通过观察研究儿童时,应该是用心而又愉悦的,而非迫于外部的压力和要求。

> 如果我对人的心灵的了解有某种程度的进步的话,这进一步的了解,应当归功于我在观察和研究孩子们在玩耍时的快乐心情。然而,同是这种心情,在我的青年时期却有碍于我的研究,因为我和孩子们玩得

---

① [法]卢梭.爱弥儿:论教育(上卷).李平沤译.北京:人民教育出版社,2001:81.
② [法]卢梭.爱弥儿:论教育(上卷).李平沤译.北京:人民教育出版社,2001:361.
③ [法]卢梭.一个孤独的散步者的梦.李平沤译.北京:商务印书馆,2008:170.
④ [法]卢梭.爱弥儿:论教育(上卷).李平沤译.北京:人民教育出版社,2001:61.

那么痛快,那么开心,以致使我忘记去研究他们了。到我年老的时候,我发现,我满是皱纹的脸让他们看见会感到不愉快,所以我就不再去非要他们和我一起玩不可了。我宁可不享受此种乐趣,也不去打扰他们的快乐,我只在一旁观看他们玩游戏和做点儿淘气的事情就满足了。我发现,我在观察他们玩耍时,我的心灵在研究天性的原始的和真正的运动方面所取得的知识,就足以弥补我的损失。恰恰是对于人的天性,我们所有的学者都是一无所知的。我在我的几部著作中对我在这方面的研究是讲得那么详细,哪能说我在观察孩子时我的心情不快乐呢?如果有人说《爱洛伊丝》(笔者注:即《新爱洛伊丝》)和《爱弥儿》是一个不喜欢孩子的人写的,那肯定是无人相信的。[①]

卢梭之所以这样告白,这与人们对他的私生活的指责不无关系,卢梭和旅馆女仆黛莱丝·瓦瑟生了五个孩子,这些孩子都被送进育婴堂。卢梭在《忏悔录》中如是说:"我一想到要把孩子交给这样一个乱糟糟的家庭去抚养,我就感到害怕。如果把孩子交给他们去教育,那必然会愈教愈坏。育婴堂的教育,比他们对孩子的危害小得多。这就是我决定把孩子送进育婴堂的理由。"[②]

此外,卢梭的观察是和专著的批判性阅读相结合的,这样他能将他的观察和所阅读的专著进行比对,提出划时代的观点。比如,在《爱弥儿》中,卢梭多次引用了柏拉图的观点,同时也引用和他同时代其他学者的观点。

(二)倾听和反思

在《爱弥儿》中,字里行间透露出的信息是,倾听和反思也是教师研究儿童的方法。倾听是一种用心走进儿童心灵的态度和方式,以信任为基础;教师在倾听儿童成长经历的过程中发现儿童向上生长的力量。反思是从儿童的立场出发回顾自身经历的过程。倾听和反思交织在《爱弥儿》的行文中,尤其是在卢梭回顾自己年轻时因信仰缺失、人生陷入困顿这一内容中,上述观点显而易见。卢梭回顾了一位牧师对他成长的由衷关切,从中发现了上述观点:

　　　　他首先从取得这个新皈依的人的信任开始做起,他不吹嘘他对他的恩惠,他不硬要他做这样或那样的事情,他不向他唠唠叨叨地说教,

---

①　[法]卢梭.一个孤独的散步者的梦.李平沤译.北京:商务印书馆,2008.116—117.

②　[法]卢梭.忏悔录(第九卷).李平沤译.北京:商务印书馆,2010:541.

他始终使自己能够为他所了解,而且降低自己,同他处在平等的地位。……当那个年轻人糊里糊涂地来向他说一些乱七八糟的心事的时候,他用心地听着,让他谈个畅快;除了不赞同坏事以外,他对他所说的一切都深感兴趣;他从来不冒冒失失地责备他,以免打断了他的话头,使他感到难过;当那个年轻人高兴地发现牧师在倾听他的时候,他便乐意地把他心中想说的话都说出来了。……把这个年轻人的情感和性格仔细地研究一番之后,……挽救这个濒于道德死亡的年轻人,牧师就首先从唤起他的自爱心和自尊心着手做起……①

回味着卢梭通过观察、倾听和反思研究爱弥儿,反观当下,多数教师往往热衷于研究教材、教法,却很少去研究儿童。即便有教师真的通过观察研究儿童,也仅仅将观察、倾听和反思视作一种研究技巧,而非一种用心发现儿童的过程。

第二节　杜威推动了教师的儿童研究的实践

如前所述,卢梭在《爱弥儿》中开启了"教师的儿童研究"的大门,并构想了"教师的儿童研究"的整体图景。由于卢梭当时的学校重点在于培养权贵阶层,而非培养像爱弥儿这样的自然人,因此,卢梭认为最理想的培养儿童的场所不是学校而是家庭,这样,卢梭担任的是爱弥儿的家庭教师,卢梭倡导的儿童研究实则上是"家庭教师的儿童研究"。诚如杜威所言:"卢梭从来没有建立过一所学校,或者用任何特殊的方法来贯彻他的观念。"②如何将"家庭教师的儿童研究"转化为"学校教师的儿童研究"? 对此,杜威做出了开拓性的贡献。

一、发现整体儿童并重建课程和教学

杜威倡导杜威学校的教师开展儿童研究,这与杜威对儿童的独特价值的发现分不开。杜威认为,儿童自身的独特价值及其社会文化皆是重建课程与教学的基础。

---

① [法]卢梭.爱弥儿:论教育(上卷).李平沤译.北京:人民教育出版社,2001:374—375.

② [美]约翰·杜威.杜威全集·中期著作·第七卷.刘娟译.上海:华东师范大学出版社,2012:279.

（一）发现整体儿童

杜威认为，发现整体儿童(the whole child)是教师的儿童研究的根本价值。杜威所指的整体儿童指，儿童既是自然人、自由人，也是社会人，换言之，儿童是兼具自然和社会属性的整体的人。这样的观点在杜威的多部著作中得以论及，如《民主主义与教育》《学校与社会》《我们怎样思维》等；在《我的教育信条》里，杜威高度概括地论述了整体儿童的意蕴："我认为受教育的个人是社会的个人，而社会便是许多个人的有机结合。"①杜威不仅阐明了个人的独特性，也指出了个人和社会的关系。整体儿童的意蕴也源自儿童生活本身的整体性，杜威指出："儿童的生活是一个整体，……儿童所关心的事物，由于他的生活所带来的个人的和社会的兴趣的统一性，是结合在一起的。"显然，在教师的儿童研究的价值指向上，杜威承接但又超越了卢梭。

（二）以整体儿童为据重建课程和教学

上述整体儿童的意蕴是判断学校课程和教学是否适合儿童生长的依据。杜威认为，当时学校中分门别类的学科，并非真正基于儿童自身的生长需要。为此，根据杜威学校 1896—1898 年的试验，杜威及杜威学校的老师们发现："儿童的发展有一定的阶段。这些阶段绝不是截然划分，而是各个阶段相互结合和重叠。"②鉴于儿童发展各阶段之间的相互结合和重叠，杜威学校分班（笔者注：这里的分班与当下的年级划分类似）时设计了过渡阶段。根据儿童发展阶段，杜威学校将 4～15 岁的儿童分为三个阶段、每两个连续的阶段之间设置过渡阶段，共设十一班。根据书中该部分内容的论述，列表如下（见表 1-1）。③

---

① ［美］约翰·杜威.学校与社会·明日之学校（第 2 版）.赵祥麟、任钟印、吴志宏译.北京：人民教育出版社，2005：5.

② ［美］凯瑟琳·坎普·梅休等.杜威学校.王承绪、赵祥麟、赵端瑛、顾岳中译.北京：教育科学出版社，2007：40.

③ ［美］凯瑟琳·坎普·梅休等.杜威学校.王承绪、赵祥麟、赵端瑛、顾岳中译.北京：教育科学出版社，2007：42—43.注：表头由笔者添加，表格根据书中内容制作.

表 1-1　儿童发展阶段、班级、年龄对应情况

第一阶段	过渡阶段一	第二阶段	过渡阶段二	第三阶段和中学开始时期
一班和二班（4～5 岁）	四班（7 岁）	六班（9 岁）	八班（11 岁）	十班（13 岁）
三班（6 岁）	五班（8 岁）	七班（10 岁）	九班（12 岁）	十一班（14～15 岁）

表 1-1 表明，杜威学校对儿童发展的连续性考虑得非常周全。细究表 1-1 还可以发现，杜威学校的第一阶段相当于当下教育体系中的幼儿园；过渡阶段一、第二阶段、过渡阶段二相当于当下教育体系中的小学阶段，根据儿童发展的阶段，第二阶段前后各经历了一个过渡时期；第三阶段相当于当下教育体系中的初中阶段。杜威学校的上述设计对当下的办学仍具有丰富的启示，这些启示包括：如何在办学过程中充分考虑儿童发展的连续性，尤其是幼小衔接、初小衔接；如何培养教师实施具有连续性的课程和教学。

对于上述不同班级，杜威学校设计了不同的课程，以适应儿童的发展特点及其需要。根据《杜威学校》一书中第三章到第十三章的内容，可将杜威学校基于儿童发展阶段的课程设计概括为表 1-2。

表 1-2　儿童发展阶段、班别、课程主题及其相应的作业活动对应情况

儿童发展阶段	班别	课程主题	与课程主题相应的作业活动
第一阶段	一班和二班（4～5 岁）	家务作业	手工劳动课包括建造活动、玩积木、绘画、黏土造塑、沙箱活动或任何适合的活动，唱歌和故事，观察动物，戏剧性游戏和节奏运动，日常的家务劳动如准备午餐、吃午饭和餐后收拾活动，从儿童的谈话中生成的各类活动等
第一阶段	三班（6 岁）	为家庭服务的社会性作业	研究食物、烹饪、植物、动物、木材、石油、地形、气候、数字符号、量度单位、阅读、戏剧表演（儿童扮演农民、工人、食品商等）、多米诺骨牌游戏等
过渡阶段一	四班（7 岁）	因发明和发现而产生的方法上的进步	研究原始人的生活（如衣食住行及其发现的方法），据此进行创作和戏剧表演、讲故事、烹饪、纺织、木工、建造、艺术、技术探究等相关的活动，儿童之间用于组织作业活动所必需的谈话和讨论增多
过渡阶段一	五班（8 岁）	有关世界探险和发现的主题	以研究腓尼基人的贸易和海运活动为主，涉及腓尼基文化的研究、腓尼基部落房屋的建造、造船活动等；在此基础上进行了世界旅行家研究、哥伦布研究；儿童的数学、阅读、写作、科学、艺术、音乐、体育等的学习和研究自然地融入上述研究中

续表

儿童发展阶段	班别	课程主题	与课程主题相应的作业活动
第二阶段	六班(9岁)	乡土历史	研究乡土历史和乡土地理为主,主要研究了芝加哥的历史和发展、殖民地研究;除了将数学、阅读、写作、纺织、艺术等融合在研究过程中外,本学年开始了课程的分化,主要是数学课程有专门时间做算数练习
	七班(10岁)	殖民地历史和美国革命	用新的方法研究殖民地和美国革命,殖民地包括殖民地历史和工业研究,美国革命包括从地理的角度研究战争问题、领土扩展问题等;有写作课、法语课等,烹饪、缝纫、科学、艺术、音乐等方面有了新的发展
过渡阶段二	八班(11岁)	殖民地开拓者的欧洲背景	研究美洲建立殖民地各国的欧洲背景;儿童根据在校时间长短分为甲乙两组,甲组儿童在校时间短,其研究活动和五班相似;结合研究活动,开设历史、英语、外国语、文学、科学、音乐、绘画、体育等
	九班(12岁)	专门活动的实验	根据前几年的办学实验,为该年龄的儿童编制了一套课程,各课程都在前面阶段的研究的基础上,进行了更为专门的研究活动,如在历史中,将殖民地开拓者作为人民进行研究,即作为英国人、法国人、西班牙人来研究;科学、手工技能、交流、艺术表现、数学、阅读等与历史课程相联系;该班儿童还积极参与学校集会、读报、俱乐部活动等
第三阶段和中学开始时期	十班(13岁)	专门活动的实验	十班的主要兴趣之一是摄影,摄影是科学活动的基础;俱乐部会所的设计,时事研究等;在阅读方面,愿意在学校集会时诵读自己的作品,音乐方面开始学习和声学,学习了代数和算术等
	十一班(14~15岁)	专门活动的实验	开设普通科学课程,包括自然地理和生物学;数学课更加专门化,包括代数、几何等;音乐根据男女生兴趣的不同分班上课;艺术则围绕着已建造好的俱乐部会所的装潢和修饰;各科作业更为专门化,如开始尝试写科学论文;较大儿童组织的周会组办得更好,能作有意义的会议记录,辩论会是周会的重要内容

从表1-2不难看出,杜威学校的确是从整体儿童的意蕴出发实验适合儿童的课程,这样的课程往往从特定的主题出发,这些主题既可以是生活主题,也可以是历史主题,还可以是其他儿童感兴趣的重要主题。儿童的生活知识、学科知识是通过主动研究主动建构和发展的。诚如克雷明(Lawrence

Archur Cremin)所指出的,杜威学校的课程有三种基本类型:"一是现行的事务或职业,如木工、缝纫或烹饪;二是涉及社会生活背景的学科,如历史和地理;三是掌握智力交流和探究的形式、方法的学科,如阅读、语法和算术。"①第三类课程也包括科学等。需要指出的是,九班开始的专门活动的实验,实际上是针对该班儿童兴趣开设的专门活动的实验,这些实验活动设计的依据是儿童兴趣。

杜威学校课程的实施,对于教师而言,其挑战在于这样的课程实验史无前例,为了直面这样的挑战,关键要"联系他的环境,来研究在生长中的儿童,并同时对教材和方法进行实验,以便找出最好的能帮助儿童生长的东西"②。与此相应,教学不是讲授,而是指导学生主动研究。儿童的主动研究整体体现在一班至十一班课程的实施中,如以五班8岁儿童对哥伦布的主动研究为例:

哥伦布研究

春季学期开始,这个班开始研究哥伦布发现美洲大陆的探险故事,回顾了亨利王子探险活动的动机和成就。要求儿童设想,什么东西使人们怀疑世界是扁平的这个观念。除了他们提出的种种理由以外,又增加了月食的原因的发现。月食的性质,用实物和地球来说明。所有儿童似乎知道,地球绕日运行,但是很少人知道月亮的旋转。

研究了哥伦布童年时代居住的地方和生活的情况,还稍稍研究了热那亚的地理。讨论了地形的性质和名称,例如半岛和地峡,海港和角,并且把它们加进儿童的词汇。儿童讲到,对一个生活在当时热那亚城的孩子来说,最感兴趣的是什么。它们比较了他和鲁滨孙·克鲁索(即鲁滨逊)对码头和水手的爱好。他们谈到他们对他在学校学习内容的看法,稍稍谈了他为什么学习拉丁文,以及他是否会继承父亲的职业,一个梳羊毛的工人。有些新来的儿童,没有处理羊毛的经验。其他儿童仔细地对他们作了解释。研究哥伦布14岁时的第一次航海,讲了当时缺乏地理知识的情况。他们回想起,在亨利王子逝世那年,他手下

---

① [美]劳伦斯·阿瑟·克雷明.学校的变革.单中惠、马晓斌译.上海:上海教育出版社,1994:157.

② [美]凯瑟琳·坎普·梅休等.杜威学校.王承绪、赵祥麟、赵端瑛、顾岳中译.北京:教育科学出版社,2007:5.

的探险家们已在非洲南部沿海航行,根据这一熟悉的事实,他们能够推测哥伦布早年的航行很可能仅仅在地中海。他们了解到哥伦布对航海的兴趣,他悉心收藏的书籍和图表,他的学习情况,他继承的在亨利王子手下当船长的岳父的地图和文献,以及他的决心寻找方法证明世界可以环航。作为补充,他们还进一步详细研究了哥伦布的出生地。①

由此可见,主动研究是杜威学校儿童理智和能力得以发展的根本方法。对于杜威学校所倡导的课程实施的方法,梅休曾指出:

> 至于方法,其目的在活跃与指导儿童的主动的研究,并使事实和原则的收集服从于理智的自我控制,以及使构思和解决问题的能力得到发展。无论何时,以取得的一定分量的知识或学习一定范围的题目作为目的,而牺牲每个儿童对研究方法和思想方法的掌握,并会造成巨大的损失。倘若儿童能保持他们自然的调查研究的倾向不受损害,到了适当的年龄,他们便能容易地、有效地掌握所需数量的事实并加以概括;反之,如果很早就把事实和概念强加给他们,扼杀寻找新的真理的自然兴趣,那么就流于以获得一些知识取代调查研究。②

二、儿童的兴趣

儿童和学科是研究实验学校课程的两大根基,其中,由儿童的冲动引发的兴趣则是建构课程的根本动力。"为便利起见,杜威把这些天生的冲动粗略地分为四类,即社会性冲动、建造性冲动、研究性冲动和表现性冲动。"③与这四类冲动相应的是儿童与生俱来的四种兴趣:交谈或交流的兴趣、探究的或发现的兴趣、制作或建造的兴趣、艺术表现的兴趣。④ 杜威是在系统研究和批判旧教育的基础上提出了上述的兴趣类型的,这四种兴趣既是杜威学校办学第一时期即1896—1898年期间教师实验课程是否适合儿童的根本依据,也是杜威学校实验前述表1-2中建构的课程主题是否适应儿童发展阶

---

① [美]凯瑟琳·坎普·梅休等.杜威学校.王承绪、赵祥麟、赵端瑛、顾岳中译.北京:教育科学出版社,2007:108—109.

② [美]凯瑟琳·坎普·梅休等.杜威学校.王承绪、赵祥麟、赵端瑛、顾岳中译.北京:教育科学出版社,2007:25.

③ [美]凯瑟琳·坎普·梅休等.杜威学校.王承绪、赵祥麟、赵端瑛、顾岳中译.北京:教育科学出版社,2007:30.

④ [美]约翰·杜威.学校与社会·明日之学校(第2版).赵祥麟、任钟印、吴志宏译.北京:人民教育出版社,2005:47.

段的根据。如以七班 10 岁儿童对科学的兴趣为例：

对于科学的兴趣

在科学的实验工作方面，兴趣集中在过程怎样产生结果。所以，生理学的研究，从机能方面开始。在稍稍研究了各种类型的杠杆的力学原理和讨论了人体肌肉的作用以后，他们开始活动手臂，发现手臂活动时肌肉的作用。当然，他们知道上臂有一根骨头，下臂另有一根骨头，上、下臂都靠肌肉活动。他们通过感觉和图表的帮助，找出肌肉连接的地方，发现这样的事实，即要是肌肉两端连接同一根骨头，并没有用处。于是研究神经的机能，产生了神经是"感觉运动使者"的通道的概念，神经通往大脑，又从大脑出来，使肌肉活动。从肌肉来的神经使我们知道正在发生的事情。[①]

上述案例阐明的是儿童的探究兴趣，主要是对科学问题的探究兴趣，这些科学问题主要源自对人体自身机能主动探究的兴趣。当课程真正基于儿童的各类兴趣之上时，儿童对问题的探究犹如滚雪球，一个主题可能会产生很多关联的探究问题，由此，课程的丰富性和关联性得以显现。

对于儿童上述四类兴趣的研究，贯穿在杜威认为实验学校值得试验的四类问题中，这四类问题是：

第一，如何使学校教育与儿童的家庭和邻里生活更密切地联系，如何克服学校和儿童日常生活之间的脱节现象？……第二，怎样介绍历史、科学和艺术，使它们在儿童自己目前的经验中有积极的价值和真正的意义？……第三，怎样使正式的和符号的学习的教学，即掌握读、写与明智地使用数字的能力的教学，以其他研究和作业作为它们的背景来进行？……第四，把儿童分成小班，有很多教师参加教学，它们试图系统地监督儿童理智的和身体的活动。……并且使他们能够联系学校工作对每个儿童心理和生理上的需要和能力，进行一定数量的调查研究……[②]

换言之，上述四类问题为教师开展儿童兴趣研究指明了大方向；据此所

① ［美］凯瑟琳·坎普·梅休等.杜威学校.王承绪、赵祥麟、赵端瑛、顾岳中译.北京：教育科学出版社,2007:147.
② ［美］凯瑟琳·坎普·梅休等.杜威学校.王承绪、赵祥麟、赵端瑛、顾岳中译.北京：教育科学出版社,2007:18—20.

记录的儿童兴趣和实验进展是判断课程是否适合儿童发展的关键证据。

三、对儿童个体和群体的观察

杜威倡导对儿童个体的观察与当时的儿童研究运动密不可分;从杜威学校的实践看,老师们践行较多的是对儿童群体的观察和记录。

(一)对儿童个体的观察

杜威关于教师的儿童研究方法的倡导和卢梭有相似之处,即认为观察是教师的儿童研究的主要方法;不同在于杜威倡导教师对儿童个体的观察,该倡导受到欧洲的儿童研究运动及詹姆斯的研究的影响。肇始于欧洲的儿童研究运动于19世纪末20世纪初在美国蓬勃发展。霍尔是美国儿童研究运动中的重要人物,杜威是该运动中的另一重要人物。当时杜威注意到了欧洲的儿童研究运动,阅读了英国著名心理学家、哲学家、伦敦大学学院哲学逻辑学教授萨利(James Sully)的《童年研究》(*Studies of Childhood*);并于1896年写了《评论萨利的"童年研究"》的书评,他写道:"他用大量篇幅介绍了儿童研究的目的与困难,以及观察的必要工具。萨利认为对儿童研究的兴趣部分是因为自然科学,部分原因是心理的需要。从总体方法上而言,是从长期的个体儿童的观察得出的。"[1]在讨论专业研究者的儿童研究和教师的儿童研究的区别时,杜威引用詹姆斯的观点指出:"对大多数教师而言,其(指心理学)最终价值的大小,在于它在哪种程度上使教师更准确和更充分地理解呈现在他们面前的不同的学生个体。有关儿童的纯粹普遍的理论和事实,绝不能代替对个体儿童的内在观察。"[2]换言之,在杜威看来,专业研究者的儿童研究重在得出关于儿童的纯粹普遍的理论和事实,而教师的儿童研究旨在通过对儿童个体的观察更好地理解每位儿童。

(二)对儿童群体的观察

对儿童群体的观察是杜威学校的老师们经常用的儿童研究方法。在《杜威学校》一书中,梅休呈现了老师对儿童群体观察的不少记录,一般在每一学季结束时,每个班的老师根据对班级儿童的观察写出班级报告,据此判断实验成功与否及其可能的改进依据。比如,在杜威学校课程的实验初期,

---

① John Dewey. The early works, 1882-1898. Carbondale : Southern Illinoisi University Press, 1972:368.

② [美]约翰·杜威.杜威全集·早期著作·第五卷.杨小微、罗德红译.上海:华东师范大学出版社,2010:161.

通过对一班和二班(4～5岁)儿童的持续观察,教师报告了这两个班儿童的发展状况。

我们的主要目的在于帮助一班的每个儿童能控制他自己和手头的少数简单材料。实际上,这是他控制整个物质世界的开始。……作为一个集体,他们已开始在某种程度上认识各自的权利,感到对保持整个幼儿园的良好条件负有一定的责任。他们已经取得一些对他们自己身体,特别是对他们的双手的控制的能力。……

二班的工作,就儿童的进步而论,更加明确了。儿童在搭积木方面获得了相当高的技能,为达到所希望的效果,对积木的恰当位置和关系应该怎样,有了正确的看法,让儿童自由游戏,当他们表现出感到他们自己在运用材料方面的缺陷的征象时,就予以指导。有时,每个儿童各自做一件工作;有时,大家一块儿工作,……①

特别需要指出的是,在杜威学校办学过程中,这样的报告是持续的,且其报告内容来源于对相对自由状态下主动作业的儿童的观察,由此进一步发现了儿童作为完整的人的整体存在。

第三节 杜威之后教师的儿童研究的倡导者

杜威之后,不论是国外还是我国,都有不少的学者倡导教师开展儿童研究。根据已有的文献,杜威之后教师的儿童研究的倡导者大致可以分为欧美、亚洲两类。

一、欧美教师的儿童研究的倡导者

国外的倡导者主要来自美国和苏联。美国的倡导者主要是蒲洛克(A. A. Bullock)和普雷斯科特(Daniel A. Prescott),苏联的倡导者主要是巴班斯基(Ю. К. Бабанский)。

(一)美国的倡导者

杜威之后,尽管有不少美国学者论及儿童研究,但倡导职前教师学做儿童研究的是蒲洛克,较早倡导在职教师开展儿童研究的则是普雷斯科特。

---

① [美]凯瑟琳·坎普·梅休等著.杜威学校.王承绪、赵祥麟、赵端瑛、顾岳中译.北京:教育科学出版社,2007:56—57.

1.蒲洛克较早倡导职前教师学做儿童研究

蒲洛克于 1926 年出版了《儿童研究大纲》(*An Outline of Child Study*)，当时中译本将其译为《儿童学实地研究》。蒲洛克认为，教师对儿童的敏感性只能通过系统的实地研究才能发展起来。诚如该书的介绍言中所指出的："蒲先生这本书的目的，就是使将来的教育儿童的人，实地做系统的观察以磨练他们的机警的。"[①]为了帮助职前教师学做系统的儿童研究，该书以操作手册的方式呈现了 36 课内容，每课都包括"观察""问题"两部分；这些内容涵盖儿童身心成长的诸方面，从婴儿期到青年期为止。如以"第一课　小引"[②]为例，其内容如下：

观察　1.试将你自己所认识的五个小孩的姓名、性别、年龄，都填写出来。

年龄	约零岁	约一岁	约两岁	约三岁	约四岁	约五岁
姓名						
性别(男或女)						

2.将以上之小孩与成人的四种不同要点写出。

(1)　　　　　　　　　　(2)

(3)　　　　　　　　　　(4)

3.写出一个极小婴孩和植物的两个相似点。

(1)　　　　　　　　　　(2)

4.说出一个年纪较大的孩子和动物的三个相类似点。

(1)　　　　　　　　　　(2)

(3)

5.教员虽然不是一位

(1)"医生"，但是他应该明了儿童生理，因为……

(2)"保姆"，但是他应该学初生的小孩，因为……

(3)"科学家"，但是他应该知道小孩之遗传性，因为……

(4)"牧人"，但是他应该知道家庭的，国家的，卫生的状况，因为……

---

① 蒲洛克.儿童学实地研究.上海:商务印书馆,1926:介绍言.

② 蒲洛克.儿童学实地研究.上海:商务印书馆,1926:1.

问题 （甲）当研究儿童（生理与心理两方面上）时父母和教员，应当在什么方法中合作呢？

答：

（乙）教员较父母所更当知道的特性是什么？

答：

（丙）现在用十或廿个字，将儿童两字，详细的定义写出。

从该书内容不难发现，蒲洛克试图引导职前教师通过研究来创造关于儿童的知识及儿童与成人、儿童与动植物之区别的知识；同时，蒲洛克所指的儿童的年龄段类似于《儿童权利公约》所设定的年龄段。

2. 普雷斯科特较早倡导在职教师开展儿童研究

曾任职于芝加哥大学、马里兰大学等高校的普雷斯科特认为，教育过程是复杂的，教育过程的复杂性源自于每位儿童的独特性；为了帮助教师理解班里每位儿童的独特性，以便能做出更适合儿童学习和成长的决策，他倡导中小学教师通过儿童研究来发现每位儿童的独特性。他和美国不同州的中小学教师一起历时 16 年开展儿童研究[①]，在试验早期，参与者主要来自于南卡罗来纳州的公立学校，参加儿童研究项目的中小学教师选择自己感兴趣的儿童开展研究，详细记录儿童成长的阶段性数据，并据此对儿童的动机、行为、发展任务等做出深度的解释，在此过程中，他作为咨询者参与教师们的儿童研究，为教师的儿童研究提供所需要的咨询。教师的儿童研究试验的第二阶段，德克萨斯州、路易斯安那州、马里兰州等州的中小学教师加入到试验的行列。1947 年，普雷斯科特在马里兰大学成立了儿童研究协会（Institute for Child Study），格兰特基金会（Grant foundation）获悉该机构对教师职业、美国儿童成长的长远价值，向他们提供了资助。

普雷斯科特倡导教师们通过临床方法（clinical approach）开展儿童研究，该方法的核心是组建儿童研究小组，由研究小组中的教师自行选择感兴趣的儿童进行连续观察。儿童研究小组的研究过程大致如下[②]：首先，每所愿意参与儿童研究项目的学校组成 10 人研究小组，小组中的每位老师选择一名他自己所任教的儿童，持续收集 1 年的数据，在这 1 年中小组中的每位

---

① Daniel A. Prescott. The child in the educative process. New York：McGraw-Hill，1957：Preface ix-xii.

② Daniel A. Prescott. The child in the educative process. New York：McGraw-Hill，1957：101-106.

成员都向儿童研究小组解释自己所研究的儿童;这样,通过 1 年的研究,每个儿童研究小组的老师至少理解了 10 名儿童。其次,每位教师要收集 7 种来源的儿童研究数据,这 7 种来源主要指校内或学校周围儿童活动的不同情景;收集一段时间的数据后,收集数据的老师向儿童研究小组成员展示自己所收集的数据,研究小组的老师从数据的客观性、描述性、广度和重要性四个方面来评价所收集的数据,并通过讨论帮助收集的老师明确还可以从哪些来源收集数据、如何以有效的方式记录数据。最后,经过 3~4 个月的数据收集时间,参与者运用多种假设技术来分析数据,聚焦于儿童反复发生的行为并试图找出行为为何反复发生的可能解释,最终能真正理解儿童的行为。

从普雷斯科特的著作中不难发现,其所倡导的教师的儿童研究和蒲洛克的相通之处在于,两者都旨在倡导职前或在职教师通过儿童研究提升对儿童的敏感性,据此真正基于对儿童的理解做出科学决策。

(二)苏联的倡导者

关于教师的儿童研究,苏联的倡导者主要是巴班斯基;1983 年,我国一些学者曾对此做了引介。[①]

巴班斯基认为,为了顺利实行个性化教学,需要系统地研究学生。[②] 为了实现教学过程的最优化,教师研究学生时最值得研究的内容是学习的实际可能性。所谓"学习的实际可能性",指的是"以个性为中介的、决定着具体个性在学习活动范围内的潜力的内部和外部条件的统一"。[③] 为了帮助老师们在实践中研究学生学习的实际可能性,巴班斯基提出了最基本的,但又比较完整的研究学生的大纲(见表 1-3)[④]。

[①] 可以参阅:Ю·巴班斯基.要系统地研究学生.施小珍译.外国中小学教育,1983(1):22—23.高文.研究学生——实现教学过程最优化的重要前提(Ю·K·巴班斯基教学论思想述评之三).外国教育资料,1983(3):5—18.

[②] [苏]Ю·巴班斯基.论教学过程最优化.吴文侃等译.北京:教育科学出版社,2001:176.

[③] 转引自高文.研究学生——实现教学过程最优化的重要前提(Ю·K·巴班斯基教学论思想述评之三).外国教育资料,1983(3):6.

[④] 高文.研究学生——实现教学过程最优化的重要前提(Ю·K·巴班斯基教学论思想述评之三).外国教育资料,1983(3):11.

表 1-3 研究学生的基本大纲

学生姓名	1
政治思想和道德修养	对待社会利益和个人利益的态度　对国内外重大政治事件的态度　参加集体活动的自觉程度　完成团队委托任务的意向　在集体面前对个人行为负责的责任感　对破坏公共利益的行为的态度
学习态度	努力学习的愿望　对学习成败的体验　完成教师的要求和建议的意向　对学习的个人意义和重要的社会意义的认识
主要兴趣和爱好	最喜爱的学科　最感兴趣的课外活动
智力的发展	区分教材重点的能力　掌握知识的速度　思维的独立性　思维的灵活性
一般学习技能和技巧	合理组织学习活动和安排家庭作业　学习中的自我检查　读、写、算等基本技能的速度
意志品质	在达到预定目的过程中意志的顽强性　克服学习困难和不良行为的志向　注意力的集中程度
文化视野和审美的发展	知识的渊博程度　兴趣的广度　善于发现和欣赏艺术的美和生活的美　积极参加和美育有关的集体活动
身体的发展	健康状况　学习和其他类型活动中的疲乏程度
学生的行为和遵守纪律的自觉性	对遵守学生行为守则的社会意义和个人意义的认识　遵守守则的自觉程度　能否进行自我教育,改进自己的行为　能否与破坏纪律的行为作积极斗争
家庭的教育影响	家庭对形成学生求知欲的态度　能否为学生的学习创造良好的物质生活条件　家庭成员的榜样对学生的影响
家庭住地附近同龄人的教育影响	空余时间自由活动的性质　同龄人的榜样对学生行为的影响
各门学科原有的学业水平	13
学业不良和缺乏修养的主要原因	14

（表格右侧编号依次为：1、2、3、4、5、6、7、8、9、10、11、12、13、14）

　　除了运用上述大纲研究个别学生学习的实际可能性外,巴班斯基也提出了对班级学习的实际可能性进行研究的大纲,这样的研究可以为班级的教学设计提供依据。

　　除了明确教师的儿童研究内容外,巴班斯基认为,教师要科学地研究学生,还需要一套科学的研究方法。巴班斯基认为,在选择研究学生的一整套方法时,必须尽可能地考虑下列要求:

（1）采用各种形式的方法研究学生，以保证获得关于学生的学习实际可能性全部基本成分的多方面的信息，并有利于对所获得的结果进行对照；（2）把学习可能性的外部和内部方面统一起来加以研究；（3）把全面研究学习可能性的方法与从中区分出能最明显地说明学习可能性的长处和短处及发展的主要方面、基本品质的方法结合起来；（4）统一地研究个性的活动、意识和态度；（5）研究个性各品质之间的相互联系和依存关系；（6）从尽可能多的可靠的、相互验证的资料来源中获得信息；（7）以动态观点对待个性的研究。①

基于上述要求，巴班斯基提出了研究学生的一系列方法：访谈法、观察法、诊断性作业、研究学校的有关文件、教育会诊。② 其中，教育会诊是指为了专门的目的——根据研究学生的大纲讨论学生的鉴定——而召开的由该班全体教师参加的会议。教育会诊是在上述各种方法的基础上定期召开的。

尽管巴班斯基对教师如何便利地开展儿童研究考虑得很周全，但其周全的背后不难发现，巴班斯基把教师视作儿童研究的执行者。

二、亚洲教师的儿童研究的倡导者

从已有的文献看，亚洲教师的儿童研究的倡导者主要分布在我国和日本。

（一）我国民国时期教师的儿童研究的倡导者

民国时期，受欧美的儿童研究运动的影响，一些学者倡导职前教师或小学教师学做儿童研究。如刘询牧撰文指出："师范生研究儿童不宜仅偏于心理方面，便是生理方面，也得要同样的注重而不可忽略。所以研究的对象是整个的儿童，'儿童心理'这科的名称不大完全，应改为'儿童研究'或'儿童学'。"③他对当时教育部已完成草案但未颁布的师范教育课程中没有包括"儿童研究"课程很不满意，进一步撰文指出他对儿童研究课程的学时等的设想："第二，我认为'教育心理学'改为三学分，'儿童研究'独立而为二学分或三学分的办法比之教育部所订的要妥善一点，一方面教材的支配可以不

---

① 高文.研究学生——实现教学过程最优化的重要前提（Ю·K·巴班斯基教学论思想述评之三).外国教育资料,1983(3):12.

② 高文.研究学生——实现教学过程最优化的重要前提（Ю·K·巴班斯基教学论思想述评之三).外国教育资料,1983(3):12—16.

③ 刘询牧."儿童研究"列为师范生及中等以上女生必修科之建议.中华教育界,1931,19(1):25.

致为时间所窘迫,一方面可以把对于儿童研究特别注重。"①由此可见,刘询牧不仅提出了职前教师的儿童研究内容,还提出了该课程的学时安排等的构想。

倡导小学教师开展儿童研究的是当时美国留学归来的王欲为。他认为小学教师需要开展儿童研究的理由有四:

(1)从民族主义上着想,我们不容不研究儿童。因为儿童为未来的国民,要实现民族主义,必须对现在的儿童身心各方面,加以注意,使成为将来的健全国民,我们小学教师如能对下代国民多种些良好种子,那就不啻是民族主义的信徒了。(2)从儿童中心教育上着想,更须研究儿童,因为新旧教育不同之点,在于前者以学校或教材为主体,而后者以儿童作为主体。今日新教育上一切设施,都要顾到儿童之身心方面,如若我们教师对这方面,没有相当的知识,就谈不上儿童中心教育了。(3)从教师专业的兴趣上着想,我们对于儿童有研究之必要,爱护儿童,为我们当教师之重要条件,如若教师随时注意他的发育,解决他的可能,就可以格外增加专业上无限的乐趣,则不是仅在书本上的教授,就算尽了我们当教师的责任呢!(4)从教师的专技上着想,更须研究儿童,儿童为教育科学的对象,儿童研究发达以来,教育科学上,便开了一新纪元,教师所具的专技,如教授法、训育方法等,都是根据儿童得来。我们教师对儿童本身都不知道,那就好像铁匠不知道铁的性质一般,儿童研究一科,在欧美各国为师范生所必修的学科了。②

王欲为还提出了小学教师的儿童研究内容和方法:

(1)儿童自发活动的观察——儿童自由动作,不受外来的影响,我们观察的方法,有下面几种:①观察室的观察,……在一观察室,将儿童久留其中,加以特殊的设备,将儿童的运动记录下来,观察的人轮流担任,可以连续观察下去;②摄影器的记载;……③一面透光的屏障——以上几种方法,多半对于婴儿方面,至于较大儿童见到观察的人时,他的行动会有极大的影响。所以…在实验室,采用一面见人的屏障,以减少这种障碍。④观察要点表。儿童一天长大一天,他的行为,也就一天复杂一天。所以对于自发活动,难以记载正确,观察者,常用一表格纸,

① 刘询牧."儿童研究"列为师范生及中等以上女生必修科之建议.中华教育界,1931,19(1):25.

② 王欲为.儿童研究与小学教师.江西教育行政旬刊,1932,1(7):6.

将儿童会做的事物的名称统统列下,然后再观察时,一一记下来,这种比较新的方法,将儿童的行动,不偏不倚的记载下来,自然极有价值。

(2)测验环境的反应,……即儿童在控制的环境下,观察他的反应如何。①比较观察或同时观察——这种方法,……就是将两个不同月生的儿童同时同地来比较的观察他们的行为上所表现不同的点。②问题解决的动境(笔者注:即情境)。上面方法,任儿童自发活动来观察,自然来得慢,设用一问题的动境,那么儿童的反应的程度如何,立刻可看出。

(3)个案研究法——此法系从各教师、家长、学生,各方收集关于特殊儿童一切可靠之事实。

(4)心理诊断法——凡儿童有某种缺陷,而须矫正的,都送来病院研究。

(5)社会调查——由社会研究的统计报告得出社会一因素,对于儿童发育占重要位置,关于此类事实之证明,可观察同一儿童在各种环境状况下的变异。①

上述内容在当时教师的儿童研究的科学内容和方法缺乏的背景下,很有前瞻性;与此同时,也不难发现,尽管王欲为认为这些是教师的儿童研究内容和方法,但实际上主要是介绍了欧美国家儿童研究运动中产生的方法。比如诊断法、问卷调查法等就是欧美儿童运动中提出的方法。

(二)日本晚近教师的儿童研究的倡导者

教师的儿童研究在日本的兴起,既与佐藤学(Manabu Sato)先生推进学习共同体建设有关,又与日本晚近蓬勃发展的儿童学专业的创办有关。

1.佐藤学的倡导

为了突破日本学校改革的困境,佐藤学从 2000 年开始推进学习共同体建设的学校改革研究。通过在日本中小学多年的改革实践,佐藤学认为,学校办学的目的和教师的重要职责并非是"上好课",而是"实现每一个儿童的学习权,保障挑战高水准学习的机会,为民主主义社会作好准备"②。根据这样的价值追求,佐藤学明确提出:"校本研修的研讨原则如下:第一,研讨的对象不是放在'应当如何教'的问题上,而是基于课堂的事实——'儿童学习

---

① 王欲为.儿童研究与小学教师.江西教育行政旬刊,1932,1(7):6—7.
② [日]佐藤学.学校的挑战.钟启泉译.上海:华东师范大学出版社,2010:166.

的成功之处何在,失败之处何在'"①;换言之,在佐藤学看来校本研修的重点不是研究教师的教学技术,而是研究儿童的学习状态。

如下记者的访谈能更鲜活地洞察到佐藤学对教师开展儿童研究的倡导。2016 年 3 月 15 日,佐藤学应厦门市湖里区教育局邀请前往该区的蔡塘学校,在听课和讲座的间隙,佐藤学接受了厦门日报记者的采访。如下采访内容大致可以看出,佐藤学先生极力倡导老师们在课堂中要研究儿童的学习状态,特别是有学习困难的儿童;同时,佐藤学也希望老师们去留意课堂中师生之间是否真正建立了信任关系,衡量信任关系是否建立的标志是不懂的学生能否大胆地直言"我不懂":

记者:您第一次来福建,看了一个上午,看出什么?

佐藤学:有没有注意到我在哪里听课?

记者:一直站在教室的前面。

佐藤学:是的。每次我去学校听课,一定要站在教室的最前面,因为这样我可以看到学生的脸,方便我观察学生的状态,譬如说,有几个学生是需要帮助,学生和老师相互之间关系。很奇怪的一点,有经验的老师即使是第一次和学生见面,但是,进入课堂的第一分钟,他马上可以把那些需要帮助的学生看出来,这些学生通常在困难面前,容易放弃学习,他们又不愿意和别人沟通,自己做自己的。

我评课的标准是,我要看看,这堂课,老师是否以这些学习困难孩子为中心,先看这些孩子的学习,再去看其他孩子整体学习。

第二个,我看老师和学生的关系,是否相互之间形成柔软关系,即孩子是不是信任老师,所谓信任,指的是,当学生不懂时,能不能说我不懂。

记者:但是,今天,听课的老师大都坐在教室后面。

佐藤学:是的,比较可惜的是,听课的老师是坐在后面,这样,他们是看不到学生学习表情的,只能看到他们的脑袋而已。

为什么老师都坐在教室后面? 这是因为我们以前的课堂研究都是在看老师怎么教,因此,我们坐在后面就可以了。但是,今天我们的课堂,要以学生为主,要看学生怎么学,因此,评价一堂课,80% 需要看学

---

① [日]佐藤学.学校的挑战.钟启泉译.上海:华东师范大学出版社,2010:168.

生,20％才看老师,更多地讨论学生怎么学,到最后才会帮助到教学。①

需要指出的是,佐藤学先生尽管没有专门撰写以"教师的儿童研究"为标题的论文或书籍,但这样的倡导已经融入他的包括《学校的挑战》《教师的挑战》等多本重要著作中。

2.儿童学专业创办者的倡导

从上面不难看出,佐藤学主要通过推动在职教师研究儿童的学习状态来创建学习共同体。与此不同,日本儿童学专业的创办者则是引导职前教师开展儿童研究。日本儿童学专业的创办与日益复杂的社会环境密不可分。面对日益复杂的社会环境,日本社会期望深入、全面地研究儿童问题,培养具有理论和实践能力的儿童研究和教育专业人员,以改善儿童成长与学习的环境,促进儿童健康成长;与此同时,日本教育界人士也开始反思大学在培养儿童研究和儿童教育专业人员方面的缺陷;有鉴于此,20世纪90年代开始,日本不少大学开始这方面的探索。从2002年开始,日本一些大学新设"儿童学"系、"儿童学"专业;到2006年,日本全国有63所私立大学新设了"儿童学"系、"儿童学"专业。如日本东大阪大学成立了儿童学系,设置了"儿童学"本专科专业。该专业课程分为一般教育课程、儿童学专业课程和教育与学科教育专业类课程(选修)三部分。其中儿童学专业课程占54.3％,处于整个培养方案的核心地位,不仅其所占学分比重最大,课程门类较多,而且课程内容涉及儿童学基础研究、儿童学专业综合性学习等许多方面,以培养从事儿童问题研究和儿童教育的专业人员。为了帮助职前教师开展儿童研究的实践,日本东大阪大学还成立了"儿童研究中心",该中心架构的课程之一是"育儿实践观察研究"课程。该课程分为前后期A、B两门。A是比较静态的、旁观的;B是比较主动的、参与的。课程有几个环节:一是观察记录;二是教材制作与教材运用实践;三是参与体验育儿活动,四是研究报告。② 以下是"育儿实践观察研究A"的课程大纲(见表1-4)。

---

① 畲峥.日本教改专家佐藤学:想把日本老师带到蔡塘来学习.http://xm.fjsen.com/2016−03/17/content_17509651_3.htm.

② 方明生.儿童学专业教育模式探究:教育・研究・育儿援助一体化的"儿童研究中心"之建设——访日本东大阪大学副校长、儿童研究中心主任吉冈真知子教授.外国中小学教育,2012(5):36.

表 1-4　"育儿实践观察研究 A"课程大纲①

课题：(目的、目标) 观察在育儿场所进行育儿活动的家长和保育人员的作用，并展开研究。 授课内容概要： 观察、体验育儿场所中家长和保育人员与儿童互动的情况，了解育儿活动的实际情况。 学习观察方法、观察时的视角、记录方法等实践观察研究方法。课程的大部分时间是体验学习。 课程结束后达到的效果(达到的目标) 观察家长和保育人员与儿童互动的方法、援助的方法，并习得其中的技术(观察方法、实际育儿方法)。 授课计划(每次的题目、内容、授课方式等) 1.了解观察方法与记录方法，制定实践观察计划。 2—14.体验实习：①分小组在儿童研究中心、附属幼儿园进行体验学习；②整理记录；③参加星期六的"亲子游戏"活动，并进行观察；④教材制作实践活动。 15.归纳实践观察研究中学习到的内容，写作研究报告。 ＊实践课程有人数限制，规定为 50 人，人数超出时，抽签选定。 学分认定方法及标准 依据观察计划、实践情况、记录、最后提交的研究报告进行评价。 对听课学生的要求 实践课不允许中途缺席、星期六不参加等情况。不进行实践观察记录或不主动参加实习的人不能参加本课程。

　　上述欧美和亚洲学者对儿童研究的倡导，进一步昭示，不论是职前教师还是在职教师，儿童研究是教师成为经师和人师的重要使命。

　　①　方明生.儿童学专业教育模式探究：教育·研究·育儿援助一体化的"儿童研究中心"之建设——访日本东大阪大学副校长、儿童研究中心主任吉冈真知子教授.外国中小学教育,2012(5):37.

第二章　教师的儿童研究的先行者

要改革教育必须从儿童入手。仅仅研究历史上的大教育家,如卢梭、裴斯泰洛齐或福禄贝尔等人是不够的,他们的时代已经过去。我也反对自己被推崇为本世纪最伟大的教育家,因为我所做的不过是研究儿童,表达他传递给我的信息,这就是蒙台梭利教学法。充其量,我只是孩子的代言人。①

在历史的长河中,教师的儿童研究领域能持续得以深化,除了前述教师的儿童研究的倡导者做出重要贡献外,教师的儿童研究的先行者们是推动并深化儿童研究实践的主要力量。阐明上述观点的蒙台梭利就是教师的儿童研究的先行者,诚如台湾学者林玉体指出的:"以科学方法来研究儿童,成就最引人注目且影响力最大的,首推意大利女医学博士蒙台梭利。"②蒙台梭利认为,与卢梭等同样珍视儿童之独特价值的教育家不同,她是通过儿童研究发现儿童并建构起蒙台梭利教学法的。蒙台梭利之所以这样认为,是因为这些教育家并没有亲自从身边的儿童出发来构建教育教学,如卢梭尽管倡导教师开展儿童研究,但他的教育理论主要基于爱弥儿这一他"想象的学生"③建构的;又如裴斯泰洛齐则是在他的学校采纳了卢梭构想的课程。除了蒙台梭利,教师的儿童研究的先行者们还有意大利瑞吉欧教育的开创者们、美国展望学校的创办人帕特丽夏·F.卡利尼等。

---

① [意]玛丽亚·蒙台梭利.新世纪的教育.郭景皓译.北京:中国发展出版社,2015:6.
② 林玉体.西方教育思想史.北京:九州出版社,2006:573.
③ [法]卢梭.爱弥儿:论教育(上卷).李平沤译.北京:人民教育出版社,2001:25.

第一节　蒙台梭利：儿童研究的先行者

职前或在职教师开展儿童研究是欧洲不少国家的共识，如近年来颇受世界各国关注的芬兰，其教师教育成功的原因之一在于倡导"研究为本"的教师教育，芬兰的师范生大一就开始观察和研究儿童。[①] 尽管如此，但教师的儿童研究富有影响力的先行者是意大利的蒙台梭利。蒙台梭利出生于1870年，是意大利的幼儿教育家、第一位女医学博士，在蒙台梭利富有创造性和意义感的一生中，这两者是紧密相连的。意大利在古代是罗马文明的昌盛地，13世纪末成为欧洲文艺复兴发源地，然而，在蒙台梭利出生之前的很长一段时间里，意大利却被欧洲人遗忘了。因此，从某种意义上说，是蒙台梭利对教育的贡献重振了意大利。立志学医在当时保守的欧洲社会是荒谬的，蒙台梭利冲破一切困难和阻力，于26岁获罗马大学医学博士学位。蒙台梭利从医学领域转向教育领域，与她从事医学临床研究过程中的发现有关："在她进行医学研究时，她常到罗马救济院选择数个心理失常的病人作为临床实验的对象。她发现导致这些不幸孩子的病症的，不是医学问题，而是教育问题。"[②]为此，蒙台梭利深刻地指出："今天，研究医学、哲学或社会学的任何一个分支，如果不从研究有关儿童的生活的知识出发，那么，要想取得成果已经是不可能的。……儿童研究不仅把儿童作为一种肉体的存在，更作为一种精神的存在，从而给人类的发展提供一种强有力的刺激。"[③]蒙台梭利一生出版了多部对世界幼儿教育产生重要影响的著作，如《蒙台梭利教育法》《蒙台梭利早期教育法》《蒙台梭利儿童教育手册》《童年的秘密》《发现孩子：了解和爱孩子的新方法》等，这些著作都不同程度地论述了教师的儿童研究的价值、方法、内容等。

---

① Pertti Kansanen. Teacher education in Finland：current models and new developments. In Bob Moon，Lazar Vlasceanu & Leland Conley Barrows(eds.). Institutional approaches to teacher education within higher education in Europe：current models and new developments. Bucharest：UNESCO-CEPES，2003：91-92.

② 林玉体.西方教育思想史.北京：九州出版社，2006：575.

③ ［意］玛丽亚·蒙台梭利.童年的秘密.单中惠译.北京：京华出版社，2002：3—4.

一、确立新的儿童观

　　蒙台梭利所处的时代,很多儿童根本上不了学,即便是有幸能上学的儿童,其在学校里往往遭受着身体和心灵的双重桎梏,图 2-1、图 2-2、图 2-3 大致可以窥见当时儿童的处境。

图 2-1　大多数孩子根本没有上过学,尤其在意大利,孩子们一有能力做点有用的事情,就被派去劳动。在 1901 年时,只有一半不到的意大利人会读书写字。①

图 2-2　这是 1875 年时学校的教和学。这种教学风格被恰当地称作"粉笔加谈话"。学生们注意力不集中,几乎没学到什么的情况是不足为奇的。②

图 2-3　"顽皮的学童"是画家给这幅画起的标题。一个女孩正被戴上笨伯之帽(旧时学校中给成绩差的学生戴的圆锥形纸帽)。另一名女孩正跪在教师的面前受惩罚。第三个睡着了。在这个教室里,几乎没有一点点可以让学生感到兴奋和有趣的东西。③

---

①　米歇尔·波拉德.蒙台梭利传.陈美芳译.上海:世界图书出版公司,1997:2-3.
②　米歇尔·波拉德.蒙台梭利传.陈美芳译.上海:世界图书出版公司,1997:2-3.
③　米歇尔·波拉德.蒙台梭利传.陈美芳译.上海:世界图书出版公司,1997:2-3.

蒙台梭利转向教育领域后,她立志要创建一种有儿童的教育。她早期主要研究智力有缺陷的儿童,1907 年创办"儿童之家",致力于正常儿童的研究。通过持续的儿童研究,蒙台梭利确立了新的儿童观。

(一)儿童是具有内在发展力量、自主成长的人

儿童观是指对儿童的看法和态度。当时教育界中流行的观点是:儿童是小野蛮人,一离开教师的视线,儿童就会表现不好,因此,必须驯服儿童,必要时应该惩罚之。蒙台梭利认为,儿童生来就有自己内在的发展力量,儿童成长过程中出现种种问题不是儿童本身之过,而是作为成人的老师或父母限制了儿童的成长。蒙台梭利通过儿童研究发现,有吸收力的心理就是儿童内在的发展力量。儿童的有吸收力的心理是一种与生俱来的能力,这种能力能否促进儿童成长关键在于成人能否加以呵护,对此,蒙台梭利曾详述如下:

> 儿童具有一种依靠自己而能够吸收的心理,这一发现给教育界带来了一场革命。我们现在能够轻而易举地理解为什么人的发展的第一时期,性格形成时期,是最为重要的。正是在这个时期儿童最需要一种明智的帮助,影响其创造活动的任何障碍都将影响其充分的发展。我们应该帮助儿童。由此,我们不再把儿童视为一种弱小的生物,而是赋予儿童一种巨大的创造能力,然而这种能力非常脆弱,需要爱和正确的保护。我们要帮助的是这些能力的形成,而不是儿童,也不是儿童的弱点。当我们懂得这些能力属于一种无意识心理,而其只有通过活动及其通过从世界上所获得的生活经验才能变为有意识时,我们就会意识到儿童幼年心理是不同于我们的,我们既不能够通过文字教学来达到目的,也不能直接干涉儿童所经历的从无意识到有意识的过程(这是一个形成人的能力的过程),那时教育的整个概念就改变了。教育的任务就变成了为儿童的生活、为人的心理发展提供帮助,而不再是记忆词语或概念这种强迫性的任务。

> 这就是为教育铺设的一条新路,它旨在帮助儿童心理发展过程中的心理形成,旨在帮助和加强儿童的多种能力。①

由此可见,蒙台梭利认为,儿童是通过有吸收力的心理实现自主成长

---

① 　[意]蒙台梭利.蒙台梭利幼儿教育科学方法.任代文主译校.北京:人民教育出版社,2001:346—347.

的,这种成长既是一种由内而外的过程,又需要得到成人明智的帮助。蒙台梭利指出:"成长是一个神奇的过程。在成长的过程中,有一种内在的能量在启动新生儿原本能够自主的身体。这个能量一启动,新生儿的手脚便开始运动起来,他也开始学说话了。……"①尽管新生儿生而自主,会用包括眼耳鼻、手脚等感知周围世界,会通过不同的方式如哭、笑等来表达自己的意愿,但在较长的一段时间里,婴儿无法独立自主地行动,这就需要成人去仔细观察并了解婴儿的需要,并为其成长创设适宜的环境。蒙台梭利认为,0~3岁期间婴幼儿经历的成长环境为其一生的发展奠定了成长基础。后来,脑科学等学科的研究进一步证实婴幼儿期间身心健康发展的重要性。

(二)儿童是自我和世界的创造者

蒙台梭利认为,儿童是自我创造者。儿童的自我创造是一种隐性的能力创造,这种自我创造主要在3岁之前完成。留心的父母们都曾发现,在3岁之前,儿童的语言、情感、动作、身体、与外界交往的方式等都在不断发生着变化,这些变化即是儿童的自我创造。对于儿童3岁之前的自我创造及其自我创造潜能对后续发展的影响,蒙台梭利曾这样写道:

> 3岁之前,各种功能尚处于被创造的阶段,而3岁以后,它们就处于发展的阶段。这两个阶段之间的分界线使人想起了希腊神话中那条遗忘川。我们发现,回忆3岁以前的往事,极为困难。心理分析千方百计想把人的记忆拉回到过去,但是一般来说,没有人能够把记忆推到比3岁更远的地方。所以,即使某种情境很激动人心,身临其境者也不能告诉我们有关它的任何情况,因为此时造化正在从无到有地创造我们。

> ……

> 不过,到这个阶段结束的时候,儿童已经获得了自卫的能力。假如他感到自己受到了成人的压制,那么他就会进行言语抗议,或者逃遁,或者搞恶作剧。儿童的真正目标不是保护自己,而是驾驭他身处的环境,从中寻求发展的途径。准确地说,他要发展的是什么呢?是迄今为止他一直在创造的所有能力。所以,3岁到6岁的这段时期,他开始进入一个真正的建设时期,因为他现在能够从容自如地、自觉积极地应付其环境了。他先前创造的各种潜隐的能力现在能够显露出来了,因为

---

① [意]玛利亚·蒙台梭利.发现孩子:了解和爱孩子的新方法.胡纯玉译.北京:中国发展出版社,2003:16.

他现在有各种机会在其周围世界中有意识地寻觅经验。这种经验或经历并不仅仅是游玩或一系列毫无目的的活动，而是其成长所必须从事的工作。①

蒙台梭利发现，3～6岁阶段是儿童自我建设的时期；在该时期，儿童特别希望能驾驭自身所处的环境，据此，当儿童发现他不能驾驭其所处的环境时，他往往会用各种不同的方式自卫。如果教师或家长不理解儿童的自我方式，往往会为其贴上调皮捣蛋、不乖等标签。儿童的自我创造和自我建设是紧密相连的。

"儿童是世界的创造者"②，蒙台梭利通过毕生的儿童研究于晚年提出此观点。儿童创造世界的能力和自我创造能力一样是与生俱来的，成人的职责是帮助儿童创造力的发展。儿童的创造力是通过主动吸收环境得以发展的。儿童主动吸收环境和被动接纳环境或任由环境摆布有本质区别，这种本质区别体现在，前者是根据自身的内在冲动或兴趣有选择地吸收印象，后者是像镜子一样接纳，这种接纳本质上仍是像容器一样被填塞或被塑造；对此，蒙台梭利如是说："儿童具有一个渐进的敏感期，这个敏感期几乎持续到5岁，并使他具有真正惊人的能力从他的环境中吸收印象。儿童是一个积极的观察者，通过他的感官吸收印象，但这并不意味着他像镜子一样接纳它们。一个真正的观察者是根据一种自身的内在冲动、一种感觉或特殊的兴趣而行动的，使他有选择地吸收印象。"③

据此，为儿童提供适宜的环境至关重要。这样的环境创造不是基于模仿，而是基于儿童研究。如前述图2-3所示，意大利当时教室的典型设置是长凳、长椅或固定的凳子，且是按照成人的想法制作的。蒙台梭利认为，这样的环境会桎梏儿童的成长。为此，在儿童之家，蒙台梭利基于之前对儿童的持续研究，按照儿童的特性开创性地设计了适宜儿童成长的环境，如下内容就是蒙台梭利对第一个儿童之家环境的描述。

　　学校设备的改进主要是取消了一般的课桌、长凳或固定的椅子。我设置了一些又宽又结实的八边形和带八条腿的桌子，它既稳定又轻便；两个4岁的孩子可不费力地挪动它。另外的桌子呈长方形，而且很宽；长的

---

①　[意]玛利亚·蒙台梭利.有吸收力的心理.江雪编译.天津：天津人民出版社，2003：141.

②　[意]玛利亚·蒙台梭利.有吸收力的心理.江雪编译.天津：天津人民出版社，2003：4.

③　[意]玛丽亚·蒙台梭利.童年的秘密.单中惠译.北京：京华出版社，2002：73—74.

一边可坐 2 个孩子,如果坐挤点可坐 3 人。还备些较小的桌子,供 1 个孩子单用。

我还设计和制成一种小椅,原来打算用藤制,但经验表明藤椅不太耐用,所以现已全改为木椅,它们轻便美观。另外,在每间教室放置一些木质或柳条编的小扶手椅。

教室里的另一设施是一小盥洗间。盥洗架很低,3 岁小孩也能使用。盆架涂以白色防水瓷漆。盆架除了有较宽的上下两层架子可放小白搪瓷盆和小壶外,侧面还有小格子可放肥皂盒、指甲刷、毛巾等。另有一水容器,用于专盛盆中倒出的脏水,如可能,还放一个小柜橱,每个孩子占据一块空间,放自己的肥皂、指甲刷、牙刷等物品。

每个教室有一长排专门设计的装教具的低矮柜橱,橱门易开,孩子们自己照管教具。橱顶放植物盆和鱼缸,或各种给孩子随意玩的玩具。教室里设有很多黑板,挂得很低,最小的孩子也能在上面写画。每块黑板一侧放有一个装粉笔的小盆和一块擦黑板的白布。①

尽管当下多数幼儿园的环境基本上都是按照儿童的需要创设的,但在 20 世纪初,蒙台梭利从儿童出发布置环境的探究是富有开创性的。

为儿童创设适宜的环境绝不是成人对儿童的迁就或放任自流。在谈到儿童之家为儿童所创设的专门环境时,蒙台梭利指出:"在这个方面,我们的观念既不是要成人为儿童做一切事情,也不是要成人在一种被动的环境中让儿童放任自流。"②换言之,所创设的环境是否适宜,关键要看是否满足儿童的内在需要。对此,蒙台梭利曾非常形象地引用儿童自己的话来阐明何谓儿童的内在需要:③

在我们学校为儿童准备的那个专门环境里,儿童自己找到了一句表达这种内在需要的话:"帮助我让我自己来做!"这种自相矛盾的需要是多么的意味深长!成人必须帮助儿童,但应该用这样的一种方式去帮助他,即让儿童可以独自地活动和进行他的实际工作。这句话不仅描述了儿童的需要,而且描述了他从自己的环境中获得的东西:他的周围必须有一个生气勃勃的而不是死气沉沉的环境。他不仅要一个自己能支配和享有乐趣的环境,而且要一个将帮助他自己去发挥作用的环境。

---

① [意]玛利亚·蒙台梭利.蒙台梭利方法.江雪编译.天津:天津人民出版社,2003:59.

② [意]玛丽亚·蒙台梭利.童年的秘密.单中惠译.北京:京华出版社,2002:263.

③ [意]玛丽亚·蒙台梭利.童年的秘密.单中惠译.北京:京华出版社,2002:262.

除了环境外,蒙台梭利一直强调,不论是家长还是教师,不应根据成人的推测或需要随意终止儿童自身的努力,而应在儿童需要时提供适宜的帮助。如下案例呈现了一位不善于尊重儿童自身努力的教师:

> 有一天,一群孩子围成一圈有说有笑。圈子的中间有个水盆,盆里漂浮着一些玩具。学校里有个刚两岁半的男孩。他独自一个站在圈子外面,不难看出,他充满了好奇和渴望的心情。我饶有兴致地在远处看着他。他开始慢慢地走近那个圈子,想加入进那个圈子,但是他没能挤进去。于是他只能徒然地站在那里看着周围的一切。当时他那张小脸上流露出的内心活动真的是非常有意思,要是能有个相机把他拍下来就好了。突然他的目光偶然落在一张小椅子上,显然他决定把椅子搬到这群孩子的后面,然后爬上这个椅子。当他正要这样做的时候,教师蛮横地(当然也可以说是轻轻地)走了过去,抓住了他,举着他高过其他孩子的头顶,并且说:"来,可怜的小家伙,你也看看吧。"

> 因此尽管这个孩子看见了他想看见的东西,但是他却没有体验到通过他自己的力量去征服了障碍物所获得的快乐。看到那些东西除了满足了他一时之间的好奇心之外,并没有给他带来任何好处,没有通过他自己努力使用智慧来发展其内在能力。在这种情况下,这位教师的"好意"反而阻碍了这个孩子的自我教育,而且没有给孩子任何有益的补偿;这个小家伙在感到自己快要成为胜利者的时候,却发现自己不由自主地被一双钳得死死的手举了起来。原来他脸上那种使我觉得非常有趣的欢欣、探索和期望的表情,一下子荡然无存,剩下的只是一种"别人会替他做事"的孩子的那种木然表情。①

不难看出,蒙台梭利意在通过上述案例揭示何谓合适的教育介入。蒙台梭利认为,"教育介入的首要形式,必须以引导孩子向独立自主的方向发展为目标"②。对于儿童创造力的发展,除了需要适宜的环境和教育介入外,包括教师和家长在内的成人对儿童的尊重同样至关重要。不过,蒙台梭利认为,其教学法中所指的尊重"绝对不是连孩子的缺失或肤浅的表面现象也一并包容。尊重在本质上必须有以下几项基本原则:能够察觉出孩子不同的体能状况;鼓

---

① [意]玛利亚·蒙台梭利.蒙台梭利方法.江雪编译.天津:天津人民出版社,2003:66—67.

② [意]玛利亚·蒙台梭利.蒙台梭利方法.江雪编译.天津:天津人民出版社,2003:70.

励孩子发展对其身心健康有益的行为,打消其他不好的念头"①。

从蒙台梭利对儿童之家的第一批儿童的描述看,如果教师能确立合适的儿童观,那么,不管儿童来自于何种家庭背景,都能得到发展。由此可见,蒙台梭利的儿童研究表明,对于学校的办学,生源并非是根本问题,根本问题在于学校和教师所确立的儿童观和教育观。

二、直面儿童本身

蒙台梭利认为,教师开展儿童研究时,关键是要直面儿童本身,而非带着各种儿童心理学的理论假设或儿童分类学去观察儿童,否则不可能对所研究的儿童有所发现。蒙台梭利是在系统阅读和研究了她之前的教育学家、心理学家、教育人类学家的著作的基础上,提出了如下观点:"我打算仍然接触其他人的研究,但我的研究得保持自己的独立,在工作中不带任何先人之见。……对研究儿童来说,还需要考虑另一要素:研究儿童的发展。在这里,我也保留了同样的一般标准,但不墨守按照年龄区分儿童活动的权威论断。"②显然,在蒙台梭利看来,直面儿童除了能对儿童有所发现之外,也能保持教师的儿童研究的独立性、不轻易被权威论断所蒙蔽。

(一)直面心智有缺陷的儿童

在创办儿童之家之前,蒙台梭利所直面的是心智有缺陷的儿童。对于有缺陷儿童的研究,蒙台梭利深受伊塔(Jean-Marc-Gaspard Itard)和塞根(Edward Séguin)的影响。③ 伊塔既是一名法国的医生,又是第一位把医学的临床观察法,尤其是神经系统的临床观察法应用于观察缺陷儿童的教育家。塞根是美国精神病医生、弱智儿童教育家,他创立的生理学教育方法被证明是教育智力严重迟钝儿童的一种有效的方法。蒙台梭利在系统研究了伊塔、塞根及整个欧洲所采用的缺陷儿童教育方法后,总结了她自己于1889—1900年在罗马的一所国立特殊儿童学校针对缺陷儿童的教育经验,在此基础上形成了自己的方法,并动手制作了大量教具。蒙台梭利方法的核心是唤醒沉睡于儿童灵魂中的人性或精神,在唤醒儿童的过程中鼓励其利用教具。对此,蒙台梭利曾这样写道:

---

① [意]玛利亚·蒙台梭利.发现孩子:了解和爱孩子的新方法.胡纯玉译.北京:中国发展出版社,2003:88.

② [意]玛利亚·蒙台梭利.蒙台梭利方法.江雪编译.天津:天津人民出版社,2003:53.

③ [意]玛利亚·蒙台梭利.蒙台梭利教育法.霍力岩、李敏谊、胡义娟等译.北京:中国人民大学出版社,2008:30—40.

我直觉地感到,而且我相信并不是通过这些教具,而是要通过我本人来唤醒这些儿童的精神。我们要鼓励儿童去使用这些教具,让他们通过教具的使用而完成自我教育。我自己在工作中所遵循的原则是:我们要非常尊敬这些儿童,同时对他们的不幸寄予极大的同情;用爱去温暖他们,同时帮助这些不幸的孩子知道如何去唤醒他们周围人们心中的爱。①

显然,通过直面有缺陷的儿童,蒙台梭利提出,蒙台梭利教育法的核心不是教具,而是一种教育爱,一种唤醒儿童的精神;这种爱和唤醒能帮助缺陷儿童发现自身的成长力量,进而通过教具的使用进一步帮助儿童感受到自身的成长力量。

（二）直面正常儿童

在创办儿童之家之后,蒙台梭利直面的是正常儿童。在直面有缺陷儿童的研究之后,蒙台梭利一直有一个强烈的愿望,即"把有缺陷儿童的教育方法推广到正常儿童的教育上"②。通过直面正常的儿童,蒙台梭利发现:正常儿童不是在游戏中成长,而是工作中成长的。这样的发现不论在当时还是当下都是振聋发聩的;在当时,福禄贝尔(Friedrich Wilhelm Frobel)的游戏观是关于儿童成长的深入人心的观点;当下,不论是国家政策还是幼儿园实践都认为游戏对儿童成长至关重要。然而,蒙台梭利却认为,游戏不利于儿童的成长:

众所周知,德国教育家福禄贝尔发明了许多游戏和娱乐活动,目的在于鼓励儿童在这些活动中发展自己的想象力。成人教儿童观察他自己用积木搭成的马、城堡或国王的御座。事实上,儿童的想象力可以给任何物体一种象征性意义,这样,就在他的心里产生了一种幻觉的景象。一只旋钮变成了一匹马,一张椅子变成了一个御座,一粒石子变成了一架飞机。儿童可以玩他们所得到的那些玩具,尽管这些玩具产生了各种幻觉,但未能为儿童提供与外界现实相联系的富有实际意义的活动。玩具给儿童提供的环境并没有实用的目的,除了产生幻觉外,它们并不能使儿童在精神上全神贯注,反而使儿童的心理走上幻觉的歧途。玩具能激起儿童的活动,就像隐藏在余烬之下的微火冒出来的烟雾。但是,这种火焰不久便熄

① ［意］玛利亚·蒙台梭利.蒙台梭利教育法.霍力岩、李敏谊、胡文娟等译.北京:中国人民大学出版社,2008:35.
② ［意］玛利亚·蒙台梭利.蒙台梭利教育法.霍力岩、李敏谊、胡文娟等译.北京:中国人民大学出版社,2008:40.

灭了,这种玩具很快也被扔掉了。①

诚如蒙台梭利自己所强调的保持研究的独立性那样,通过观察和记录工作中的儿童的进步,蒙台梭利对"儿童是如何成长的"提出了很多开创性的思想。除了儿童是"在工作中成长的"之外,这些思想有:儿童是在自我教育中成长的;儿童成长具有胚胎期、敏感期、阶段性。以"儿童是在自我教育中成长的"为例,波拉德在《蒙台梭利传》中陈述了蒙台梭利对儿童发现的"第一瞥"。

> 她(玛利亚·蒙台梭利)叙述了一个3岁小女孩怎样把一个个圆柱体插入一块多孔的板上去。玛利亚看到,那个小姑娘一遍又一遍地做着同一个动作时,是如此专心,以至于根本没有注意到这个房间里发生的任何事情。当她做到第42次,终于把圆柱体全部插到孔里去时,她突然"停止了,好像从梦中醒来一样。她笑了,显得非常开心。她的眼睛发亮"。
>
> 玛利亚想弄懂为什么这个小姑娘肯重复同一动作这么多次。而为什么第42次后,她会感到任务完成了。她写道,这是"对从未探索过的儿童心灵深处的第一瞥"。这使她相信儿童需要重复他们以前做过的练习。也许,这给予儿童在作新的尝试前的一种安全感。②

又如以儿童的敏感期为例。蒙台梭利对儿童敏感期的研究受到荷兰科学家德佛里斯(H. De Vries)的影响,德佛里斯在一些动物的生活中发现了敏感期的存在。③ 通过研究,蒙台梭利认为:"儿童心理的发展不是偶然发生的,也不是由来自外部世界的刺激所引起的,而是受短暂的敏感性,即与获得某种特性的相关的暂时的本能指导的。"④众所周知的儿童对秩序的敏感性、对语言的敏感性等,都源自于蒙台梭利在儿童研究中的发现。以对秩序的敏感性为例,"秩序就是指东西应该放在规定的地方。儿童具有秩序感意味着他已认识到那些东西在他的环境中所安排的位置,并清楚地记得它们的位置"⑤。一个有趣的例子是蒙台梭利曾在其著作中提到皮亚杰对于儿童游戏中的秩序敏感性的误解:

> 瑞士心理学家皮亚杰(J. Piaget)教授根据日内瓦的克拉帕雷德(E. Claparede)教授的观点,对他自己的孩子进行了一些有趣的实验。他把一

---

① [意]玛丽亚·蒙台梭利.童年的秘密.单中惠译.北京:京华出版社,2002:196.
② 米歇尔·波拉德.蒙台梭利传.陈美芳译.上海:世界图书出版公司,1997:55—57.
③ [意]玛丽亚·蒙台梭利.童年的秘密.单中惠译.北京:京华出版社,2002:43.
④ [意]玛丽亚·蒙台梭利.童年的秘密.单中惠译.北京:京华出版社,2002:46.
⑤ [意]玛丽亚·蒙台梭利.童年的秘密.单中惠译.北京:京华出版社,2002:63.

些东西藏在一把扶手椅的坐垫下面,再要他的孩子到房间外面去后,他又把这些东西藏到第一把扶手椅对面的另一把扶手椅的坐垫下面。皮亚杰教授希望他的孩子回到房间后会到第一把扶手椅的坐垫下面找东西,当孩子找不到东西时又会到对面那把扶手椅的坐垫下面去找。但是,他的孩子仅仅翻开第一把扶手椅的坐垫去找东西,然后用一种儿童的语言说:"没了。"他并没有再到其他地方去继续寻找这件东西。皮亚杰教授重复这项实验,允许孩子看着他从第一把扶手椅的坐垫下拿出东西藏到另一把扶手椅的坐垫下面。然而,这个孩子还是像以前那样重新找了一遍,并说着同样的话"没了"。因此,皮亚杰教授得出结论:他的儿子有点傻,他几乎有点不耐烦地翻开第二把扶手椅的坐垫说:"你没有看到我把东西放在这里吗?"这小孩回答说:"我看到的。"然后指着第一把椅子说:"但是,它应该是在这里的。"①

这个例子除了阐明皮亚杰不太了解儿童的敏感性之外;也进一步表明,教师在开展儿童研究时,直面儿童本身、保持儿童研究的独立性是多么重要。这种直面和独立,能帮助教师创造丰富的儿童成长知识。

通过直面正常儿童,蒙台梭利聚焦出儿童研究的一些主题,比如儿童的内在发展力量、儿童的需要、儿童的秘密、儿童的节奏等。在当前教师的儿童研究中,这些主题仍然是重要的儿童研究主题。

除此之外,蒙台梭利认为,儿童刚入学时,学校应引导教师记录儿童的生理状况,这样,学校能为儿童更好地成长创设适宜的环境。

对孩子的生理状况做记录

在我们学校里,以及其他现代化的学校,每个孩子都有生理状况记录,我们可以了解每个孩子在各个发展阶段的问题,并据此做出处置的判断。我们会询问他是否有遗传性疾病;孩子出生时父母的年龄;怀胎期间母亲有否经历过意外事件,神经是否受过创伤;生产过程是否顺利,是否因难产而窒息等。在家庭生活方面,我们也关心父母或保姆是否很严厉,或孩子是否有受惊吓的记录。填这个问卷十分有必要,因为几乎所有孩子到我们这里来时,都带着怪异或顽皮的性格,我们必须对此追根溯源,

---

① [意]玛丽亚·蒙台梭利.童年的秘密.单中惠译.北京:京华出版社,2002:64—65.

只有在进行了解后才能给予治疗。①

需要指出的是,不论教师研究儿童的哪个方面,都应该对正常儿童展开研究。蒙台梭利所指的正常儿童是指那些自然发展着的儿童。

三、对自由儿童的观察和解释

蒙台梭利认为,对自由儿童的观察和解释是教师开展儿童研究的重要方法。

(一)自由儿童是对儿童进行观察和解释的前提

蒙台梭利认为:"观察的方法是建立在一个根本原则——学生自然表现的自由原则的基础上。"②换言之,蒙台梭利希望教师所做的观察是对自由儿童的观察;对于儿童而言,自由就是活动。她所指的学生的自然表现意味着这种观察不是实验室里的观察,而是自然情境中对儿童的观察。蒙台梭利所指的自然情境既指前述的适宜儿童成长的环境;又指儿童能享有自主性、不被过度束缚的场所,这是专门针对公立学校而提出的。在当时的情形下,蒙台梭利认为公立学校无法为教师观察儿童提供这样的自然情境,对此,她以研究动物的科学家为例,说明了当时的公立学校对儿童的束缚。

> 那么现在让我们来设想一下吧!如果这样一位科学家(笔者注:一位精通观察和实验技能的动物学家)因为个人原创性的工作而被指派到某所大学来主持科学研究的工作,他的任务是对膜翅目昆虫作进一步的开创性研究。假设当这位科学家到了自己的工作岗位,他看到的是一个有玻璃盖子的盒子,里面装着各种各样美丽的蝴蝶。这些蝴蝶被大头针盯住,一动不动,而翅膀是展开的。那么这位科学家会说:这是小孩子的玩意儿,但并不是科学研究的素材。这些装在盒子里面的昆虫是小男孩玩扑蝶游戏的成果,并且用网把蝴蝶抓住。这样一些材料对于实验科学家的研究工作而言毫无用处。

> 如果我们根据自己的观点和科学方法培养教师,然后把他派遣到某所公立学校去工作,那么可能会出现和上述科学家遇到的非常类似的情况。因为在这样的学校里面,儿童就像是被大头钉死死钉住的蝴蝶,他们个性的自发性表达受到压制,就好像是行尸走肉。他们被钉在各自的座

---

① [意]玛利娅·蒙台梭利.蒙台梭利早期教育法全书.万信琼译.北京:中国发展出版社,2004:22—23.

② [意]玛利亚·蒙台梭利.蒙台梭利方法.江雪编译.天津:天津人民出版社,2003:58.

位上、各自的课桌旁,伸展着他们无用的翅膀,这双翅膀就是他们所获得的无聊乏味以及毫无意义的知识。①

换言之,在蒙台梭利看来,如果教师在儿童缺乏自主活动的学校工作,那么教师即便再深谙观察、解释等儿童研究方法,也无法开展科学的儿童研究。为此,蒙台梭利深刻地指出,教育的首要任务是恢复儿童的自由,只有真正恢复自由的儿童,才会在适宜的环境中展现他心灵的秘密,教师才有可能在观察和解释中发现儿童自身的成长特性。

正如我们所看到的,儿童每一个不寻常的反应都给我们提出一个有待解决的问题;儿童每一次发脾气都是某种根深蒂固的冲突的外部表现,这种冲突并不能简单地解释成是对不相容的环境的一种防御机制,而应该理解为更高的品质寻求展示的一种表现。……

……就在这些外部表现底下,隐藏着一个尚未被认识的儿童、一个被掩盖的充满活力的人,他必须获得自由。教育所面临的最紧迫的任务,就是去了解这个尚未被认识的儿童,并把他从所有的障碍物中解放出来。从某种意义上说,自由意味着一个人知道自己应该做什么,或者实际上就能去发现尚未知的东西。②

(二)观察和解释

观察和解释不只是一种单一的机械技能,而是一种科学精神。如果观察和解释只是一种机械技能,其重点在于如何学会观察和解释的操作要领等,那么,教师很可能沦为技师,而非人师。反之,如果将观察和解释视作一种科学精神,其重点在于唤醒教师的心灵和智慧,这样,教师才有可能理解研究儿童的真谛。蒙台梭利深刻地指出:"教师教育的方向应该是培养具备科学精神的教师,而非培养仅仅具备机械技能的教师。"③只有真正具备科学精神的教师,才有可能实现蒙台梭利向往的富有生命意义的儿童研究,在这样的研究中,"教师是在唤醒人的智力生命中研究人"④。

① ［意］玛利亚·蒙台梭利.蒙台梭利教育法.霍力岩、李敏谊、胡文娟等译.北京:中国人民大学出版社,2008:14.
② ［意］玛丽亚·蒙台梭利.童年的秘密.单中惠译.北京:京华出版社,2002:129—130.
③ ［意］玛利亚·蒙台梭利.蒙台梭利教育法.霍力岩、李敏谊、胡文娟等译.北京:中国人民大学出版社,2008:10.
④ ［意］玛利亚·蒙台梭利.蒙台梭利教育法.霍力岩、李敏谊、胡文娟等译.北京:中国人民大学出版社,2008:12.

1. 观察

观察的重点在于儿童自身,而非进行打探或精神分析。蒙台梭利指出:"与儿童打交道时,更需要的是观察,而不是打探。……这种观察方法无需对心理疾病进行艰难的分析,只需把握好儿童心灵中的现实生活是个什么模样,这包括他从出生时起的整个人生。"①因为打探适用于对成人的研究,精神分析往往用来研究精神失常者。

对于如何更好地观察儿童,蒙台梭利还从教师的角色定位、教师与儿童的关系角度提出了深刻的观点。对于教师的角色,蒙台梭利认为:"在我们的教育体系中,教师更多的应该是一个被动的观察者,而不是主动施加影响的观察者。而且,她的被动性包含着她的急切的科学好奇心,包含着绝对尊重她所希望观察到的现象。"②观察基于教师和儿童之间建立亲密的关系,这是教师的观察和动植物学家对动植物的观察之间的本质区别。蒙台梭利指出:"我们希望培养教师对于人类研究的兴趣,这种兴趣必须具有如下特征:观察者和被观察的个体之间具有亲密的关系。"③由此可见,蒙台梭利所指的观察不仅是自然观察,而且也是关系中的自然观察。

2. 解释

解释是对所观察的自由儿童的成长事实赋予意义。教师需要了解儿童的整个生活,才有可能对观察到的儿童事实做出解释,尤其是对那些会让人困惑不解的儿童行为、话语等。对此,蒙台梭利曾记录过如下案例:

> 我曾经生活在一个住宅里,那时我习惯于早起。每天很早就开始工作。一天清早,一个不过一岁半的男孩来到我的房间。我亲热地问他,想知道他是不是想找我要吃的东西。他回答说:"虫。"我吃惊地问:"虫,要虫吗?"他看我迷惑不解的样子,又加了一个单词"蛋"以帮助我理解。我自言自语地说:"他不可能是想要早上的饮料吧。他究竟想说什么呢?"过了一会儿,他说:"尼娜,蛋、虫。"这下我明白了。因为我记得(这里我重复强调了解儿童整个生活的重要性),有一天,他姐姐很生气,就把他送走了。他没有反抗姐姐,但他坚定而又耐心地等待着再试的机会。我给他

---

① [意]玛利娅·蒙台梭利.蒙台梭利早期教育法全书.万信琼译.北京:中国发展出版社,2004:35.

② [意]玛利亚·蒙台梭利.蒙台梭利方法.江雪编译.天津:天津人民出版社,2003:63.

③ [意]玛利娅·蒙台梭利.蒙台梭利早期教育法全书.万信琼译.北京:中国发展出版社,2004:6.

一支蜡笔和椭圆形的金属镶边。他顿时很高兴,但他不会画蛋的图形,我只好帮他画。然后他开始用波浪线画出来。他姐姐用的是通常采用的直线,他却别出心裁,用波浪线,就像虫一样。所以,这个儿童一直等到除他的解释者外都睡了的时候,便向解释者走去,并相信能够从他那里得到帮助。①

由此可见,蒙台梭利认为,教师在儿童研究过程中也是儿童的解释者。对儿童整个生活的了解,是教师成为好的儿童解释者的前提。作为一个用心的教师,在与儿童交往的日常实践中,这样的事件经常会发生,如果教师阻止或漠视这样的事情,那么,儿童可能就会隐藏自己的所思所想。诚如上述案例中的男孩,尽管只有一岁半,但他已能判断蒙台梭利是一个好的解释者,而他的姐姐则不是。

第二节 瑞吉欧:儿童研究的共同体

瑞吉欧因发源于意大利的城市瑞吉欧·艾米利亚(Reggio Emilia)而得名。最早的瑞吉欧幼儿学校"发端于莱吉斯坦斯运动。这座小城的郊外有一个名为布依拉·切拉的村子,当地的农民和劳动者将纳粹烧毁的战车和军用坦克解体卖掉,并开始用自己的双手来建设培养当地儿童的幼儿学校"②。马拉古齐(Loris Malaguzzi)是瑞吉欧教育的天才领袖。加德纳(Howard Gardner)认为:"马拉占奇的名字的确可以与他心目中英雄——福禄贝尔、蒙台梭利、杜威以及皮亚杰相提并论。然而,远超过其他教育家的是,马拉古奇为建立一个教育社区奉献了他的一生。"③通过毕生的努力,马拉古奇及其瑞吉欧教育的创造者认为教师是研究者,教师的研究包括对自我的研究和对儿童的研究。通过对儿童的研究,这些学者不仅从儿童天性和权益的角度确立起新的儿童形象,而且还开创了综合的儿童研究方法。

---

① [意]蒙台梭利.蒙台梭利幼儿教育科学方法.任代文主译校.北京:人民教育出版社,2001:446.

② [日]佐藤学.教师的挑战.钟启泉、陈静静译.上海:华东师范大学出版社,2012:96.

③ [美]卡罗琳·爱德华兹、莱拉·甘第尼、乔治·福尔曼.儿童的一百种语言:转型时期的瑞吉欧·艾米利亚经验(第3版).尹坚勤、王坚红、沈尹婧译.南京:南京师范大学出版社,2014:前言1.

一、确立了新的儿童形象

通过多年开创性的儿童研究和实践,瑞吉欧教育呈现给世人的是积极、主动、有能力的儿童形象或儿童意象,如此有力量的儿童形象对儿童身心健康成长而言是无价之宝。尽管当下不论是学者还是教师,都认可这样的儿童形象,但实践中真正践行这样的儿童形象并非易事。瑞吉欧教育的难能可贵之处在于,自创办以来,一直在实践中探究并从儿童的天性和权益的角度确立并践行了这样的新儿童形象。

(一)儿童天性角度确立的儿童形象

从儿童天性的角度而言,瑞吉欧教育者认为:"儿童是自己成长过程中强大的、活泼的、有能力的主角。"[1]这样的儿童形象既是瑞吉欧共同体的共识,也是瑞吉欧教育体系的开创者和接班人所发现并坚守的。在瑞吉欧教育体系创建并实践了近 30 年时,美国普及瑞吉欧教学方法联络员、客座教授、访问学者甘第尼(Lella Gandini)于 1989—1992 年期间,就瑞吉欧的历史、理念与基本原则持续对话马拉古齐。其中,在对话关于瑞吉欧的儿童形象时,马拉古齐认为:"所有的人——投身幼儿教育研究工作的研究人员和教师,并没有发现幼儿存在太多的能力上的不足,反而发现他们有令人惊讶的、非凡的能力,以及对表达和实践他们自己想法的无穷的欲望。"[2]马拉古齐的接班人卡丽娜·里纳尔迪(Carla Rinaldi)同样认为:"儿童是有能力的、坚强的,是有权利去憧憬和有权利被重视的,而不是被预先定义为脆弱、贫乏和没有能力的。我们是用一种与他人不同的思想和方法来看待儿童的,我们视儿童为和我们一起进行探究的、积极的主体,他们每天都在尝试着理解某些事情,体会生活和生命的意义。"[3]

瑞吉欧从天性角度所确立的儿童形象,意味着儿童是具有自主性的自主探究者。瑞吉欧教育的教师们通过各种项目、儿童们的自发活动发现了其自

---

① [美]卡罗琳·爱德华兹、莱拉·甘第尼、乔治·福尔曼.儿童的一百种语言:转型时期的瑞吉欧·艾米利亚经验(第 3 版).尹坚勤、王坚红、沈尹婧译.南京:南京师范大学出版社,2014:154.

② [美]卡罗琳·爱德华兹、莱拉·甘第尼、乔治·福尔曼.儿童的一百种语言:转型时期的瑞吉欧·艾米利亚经验(第 3 版).尹坚勤、王坚红、沈尹婧译.南京:南京师范大学出版社,2014:54.

③ 零点方案、瑞吉欧儿童.让儿童的学习看得见:个体学习与集体学习中的儿童.朱家雄、王峥等校译.上海:华东师范大学出版社,2007:79.

主性和自主探究能力。如黛安娜幼儿园教师劳拉·卢比兹(Laura Rubizzi)一直开展"儿童读写能力"研究,该研究的目标之一是探究儿童在尚未受到任何正式指导的情况下,是如何自发探索自己的字母代码的。劳拉通过一系列的视频记录、与儿童的交谈发现,儿童对字母的读写具有很强的自主性,比如儿童想书写字母时,劳拉说:"他们从来没有要求我为他们写过什么。他们从来没有说过:'我们该怎么写?'而是说:'等一下,我们试试。'"①儿童不仅对字母的读写具有自主性,而且对于如何更好地开展小组活动也很有自主性。劳拉班里的孩子 3 岁入学,4 岁时刚好大家共处了一年,此时,孩子们"自己感觉到了建立规则的必要性,……活动过程中,儿童好像自己写下了一整套规则——我们称之为'法则表',属于他们自己的法则"②。劳拉的研究还发现,"3 岁的儿童发现他们能够'读懂'别人的面部表情和肢体语言"③。

(二)儿童权益角度确立的儿童形象

从儿童权益角度而言,瑞吉欧教育者认为:"儿童有权利成为礼貌、文明、具有公民意识的人。"④换言之,每位儿童都有权利成为社会公民。不论是瑞吉欧的教育者还是 2004 年以来一直担任瑞吉欧·艾米利亚市市长的格拉齐亚诺·德洛里(Graziano Delrio)都认为成人有责任帮助儿童成为这样的社会公民。对于帮助儿童成为社会公民,成年人对儿童持有三重职责:民事责任、道德责任和政治责任。⑤ 民事责任是指保护儿童受教育的权利和平等的机会,也就是说,排除人类发展的所有障碍。对儿童的道德责任意味着承认儿童作

---

① [美]卡罗琳·爱德华兹、莱拉·甘第尼、乔治·福尔曼.儿童的一百种语言:转型时期的瑞吉欧·艾米利亚经验(第 3 版).尹坚勤、王坚红、沈尹婧译.南京:南京师范大学出版社,2014:220.

② [美]卡罗琳·爱德华兹、莱拉·甘第尼、乔治·福尔曼.儿童的一百种语言:转型时期的瑞吉欧·艾米利亚经验(第 3 版).尹坚勤、王坚红、沈尹婧译.南京:南京师范大学出版社,2014:220—221.

③ [美]卡罗琳·爱德华兹、莱拉·甘第尼、乔治·福尔曼.儿童的一百种语言:转型时期的瑞吉欧·艾米利亚经验(第 3 版).尹坚勤、王坚红、沈尹婧译.南京:南京师范大学出版社,2014:223.

④ [美]卡罗琳·爱德华兹、莱拉·甘第尼、乔治·福尔曼.儿童的一百种语言:转型时期的瑞吉欧·艾米利亚经验(第 3 版).尹坚勤、王坚红、沈尹婧译.南京:南京师范大学出版社,2014:7.

⑤ [美]卡罗琳·爱德华兹、莱拉·甘第尼、乔治·福尔曼.儿童的一百种语言:转型时期的瑞吉欧·艾米利亚经验(第 3 版).尹坚勤、王坚红、沈尹婧译.南京:南京师范大学出版社,2014:86—89.

为本市公民的社会尊严,儿童是有能力的公民。该观点与上述从天性角度对儿童的发展是一致的。关于对儿童的道德责任,加德纳在 2007 年接受《哈佛商业评论》(*Harvard Business Review*)的采访时说:

> 我最喜欢提及的伦理社会的范例,是意大利北部的一个叫瑞吉欧·艾米利亚的小城。除了向公民提供高质量的服务和文化利益之外,该城市还提供优秀的婴幼儿中心与幼儿园服务。而他们能感受到社会的关怀,因此当他们长大以后,他们就会以关怀他人来回报社会,成为优秀的工作者和良好的公民。①

政治责任主要是各种文化共存的问题。德洛里指出:"我们所希望的儿童文化环境,应该是一个不把他人视为问题,而把对方视为机会的环境。"②正因为如此,瑞吉欧·艾米利亚市是意大利唯一的属于"跨文化城市网络"的城市,该网络是由欧盟各国选派一个在跨文化并存方面有所成就的城市组成。

二、研究作为个体学习者和集体学习者的儿童

在瑞吉欧·艾米利亚学校里,儿童被同时视为个体学习者和集体学习者。研究作为个体学习者和集体学习者的儿童,是瑞吉欧教师的重要职责。

(一)研究作为个体学习者的儿童

瑞吉欧教师一直对儿童的学习策略很好奇,在这种好奇心的驱使下,瑞吉欧教师于 20 世纪 90 年代早期,开始研究儿童个体的学习策略。瑞吉欧教师对儿童个体学习的定位有两个独特之处:第一,对何谓学习有独特的理解。在瑞吉欧看来,"学习被看作寻找的方式,这种方式能为研究收集到的材料提供一种独特的或许是不同寻常的框架"③。显然,这不是一个心理学视角的对学习的理解,某种意义上而言,这是从哲学角度对学习做出了独特的理解。据此,儿童个体学习,即是儿童个体所显现的寻找方式。第二,儿童个体学习是集体学习中的个体学习。在瑞吉欧,儿童从小就会参与不同的探究方案(也称项目式计划),在探究方案中儿童自主形成不同的学习小组,在参与学习小组

---

① Bronwyn Fryer. The ethical mind: a conversation with psychologist Howard Gardner. Harvard Business Review,2007,85(3):53.

② [美]卡罗琳·爱德华兹、莱拉·甘第尼、乔治·福尔曼.儿童的一百种语言:转型时期的瑞吉欧·艾米利亚经验(第 3 版).尹坚勤、王坚红、沈尹婧译.南京:南京师范大学出版社,2014:89.

③ 零点方案、瑞吉欧儿童.让儿童的学习看得见:个体学习与集体学习中的儿童.朱家雄、王峥等校译.上海:华东师范大学出版社,2007:158.

的过程中,每位儿童都感受到集体学习的力量。诚如瑞吉欧教师所指出的:
"儿童似乎可以意识到每个个体都能从这种来自整个集体的成功中获益;根据
努力得到的益处(儿童对此非常敏感)和以社会关系和友情身份得到的益处
(儿童对此更加敏感)。"①

　　对于儿童作为个体学习者的纪录(documentation),有三个独特之处:第
一,记录儿童个体翔实的学习过程。瑞吉欧教师事先会选择想研究的儿童,持
续记录这些儿童在探究方案发展过程中的学习,记录的重点不是记录(record)
行为是否发生,而是对儿童个体翔实的学习过程的纪录。第二,瑞吉欧共同体
所确立的儿童形象是开展个体学习纪录的行动指引,因此,瑞吉欧教师往往作
为一个发现者的身份,持续纪录儿童个体自身所具有的能力、思维方式的独特
性和发展过程、兴趣等;换言之,瑞吉欧教师是儿童力量的发现者,而非儿童的
无力感或儿童不良行为的记录者。第三,纪录旨在发现儿童个体学习的意义。
除了通过记录发现儿童个体学习策略的独特性之外,瑞吉欧教师始终考虑这
样的纪录对儿童个体的学习有何意义。

　　《让儿童的学习看得见》讲述了一个具体的案例,该案例呈现了瑞吉欧教
师团队是如何持续研究三位儿童的。为了帮助读者更好地理解瑞吉欧教师是
如何研究个体学习者的,下面选取该案例的一小部分内容:

对个体学习者的研究

　　节选自方案"3岁儿童的游戏手册";作者:5岁和6岁的儿童;教师:
Evelina Reverberi, Paola Strozzi;方案合作者和顾问:Vea Vecchi;摄像:
Vea Vecchi

　　方案的假设

　　在开始与孩子一起工作之前,我们总是做一些笔记并对即将要进行
的方案做一些假设,这可以成为最初确定方向和反思的工具,也可以作为
与同事进行讨论的基础。我们从如下的方案最初阶段开始,这些是老师
们写的,因为我们相信它们有助于我们理解开展新方案所用的策略。

　　……

　　在晨会的时候,全班孩子聚焦在一个地方,他们似乎对为更小的孩子
介绍一些游戏及游戏的相关规则很感兴趣。他们提议用非常直接的交流

---

　　①　零点方案、瑞吉欧儿童. 让儿童的学习看得见:个体学习与集体学习中的儿童. 朱家
雄、王峥等校译. 上海:华东师范大学出版社,2007:162.

形式,例如亲自到学校去用口头介绍游戏,或者在他们做游戏时让别人用摄像机拍摄下来,然后把这个录像放给 3 岁的孩子看。

孩子们和老师经过协商,孩子们所建议的那些很聪明的解决办法最终被聚焦到两个:一个是用录像进行交流,另一个是编一本里面有正文和图画的手册。

他们提议第一个要描述的游戏是"蔷薇花的篱笆"(Ring-around-the-Rosy)。该游戏的规则是,游戏中,游戏者围着圆圈跳舞,看到信号就蹲下。

"蔷薇花的篱笆"游戏

尽管这个方案是由来自同一个班级所有孩子一起做的,我们的叙述只涉及故事的一部分。这个情节只集中在 3 个孩子对"蔷薇花的篱笆"游戏的绘画表征上,他们是 Giulia(4 岁 10 个月),Leonardo(5 岁 6 个月),Giovanni(5 岁 7 个月)。故事的情节是个体学习的标志,是在小组内并在小组的帮助下建构的。

……①

上述内容大致呈现了教师是用什么方案研究三位儿童的,该方案是如何基于儿童的兴趣及通过儿童多次讨论形成的,选择了哪三位儿童,重点记录这三位儿童的绘画表征。之后的内容是教师以图文并茂的方式,呈现三位儿童在方案探究过程中的所思所想所做,考虑到篇幅,之后的内容用省略号略去。省略的内容主要是教师记录了三位儿童在创作上述手册的过程中对绘画的构思、画画、评论、班里孩子们表演出三位孩子的绘画、在评论和表演的基础上重新画画……以构思、画画、评论为例,大致包括如下内容:纪录每位孩子绘画构思的原话、三位孩子各自的绘画、每位孩子对自己绘画的评论、小组对三位孩子的绘画的评论、老师对三位孩子的绘画的评论等。

通过对儿童个体的研究,上述方案的老师们发现:

对整个事件的纪录、对同一个孩子在不同时间所画的各种画进行比较、孩子们说的话以及交流的记录、老师和孩子们之间的对话,都是宝贵的材料,能让我们从更广阔的视角即兴评价而不只是用最终的作品(这个

---

① 零点方案、瑞吉欧儿童. 让儿童的学习看得见:个体学习与集体学习中的儿童. 朱家雄、王峥等校译. 上海:华东师范大学出版社,2007:188—210. 节选部分内容的题目为笔者所加。

案例中是绘画)进行评价。尤其是,随着他们共同所参与方案的进展,这种评价是儿童和教师之间进行的一种友好的评价和自我评价,它开启的是一种新的可能性,而不是为了做出一个固定的判断。①

需要指出的是,通过多年的儿童个体的研究,瑞吉欧市立幼儿园和婴幼儿中心心理学家桑茨尼(Ivana Soncini)指出:"我们与二十年前相比有了新生代教师和多元化的儿童,儿童来自不同的国家和经济背景,家长的教育方式也在发生变化……因此,重要的是需要返回到基本活动中,观察个别儿童,并且认同每个儿童都有学习和发展的独特方式。"②桑茨尼的观点是深刻的,强调研究儿童个体的观点同样也适合我国当前教师的儿童研究。

(二)研究作为集体学习者的儿童

瑞吉欧教师研究作为集体学习者的儿童早于作为个体学习者的儿童。20世纪80年代中期,瑞吉欧教师开始研究儿童小组;90年代中期,他们以对儿童个体和儿童小组的研究经验为基础,进而研究整个班级群体,并以更强烈的意识和敏感性去研究班级群体。由此可见,可以从儿童小组和班级群体两个层面理解作为集体学习者的儿童;这里主要讨论儿童小组。

从已有研究看,历史上有不少学者研究了儿童小组组建、小组的功能等,且这些研究主要是从小组合作学习的角度展开的。瑞吉欧教师对儿童小组的研究"围绕着一系列问题展开,这一系列问题关涉小组学习的特性以及支持此类学习的纪录和评估方式:什么时候一个小组成为学习小组?在学校谁是学习小组的一部分?个体学习与小组学习的关联是什么?在什么样的背景中,个体学习在小组中被提高或抑制?是否存在着文化上的盲点以至限制了我们去考察个体学习和小组学习的新的可能性和机会?"③显然,瑞吉欧教师对儿童小组的研究与历史上已有的研究不同,除了研究问题不同之外,瑞吉欧教师重点纪录小组的互动过程,仍然用对个体学习者研究中同样的方式翔实地纪录小组学习过程的进展,即根据儿童的兴趣构思方案,和儿童一起讨论方案的具

---

① 零点方案、瑞吉欧儿童. 让儿童的学习看得见:个体学习与集体学习中的儿童. 朱家雄、王峥等校译. 上海:华东师范大学出版社,2007:209.

② [美]卡罗琳·爱德华兹、莱拉·甘第尼、乔治·福尔曼. 儿童的一百种语言:转型时期的瑞吉欧·艾米利亚经验(第3版). 尹坚勤、王坚红、沈尹婧译. 南京:南京师范大学出版社,2014:211.

③ 零点方案、瑞吉欧儿童. 让儿童的学习看得见:个体学习与集体学习中的儿童. 朱家雄、王峥等校译. 上海:华东师范大学出版社,2007:17.

体内容及实施方案;在方案实施过程中,教师小组以图文并茂的方式持续纪录小组学习过程的进展,从中发现小组学习的新观点。

在瑞吉欧教师持续开展集体学习者研究之后,零点方案的研究者克里切夫斯基(Mara Krechevsky)和马戴尔(Ben Mardell)将学习小组概念化,并得出了学习小组的四个特征。学习小组是"通过情感的、智力的与审美的方式致力于解决问题、创造产品与寻求意义的个人的集合——在这个集合中每个人都自主学习,也通过各种途径向他人学习"①。由此可见,学习小组致力于解决问题、创造产品与寻求意义,与目标导向的、以教学动态因素的互动作为动力资源、以团体成绩为奖励依据的合作学习旨趣不同;相比较而言,合作学习主要强调通过人际互动解决问题,而瑞吉欧教师所研究的学习小组不仅致力于解决问题,而且也致力于创造产品与寻求意义,这样的旨趣是以自主学习为基础的。

学习小组的四个特征是:(1)学习小组的成员既包括儿童也包括成人;(2)纪录儿童的学习过程有助于让儿童的学习看得见,勾画正在进行的学习;(3)学习小组的成员也在学习中投入情感与审美,如同学习的智力维度一般;(4)学习小组的学习关注点超越了个体学习,而在于创造一个知识的集合体。②瑞吉欧学习小组中的成员不仅指儿童,还包括成人,如家长、教师、顾问、社区成员等,这与前述的合作学习迥异。在各种合作学习方式中,教师是合作学习的设计者、实施者,而非学习者,教师之外的其他成人不是合作学习的成员。在小组学习过程中,通过纪录小组学习过程,儿童和包括教师在内的成人有机会重温小组计划、进展的过程,从而既能将知识建构过程形象化,又能重新发现自己,还能发现学习的意义。在瑞吉欧的小组学习中,情感投入、审美投入与智力投入同等重要。如以 Diana 学校一个有关树的方案为例,儿童至少用三种方式学习树:

> 用感官探究它们;密切观察、并用不同媒介表征树;交谈并描绘树的方方面面,包括他们如何在不同情景下感受与观察树。为了把树与孩子们更密切地联系起来,成人建议孩子们去领养一棵树。成人既对儿童对树的科学知识与审美予以了充分关注,同时也重视儿童对树的情感和态

---

① 零点方案、瑞吉欧儿童. 让儿童的学习看得见:个体学习与集体学习中的儿童. 朱家雄、王峥等校译. 上海:华东师范大学出版社,2007:285.

② 零点方案、瑞吉欧儿童. 让儿童的学习看得见:个体学习与集体学习中的儿童. 朱家雄、王峥等校译. 上海:华东师范大学出版社,2007:287—294.

度的发展。①

与合作学习致力于提高学习成就不同,瑞吉欧的学习小组更像科学共同体,既关注个体知识,也致力于集体知识的建构,在这样的学习小组中,儿童既是个体意义上的研究者,又是合作研究者。

综上所述,不论是对个体学习者还是对集体学习者的研究,都可以发现,在瑞吉欧教师眼中,每位儿童不论作为个体还是集体中的一员,都是主动、有能力、相互帮助、相互启发的人。需要指出的是,瑞吉欧对儿童作为集体学习者的研究是受到杜威的启发的,因此,两者在儿童研究内容上是相通的。

三、纪录、倾听、观察和解释

如前所述,瑞吉欧教师常用的儿童研究方法是纪录(documentation),而非记录(record),尽管其著作的行文中有时会交叉使用这两个术语。对于儿童学习过程的纪录,往往和倾听、观察、解释交织在一起,这从如下案例中可见一斑。

有感染力的实验②

故事主角:Erika,13mos.(13 个月,下同);Elisabetta,11 mos.;Matteo, 10 mos.

教师:Barbara Fabbi;婴幼中心:Bellelli

摄影:Marina Ferrari, Mirella Ruozzi;文字:Tiziana Filippini, Claudia Giudici

学习听、看、观察、解释孩子们的行为、思想与调查和建构的逻辑,帮助我们掌握与他们相处和交流的艺术,更好地理解他们发展人际关系和获得知识的过程与步骤。因此,教师的责任是策划和构建情境,支持这些过程并促进关系、能力调度、期望、模仿和"感染力"的发展。

婴幼儿中心的一间教室已经完全变了样:它会产生什么样的奇迹和机遇呢?

这里有一间"包了纸"的房子,它的地板上铺着大条幅的卷纸,这就是一天早晨老师们为孩子们准备的"令人迷惑"的背景。

---

① 零点方案、瑞吉欧儿童.让儿童的学习看得见:个体学习与集体学习中的儿童.朱家雄、王峥等校译.上海:华东师范大学出版社,2007:292.注:Diana 学校,原书如此。

② 零点方案、瑞吉欧儿童.让儿童的学习看得见:个体学习与集体学习中的儿童.朱家雄、王峥等校译.上海:华东师范大学出版社,2007:10—15.

Matteo、Erika 和 Elisabetta 坐在他们教室地板所铺的纸上。Matteo 抓着一支他之前从地板上拿起的记号笔（教师们放置了各种颜色的记号笔，这样一来如果孩子们愿意的话他们就可以使用它们，在宽大的纸面上留下彩色的记号）。

但是，现在意想不到的事情发生了。Matteo 在 Elisabetta 的帮助下拉拽纸的边缘直到扯下一片纸，被撕破的纸卷了起来……

……形成了一个筒。游戏变得有趣了。Matteo 手里抓着记号笔，专心致志地观察着这个新的"筒"，然后用另一只手抓住它……他好像在记号笔和纸筒之间发现了一种隐隐约约的联系。

图 2-4　有感染力的实验 1①

Matteo 的注意力和肌肉紧张度加强了；他抬起这个纸筒，让它稍微倾斜，盯着它的开口看，并且试图把记号笔滑进去。他的努力使纸筒太过倾斜了，所以这一尝试没有成功。

然而在放弃努力以前，Matteo 似乎想把纸筒的形状弄成他认为可能的样子，并试图把纸筒和记号笔"抱"在一起。

一直在远处看着他但显然不感兴趣的 Erika，现在移向 Matteo。或许她能够理解 Matteo 这一"操作"的目的？

图 2-5　有感染力的实验 2

① 图 2-4 至图 2-8 的标题为笔者所加。

Erika 拿起纸筒和另一支记号笔,仔细地观察它们,并且下了决心将记号笔滑进纸筒。Matteo 开始看别处,好像他感到失望或者转移了注意力。

Erika 却紧紧盯住纸筒的底部好像在等待什么事情发生,可能是等着记号笔出来,但是什么也没有!因为纸筒只是稍微倾斜,记号笔停在里面了。怎么办呢?放弃努力吗?过了一会儿……

在 Elisabetta 专心和好奇的注视下,Erika 执著地抓起另一支记号笔并把它滑进纸筒。这一次,放入记号笔,将纸筒的倾斜度抬高了点儿……

图 2-6　有感染力的实验 3

Erika 的满足感是巨大的,她的努力和执著得到了回报。

这一游戏在用其他记号笔重复持续着……

两支记号笔从底部鱼贯而出,证实了两个孩子最初的假设。这可能是 Erika 和 Matteo 在以前的许多场合中喜爱的一个游戏:把一个小物体塞进一个较大的底部开口的物体里面并且看着它出来。难道是她的朋友们的在场和老师们鼓励性的关注使 Erika 在她的行动中更加专注和自信吗?

图 2-7　有感染力的实验 4

上述案例记录了三个孩子对卷纸和记号笔的探究过程,在两个不到一周岁的孩子和一个一周岁多的孩子相互帮助、相互发现、相互支持下,这个富有"感染力"的实验在不断生成中。三个孩子自己创造的实验和老师起初预设的完全不一样。这个案例是五位教师合作研究的产物,纪录、倾听、观察和解释交织在一起。在该案例中,纪录是前述的图文并茂的方式;老师的倾听和观察

这种渴望具有感染性……

一直专心并好奇地关注 Erika 实验的 Elisabetta 现在过来并拿起了一支记号笔和纸筒。

她专心地观察并探索这只纸筒。或许她是想弄清楚纸筒里面是否有一个记号笔"工厂"？或者她想进行同一实验？这就意味着需要意识到运动的协调性和合适的纸筒倾斜度。这会儿 Elisabetta 除了观察什么也没有做，我们只能猜测她为什么不继续下去。我们可以推测所有这些孩子虽然采取的方式不同，但都会把这一情景贮存在他们的记忆中并在其他的场合中实践它。

时间是他们最好的盟友。停下来一会儿并且思考，这意味着提高所发生的学习和所形成的关系的质量。

图 2-8　有感染力的实验 5

既是一种支持的力量，又是捕捉三位儿童自创实验过程中的具体细节的过程，如"Matteo 的注意力和肌肉紧张度加强了"，老师们能捕捉到发生在三位孩子身上的细微变化，并形象地描述出来。解释融合在纪录图文中，如"这可能是 Erika 和 Matteo 在以前的许多场合中喜爱的一个游戏……"。基于该案例，现对瑞吉欧的儿童研究方法阐述如下；由于瑞吉欧儿童研究方法中的观察和解释与蒙台梭利所倡导的观察和解释有相通之处，故不再赘述。

（一）纪录

瑞吉欧提出了深刻的纪录观，即"纪录是这样的过程，这个过程是辩证的，以情感为纽带，也是富有诗意的，纪录不仅伴随着知识建构的过程，在一定意义上记录孕育了知识建构"[①]。换言之，纪录是情感投入、审美投入、智力投入的融合体。这样的纪录观显然迥异于传统意义上的记录，传统意义上，记录往往是一种标准化的文本，用来呈现特定儿童个体或儿童群体特定方面的记录结果，且这样的记录往往是笼统、判断的。与此相反，瑞吉欧的纪录是用来跟进儿童个体或儿童群体的学习过程的，通过重温这样的纪录，儿童是如何学习

---

① 零点方案、瑞吉欧儿童. 让儿童的学习看得见：个体学习与集体学习中的儿童. 朱家雄、王峥等校译. 上海：华东师范大学出版社，2007：86.

的、学习过程中用了哪些策略、这样的学习彰显怎样的意义等都清晰可见；同时，每个纪录片段被纪录者或读者做出解释或再创造时，纪录也实现了集体建构知识的价值。

对瑞吉欧的教师而言，纪录既是让儿童的学习看得见的法宝，这样的纪录包括了做笔记、拍照片、录音、录像等方式，又是创建和维系师生之间的关怀关系的重要途径，据此，瑞吉欧的纪录也"是一种关怀，一种爱和互动的行为"①。上述"有感染力的实验"案例，充分彰显了纪录的此种意蕴。该案例用文字和图片相结合的方式纪录三位儿童的探究过程，案例本身的可读性和直观性大大增强；同时，合作研究小组的教师们对儿童的自主性的尊重和关爱、儿童之间的积极互动，渗透在整个案例中。

纪录总是和选择、评估等紧密联系在一起。不论是对儿童个体还是儿童群体所做的纪录，都是教师基于特定选择下的行动；因为做出了选择，纪录材料背后也隐含着教师对选择所做出的价值判断，据此，纪录总是和评估相联系。此外，所做的纪录也可以向有关人士（包括儿童自身）展示和分享儿童的学习过程。

当儿童看到图像中、收集的出版物中，或在视频或录像片中显示出他们的课堂学习过程时，他们难以掩饰其高涨的参与热情与自豪感。这些记录结果也会与其他教师或家长在例行的班会上显示和共享。儿童从中感受到的自尊和他人的赞赏，以及意识到作为团体的重要组成部分，这些都成为有价值的东西，不仅作为抽象的目标显示出来，而且还无处不在地、明显地体现在日常生活中的每时每刻和具体行动的经验之中。②

需要指出的是，一般人可能会认为，以图文并茂的方式做纪录是美术教师的专长，然而，在瑞吉欧教育中则不同，做有价值的、图文并茂的纪录是瑞吉欧儿童研究共同体中每位教师的专业素质。

（二）倾听

与不少中小学、幼儿园强调儿童学会倾听不同，瑞吉欧提出，倾听是教师

---

① ［美］卡罗琳·爱德华兹、莱拉·甘第尼、乔治·福尔曼.儿童的一百种语言：转型时期的瑞吉欧·艾米利亚经验（第3版）.尹坚勤、王坚红、沈尹婧译.南京：南京师范大学出版社，2014：247.

② ［美］卡罗琳·爱德华兹、莱拉·甘第尼、乔治·福尔曼.儿童的一百种语言：转型时期的瑞吉欧·艾米利亚经验（第3版）.尹坚勤、王坚红、沈尹婧译.南京：南京师范大学出版社，2014：251.

研究儿童的方法。这样的倾听意指"全面专注于儿童,同时把所观察到的现象进行记录和存档,然后以此为基础,做出儿童和家长都认可的决定"①。倾听儿童是瑞吉欧教育的重要方法,旨在发现儿童和探寻意义。通过倾听,教师们不仅能发现儿童的自主性、帮助儿童逐步成长为公民,还为思考儿童为什么这样做、对此我们可以做什么、如何做等意义问题的探寻找到依据。瑞吉欧·艾米利亚的倾听观有其独特的涵义,具体如下:

倾听时应该对连接自我和他人的形式保持敏感。我们自身及其理解,均只是一个更广泛、更全面的包容万象的知识体的一小部分。

倾听时应是开放的、敏感的,照顾听者和被听者两方面的需要,不仅用耳朵,而且要运用多种感官参与倾听活动。

倾听时应辨识人们的表达与交流工具,使用多种语言、符号和代码。

倾听自己——"内部倾听"——能鼓励我们倾听别人,而反之,当别人倾听我们时也如此。

倾听需要时间。当你认真倾听时,你会进入对话和反思的时刻,即一种不仅由当前而且由过去与将来的时刻所构成的,超越时间顺序的内在时刻。这是一种缄默的时刻。

倾听是出于好奇、渴望、怀疑和不确定的。这并非不安全,而是要确认每一个"真理"都只有当我们认识到其局限性和可能的虚假性时才能接近它。

倾听产生问题,而不是答案。

倾听即为情绪,它因情绪而产生,受到他人情绪的影响,还能激起各种情绪。

倾听应欢迎并开放地对待差异,承认别人的解释和观点的价值。

倾听是一个活跃的动词,其中包括给予解释,赋予意义,并重视听取别人的意见。

倾听并非易事。它需要深刻的认识,暂时放下自己的判断和偏见。它需要以开放的心态对待变化。要求我们注重未知的东西,克服那些当信念受到质疑时我们所体验到的空虚和不稳定的情感。

倾听使人解除隐匿性(儿童愿意让他人知道自己)。它使得我们合情合理地展示给他人。它丰富了听者和被听者的信息。

倾听是学习关系的基础。通过行动和反思，学习便在主体头脑中发生，并通过想象和交流而成为知识与技能。

倾听在"倾听情景"中发生，听者要学会倾听和讲述，听者和被听者都通过行动、情感、表现欲想象，使用符号和图像（即"一百种语言"）来表达并提供自己的理论。通过交流和对话产生理解和认识。①

上述 14 条涵义大致可以梳理出瑞吉欧提出的他们所指的倾听的前提、特质、发生的场景及其价值追求。当教师用这样的倾听观研究儿童时，教师不仅倾听了儿童也向儿童敞开了自身，在此过程中，教师的儿童知识不断得以建构，且教师自身的主体性也不断得以丰富。

对于包括教师在内的成人而言，真正践行倾听是一个充满挑战的过程，为了帮助教师更好地迎接这样的挑战，里纳尔迪深刻地指出："学校，首先而且最重要的，应该是一个由多元倾听构成的情境。这一多元倾听的情境包括教师也包括几个儿童的小组以及单个的儿童，他们都能倾听其他人以及他们自己，这一情境彻底改变了教学的关系。"换言之，在教师学会倾听儿童的过程中，教师与儿童之间、儿童与儿童之间形成相互倾听的过程。需要指出的是，里纳尔迪所指的多元倾听还应包括学校领导与教师之间、领导与儿童之间、学校与家庭之间，乃至更大的共同体成员之间，如若这些成员之间都能形成倾听关系，那么，儿童研究中的倾听就自然而然了。

除提出独特的儿童研究方法之外，瑞吉欧还专门谈到教师用这些方法开展儿童研究是否有秘诀的问题，他们以自问自答的方式回答了此问题："什么是秘诀？没有秘诀，没有钥匙，只有经常检查我们的理解、知识、直觉，并把我们这些与同事们的进行比较、分享。"②换言之，在瑞吉欧教师看来，一切秘诀在行动中，尤其是在儿童研究共同体的合作行动中。

综上所述，瑞吉欧的儿童研究方法是建基于关系哲学和倾听教育学基础之上的，这样的儿童研究方法总体而言是一种融合了情感、审美和智力的综合儿童研究方法。

---

① ［美］卡罗琳·爱德华兹、莱拉·甘第尼、乔治·福尔曼.儿童的一百种语言:转型时期的瑞吉欧·艾米利亚经验(第 3 版).尹坚勤、王坚红、沈尹婧译.南京:南京师范大学出版社,2014:243—244.

② 零点方案、瑞吉欧儿童.让儿童的学习看得见:个体学习与集体学习中的儿童.朱家雄、王峥等校译.上海:华东师范大学出版社,2007:88.

第三节 卡利尼:儿童研究方法的开拓者

　　北美洲教师的儿童研究的先行者以美国较为典型,较早倡导全校教师开展儿童研究的是田园教育学者卡利尼。卡利尼等人创办的展望学校通过多年的研究,提出了建基于知觉现象学基础之上的儿童研究新方法——儿童描述性评论,教师们在运用该方法研究儿童的过程中,既发现了每位儿童的独特性、多样性和复杂性,又帮助每位儿童的内心真正强大起来。教师研究运动的发起者之一考克兰-史密斯(Marilyn Cochran-Smith)将卡利尼等人的儿童研究视作教师研究运动的四个分支之一。[①] 卡利尼之后,美国有一大批进步主义教育者在深化儿童研究方法方面做出了多方面的探究。

一、发现每个儿童的内在发展力量和特性[②]

　　1965 年,卡利尼和斯特劳德(Marion Stroud)、布雷克(Joan Blake)、刘易斯·卡利尼(Louis Carini)共同创办了展望学校,他们围着餐桌讨论中想出了校名。[③] 有趣的是,这些创办者都是学龄前儿童的父母;当时,他们希望有一所既能满足他们孩子的学习需要同时又秉持杜威思想的学校。由于找不到现成的这样的学校,四人充分综合各自互补的优势,合力创办了该校。从 20 世纪 60 年代开始至今,她和她的团队持续开展儿童研究,即便是在展望学校因缺少资金停办后,展望教育研究中心仍然和其追随者一起开展儿童研究。卡利尼及其团队的儿童研究形成了丰富的成果,如她们追踪了纽约州七个不同学区的孩子 4～9 岁的学校生活,基于这项大规模的研究,创作了《七个孩子的学校生活》[④]一书,发展了儿童描述性评论的方法论;除了该书外,还出版了大量的著作,代表性的著作有:《观察和描述:一种新的研究人类现象的方法论》《看的

---

　　① Marilyn Cochran-Smith,Susan L. Lytle. The teacher research movement: a decade later. Educational Researcher,1999,28(7):16.

　　② 本部分修改自作者的博士论文:王丽华. 教师意识研究. 上海:华东师范大学学位论文,2009:43—45,47—49.

　　③ Carol R. Rodgers. From the guest editor-learning to see: the prospect school's teacher education program's beginnings. The New Educator,2011,7(3):201.

　　④ Patricia F. Carini. The school lives of seven children:a five year study. Grand Forks, N. D. :University of North Dakota,1982.

艺术和人的彰显》《让儿童强壮起来——关于儿童、学校和标准的不同观点》《从另一个视角看：儿童的力量和学校的标准——"展望中心"之儿童叙事评论》。展望学校的核心理念是"儿童是教育的核心，学校是产生知识的地方"①。

（一）发现每个儿童的内在发展力量

卡利尼和前述的蒙台梭利倡导类似的儿童研究价值，即通过儿童研究，发现每个儿童的内在力量，帮助每位儿童的内心强大起来。不过，卡利尼是从历史的视角出发提出这样的追求的。卡利尼回顾了美国学校 60 年代到 90 年代期间所发生的变化后指出："总的来说，与以前相比，……整个学校远不如 20 世纪 60 年代那样依赖这些刻板的机制"，"当然，仍然存在僵化的现象和过度体制化的倾向。……要求越来越多的儿童接受评价，为了给儿童分类，为了排斥儿童，而使用了更多的标签"，比如"'危险的儿童'……'贫困儿童'等等"。②在过度制度化的过程中，儿童的内在发展力量被压制，儿童的独特性、复杂性和多样性被千篇一律的形象，甚至是种种标签取而代之。

儿童的内在发展力量寓居于引领性的学习经验中。卡利尼很欣赏杜威关于经验和发展力量之关系的研究，在其著作《从另一个视角看》中第一章开篇就引用了杜威的如下观点：

> 每一种经验都是一种发展的力量，对其价值的判断基础只能建立在它发展的方向和发展的结果上……因此，观察一种经验向什么方向前进是教育者的事务……不把这种发展的力量考虑进去并由此在它发展的结果的基础上来判断和引导这种力量，就意味着违背了经验本身的原则。③

在卡利尼看来，"每一种"经验都是"一种"发展的力量，发展的力量就是"引领性的学习经验"④。卡利尼所指的经验是杜威所倡导的有利于人持续发展的经验，这就是人的创造潜能实现的内在力量；这样，就能为儿童的连续性发展和不断的转化找到原动力，真正帮助儿童强壮起来。在儿童的连续性发

---

① ［美］帕特丽夏·F.卡利尼.让学生强壮起来——关于儿童、学校和标准的不同观点.张华等译.北京：高等教育出版社，2005：6.
② ［美］帕特丽夏·F.卡利尼.让学生强壮起来——关于儿童、学校和标准的不同观点.张华等译.北京：高等教育出版社，2005：135—138.
③ ［美］约翰·杜威.经验与教育.姜文闵译.北京：人民教育出版社，2005：258.引用时略有修改.
④ ［美］马格丽特·赫姆莉、帕特丽夏·F.卡利尼.从另一个视角看：儿童的力量和学校的标准——"展望中心"之儿童叙事评论.仲建维译.北京：高等教育出版社，2005：7.

展和不断转化的过程中,每个儿童动态生成的、创作中的自我得以显现。不可否认,发现儿童内在发展力量的过程,也是发现每个人的内在发展力量的过程,包括教师、家长以及每一个关心教育事业的人,帮助"我们自己"强壮起来。

(二)发现每位儿童的特性

每位儿童的特性主要指独特性、多样性、差异性和平等性,卡利尼等人的著作中所呈现的儿童就显现了这样的特性。

独特性既意味着每个儿童都是真实、具体的,而非想象中的假象抑或抽象的人,也意味着每位儿童都是独一无二的,值得每位教师珍视。儿童的独特性表现在其身体外表和姿势、气质和性情,强烈的兴趣、与他人的关系、学习方式和思维方式等中。如以着装为例,有的孩子可能喜欢穿深色的衣服,有的孩子可能喜欢浅色的;有的孩子可能喜欢穿有动物图案的衣服,有的孩子可能喜欢穿有卡通人物的衣服。又如以兴趣为例,有的孩子可能喜欢阅读,有的孩子可能喜欢画画,还有的孩子可能喜欢运动,也有的孩子可能有多种兴趣……由此可见,儿童的独特性只有在具体言说和敏锐的觉察中才可能显现。卡利尼以设问的方式引导每个作品的阅读者投入她对儿童独特性的诉求中:

> 如果我们不把他们看作自我和个人,看作和我们一样真实的人,那么我们这些年长者,他们的老师是否会忽视孩子真实的面容,而只看到问题、暴力、异常或者残缺? 如果我们把他们看作有能力接受教育的人,思想和精神上自由的人,难道还会因为这些孩子没有学习能力再学任何东西,而满足于对他们的训练,并认为这种决定是正确的?①

多样性意味着不要只看到任何一个儿童的一个方面,而要从多维度、多角度、不同时空下的各个方面入手。比如以不同情境为例,同一儿童可能在数学课上积极参与、踊跃发言,然而,英语课上却经常走神、做小动作。由于儿童的多样性除了在不同情境中会表现外,不同的心情、不同的时空、不同的交往关系……都会表现出其多样性,因此,诚如卡利尼所言:"多样性。众多。超出我们所能理解。"②卡利尼引用著名遗传学者芭芭拉·麦克林托克(Babara Mc-Clintock)的观点来描述差异性:

> 没有两株植物是完全相像的。它们完全不同。因而你必须了解那种

---

① [美]帕特丽夏·F.卡利尼.让学生强壮起来——关于儿童、学校和标准的不同观点. 张华等译. 北京:高等教育出版社,2005:48.

② [美]帕特丽夏·F.卡利尼.让学生强壮起来——关于儿童、学校和标准的不同观点. 张华等译. 北京:高等教育出版社,2005:169.

差异……我一开始观察秧苗就离不开它。如果我没有一直观察这株植物，我就感到自己不能真正了解它的故事。所以我了解田野里每一株植物。我密切了解它们，并且我发现了解它们具有极大的乐趣。①

多样性中蕴含着差异性，多样性和差异性彰显的是人的创造潜能和丰富性。然而，多样性和差异性不仅与西方 300 多年来的学校精神相悖，这种精神追求的是拥有一个客观的、可控的世界，一个技术支配的、绩效调控的世界，追求普遍性和系统性；而且会破坏教室这块修整完善的草坪。为此，学校青睐于效率和经济学。用"那些儿童"这样的分类学术语来指称儿童，而分类的标准却是由"我们"制定的，这样，"那些儿童"只能成为"我们"的标准衡量下的整齐划一的产物。卡利尼呼吁，每个儿童的多样性和差异性需要得到充分的关注、描述和呵护，否则儿童的内在发展力量、正在生成中的儿童的自我将被消融在分类学的框架中。她认为："直到作为教育者和公民的我们，留出时间和空间，制定教育计划，使我们能够承认、评价并引出我们所教育的儿童的这一维度，否则我们将会继续在他们的差异性和多样性面前不知所措，我们将会继续通过分班来降低任务的复杂性，我们将继续寻求能束缚和改变孩子的外部的技术方式，从而让他们更容易地适应学校的模式。"②

在卡利尼看来，儿童的平等性指不论儿童的家庭背景、经济条件、种族、民族、性别等状况如何，每个儿童都有均等地受教育权利和利用教育资源的权利，以逐步实现真正的教育民主。卡利尼犀利地指出美国儿童受教育权、教育资源的利用权的不平等，她认为："作为一个富有而强大的国家，不能提供均等的教育资源，却在谴责城市和农村的穷人家的孩子使教育机会下降，同时继续给已经富有的人以特权"；"贫穷与教育机会不平等都与阶级、民族、种族等因素有关，并且强化和拓宽了这种永存因素的差别，使得对诸如自由、公正和追求幸福之类的基本权利所承诺的责任显得毫无价值"。③

二、儿童描述性评论

卡利尼提出了一种独特的研究儿童的引领性学习经验的方法——"儿童

---

① ［美］帕特丽夏·F.卡利尼.让学生强壮起来——关于儿童、学校和标准的不同观点.张华等译.北京:高等教育出版社,2005:164.

② ［美］帕特丽夏·F.卡利尼.让学生强壮起来——关于儿童、学校和标准的不同观点.张华等译.北京:高等教育出版社,2005:172.

③ ［美］帕特丽夏·F.卡利尼.让学生强壮起来——关于儿童、学校和标准的不同观点.张华等译.北京:高等教育出版社,2005:124.

描述性评论(Descriptive Review)"①。

(一)儿童描述性评论的涵义

所谓"儿童描述性评论"就是通过对儿童及其作品的持续观察、描述、评论,以"找出每一个儿童作为人、学习者和思考者的优势所在并使之具体化,以便学校能够顺应并加强孩子的这些特质"②。可见,儿童描述性评论是一种历时性的儿童研究方法,旨在发现儿童作为人、学习者和思想者的特质,并顺应和发展这些特质。

(二)儿童描述性评论的思路

儿童描述性评论并没有僵化的、固定的程序,而有大致的思维理路:观察、描述、评论。(1)观察。在卡利尼看来,观察既是"一种观看的态度和方式,……带着关爱关注孩子"③;又是一种投入性的理解,是近距离的注视儿童。观察不是发现儿童的问题,而是发现其自身的价值,发现如其所是,卡利尼指出:"我们所进行的观察不是去发现不足、错误或失败,而是去发现存在于儿童、儿童的学习、教室、教师的工作中的一切。同时,通过向现存的事物、儿童的价值、儿童学习的价值、教师工作的价值敞开心扉,给予它们一个完整的答复。"④观察需要与两大宝贵的资源——倾听和好奇相结合。(2)描述。描述是揭示和发现的过程,"是对过程的关注的自然产物"⑤。描述通过语言得以实现,这种语言是描述性语言而非判断性语言。

> 描述性语言拒绝把人和事放在预先确定的思想类型中,这些思想类型用它们老一套和所有的驱动力压制着我们所有人。描述性语言吸引我们走进一种共有的人性中,并促使我们在许多方面和其他人建立联系,这是判断性语言所做不到的。这种描述性语言通过结构和总结加以规范,

---

① 卡利尼的《从另一个视角看:儿童的力量和学校的标准——"展望中心"之儿童叙事评论》一书的副标题"儿童叙事评论"的英文是"Descriptive Review","Descriptive"是现象学的关键词之一,译为"描述的",故译为描述性评论比叙事评论更合适。

② [美]帕特丽夏·F.卡利尼.让学生强壮起来——关于儿童、学校和标准的不同观点.张华等译.北京:高等教育出版社,2005:4.

③ [美]马格丽特·赫姆莉、帕特丽夏·F.卡利尼.从另一个视角看:儿童的力量和学校的标准——"展望中心"之儿童叙事评论.仲建维译.北京:高等教育出版社,2005:57.

④ [美]帕特丽夏·F.卡利尼.让学生强壮起来——关于儿童、学校和标准的不同观点.张华等译.北京:高等教育出版社,2005:158.

⑤ [美]马格丽特·赫姆莉、帕特丽夏·F.卡利尼.从另一个视角看:儿童的力量和学校的标准——"展望中心"之儿童叙事评论.仲建维译.北京:高等教育出版社,2005:10.

由故事、图景和细节来驱动，它产生了这种投入性理解，这种理解为行动补充了各种可能性。①

（3）评论。评论即回忆和反思的过程。回忆的目的既不是审查孩子们，也不是把他们变成另一个人，而在于"更为敏感地与他们的样子以及正要长成的样子相融合，由此把他们作为人来认识，这样我们就能够更好地帮助和支持他们的学习"②。要具体地回忆儿童，"在具体的环境和场所下描绘他们；以多种态度和心情回忆他们；用内心的耳朵倾听他们的声音"③。具体地回忆将有助于更专注地观看和倾听，更好地反思自身。卡利尼所指的反思主要是共同反思，共同反思是为了进一步显现儿童的独特性和复杂性，她说："与其他人共同反思，我意识到了顺从性、划一性、标准化——任何僵硬呆板行走在狭窄空间中的东西——将会危及此物种。"④需要指出的是，观察、描述、评论不是一个线性的过程，而是一个螺旋上升的、复杂外扩的过程。

（三）观察和描述的内容

观察什么？描述什么？在满怀爱心地持续关注每个儿童的过程中，卡利尼及其团队提出了观察和描述儿童的五个主题：身体外表和姿势，气质和性情，与他人（孩子和成人）的关系，强烈的兴趣和爱好，思维方式和学习方式。⑤或许有人会质疑，为什么从这五个主题出发，而不是其他的主题？卡利尼坦言，他们是通过对每个儿童持续地观察后确定的，这是因为"通过对儿童接触和使用材料的过程的观察，我们发现很多东西都会重复出现，如手势和身体的姿势，说话的习惯和声音，吸引他的主题和思想，儿童对某种媒体的偏爱，等等"⑥。对某个儿童的观察结果由经常和这个儿童相处的教师悉心地做记录，

————————

① ［美］马格丽特·赫姆莉、帕特丽夏·F.卡利尼.从另一个视角看：儿童的力量和学校的标准——"展望中心"之儿童叙事评论.仲建维译.北京：高等教育出版社，2005：132—133.

② ［美］马格丽特·赫姆莉、帕特丽夏·F.卡利尼.从另一个视角看：儿童的力量和学校的标准——"展望中心"之儿童叙事评论.仲建维译.北京：高等教育出版社，2005：58.

③ ［美］马格丽特·赫姆莉、帕特丽夏·F.卡利尼.从另一个视角看：儿童的力量和学校的标准——"展望中心"之儿童叙事评论.仲建维译.北京：高等教育出版社，2005：57.

④ ［美］帕特丽夏·F.卡利尼.让学生强壮起来——关于儿童、学校和标准的不同观点.张华等译.北京：高等教育出版社，2005：198.

⑤ ［美］马格丽特·赫姆莉、帕特丽夏·F.卡利尼.从另一个视角看：儿童的力量和学校的标准——"展望中心"之儿童叙事评论.仲建维译.北京：高等教育出版社，2005：13—14.

⑥ ［美］帕特丽夏·F.卡利尼.让学生强壮起来——关于儿童、学校和标准的不同观点.张华等译.北京：高等教育出版社，2005：3.

在持续观察和记录的基础上,按照上述五个主题撰写成儿童描述性评论的文本;在方便的时候向自愿参加描述性评论小组的成员做某个儿童的描述性评论。儿童描述性评论小组一般由主席、描述者、记录员、参与者等组成,所有成员可以轮流出任上述的角色。描述者做某个儿童的描述性评论的过程也是讲述该儿童的成长故事的过程。

对儿童作品进行描述性研究是"儿童描述性评论"的重要途径。在卡利尼看来,作品被理解为自我的媒介,我们就可确认人的可能性的观点,这是一种可以创生的关于教育、社会、政治的观点。① 有鉴于此,卡利尼及其同事对儿童的作品进行了长时间的纵向研究,对每一个儿童的作品进行仔细挑选、编目,不少儿童的作品跨度长达 9 年。在作品中发现每一个儿童的特点、一致性和变化,寻找儿童所创造的他们自己的生活和世界的意义。由此可见,"儿童描述性评论"即是讲述和倾听儿童的故事、研究儿童的作品,并据此理解儿童、帮助儿童发展。这样,教师不是根据成绩对儿童划分等级,而是在观察和倾听儿童的过程中,意识到每个儿童的独特需要;也不是漠视儿童的需要、用成人的功利目的代替儿童的真实需要,而是在敏锐地意识到儿童需要的基础上提供最适当的帮助。

总之,卡利尼及其团队通过对儿童的多维度、跨时段的描述来展现儿童的独特性、复杂性、多样性和差异性。在卡利尼看来,做儿童描述性评论"重要的是思想,而不是格式和程序"②。需要指出的是,卡利尼及其团队创造的方法已经融合了儿童研究内容,故本节不专门阐述儿童研究内容。

三、建基于卡利尼方法的其他儿童研究方法

卡利尼之后,美国教师的儿童研究的后继者主要从儿童研究方法方面做出了富有成效的探究,这样的探究为对儿童的学习评价提出了新思路。考虑到我国一线教师的可能需要,下面主要对其中的合作评估会议(The Collaborative Assessment Conference)和原始语言记录(The Primary Language Record)做一个简单的介绍。合作评估会议和原始语言记录作为描述儿童作业的方法,旨在从中发现儿童的独特性及其关于儿童学习的鲜活知识,而非对儿童的作业做出判断。

---

① [美]帕特丽夏·F.卡利尼.让学生强壮起来——关于儿童、学校和标准的不同观点.张华等译.北京:高等教育出版社,2005:50.

② [美]马格丽特·赫姆莉、帕特丽夏·F.卡利尼.从另一个视角看:儿童的力量和学校的标准——"展望中心"之儿童叙事评论.仲建维译.北京:高等教育出版社,2005:10.

（一）合作评估会议

合作评估会议是一种教师们一起观察和描述儿童的作业的过程，以此恢复对儿童的好奇心，并尊重儿童的作业。合作评估会议的大致步骤如下：

（1）读文章。每个人都默读"引荐教师"带到会议中的一篇学生文章。因为该教师将自己学生的一份作业引荐给整个小组供观察、讨论之用，所以称他（或她）为引荐教师。

（2）观察与描述。其他所有参与者讨论这份作业，对它做尽可能详尽的描述。

（3）提问。紧跟描述之后的是对文章、作业及写作情境的提问。

（4）儿童在表达什么？最后，这些教师推测儿童在文章中要表达的思想。

（5）引荐教师的回答。之前，在其他教师进行提问和讨论时，引荐教师一直要保持沉默，而此时引荐教师会补充很多他对文章的观察并尽可能多地回答其他老师提出的问题。

（6）教学促进和教学反馈。参与者和引荐教师一起思考，如何在后续教学中鼓励和促进小作者进一步学习。

（7）反思。做完这些以后，整个小组（包括促进者）都会议进行反思，指出研讨中令人满意和不满意的地方，为下次会议提出改进方向。①

从上述程序及其作者的本意看，合作评估程序只能用于语文、英语等文科类课程作业的描述；不过，细究后发现，其实也适合运用于美术、理科有关科目等的作业评估。合作评估会议能否运用于特定科目作业，关键看作业本身能否引发参与者做出尽可能详尽的描述并提出可能的问题。实施合作评估会议时，最难的是教师如何做到真正的描述，而非判断。需要指出的是，这种方法的程序基本上沿用了儿童描述性评论的主要思想和程序。

（二）原始语言记录

原始语言记录是一种帮助教师理解学生及其学习的情况，以便更有效地促进学生读写技能发展的工具。② 该方法产生于英国，1985 年，英国教育家试

---

① David Allen. Assessing student learning：from grading to understanding. New York：Teachers College Press，1998：24.

② David Allen. Assessing student learning：from grading to understanding. New York：Teachers College Press，1998：40.

图寻找一种更好的记录儿童读写能力进步状况的方法,于是产生了原始语言记录的构想;后来该方法主要应用于美国,比如美国纽约、加州等地的学校。原始语言记录,顾名思义,即将儿童在自然情境下的学习状态如实地记录下来;这是一种历时性的儿童研究方法,通过持续一定时期记录儿童在语言学科各领域的学习状况,据此"帮助教师记录下儿童成功阅读时所使用的策略和行为,看到儿童的长处,将儿童所犯的错误视为对教学有用的信息,并以一种建构的方式分析儿童读写能力的发展样式"[①]。表 2-1 是作者给出的原始语言记录表格样例。[②]

表 2-1　原始语言记录表

学校	学年	
姓名　　　　　　　出生日期		性别:□男　　□女
听力理解 口语表达	阅读 写作	
对听觉、视觉或协调性等任何影响儿童语言与读写的细节进行记录,并记录信息的来源和日期。	参与儿童语言与读写能力发展的教师的姓名。	

第一部分(A)秋季学期完成

A1　儿童家长和任课教师的讨论记录

签名　家长＿＿＿＿＿＿＿＿＿　教师＿＿＿＿＿＿＿＿＿
日期＿＿＿＿＿＿＿＿＿＿＿

A2　与儿童进行有关语言与读写的对话记录

日期＿＿＿＿＿＿＿＿＿＿＿

第二部分(B) 在春季学期完成,包括所有现任教师提供的信息

作为语言运用者的儿童(一种或多种语言)
教师在完成记录的每个部分时,都应该牢记《机会平等政策》(无论学生是哪个种族、性别和社会阶层),并考虑是否需要参考特殊教育领域的权威报告。

---

① David Allen. Assessing student learning: from grading to understanding. New York: Teachers College Press，1998:42.

② David Allen. Assessing student learning: from grading to understanding. New York: Teachers College Press，1998:57-60.

B1 交流与倾听

请对儿童在不同社会情境和课堂上,用英语或其他交际语言进行口语表达的情况作评论:包括在学习和思考时进行交谈的证据;有特定目的交谈的范围和种类;在不同环境下与不同人讨论和倾听的经历和信心。

哪些经历和教学对儿童在这个方面的发展有(或可能有)帮助?与班主任、其他教师或家长的讨论结果记录。

B2 阅读

请对儿童作为一个阅读者(使用英语或其他语言)的进步和发展情况进行评论;儿童的阅读处于哪个水平(参考阅读量表);在课堂上的阅读范围、阅读量和读物种类;儿童在阅读时的兴趣水平和参与程度;是一个人读还是和其他人一起读;阅读时使用的策略;儿童对所读材料进行批判性反思的能力。

哪些经历和教学对儿童该领域的发展有(或可能有)帮助?与班主任、其他教师或家长的讨论结果记录。

B3 写作

请对儿童作为一个写作者(使用英语或其他语言)的进步和发展情况进行评论;在写作时的自信和独立程度;在课堂上进行写作的范围、数量和种类;在写记叙性或非记叙性文章时的兴趣水平和参与程度;是单独写还是和其他人一起写;阅读对写作的影响;书面语理解水平的发展;习语和拼写的发展。

哪些经历和教学对儿童该领域的发展有(或可能有)帮助?与班主任、其他教师或家长的讨论结果记录。

班主任以及对本部分记录有贡献的所有教师的签名:

第三部分(C)在夏季学期完成

续表

C1	儿童家长对记录的评论

C2	与儿童进行有关语言与读写的对话记录

C3　给下一任老师的信息

本部分是为了保证下一任教师可以获得关于该生的最新的信息。请在第二部分记录的基础上对该生在语言任何方面的变化和发展做评论。

哪些经历和教学对儿童该领域的发展有（或可能有）帮助？与班主任、其他教师或家长的讨论结果记录。

　　尽管从作者的本意看，原始语言记录主要用于语言学科的儿童研究，但上述表格中的内容只要略加修改，也可以应用于数学等其他学科中的儿童研究。

第三章　走进我国教师的儿童研究

姚老师关于儿童研究的想法

　　自六七年前,我开始接触"儿童研究"这一在当时看起来很遥远且是大学教授或相关学者才会涉足的领域。在这之前,我自认为自己是一个教学经验比较丰富、也比较负责的老师,总希望我所传授的知识能被孩子们最大限度地获取(这大概也是所有老师的心愿),最怕也最厌恶因为某些孩子的调皮捣蛋而影响其自身和集体的学习,常有恨铁不成钢的焦虑和烦恼。①

　　在初涉儿童研究领域之初,一线教师往往会产生类似于姚老师的看法,认为儿童研究是学者的事,教师只是知识的传授者。之所以会产生这样的想法,这与我国中小学教师的研究经历有关。我国中小学教师经历的研究主要包括教研、科研、德研,除了德育研究组织机构的线索不是那么明确之外,前两类研究分别对应教研、科研两条线;教研活动往往由学校教务处、地市省等不同层面的教研室组织,科研活动往往由学校教科室、地市的教科所或省的教科院,晚近也有一些地方试图融合两条线的教师研究,并改名为教育研究院。不过,不论哪条线的教师研究,其重点在教材教法等的研究,极少进行儿童研究。为此,拟剖析我国教师的儿童研究从缺席到起步的大致历程,在此基础上,厘定教师的儿童研究的涵义,提出教师的儿童研究的本质及其内在价值。需要指出的是,我国民国时期曾有学者倡导教师开展儿童研究(参阅第一章第三节),

---

　　① 引自上海市浦东新区梅园小学姚依洁老师于 2015 年 9 月 23 日完成的写作。

为了避免可能产生的重复,本章主要讨论我国当代教师的儿童研究。

第一节　我国教师的儿童研究的演进

通过和中小学的深度合作,我们发现,只有每位教师真正成为儿童研究者①,我国"为了每位学生发展"的课程改革目标才有可能真正实现。教师的儿童研究有特定的意蕴,为此,在辨析学生研究和儿童研究的基础上,笔者从我国教师的儿童研究的涵义出发,理出我国教师的儿童研究从缺席到起步的大致历程。

一、学生研究还是儿童研究

国际上,除了用行动研究等研究方法或研究取向来指称中小学教师开展的研究外,一般用教师研究(teacher research)指称中小学教师开展的研究;对于中小学教师开展的儿童研究,同样如此,除了用研究方法或研究取向命名外,往往用儿童研究(child study)。在我国,总体而言,儿童研究似乎成了各领域学者的专利,对于教师的儿童研究,从零散的文献看,一般用学生研究指称;但有趣的是,对于教师开展的研究,往往用"教师的教育研究""教师教育研究"等指称,这里的"教师教育研究"其实仍然是教师的教育研究,进入21世纪后,出版了多本以上述两种名称命名的著作。据此,一个需要深入反思的问题是,在我国当下,到底用学生研究还是儿童研究指称教师开展的儿童研究为妥?尽管有部分声音认为不必区分,但为了保障每位儿童的基本权益,有必要略作区分。如下拟从两方面阐明采用儿童研究而非学生研究的理由。

(一)恢复教师对儿童成长的敏感性和理解能力,减少教师因过度关注学生角色而无意中阻碍其成长

自2001年我国新一轮基础教育课程改革启动以来,基础教育阶段的全方位改革已持续了16年。在这一轮改革中,如何实现儿童在课程改革中的内在价值是关键导向,在这样的改革实践中,我国儿童的学习和生存处境大为改善。然而反观现实,我国教师对每位儿童的理解程度、每位儿童在校的生存处境仍然堪忧。近年来,师生冲突或暴力事件屡见报端,尽管这类事件发生背后的成因是复杂的,但不少事件的发生与教师对学生缺乏应有的理解、过度用外

---

① 王丽华、陆虹.教师即儿童研究者.全球教育展望,2009,(6):87—88.

在功利价值要求学生有关。如果我们愿意仔细倾听初中及以上年级学生的日常话语,就会发现"郁闷啊"之类的话语是他们遭受不公或不理解甚至误解时的常用语。

学生作为人的内在价值被忽视,既不是因为教师不了解课程改革的价值导向,也不是因为教师不尽责,而是教师过度关注"学生角色"的外在功利价值、家长和社会助推追逐功利价值的合力所致。在功利价值的驱使下,一旦学生没有按教师的要求做,教师往往喜欢从主观判断的角度随意为学生贴上诸如此类的标签——"现在的学生比较懒""不听话""叛逆""学习不上心"……很少有教师会耐心倾听学生不按要求完成任务的可能原因。尤其是面对升学的压力,从小学高年级开始,教师可谓用尽心力争夺时间,用各种题海战术要求学生争分夺秒地解题,尽管如此,学生似乎并不"领情"。2012年,中国教育科学研究院的研究者调查了杭州、大连和成都的中小学师生关系;"师生关系亲密性"这一维度的调查结果表明:"学生对于师生关系亲密性的评价大体上随着年级和年龄的升高而下降";"许多学生认为教师上课过于严肃,对某些问题缺乏足够的耐心"。[①]

如果教师能跳出功利化师生关系的樊笼,从儿童视角注视学生,那么,教师很有可能会为自己和学生打开一个全新的世界。从儿童视角出发,前述不论是教师的儿童研究的倡导者还是先行者,他们对儿童世界的关切和研究,都让我们看到了迥异于成人世界的儿童个体和群体的独特性;同时,当儿童研究的教师先行者们对儿童世界的研究越深入,其对儿童成长的敏感性和理解能力也越好。据此,对我国教师而言,如能把学生视作儿童,且能像前述的蒙台梭利、瑞吉欧、卡利尼等田园教育学者或共同体那样,用正向的儿童观或儿童形象去关注和研究儿童成长,这样不仅能极大提升对儿童世界的敏感性和理解能力,而且会创造关于儿童成长的丰富知识,还能改善师生关系。师生关系的品质显现在师生交往中,教师的话语、神情是最直接的交往方式,如若把学生视作儿童,特别有助于教师反思一些话语或神情对儿童产生的可能的伤害,进而避免之。

(二)儿童既是家庭中的人,也是学校中的人,据此可以融通家庭教育和学校教育

教师开展儿童研究,既可以研究自己的孩子,也可以研究自己所任教的学

---

① 孟照海.改进师生关系,教师需提高教学能力——基于杭州、大连和成都的中小学师生关系调查.中国教育报,2013-11-11(3).

生。近十年来对中小学教师的观察发现,除了一些非常喜欢孩子的教师外,一提到儿童研究,多数教师首先关切的是能否先研究自己的孩子,在研究自己孩子的同时逐步开展对所任教学生的研究。换言之,教师首先关切的是家庭中的儿童,教师通过对自己孩子的关切和研究,逐步打开了研究学校儿童的大门。

这样开展的儿童研究的最大价值在于,不断发现儿童学习在家庭和学校中的关联性、丰富性和多样性,据此更好地融通学校教育和家庭教育。这种融通至少是两个层面的,一则是从教师角度,即教师将对自己孩子的研究和对学生的研究融通之,二则是儿童的角度,融通儿童的家庭教育和学校教育。

二、教师的儿童研究的涵义和特征

对于教师的儿童研究的涵义,至今尚无非常清晰的厘定。根据多年的理论思考和实践探究,大致可以从如下两角度明晰教师的儿童研究的涵义。不论是哪个角度的涵义,都具有共同的特征。

(一)从厘定儿童群体的角度明晰涵义

对于儿童指哪个年龄段的群体,学术界一直有争议。在我国,不少教育心理学著作将儿童限定为出生到 12 周岁之间的群体,相比较而言,国际上往往从儿童权利的角度来限定其年龄段。尽管这些不同的约定各有其学理依据,然而梳理这些争议不是明晰教师的儿童研究涵义的重点,同时,置身日益国际化的社会,从便于国际学术交往的角度出发,笔者拟依据《儿童权利公约》对儿童的界定,明确论述的范围。《儿童权利公约》明确指出,儿童系指 0~18 岁以下的任何人。《儿童权利公约》对儿童年龄做出这样的规定,不仅为保护儿童权益提供了立法证据,而且也从心智不成熟的角度阐明了儿童群体。根据这一界定,教师对 18 周岁以下的孩子或学生开展的研究均可以称作教师的儿童研究。[①] 特别需要指出的是,教师除了其职业身份外,同样也是家长,据此,对自己的孩子开展研究同样是教师的儿童研究的应有之义。从该意义上看,教师是最有机会融通家庭教育和学校教育的中坚力量。

从前述教师的儿童研究的倡导者和先行者看,教师的儿童研究的年龄范围也大致涉及 0~18 周岁。如倡导者们中,杜威学校实验的是 4~15 岁儿童的研究,佐藤学实验的是小学、初中、高中阶段的孩子,相对而言,高中阶段的较少;又如先行者们,蒙台梭利和瑞吉欧主要以 0~6 周岁的儿童为主,但都有

---

① 王丽华. 我国教师的儿童研究:缺席的根源和现实的课题. 全球教育展望,2012(6):73.

研究小学儿童的经历。蒙台梭利曾于 1898—1901 期间,在创办的一所国立特殊儿童学校担任两年多的负责人,其间有个"班级的学生都是那些来自小学里的被认为是无可救药的心智缺陷儿童"①。瑞吉欧经常被美国专业人员问及的问题是儿童升上小学以后会怎样? 对此,瑞吉欧在尝试对年龄更大儿童的研究有两种思路:

> 瑞吉欧教育者的兴趣在于将他们的工作运用于年龄稍大的孩子来做更进一步的教学研究。比如说,马拉古齐国际中心是一所新的幼儿园,但同时也是设有一、二、三年级的小学。这些教室是瑞吉欧教育者们的一个实验场所,来验证他们对幼儿的经验是否能适用于年龄大一点的儿童。这些儿童的个人和集体学习过程被紧密跟踪和记录下来。此外,幼儿园儿童升入市立小学的转变过程是教研中心组的一项全系统范围内讨论和研究工作的焦点。②

除了瑞吉欧自己的尝试外,21 世纪以来,北美的一些小学也开始尝试瑞吉欧的理念和方法。③ 由此可见,我国教师的儿童研究年龄范围的确定是有据可循的。与此同时,需要指出的是,总体而言,已有研究对 0~6 岁儿童的发现比较系统和深入,对基础教育阶段尤其是高中教育阶段的研究有待突破。

(二)教师的儿童研究特有的涵义

教师的儿童研究中的"研究"除了对应于常用的 study,也对应于考克兰-史密斯所用的 research。"research"是由"re"和"search"构成,其中前缀"re-"有"又""再"之意;"search"是"寻求""探寻"之意,这样,"research"乃是"反复寻求""再三探寻""一遍一遍再寻找"之意。汉语中的"研究",据《现代汉语词典》(在线词典)给出的解释有两种:①探求事物的真相、性质、规律等;②考虑或商讨(意见、问题)。④ 据此,教师的儿童研究是指教师在学校或家庭的自然情境中,从身边儿童学习和成长的需要或现象出发,"反复寻求""再三探寻"儿童学习

---

① [意]玛利亚·蒙台梭利.蒙台梭利教育法.霍力岩、李敏谊、胡文娟等译.北京:中国人民大学出版社,2008:31.

② [美]卡罗琳·爱德华兹、莱拉·甘第尼、乔治·福尔曼.儿童的一百种语言:转型时期的瑞吉欧·艾米利亚经验(第 3 版).尹坚勤、王坚红、沈尹婧译.南京:南京师范大学出版社,2014:374.

③ Carol Anne Wien. Emergent curriculum in the primary classroom: interpreting the Reggio Emilia approach in schools. New York: Teachers College Press, 2008.

④ 引自《现代汉语词典》(在线词典). http://www.hydcd.com/cd/htm_a/37723.htm.

和成长之真相的过程。

对于"教师研究是什么",学术界同样有不少论述。在这些论述中,一个广为引用的定义是:"广义上的教师研究包含了各种形式的'实践者探究'。这种探究是以系统的、有意识的、自我批判的方式,探究自己所处的教育情境中的问题。"[1]该定义大致明晰了教师研究的性质和特征。教师的儿童研究从属于教师研究,据此,教师的儿童研究是指教师从身边儿童学习和成长的需要或现象出发,有意识、有系统、自我批判地研究儿童的过程。和教师研究一样,教师的儿童研究也是一种实践研究。有意识指教师开展的儿童研究是有指向的,而非随意的;有系统指教师有序地收集和记录儿童研究所需的资料,包括通过倾听、观察、描述、对话等不同的研究活动;自我批判地指教师的儿童研究意在做出改变,包括帮助儿童、发展自身、变革学校。

从上述不难看出,教师的儿童研究是一种问题探寻和解决的过程。但教师的儿童研究的独特之处在于,这是一种面向儿童的研究,这样的研究对儿童个体或群体到底有何意义尤为重要,据此,教师的儿童研究也是一种探寻意义、彰显儿童存在价值的过程。意义的探寻和彰显贯穿于教师的儿童研究的整个过程中,诚如第二章蒙台梭利、瑞吉欧、卡利尼等先行者的研究中呈现的诸多案例所体现的,同样也彰显在下文中本(Ben Twist)的老师对本当时处境的理解和行动中。本是一个11岁的英国男孩,5岁那年被诊断出有自闭症,于是本的妈妈送他到如下信中提到的兰斯伯里桥学校兼体育学院(Lansbury Bridge School and Sports College)学习,这是一所特殊儿童学校。在这所学校,本学习很努力,即便如此,本最后参加英国小学最后一年统考的成绩仍然不佳。本的老师克拉克森女士寄给本成绩单的同时给他写了一封信(见图3-1)。信的内容如下:[2]

亲爱的 Ben:

　　恭喜你成功完成了学期末的 SAT 考试。

　　在吉尔、琳恩、安吉拉、史提夫和安妮(Gil、Lynn、Angela、Steph&Anne)的陪伴下,你取得了非常了不起的进步。

　　我已经将考试成绩单寄给你和你的父母了。

① Marilyn Cochran-Smith, Susan L. Lytle. The teacher research movement: a decade later. Educational Researcher,1999,28(7):22.

② https://topicalteaching.com/2016/07/12/teacher-pens-moving-letter-to-autistic-student/, 2016-08-15

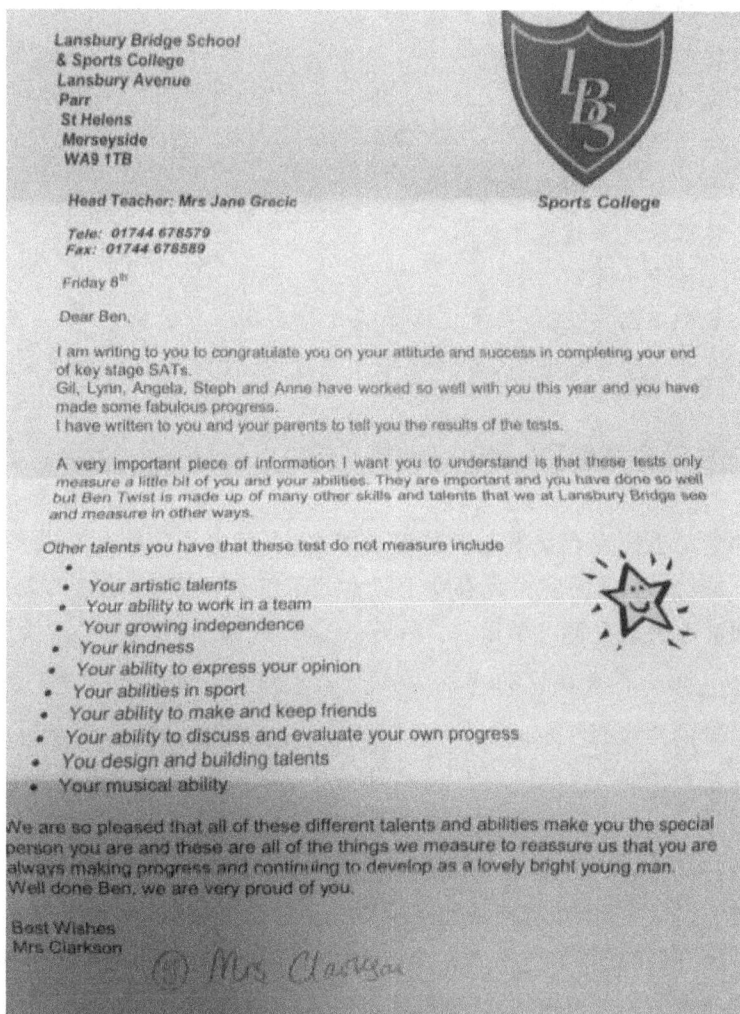

图 3-1 克拉克森女士写给本的信

有一个非常重要的信息我希望你能明白，这个考试只衡量你很小很小的一部分能力。虽然它是重要的，你也完成得非常好；但你身上还有很多其他方面的能力，我们在兰斯伯里桥学校是用考试以外的其他方式评价的。

你其他方面的能力包括：

你的艺术天赋

你的团队合作精神

你的独立性和自理能力

你的善良

你的自我表达能力

你的运动才能

你的交友能力

你的自我认知和评价能力

你的设计和建造才能

你的音乐天赋

我们很高兴,正是所有上述才能让你变成一个很独特的人;我们的责任就是全方位地衡量你,帮助你每天都进步,让你成为一个可爱、聪明的年轻人。

本,你做得非常棒,我们为你感到自豪!

克拉克森女士

本的老师克拉克森女士不仅非常了解本,而且也很理解此时此刻本需要的是什么,换言之,正是克拉克森女士对本的了解和理解,才让本的独特性、存在价值和学习的意义得以彰显。

（三）教师的儿童研究的特征

与学者的儿童研究不同,对于教师而言,不论哪种涵义的儿童研究,都具有如下鲜明的特征。

1.教师的儿童研究是实践者研究

学者的儿童研究是理论者研究,是作为局外人的学者对研究对象进行有控制的研究,旨在得出学者期待的理论观点。反之,教师的儿童研究是作为实践者的教师开展的研究,这种研究往往发生在学校或家庭的自然情境中,旨在探究身边儿童的问题解决办法或探寻超越儿童问题的意义。据此,教师的儿童研究也是发生在儿童身边的研究。

2.教师的儿童研究是系统的

教师的儿童研究不是随意、散漫的,而是系统的。兰克希尔(Colin Lankshear)与诺贝尔(Michele Knobel)认为,研究所具有的系统性具有特定的特征。[1]这些特征是:(1)研究问题得到清晰的组织和表达并且可以掌控。这意味着研究问题是聚焦的,既不泛泛而谈,也不混乱。(2)研究设计与研究问题相匹配。

---

[1] Colin Lankshear & Michele Knobel. A handbook for teacher research: from design to implementation. Berkshire: Open University Press，2004:21-23.

(3)某些事情能让研究者发现研究问题。(4)适当地收集资料的方法。(5)某种分析和解释的成分。(6)基于上述五个方面得到的结论和应用。需要指出的是,研究问题决定研究内容,在我国教师研究的语境下,确定研究什么即确定研究内容比提出研究问题更接近教师的儿童研究思维。

3.教师的儿童研究是有儿童的声音、故事的实践研究

与学者所开展的理论研究不同,教师的儿童研究是一种实践研究,这种实践研究是在学校中,其独特性在于其充满儿童的声音和故事。在此意义上,教师的儿童研究就是讲述儿童学习和成长的故事。如下就是一位老师讲述小孙学习美术的故事:

> 二年级开始,小孙在上美术课时不再一味游离于课堂之外了,大部分时间他会画他喜欢的打仗游戏,我没有强求他一定要和班级同步,只是暗自观察他的反应,在他可能表现出有兴趣的反应时,适时地引导他。一次,有一节课的教学内容是用水彩颜料给折叠过的宣纸染色,打开后,制作出有扎染效果的作品。对于这样新奇的、像变魔术一般的制作过程,孩子们可乐翻了,小孙也坐不住了,卷起袖子开始染了起来。但是五分钟一过,他就不耐烦了,把染了一半的作品扔在一边不要了。我把它捡起来,课后打开晾干后粘在彩纸上亲自交给他,接过作品时小孙有一瞬间的愣神。而在接下来的一段日子里,小孙似乎变得有些懂事了。①

需要指出的是,儿童的声音和故事是儿童的,而非被成人或传媒所左右的假声。童音童趣至少不是成人化或娱乐化的,而是在纯真、自然中经常暗藏惊喜的。

三、我国教师的儿童研究的缺席②

在我国,教师的儿童研究常常是零散的、不受重视的、甚至是缺席的,由此导致的后果是,儿童的概念经常被类别化和概括化,如优等生、学困生,或这个班学生等等,教师鲜能具体描述每位儿童的特征,并以此为据改革课程和课堂教学。诚如有学者通过中日教师关于学生的知识的比较研究发现:"日本教师更关注个别学生……他们不但看到大多数学生的表现,而且还常常非常明确地指出某个孩子,他的具体位置以及这个孩子的独特之处,他们还会在一个时

---

① 姚依沽.我的儿童研究故事.教师月刊,2012(11):21.

② 本部分内容节选自作者的论文:王丽华.我国教师的儿童研究:缺席的根源和现实的课题.全球教育展望,2012(6):73—74.个别内容略有改动。

间段内观察这个孩子的变化……"①既然教师的儿童研究很重要,那么,我国中小学教师的儿童研究为何会缺席?

（一）缺乏国家政策的引导

这主要指 2012 年之前,我国与教师相关的国家政策基本没有引导教师开展儿童研究。对于在职教师,主要引导教师开展以校为本的教学研究,这主要体现在如下两个文件中:其一,教基〔2002〕26 号教育部文件《教育部关于积极推进中小学评价与考试制度改革的通知》中明确提出:"学校应建立以校为本、自下而上的教学研究制度,……" 其二,教基〔2003〕6 号教育部关于印发《普通高中课程方案(实验)》和语文等十五个学科课程标准(实验)的通知中明确指出:"学校应建立以校为本的教学研究制度,鼓励教师针对教学实践中的问题开展教学研究,……"在政策推动下,举国上下的教师们都开展了形式多样的校本教学研究,且教师们潜在地将这样的政策理解为主要围绕自身教的行为开展研究即可。由此我们不难理解,为何校本研究主要聚焦于教学问题的研究,而非儿童学习和成长方面问题的研究。

同时,我国教师职前培养的有关政策中,也没有真正引导职前教师研究儿童。以去年颁布的《教师教育课程标准(试行)》为例,标准中尽管提出了"教师是幼儿、中小学学生发展的促进者,在研究和帮助学生健康成长的过程中实现专业发展",但纵观后续的课程设置,"研究和帮助学生"的理念并没有真正在课程设置中得以体现,除了一门《教育研究方法》课程外,几乎没有与引导职前教师深入学校现场学习观察和研究儿童相关的课程,由此不难发现,职前的教师教育课程设置导向中教师研究儿童方面的课程设置仍然是欠缺的。相比较而言,在芬兰的职前教师教育中,开设了一系列的教师研究方面的课程,教师的儿童研究渗透在这些课程中。②

（二）教师的儿童研究既没有得到认可也没被教师自身意识到

在我国,从知识论的角度看,一个心照不宣的假设就是儿童心理学家或心理学工作者才是儿童知识的研究者和生产者,教师只是这些学者所生产的知

---

① 陈静静.教师实践性知识及其生成机制研究.上海:华东师范大学学位论文,2009:132.

② Pertti Kansanen. Teacher education in Finland: current models and new developments. In Bob Moon, Lazar Vlasceanu & Leland Conley Barrows(eds.). Institutional approaches to teacher education within higher education in Europe: current models and new developments. Bucharest: UNESCO-CEPES, 2003: 92-98.

识的接受者和应用者;据此,我国只有心理学家或心理学工作者的儿童研究,很少有教师的儿童研究。这样,我国的教师基本上是依据心理学研究者关于儿童发展的研究观点或教师的直觉大致了解学生的学情,以此为据进行教学设计,其结果是教师的教学往往只能满足部分学生的需要,而不能真正帮助每位学生开展有意义的学习。

与此同时,在日复一日、年复一年的教学中,教师对儿童的学习和发展中出现的问题、现象都有了固定的解释或习以为常的理解,教师很少会真正深入反思和超越自身习以为常的状态,有鉴于此,教师很难真正意识到自身在儿童知识研究和生产方面的独特价值。面对我国教师对儿童的固化认识,亟待恢复教师在儿童研究方面的好奇心和探究心,以"返乡人"的视角去欣赏和研究身边的每位儿童。"返乡人"是当今美国最卓越、也是当代最重要的一位教育哲学家马欣·格林(Maxine Greene)所提出的观点,格林认为:"以返乡人的观点来面对每天的现实世界,就是用探究和惊异的眼光来看待我们所生活的世界,如同从久居的他乡重新回家时那样。返乡人会注意到环境中他以前未注意到的细节与类型,他发现他必须思考本地的仪式和习俗,好让其再次产生意义。"[①]

综上所述,我国教师的儿童研究为何缺席就不难理解了。

四、我国教师的儿童研究的起步

我国教师的儿童研究起步主要得益于两方面,中小学教师自身的儿童研究需要、近年来的政策导向和呼吁。

(一)中小学教师自身的儿童研究需要

中小学教师自身的儿童研究需要产生于课程、教学和班级管理的实践。对于课程问题,教师们比较关注的是各学科教材的难易程度和儿童的学习能力之间的问题、各科的教材容量和儿童的学习时间的矛盾、教材中的错误和对儿童学习的可能影响等,这些问题尽管学术界也会展开讨论,但与学术界的理性推理不同,教师往往从儿童学习的观察和作业完成的情况提出问题。对于教学问题,教师比较关注的是表现各异的儿童学习问题,比如课堂上无法集中注意力、聊天、好动等。对于班级管理问题,班级管理的公平性和儿童多样性之间的问题、班级管理中儿童参与问题等。

---

① Maxine Greene. Teacher as stranger:educational philosophy for the modern age. Belmont, Calif. :Wadsworth Pub. Co. ,1973:267.

中小学教师的儿童研究需要既有教师个人层面的，又有学校或区层面的。在我国当下，总体而言，教师的儿童研究需要是教师个人层面的，教师根据自己的困境或兴趣，持续研究儿童，根据研究发现更好地帮助儿童成长，或把儿童研究结果写作发表，或择机与同行交流。除了教师个人层面之外，也出现了全校开展儿童研究的个案。如上海市浦东新区梅园小学，是全校教师一起试水儿童研究的先行校。关于区层面，近年来，江苏省苏州市吴江区在此方面进行了一定的探究。

（二）近年来的政策导向和特级教师的呼吁

近年来，我国的个别政策文本提及教师应研究幼儿、小学生、中学生。这主要指 2012 年颁布的《教师专业标准（试行）》，在该标准的"能力为重"中指出：教师应"研究幼儿""研究小学生""研究中学生"等。该导向对已经开展儿童研究的教师和打算试水儿童研究的教师而言，都是重要的风向标。

我国有一些特级教师开始呼吁对教师应开展儿童研究。如成尚荣撰文指出："儿童研究是教师'第一专业'"，"名师应当是优秀的儿童研究者"。[①] 成尚荣从亚里士多德提出的第一哲学想到了教师的第一专业问题，并认为：儿童研究应该成为小学教师乃至于整个基础教育阶段教师的第一专业；在儿童研究中，名师才会在专业发展中走得更远、飞得更高。

第二节　教师的儿童研究的本质[②]

既然不论官方还是民间，都认为儿童研究对教师而言很重要。那么，我国教师的儿童研究的本质到底是什么。难道教师的儿童研究就是教材、教法研究中附带提及儿童的研究？抑或是当下中小学盛行的德育研究中所谓的后进生转化？或有些学科教师开展的学困生研究？为此，笔者拟从教师研究和教师的儿童研究本质的异同出发，结合国内外"教师的儿童研究"的历史和现状，提出"教师的儿童研究"的独特本质，以此洞察我国当下教师的儿童研究存在的误区，进而提出超越误区的建议，为一线教师澄清儿童研究的内在价值。诚

[①]　参阅成尚荣. 儿童研究是教师"第一专业". 中国教育报，2016-04-06(11)；成尚荣. 名师应当是优秀的儿童研究者. 中国教师，2015，(19)：22—25.

[②]　书选自笔者已公开发表的论文：王丽华. "教师的儿童研究"本质初探. 教育发展研究，2014，(4). 个别内容有修改.

如美国学者考克兰-史密斯、苏珊・L. 利特尔(Susan Landy Lytle)曾研究指出的:教师研究的第一个重要问题就是"教师研究的本质是什么"①。同样,"教师的儿童研究"的本质的探寻是教师的儿童研究领域的根本问题,该问题能否澄清直接关系到教师能否开展真正的儿童研究。

一、教师的儿童研究的根本特质

尽管教师的儿童研究的本质鲜有人探究,不过,教师的儿童研究作为教师研究的一个重要分支,其本质既与教师研究的本质有共通之处,又有其独特之处。两者的共通之处在于,都是通过研究创造知识;其独特之处在于,教师的儿童研究直面的是儿童,教师通过对儿童个体的研究,发现儿童并创造儿童知识。

(一)教师的儿童研究是以儿童个体或群体及其成长为核心的研究

近年来,随着我国的一些中小学教师尝试开展儿童研究,教师们因不了解儿童研究的本质,而出现了关于儿童研究的种种异化现象,如将教师的儿童研究简单等同于教材、教法研究中附带提及儿童的研究,或简单等同于所谓的后进生转化、学困生研究等;同时,一提及儿童研究,很多中小学教师会将之等同于班级管理研究或德育研究,这样的研究往往把儿童消融在班级管理规范或德育工作之下。有鉴于此,特别需要提出的是,教师的儿童研究是以儿童个体或集体及其成长为核心的研究。以儿童个体为核心开展研究,既是儿童个体成长的内在需要,又是教学创新的鲜活基础,或许这也是佐藤学先生为何在其著作《教师的挑战》中专章论述"个体与个体的链接"的缘由。以儿童群体为核心开展研究,既能深入洞察儿童群体的独特性和多样性,又能为设计项目学习等提供依据。

在历史长河中,以儿童个体及其成长为核心开展研究并形成丰富的学术见解不乏其人。这些人大致可以归为两类:第一类人既是教育家,又是教师(包括学校教师和家庭教师);在这类人中,第一章所述的卢梭是较早尝试教师的儿童研究的先驱之一。卢梭之后,裴斯泰洛齐、皮亚杰、陈鹤琴、丰子恺等无不如此。裴斯泰洛齐一边办学一边研究三岁的孩子,据此得出关于儿童成长的独到见解;皮亚杰通过对自己三个孩子的研究,为其创立儿童发展理论提供了重要基础;陈鹤琴对他的儿子一鸣开展持续的实地研究,为他的《儿童心理

---

① Marilyn Cochran-Smith, Susan Landy Lytle. Inside/outside: teacher research and knowledge. New York: Teachers College Press, 1993:3.

之研究》提供了丰富的素材和创作基础;曾是春晖中学教师的丰子恺,也研究
了自己的孩子,并以自己孩子的成长现象为素材画画和写作,在他的漫画和散
文中流淌着率真的童心。另一类人是中小学教师,在这一类人中,较有代表性
的是第二章中的卡利尼,由于第二章已较详细地论述了卡利尼及其团队的儿
童研究,这里不再赘述。

同样地,在历史的长河中,以儿童群体及其成长为核心开展研究并形成丰
富的学术见解也有先行者,如第二章中论及的瑞吉欧就是重要的儿童研究共
同体,该共同体主要以儿童作为集体学习者为核心开展研究,也兼顾以儿童作
为个体学习者方面的研究。在以儿童个体及其成长为核心开展的研究和以儿
童群体及其成长为核心开展的研究相比,前者的先行者多于后者的先行者。

(二)教师通过儿童研究发现儿童的内在发展力量

发现儿童的内在发展力量是教师的重要使命,因为儿童是正在成长中的
人,儿童的身心能否健康成长,关键在于其内在发展力量能否被积极地发现和
彰显。儿童的内在发展力量是一种复杂的混合体,是以多种形态存在的,既可
以显现为卢梭所提出的自然天性或蒙台梭利所指的潜能或脑科学所指的脑的
自然学习特性,也可以是陶行知倡导的创造力、多元智力理论所阐释的不同智
能,还可能是勇气之类的情绪成分,……据此,这样的力量如被不恰当的压制,
很可能会阻碍儿童的成长进程。

每位儿童的内在发展力量都是多元和复杂的,且这些发展力量出现的时
机也是不同的,因此,教师要虔诚地等待,而非随意评判儿童或给他们贴上那
些阻碍儿童成长的各种标签,或者用整齐划一的标准要求所有的儿童。据此,
教师亟待在研究儿童的过程中提高自身对儿童成长的耐心和信心。

诚如杜威所言,儿童的内在发展力量寓居于引领性的学习经验中。据此,
教师通过系统地观察每位儿童的学习经验,帮助孩子发现适合自身的学习方
法,为其提供新的学习机会,拓展学习空间。当儿童能用适合自己的方法、利
用合适的机会开展学习时,自然能体验到自身在学习和发展中的内在力量;诚
如佐藤学所描述的爱育养护学校中的每位儿童那样[1],也如姚老师通过对很
有个性的小孙持续四年的研究后发现的:"边玩工具箱边学可能是小孙的特殊
学习方法"[2],如果教师强行要求小孙用教师指定的方法开展学习,小孙的学习

---

① [日]佐藤学.教师的挑战.钟启泉译.上海:华东师范大学出版社,2012:85—87.
② 姚依洁.我的儿童研究故事.教师月刊,2012(11):21.

可能就会受阻。有趣的是,学习风格的有关研究为姚老师的研究提供了证据:"具有身体协调天赋的孩子,……他们在运动时,对学习材料具有较好的理解和记忆……这类孩子可以一边打球或跳绳一边学习。"①由此可见,儿童研究能帮助老师们发现和理解儿童尤其是那些处境不利儿童的内在发展力量;不可否认,发现儿童内在发展力量的过程,也是发现教师自身的内在发展力量的过程。

(三)教师通过儿童研究创造儿童知识

中小学教师不是大学研究者创造的儿童研究知识和研究方法的应用者,也不是儿童研究的模仿者,而是儿童知识的创造者。通过儿童研究,教师不仅能创造关于身边儿童成长的独特知识,又能创造研究者没有发现的关于儿童成长的共性知识。

教师是在日常的学校生活和教学实践中,通过研究身边的儿童创造关于儿童成长的独特知识,这种知识可以称作工作知识(working knowledge)。工作知识是与现象学密不可分的一个概念,由卡利尼提出。卡利尼及其研究团队认为,对于每位儿童的持续成长而言,"揭示真相的工作知识,比任何大量专门的实践知识和专家知识,都更具有不可限量的价值和持续的力量"②。这种知识源于对儿童的持续观察,源自教师的即席创造和发明,源自对儿童发展可能性的敏感。这样的工作知识的创造,在与我合作多年的上海市浦东新区梅园小学老师们的研究中清晰可见。

除了创造关于儿童成长的工作知识外,中小学教师直面儿童成长的重要问题开展儿童研究,创造了心理学家的儿童研究没有发现的、全新的儿童知识,这些知识既包括关于儿童成长特性的本体性知识,也包括如何开展儿童研究的方法论知识。一个典型就是卡利尼及其团队的儿童研究。开展儿童研究过程中,卡利尼发现,一个一直挑战她的重要问题是儿童发展是否具有阶段性。因为当时流行的关于儿童发展的观点基本上来源于皮亚杰、维果斯基(Lev Vygotsky)等人的经典著作,这些著作认为,儿童发展是有阶段的。③ 然

①　[美]玛莉媄·威利斯、维多利娅·霍德森. 发现孩子的学习风格. 盛强译. 北京:新华出版社,2003:98—99.

②　Patricia F. Carini. Starting strong: a different look at children, school, and standards. New York:Teachers College Press,2001:125.

③　Patricia F. Carini. The art of seeing and the visibility of the person. Grand Forks:University of North Dakota,1979:2.

而,卡利尼及其团队通过对儿童个体 6～8 年的历时性跟踪观察发现,儿童思维具有连续性和转化性而非阶段性,这种特性清晰地呈现在儿童在展望学校所做的项目和活动中以及儿童的绘画、建造和写作的表达中。之所以有这样的发现,卡利尼认为,皮亚杰等人所用的观察主要是科学观察,而展望学校对每位儿童进行的观察是反思性观察。在卡利尼看来,反思性观察既是"一种观看的态度和方式,……带着关爱关注孩子"①;又是一种投入性的理解,是近距离的注视儿童。观察不是发现儿童的问题,而是发现其自身的价值、发现如其所是。诚如卡利尼言:"我们所进行的观察不是去发现不足、错误或失败,而是去发现存在于儿童、儿童的学习……中的一切。"②由此,卡利尼及其团队,不仅在儿童研究过程中创造了迥异于心理学家的儿童知识,而且还形成了研究儿童的专门方法——儿童描述性评论。

　　需要特别指出的是,与专门研究者的儿童知识相比,教师的儿童知识是在与儿童朝夕相处过程中创造的,这样的知识是鲜活而又生动的,据此,这样的知识其实也是"亲密知识(intimate knowledge)"③。在创造亲密知识的过程中,参与儿童研究的教师听到了儿童个体发出的声音,儿童个体的声音通过他们的作业、作品、与他人的交往发出。同时,教师们展开以儿童为中心的对话也发出了自己的声音。通过儿童、教师自己发出的声音,师生共同成长的鲜活经验清晰可见。此外,如果从波兰尼(Michael Polanyi)所提出的显性知识和缄默知识的维度看,教师通过儿童研究创造的是缄默知识。缄默知识是不能系统表述的,但的确蕴含在每位儿童的身体外表和姿势、与他人的交往方式、思维和学习方式等之中,这样的知识的确能通过教师对特定儿童的具体观察和描述显现之。显然,在儿童知识的创造上,中小学教师和大学教师的旨趣是不同的。

二、"教师的儿童研究"的失真

　　以前述的"教师的儿童研究"的本质反观我国当下教师的儿童研究,不得不承认,我国教师的儿童研究现状堪忧,尤其是在过度奉行速度和效率的学校

---

① Margaret Himley & Patricia F. Carini. From another angle: children's strengths and school standards. New York: Teachers College Press, 2000: 56.

② Patricia F. Carini. Starting Strong: a different look at children, School, and standards. New York: Teachers College Press, 2001: 158.

③ Margaret Himley & Patricia F. Carini. From another angle: children's strengths and school standards. New York: Teachers College Press, 2000: 136.

中更是如此。

（一）教师研究教材教法甚于研究儿童

不论是回顾历史还是驻足当下，我国中小学教师研究的重心主要是教材教法、命题趋势等，而非儿童。从改革开放开始的教改到当下的校本教研，我国广大的中小学教师开展了不少研究。反思这些研究不难发现，早期的研究基本上都是以课堂教学作为主要的研究对象，如各种教学方法、教学策略、教学组织形式、教学模式的研究；进入 21 世纪后，随着校本教研政策的推行，一线教师以校为单位开展研究，这些研究除了继续以课堂教学作为研究对象外，有些教师还开展了以作业、校本课程、综合实践活动课程等为对象的研究。在这些不同类目的教师研究中，很少有系统的以儿童个体及其成长为核心开展的研究，更没有以儿童个体及其成长为核心开展的历时性研究。诚如卡利尼所指出的："构成大多数研究的概念框架并不是儿童个人以及他/她自身的一致性。……儿童个人及其学习也很少成为首要关注的对象。更多情况下，关注的焦点是语言发展、概念形成、问题解决或阅读，儿童只是收集数据的一个必要工具。"[①]如果你愿意，随便选取网上公布的各地中小学课题立项的目录，多数课题的研究都是以上述内容作为研究对象，只是表述略有差异而已。

研究重心的偏离造成了对儿童的忽视，这种忽视显现在：（1）校本教研中。在听课环节，只要空间许可，听课老师们会远离学生而坐并随意观看教师的表演，而非用心观察儿童的学习。同样地，在评课环节，被指定的评课教师往往用大话套话评论教材教法或教师的教学行为。（2）教学设计、磨课、同课异构等中。这些教师们经常面对且应以儿童的学习为据的常态研究，教师基本以自己推断的本班学生的大致情况为之，很少以班级每位儿童学习的独特性、多样性和复杂性为据来设计多样化的教学，由此导致教学的整齐划一。即便是近年来流行于中小学的学案导学，同样没有逃脱上述厄运，无非只是将研究重心从教学设计转向了学案设计。（3）教师与儿童的日常交往中。因受经济学和分类学话语体系的影响，教师们往往喜欢用"好学生、中等生、差生"之类的分类学术语来指称儿童，而非每位儿童自身所具有的独特性，有些教师甚至用诸如"后进生""学困生"等更多带有贬义的术语来指称他们所谓的差生。略作分析就可发现，这些分类标准是由教师们制定的，这样，儿童被异化为教师们

---

① Patricia F. Carini. Starting strong: a different look at children, school, and standards. New York: Teachers College Press, 2001:5.

的标准衡量下的整齐划一的分类学产物。上述种种因缺少儿童研究而形成的对儿童的忽视,直接导致每位儿童的声音和成长故事在我国教师研究中处于集体失声状态。长此以往,为了每位儿童发展的课程改革理念、个性化教学等频繁提及的改革理想只能流于形式。

需要指出的是,对于教师而言,研究教材教法的确是需要的,但相比儿童的成长而言,对于儿童的研究应该先于教材教法或命题趋势,这样,教材教法等的研究才能真正为了、指向并服务于儿童的成长。

(二)教师的儿童研究控制了儿童的成长

相比国外,我国教师的儿童研究起步较迟,在从事儿童研究的为数不多的教师中,教师极少基于普通的儿童个体开展研究,据此形成关于儿童成长的见解;反之,不少教师通过研究控制了儿童的成长。这种控制主要体现在教师的儿童研究的取向上。

教师的儿童研究取向主要有两种,即"诊断"取向和"理解"取向。[1] 我国教师的儿童研究以"诊断"取向为主,这种取向潜在地将儿童视作有问题的人,教师对那些"问题儿童"进行"不良行为"或"学习困难"的研究,教师研究这些儿童的目的是发现问题成因并找到矫治或转化的方法,最后在教师的矫治或转化下儿童"变好了"。当下很多班主任开展的后进生转化或学科教师开展的学困生研究就是这样的研究。这里需要质疑和思考的是,教师所认为的所谓儿童"变好了"的标准是否真的就是儿童作为独立意义上的个体内在力量的彰显? 对此,脑科学早有研究,如加州大学伯克利分校的神经生理学家戴蒙德(Marian Diamond)对白鼠做实验发现:"把年幼的白鼠同成年白鼠放在同一个笼子里……令人诧异的是,成年白鼠霸占整个笼子,不让幼鼠玩耍,结果只有成年白鼠长出更多的树突。"[2]从该实验可以发现,"诊断"取向的儿童研究实际上是有碍儿童脑的发展的;此外,该实验也表明,如果儿童不幸成为专制教师的学生,那么,其内在发展力量相对难以彰显。

由此引发的另一个问题是,教师为何喜欢通过儿童研究进一步控制儿童的发展? 这与由单向度的教育标准所造成的种种整齐划一现象密不可分。在统一标准的指引下,儿童在校学习的课程表、作息时间表等基本上都是统一的,在学校,儿童很少有选择,更不可能基于自己的自然发展状态做出自主的

---

① 王丽华、陆虹.教师即儿童研究者.全球教育展望,2009(6):87.

② [美]Marilee Sprenger.脑的学习与记忆.北京师范大学"认知神经科学与学习"国家重点实验室、脑科学与教育应用研究中心译.北京:中国轻工业出版社,2005:13.

选择。由于缺少多元标准和自主选择，那些不符合统一标准的儿童往往被认为是发展不良者，教师往往对其进行诊断并提供所谓的帮助，由此造成儿童对自身的发展能力愈发不自信。有鉴于此，我国当下的教育界亟待反思和超越"诊断"取向的儿童研究。此外，有人可能会质疑，基础教育课程改革不是提出了发展性评价的理念了吗？但现实是，尽管在发展性评价的倡导下，很多老师想走出甄别性评价的误区；但由于体制和文化的惰性，在实践操作中，多数中小学基本上仍然沿用统一的标准衡量儿童的发展，由此形成了所谓的好学生、中等生和差生的区分；据此，不少教师研究儿童的目的自然就是希望找到更好地控制所谓的差生的办法罢了。

（三）教师的儿童研究难以走出模仿的误区

如前所述，我国中小学教师的儿童研究起步较迟，然而遗憾的是，刚刚起步的儿童研究却走上了不合适的模仿之路。教师的儿童研究主要存在两类模仿，即模仿大学研究者和模仿校内外的同行。对于前一种模仿，实为大学研究者和教师自身合力的结果。尽管教师能开展独特的研究是众所周知的观点，但一旦具体到研究实践，大学研究者往往不相信教师的研究潜能，下意识地用大学研究者的规范去要求教师遵从学术研究规范开展儿童研究，而非从教师研究自身的独特性出发引导教师开展儿童研究，这样的要求在院校合作、教育硕士论文答辩等环节清晰可见；与此同时，教师自身也不相信自己的儿童研究能力，急切地想从大学教师那儿获取儿童研究的模板或处方，由此造成了教师对大学研究者的研究依附。对于后一种模仿，则是教师过于依赖和重视其他教师的儿童研究经验所致。对其他教师经验的过度信任主要体现在：模仿先行者的儿童研究经验。开展儿童研究伊始，教师们希望先看看同行是怎么做的，而非先独立思考自己可以怎么做，这样，先行一步开展儿童研究的教师往往当了儿童研究经验的传授者。尤其是当前的教师培训政策要求教师培训必须有到中小学实践的环节，教师们凭借培训出入各地的中小学，尽管模仿其他同行的机会比过去更多，然而，这样的模仿鲜少真正促进教师开展儿童研究，通过儿童研究创造儿童知识的则更少。

三、"教师的儿童研究"现状的超越

从我国教师的儿童研究的本质出发，从教材教法研究转向儿童个体的研究，在儿童研究过程中学会研究并发现儿童，为教师的儿童研究提供支持是超越当下教师的儿童研究不如人意的现状的基本思路。

　　(一)校本研究的重点从教材教法研究转向儿童个体研究

　　国内外的实践证明,教师如能从教材教法研究转向儿童个体的研究,那么,不仅儿童的内在发展需要能得到尊重,同时也能为教师重构教材教法找到逻辑起点。佐藤学先生和日本教师在日本的实践充分证明了这一点。同样地,反观国内,不论是梅园小学的老师们还是我所任教的小学教育专业的职前教师们,开展一段时间的儿童研究后普遍提到的一个观点是,对于儿童研究的初学者而言,宜从一名儿童开始研究,否则极易出现面对几十位儿童,尽管每位都可研究,但却手足无措、无从下手。此外,梅园小学的老师们还指出,如教师能对一位儿童做深入地研究,教师在此过程中也能提高对其他儿童的敏感性。对此,20世纪50年代开始就一直引导职前幼儿教师开展儿童研究的科恩等人(Dorothy H. Cohen)也有类似的发现:"尽管群体拥有值得研究的互动规则,但是对群体中的个体进行研究会令教师更加明确:在人类的成长与发展中,哪些事情意义重大。详细研究一名儿童的方法会令教师更加深入地理解儿童,可以更广泛地认识所有儿童。"①既然儿童研究的新手需要从研究一名儿童开始,那么,从一名儿童开始研究对儿童研究的熟练教师而言是否就不重要了呢?卡利尼认为,同样重要。如在《让儿童强壮起来》一书的第一章,卡利尼研究了三个具体的儿童。在深入研究三位儿童的基础上,卡利尼指出:"每个儿童都是真实的,各自有自己的偏向。尽管不全面,每个儿童的能力已被表露出来,值得儿童和负责儿童教育的大人们信赖。"②

　　据此,以儿童个体及其成长为核心开展的儿童研究在我国显得极为迫切和重要。转向儿童个体研究的理路之一是选择身边的一名儿童开展持续的研究,这种研究既可以通过持续的观察、记录和描述,诚如美国剑桥市的一所小学校长所指出的:"儿童的观察是教育的原点"③;也可以通过倾听和对话;进而创造关于儿童及其成长的知识并形成相应的见解。如何具体开展,可参阅本书第五章开始的相关内容。

　　需要指出的是,尽管不论对于儿童研究的新手还是专家,都可以开展儿童个体的研究,但对于那些富有儿童研究经验、想尝试儿童研究新动向的教师,

---

　　①　[美]Dorothy H. Cohen, Virginia Stern, Nancy Balaban & Nancy Groppper. 幼儿行为的观察与记录. 马燕、马希武译. 北京:中国轻工业出版社,2013:8.

　　②　Patricia F. Carini. Starting strong: a different look at children, school, and standards. New York: Teachers College Press,2001:42.

　　③　[日]佐藤学. 教师的挑战. 钟启泉译. 上海:华东师范大学出版社,2012:112.

可以试水儿童群体的研究,这里的儿童群体既可以指同桌,也可以是一个小组或一个班级。

(二)教师是在儿童研究过程中学会研究并发现儿童的

关于教师是如何学会研究儿童的,中小学的实践存在着两种隐性的观点:模仿说和学习说。对于前者,前述已论及,不过,需要指出的是,模仿说隐含着如下的关于"儿童研究"的假设:教师的儿童研究是一种模仿过程,而非行动、建构、反思、改善的过程。对于学习说,隐含在我国《教师教育课程标准(试行)》的"在职教师教育课程设置框架建议"部分中,该部分明确提到培训的主题或模块之一是"儿童研究新进展";这样的课程设置建议背后同样隐含着另一潜在假设,即教师是在学习儿童研究的知识或方法的过程中学会做儿童研究的。其实,知识的学习是为了帮助教师深化儿童研究,据此,在儿童研究过程中开展相应的专题讨论和著作阅读才是良策。

从多年的实践看,教师的儿童研究既不是通过模仿学会,也不是通过学习儿童研究的知识学会;而是在持续地做儿童研究、并和外界保持持续对话的过程中学会的。在儿童研究过程中,教师需要系统地记录和研究儿童的引领性学习经验,而非所谓的转化儿童的"不良行为"或"学习困难"。通过这样的研究,教师会不断发现儿童的那些"沉睡"的内在发展力量,创造关于儿童及其研究儿童的知识;同时,教师也会发现自己感兴趣的儿童研究主题,找到适合自己的儿童研究方法;此外,还能为自我改善提供新天地。当儿童的内在发展力量得以彰显时,其所谓的"行为问题"或"学习困难"往往就会自然消失。诚如姚老师在对小柳的持续研究中指出,当小柳体验到折纸扇的乐趣后,他的所谓的"多动症"就完全不见了。[①] 据此,教师的儿童研究也是一种道德的研究。坦白地说,如果有更多的中小学教师能发现这些孩子的内在发展力量,或许我国就会少一些所谓的"问题儿童"了。

(三)为教师的儿童研究提供支持

教师的儿童研究需要两类支持,即校内的领导支持和校外的专业支持。对于前者,主要指校长的支持,此外也包括儿童研究时间、空间和资源的保障,校内教育研究和教学研究部门的统整等。校长的支持主要指校长领导教师们根据研究需要或旨趣组建不同的儿童研究团队,团队的组建有助于教师的儿童研究超越模仿、在合作性的同事关系中同甘共苦,形成"跟同事一起从儿童

---

① 姚依洁.我的儿童研究故事.教师月刊,2012,(11):20.

学习的事实出发展开合作研究的姿势"①。需要指出的是,儿童研究是与教学实践、教师的日常工作密切相连的事业,据此,我国现在的学校亟待打破长期以来为了顺应教科所和教研室的领导而人为设置的部门分割,从便于儿童成长、教师发展、学校改革蓝图实现的角度统整校内的教科和教务部门。

大学研究者是教师开展儿童研究过程中的主要的专业支持力量。大学研究者的专业支持主要体现在:研究伊始,参与各教师研究团队的儿童研究,及时和各团队教师的进行研讨,或与有需要的教师个人进行一对一的沟通;儿童研究持续开展过程中,提供跟进的"教师的儿童研究"专题的参与式培训,倾听老师们在研究过程中遇到的问题,和老师共同商谈问题解决的思路和办法。在这样的专业支持中,大学研究者不再是儿童研究知识的传授者,而是儿童研究的引领者、对话智者、倾听者和合作研究者。

总之,当中小学教师秉持前述的儿童研究的本质观开展儿童研究时,才有可能真正体会到研究儿童而产生的乐趣及其为师的意义,否则,儿童研究有可能会沦落为奴役教师发展的新工具。

第三节　教师的儿童研究的价值

具有前述本质的教师的儿童研究有何用? 换言之,教师的儿童研究有何价值? 如下案例是姚老师体验到的儿童研究价值:

> 通过多年的儿童研究,我自身也收益颇丰。以往,碰到有学生上课不听、开小差之类,我的第一反应是——"又思想不集中了,弄不好了,这孩子……",自己也很烦躁。而现在遇到类似情况,我的脑海中会浮现出——他(她)没在认真学,是我教的方法他(她)不适应? 我讲的时间过长? 这个学习内容他(她)不感兴趣? 他(她)上别的课是这样的吗? 回忆下他(她)以往的学习中有类似的状况发生吗? 记得观察他(她)接下来的学习过程……很多种可能。我不再焦虑和烦恼孩子们的"不听话",而是更多地关注他们行为背后所隐藏的信息,发掘他们学习的兴趣,引导他们在我的美术课上绽放出属于自己的光芒,以发展的眼光看待每一个孩子,为他们每一次的努力进步而高兴。孩子们变得更可爱了,工作也变得更

---

① ［日］佐藤学.教师的挑战.钟启泉译.上海:华东师范大学出版社,2012:143.

有意思了。①

　　从姚老师的体验中不难看出,对于教师而言,儿童研究的独特价值在于发自内心地关心儿童的成长,充盈自己的精神世界。除了该案例中呈现的儿童研究价值外,一线教师开展的儿童研究也有助于变革并形成学校特色。

一、学会关心每位儿童的成长②

　　学会关心每位儿童的成长是教师的儿童研究的内在价值。与关心学生的分数等外在价值相比较,学会关心每位儿童的身心健康成长弥足珍贵。学会关心最初是出现在官方的政策中的。联合国教科文组织于 1989 年底在中国北京召开了"面向 21 世纪教育国际研讨会",把会议报告的主题确定为"学会关心:21 世纪的教育"。学会关心,包括关心自己以及自己的健康;关心自己的家庭、朋友和同行;关心他人;关心社会和国家的社会、经济和生态利益;关心人权;关心其他物种;关心地球的生活条件;关心真理、知识和学习。③ 可见,关心每一位儿童,让他们健康、快乐地学习和发展,是时代赋予教育工作者的神圣使命。关心每位儿童的成长意味着什么?

　　(一)意味着教师要为每位儿童的学习和健康成长操心

　　关心的本义是为他人操心。这样,关心每位儿童就意味着教师要为每位儿童的学习和健康成长操心,及时洞察到每位儿童学习和成长的内在需要并迅速做出反应,进而帮助每位儿童学会关心他人。在儿童的求学生涯中,教师是与儿童相处最久的人,因此,教师如能通过儿童研究由衷地关心每位儿童的学习和健康成长,儿童在校的生活品质将被极大地改善。儿童需要的是真正关心他们的教师,真正关心儿童的教师既能切实地意识到儿童的身心健康是学习的基础,又能意识到儿童自由地探究学科和生活能促进其身心健康。教师对儿童的关心主要体现在两个维度上,即形体上的关注和精神上的关注,这意味着教师可以从儿童形体上和精神上的变化觉察到儿童的状况和需要,并及时做出反应。同时,教师要善于反思儿童的健康状况和学习质量,并勇于改善现状。

---

　　①　引自姚依洁老师于 2015 年 9 月 23 日完成的写作。
　　②　节选自作者已公开发表的论文:王丽华. 我国教师教育课程理念的嬗变:从"无儿童"到"儿童为本". 全球教育展望,2008(2):55—59. 部分内容有修改.
　　③　国家教委国家教育发展研究中心、中国教科文组织全委会秘书处. 未来教育面临的困惑与挑战——面向 21 世纪教育国际研讨会论文集. 北京:人民教育出版社,1991:19—20.

(二)意味着儿童和教师是一种关系的存在

德国哲学家海德格尔(Martin Heidegger)认为,关心是人类的一种存在形式。诺丁斯(Nel Noddings)却指出:"关心最重要的意义在于它的关系性,……它最基本的表现形式是两个人之间的一种连接或接触。"①实际上,海德格尔提出了关心的存在特性,而诺丁斯从师生关系的角度提出了关心的关系性。我们认为,关心更应该是一种关系的存在。"存在"意味着师生的"心灵"在场,即彼此都能意识到具体、独特的"自我"的存在;同时,"自我"的存在和"他人"的存在总是交织在一起的,即这种存在是处于关系中的。据此,如下两种情况均非关心儿童的表现:第一,随心所欲、儿童爱做什么就做什么或紧紧控制儿童、必须按教师规定的方式学习。前者意味着教师没有意识到"自我"的存在,后者意味着教师没有意识到"每位儿童"的存在,两者均没有意识到师生存在的关系性。第二,教师顺从外在的制度要求,疲于帮助儿童应付各种外在的检查和考试,貌似关心儿童的前途,实际上并非关心儿童,而是师生均处于被控制之中。诚如如下案例中一名初三学生的心声所吐露的。

大人们,请遵守诺言,请问问我们想要什么

——一名初三学生的心声

离中考还有5天了,作为一名毕业生,此刻,我应该很紧张吧……(就你们所看来)其实不然。我有自己的安排和计划,有自己的目标。中考对我来说只是个简单的考试,无需太紧张。只是现在的社会都太浮躁、太注重结果,以致家长怕我们吃不好、睡不好,老师怕我们发挥不好……上课,几乎是每一节的,不同的老师说相同的话:不用紧张……那时,我只是暗想:或许是你们紧张吧!

早在上个星期,各科老师就许诺这周不讲课,全让我们自己复习。我还乐了:3年积累下来的错题本、难题笔记有用了!结果呢——学校是发了停课通知,老师课照上不误,成沓的作业照发不误,自修照罢不误……一次又一次地询问我们6册书是否仔细看完……班主任还念叨:作业这么少,还这么慢……你来做做!我们是青年,需要活动,我们不是神……每每嘲讽临时抱佛脚的同学的老师,你们怎么也这样了呢? 你们忘

---

① [美]内尔·诺丁斯.学会关心——教育的另一种模式.于天龙译.北京:教育科学出版社,2003:23.

了——你们说过：语文是靠长期积累的，兴趣才是最好的老师……现在呢？多美妙的知识，就这样被活生生的学乏味了、学死了。

我的爸爸呢，曾对我说：只要你认为现在所做的事以后不会后悔，尽管放手去做！现在呢……还不是不认可我对市里学校哪所更适合我的分析，只是认定要我考排名第一的那所。

大人们，我真的好想说：请遵守诺言，问问我们想要什么，问问我们需要什么。好吗？

我们已经 16 岁了，我们渴望独立，渴望被尊重……是的，在你们眼里，我们幼稚、无知，但如果你们不肯放手，我们将永远这样下去。想一想，你们和我们一般大时想要什么？①

需要指出的是，该案例中，这名初三男生认为，教师和家长联手控制了他。

那么，关心儿童的表现又是什么？第一，关心儿童意味着教师要反思自己和儿童的存在方式，如果连师生彼此的存在方式都不关心，那么，作为关系存在的师生关系就不复存在了。第二，关心儿童意味着教师要为儿童和自己的当下和未来考虑，从"这个""那个"儿童的需要及"我"帮助儿童实现这样的需要的可能性出发，设计儿童和自己在学校的学习生活和教学生活，依据可能性来改变"疲于应试"的现状，实现师生彼此的存在价值。第三，关心儿童意味着教师要克服内心的恐惧，在制度的框架内勇于探索自己和儿童可能的存在方式。这样，教师要敢于面对和迎接挑战，在挑战既有的存在方式的过程中实现师生彼此向往的可能的存在方式。

从关心每位儿童的意蕴出发，教师亟待更新已有的儿童观和儿童形象，把每位儿童视作有能力的、积极主动的人，而非任由成人摆布的客体；在事关儿童成长的关键事件中，多多倾听儿童自己的所思所想，在此基础上尊重并找到帮助每位儿童找到适合自己的学习和成长的方式。毕竟每位儿童都是独特的，用整齐划一的标准化方法要求他们往往会阻碍其成长，诚如范梅南所指出："无论有关学习、阅读、算术等这样的理论发展受到多大的挑战，没有什么教育理论、教学方法、阅读模式能告诉我们在特定的环境下，对某一孩子进行的恰到好处的教育方式是什么。"②

---

① http://blog.sina.com.cn/s/blog_a856a83a01018ivf.html，2016-02-16.

② [加]马克斯·范梅南.生活体验研究——人文科学视野中的教育学.宋广文等译.北京：教育科学出版社，2003：195.

二、充盈每位教师自身的精神世界

在日常生活中,每位教师都有丰富的精神世界;然而,在职业生涯中,不少教师的精神世界因过度追逐功利目的而日益枯萎。不论是教师的儿童研究的历史还是和中小学教师合作开展儿童研究的实践都表明:对教师而言,儿童研究是充盈每位教师的精神世界的良方。具体表现如下。

(一)儿童研究为教师打开了新的可能性

如本章开头时所述,在开展儿童研究之前,中小学教师往往会将自己定位为知识传授者,且认为儿童研究是学者的事。有趣的是,在和一线教师合作开展儿童研究的过程中发现:在参与儿童研究的过程中,不少中小学教师不仅在儿童研究过程中发现了儿童,而且也发现了全新的自我。儿童研究作为教师研究的新领域,参与之初可能会遭遇困境,但突破困境后,教师往往会发现自己的精神世界被丰富和拓展。如下案例中的 S 老师就是这样的典型之一。

从质疑到超越自我

S 老师参与的是生活探究中的儿童研究小组,第一节生活探究课后,S 老师说:"王老师,我不仅很想知道如何培养小朋友们的探究性,而且也很想知道我自己如何更具有探究精神。"从表面上看,似乎是 S 老师很希望自己的探究精神能得以提升,但从其说话的语气看,她其实是质疑儿童有什么研究能力,上生活探究课有何价值,在生活探究课中研究儿童的探究能力则更是无稽之谈。然而有趣的是,一段时间后,S 老师发现孩子们的确挺有探究性。她记录了小马做的探究实验:"我准备了一个黑色盒子,一盆绽放的花,我先闻一闻,香味很浓的,接着,我把花儿放进盒子里,然后,我用盖子盖好盒子,我放了 1 个小时以后,再拿出花儿,发现香味没有了,所以我认为花香与光亮、温度有关。"受启发后小龚在家里做了如下探究实验:①地下室的一盆花,闻上去香味很淡。拿出地下室,摆放在室外太阳照射 1 小时后,香味浓郁。花香与温度有关。②同样一盆花,把冰块放入花蕊中,香味变淡。③取地下凋零的花,回家后拿出电吹风,对准花蕊吹上热气。香气变浓。④六一节那天,早上天气情况闷热,25 度左右,楼底下的花,闻上去香味适宜,清新,淡雅;下午 2 点,天气情况晴天,28 度左右,第二次闻,香味较浓,较上午更香;晚上 10 点,天气凉爽,22 度,第三次闻,香味几乎没有。在发现儿童具有探究能力的过程中,S 老师从生活探究知识的讲授者变成为儿童探究的辅助者。更神奇的是,S老师还改变了其所任教的数学课堂,分别在四年级和五年级时为班里的学生创造了两个单元的自主探究课。

与S老师因儿童研究而结缘,通过在生活探究中开展儿童研究,S老师不仅发现了自身的探究能力,作为一名数学老师,而且经常以这样的探究能力丰富数学学科的探究,由此可见,儿童研究不仅丰富了S老师的自我认知,还为生活探究和学科探究的创造提供了全新的可能性。由此可见,教师的自我超越是在儿童研究的实践过程中实现的。需要指出的,就像儿童成长需要时间,对于教师的儿童研究同样需要时间和机会。

(二)在与儿童、同事建立联系中丰富精神世界

教师的精神世界是在发现儿童和建立联系的过程中逐渐得以丰富的。从教师的儿童研究先行一步的学校看,在开展儿童研究过程中,老师们真切地体验到自己就是儿童知识的创造者和儿童问题的解决者,而非仅仅只是大学研究者创造的儿童知识的应用者。通过儿童研究,老师们不仅发现了儿童如何学的实践性知识,而且也对那些被贴上种种标签的学生形成了全新的理解和解决办法。由此,老师们进一步体验到,与每位儿童一样,每个老师也具有无限的发展可能性,这种发展可能性是与儿童的自然成长紧密相连的。除了和儿童形成了良好的师生关系外,这些学校的教师之间也因为儿童研究而紧密联系在一起,除了学校常态的儿童研究共同体外,办公室、学校食堂也经常成为老师们讨论儿童的场所。这样的联系也延伸到了教师学校生活的各个方面,如梅园小学语文教研组的老师们谈道:"合作是很开心的,大家一起设计一堂课,事先不告诉谁来上,最后决定谁上。上下来有什么问题,大家一起再研究,换个人上。"这样的联系还延伸到了教师的家庭生活,如该校有老师谈道:"自己带孩子与学校开展的儿童研究是相辅相成的,除了在学校里会研究儿童外,在家里通过研究自己的孩子发现孩子的特点,进而能更好地理解某些时候孩子所做行为的意义。"

由此可见,儿童研究在充盈教师的精神世界的同时,也提升了教师知觉儿童世界乃至同伴世界的能力。

三、做发自内心的儿童研究并形成学校特色

儿童研究和教师参与的其他研究相似,在实践中存在两种样态:发自内心的儿童研究、外部控制的儿童研究;与此相应,学校特色也有两种样式:水到渠成的学校特色、刻意包装的学校特色。前述教师的儿童研究的先行者的探究历程表明,凡是教师发自内心地投入儿童研究中的,不仅教师更加乐

意继续开展有意义的儿童研究,而且学校也能在教师的儿童研究中形成办学特色。

(一)发自内心的儿童研究还是外部控制的儿童研究

发自内心的儿童研究指教师因自身对儿童世界充满好奇或不解而开展的研究。学校或更大的教育共同体,需要为教师做发自内心的儿童研究提供支持。在第二章中,瑞吉欧教师在瑞吉欧儿童研究共同体的支持下,对作为个体学习者和集体学习者的儿童研究是发自内心的儿童研究。在这样的儿童研究下,教师不仅在儿童研究过程中和儿童一起集体建构知识,而且还能在持续的儿童研究中找到设计富有创意方案的思想源泉,更可贵的是,教师和孩子们一起持续参与探究项目的实施;在实施过程中,教师还和儿童一起生成更多可探究的问题。如大家可能比较熟悉的"儿童的一百种语言"展览中的"雨中的城市"探究项目,向世人展现了将熟悉的城市变成活动的舞台和建构性探究的多种方式方法,第二章提及的美国普及瑞吉欧教学方法联络员、客座教授甘第尼论及探究延伸到课堂外时,引用了瑞吉欧艺术资源教师维奇(Vea Vecchi)谈及的拉维拉塔幼儿园的项目时就彰显了上述思想。

就拿一个在拉维拉塔幼儿园实施的拓展项目来说,该项目历经数月。活动中,孩子们外出考察城市在暴风雨中的变化。一开始,孩子们和教师们考察没有下雨的城市状况,给那些熟悉的或是不熟悉的地方拍照片,然后就雨会怎么改变它们做出假设。由于那一年的雨季姗姗来迟,孩子们有好几个星期来准备工具和装备。这些工具和装备在他们看来可以帮助观察、搜集、测量、拍摄和记录所有关于雨的一切。与此同时,孩子们的期待与日俱增。每天,教师们和孩子们都要爬到学校的屋顶平台上,满怀希望地注视天空,孩子们也获得了很多关于云的形成和风的方向的知识。

一场好雨终于落下来,多么令人狂喜雀跃。孩子们注意到行人如何改变步行速度和姿势,光线经水塘的反射和四溅的污泥如何改变了街道,以及雨点滴在路面、车顶或树叶上的声响有何不同。接着,在体验过暴风雨之后,按照瑞吉欧·艾米利亚的惯常程序,儿童投入到展现其各种面貌的活动中去。这就继而引发了更多的问题、假设和探索,教师与艺术资源教师把这些都完全记录下来。①

在开展儿童研究多年的梅园小学，儿童研究本是因教师对儿童成长的诸多困惑而进行的，自儿童研究开展以来，学校一直全方位的支持教师的儿童研究。这样，不论是学科探究中的儿童研究、跨学科探究中的儿童研究、生活探究中的儿童研究还是整体的儿童研究，老师们都能做发自内心的儿童研究，通过这样的儿童研究，老师们不仅内心充盈，而且也对儿童的学习和成长形成了独特的理解。如语文教师沈老师认为："学生虽然年龄小，但是独立的个性已渐渐形成，教师一定要发自内心地尊重每一位学生"；又如数学教师吴老师认为："儿童在数学方面的学习不理想，并不意味着他的学习能力差。每个儿童由于生长环境和家庭教育的差异，他所感兴趣的事物和学科也不一样。了解其感兴趣和擅长的，并以此激励他的数学学习，可以收获更多的成功"；再如作为语文学科新教师的朱老师，基于自己在语文教学、班主任工作过程中开展的儿童研究提出："儿童的学习不是单纯的接受过程，而是创造的过程，而如何提供给学生可以创造的空间是教师面临的新挑战；儿童的学习和发展不是孤立、单线条的，是需要合作完成的，需要教师、家长、同伴群体的共同参与；儿童的学习和发展是在'情境中'的。"

做发自内心的儿童研究，这自然是老师所期待的。然而，在一些中小学或幼儿园，老师们在无声的抗拒中做外部要求的儿童研究。这样的儿童研究往往是这样的，学校领导单向决定全校要开展儿童研究或儿童观察，领导在教师会议上传达诸如下述的学校的决定："从这个学期开始，每位教师观察幼儿的区角活动，每周至少交一篇区角活动的观察记录。"于是，老师们都去观察并做记录。由于是被动观察，多数教师应付了事。教师之所以应付了事，是因为老师们熟悉各类外部要求的研究的套路，即这只是一项任务，去完成就行；也许他人会认真做，我敷衍下就算了，到时候领导整理材料时，只要找几篇认真的总结总结就可以了。

由此可见，外部要求的儿童研究，不仅浪费了教师的宝贵时间，而且也丧失了领导和教师之间的基本信任。对于一线学校而言，不可否认，当领导打算做一项新的学校改革时，可能的确需要布置任务，但如何布置任务是一门学问。倘若领导能在布置任务之前，多多考虑老师们内心的可能需要，将

---

①　Carolyn Edwards, Lella Gandini & George Forman. The hundred languages of children: the Riggio Emilia approach—advanced reflections(2nd ed.). Connecticut: Ablex Publishing Corporation, 1998:166-167.

任务布置和教师的可能需要巧妙地联系在一起,这样,即便是布置任务,老师们可能也会欣然接受。特别需要指出的是,假如领导们一边口口声声说要研究儿童、爱护儿童、帮助儿童,与此同时却又不断奴役和控制教师,其实,这本身与教师的儿童研究精神是相悖的。

(二)水到渠成的学校特色还是刻意包装的学校特色

学校特色是一所学校有别于其他学校的地方。教师做发自内心的儿童研究,学校办学特色的形成是水到渠成的。如第二章所述,卡利尼等人创建的展望学校因儿童研究而得以持续的深度变革,由此在短期内引起国际社会的关注。这样形成的学校特色是学校办学价值追求的理性转变。在这样的学校里,尽管办学特色的表现形式可能各异,但其核心的价值追求是一致的,即实现人性化、民主的办学。人性化的办学核心是每个人都能得到应有的发展;民主办学的核心是每个人都是学校办学的参与者和变革者。在我国一些尝试开展儿童研究的学校中,他们没有选择市场道路来打造所谓的学校特色,而是通过每位师生员工的践行而形成特色。这些学校的最大特色在于每位老师开展常态的儿童研究,并以儿童研究为据反思和改善教学,深化学校课程建设,变革学校管理。如以前述的梅园小学为例,因学校具有持续多年开展具体的儿童研究的基础,及其建基于儿童研究之上的课程特色、教学特色,每年都会吸引省外的参观者来访。来梅园小学访问的同行们说得最多的观点就是:梅园小学的老师对孩子特别好、梅园小学的孩子特别有灵气。来访者的评论揭示了师生共生的学校生活的意义和价值,彰显的是学校持续多年开展儿童研究所形成的学校文化。诚如 2014 年 11 月 28 日下午"小学教师的儿童研究:学校整体变革的实践与探索"课题开题时,张华教授所言:"创造共生的学校文化,大家都能共存。"

与此相反,有些学校的办学特色可能是刻意包装的学校特色。学校特色本应由学校师生员工共同努力脚踏实地地做出来,但在市场经济时代,学校特色可以委托公司等包装形成。这样的所谓办学特色表明上可能是热热闹闹、轰轰烈烈,但走近细瞧,可能会发现热闹背后是师生皆被异化,其本质仍是功利化的办学。功利化办学的本质在于学校的一切努力在于实现功利目的。以功利作为核心价值追求的学校当下不在少数,在这样的学校里,不论是儿童、教师还是校长自身,皆被视作实现学校办学功利价值追求的工具。由此可见,只有从儿童和教师出发确立学校办学的核心价值追求,引导教师开展扎实的儿童研究或其他研究,才有可能逐渐形成学校的小学特色。

第四章　教师的儿童研究的伦理

"铁证"?

　　赵立是一名初中生,数学张老师认为赵立数学成绩平平。某日数学考试,赵立考了班级前十名。张老师断定,赵立是通过作弊的方式取得比较好的成绩的。赵立解释说:这部分内容他学得比较好。张老师不信,认为赵立不仅作弊,还不诚实。于是致电家长,家长在了解情况后委婉地说,孩子所言有可能是实情,并感谢老师的关心。张老师非常生气,认为家长不配合她教育孩子。于是,第二天数学课时,张老师专门让赵立在数学课期间单独做了另一张试卷,结果成绩没有集体考试时理想。张老师认为,这张试卷的成绩不好就是上次考试作弊的"铁证"。根据这一"铁证",张老师在全班同学面前用半节课的时间毫不留情地批评和挖苦了赵立及其家长。①

教师开展儿童研究的本意是关心、理解和帮助儿童更好地成长,但一些老师因过度认同功利化的教育价值、唯分至上,导致这些老师在开展儿童研究时偏离了儿童研究的本意。在此案例中,除了儿童研究价值的偏离外,张老师不恰当的证据收集方法、对师生关系和家校关系的不当认知都进一步伤害了赵立在数学学习方面的可能发展。尽管赵立及其家长认为张老师在对成绩处理问题上是不妥的,但碍于儿童与教师之间在地位、权利等方面的不对等,赵立及其家长不敢在此事上采取进一步的行动,以保护赵立的学习

---

　　① 2016 年 3 月 1 日我采写自金华 D 中学。

权益。不可否认,在我国新的课程改革价值导向的指引下,我国儿童在学校的学习和生活处境已得到极大改善,但与每位儿童都能得到应有成长的愿景之间存有较大差距。在此背景下,面对中小学教师逐渐试水儿童研究,教育界亟待探讨儿童研究伦理问题,以尽可能减少对儿童的潜在伤害。为此,如下拟探讨:儿童研究的研究伦理指什么? 儿童研究中教师为什么要遵从伦理? 教师如何开展符合研究伦理的儿童研究?

第一节　教师的儿童研究中伦理的涵义和原则

在我国,对于儿童研究的伦理问题,医学领域关注得比较多,且已出台了相应的伦理审查办法。如 2007 年 1 月,卫生部颁布了《涉及人的生物医学研究伦理审查办法(试行)》,该办法的第三章第十四条指出:"对于丧失或者缺乏能力维护自身权力和利益的受试者(脆弱人群),包括儿童、孕妇、智力低下者、精神病人、囚犯以及经济条件差和文化程度很低者,应当予以特别保护。"[1]相比较而言,教育领域对儿童研究的伦理问题关注较少,从已有的著作看,幼教领域有个别学者论及,如台湾学者洪福财论及了"观察与记录的伦理"[2]。

一、儿童研究伦理的涵义

从国际上看,关于儿童研究的伦理,一般放在研究伦理的范畴下讨论之。如美国学者弗兰克尔(Jack R. Fraenkel)等学者在其著作的"研究伦理"章节中,提及了"研究中有儿童参与时"[3]的伦理问题;又如英国教育学会(British Education Research Association,简称 BERA)2004 年修订的《教育研究伦理指南》(*Revised Ethical Guidelines for Educational Research*)中提出:"根据联合国儿童权利公约,所有涉及儿童的行为都必须以儿童的最大

①　中华人民共和国国家卫生和计划生育委员会.卫生部关于印发《涉及人的生物医学研究伦理审查办法(试行)》的通知. http://www. nhfpc. gov. cn/mohbgt/pw10702/200804/18816. shtml,2016-03-15.

②　蔡春美、洪福财、邱琼慧、卢以敏、张明杰.幼儿行为观察与记录.上海:华东师范大学出版社,2013:213—231.

③　Jack R. Fraenkel,Norman E. Wallen. 教育研究法,规划与评鉴.卯静儒等译.台北:麦格罗·希尔国际股份有限公司台湾分公司,2004:84.

利益为首选。因而,在研究涉及因年龄、智力、身体能力等因素导致的易受伤害人群时,必须最大可能地使他们理解研究目的和方法,并征得其监护人(父母、社工等)的同意,同时,避免一切可能给这部分人群带来伤害或不适应感的研究行为。"①

研究伦理探讨的是研究之对错问题。《韦伯新世界字典》(*Webster's New World Dictionary*)中所界定之伦理的(行为)是"遵守既定专业或团体之行事的规范"②。对于中小学教师而言,我国尚无明确的研究规范;但有《中小学教师职业道德规范》,该规范的第三条是"关爱学生。关心爱护全体学生,尊重学生人格,平等公正对待学生。对学生严慈相济,做学生良师益友。保护学生安全,关心学生健康,维护学生权益。不讽刺、挖苦、歧视学生,不体罚或变相体罚学生"。该规范从关心、尊重、平等、公正、保护、维护等层面约定了教师对于学生的行事规范,这为教师开展儿童研究指明了大致的伦理方向。需要指出的是,尽管该规范规约的是中小学教师职业,但研究作为教师职业的一部分,同样应该受到该规范的约束。

二、儿童研究伦理的原则

研究伦理最重要、也是最基本的原则是:"竭尽全力确保参与者免于在研究过程中受到心理或生理上的损害、不适与危险。"③据此,在儿童研究中,教师应遵从的最重要、最基本的原则是,竭尽全力确保儿童在研究过程中免受心理或生理上的损害、不适与危险。教师开展儿童研究时,如果该研究可能有损于儿童的身心,那么,教师首先应该告知儿童可能有的风险;如果儿童本身尚不具备理解风险的能力,那么,需要告知其父母。尤其是置身网络社会,不少中小学为了试验新技术、新设备能否优化或变革学与教,在此过程中,儿童常常成为不被告知可能风险的不知情受试者。对于儿童作为受试者,美国联邦法规(Code of Federal Regulations,简称 CFR)中的"45 CFR 46"(即 CFR45 卷的 46 部分)补充性规定指出:评估儿童做出知情同意的能

---

① 文雯.英国教育研究伦理的规范和实践及对我国教育研究的启示[J].外国教育研究,2011(8):88.

② Jack R. Fraenkel,Norman E. Wallen. 教育研究法:规划与评鉴. 卯静儒等译. 台北:麦格罗·希尔国际股份有限公司台湾分公司,2004:75.

③ Jack R. Fraenkel,Norman E. Wallen. 教育研究法:规划与评鉴. 卯静儒等译. 台北:麦格罗·希尔国际股份有限公司台湾分公司,2004:76.

力、获得父母双方而不仅是一方的同意、确保其参与动机不是受到强迫。①

教师开展儿童研究过程中,如涉及儿童的一些秘密,为了更好地帮助儿童,教师既需要了解这些秘密,但又要想方设法为儿童保守秘密,诚如阿莫纳什维利所指出的:

> 了解儿童,与他的命运、与他的过去有关的一切家庭秘密,了解家庭亲属关系中的微妙问题和家庭成员之间相互关系的性质,因为这些问题都有可能给教育儿童带来影响。因而应引起教师关注捍卫儿童的命运、维护他的权利和使他免受各种形式的侵害的必要性,教师负有道德的义务不泄露这些秘密,不把它们告诉任何人。同时,他的教育良心应该集中到对儿童的关怀上,在与儿童的交往中应该考虑到家长信托给他的或自己猜度到的秘密,以便防止在儿童的生活中可能出现的复杂问题。②

第二节　儿童研究中教师为什么要遵从伦理

总体而言,教师是本着向善的目的开展儿童研究的,然而,在儿童研究的实践中,教师可能因其无意识或对研究伦理本身的不熟悉而导致对儿童的伤害。如前所述,与身为教师的成人相比,儿童在地位、能力、权利等方面皆处于不利地位,据此,为了尽可能地避免对儿童不必要的伤害,儿童研究过程中教师遵从研究伦理就显得极为必要。

一、减少教师因无意识而对儿童造成的伤害

瑞士心理学家荣格(Carl Gustav Jung)认为,无意识包括集体无意识和个人无意识。在儿童研究过程中,教师对儿童的可能伤害同样也表现为集体无意识和个人无意识。教师的集体无意识指那些不会进入到教师群体知觉状态的东西;个人无意识指那些不会进入到教师个人知觉状态中的东西。

---

① Code of Federal Regulations title 45. Public welfare department of health and human services part 46. protection of human subjects. Revised January 15,2009. 引自 http://www. hhs. gov/ohrp/regulations-and-policy/regulations/45-cfr-46/index. html ♯ 46.116. 2016-05-10.

② [苏]阿莫纳什维利. 孩子们,祝你们一路平安!. 朱佩荣译. 北京:教育科学出版社,2002:48.

两类无意识体现在教师开展儿童研究的全过程中,在日常用语中往往表现为没感觉到、没想到等。

（一）集体无意识引发的可能伤害

集体无意识对儿童引发的可能伤害经常会出现在学校中,比如老师们公开笑谈儿童的隐私,有时候甚至以此作为茶余饭后的谈资。近年来,随着电子技术、网络技术等的愈发便捷和日益普及,利用电子设备收集儿童研究数据也成为常见的方式之一。然而,教师如何以符合伦理的方式收集和使用数据却没有与时俱进;这从教师日常行为中对儿童保护的无意识状态就可见一斑。类似事件笔者曾经历过多次,兹举一例:2012 年 8 月初的一天,我刚想乘船游法国的塞纳河。这时,忽然出现一群不同肤色的法国幼儿园小朋友,这些小朋友背着小书包、神态各异,甚是招人喜爱。看到如此可爱的一群小朋友,同行的教师朋友纷纷举起相机拍照。见此状,幼儿园老师、塞纳河的工作人员等纷纷示意大家不要拍照,要求已拍照者删除照片,并说不可以随便对小朋友拍照,要保护小朋友。

该案例中,我国同行对小朋友拍照只是觉得他们很可爱,很想记录下这些可爱小朋友的美好瞬间,但并没有想到这有可能会侵犯法国小朋友的隐私;与之相反,法国工作人员则觉得这就有可能会侵犯小朋友的肖像权,马上做出反应。在此案例中,前者对儿童隐私保护的集体无意识状态和后者善于保护儿童的公共意识形成鲜明对比。

关于教师的"集体无意识",同样也体现在不善于保护自己身边的儿童上。仍以拍照为例,在美国访学期间,我曾访问了纽约、波士顿、加州的多所中小学,访问期间,当我问及访问学校要注意什么时,对方学校尤其是小学及以下单位的接待人员都会提及拍照政策。除非儿童和老师同意,否则不能拍儿童的正面肖像。因此,我在多所学校所拍摄的照片,都是儿童离开教室后拍下的教室场景。然而,我也曾因研究的需要,陪同国外教育学者访问我国浙沪两地的多所中小学和幼儿园,访问期间,没有一所学校提及不能拍儿童的正面肖像,更没有学校指出不可以拍照;但有意思的是,多数国外同行似乎懂得研究伦理,极少直接拍照,如果要拍照,一般会问我可否拍照。

（二）个人无意识引发的可能伤害

在儿童研究过程中,教师的个人无意识主要表现在对及时保护儿童的无意识上,尤其是对那些处境不利儿童保护的无意识上。对教师而言,那些行为或学习上有特殊表现的儿童,往往是其教学和班主任工作中感到最为头痛的事,因此,教师开展儿童研究往往会选取这些儿童作为研究对象。在公开研究数据过程中,不少教师往往无视那些处境不利儿童的权益,以不恰当的方式公开之,间接伤害了这些儿童。如仍以拍照为例,随着微信的普及,不少中小学老师喜欢晒和儿童相关的内容,这些内容有不少是老师认为的搞笑事件,且往往是通过教师的特殊地位向儿童了解到的一些隐私信息;比如,某个小学男生写给女生的所谓"情书","情书"中写了诸如"你是我的梦中情人,我们形影不离,我爱你"之类的话语,这些话语如稍加追问,很有可能会发现,该男生其实并不真正理解这些话语本身具有的特定涵义。对于这些信息,有些老师会直接拍照上传朋友圈或微博等公共空间,甚至连儿童的姓名都没有隐去!

由此我想起发生在 2015 年 8 月的一件事。当时,我儿子和他的小伙伴刚好面朝大海玩沙子,海的尽头是夕阳西下的美景;我在边上看书。忽然听到一声"excuse me",我抬头一看,是一位外国朋友和我打招呼。原来他想知道,这两位男孩是否是我的孩子? 如是,他能否对着他们的背影,拍一张儿童在夕阳西下的海边玩沙子的照片? 可能是担心我有顾虑,他进一步说,他是澳大利亚人,他拍这样的照片纯属个人兴趣,不会把照片用于其他的功利目的。其实,当时如果他不问我,直接拍照离开,我可能也不会知道。但从他的举动看,他首先关切的是儿童需要被保护,因此,如果他想拍照,首先应征得监护人的同意。需要指出的,拍照者并非老师,但他在日常行为中却能随时想到儿童需要被保护。

不论是集体无意识还是个人无意识,既和我国传统文化中的不尊重儿童的历史渊源有关,又与教师群体的习以为常有关;因此,对于我国教师而言,遵从研究伦理开展儿童研究就显得更为迫切。

二、有利于教师开展规范的儿童研究

规范的儿童研究主要体现在研究目的的纯粹性和研究过程的规范性。

(一)研究目的的纯粹性

关于研究目的的纯粹性,前述第三章第三节论及的,关心儿童、充盈自身、做发自内心的儿童研究并形成学校特色是教师开展儿童研究的根本价值;其中,关心儿童是这三种根本价值的核心,据此,判断儿童研究目的的纯粹性与否,主要在于看该研究是否最终关心并服务于儿童成长。

儿童研究目的的纯粹性受教师的儿童研究重心和取向的制约。关于前者,不论是回顾历史还是驻足当下,我国中小学教师研究的重心主要是教材

教法、命题趋势等,而非儿童。① 从改革开放开始的教改到当下的校本教研,我国广大的中小学教师开展了不少研究。在这些教师研究中,很少有系统的以儿童个体及其成长为核心开展的研究,更没有以儿童个体及其成长为核心开展的历时性研究。换言之,在这些研究中,儿童本身是教材教法研究的附属物。诚如卡利尼所指出的:“构成大多数研究的概念框架并不是儿童个人以及他/她自身的一致性。……儿童个人及其学习也很少成为首要关注的对象。更多情况下,关注的焦点是语言发展、概念形成、问题解决或阅读,儿童只是收集数据的一个必要工具。”②

教师的儿童研究取向主要有两种,即“诊断”取向和“理解”取向。③ 我国教师的儿童研究以“诊断”取向为主,这种取向潜在地将儿童视作有问题的人,教师对那些“问题儿童”进行“不良行为”或“学习困难”的研究,教师研究这些儿童的目的是发现问题成因并找到矫治或转化的方法,最后在教师的矫治或转化下儿童“变好了”。当下很多班主任开展的后进生转化或学科教师开展的学困生研究就是这样的研究。如下所概括呈现的学困生个案研究报告即为这类研究的大致模板:

学困生个案研究报告

一、个案概况

个案概况主要包括个案的姓名、性别、出生年月、班级、家庭背景、学困问题表现等。具体内容因教师关注点或模仿的版本而异。

二、转化策略

所谓的转化策略即教师提出的一些做法,诸如开展“一帮一”活动、多给予机会、多给予鼓励、查漏补缺、与家长联系等。

三、取得的效果

这部分主要呈现教师认为已经成功转化的方面,包括各科成绩的提高、自信心的提升、与同学的关系改善等。

显然这样的所谓模板是建基于上述假设的。这里需要质疑和思考的是,教师所认为的所谓儿童“变好了”的标准,是否真的就是儿童自身的内在

① 王丽华.“教师的儿童研究”本质初探.教育发展研究,2014,(4):63.

② Patricia F. Carini. Starting strong: a different look at children, school, and standards. New York:Teachers College Press,2001:5.

③ 王丽华、陆虹.教师即儿童研究者.全球教育展望,2009(6):87.

成长? 据此,教师亟待开展理解取向的儿童研究,并依据研究的结果,真正发现儿童自身的内在成长的多种形态。

(二)研究过程的规范性

研究过程的规范性指研究过程中涉及的诸要素都应遵从一定的规矩和标准;包括儿童研究内容、研究方法、数据收集、结果的运用等方面的规范性。

如以本章开头呈现的"'铁证'"案例为例,张老师的研究内容是赵立数学考试是否作弊。假定该研究内容的确是张老师当时最需要的,但张老师并未运用规范的研究方法收集有关的证据,并得出可靠的研究结论。反之,张老师问了赵立,联系了家长,让赵立做了一张类似的试卷;细看张老师的做法,问赵立更像是审问,联系家长更像是要求家长苟同张老师的判断,在全班上课时要求赵立做试卷则更像让同学认同自己的判断,显然,这样的所谓数据是充满成见的数据,据此无法得出赵立是否真的作弊的结论,但当时对赵立自尊心和自信心的伤害是真切的。如果张老师真的想研究该内容,观察、收集试卷和作业可能是张老师可以尝试的研究方法,观察赵立数学课的学习情况,持续收集赵立在做类似试卷时的解题情况及其相应的作业情况。通过研究,如果真能得出相应的研究结论,那么张老师需要妥当地利用研究结论,而非以此作为进一步羞辱或谩骂赵立的证据。

需要指出的是,上述研究内容本身不是重要和合适的儿童研究内容。比较恰当的做法是,张老师应相信赵立,在赵立有需要时为他的数学学习提供帮助。毕竟儿童身心的未成熟状态是儿童与教师最大的差别,因此,在儿童研究过程中,只有教师开展规范的儿童研究,才有可能帮助儿童恰如其分地成长。

第三节   遵从儿童研究伦理的做法

儿童研究中,教师不遵从研究伦理,除了前述的文化因素外,还与教师不了解儿童研究伦理有关。为此,在阐明符合儿童研究伦理的做法基础上,还应讨论如何辩证地看待儿童研究伦理的落实。

一、符合儿童研究伦理的做法

从国际上看,儿童研究伦理属于以人为受试的研究伦理范畴。1979年,美国国家委员会出台了《贝尔蒙报告》，报告提出了以人为受试者的研究应遵循的三个伦理原则：尊重人、有利和公正。[①] 这三项原则确立了符合研究伦理的具体做法，包括知情同意，尊重隐私和保密，风险和利益评价等。从已有研究看，不少国家的研究伦理都与该研究有一定的关系。根据儿童自身的独特性，在我国，如下两方面是规范教师在儿童研究中的伦理行为的基本做法。

（一）尊重隐私和保密

尊重隐私和保密是开展教育研究时的常识。如调查问卷的基本内容之一就是封面信，封面信中需要告知尊重隐私和保密相关的内容，例如"本次调查不记名，所有的调查结果仅作学术研究之用，我们会认真做好资料的保密工作，请您放心如实填写。"又如运用访谈法收集数据时，同样也会在访谈开始前告知"访谈内容以匿名方式呈现，访谈所得资料仅作学术研究之用，我们会认真做好访谈资料的保密工作，恳请您在访谈过程中不要有任何的顾虑。"然而，在儿童研究中，这一常识常因教师的无意识而常被忽视。

儿童研究过程中，为了尊重隐私和保密，如下需要被重视：（1）研究过程和研究结果呈现时，如涉及儿童的姓名，则应化名；（2）未经儿童或监护人同意，不得透露与儿童相关的信息；（3）凡是涉及影音资料，如需要在公开场合呈现，则应通过特效处理。

关于尊重隐私，当教师打算研究儿童自身遭遇的特定困境或内心深处的想法时，儿童因担心隐私可能会被泄密，可能会拒绝教师或只是表面配合研究。然而，这些研究如若不开展，可能会进一步伤害到儿童，比如儿童在校园中的被欺凌经历等。对此，国外有些研究者探索了一些新的保护儿童隐私的方法，这些方法既能让儿童放心参与研究，又能保护儿童；如下的秘密盒子就是其中之一。

秘密盒子

英国学者萨曼莎·潘兹（Samantha Punch）运用了一种名为"秘密盒子"（secret box）的方法，以确保儿童的隐私。具体如下：根据研究目的，请参与研究的儿童在一张白纸上写下他们关于某一问题的看法和

---

① Tom L. Beauchamp. The Belmont report. The Oxford Textbook of Clinical Research Ethics，2008：21-28.

观点,无需署名,如有需要,可以写上性别信息;接着,折叠好白纸并投至一个事先准备好的盒子里,供研究者事后研究。运用该方法之前,研究者向儿童保证,不会根据笔迹来核实究竟是哪个儿童写的;这样,既可确保研究结果的相对信度,又充分尊重了儿童的隐私。①

(二)知情同意

知情同意指儿童或儿童的监护人有知情和同意与否的权利,这是由研究伦理中尊重人的原则决定的。对于儿童的知情同意,可根据儿童自身能否理解知情同意区分为如下两种情况:第一,儿童自身能理解知情同意书的内容,这样,需要告知儿童知情同意书的具体内容并征得其同意。这一般适用于年龄较大的儿童。第二,儿童自身不能理解知情同意书的内容,则需要告知儿童监护人知情同意书的内容,并征得儿童监护人的同意。

知情同意书一般由同意的内容、可能涉及的研究风险、有权终止参与研究等内容构成。如下这份同意书仅供参考,借鉴时应视具体情况作适当的修改。

同意书(供儿童监护人用)

本人同意我的孩子(姓名:_____,班别:_____)参加"xx学校的儿童研究计划",提升教师对儿童的理解能力,据此丰富学校课程、改善课堂教学、提升儿童的学习成效。这项研究计划涉及影音拍摄、作业记录、孩子学习情况的追踪,为使计划能顺利实施,本人同意在与该计划相关的研究和成果分享活动中(如出版刊物、研讨会以及与儿童研究相关的教师培训等),使用有我孩子在内的录像、录音和图像数据。这项计划所产生的数据,归xx学校所有,但只能用于与计划相关的研究和成果分享活动。

我已经获得_____(人名)的解释,了解此项研究的本质与目的,以及在研究中所涉及的危险。我有权在任何时候让研究者了解我孩子可能会终止作为研究的对象。

父/母(监护人):_____

签名:_____

---

① Samantha Punch. Interviewing strategies with young people, the "secret box", stimulus material and task-based activities. Children & Society, 2002, 16(1): 49-51.

日期：_____

需要指出的是，知情同意书由课题负责人保管；儿童的法定监护人，不是中小学或幼儿园的领导，而是家长或家长所委托的有关人员。

二、辩证地看待研究伦理的落实

上述儿童研究伦理的做法，在哪些情况下可以不实施？对此，美国心理学会 1992 年修订的《心理学家伦理信条与守则》(*Ethical Principle of Psychologists and Code of Conduct*)对此做出了如下规定：

> 6.12 某些研究不必获得研究对象的书面同意即可进行，如无记名问卷调查、自然观察或史料分析等，当进行这些研究时，研究者要遵守所属审核委员会(Institutional Review Board，IRB)的规定，并与其他研究人员讨论，再作最后决定。

> 6.13 研究者要进行拍照或录影时，要先获得被拍照或录影者的同意，但如系观察、记录公共大众的行为，不涉及个人隐私或权益，则可不必事先征求同意。[①]

据此，教师以理解、发现和帮助儿童为目的开展儿童研究，通过自然观察(包括校内的不同场合、不同组织方式的自然观察)收集儿童研究数据时，不必征得儿童的书面同意；同样，教师可以做影音记录，但需要尊重隐私并做好保密工作。

从国际上看，儿童研究伦理的落实并非只是期待学校和教师的自觉遵守，而是需要建立相应的研究伦理评审机构，形成遵从儿童研究伦理的制度文化。

---

① 转引自王占军、刘娜.教育研究伦理的审查政策——以美国哥伦比亚大学 IRB 为例.现代教育论丛，2008(11):65.

第五章 教师的儿童研究内容

"小廖个子小小的,是一个看上去十分灵活的孩子。……从早到晚,几乎没有停息的时刻,上课时斜倚在课桌椅上,嘴里一刻不停地讲着自己想讲的话。我很想知道他为什么总是如此精力充沛?"小学一年级的沈老师说道。[①]

关于儿童研究,教师可以研究什么,不同学科视野对其有不同的回答。对于儿童研究内容的确定,从上述案例可以看出,教师与儿童的日常交往中往往会生成可能的研究内容;据此,除了从学科视野出发来确定外,另一种重要的思路是根据教师自身的儿童研究兴趣确定合适的儿童研究内容。

第一节 不同视野下的儿童研究内容

关于儿童研究内容,不少学科从各自的研究兴趣和视野出发,提出了迥异的观点,这里主要选取发展心理学、教育学视野简要呈现有关观点。

一、发展心理学视野下的儿童研究内容

发展心理学是指研究儿童身心诸方面所发生的系统性变化的学科。对于儿童研究,教师可以研究什么;发展心理学研究者的观点是首先要确定儿童的哪些方面需要研究。如下列举两种观点。

---

① 引自上海市浦东新区梅园小学沈莉老师 2008 年 12 月 4 日的写作《可爱的小廖》.

（一）本特森的观点

本特森（Warren R. Bentzen）认为："认知、社会、情绪、身体、语言，这些领域共同组成了人类发展的大部分内容。"[1]在本特森看来，不论是作为教师还是儿童观察者，都需要深入研究儿童发展的多个领域。为了帮助教师明确儿童研究内容，他分别就上述各个领域设计了新生儿、婴儿、幼儿、学龄儿童的观察练习，为3岁、4岁、5岁、6岁、7岁或8岁儿童的发展设计了检核表，等等。以7岁或8岁儿童的发展为例，他设计了如下检核表（见表5-1）[2]。

表 5-1 发展检核表

儿童姓名＿＿＿＿ 年龄＿＿＿＿ 观察者＿＿＿＿ 日期＿＿＿＿

	是	否	有时
7岁或8岁时，儿童能： 参加竞争性活动 与较年幼时相比，在敏捷性、平衡、运动控制等方面有显著进步 从容而自信地书写字母和数字 用刀叉切食物 说出硬币和货币的数值和单位 提前计划 说出时间，知道正确的年、月、日 在与发展水平相适宜的情境中理解因果关系 表现出对数量加、减知识的一些了解 回忆故事的细节 用一些成人用的句子 在谈话中借助手势来表达 与两三个亲密的同龄伙伴玩游戏 喜欢在电话中与朋友交谈 希望归属于不同的群组，喜欢用私密的语言代码交谈，非常渴望得到同伴的接纳			

（二）麦克德维特等人的观点

麦克德维特（Teresa M. Mcdevitt）等从如下三个领域阐述发展变化：生

---

① ［美］沃伦·R.本特森.观察儿童：儿童行为观察记录指南.于开莲、王银玲译.北京：人民教育出版社,2009:26.

② ［美］沃伦·R.本特森.观察儿童：儿童行为观察记录指南.于开莲、王银玲译.北京：人民教育出版社,2009:349.

理发展、认知发展和社会性发展。① 关于生理发展,主要阐述几个方面:生理成长和成熟的模式、某些人类特征和能力的基因基础、神经(脑)的发展、运动技能的获得(比如,跑、使用剪刀)及有益健康的行为。认知发展指儿童在推理、概念、记忆、语言方面的系统变化。社会性发展指儿童的情感、处理信息的方式、社会关系和道德机能方面的系统变化。对于上述不同领域,麦克德维特等人系统研究了该领域主要学者的理论,并总结了研究上述各领域的不同理论框架。以儿童的个性和情绪发展中的"年幼儿童依恋关系的评价"为例,作者给出了如下的理论框架(见表 5-2)。

表 5-2　年幼儿童依恋关系的评价②

观察指南	
特征	观察
安全型依恋	当抚养者在场时,积极地、有意识地探索周围环境。对抚养者的离开表现出反抗;当抚养者再次出现时,能被安抚。起初对陌生人充满警惕,如果得到抚养者的鼓励,逐渐接受。
回避型依恋	对周围环境浮于表面的探索。对抚养者的离开表现冷漠,在抚养者返回时,也不去寻求安慰。陌生人在身旁时,有明显的不安,但对他们的反复出现并不表现出积极的反抗。
反抗型依恋	和抚养者一起时,格外亲密和焦虑。当抚养者离开时,非常激动和悲伤;在抚养者返回后,不停地哭喊或责怪。对陌生人表现出明显的恐惧,倾向于靠近抚养者。
组织混乱型依恋	不可预测的情感反应(例如:在没有明显刺激时,一会安静,紧接着,一会愤怒)。有小心地靠近抚养者的倾向,并伴有不安的表情,好像对抚养者将要做出的反应很警惕。

　　总体而言,发展心理学视野下儿童研究内容的确定是一种标准化的确定内容的方式。

二、教育学视野下的儿童研究内容

　　教育学的英文"pedagogy"源自希腊语"pedagogue",本意不是老师,而

---

　　① [美]特里萨·M.麦克德维特,珍妮·埃利斯·奥姆罗德.儿童发展与教育(上册).李琪等译.北京:教育科学出版社,2007:6.
　　② [美]特里萨·M.麦克德维特,珍妮·埃利斯·奥姆罗德.儿童发展与教育(上册).李琪等译.北京:教育科学出版社,2007:473—474.

是教仆指引孩子去上学。范梅南认为,教育学"是父母与孩子、老师与学生、祖母与孙子女在一起的某种际遇"①;显然,教育学是使我们的心向着孩子的学问。从教育学的此义出发,不论是卢梭所提出的儿童天性和需要还是杜威所提出的儿童兴趣,都是从教育学的角度提出了教师开展儿童研究值得研究的内容;除了上述内容外,从近年来教育学的研究进展看,我国教师的儿童研究亟待开展的内容有:每位儿童对所学学科内容的想法、学习兴趣、体验。前述第一章已经论及了儿童兴趣的研究,这里主要论述儿童想法和儿童体验研究。②

（一）研究每位儿童的想法或观念

儿童对自己所学的内容有想法(idea)或形成自己的想法是儿童真正学会的根本标志。对此,哈佛大学达克沃斯(Eleanor Duckworth)教授曾经对几个儿童做过经典的排序实验,实验证明"精彩的观念是智力发展的本质"③。在达克沃斯看来,儿童开始对某一事物发展系统的想法时,他需要经历许多尝试和错误。其实,如果我们也为儿童创造不同的尝试和出错的情境,我们或许就能发现,该过程其实就是儿童研究事物、形成想法的过程,经过这样的探究过程而形成的想法,对儿童而言是终生难忘的。然而,在现实的课堂中,中小学教师主要参考教师用书,将作者或编者的想法传递给学生,诚如如下案例所展示;需要指出的是,尽管8年后的当下,对于案例中的类似问题,不少教师可能在形式上会以更开放的方式来应对学生的回答,但最终默认的答案仍然是教师认可的作者或编者的想法,而非儿童自身的观点。

对了

师:这是一辆怎样的车?

S1:崭新的车。

师:还有吗?

---

① ［加］马克斯·范梅南.教学机智——教育智慧的意蕴.李树英译.北京:教育科学出版社,2001:42.

② 本部分内容节选自作者的论文:王丽华.我国教师的儿童研究:缺席的根源和现实的课题.全球教育展望,2012,(6):75—77.

③ ［美］爱莉诺·达克沃斯.精彩观念的诞生:达克沃斯教学论文集.张华等译.北京:高等教育出版社,2005:4.

S2：这是一辆充满着快乐的车。

老师似乎不满意，又转向了第三个学生。

S3：令人难忘的车。

老师还是不满意，叫起了第四个学生。

S4：低头沉默。

老师说：还没想好吗？请坐。还有谁能说？

S5：这是一辆崭新的、充满着快乐的车。

学生5的观点综合了学生1和2的观点。

老师微微皱了皱眉说：除了说这是一辆崭新、快乐的车外，还能怎么说？……教室里沉默了，老师的目光在搜索着，希望有人能自告奋勇。

终于有个小朋友的目光和老师对接了。老师说：好，你来说。

S6：这是一辆给予快乐的车。

老师提高声音说：对了。①

从老师的反应看，此时老师显然比较激动，因为终于有学生回答出她想要的答案，这个答案也是教材和教师用书中所要求的。上述案例只是众多中小学课堂中的一个缩影，从中不难发现，中小学教师的潜在假设是，儿童的学习主要在于接受他人的间接知识。这些间接知识从何而来？不可否认，这些知识其实就是他人在探究不同事物的过程中形成的想法。儿童如何学习他人的想法？记住它！以备考试时顺利提取之用。

儿童的学习果真就是记住吗？其实，不论是认知建构主义还是社会建构主义，都已明确提出，儿童的学习是以个体已有的知识和经验为基础进行主动建构的，这样的建构既可以是个体性的，也可以是社会性的。换言之，建构才是儿童产生自己的喜好的关键。同时，认知科学和神经科学的研究也表明："知识是建立在活动的基础之上的。……在人们主动控制经验的时候，经验也改变着人脑的工作方式，改变着神经元、突触与脑的活动。当人们只是简单地接触事件或者信息时（而没有进行活动），脑与身体则不会受到很大的影响。"②凡此种种理论研究进展都告诉我们，为什么在课堂上会有

① 题目和内容皆由我于2008年6月6日采写自上海市某区的M小学，已征得任课老师的同意.

② 周加仙.教育神经科学：创建心理、脑与教育之间的永久连接——哈佛大学Kurt W. Fischer教授访谈.全球教育展望，2011(1)：14.

不少儿童游离于教学之外,其关键在于儿童对所学的内容没有机会形成自己的想法。

由此我联想到2011年11月参观的香港的3所学校,期间观摩的5节课无一不是鲜明地向我们展示,在课堂上儿童学习的关键是对所学的内容形成自己的想法。以一节初中的科学课为例,这节课学习的内容是欧姆定律,教师首先请每个学生在网上下载教师已经挂在网络上的探究问题单,学生们根据自己的喜好组成探究小组,根据需要到讲台边上的器材车上拿所需要的实验材料,小组根据自己的需要设计实验,得出可能的结论,并绘制实验结果。在实验的同时学生还随时上网查找资料,来研究和完成问题单上的问题;如果有需要,学生在查阅资料的过程中还会进行讨论,如果不需要,学生自行探究有关的问题并得出结论。在学生开展合作学习和探究学习的过程中,教师问得最多的一个问题是"你有什么发现吗",除此之外,教师除了提醒学生还有几分钟合作学习和探究学习就结束外,教师很少开口,只是在巡看各组或各个学生的研究进展。最后,教师对本节课的合作和探究简要做了回应。我相信,经过这样的学习,这些学生对于欧姆定律的理解远远超过那些只是接受欧姆定律知识的学生。

综上所述,对于儿童想法的研究,如下内容是各科教师亟待研究的:(1)"我"能否敏锐地发现或捕捉到儿童的想法? (2)在"我"所任教的学科中,有没有为儿童想法的产生提供机会、时间和空间? 儿童的想法是如何形成的? (3)"我"所任教的儿童对所学内容所产生的想法的本质是什么? (4)在"我"所任教的学科中,儿童的想法、"我"的想法、编者的想法、作者的想法之间的关系是怎样的? 如果不同,如何认识其间的不同? (5)儿童的想法和儿童的发展之间的关系是怎样的? 此外,对于儿童学习过程中出现的错误及其学习困难的研究,也是教师研究儿童想法的重要内容之一。

(二)研究每位儿童的体验

随着教育现象学研究在国内生根发芽,教师的生活体验研究日益受到重视,相比于教师体验研究的火热景象,儿童体验研究似乎有被冷落之嫌。尽管我国自2001年开始的课程改革中明确提出了三维目标,并将三维目标划分为结果性目标和体验性目标;但是,不少学科的教师对体验性目标鲜少真正形成自己的理解。这样,在教学中重视儿童的体验似乎成了一纸空文。此后,2011年修改后颁布的各科课程标准中也不同程度地提到了儿童的体验问题,如"体验"两字在《义务教育数学课程标准(2011年版)》中出现了37

次,在《义务教育语文课程标准(2011 年版)》中出现了 23 次。在各科标准中反复出现的"体验"到底指什么、如何在课堂教学中关注和重视儿童体验,这对于每位教师而言都是有待研究的新课题。

据此,对于儿童体验的研究,中小学教师亟待关注的课题是:(1)研究所任教学科课程标准中所提出的关于儿童体验的导向是什么?通过研究,在反思和批判的基础上形成自己对所教学科的儿童体验的独特理解。如以语文课程标准为例,"课程基本理念"中提出"要尊重学生在语文学习过程中的独特体验"在"课程目标与内容"中提出"注重情感体验","能具体明确、文通字顺地表达自己的见闻、体验","体验合作与成功的喜悦";在"实施建议"中,多次提到了儿童的体验问题,如"阅读是……获得审美体验的重要途径","不应以模式化的解读来代替学生的体验和思考","设计的体验性活动和研究性专题要体现语文特点",等等。对于上述内容中提到的"独特体验""情感体验""审美体验""体验性活动"等中的体验,对语文学科而言,意指什么,如何让每位儿童在语文学科的学习真正形成和发展自己的独特体验,这是每位教师亟待研究和解决的。(2)以(1)中的研究为据,深入观察、记录和描述学科教学过程中儿童体验。对此,教师应将重点放在:①对于"我"所任教的学科,儿童的独特体验是怎样的?"我"是如何发现和帮助儿童形成自己的独特体验的?②在课堂教学中,儿童在与包括教师和同学在内的他人交往过程所形成的交往体验是怎样的?这样的交往体验是促进还是阻碍其社会性学习的开展?③儿童学习本学科的过程中是否形成了可以开展体验研究的独特主题?如有,可以开展主题性的儿童体验研究。比如,"学习压力"的体验研究,儿童对"提问和回答问题"的体验研究,"快乐"的体验研究,等等。(3)比较和反思课程标准中所论述的儿童体验和"我"在学科教学研究中发现的儿童体验的关系,据此真正形成"我"对儿童体验的独特理解。

第二节　教师确定儿童研究内容的两种思路

如前所述,教师的儿童研究是自主的实践研究,学校或家庭即为教师的儿童研究场所,据此,教师的实践需要是其儿童研究内容的主要来源。教师的实践需要来自于社会和个人两个层面,据此,可以提出两种确定儿童研究内容的思路,即基于课程标准的思路和直面儿童的思路。社会需要往往体现在国家课程标准中,据此,基于社会需要的儿童研究内容确定的思路可以简称为基于国家课程标准的思路;在儿童研究中,教师的个人需要往往与对儿童成长本身的好奇分不开,这样,这种思路可以简称为直面儿童的思路。

一、基于国家课程标准的思路

国家课程标准是国家对基础教育课程的基本规范和要求。基于国家课程标准来确定儿童研究的内容,有助于教师助力儿童成为具有基本素养的人,其基本思路如下。

(一)研读国家课程标准,明确儿童形象

任何一个国家的课程标准,都潜在地规定着该国通过课程改革拟确立的儿童形象。对于开展儿童研究而言,教师研读国家课程标准时,最关键的是真正理解课程标准所确立的儿童形象。儿童形象的确立既与对儿童自身的研究有关,又与特定社会对儿童提出的新期望有关。

关于儿童自身的研究,教师可以从国际上近60年来对儿童形象的研究中发现线索。回顾国际上近60年的研究,中小学教师和学术研究人员对儿童形象主要持两种观点:"传递形象(transmission image)"和"发现为本形象(discovery-based image)"[1]。前者认为儿童是无知的学徒,需要由知识渊博的教师向他们传递所学的知识;后者认为,儿童是主动的学习者,他们能在既育人又助学的学习环境中获得知识。尽管国际上对这两种观点仍存有争议,但从研究的发展趋势看,儿童"发现为本的形象"获得更多认可。儿童"发现为本的形象"与我国课改以来倡导的自主、合作、探究学习背后的儿童形象是一致的,这一形象认为儿童既是有能力的主动学习者和探究者,又是善于沟通的社会公民。

关于社会对儿童提出的新期望,从当前的国际趋势和我国的研究进展看,难以绕过核心素养(key competencies)的有关研究。从研究核心素养的主要国际组织和国家的已有研究看,不难发现核心素养背后的儿童假设是,未来社会所需的儿童是积极主动的、关系中的创造者。

从国际上看,研究核心素养的主要力量是经济合作与发展组织(the Organization for Economic Co-operation and Development,简称OECD),欧盟

---

① Dennis Thiessen. Researching student experiences in elementary and secondary school:an evolving field of study. In Dennis Thiessen & Alison Cook-Sather(eds.). International Handbook of Student Experience in Elementary and Secondary School. The Netherlands:Springer,2007:6-7.

委员会(European Commission)、美国等。OECD 于 1997 年 12 月启动核心素养研究项目,即"素养界定与选择:理论与概念基础"(Definition and Selection of Competences: Theoretical and Conceptual Foundations),简称"迪斯科"计划(De Se Co)。该计划本着实用的目的,选择并确立最根本、最关键的素养。每一个核心素养均需满足三个条件:(1)对社会和个体产生有价值的结果;(2)帮助个体在多样化情境中满足重要需要;(3)不仅对学科专家重要,而且对所有人重要。① 据此,确定三个维度九项素养:(1)能在异质群体中互动。包括:与他人建立良好关系的能力;团队合作的能力;管理与解决冲突的能力。(2)能自主地行动。包括:在复杂大环境中行动的能力;形成并执行生活规划与个人方案的能力;保护及维护权利、利益、限制与需求的能力。(3)能使用工具沟通互动。包括三项素养:使用语言、符号与文本互动的能力;使用知识与信息互动的能力;使用技术互动的能力。②

2006 年 12 月,欧盟确定了既吸纳了 OECD 的思想、又具有欧洲特色的核心素养框架,该框架列出了八大核心素养:母语交际;外语交际;数学素养和基础科技素养;数字素养;学会学习;社会与公民素养;首创精神和创业意识(sense of initiative and entrepreneurship);文化意识和表达。从这些素养名称可知,欧盟制定的核心素养主要明确了结果,而非儿童达成这些结果的心智过程和能力,为此,欧盟做出了如下说明:"批判性思维、创造性、首创精神、问题解决、风险评估(risk assessment)、做出决策以及建设性管理情绪,在八个核心素养中均发挥作用。"③这一说明实际上明确了儿童应具备的心智过程和能力。

与 OECD、欧盟不同的是,美国用 21 世纪技能(the 21st Century Skills)指称未来社会儿童应具备的核心素养。根据美国社会所需要的价值观和行为取向,21 世纪技能包括三大类十一项:(1)学习与创新技能,包括批判性思考和解决问题的能力;沟通与协作能力;创造与革新能力。(2)数字化素养

---

① OECD. The definition and selection of key competencies[Executive Summary], 2005. Available online at: http://www.oecd.org/dataoecd/47/61/35070367.pdf.

② Dominique Simone Rychen. Key competencies: overall goals for competence development: an international and interdisciplinary perspective. In Maclean Rupert & David Wilson(eds.). International handbook of education for the changing world of work. Springer Science+Business Media B. V., 2009: 2572.

③ Jean Gordon, et al. Key competences in Europe: opening doors for lifelong learners across the school curriculum and teacher education. CASE Network Reports, 2009(87):11.

能力,包括信息素养;媒体素养;信息与通信技术素养。(3)职业和生活技能,包括灵活性与适应能力;主动性与自我引导能力;社交与跨文化交流能力;生产能力与绩效能力;领导能力与责任感。①

(二)根据儿童形象生成儿童研究内容

国家课程标准中确立的儿童形象既是一个国家对儿童的生命力和理想愿景的具象化,又刻有时代特点和文化印记;据此,国家课程标准中的儿童形象本质上是一种社会性的建构。有学者研究了不同国家的学前教育课程标准后指出,不同国家的课程标准或指南中主要建构了四种儿童形象,"即把儿童作为社会文化性存在、作为关系性存在、作为权利主体和作为积极主动学习主体"②。作为社会文化性存在的儿童形象强调还原儿童的社会文化本性,把儿童视作一个追求意义、感受的生活主体,而非只是完成发展任务的一个认知主体。作为关系性存在的儿童形象强调在关系中,儿童的学习与发展得以有效发生,儿童的生活得以展开。作为权利主体的儿童形象强调把儿童视作权利的主体,保障儿童在相关决策中的参与权,给予儿童发表意见的充分机会。作为积极主动学习主体的儿童形象强调把儿童视作能够发起交流互动、对周围世界充满探究兴趣的积极主动的学习主体。需要指出的是,对上述不同类型的儿童形象,并非一个国家的课程标准中只包含了一种儿童形象,而是任何一个国家课程标准中主要以某种形象为主,同时蕴含着其他类型的儿童形象。

对于教师而言,不同的儿童形象意味着不同的儿童研究内容,即便是相同或相似的儿童形象,其儿童研究内容的侧重点也有可能不同。如新西兰和澳大利亚的新南威尔士州的课程指南中确立的儿童形象皆是把儿童作为关系性存在,但对关系性存在的理解却不同,前者强调的是学习关系,后者更多的是从生活关系切入。

以《新西兰早期教育课程》框架为例,该框架中确立起了作为关系性存在的儿童形象,具体而言,教师要通过儿童研究发现儿童作为有能力的、自信的学习者和沟通者的形象。为了建构这样的儿童形象,教师需要从如下四个主题发现并记录儿童故事:主体能动性和对话,跨越边界将各个学习情

---

① ［美］伯尼・特里林,查尔斯・菲德尔.21世纪技能:为我们所生存的时代而学习. 洪友译.天津:天津社会科学院出版社,2011:前言4—5.

② 李召存.儿童形象的政策建构——基于学前课程指南的国际比较.全球教育展望, 2013,(6):39—47.

境联系在一起,不断认识学习的连续性,运用各种日益复杂的方式占有知识、发展有助于学习的心智倾向。① 如下杰奎老师撰写的学习故事《搭建一座黏糊糊的大桥》,该故事充分展现了伊丽莎白的主体能动性和对话能力,这是一种能够民主分享各自想法的主体能动性。

搭建一座黏糊糊的大桥

撰写:杰奎　　　　　　　11 月 25 日

今天,你和露西在手工区忙碌着。你们想出了一个特别棒的主意,那就是用透明胶带来搭建一座大桥。你们花了很长的时间,非常专注地把你们的计划付诸行动。你们搭的大桥和我在一本有关大桥的书里看到的一幅图片越来越像了。于是,我就去把书拿给你们看。你们两个真是非常出色的工程师呀!

这个故事中,伊丽莎白可能在学习什么呢?

伊丽莎白,你和露西的合作真默契,我非常欣赏你们互相分享想法和协商的方式。你还是一个令人尊敬的朋友,因为你清楚地告诉大家,搭建这座大桥"一开始是露西的主意"。你有没有意识到,为了搭建这座大桥,你们在一起工作了两个半小时? 你们的专注力太让我惊讶了!

当你跟我分享你们是如何搭建大桥的时候,你问我:"那个贴在我们教室墙上的单词怎么念?"我回答:"那个单词叫'合作'。"于是,你就去告诉露西,你是在跟她合作。你真的很喜欢这些单词! 我想告诉你一个小秘密,我也很喜欢它们!

机会和可能性

你们为自己设置的挑战是超乎我想象的。我想,我只需要等待和观察,并准备着被你们的下一个不同凡响的创意所震撼!

家长的反馈

妈妈告诉我,你把这个故事带回家的那天,爷爷正好去你们家看望你们。他觉得你们用了六大卷透明胶带搭建一座大桥有点浪费。但是,妈妈说,你跟爷爷说:"杰奎说,如果你是在与人合作进行创作的话,这就不是浪费。"你妈妈非常高兴你能说出这些话,并有能力为自己辩

---

① [新西兰]玛格丽特·卡尔、温迪·李.学习故事与早期教育:建构学习者的形象.周菁 译.北京:教育科学出版社,2015:5.

护,我也是!①

上述学习故事表明,《新西兰早期教育课程》明确了儿童形象及其相应的主题,教师的儿童研究则是依据儿童形象及其主题确定观察和记录的内容,并据此撰写学习故事。这样的思路的价值在于,具有明确的儿童研究方向,其困难在于教师需要具有随时发现儿童的敏感性。

二、直面儿童的思路

关于儿童,教育学、心理学、儿童史学、社会学、人类学等学科皆用本学科特有的方法得出了丰硕的成果。不可否认,这些研究尤其是那些视野开阔的研究直接推动了人类对儿童的认知,与此同时不得不指出的是,这些研究中的儿童总体而言是研究者视野下建构的儿童,不同于每位鲜活的儿童本身。然而,教师职业的独特之处在于,时刻面对着鲜活的儿童。为此,直面儿童的思路既是教师职业独特性的产物,又是教师通过儿童研究发现、理解和走进儿童的现实需要。

(一)基本思路

直面儿童的思路大致可以概括如下。

1.反思关于儿童学习或成长的案例或现象

教师是除了家长外,最能和儿童朝夕相处的人,据此,对于儿童的学习或成长,教师有无数的经验。然而,这些经验中有很多是教师经常感到困惑的,且这些困惑往往会因为忙碌而被抛之于脑后。为此,在忙碌的工作之余,教师如能反思自己感兴趣的儿童学习或成长的案例或现象,往往能发现自己感兴趣的儿童研究内容。如下是一位小学体育C老师的反思案例:

> 在进行障碍跑的教学过程中,在我们看来,很多孩子不论身高还是平时表现,他都有能力通过去,可是为什么在真正进行障碍跑时他就胆怯了?为此,我很想知道:那一刻他的表现怎样?他在通过障碍的时候,是以什么方式通过去的?前面同学通过障碍时的顺利与否是否对他有影响?他本身的性格是怎样的?如果把障碍跑主体教学中的部分放在一个相对轻松的游戏环节,结果又会怎样?在上其他内容时,他的表现是胆怯还是积极的,又会怎样参与课堂?

2.提炼出可能感兴趣的研究内容

从上述C老师的反思案例看,C老师对于障碍跑过程中忽然胆怯的孩

---

① [新西兰]玛格丽特·卡尔、温迪·李.学习故事与早期教育:建构学习者的形象.周菁译.北京:教育科学出版社,2015:68-69.

子很感兴趣,换言之,从她的描述中可以大致发现,C 老师可能感兴趣的研究问题有:(1)障碍跑过程中忽然感到胆怯的孩子对于障碍跑的体验是怎样? (2)是哪些因素让他忽然感到胆怯? (3)如果改变教学比如设计游戏环节,能否帮助他超越胆怯? 与此相应的研究内容则是:(1)障碍跑中一些孩子对胆怯的体验;(2)让这些孩子感到胆怯的影响因素;(3)帮助孩子们超越胆怯的办法。

　　如果 C 老师想对儿童本身做进一步深层次的研究,她或许可以进一步追问,为什么会有这么多孩子在障碍跑中会感到胆怯? 这些孩子的胆怯是什么时候产生的? 等等。或许随着研究内容的逐步具体化和深入,C 老师可能会发现,年幼的儿童对运动本身并不胆怯(家长或教师在观察幼儿的自发运动时,都能发现幼儿对运动本身充满勇气和探究精神),可能是教师或家长对于他们遇到运动困难时的不恰当反馈引发并加深了他们的胆怯。诚如哈佛大学教育学者达克沃斯在持续观察儿童的学习过程中所指出的:"所有儿童在其一、二年级都有惊人的智力进步。……为什么许多儿童的智力发展随后就慢下来了呢? 在儿童的童年时代晚期,他们的好奇心和智慧究竟发生了什么? 为什么继续拥有自己精彩观念的人如此之少?"[①]对此,她认为,"答案部分在于智力的突破越来越不受重视",这是由于成人的忽略或偏见、社会的习俗或禁忌"阻止孩子们探索他们他们自己的观念,并使他们觉着他们没有自己的重要观念,仅有愚蠢的或罪恶的想法"。[②]

　　(二)运用直面儿童的思路的前提

　　直面儿童的思路旨在发现儿童本身的如其所是和可能成长,为此,在运用该思路提炼儿童研究内容时,教师亟待超越自身,包括悬置对于身边每位儿童的经验性认知、搁置理论。

　　1.悬置成见

　　悬置是胡塞尔从希腊字"epoche"中找到的一个概念,原意是为事物"加上括号"。所谓悬置成见就是为关于人或物的已有认知"加上括号"。换言之,对于教师而言,悬置成见就是将自己对任何一个班级或儿童已有的经验性认知放置一边,直接面对该班或该儿童本身。

---

① ［美］爱莉诺·达克沃斯.精彩观念的诞生:达克沃斯教学论文集.张华等译.北京:高等教育出版社,2005:9.

② ［美］爱莉诺·达克沃斯.精彩观念的诞生:达克沃斯教学论义集.张华等译.北京:高等教育出版社,2005:9.

类似如下的言说是老师们非常熟悉的。如：在一次公开课后，同年级的所有任课老师一起研讨令自己感兴趣的孩子的研究，研讨开始之前，任课老师的感慨引发了几位老师的言说：

A老师（任课老师）：今天的课试了以后发现很不顺，我认为五（1）班是最好的一个班，却没想到这么不顺；五（3）和四（2）试上时很顺。

B老师：小张说得很好的，但她写得不行的。

C老师：但他考试不行。

D老师：他考试就很垫底的。

从上述言说不难看出，在A老师的经验中，五（1）班是全校最好的班级，然而遗憾的是，在她的公开课中她却发现，五（1）其实并没有她认为的那么好。在B、C、D三位老师的经验中，小张是个能说但不善于写的孩子。A老师对不同班级的认知、B、C、D三位老师对小张的认知其实就是经验性认知，这些经验性认知往往是有待悬置的成见或有待反思的经验。这些成见之所以需要悬置，是因为这样的经验性认知往往指引着老师们日常的教学行为和教学决策，极易遮蔽教师对班级或儿童的多元认知。一旦教师不能悬置成见，那些和教师已有的成见不同的班级表现或儿童独特之处就会被遮蔽；那些本不在教师视野中的儿童，比如被贴上所谓的中等生、差生等各种分类学标签的儿童，其优点和长处在教师的成见面前往往会自然消失。

悬置成见也意味着面对儿童时，教师对儿童的认知不作任何预设。一旦做出预设，教师对儿童的发现容易被自己已有的固化或刻板的见解所框定。尽管每个人都有无限的成长可能性，但与教师相比，每位儿童更有成长的无限可能性，用日常话语说"每位儿童都是尚未定型的人"，据此，教师特别需要放弃所有的预设，直面儿童本身。特别是面对儿童的表现与教师本有的预设不同时，这样的放弃对儿童自身的显现具有重要价值。如第四章开头"铁证"案例中，张老师对赵立数学成绩的刻板认识阻碍了张老师对赵立数学方面进步的发现，尤其是张老师带有偏见的求证方式和草率的判断和批评，进而伤害了一名初中生在数学学习上的热情。据此，对于像张老师这样的老师，悬置成见的关键是暂缓判断，直接面对儿童本身。

2. 搁置理论

心理学、哲学、儿童学、社会学等不同学科的理论都对于儿童是怎样有丰富的见解，不论是申报课题还是日常言说，中小学教师往往习惯于贴上各种理论标签，比如，前些年流行于中小学的多元智力理论、建构主义理论、差异化理论，近年来的核心素养等。如果就老师自己所引用的某个理论追问几个问题,不少老师会诸如此类地回复:"这是写写而已的啦,其实我也不太知道,反正申报课题要有理论依据这一块。"

对于一线教师而言,引用一大堆自己说不清的、甚至是相互冲突的理论观点于一个课题申报书中,不仅费时费力,而且无益于对身边儿童的成长形成新的理解。为此,对于教师而言,在确定儿童研究内容时,不如直面课堂教学或学校其他场域的学习生活中的儿童,据此提出可能感兴趣的儿童研究内容。如下就是教师直面儿童而非依据理论提出儿童研究内容的案例。在 M 小学例行开展的跨学科教学中的儿童研究的小组汇报环节,徐老师代表三年级组的老师汇报如下:

> 杨老师观察的孩子,发现她和平时的状态很不一样,陈老师观察的孩子也是这样。结合这节课的观察,杨老师的想法是,发现这个孩子其实是很有想法的,且也愿意积极表达出来,或许这个孩子在英语课里可能也是有想法的但没有掌握学习的方法,故杨老师接下来打算继续在英语课上观察,看看是否需要在方法上引导他。陈老师观察的孩子,他个人很积极,但他提出的很多建议在小组内却不被接纳;陈老师认为,尽管他的很多建议可能不被小朋友接纳,但老师要用心观察他,呵护他的积极性。我们组今天观察得很凑巧都是平时在老师所教学科里学习不积极的,但通过今天的观察却又是特别值得我们老师反思的。①

这是教师们通过合作观察和研讨儿童后提出儿童研究内容的案例,且儿童研究内容是从儿童在自己所任教学科中的表现和其他学科教学中的表现差异提出来的。相比较基于各种理论标签而言,这样的研究内容不仅更加鲜活,而且也更能帮助老师在直面儿童中发现儿童并反思自身。

需要指出的是,搁置理论不是抛弃理论,而是暂时将关于儿童成长的各种理论见解放置一边,在需要的时候,阅读和比对相关的理论见解,以此反思和超越自己的儿童研究或理论书籍中关于儿童的观点。

由此可见,直面儿童的思路是一种崇尚创造和发现的思路,前述的蒙台梭利、瑞吉欧、卡利尼等都是用这种思路。或许很多老师会认为,作为一位普通老师,不可能会有像蒙台梭利等教育家那样的视野,但即便如此,如果教师能运用这种思路,至少能对身边儿童有所发现。

---

① 节选自 2016 年 4 月 22 日 M 小学跨学科教学中的儿童研究课后的小组汇报.

第六章　描述的方法(上)

　　一般来说,老师们既不容易在要求儿童解释他们自己时得到任何进展,也无法从人格测验或问卷中了解较大的儿童,目前,我们最好的技术是仔细地由现场记录中收集证据,作者以为,这不只意味着记录行为的每一种动作,而且要描述儿童对自己行为的感觉。此外,他做某种事情的方法及时间,他与人或物相互关系的质与量,及他所说的话,均在记录的范围之内。[①]

　　教师职业最大的优势在于每天置身于充满儿童的声音和故事的教育现场,每位儿童的成长都充满无限可能性,据此,诚如上述作者所指出的,对于儿童研究而言,回到教育现场、在现场收集证据非常重要;回到教育现场搜集的重要方法之一就是描述。根据对所选择儿童或儿童作品所作描述持续时间的长短,可分为历时性描述和叙事性描述,前者指描述持续相对较长的一段时间,后者一般是一个时间段。根据方法本身正式与否,大致可分为叙事性描述和日记描述,前者是正式的儿童研究方法,后者是非正式的记录儿童成长的方法,此外,轶事记录法主要运用描述性记录做记录。根据上述不同类型,笔者将分两章讨论描述及其方法。本章在概要呈现描述的基础上,分节讨论叙事性描述和轶事记录法。第七章分别讨论对儿童的历时性描述、对作品的历时性描述和日记描述。之所以这样划分,是因为叙事性描述和轶事记录重在"事"的描述;历时性描述重在"时"的描述,即在儿童成长的时间轴上持续纪录儿童的成长过程。

---

　　① 赵玫怡.儿童行为的观察与了解.台北:桂冠图书股份有限公司,1981:2.

第一节　描述概要

这里所指的描述，主要是指教育现象学中的描述。之所以选择描述作为教师的儿童研究的首要方法加以论述，是因为儿童研究不缺乏所谓的客观中立、来自于自然科学领域的方法，这些研究方法因过分倚重方法的可操作性，由此导致儿童研究因过于技术化而丧失了其应有的本义。诚如有学者对这些方法所做出的评论一样："很多本该是有趣的文章，而且题目听起来也非常有意思，但内容却往往并不像所期望的那样丰富。这些文章很少关注人文方面的事情，相反的是，它们迷恋于方法的谨慎、测量和统计分析。当你拿起其中一篇文章开始看时，就好像事先被允诺可以得到一枚新鲜的李子，而结果却只得到一个李子干一样。由于谨慎和严密，汁液反而跑掉了。"①儿童研究面对的首先是人，重要的不是在于测量和统计，而是通过研究发现儿童本身的深度、广度的基础上帮助儿童成长。

一、描述的涵义

描述（德文：Deskription；英文：Description），是现象学所发明的回到事情本身、从事情本身出发来理解事情的基本方法论。把"现象"自己"说"出来的、显现出来的东西记录下来，就是"描述"。② 换言之，描述的关键在于连续不断地记录下儿童自己说了什么、做了什么、用怎样的神情说和做、在怎样的情境下说和做、儿童的动作、与他人互动等。

描述既是一种方法论，又是一种方法；此外，描述也含有价值论的意蕴。对此，从张祥龙对现象学即朝向事情本身所做的深刻分析中可见一斑：

> 这（指朝向事情本身）意味着：不要一开始就满脑子的概念构架，老师怎么说，柏拉图怎么说，亚里士多德怎么说，康德怎么说；你不用管哪个。现象学的基本态度是首先朝向活生生的事情本身，你自己睁开你的眼睛去看，去听，去直观，然后从这里头得出最原本的东西，这与中国禅宗很相近，六祖惠能在五祖那里时，原本地位低下。得了衣钵，众人不服，去追惠能，想把衣钵抢回来。其中一僧叫惠明，追到惠能时，去提

---

① Loren S. Barritt, et al. A handbook for phenomenological research in education. Michigan: The University of Michigan, School of Education，1983：5-57.

② 张华.教学即描述——卡利尼教学思想管窥.全球教育展望，2008(5)：14.

那惠能放在地上的衣钵。却提不动,于是听惠能说法。惠能说:"不思善,不思恶,正与么时,那个是明上座本来面目。"惠明言下大悟,"正与么时",是指就在这个时候:"不思喜,不思恶",所谓"善"、"恶",还不是按某些给定的标准? 钻入那些框框就不是事情本身了。①

方法论是认识世界的根本方法,主要解决怎么做的问题。"朝向活生生的事情本身"是描述的方法论意蕴;"你自己睁开你的眼睛去看,去听,去直观,然后从这里头得出最原本的东西"是描述的方法意蕴。不带所谓的善恶之类的价值预设,就是描述的价值论意蕴。诚如海德格尔所言:"描述并不意味着植物形态学之类的那样一种处理方法——这个名称还有一种禁忌性的意义:远避一切不加展示的规定活动。……只有从被'描写'的东西(有待依照与现象相遇的方式加以科学规定的东西)的'实是'(Sachheit)出发,才能够把描述性本身确立起来。"②这样,描述就是揭示和发现的过程。

如下片断是曹雪芹对龄官、宝玉的描述及宝玉对龄官的观察,都很深刻地显现描述的上述意蕴:

　　且说那宝玉见王夫人醒来,自己没趣,忙进大观园来。只见赤日当空,树阴合地,满耳蝉声,静无人语。刚到了蔷薇花架,只听有人哽噎之声。宝玉心中疑惑,便站住细听,果然架下那边有人。如今五月之际,那蔷薇正是花叶茂盛之际,宝玉便悄悄的隔着篱笆洞儿一看,只见一个女孩子蹲在花下,手里拿着根绾头的簪子在地下抠土,一面悄悄的流泪。宝玉心中想道:"难道这也是个痴丫头,又象颦儿来葬花不成?"因又自叹道:"若真也葬花,可谓'东施效颦',不但不为新特,且更可厌了。"

　　想毕,便要叫那女子,说:"你不用跟着那林姑娘学了。"话未出口,幸而再看时,这女孩子面生,不是个侍儿,倒象是那十二个学戏的女孩子之内的,却辨不出他是生旦净丑那一个角色来。宝玉忙把舌头一伸,将口掩住,自己想道:"幸而不曾造次。上两次皆因造次了,颦儿也生气,宝儿也多心,如今再得罪了他们,越发没意思了。"

　　一面想,一面又恨认不得这个是谁。再留神细看,只见这女孩子眉

① 张祥龙.朝向事情本身:现象学导论七讲.朱刚、林丹整理.北京:团结出版社,2003:5.

② [德]海德格尔.存在与时间.陈嘉映、王庆节译.北京:生活·读书·新知三联书店,1999:41.

蹙春山,眼颦秋水,面薄腰纤,袅袅婷婷,大有林黛玉之态。宝玉早又不忍弃他而去,只管痴看。只见他虽然用金簪划地,并不是掘土埋花,竟是向土上画字。宝玉用眼随着簪子的起落,一直一画一点一勾的看了去,数一数,十八笔。自己又在手心里用指头按着他方才下笔的规矩写了,猜是个什么字。写成一想,原来就是个蔷薇花的"蔷"字。宝玉想道:"必定是他也要作诗填词。这会子见了这花,因有所感,或者偶成了两句,一时兴至恐忘,在地下画着推敲,也未可知。且看他底下再写什么。"一面想,一面又看,只见那女孩子还在那里画呢,画来画去,还是个"蔷"字。再看,还是个"蔷"字。里面的原是早已痴了,画完一个又画一个,已经画了有几千个"蔷"。外面的不觉也看痴了,两个眼睛珠儿只管随着簪子动,心里却想:"这女孩子一定有什么话说不出来的大心事,才这样个形景。外面既是这个形景,心里不知怎么熬煎。看他的模样儿这般单薄,心里那里还搁的住熬煎。可恨我不能替你分些过来。"

伏中阴晴不定,片云可以致雨,忽一阵凉风过了,唰唰的落下一阵雨来。宝玉看着那女子头上滴下水来,纱衣裳登时湿了。宝玉想道:"这时下雨。他这个身子,如何禁得骤雨一激!"因此禁不住便说道:"不用写了。你看下大雨,身上都湿了。"那女孩子听说,倒唬了一跳,抬头一看,只见花外一个人叫他不要写了,下大雨了。一则宝玉脸面俊秀;二则花叶繁茂,上下俱被枝叶隐住,刚露着半边脸,那女孩子只当是个丫头,再不想是宝玉,因笑道:"多谢姐姐提醒了我。难道姐姐在外头有什么遮雨的?"一句提醒了宝玉,"嗳哟"了一声,才觉得浑身冰凉。低头一看,自己身上也都湿了。说声"不好",只得一气跑回怡红院去了,心里却还记挂着那女孩子没处避雨。[①]

从上述片断中,宝玉因受哽噎之声召唤,想一探究竟。起初宝玉带着价值预设:"难道这也是个痴丫头,又象颦儿来葬花不成?"所幸宝玉没有被此价值预设所引导并做出鲁莽举动,而是细细观察龄官,这种观察是一种以关心和爱护为基础,是一种对人的由衷关切,这尤其体现在自己被雨淋湿走开后还在惦记小姑娘是否会被淋到。由此可见,描述在某种程度上是一种留心,由对儿童本身的好奇引发。刻画宝玉和龄官的作者曹雪芹只是如实地记录下当时的情境,至于情境中的意蕴则留待读者自行解读。

据此,作为方法论、方法和价值论的描述,在教师开展儿童研究时,都至

---

① 〔清〕曹雪芹、高鹗.红楼梦.北京:金城出版社,1998:157—158.

关重要。从方法论角度而言,描述有助于教师直面"这个儿童"或"那个儿童"本身,而非张老师、李老师等他人眼中的"这个儿童"或"那个儿童",也非各种教育理论著作等中所描述的抽象的、符号化的儿童,这样,每位儿童都是鲜活而又独特的。作为方法,教师自身敏锐的观察、倾听、记录、反思、发现尤为重要。从价值论角度看,每位儿童都是丰富的个体,而非仅仅只有所谓的好中差等之分。

二、描述的价值

在儿童研究中,教师运用描述的方法开展儿童研究有何价值?

(一)学会直面儿童世界

学会直面儿童世界,对于不少教师而言,做得可能不如说得好。之所以如此,与如下三方面有重要关系:第一,与过去的教师不同,当下教师置身网络时代,信息获取的渠道非常多元化,关于儿童的各种信息、新名词扑面而来,为教师的言说提供了不少语料;第二,与过去相比,在我国的教师培训新政的推动下,教师参加培训的机会、方式、时间远比过去多,培训既为教师拓展关于儿童研究的新理论、新见解提供了平台,也为教师的言说增加了新素材;第三,进入学校体制后,总体而言,公立学校基本上采用工业化时代的效率取向的管理模式管理学校,即便是当下中小学校长熟悉的新术语精细化管理,尽管强调了精确、具体,但本质上仍然是效率取向,效率取向的管理极大程度上制约了教师直面儿童世界的可能性;因为儿童世界的总体特点是有他们自己的节奏、做事的速度、喜欢不确定,而效率取向的学校管理要求短平快地完成任务,在这样的冲突下,对于教师而言,首要任务是执行学校规定。

描述有助于教师在创造性等待中学会直面儿童。"创造性等待"一词源于柏格森(Henri Bergson)的生命哲学,即给个体生命的成长"留有时间",并在这一时间中,不断地给生命提供有效能量,不能无条件地追求立竿见影,不能以确定性的态度对待生命的成长。① 这意味着,对教师而言,学会直面儿童首先要学会慢下来;只有教师学会慢下来,真实的儿童才有可能显现。在此方面,美国教师洛佩兹(Lucy Lopez)就是这样做的。洛佩兹运用描述的派生方法原始语言记录研究儿童,通过研究发现了儿童世界的独特性,在此基础上写了如下小诗,以呈现她所发现的儿童世界。

---

① 朱小蔓等.教育职场:教师的道德成长.北京:教育科学出版社,2004:63.

我很特别

老师,我可能做得不像你想要我做得那么好

我不能像你一样清楚地讲话

我不能像你一样流利地阅读

我也不能像你一样用文字清楚地表达自己的思想

但我是在以我自己的步调学习

你看见了吗?![1]

洛佩兹老师这首为她的学生写的诗中,以儿童的口吻表达了儿童世界的独特性。通过洛佩兹老师的儿童研究,不难发现,学会直面儿童既是对儿童世界有所发现的基础,又是理解并走进儿童世界的起点。

(二)发现每位儿童个性的独特性和丰富性

儿童的个性指儿童的个别性,是儿童在学校学习、生活中表现出来的特质。儿童的个性既是因人而异的,在不同的情境又会有不同的表现,据此,儿童个性兼具独特性和丰富性。每位儿童个性的独特性和丰富性流淌在日常的学校学习生活中。如果教师能运用描述尤其是历时性描述持续研究儿童,儿童个性的独特性和丰富性将跃然纸上。以下是美国教师凯伦笔下的一年级学生加布里埃尔。

加布里埃尔在幼儿园的时候就是通过对蛇的爱好来学习阅读的,他总是交流有关蛇的东西。他的自画像是一幅蛇的肖像。一开始,他一说话就必定是有关蛇的内容。他签名时总是写"加布里埃尔·巨蟒阿根特"。(如果他要把某一部分去掉,那一定是"加布里埃尔",因为他知道我们能够知道"巨蟒阿根特"是谁。)当班里玩"鸭子、鸭子、鹅"的游戏时,他就玩"眼镜蛇、眼镜蛇、眼镜蛇国王"。他来时带来许多有关蛇的材料:书、橡皮蛇、各种各样的蛇、他妈妈给他做的一个美丽的纸蛇。老是蛇、蛇、蛇!

在我们教室,他的首要兴趣不在于活蛇和有关蛇的书籍,而是用多链立方体制作各种各样的蛇。在特定艺术作品和写作中,他的主题总是以某种方式与蛇有关。他创作与蛇有关的符号,还尽量给我解释这

---

[1]　David Allen. Assessing student learning: from grading to understanding. New York: Teachers College Press, 1998:56.

些符号："如果把它转向这一边,指的是一种意思,如果转向另一边,指的是其他意思。就像这一个表示蛇的语言,闪电棒表示能量。"我尽力去搞明白,但明白不了。他是如此深深地投入这项嗜好当中,真正地做到持之以恒。阅读、思考、绘画——橡皮蛇,铝合金的蛇,有关蛇的材料,他的家庭作业文件夹上由他妈妈精美地装饰上蛇的字母。

随着时间的推移,他在班里能够更多地交流和分享与蛇无关的东西,但是蛇仍然一直是他的强烈兴趣。在科学方面他也表现出了兴奋感和浓厚兴趣。当我们开始做平衡和移动研究时,他就着手解决问题,并会提出诸如重量需要分布到哪里,重量是否一定在底部之类的理论。他能够清楚地把所有这些说明白。加布里埃尔的理论引发下一节课的思考,这有点成为一种模式了。他还很喜欢体育课,也喜欢我们朗读的很多东西。从今年开始我们读的两套系列书他好像很感兴趣。

当问加布里埃尔是否可能会写一本有关蛇的书的时候,他说:"我不能,因为我是从其他书里了解到的这些事实。"他断定,他必须自己创做出自己的知识,否则就是剽窃。

加布里埃尔喜欢押韵词。他编造看一个游戏,是他妈妈告诉我的(直到我问他时他才告诉我)。他的游戏是一个谜语,必须用"布朗克斯新校"来押韵。他还为小朋友编造了其他有押韵单词的活动,并喜欢讲和创造笑话和谜语。[①]

从凯伦的描述中不难看出,加布里埃尔最独特之处就是喜欢蛇,但与此同时,他对蛇的喜欢很多样化。除了蛇之外,加布里埃尔也对集体所做的事产生兴趣。换言之,儿童的个性在新的环境或成长空间里是可以得到发展的。

(三)避免随意下判断

描述既是一种方法和方法论,又是价值论。作为一种方法,描述最大的特点就是引导教师具体地言说儿童的成长,而非随意判断。描述希望教师再三将目光投向儿童,让老师学会慢下来。描述法的创立者卡利尼曾对描述提出了如下见解:

描述中,我暂停,暂停,去关注。描述要求我退一步思考,要求我在

---

① [美]马格丽特·赫姆莉、帕特丽夏·F.卡利尼.从另一个视角看:儿童的力量和学校的标准——"展望中心"之儿童叙事评论.仲建维译.北京:高等教育出版社,2005:46—47.

观察之前不急于评判和下结论。描述为事物提供空间使其得以完全呈现。描述是一种缓慢的、独特的工作。我必须将习以为常的分等划类与归纳概括的方法放置一旁，必须倾听我关注的主题，必须给其表达和展示自我的时间。①

描述关注的是面向实事本身，而非对人的是非做出判断。当教师心中充满先入为主的成见时，极易随意对儿童的行为举止做出判断，由此在不经意中误解或伤害了儿童。

不想练明天就不要来了

某日，在一羽毛球训练馆，1 位教练带着 8 位小学生练习羽毛球的基本动作。教练说："现在我说一二三开始后，大家一起来练习挥拍动作。"未等教练发号施令，其中的 5 位学生自行开始了，剩下的 3 位学生中，另两位看到其他同学开始练习也加入了练习的行列，只有 1 位真正听教练口令的女生最迟开始。女生看到其他同学没有听从教练的口令，就停止了练习。教练看到女生不练习，就说："丽丽多加 1 次（挥拍练习）。"丽丽仍然站着，教练就说："丽丽加 3 次，丽丽加 5 次。"听到教练不断增加练习的次数，丽丽哭了。见丽丽哭了，教练说："你练不练的，不想练明天就不要来了。"教练重复说了三遍"明天就不要来了"后，丽丽擦了擦眼泪，强忍着伤心开始练习。②

在该案例中，教练对丽丽的随意判断是"丽丽站着，就是不想练习"；尽管这位教练的出发点或许是好的，希望丽丽快快开始练习，但他既不清楚丽丽为何不练习，又用了一种惩罚式的方法要求丽丽练习，最后居然开始威胁丽丽了。由此可见，在与儿童交往中，多多倾听是避免随意下判断的重要途径。

三、描述的思路

前述卡利尼曾提出了做儿童描述性评论的过程。描述作为儿童研究的首要方法，其大致思路如下。

（一）描述前的准备

描述前的准备包括学会悬置和工具准备。确立儿童的成长具有无限可

---

①　［美］帕特丽夏·F.卡利尼.让学生强壮起来——关于儿童、学校和标准的不同观点.张华等译.北京:高等教育出版社,2005:164.

②　2016 年 3 月 16 日我采写自金华 H 羽毛球馆。

能性是学会悬置的关键。《红楼梦》成书时间早于现象学,且是文学作品,但有趣的是,愈读《红楼梦》,愈发觉得《红楼梦》是理解描述很有价值的重要著作。如下《红楼梦》中贾政让贾宝玉抓周的片段或许有助于诸位理解学会悬置:

> 那年周岁时,政老爹便要试他将来的志向,便将那世上所有之物摆了无数,与他抓取。谁知他一概不取,伸手只把些脂粉钗环抓来。政老爹便大怒了,说:'将来酒色之徒耳!'因此便大不喜悦。①

我国古有抓周的习俗,贾政让贾宝玉抓周时,估计将经书、剑、笏板、官印、笔、墨、纸、砚、算盘、钱币、账册、首饰、花朵、胭脂等全摆了出来,无数物品中,宝玉独抓了脂粉钗环。这让认可"抓周卜前途"的贾政对宝玉的成长下了断言。在该片段中,贾政对宝玉的断言即为贾政对宝玉可能成为怎么样的人的成见,"抓周卜前途"是贾政的理论预设,抓到脂粉钗环将成为酒色之徒则是贾政的价值预设。所幸宝玉成长的环境、成长中接触的人和物皆多样化,否则,宝玉的成长历程不可能像《红楼梦》中所显现的那样丰富多彩。据此,对于教师而言,描述最重要的是悬置所有的成见、理论假设、价值预设,直面儿童本身;换言之,教师需要一双善于发现的眼睛、一对用心倾听的耳朵、一颗热爱儿童的真心。恢复对每位儿童及其成长的好奇心,而非紧盯分数,是学会悬置的切入点。如果对儿童本身充满好奇心,我们关切的是此时此刻儿童的所思所想、所作所为,随着这种关切的加深,如诗如画、率性纯真的儿童世界将逐渐展现在老师的眼前;反之,则不然。诚如有老师所言:"如果不管分数,每个孩子都是可爱的。"学会悬置的过程是一个充满挑战的过程,对于那些戴着有色眼镜审视儿童、偏好贴理论标签、深陷价值预设中的老师尤为如此。

工具准备包括但不限于纸、笔、讲义夹等。最简单的方式就是准备些白纸或薄的记录本或便利贴,随时带着,以备记录所需;如果对于如何做记录有详细的思考,则可以准备好相应的记录工具,如后续的叙事性描述和历时性描述中所提到的记录工具。准备不同颜色的笔,有助于教师根据记录的需要变换颜色,便于事后分析和整理。如果直接记录在白纸上,准备一个讲义夹,便于记录纸及时归档到讲义夹中,便于事后查阅。

(二)选择拟描述的儿童

任何一位儿童都是独特的、值得珍视的,据此,可以随机地选择一名儿

---

① [清]曹雪芹、高鹗.红楼梦.北京:金城出版社,1998:157—158.

童进行持续地观察、做描述性记录;这样选择也便于初学者在短时间内能确定想研究的儿童。对于那些已经运用描述持续做了一段时间儿童研究的教师,可以根据自身的研究兴趣来选择自己想研究的儿童,比如一位平时沉默寡言的孩子、我熟悉的一位孩子,等等。

教师会经历不同的儿童研究情境,据此,对于熟悉的情境,如自己的班级或学校,可以根据你的研究兴趣选择一名儿童;如果是陌生情境,比如到其他学校参加区市级的教研活动,首先选择一个便于观察儿童的座位,以就近或便利原则观察附近的儿童。

此外,也可以根据教师自身对儿童学习的理解来确定儿童,比如佐藤学指出,课堂教学过程中出现学习困难的儿童、不言的儿童等特别值得研究。

(三)倾听和观察

倾听和观察皆是教育学意义上的意向活动。总体而言,教师日常做得最多的事是言说,然而,在描述中,教师的倾听先于言说。与言说相比,"倾听是人最本己的存在方式。倾听不是听到,而是理解和欣赏"[1]。如果倾听只是听到,那么,耳朵只是倾听器官,而非发现儿童的利器;如果倾听在于理解和欣赏,那么,倾听意味着教师要发自内心地考虑和理解儿童的感受、所思所想。"倾听不仅要'听'到发出之声,更要'听'到尚未发出之声。"[2]对于未发出之声的倾听,意味着教师要留意儿童欲言又止的时刻、闪烁其词的言说……当然,这样倾听的不是窥探隐私,而是关切儿童的内心世界。

观察是一种关爱儿童的方式,而非仅仅只是采集数据的研究方法。诚如范梅南认为,教育学意义上的观察必然发生在关系中。[3] 据此,观察必然在民主、人性化的师生关系中进行。为此,超越不民主、非人性化的师生关系是实施教育学意义上的观察的一大挑战。"观察与看有本质区别,前者是投入性的理解,后者是监视和控制。"[4]如下是在小学公开课中可以看到的一幕:

> 班主任带着学生到教室,待学生坐定后,班主任找了学生外围的一个座位坐下,且该座位往往靠近被班主任认为会出状况的学生。上课

---

① 王丽华.教师意识研究.上海:华东师范大学,2009:108.

② 王丽华.教师意识研究.上海:华东师范大学,2009:109.

③ Max van Manen. The phenomenology of pedagogic observation. Canadian Journal of Education,1979,4(1):8.

④ 王丽华.教师意识研究.上海:华东师范大学,2009:111.

开始后,只见班主任面朝黑板坐着,过几分钟后,班主任猛然后转,怒目圆睁,一把夺下某学生手中正在把玩的笔之类的物品。

在上述过程中,班主任貌似在观察课堂,实则在监视和控制该学生;且在该班主任的眼中,这位学生就是上课不认真,需要被监控。对于这样的学生,班主任真正关切的不是该学生为什么无法投入学习,而是他在课堂上可能会玩耍、分心,因此,"我"要密切监控他。正是这样具有监控意识的所谓观察,使得班主任既不能理解该学生当时的学习处境,又无法走进这些学生的内心世界。据此不难发现,小学里的一些所谓学习困难的学生,其困难往往是在被忽视和监控的恶性循环中形成的。

由此可见,真正的倾听和观察必然是用心的、平和的;既是一个逐步聚焦的过程,又是一个不断发现儿童的整体性、丰富性的过程。

(四)描述性记录

描述最重要的价值在于发现儿童的存在意义,其物化结果是描述性记录。描述所用的语言是描述性语言。如第二章所指出的:

> 描述性语言拒绝把人和事放在预先确定的思想类型中,这些思想类型用它们老一套和所有的驱动力压制着我们所有人。描述性语言吸引我们走进一种共有的人性中,并促使我们在许多方面和其他人建立联系,这是判断性语言所做不到的。这种描述性语言通过结构和总结加以规范,由故事、图景和细节来驱动,它产生了这种投入性理解,这种理解为行动补充了各种可能性。[①]

对于运用描述性语言,梅洛·庞蒂也认为:"尽力以直截了当的语言来描述当时的体验,而不作任何原因阐释或概括总结。"[②]据此,描述性语言是具体的语言,而非抽象、概括、总结性的词语;用描述性语言所作的描述性记录是清晰、易懂、平实、准确的。

描述性记录既可以用特定的格式规范呈现,也可以用关键词和具体实例的方式、撰写故事等方式呈现。这样的记录是一种意义取向的记录,因为记录的内容必然是你特别关注或深切地打动你的;同时又是一种用心的行

---

① [美]马格丽特·赫姆莉、帕特丽夏·F.卡利尼.从另一个视角看:儿童的力量和学校的标准——"展望中心"之儿童叙事评论.仲建维译.北京:高等教育出版社,2005:132—133.

② [加]马克斯·范梅南.生活体验研究　人文科学视野中的教育学.宋广文等译.北京:教育科学出版社,2003:67.

动过程,因为你的记录必然是因你的思考而起。

对于学校中的儿童而言,儿童自身既可能是现象本身,也可能是被遮蔽的现象。为此,需要描述不同情境中的儿童,这些情境既可以是不同学科营造的情境,也可以学校里非学科教学而产生的各种情境;后者往往能发现儿童的自发活动。

此外,对于初学描述的教师而言,如下特别需要留心:第一,尽可能快速记录,可以自我界定一些速记符号快速记录之;第二,需要记录所选择儿童的具体内容,注意不要遗漏、变序等;第三,按照所描述内容发生的顺序进行记录;第四,留意描述性记录的主观性与客观性。需要指出的是,儿童研究中,教师自身就是研究工具,据此,绝对的客观性是不存在的。

(五)发现和反思

发现是指教师对所描述儿童的新认知或新意义,如:在描述中发现了关于某位儿童如何学习数学的新知识,这样,通过描述教师创造了关于这位如何学习和成长的特有儿童知识,这种知识本质上是实践性知识。描述后的反思是对描述过程做出进一步的思考,以发现问题或后续可以进一步描述的内容。描述既可以是自我反思,也可以是合作性反思,合作性反思是教研组或儿童研究小组的老师一起深入思考和讨论所做的描述,这样,合作性反思本质是一种反思性对话。按照反思内容的不同,反思大致可以分类三种类型:一是技术性反思,主要反思对描述的理解是否恰当,包括能否为描述做好适当的准备、能否选择合适的儿童、能否进行教育学意义上的观察和倾听、能否用描述性语言作描述性记录;二是实践性反思,主要反思描述过程中发现的问题,这些问题既可以是关于所描述的儿童自身的,也可以是从儿童的学习和成长中折射出的课程和教学问题,还可以是关于班级管理的建议等;三是解放性反思,主要反思描述过程中是否民主和人性化、是否发现儿童自身的独特价值、儿童是否被遮蔽等。

第二节　叙事性描述

每位儿童都是有自己的声音和故事的独特个性,"不断成长"是儿童世界的常态,据此,用具有高度开放性的儿童研究方法研究儿童,更有助于初学儿童研究的教师走进儿童世界。作为描述取向的儿童研究方法的一种正式方法,叙事性描述兼具开放性和无选择性,有助于初学描述的教师学做儿童研究。

一、叙事性描述的涵义

叙事性描述是沃伦·R.本特森提出的一种观察儿童的方法。本特森认为,叙事性描述(narrative description)的本质特征是:"它的基本形式首先是一种叙述,然后才是描述行为。"①本特森强调叙述的本意是旨在体现叙述的具体性,这种具体性既包括事先明确观察的时间、地点、对象、方式和原因等,也包括记录语言本身的具体性,尤其是通过丰富的细节呈现所描述的儿童。

如前所述,"叙述"的英文单词是"narrative"。"narrative"由动词"narrate"变化而来,其含义是以故事的形式详细地叙说。根据叙述的含义,叙述除了具体性之外,还有叙说性。叙述既可以叙说自己的故事,也可以叙说他人的故事。在儿童研究中,教师所叙说的是儿童故事。教师所叙说的儿童故事,首先源于教师对儿童世界的耐心倾听。倾听既包括理解和记录特定情境中的儿童话语,也包括事后与儿童进一步的深入交流。

据此,叙事性描述就是具体、客观地把儿童自己"说"出来的、显现出来的一切记录下来的方法。由于儿童在不同情境中会有不一样的具体表现,这样,在做叙事性描述时,需要记录下特定的行为情境。

二、叙事性描述的思路

叙事性描述的总体思路与本章第一节的描述的思路大致相同,但叙事性描述的准备环节等比描述更为具体。叙事性描述既可以以文字形式呈现,也可以用表格呈现。

(一)叙事性描述准备的内容

在准备环节,除了学会悬置和工具准备外,叙事性描述还应对如下内容做出大致计划。

1.确定拟观察的儿童及其选择观察该儿童的理由

对于拟观察的儿童,需要记录下儿童的姓名(用化名)、年龄、性别、所在位置等信息。选择理由的陈述,有助于教师逐步明确自己想研究的儿童。需要指出的是,对于初学者而言,经常遭遇的状况是,在未进入观察现场之

---

① [美]沃伦·R.本特森.观察儿童:儿童行为观察记录指南.十廾莲、王银玲译.北京:人民教育出版社,2009:86.

前似乎很难确定自己想观察谁,进入观察现场后,面对着多样化的儿童,观察理由忽然清晰了;据此,对于初学者而言,可以在观察现场逐步确定拟观察的儿童及其选择的理由。

2.观察日期、时间段

为了便于日后有效利用所收集的数据,应完整地记录所观察的年月日。根据我国幼儿园、中小学生的活动和学习的时段设置,观察时间段可以是几分钟或几十分钟。儿童行为的发生具有连续性及先后顺序,教师应在设定的时间段里连续不断地记录儿童。如设定 8:50—9:10 进行观察,则教师需要记录该时间段内的所有内容;由于在该时间段内儿童所做的事情可能是多样的,据此,根据儿童所做事情的相对完整性,大致划分出记录时段,比如8:50—8:53、8:53—8:57、8:57—8:59……;时段的间隔没有规律性。需要指出的是,考虑儿童行为的连续性,至少需要在设定的时间段内连续记录三个记录时段。

3.观察地点

不论是幼儿园还是中小学,观察地点都可能是室内或室外的,只是地点的名称可能因学段、学校等而不同。对于幼儿园、学校教师,如果在自己学校做观察,观察地点具体到教室、活动场所即可;如果是在其他学校观察,那么,观察地点应具体到校名及其相应的具体地点。

4.观察情境

观察情境主要指观察儿童所置身的物理环境的布置、社会特点等。物理环境的布置主要指教室在学校中大致所处的位置,教室内桌椅的布置、四面墙上的可能装饰、教室里除座椅之外的其他设施、设备等。社会特点主要指教室里在场的所有人员及其相互之间的可能关系等。

上述内容的计划之所以需要更具体,是因为叙事性描述是一种正式的儿童研究方法。因此,所收集的数据本身应该尽可能客观、严谨。

(二)叙事性描述的记录形式

教师既可以以文本的形式在笔记本上记录下上述信息,也可以用表格的形式记录之(如表 6-1 所示)。记录过程中,如果有需要,可以抓拍照片或视频辅助记录。不论用哪种形式记录,除了上述内容,还需要记录发现、反思、附录(如有需要)。

表 6-1　叙事性描述

观察者姓名_____   被观察儿童姓名__（化名）

儿童的年龄_____   儿童的性别_____

观察地点（幼儿园、学校、家庭的具体地点）_____

观察日期____年__月__日   观察起止时间_____

简要描述观察情境:
1.物理环境:

2.社会特点:

选择观察这位儿童的理由:	儿童和观察者所在的位置(如在教室,可呈现座位表并标示观察者所在的位置)

观察时段	描述性记录

发现与反思

对儿童的发现:

反思:

附(如有需要):
1.照片张贴处及其说明或视频出处的备注等

2.与儿童进一步交流的内容
通过叙事性描述,如果需要就记录的内容进一步与儿童交流,内容交流可以在此附上。

需要指出的是,表 6-1 同样适合记录多名儿童,比如一个小组的合作学习、探究学习等。如果记录多名儿童,这些上述儿童的姓名、年龄、性别等信息需要写清楚,儿童所在的位置需要给出多名儿童的示意图。

三、叙事性描述的案例及其分析

从我国的现状看,除了职前教育阶段开设儿童观察或儿童研究类课程的高师院校的职前教师学做叙事性描述外,幼儿园、中小学教师开展叙事性描述相对较少。为此,这里主要呈现我所任教的小学教育专业的学生们所做的叙事性描述案例,在此基础上分析这些案例。

(一)叙事性描述的案例

如下叙事性描述案例选自一位师范生的作业(见表 6-2)。

表 6-2 对一男孩的叙事性描述①

观察者姓名 朱清瑶(见习学生)	被观察儿童姓名 小凌(化名)
儿童的年龄 10 岁	儿童的性别 男
观察情景(幼儿园、学校、家庭的具体地点) ZQ 小学的一科学教室	
观察日期 2015 年 10 月 28 日	观察起止时间 上午 9:38—9:50

简要描述观察情境:

1.物理环境:小学生们在一个科学教室上课,该教室位于四楼,朝向正东。教室比普通教室大一些,教室前面的墙上贴着关于"科学"的红字标语,后面黑板上贴着关于科学知识的海报,教室最后还有水池和一排供洗手的水龙头。教室的课桌是白色的,比普通教室的桌子要大不少,座位是秧田式编排的。该教室仅用于上科学实验课和见习学生的公开课,不是这批学生平时上课的教室,因在该教室上课的次数较少,对其不太熟悉。

2.社会特点:这是一位见习教师的课堂,ZQ 小学四(1)班的学生们坐在科学教室的前半部分,多数见习学生和该班班主任坐在教室后方,少部分见习学生坐在教室靠墙的左右两侧。这节课正在上人教版小学语文四年级上册 17 课《长城》,上课已经 8 分钟了,绝大多数同学已经进入上课状态,大部分同学认真听讲,现为见习老师介绍完长城背景后请同学自由朗读课文阶段。

选择观察这位儿童的理由:

1.我的观察地点在小凌的右侧略偏后方,观察视角方面较有优势(能观察到他的外貌、动作、语言、神态等),且不会干扰小凌上课或被其发现。

2.相对于其他男同学,小凌动作比较缓慢、无精打采,肢体语言幅度小,说话次数较少、声音较轻,故引起我的注意。

---

① 修改自浙江师范大学小学教育专业 141 班朱清瑶同学的叙事性描述作业.

续表

儿童和观察者所在的位置

注:粗线范围为学生座位、细线范围为浙江师范大学见习学生的座位。

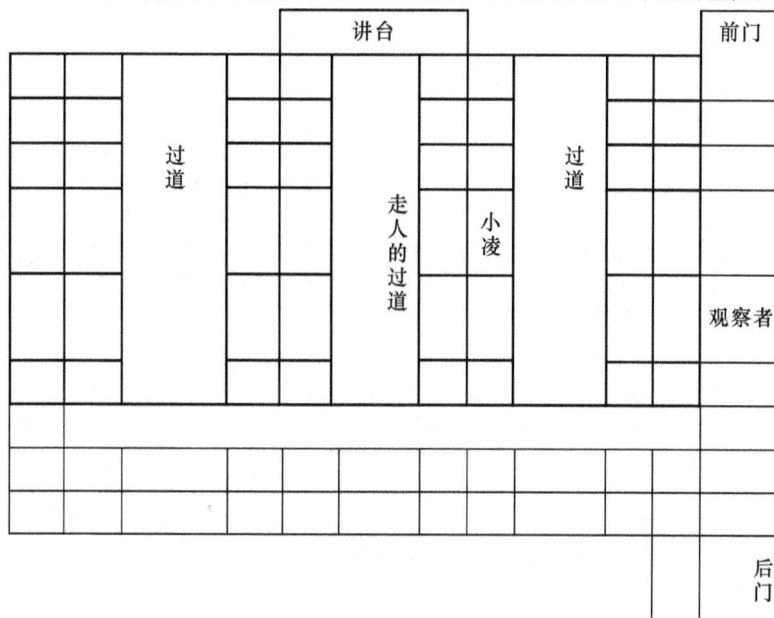

观察时段	描述性记录
9:38—9:41	老师说:请大家朗读课文,读准字音,读通句子,等一下老师来检验一下你们的朗读成果,现在开始吧。小凌把书打开,平摊在桌面上,把右侧(靠过道边老师走动的一侧)一半书侧起来,背稍弯,呈弓形,开始读起来,嘴巴张合幅度很小,读书声音很轻,比其他同学读书速度略慢一些,还时常读错字。开始朗读约30秒后,他用书侧立的一侧挡住右半边脸颊。又过了将近10秒,当老师从小凌身边经过时,他把书平躺,保持原来的坐姿小声读。大约40秒后,他把凳子往前拉了一下,之后扭动了身体,随后把目光从书本移到手指上;先用左手手指轻轻挠着右手手指,后右手大拇指与食指相互揉搓,他一边把玩手指,一边时不时瞟一眼书本,嘴里小声轻念。听到老师说:"时间到了,大家都读得很认真啊,把书都拿起来,坐得也很端正啊,我们现在就来抽查一下。"小凌的目光从手指上抬起来,注视老师,但仍用左手手指轻轻挠着右手手指。

续表

时间	内容
9:41—9:44	老师说："作者眼中的长城是怎样的？能不能用平常的词语说一说作者眼中的长城是怎么样的？"小凌开始缓缓翻书，盯着某一页看了几秒后，翻到书的后一页，眼睛开始慢慢扫视。此时，有几个小朋友站起来回答问题，第一位小朋友回答问题时，小凌仍低头看盯着自己的书本看。第二位小朋友回答时，小凌仅抬头看了一眼老师，点了点头后，又马上低头看书。第三位小朋友回答时，小凌没有抬头而是看着书不出声地动着嘴唇。第三个小朋友回答完问题后，老师开始讲解形容长城的词语时，小凌把头抬起来看向老师，随后一直注视讲解的老师与 PPT 近 1 分钟，期间没有出声回答老师的集体提问，在此过程中双手或互相绕动，或用右手挠挠自己的头、碰碰鼻子、托着下巴及用右手的食指中指夹住下巴边缘部分。老师继续提问："作者眼中的长城可以用那么多词语形容，有没有哪句话可以概括作者眼中的长城的？找一找"，这时小凌再度低下头，翻看书本。
9:44—9:47	老师请同学们集体朗读一句话，小凌仍轻声朗读，在读的时候打了个哈欠。后继续抬头听着老师的问题，并不时微弱地点头，又在老师接下来的讲解过程中，小凌连打了两个哈欠。老师抛出下一个问题时，小凌举手回答问题，举起的右手弯曲着，高度仅到右耳，举得很低，回答问题过程中与老师对视时间短，且回答问题声音较小。回答完问题后，小凌低下头把弄书本边缘 10 秒左右，后又抬起头一直注视老师，听老师讲解。
9:47—9:50	老师说："刚刚我们同学总结了那么多长城的特点，那为什么说长城是一个伟大的工程？给大家一点时间思考一下"，前 30 秒左右小凌拿着铅笔在书本 84 页一空白处涂抹，把空白处涂抹成黑色不规则形状。老师说：拿笔的时候把腰板挺直来。小凌马上往前坐，把腰挺起来，并且停止涂抹，开始看课文并拿起笔画出了几个句子。老师请几位同学回答问题时，小凌没有把视线放在回答问题同学的身上，而是低头用双手把玩着橡皮，把玩 15 秒左右，小凌抬起头注视老师，但双手还不停地拨弄。大约过了 5 秒，小凌又低下头抠着双手的大拇指指甲。

发现与反思

对儿童的发现：

从上述四个时间段的连续性描述看，每当老师发出指令或提出问题，小凌基本上能做出回应。从小凌回应的动作、神情、声音、举止等看，小凌似乎比较内向。除了回应老师外，上述四个片段中只有第三个片段没有做小动作，其他三个片段都做了各种小动作。

据此，拟提出的问题是：

(1)小凌在自己的教室上课时的具体表现是怎样的？

(2)小凌在自己的语文老师上课时的具体表现又是怎样的？

(3)除了回答问题过程中小凌不做小动作外，在什么情况下小凌也不做小动作？

(4)小凌有没有大声说话或回答问题的情形，如有，在什么情境下，小凌会大声说话或回答问题？

反思：

这是叙事性描述作业的第二稿。初稿时忘记写反思，题目是"叙事性描述"，因观察不细致，因此，只用寥寥数语写了观察情境。在第二稿时，根据对小凌所做的描述性记录，将题目修改为"对一内向男孩的叙事性描述"，利用再次去 ZQ 小学见习的机会，深入观察了教室环境和社会特点，补充了作业反思。

在实地观察之前，认为如此开放的观察与详尽的叙事性描述十分繁琐，观察和做描述性记录的过程似乎也印证了这点；然而，有意思的是，尽管如此认为，但收获不小。经过这次叙事性描述，即对一个孩子详细地观察，通过记录他的一举一动，我觉得小凌的可爱与非同寻常，一个孩子竟然能在短短的 12 分钟内做那么多的事(当然也包括层出不穷的小动作)！通过对小凌深入的观察，我也发现了很多在以前见习中完全发现不了的问题(以前见习把 70% 的精力放在老师身上，并没有花大量时间去观察学生)；如：观察到学生对老师不同提问方式的回应是不同的，发现小学生在上课几分钟后会开始出现小动作、走神，可以知晓学生对老师不同教学组织形式的回应与偏爱等。这些都对我们研究儿童、完善以后上课方式与组织形式有很大的帮助！

在选取观察对象上，我在两次见习中都各自挑选了一个对象，但第一次中以笔记录，且观察位置位于学生正后方，能观察到并记录的东西很少，错过了不少细节。第二次见习中，我吸取第一次的经验，特地以记录并辅以录像的方式记录(录像用完后即删除，绝对不泄露，做好保密工作)，且选择了便于观察而不会打扰到该同学的位置。

我在观察期间，也出现了问题，如把 80% 的精力都放在被观察的学生身上，对老师的提问与课堂内容把握不够，无法很好地将学生主体与整个课堂大环境更好地结合。

经过此次的反思与总结，相信自己下次在观察学生过程中一定能有所改进！

(二)叙事性描述案例的分析

总体而言，朱清瑶所做的叙事性描述案例能大致呈现叙事性描述应包括的主要内容，尤其是发现部分，小凌在一位见习教师的语文课堂中的表现初步得以显现，同时还能就这样的显现是否是真实的小凌提出了进一步的问题，如能用后续的历时性描述，那么，由这些问题生产的内容可以进一步深入观察，或者据此观察处于不同课堂情境中的小凌。叙事性描述特别关键的是能否用描述性语言进行描述，叙事性描述的具体性和叙说性如何体现,能否以特定的先后顺序确切地描述? 这三方面在观察时段 1、2、4 总体尚可,但时段 3 中三方面都有需要改善的方面,分述如下。为了便于读者阅读、比对,观察时段 3 的原文呈现如下:

> 老师请同学们集体朗读一句话,小凌仍轻声朗读,在读的时候打了个哈欠。后继续抬头听着老师的问题,并不时微弱地点头,又在老师接下来的讲解过程中,小凌连打了两个哈欠。老师抛出下一个问题时,小凌举手回答问题,举起的右手弯曲着,高度仅到右耳,举得很低,回答问题过程中与老师对视时间短,且回答问题声音较小。回答完问题后,小凌低下头把弄书本边缘 10 秒左右,后又抬起头一直注视老师,听老师讲解。

1. 描述性语言

在上述案例中,观察时段 1、2、4 基本能用描述性语言,观察时段 3 中有一些判断性语言,最明显的判断性语言是"举得很低","回答问题声音较小",可修改为"右手微微举起,手掌、手腕朝着上臂方向弯曲着","小凌轻声回答"。判断性语言是他人对儿童行为举止等所做出的肯定或否定的断定;描述性语言是呈现儿童本身的实事状态,两者有本质区别。

2. 描述内容的具体性和叙说性

描述的内容主要包括小凌说了什么、做了什么、用怎样的神情说和做、在怎样的情境下说和做,其中神情包括眼神、面部表情或神态等。从上述四个时段的描述看,主要描述了小凌前两方面,后两方面则着墨过少;即便是前两方面,对于小凌说了什么,观察时段 3 亦未能具体记录。为此,作者需要在觉察小凌的神情方面花工夫,以此更好地理解小凌当时的所思所想;对于小凌而言,与小凌的课堂表现相关的教师提问等教学活动是小凌的言行举止的情境,对于小凌的说和做等相关的情境内容需要具体化。这些内容的笼统本身也表明,作者在倾听小凌及其与小凌相关的情境时不够敏锐和细致。

3. 有序描述

该案例中的有序描述指按照小凌在课堂上显现的时间顺序。观察时段 1、2、4 比观察时段 3 有序。对于观察时段 3 中时间顺序的呈现,可以适当地用一些时间连词。

为了进一步完善上述 2、3 存在的问题,试修改如下:

> 老师请同学们集体朗读"……(省略号中填写所读的内容)",小凌和全班一起轻声朗读,边读边打了个哈欠。朗读后,抬头听老师讲解该

句子,不时微弱地点头;在老师讲解的过程中,小凌连打了两个哈欠。随后老师提问:"……(省略号中填写老师提出的问题)",小凌右手微微举起,手掌、手腕朝着上臂方向弯曲着;老师觉察后请小凌回答,小凌轻声说:"……(省略号中填写小凌回答的内容)",回答问题过程中小凌与老师对视片刻就低下了头。回答完问题坐下后,小凌低下头把弄书本边缘10秒左右,之后又抬头一直注视着老师,听老师讲解。

最后,需要指出的是,关于时间段,该案例中作者记录的观察时段是规律性的,这其实是一种巧合,实际上观察时间段往往是不规律的。关于观察情境,该案例中呈现的是在一个科学教室里由见习学生开的公开课,这样的观察情境是儿童经历的情境之一,为此,在做叙事性描述的过程中,教师可以设定尽可能多样化的观察情境,如综合实践活动课程、拓展性课程、课间活动等。观察情境越多样化,儿童的独特性和多样性越有可能显现。

四、叙事性的优缺点

作为一种正式的儿童研究方法,叙事性描述有其独特的优缺点。

(一)优点

通过上述案例,我们不难发现,叙事性描述具有如下优点。

1. 高度开放性

叙事性描述可以完整记录下儿童发生的一切,包括行为发生的情境;这样有助于读者了解事件发生的来龙去脉。这样的记录既能捕捉到儿童行为的独特之处和细节,又能详实地呈现事件的完整面貌。

2. 在自然情境下描述儿童

叙事性描述是记录下儿童在自然情境下的行为表现,由此可以发现儿童的自发行为及其背后的可能意义。

3. 灵活决定记录时间

尽管叙事性描述会设定大致的记录时间,但每个时段从什么时候开始、什么时候结束,由记录者根据当时记录的大致完整性做出判断即可。需要指出的是,如前所述,叙事性描述记录的时间段是需要连续的。连续的时间段是确保所记录的儿童行为相对完整性的前提。

(二)缺点

叙事性描述最大的缺点就是费时费力。尤其是将观察结果用描述性的语言记录下来,需要花费不少时间;同时,因观察过程需要详细记录儿童行为发生的一切,这对于初学者而言,是颇费精力、颇具有挑战性的一项研究。

第三节　轶事记录

　　儿童世界经常会发生一些不期而至的故事,这些故事既可以是有趣的,也可能是让人着急或令人伤心的,这些不期而至的故事即为轶事,轶事记录(anecdotal record)是记录这些不期而至的故事的最适宜方法。轶事记录因其不期而至,有助于教师发现儿童世界,尤其是儿童的独特性,进而帮助教师更好地理解儿童的所作所为、所思所想。

一、轶事记录的涵义和特征

　　通过对发生在自然情境中的、典型或反常事件的真实而又完整的描述,使读者产生身临其境之感的方法称之为轶事记录。发生在自然情境中意指轶事是儿童自发产生的,而非人为安排的;真实意指轶事是记录者亲历的,而非道听途说或他人转述之事件;完整意指需要记录轶事所涉及的儿童,发生的时间、地点、经过,儿童与相关人、事、物之间的互动等。身临其境的记录,往往能让读者对所阅读的轶事文本产生画面感;如下《红楼梦》第八十回开头对金桂的描述:"话说金桂听了,将脖项一扭,嘴唇一撇,鼻孔里哧了两声,拍着掌冷笑道……"①作者用了五个动词勾勒了一个活脱脱的金桂,尽管从严格意义上看,这不完全是轶事,但其画面感很强。

　　古德温(William Lawrence Goodwin)和德里斯科尔(Laura A. Driscoll)列举了轶事记录法的五个特征:(1)记录是直接观察的结果;(2)是对特定事件的即时、准确、具体的描述;(3)记录儿童行为发生的情境;(4)将推论或解释与客观描述分开;(5)既可以关注儿童的典型行为,也可以关注儿童身上不常出现的行为。② 古德温和德里斯科尔提出的五个特征中,其中特征(3)指出,轶事记录的结果需要包括轶事发生的情境,这与叙事性描述是相同的;特征(4)中提到了推论或解释,需要指出的是,不是任何轶事记录都需要推论和解释,只有所记录的是儿童身上不常出现的轶事时才需要做出推论和解释。推论是基于轶事记录得出的可能结论或推断得出的可能观点,解释主要指轶事对于儿童的意义。

----

　　① [清]曹雪芹、高鹗.红楼梦.北京:金城出版社,1998:446.
　　② 转引自[美]沃伦·R.本特森.观察儿童:儿童行为观察记录指南.于开莲、王银玲译.北京:人民教育出版社,2009:118.

除了上述特征外,轶事记录是一种高度开放性和弹性的方法。这种开放性和弹性主要表现在,记录谁、记录什么、在什么时候记录、在哪里做记录等,均由运用轶事记录的教师决定。

和叙事性描述不同,轶事记录是一种非正式的儿童研究方法,其所收集的数据即轶事性证据。所谓轶事性证据,就是"观察儿童时获得的对儿童或情境不具有代表性的证据"①。因不具有代表性,所以这种证据不能单独作为研究证据,需要和用其他方法收集的数据互证才可以作为研究证据。

二、轶事记录的运用

轶事记录的运用主要指轶事记录的记录内容和形式。

(一)轶事记录的内容

轶事记录不只是记录儿童发展的典型行为,而是记录下所有观察者觉得值得记录的行为;据此,运用轶事记录的一大挑战是,儿童或儿童群体的哪些行为值得记录？观察者做出判断时的依据是什么？换言之,轶事记录恰当运用关键在于观察者自身的即时判断。对此,尼尔森(Barbara Ann Nilsen)认为,轶事记录能够记录如下六方面的内容:

> 描述能显示儿童在某一具体领域内发展的事件;
> 记录有趣的故事,日后与其家人分享;
> 将颇能引起好奇心的细节保存之,以备将来进一步反思;
> 精确记录能够透露儿童受虐的细节;
> 记录能显示儿童某种典型行为的事件;
> 记录下完全有悖于儿童典型行为的细节。②

从上述六方面内容看,轶事记录大致可以分为两大类:一类是有计划的轶事记录,主要记录儿童在某一具体领域的发展、儿童的典型行为;另一类是随机的轶事记录,主要记录有趣的故事、儿童受虐等非典型行为。

轶事记录的内容除了纯文字的描述外,可以辅之以照片、视频等;是否需要附上文字外的其他内容,视记录者的需要而定。

---

① ［美］沃伦·R.本特森.观察儿童:儿童行为观察记录指南.于开莲、王银玲译.北京:人民教育出版社,2009:119.

② ［美］芭芭拉·安·尼尔森.一周又一周:儿童发展记录.叶平枝、孟亭含等译.北京:人民教育出版社,2011:72.

(二)轶事记录的形式

轶事记录既可以用文字形式记录,也可以用表格形式记录之。不论文字形式还是表格形式,轶事记录大致需要包括儿童的基本信息、日期和时间、地点、情境、记录者、轶事内容,根据这些记录内容,大致可以提炼出所记录的轶事的题目。如上所述,轶事记录大致可以分为有计划的轶事记录、随机的轶事记录。

如果运用表格形式做记录,那么,表6-3可做参考。需要指出的是,表6-3有计划的轶事记录包括了记录目标。对于有计划的轶事记录,因其记录目标大致明确,因此,需要在表格中加入"记录目标"这一内容。

表6-3　有计划的轶事记录

儿童姓名＿＿(化名)＿＿＿　儿童的年龄＿＿＿＿＿　儿童的性别＿＿＿＿＿地点(幼儿园、学校、家庭的具体地点)＿＿＿＿＿＿＿　日期＿＿年＿月＿日　起止时间＿＿＿＿＿
　　　记录者姓名＿＿＿＿＿
记录目标:＿＿＿＿＿＿＿＿＿＿＿＿＿＿＿＿＿＿＿＿＿＿＿＿＿＿＿＿

描述轶事发生的情境:

轶事描述

附(如有需要):
1.照片张贴处及其说明或视频出处的备注等

2.与儿童进一步交流的内容
通过轶事记录,如果需要就记录的内容进一步与儿童交流,内容交流可以在此附上。

如果教师计划对一名儿童一周内的轶事进行有计划的记录,那么,可以

运用表 6-4。有计划的持续轶事记录,能帮助教师更深刻地理解儿童在某一
领域的发展变化或儿童的典型行为的独特性。

表 6-4 一段时间内有计划的轶事记录

儿童姓名 （化名） 儿童的年龄_____ 儿童的性别_____
地点(幼儿园、学校、家庭的具体地点)_____ 记录者姓名_____
记录目标:_____

描述轶事发生的情境:
说明:如果在一定时间内记录的轶事发生在不同情境中,那么,需要描述不同的轶事发生
情境。

日期	轶事描述
……	……

附(如有需要):
1.照片张贴处及其说明或视频出处的备注等

2.与儿童进一步交流的内容
通过轶事记录,如果需要就记录的内容进一步与儿童交流,内容交流可以在此附上。

对于随机的轶事记录,因其不需要有明确的记录目标,因此表 6-5 不需

要包括记录目标;但在记录儿童的非典型行为等时,因其记录可能有需要进一步澄清的内容或者从中发现什么,故需要增加"推论或解释",至于需要增加"推论"还是"解释"或者两者皆需要,由所记录的轶事决定。

表 6-5 随机的轶事记录

儿童姓名___(化名)___ 儿童的年龄_____ 儿童的性别_____
地点(幼儿园、学校、家庭的具体地点)_____
日期___年_月_日 起止时间_____ 记录者姓名_____

描述轶事发生的情境:

轶事描述

推论或解释:

附(如有需要):
1.照片张贴处及其说明或视频出处的备注等

2.与儿童进一步交流的内容
通过轶事记录,如果需要就记录的内容进一步与儿童交流,内容交流可以在此附上。

如果教师拟对一名儿童一定时间内的随机轶事做持续的记录,那么,可以运用表 6-6。多次的随机轶事记录做出的推论或解释,会比一次性的随机轶事记录做出的推论或解释更充分。

表6-6　一段时间内随机的轶事记录

儿童姓名 （化名）　　　 儿童的年龄 　　　　　　 儿童的性别 　　　　
地点(幼儿园、学校、家庭的具体地点) 　　　　　　　 记录者姓名 　　　　

描述轶事发生的情境：
说明：如果在一定时间内记录的随机轶事发生在不同情境中，那么，需要描述不同的轶事发生情境。

日期	轶事描述
……	……

推论或解释：

附（如有需要）：
1.照片张贴处及其说明或视频出处的备注等

2.与儿童进一步交流的内容
通过轶事记录，如果需要就记录的内容进一步与儿童交流，内容交流可以在此附上。

三、轶事记录法的案例及其分析

就有计划的轶事记录和随机的轶事记录分别举例并做出分析如下。

（一）有计划的轶事记录案例及其分析

如下是一个有计划的轶事记录案例（见表6-7）。

表6-7　记一次英语课上的"异性交往"①

儿童姓名　<u>果果、阿超（化名）</u>　　儿童的年龄　<u>10 岁</u>　　儿童的性别　<u>女、男</u>
地点（幼儿园、学校、家庭的具体地点）　<u>J 小学阶梯教室</u>
日期2013 年　<u>5</u>　月　<u>8</u>　日　起止时间下午 <u>2∶00—2∶40</u>　　记录者姓名　<u>叶若男</u>
记录目标：　<u>发现小学男女生交往的特点。</u>

描述轶事发生的情境：

　　这是一节小学三年级的英语课。果果是一位扎着高高的马尾辫、眼睛炯炯有神、看上去白白净净的女生；因为个子高，她坐在教室的最后一排靠中间位置。她的同桌阿超是一名瘦瘦黑黑的小男生，看上去个头要比果果矮一截。老师上课过程中，阿超一会儿双手揉搓铅笔，一会儿前后摇晃椅子，一会儿又趴在桌子上玩橡皮，一脸不耐烦的神情。果果却截然不同，她身子端正坐直，一丝不苟地认真听讲，有时还会积极举手回答老师的提问。

轶事描述

　　阿超看中了果果铅笔盒里的一个款式新颖的粉色"桃子"形状的卷笔刀，只见他"哇"的一声就伸手去拿卷笔刀，放在手里新奇地打量着。刚刚反应过来的果果立马就去抢，口中喊道："干嘛拿我东西！"正在兴头上的阿超一把握住手中的卷笔刀并藏到了背后，一副得意状，仿佛在说："看你怎么抢！"这时，果果已是满脸涨红，嘟翘着嘴，一个劲地说："快还我！还我！"右手猛地去抓阿超藏了卷笔刀的手。两个人争执了几下子，阿超突然伸出右手，打开手心，把卷笔刀放回到果果的桌子上，嘴里念叨着："还你，还你！女生的东西有什么好玩的！"说完，就转过脸去趴在桌子上，不理会一旁干瞪眼的果果。果果将卷笔刀小心翼翼地放回铅笔盒，盖上铅笔盒盖子，继续听老师上课。

　　接下来的上课期间，阿超几次故意把左胳膊往果果那边蹭，占据了果果的大半个桌面。一开始，果果不屑于理睬阿超的这种行为，眼睛仍旧专注地跟随着讲台上的老师。受到多次骚扰之后，果果实在忍无可忍、眉目紧蹙，嘴翘得能挂上一个葫芦，一边用自己的右手用力地将阿超的左胳膊向右推去，一边低声闷气地说道："你超过界线了！"说着，用手在桌子中间竖着"画"了一条线，并继续说道："如果谁超了这条线，谁就是小狗！"一听说"谁越线谁就是小狗"，阿超马上停止了左侵，而是把注意力都放在了"谁是否越了界"上，只要果果稍微靠近那条"三八线"，他就调动全身细胞、瞪大眼睛细细观察。

　　最有趣的是课堂教学的最后一个环节，老师要求同桌之间互相协作完成一个任务，该任务要求两个人相互合作、相互动手操作。起初果果和阿超还是犹豫，都拉不下脸主动"超过界线"，两个人僵持在座位上；后来阿超灵机一动说："这次是老师要求的，不算数。"果果一听，立马附和："这可是你说的，我们下次再比。"于是，两人顺利地完成了老师布置的任务。

　　如下主要从轶事记录运用恰当与否、如何运用轶事记录的数据来发现儿童世界的意义两方面分析之。

　　1. 轶事记录运用的恰当性

　　运用轶事记录描述小学生前，作者已有三次实地研究儿童的经历，因

---

　　①　修改自浙江师范大学小学教育专业 112 班叶若男的轶事记录作业.

此,已经初步具有了捕捉轶事的敏感性及运用描述性语言记录轶事的能力。因作者感兴趣的是小学男女生的交往特点,进入教室后发现,只能坐在教室后面观察学生,为了尽可能确保记录的客观性,于是选择观察后排的男女同桌。从上述案例看,作者基本能记录下轶事记录的主要内容,如能在如下方面进一步具体化则会更好:第一,关于轶事发生情境的描述,作者主要描述了两位男女生的特点和课堂参与的大致特点,此外,应尽可能描述教室的大致特点、任课教师和教室里除了学生外的其他参与者。第二,轶事描述中的最后一段略显笼统,可以记录下老师布置任务的内容,果果和阿超是如何合作完成的。

2.分析轶事记录的数据,以发现儿童世界的意义

轶事记录的数据主要是定性资料,其分析的关键是发现文本描述中的可能意义。意义的发现可以从如下两方面分析:第一,轶事本身;第二,轶事记录结果和轶事发生情境的关系,在该案例中,可从轶事记录的教室环境、任课教师与轶事的关系进一步分析之。有鉴于此,轶事记录应尽可能客观、具体,否则会扭曲儿童世界的意义。如对于类似于像阿超这样的男生,如果描述者不能准确、具体地记录阿超和果果之间的轶事,那么,往往会误以为阿超干扰果果的专注学习,但从轶事描述的最后一段看,正是阿超机智的反应,才确保这对同桌顺利完成了老师布置的任务。

(二)随机的轶事记录

随机的轶事记录因其高度开放性,更加考验记录者对于轶事捕捉的敏感性。如下三个表格主要呈现了三类轶事:表 6-8 记录了一个有趣的故事;表 6-9 记录了"颇能引起好奇心的细节保存之,以备将来进一步反思";表 6-10 记录了能够透露儿童受虐的细节。

表 6-8　老师,这画送给你?①

儿童姓名　小 K(化名)　　　　儿童的年龄　11 岁　　　　儿童的性别　男
地点(幼儿园、学校、家庭的具体地点)　　　X 小学 401 班
日期2013 年12 月　5　日　起止时间　下午 3:30—3:35　　　记录者姓名何品辉

---

① 修改自浙江师范大学小学教育专业 121 班何品辉的轶事记录作业.

描述轶事发生的情境：

    X 小学是一所乡镇小学，401 班位于教学楼四楼，教室里安装了白板，便于教师上课使用、学生学习。这节班会课的授课教师是一位实习老师，该班的班主任在一旁辅助教学，帮助管理课堂秩序。

续表

轶事描述
班会课的内容是画一幅你印象最深的场景,班会课下课后,同学们纷纷把完成的作品送给老师,大家把老师围成一团。这时,小K也冲进了包围圈,塞给实习老师一张画,边塞边说道:"老师,这画送给你!" 　　实习老师很开心地接受了。 　　接着,小K说:"老师,你圣诞节要送我一只大熊,要很大很大的!" 　　实习老师故意说:"这可难办了。" 　　小K直接甩出一句:"那把画还我,要不你送我熊或者给我钱我自己去买!" 　　实习老师听后一脸无奈。

推论或解释:

　　小K似乎不是真的想送实习老师画,而是希望和老师做一个交换,以物换物。从他的话语看,他觉得一幅画与一只很大很大的毛绒熊玩具是等价的。

　　或许他真的非常想要一只很大很大的毛绒熊玩具,苦于没有其他途径,灵机一动想到了这个办法。遗憾的是,我当场没有和小K做进一步的交流。

表6-9　被遗忘的"我"①

儿童姓名　<u>翠黄(化名)</u>　　　儿童的年龄　<u>11岁</u>　　　儿童的性别　<u>女</u>

地点(幼儿园、学校、家庭的具体地点)　　　<u>J小学401班</u>

日期<u>2013</u>年　<u>5</u>月　<u>8</u>日　　起止时间　<u>下午2:00—2:40</u>　　记录者姓名　<u>金惠华</u>

描述轶事发生的情境:

　　(没有描述情境)

轶事描述

　　这是一节语文综合实践课。刚走进四年一班的教室,里面闷闷的有些许异味,我选了一个靠窗位置进行观察。一个独自坐在教室左上角的女生引起了我的注意,她就是翠黄。她穿着红色上衣,蓝色裤子,一双红色的雨鞋。头发有些许蓬乱,略黑的皮肤有点污渍,一个人坐在教室的旮旯里呼呼地吸着鼻涕。课堂开始后,翠黄一直歪坐在凳子上,背靠着墙,两眼无神地看着同学们和老师的举动。

　　在教师让同学们四人小组讨论时,班级里面刚刚好是7组,多出她一个人。但她一点要加入同学们的讨论行列的欲望都没有,还是保持原来的姿势坐着。这时我凑上前去问了声:"你怎么不去讨论呢?"翠黄低下头不看我,眼中有点湿湿的,然后转过身子,趴在桌上。在整堂课中,她从来没有和教师或者同伴有过互动,不是把玩钥匙、橡皮泥就是把课本翻来翻去的。

　　在离课堂结束还有大概10分钟左右时,她把玩的钥匙掉到了地上。于是,她先试图弯腰去捡,接着就把屁股滑下椅子,直接蹲在了地上。然后蹲在地上搓起了橡皮泥来,又把钥匙和橡皮泥弄在一起在地上转啊转。随后又跪在地上,手伸向教室左上角放有篮球的地方,拿起一个篮球到自己身边,然后坐回位置上,脚踩篮球。下课铃声响起后,老师与同学们进行"下课仪式"时,其他同学都站起来和老师道别,只有翠黄毫无要站起来的意思,自顾自地踩着篮球。

---

　　①　修改自浙江师范大学小学教育专业112班金惠华的轶事记录作业。

推论或解释：

　　从翠黄的外表来看，虽然不是十分爱干净的样子，但也没有特别邋遢，照此推理，不至于因她的外表而被班级孤立。

　　在一整节语文综合实践课中，翠黄没有开口说过一句话，都在做与课堂无关的事情，好像课堂上发生的事情与她完全无关，好像一点也不担心我们这群"陌生人"会对她留下不好的印象。

　　从她的小动作、把玩的各种玩意儿来看，她也完全是一种没有目的性的行为。无论是玩钥匙、踩篮球、翻课本都是毫无目的性的，像是只是为了打发课堂无聊的时光。

　　我是第一次听这个班级的课，对班级的情况不是很了解，对翠黄的情况就更不清楚了。这节课翠黄的表现的确令我吃了一惊，更让我感到困惑的是老师和同学对她的行为毫无反应，我很担心她以后的学习和生活是否会受到影响。

　　她从进入学校第一天起就是这样的表现吗？她为何会出现这种行为？她在其他课中的行为是如何的？她与同伴之间有什么交流吗？我也很想了解她在学校以外的日常生活中是什么表现。这些问题都有必要进一步地探讨。

表 6-10　冷暴力审判现场①

儿童姓名　<u>迟到女生</u>　　　　儿童的年龄　<u>10 岁</u>　　　　　儿童的性别　<u>女</u>
地点(幼儿园、学校、家庭的具体地点)　<u>A 小学 402 班</u>
日期<u>2011</u> 年<u>11</u> 月　<u>14</u>　日　起止时间　<u>上午 8:20—9:10</u>　　　记录者姓名　<u>张同学</u>

描述轶事发生的情境：

　　集会结束后，402 班教室发生一场较重大的"批斗会"，现场主要围绕一名"迟到大王"进行一系列的往事揭丑行为。

---

①　修改自浙江师范大学小学教育专业 101 班张同学（化名）的轶事记录作业.

续表

轶事描述

今日的集会比前几周结束得都早些,402班的学生活蹦乱跳地冲进教室。发现班主任Y老师早已在教室的讲台处,大家立即放慢脚步,从奔跑换成行走。Y老师在不知不觉中把一名女生拉到讲台的一角罚站,开始今天的早会总结。Y老师厉声说道:"接下来新增一条要求:不准在放学后于学校逗留;你们知道逗留的后果是什么吗?""被扣分。"学生整齐地回答道。Y老师继续追问:"在等待爸爸妈妈来接前,可以在等待区干什么?""背书、完成背诵任务。"两名学生回答道。Y老师赞许地点了点头。

接着,Y老师将"主角"——被罚站的女生拉扯"上场",这是一名几乎每天都迟到的女生。只见她的脸很不自然地绷着,脸上掠过些许难过的神情,夹杂着一些恐惧的眼神,但又很倔强地坚持站在自己被罚站的位置。

环节一,Y老师"邀请"了情报员,通过"电话连线",当场澄清"究竟是很早就起床还是赖床",以此推翻迟到女生的谎言。此时,迟到女生的眼泪已经在眼眶里打转,但很快又被奋勇抵抗的表情所代替。

环节二,Y老师说:"请大家说说×××(迟到女生的姓名)平时的种种劣迹。"在同学爆料的过程中,Y老师不时地与迟到女生来几下"打太极"式的推搡动作。紧接着,全场最有威慑力的一句"台词"出现了! Y老师厉声呵斥道:"你给我滚出去!"

环节三,围绕"个人丢脸、班级抹黑"的主题,对迟到女生继续进行批斗,全班同学表现出惊人的"团结",这名女生不知在何时变成了所有人的"阶级敌人",几乎所有的学生都积极参与其中,其中一些课堂举手活跃的同学更是成为情绪激昂的"控诉人",在过程中迟到女生一直听着同学的控诉,几乎没有喘息的机会。

最后,下课铃声想了,伴随着Y老师的离场,这场"批斗会"终于谢幕。但属于这个女生的故事还未完待续。

推论或解释:

这学期一直在402班见习,每次集会结束后,Y老师总会在班级强调一些注意事项,"不奔跑"正是其中一项;大多数学生很难做到"不奔跑",但如果发现Y老师在教室里,立即条件反射地放慢脚步,可以看出学生对于班主任更多的是畏惧。这样的畏惧也导致该班的一些学生专门爱"打小报告",这些学生就像卧底,专门向老师汇报哪些同学不遵守规则。这些"卧底们"好像得到一种特权,自己有时却不遵守。记得有一次,一个"卧底"男生在揭发别人的时候反被其他同学反驳。只靠对老师畏惧和打小报告来约束学生行为,并不是一个管理班级的良好方法,激发学生的自觉性才是真正重要的,这点在402班体现较少。

整个"批斗会"现场"高潮"迭起,迟到女生表现出女生难有的坚强,像个小男孩似的倔强地沉默着。虽然老师强调了她的"屡教不改",但是这样公开的、大型的、跨时长度的"批斗",对一个四年级女生的"教育"是否恰当? 从某种程度上说,Y老师期望班里学生做到最好、在各项评比中第一的殷殷期盼与焦急心情是可以理解的,但这样的"爆发"行为是否过激? 整个过程,这名女生没有任何说话的计划,只是在被"批斗"的过程中,双唇抿得越来越紧,眼神越来越复杂。从一名女生的角度来讲,这样的经历应该是她永远的阴影吧。

我有些难过,没有人能给这个女生一些帮助,只是参与批斗或是看客般地等着这场闹剧的结束。

我决定继续观察这名女生,她表面上看起来好像很坚强,但她的内心是否真的如此坚强呢。为此,接下来拟继续记录她的心路历程,或许从中能发现一些可以帮助她的切入点,让她重新回到一个中年级女生应有的阳光、积极。

以下同样从轶事记录运用恰当与否、如何运用轶事记录的数据来发现儿童世界的意义两方面分析之。

1. 轶事记录运用的恰当性

运用轶事记录描述小学生前,上述三位作者都有实地研究儿童的经历,因此,已经初步具有了捕捉轶事的敏感性、运用描述性语言记录轶事的能力。从上述案例看,作者基本能记录下轶事记录的主要内容,如能在如下方面进一步具体化则会更好:第一,关于轶事发生情境的描述,表6-8简要描述了教室的位置、多媒体设施和任课教师,为了便于读者进一步从中发现意义,最好能进一步描述教室的座位安排等教室的具体布置、班级同学的大致情形。表6-9没有描述轶事发生的情境,表6-10尽管在轶事发生情境的描述中写了一句话,但这不是轶事发生情境的描述,而是在交代轶事的主题等信息,为此,这两个案例都需要增加或重写轶事发生的情境,表6-9第一段的部分内容略作修改可作为轶事情境。第二,轶事描述,表6-9对于翠黄在上课期间的具体行为的描述过于笼统,由此可见,作者在如何用描述性语言具体记录方面需要改进。表6-10中,同学对迟到女生爆料和控诉的语言应进一步详细记录,这些语言能提供女生受虐的细节,能有助于后续更好地做出得出推论或做出解释。

随机的轶事记录既可以记录儿童的自发行为,也可以记录他人的行为,如迟到的女孩。

2. 分析轶事记录的数据,以发现儿童世界的意义

上述三个轶事描述了三个不同个性的孩子,小K眼中的"送画"的意义,翠黄在沉默、无聊中寻找一些能显现自我的小动作、玩意儿,迟到女生在"审判"过程中表现出的表面坚毅,这些皆是教师重新思考儿童世界的轶事性证据,据此进一步反思自身的儿童观和对儿童的教育教学方式的适切性。

四、轶事记录法的优缺点

轶事记录法有其独特的优缺点,对其优缺点的把握有助于教师根据儿童研究需要恰当地选择和运用此方法。

(一)优点

通过上述案例,我们不难发现,轶事记录法具有如下优点:

1. 高度开放性

轶事记录没有时间、记录的儿童行为、情境等的限制,记录什么、什么时候记录关键在于教师的判断,由此可见,轶事记录的开放性程度很高,尤其

对于随机的轶事记录。

2.选择性程度可高可低

对于有计划的轶事记录,选择性程度相对较低,但对于随机的轶事记录选择程度很高。

3.在特定时候才需要做出解释或推论

轶事记录一般不需要做出解释或推论,但对于不经常出现的行为需要做进一步的解释或推论。

4.最容易的记录法

相比较儿童研究的其他方法,从记录的角度看,轶事记录是最容易记录的。

(二)缺点

轶事记录最大的缺点是,不容易撰写,尤其是不容易写出身临其境感。为此,学会具体地描述儿童的动作,平时多留意描述儿童动作、神情尤其是眼神和面部表情等的动词。

总之,轶事记录往往能有助于教师去发现一个预设的儿童世界之外的儿童世界,帮助教师尽可能接近纯粹的儿童世界本身,进而帮助每位儿童更好地成长。

第七章　描述的方法(下)

　　凯瑟·杰维斯(Kathe Jervis)和安·维纳(Ann Weiner)在研究儿童从小学到中学的适应过程时,随机选中了一个各方面都不太佳的女孩科沙纳(Keshana)做研究对象。这个孩子在学校中不曾得到师生的太多注意,就像隐形人一样……通过对科沙纳及其作品一年多的密切观察,研究者"对科沙纳的学校角色有了深入的洞察,同时也了解了其他和科沙纳一样的前青春期女孩与教师、学校管理者等成年人之间的隔阂"①。

　　上一章中的叙事性描述强调的是具体性和叙说性,尽管轶事记录可以就某位儿童记录一段时间的轶事,但轶事记录最重要的是强调轶事性,历时性强调的是对儿童描述的持续性和动态性,就像上述两位研究者对科沙纳所做的历经一年多的研究,本质上是对儿童的发展研究,据此,本章主要讨论历时性的描述方法。

　　历时性本是结构主义学派的奠基人、语言学家索绪尔(Fardinand de Saussure)创造的术语,意指从动态、历史的维度考察事物。儿童研究的先行者卡利尼等人所提出的儿童描述性评论,就是从动态的、持续追踪的角度开展儿童研究的。根据我国一线教师的工作处境,很难像卡利尼及其团队那样常态开展儿童描述性评论;但其从动态的、历时的角度持续跟进儿童成长的思路可以借鉴;据此,特提出历时性描述。

---

　　① David Allen. Assessing student learning: from grading to understanding. New York: Teachers College Press,1998:6.

历时性描述就是把现象自己"说"出来的、显现出来的东西动态、持续地记录下来。历时性描述建基于如下假设：

(1)儿童的成长是一个持续的过程，每位儿童的特点是在时间的长河中逐渐显现的，换言之，儿童成长具有连续性而非阶段性。

(2)历时性描述因其开放性、持续性和非选择性，能真正发现每位儿童的特性。

(3)通过对儿童或作品的持续追踪，教师能发现偶尔观察和描述所不能发现的儿童知识，这些知识有助于教师为儿童的成长提供适宜的帮助。

历时性描述从描述对象的不同，大致可以分为对儿童的历时性描述、对作品的历时性描述；根据方法本身的正式与否分，对儿童的历时性描述、对作品的历时性描述是正式的儿童研究方法，日记描述则是非正式的历时性儿童研究方法。以下主要分别讨论这三种方法。

第一节 对儿童的历时性描述

如果教师能在较长时期内持续研究一名儿童，那么，教师不仅会对这名儿童的成长形成全新的理解，而且也会更加保护和尊重其他儿童的成长特点，这是对儿童的历时性描述的重要价值。为此，本节在澄清对儿童的历时性描述的涵义和基本思路的基础上，用不同的案例诠释该方法的要义并分析之。

一、对儿童的历时性描述的涵义

对儿童的历时性描述就是把儿童自己在较长时期内"说"出来的、显现出来的东西动态、持续地记录下来。对儿童的历时性描述重点在于持续记录儿童的成长过程，从中发现儿童成长的特点。语言学中的历时分析是回到过去考察词的意义；与语言学的历时分析不同，对儿童的历时性描述不是回到儿童的过去考察儿童的成长历程及其特点，而是在一段较长的时间里持续纪录并跟进儿童的成长。

对儿童的历时性描述需要教师养成定期记录儿童的习惯。换言之，教师需要随时简单速记儿童成长的故事，有时间时结合速记回忆当时发生的情境，将速记补充完整。速记加补记的方式有助于教师持续围绕着某位儿童做历时性记录，通过一个月、一个学期乃至一个学年的记录，这名儿童的成长特点将逐渐清晰起来。如本节后续的案例中,黄老师通过对张小凡的持续描述,不仅发现了张小凡在身体外表和姿势、气质和性情、与他人(孩子和成人)的关系、强烈的兴趣和爱好、思维方式和学习方式等方面的特点,而且也更善于洞察其他儿童的学习需要,如下是黄老师从儿童需要的角度,对多年来一直被诟病的、过度注重表演的公开课做出的反思。

> 一直以来,公开课总让我走进一种模式:按部就班的教学程序,严谨的教学设计,滴水不漏的过渡语设计,完美的课件制作……虽然这一切都是基于教材的研读,可是,我又能做到静下心来真正的研读么?教学的最终目的是为了孩子的发展,我考虑到了孩子们的学情了吗?考虑到孩子们的内心需要了吗?课堂上有属于孩子们的空间吗?我的课堂真正属于孩子们吗?……①

由此可见,通过对一名儿童的持续记录,不仅能让老师更好地理解这名儿童的成长特点,而且也能帮助老师提升对其他儿童的敏感性。

对儿童的历时性描述的最大特点就是,放在时间的长河中考察儿童的成长,这与中小学的教研活动中偶发式的儿童观察是不同的。在中小学的教研活动中,一般只是在某次课中观察某位儿童,这种观察只能理解此时此刻的儿童,不能理解儿童成长中的此时此刻与彼时彼刻有何联系。

二、对儿童历时性描述的思路

对儿童的历时性描述的思路与前述的描述的思路大致相同。在试行过程中,如下几点特别重要。

(一)选择一名儿童

初试历时性描述的教师可以根据自己的兴趣选择一名儿童,从表 7-1 老师们列出的选择儿童理由可以看出,这名儿童可能因为其某个特征引起教师注意,且很想洞察该儿童的该特征是怎么形成的,该儿童还有哪些独特之处?最真实的理由是"起初不知道选谁,忽然决定的",该理由之所以非常真实,是因为这样的理由在某种程度上折射出我国中小学教师关注教材教法甚于儿童的现状,这样,尝试儿童研究时,出现不知道选择谁来做研究,可以研究什么等困境,也就不难理解了。

---

① 节选自上海市浦东新区梅园小学黄兰芳老师 2009 年 4 月 19 日的写作"一堂基于常态课的公开课是这样诞生的".

表 7-1　老师选择某儿童的理由和生成的研究内容

选择儿童的理由	观察和描述的过程逐渐生成的儿童研究内容
起初不知道选谁,忽然决定的	关于外表的,如高矮胖瘦、穿着、走路姿势等;关于兴趣的,特别感兴趣做的事情、喜欢的科目……
一位做数学习题速度快的男生	做题速度快是偶然现象吗?为此,打算观察接下来一月内该男生数学课上的解题特点。除了数学,其他科目的做题速度如何?请其他科目老师留意观察该男生的做题情况,及时做描述性记录……
一位时哭时笑的男生	在什么情况下该男生会时哭时笑?是什么引发该男生时哭时笑?……
一位爱学习的男生	该男生是否爱学习数学课的所有内容?有没有他不感兴趣的数学学习内容?如有,不感兴趣的原因是什么?除了数学,是否也很爱学习其他科目?……
一位漂亮的小女生	漂亮的女生上课时的学习状态是怎样的?喜欢跟哪些同学交往?……
一位坐姿端正的女生	该女生坐姿为何如此端正?坐姿端正与学习之间有必然关系吗?……
……	……

(二)生成儿童研究内容

表 7-1 右栏是生成的儿童研究内容。从表 7-1 看,儿童研究内容的生成与老师自身想解决的问题有关,这些问题既可以是儿童的身体外表和姿势或性情方面的,也可以是其生活兴趣或学习兴趣或与他人的关系的,还可以是其关于学科学习的特点的……由此可见,教师们生成的儿童研究内容极为丰富,很难用一个所谓的抽象框架加以概括。正因为儿童研究内容本身的丰富性,教师真正具有发现儿童独特性的便利条件。

(三)持续做描述性记录

描述性记录围绕着上述生成的儿童研究内容展开,这样能帮助教师找到聚焦点。持续做记录的时间可以暂定为一周,通过一周的持续记录,教师可以大致梳理从所做的记录中能发现什么,哪些发现是否证据不足且有待深入观察?在分析、发现和反思的基础上,调整描述性记录的内容。

描述性记录既可以是纯文本的,也可以由文本、照片、视频等组合而成。如吴老师曾持续研究了一位男孩,吴老师提出的问题是"小彬为何不能专心做一件事"。我们讨论后,吴老师反思到这个研究问题有点太笼统,并将问题修改为"小彬数学测验时为什么不能专心做试题",对此,吴老师用符合伦理的方式拍摄了一段小彬做题时的录像。通过回看录像,吴老师发现,在刚开始做题的 20 多分钟内,小彬是能专注做题的;此后,小彬不知从哪里变出一个纸团,玩了较长一段时间的纸团;玩纸团后,又试图找其他同学聊天。根据视频,可以进一步研究的内容是,小彬能在 20 多分钟内做完所有试题吗? 如能,是所有题目都会做且都做对吗? 如不能,哪些题不会做? 小彬不会做的题是小彬本身没学会还是题目本身出得不太合适? 同样地,还可以进一步观察和描述,小彬做语文、英语等的测验时能专心吗? ……通过视频的记录和分析,吴老师不仅进一步理解了小彬,同时也发现,小彬本身是一位非常多样化的小学生,这种多样性体现在,即便是能否专注这一研究内容,小彬在不同学科、不同场景其具体表现是很不一样的;这种不一样促使老师们反思如何改善课程和教学,以便更能满足像小彬这样的学生的学习需要。由此可见,在对儿童的历时性描述中,对所选择儿童的持续描述,有利于教师对该儿童形成丰富的理解并反思自身,尤其是课程和教学方面可能存在的局限。

　　对于描述性记录是否有特定的记录表,这是初做描述性记录的老师经常会问及的问题,如表 7-2 适应于教师平常做描述性记录,如嫌表格麻烦,平常做记录可以用一本记录本,每次记录大致记下日期、地点、内容(包括图片、视频等的备注)、发现或反思即可,因为记录者、儿童姓名、选取理由可以在该本子开始记录时备注。

表 7-2　日常的描述性记录表

记录内容:(观察整节课,可以选取几个时段进行记录)

记录者:	记录日期:	记录地点:	儿童姓名:

选取该儿童的理由:

记录内容:

如有图片、视频资料,可将其保存处备注与此:

记录后的发现或反思:

如表 7-3 适用于跨学科研究中对所选儿童做描述性记录。对于教师而言,跨学科研究能为教师提供新情境以观察和描述所研究的儿童。如果学校有其他的情境可供教师观察所研究儿童的不一样表现,该表格只需要略作修改即可使用。

需要指出的是,不论表 7-2 还是表 7-3,记录内容都需要记录下相应的情境。儿童的任何表现不是孤立的,必然发生在特定情境中。

表 7-3 跨学科研究中的儿童描述性记录表

记录者:_____   记录日期:201 年 月 日
儿童姓名:_____(注意:该记录表若对外,此处儿童的姓名请用化名)
儿童性别:____ 科目:____ 班级:_____
上课 5 分钟内选定一名儿童,陈述选取理由:
_____
_____
记录内容:(观察整节课,可以选取几个时段进行记录)

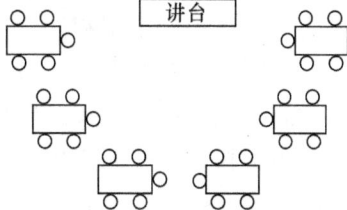

记录时段	对您所选定的儿童所做的描述性记录	记录者的想法

记录后的发现或反思:

三、对儿童历时性描述的案例及其分析

历时性描述的经典案例是卡利尼及其团队开展的儿童描述性评论,为此,在简要介绍该经典案例的基础上,呈现我国一线教师所做的对儿童的历时性描述案例并做出分析。

(一)卡利尼等人的经典案例

以卡利尼及其团队开展的儿童描述性评论为例。如前所述,儿童描述性评论有其特定的流程,本质上是对儿童的合作探究。卡利尼等人创办的展望学校的每位教师,根据自己的兴趣选择一位儿童进行持续的观察和描述性记录,教师对儿童的追踪研究可以持续一年或几年;等到时机成熟时,该老师向合作探究小组的成员做描述性评论。卡利尼及其团队发现,开展儿童研究的难点不是教师缺少观察,而是如何在忙碌的一天工作中找到持续研究该儿童的办法。为此,他们尝试帮助老师们设计记录格式,并根据老师们提出来的建议不断改进这些记录格式;然而,实践证明这些记录格式并没有用;真正起作用的是"每个教师自己找到一种办法来追踪了解孩子们每天对媒介、游戏和工作同伴等的选择情况"①。换言之,教师自己找到适合的追踪所研究儿童的办法是关键。在追踪儿童的过程中,教师每周做描述性记录。此外,"每个教师还要策划做其他记录;想办法追踪调查孩子的阅读、数学和其他作业情况;设法坚持收集学生在课堂上的作品;设法以学期和学年为单位详细记录课程"②。

教师个人对儿童的持续跟踪研究之所以能被坚持,这与展望学校确立的常态的儿童描述性评论制度分不开,这种制度不仅在展望校内实施,其他对展望学校的儿童研究感兴趣的机构和个人皆可以进行之。这是一个很灵动的制度,这种灵动性表现在参与者、参与时间、地点等都可以灵活决定。如:参与者有时是学校教师、管理者和外部支持者,有时是学校教师和家长,也有时是教师、师范生……换言之,由谁参与可以按需确定;又如:参与时间,除了大致规定每周一次,每次持续的时间大概是60～90分钟外,其他的诸如在一周的什么时候进行等都可以有弹性;再如:地点既可以在学校、也可以在某个"课后合作探究团体",甚至在某个成员家里。因为每位参与者都对儿童的成长充满好奇,因此,即便是如此没有约束的制度,参与者都能积极参与每周的儿童描述性评论。

不少中小学教师都很担心,是否会因过度聚焦于一位儿童,而忽视了对其他儿童的关注。卡利尼及其团队的研究表明:

> 密切关注一个孩子锻炼和增强了我们的观察能力,让我们更加敏锐地与和我们在一起的孩子和谐共处。观察、描述和共享我们对某个孩子的认识和看法,使我们成为受过训练的儿童研究者,也赋予了我们作为教

---

① 〔美〕马格丽特·赫姆莉、帕特丽夏·F.卡利尼.从另一个视角看:儿童的力量和学校的标准——"展望中心"之儿童叙事评论.仲建维译.北京:高等教育出版社,2005:9.
② 〔美〕马格丽特·赫姆莉、帕特丽夏·F.卡利尼.从另一个视角看:儿童的力量和学校的标准——"展望中心"之儿童叙事评论.仲建维译.北京:高等教育出版社,2005:10.

育背景的、以儿童为中心的呼吁以实质和意义。①

由此不难发现,对儿童的历时性描述的价值在于通过对一名儿童的持续研究,恢复教师对儿童个体和群体的敏感性,提升教师的儿童研究能力,帮助教师真正成为儿童研究者。

(二)黄老师对张小凡的历时性描述及分析

如下是黄兰芳老师所做的"对张小凡的描述",最终研究以《对张小凡的描述性评论》为题发表在《全球教育展望》上。② 这里主要引用黄老师对张小凡的描述的过程性案例,与最终发表的定稿相比,过程性案例更能体现初学描述者可能会遇到的问题。在对张小凡的历时性描述中,黄老师做了不少描述性记录,收集了与描述性记录相关的张小凡的画作、作文等。在细细回顾张小凡进入班级后的约 4 个年头,及其持续所做的历时性描述性,黄老师打算将历时性描述成文,在成文时借鉴了卡利尼等人提出的描述的五个方面——身体外表和姿势,气质和性情,与他人(孩子和成人)的关系,强烈的兴趣和爱好,思维方式和学习方式,主要内容如下:

对张小凡的描述

选择张小凡,是因为他是一个在班级里与众不同的孩子。在他二年级从二中心小学转至我班的时候,我听到了一些关于他的调皮好动的传言。如今,我和他相处进入第四个年头了,我不得不承认,他给了我很多美好的回忆,也让我对孩子有了更深的了解。

通过和张小凡家人的交流,通过一段时间的观察,在孩子成长的过程中,我给自己拟定了如下核心问题:(1)医生诊断他患有"少儿认知缺陷症",俗称"多动症",为他配了相应的药片,嘱咐他按时吃药,并说"三分药来七分教育"。作为孩子的老师,我该怎样做到在孩子的成长过程中发挥"七分教育"的作用,让他知道该怎样做才会学有所获,并学会和别人和谐共处? 是否可以通过"十分教育"帮助他摆脱药物的依赖达到上述目的? (2)我能正视他成长的足迹,尊重他的想法及个性,不用学校统一的标准来束缚他,让他快乐成长吗?③

---

① [美]马格丽特·赫姆莉、帕特丽夏·F.卡利尼.从另一个视角看:儿童的力量和学校的标准——"展望中心"之儿童叙事评论.仲建维译.北京:高等教育出版社,2005:15.
② 黄兰芳.对张小凡的描述性评论.全球教育展望,2009(6):89—90.
③ 节选自黄兰芳老师 2009 年 5 月 3 日的描述性写作,内容有修改.

身体外表和姿势

他很结实,宽宽的身板,粗粗的腿;有一头浓密的头发,厚厚的嘴唇总是微微张着,毫无顾忌地把前排牙齿露在外面。最有特点的要数他的眉尾,不同一般地卷成圈圈俏皮地停留在眉梢。不同季节的校服或是一套深色运动外套是他主要的穿戴。不穿皮鞋,一双传统的运动鞋伴他走过每个季节。

他从没有挺起背端坐在座位上的时候,站在那里从没有并拢双脚的时候,一副大大咧咧的样子。走起路来身体左右轻微摇晃,就像可爱的小企鹅。奔跑起来势如猛牛充满力量,如果不小心被撞到,痛苦的必定是你。

朗读的时候,喜欢竖起书本,把头埋在里面;写字的时候,他喜欢靠着桌子,左手压着本子却垂着左手臂,低着头写字,坐在他的对面,只能看到他那黑乎乎的大脑袋。为了他的视力,身边的每一个人都给予他不厌其烦地提醒,可他就是改不了。我也搞不清为什么这个看上去那么难受的姿势会让他如此情有独钟。

对了,在教室里,他还有一个招牌动作,那就是——在座位上向后转。恶作剧也好,讨论问题也好,发表见解也好,发起写字比赛的挑战也好——一切均由随意地向后转开始。他的后座是一个温和的男生,总也被他搞得不知如何是好。

气质和性情

要到某个目的地,最喜欢的方式就是奔。奔向厕所,奔向妈妈的办公室,奔向音乐室,奔向操场……可能是因为他想赶时间,也可能是因为他长得壮,体内有使不完的劲,平时无法发泄……可是考虑到安全问题,他总免不了我的批评。

每次面对批评的时候,他总是一脸茫然地站在我的面前,不要指望他会哭着向你承认错误。一般情况下,询问他:"你为什么这样做?"他总是一副不知所措的样子,习惯性地伸出右手,摸摸耳朵,摸摸头发,或是弯曲手指,用食指关节擦揉眼眶,脸颊……茫然地看看你,然后从牙缝里小声地挤出"不知道"三字。每次被我谆谆教导之后,我总不忘补充一句:"你知道了吗?"他总以他那特有的不解的表情,认真地作答:"知道了"结束我们的对话。

　　做事动作慢是他最大的特点。"同学们,把书翻到某某页,我们来讲解练习。"在那一阵稀里哗啦翻书的声音过后,还残留着细微的响声。大家很自然地把目光齐刷刷地投向张小凡。果然,他的课桌上还空无一物。他一边不紧不慢地拿取课本,一边目不转睛地盯着大家,教室里爆发出了一阵笑声,张小凡依然一副无辜的表情,真是让人又好气又好笑。上学来不及,好多次鼓着塞得满满的嘴巴急吼吼地踩着铃声进校;默写来不及,本子传到他那里,总要做长时间的停留;考试来不及,往往等到交卷的时候,他的作文还只是刚开了一个头……为此,老师家长不知费了多少口舌来教育他,同学们也经常会提醒他速度快一点。<u>可是,在这个方面,他的确存在困难,进步甚微。</u>

　　同时他还有点拗,<u>喜欢和妈妈顶嘴。在学校里面,相对温顺多了,只是一旦他想干一件什么事,基本上没人能够阻止他。</u>每次默写,他都很慢,默不出的想半天,默得出的写半天。待到交本子之时,无论前排同学怎样催促,怎样摇桌子,他都不抬头不停笔,最后同学们只好先交,回头一看,他还在那儿写。有时我会警告他,有时间限定,真的不许写了,而他也总是想尽办法觉得自己实在写不出了才就此作罢,嘟囔着独自交上本子。然而,偶尔也有他默写顺利的时候,<u>这就成了他的天下了。</u>有一次,孩子们自行组织默写,第一排的小朋友因为去了一次办公室,没有赶上默写,所以在该交的时候忙着补前面的词语,没想到张小凡大步走出座位,一边拼命地拉着那个同学的本子,一边大声地嚷着:不许写了,不允许再写了……搞得那个同学眼泪汪汪地把没有完成的默写本交了上去,而他似一只战胜的公鸡,骄傲地回到座位上。

　　当然,对于他的这股执着劲,也有令大家感动的时候。有一次,孩子和妈妈一起看电影,捡到了一个皮夹,里面有不少钱财。孩子和妈妈一起等在电影院,直到失主出现。他在周记中记录了这件事。为此,我推荐他当选学校光荣护旗手。在之后的一个星期里,孩子全身心地投入到了发言稿的准备中。那个星期一,他站在主席台上,面对全校师生,一板一眼地朗诵他的稿子,讲述他的故事,十分神气。我看到了一个和平时不一样的张小凡。大家把掌声送给他,我摸摸他的大脑袋,向他竖起大拇指,他又一次露出了独属于他的腼腆笑容。孩子的出色表现还得到了全校老师的表扬,妈妈高兴地向我道谢。我想:拥有这一次的经历,孩子将变得更有自信,成功的喜悦将在不知不觉中引领他快乐地成长。

与他人的关系

他很愿意和同学们交往,不管是在校内还是校外,他看到任何一位同学,都会热情地上前打招呼。自己和同学们交流的话题最多的就是踢毽子,而他对同学们的事情也充满好奇,喜欢盯着他人追根究底:哎,你们在干什么?

"哎",是他要和同学说话最直接的开头语。"哎,我们来踢毽子","哎,我完成了,我来帮你吧","哎,我来发本子","哎,让我来分汤吧","哎,这道题怎么做","哎,你的尺借一下","哎,不要哭了,有什么好哭的"……

他就是这样一个充满热情、单纯执着的男孩,在他的字典里好像没有"哭"字。可是,那一次,同学们告诉我,他的眼眶红了,哭了……

那是在三年级时候的一次外教课上,老师让大家玩"吃苹果"的游戏,规定每个组的成员答对后就可以吃掉其他小组的一口苹果。最后哪个小组的苹果剩下多就可以得到奖励。大家竞争得很激烈,当张小凡所在的小组遥遥领先时,其他两个小组的有些同学面对即将失败的惨境情不自禁地哭出声来了。张小凡见状,连忙让自己小组的同学在答对问题后吃自己的苹果。可是同组队员没有选择那样做,最终赢取了奖品。可是,张小凡把头深深地埋在自己的手里,迟迟不肯抬头……在铃声响起的时候,他抬起了头,大家看到了他眼里晶莹的泪花,大家知道,其实那是他的第一份奖品,而他在乎的不是这个……

强烈的兴趣和爱好

他对踢毽子真是到了狂热的程度。只要一下课,他就会拿起毽子,"嗖"地离开座位跑到走廊,而后你就会听到"啪啪啪"的毽子触碰鞋子的声音,及他强有力的数数声:一、二、三……此时此刻的他,一点也不会被他的身材所困扰,一个接一个地踢。万一有一脚没踢好,毽子飞去旁边一点,他的左脚就猛地向那个方向跨一步,用右脚轻盈地微微一勾,毽子就又听话地"跑"了回来。他的双眼紧盯着上下飞舞的毽子,仿佛那里藏了什么价值连城的宝贝似的。因为他的这一身踢毽子的功夫,"踢跳比赛"总少不了他这一员大将。

他是一个体育健将,这毋庸置疑。他还能自如地玩耍民间游戏——滚铁环,这点也令大家佩服不已。

其次,对于"查字典"他也特别执着。《新华字典》《汉语词典》《成语词典》《近反义词词典》等,他应有尽有。每一次的预习,总能看到他在课文边上留下的查字典的收获:多音字,词语解释等。对于课堂里的每一个关于字词的疑问,他都会在第一时间翻阅词典,然后大声地念出生字的读音或词语的解释,语气中透着高兴与自豪。为此,他经常受到表扬,而他,越表扬越带劲,查字典的劲头真是到了无可阻挡的境地。

有一次,我为了让孩子们学会运用不同的方式来解释词语,所以当有同学提出"'魅力'是什么意思"的时候,我启发大家动动脑筋自己想一想说一说,有一位女生马上说出了自己的理解:可能是说明一样事物对人很有吸引力吧。话音刚落,张小凡就叉着两腿歪着身子靠着桌边站立起来,手捧字典,大声念道:"魅力的意思是:很能吸引人的力量。"同学们把掌声送给了那个女生,这一次我没有表扬他,而他也只是不好意思地笑笑,手捧着字典不放。字典俨然是他最好的朋友。

思维方式和学习方式

他是大家公认的聪明孩子。课堂上常有独到的见解,令大家赞叹不已。当他专注于某一件事情的时候,会比谁都更具有科学精神,他会不断地问:这个为什么会这样? 那个是什么意思? 如果是他知道的,就会迫不及待地脱口而出,一吐为快。当大家的意见与他不一致的时候,一般他都会据理力争几下,待真正搞懂了才罢休。

他是一个知识面丰富的孩子。课堂上涉及的课外知识,他总能说出点道道。有一次在中医药大学参观的时候,导游带着大家到"百草园"观察一些药用植物并做一些介绍,张小凡在边上不时地说出一些自己知道的知识,说到罕见的铁皮石斛,他更是津津乐道,连导游都情不自禁地夸他真聪明。他的知识来源主要是妈妈告知,旅游途中得知,或是从偶尔翻阅的课外书中获悉。

聪明的他没有理想的成绩,至少目前还没有。爸爸妈妈给予他的天赋在课堂上展现得淋漓尽致,然而,他那好动的性格阻碍了他目前的发展。记得二年级刚转来的第一天,同学们都在认真地看课外书,而他也没有被感染,一个人在教室里乱窜,被学校教导逮了个正着。事后,那位教导对我说:"刚开始觉得很纳闷,你们班的孩子都有每天早晨认真看课外书的好习惯,怎么会有一个这样的另类啊,后来才得知他就是新转来的张小凡。"虽然,随着时间的流逝,他的冲动行为在班级氛围的熏陶下有了很大的改善,但他的确没有养成静下心来看书的好习惯,再加上慢腾腾的写字速度,导致他的语文成绩提高得很慢,数学、英语相对好一些。

最近几次,我明显感觉到了他在速度上的进步。抄写作业会第一个放在我的讲台上,我当着全班小朋友的面大大地表扬了他一番。虽然我最终知道他是放弃了上副课的时间悄悄留下来写的。而全班同学如我一般给予他最大限度的宽容,满足他暂时的虚荣,我相信我们的宽容与肯定会让他对自己的感觉越来越好,并以此激励自己表现得越来越出色。

果然,我又发现最近的几次考试,他能把文章基本写完了。原来,他学会了套题。之前在周记上写到的一篇关于"还小鸟自由"的文章,被逐一套到了以"……的我""我和动物之间的故事""一件难忘的事""我能行"为题的作文中。这孩子,必是动足了脑筋想改变自己目前的状态呢! 我不由得联想起他把第一次能在考场上写完文章的兴奋与喜悦之情毫不保留地呈现在我面前的情景:黄老师,黄老师,我把文章写完了。"真的,你进步了,祝贺你!"我当然不会吝啬自己的表扬。那一次,他写的就是那个故事。可是这样下去,总也不是个办法,"我能行",跟"放鸟的事"怎么看都不太沾边啊。我把我的想法私下里跟他做了交流,这一次考试——"我的故事",他选择了"学溜冰",虽然周记本有写过,但用在考卷上还是第一次。

孩子告诉我,他喜欢抄写,不喜欢写作,觉得没东西可写,要爸爸妈妈带他出去玩过了才能写。一个大大咧咧的男孩总是缺乏一双敏锐的眼睛去感应周围的事物,我想,给他时间,帮助他去发现生活中感人的点点滴滴,他会变得细腻起来的。

上述案例中,黄老师选择了一位被医生诊断为"多动症"的男生;针对该男生的独特发展需要提出了核心问题,问题具有层次性。第一个问题是怎么从张小凡的现状出发去帮助他,第二个问题是从他的想法和个性出发找到他内在的发展力量,即尊重其独特性,找到内在的发展力量,且不局限于张小凡自身,并进一步思考张小凡的发展和学校标准之间的关系。

对于五个方面的描述均有自己的思路,通过这些方面的描述,张小凡不再是那个被贴上标签的小学男生,而是身体外表和姿势、与人交往、兴趣、思维等各方面皆有自己的独特性和丰富性:

(1)身体外表和姿势:主要从总体特征、突出特征,着装,姿势包括坐姿、走路的姿势、跑步的姿势、朗读时的姿势、招牌姿势等描述之。

（2）气质和性情：行动方式——奔；善意的批评——是黄老师提供帮助的方式；对批评的反应——茫然、不知所措、不解；动作——快与慢。"护旗手"——给予机会，孩子就会有不同的行动，在孩子的行动中，发现了孩子的另一面。在升旗发言后，作文初探收获之后，孩子的喜悦之情流溢。

（3）与其他人的关系："他在乎的不是这个"——不看重外在的奖励，更看重同学是否开心。吃苹果时的哭与强收作业后同学的哭，可见孩子的理解是独特的。

（4）强烈的兴趣和偏好：踢毽子、查字典。

（5）思维和学习方式："套题"——张小凡自己的写作方式。

反思黄老师的描述，除了在忙碌的工作之余能做持续的描述性记录是一大挑战外，运用描述性语言是做对儿童的历时性描述最困难的，文中带有下划线的句子都是用了判断性语言；除了下划线的句子，文中还有些句子是判断性的，这些就留给读者诸君辨明之。除了描述性语言外，全文的行文亦可更精炼些。从描述中显现的张小凡看，张小凡的某些特点不能彰显，似乎与同学对他的看法有些许的关系，如文中提到"大家很自然地把目光齐刷刷地投向张小凡"，如果不把目光投向他会怎么样，这样的目光是否会对张小凡有心理暗示？怎么让张小凡能有感而发地写作，是黄老师面临的新课题。

第二节 对作品的历时性描述

对作品的历时性描述与对儿童的历时性描述的基本思路大致相同，因此，本节主要论述对作品的历时性描述的涵义之基础上，对作品的历时性描述的不同类型，用案例加以说明并分析之；最后，简要讨论如何将对作品的历时性描述应用于儿童作业的研究中。

一、对作品的历时性描述的涵义

对作品或作业的历时性描述，就是把较长时期内，儿童的作品或作业自己"说"出来的、显现出来的东西动态、持续地记录下来。与对儿童的历时性描述类似，对作品的历时性描述重点在于，在较长时间内持续记录儿童的作品，从对儿童作品的研究中发现儿童的成长特点。

这里的作品或作业首先应该是儿童自发完成的作品或作业，这样的历时性描述大致有两种类型,一种是把儿童视为作品的创造者,通过持续收集和描述儿童创造的作品,儿童的独特性、多样性和持续发展得以彰显;另一种是把儿童视作其潜能有待发现的独特个体,通过持续收集儿童的作品或作业发现儿童的发展潜能,并通过将其发展潜能变成现实来助力其持续成长。从国际上看,卡利尼及其团队的研究属于前者;我国一些老师对有特殊需要的儿童作品或作业的研究属于后者。需要指出的是,很多老师可能会问,在学校教育体制下,儿童所做的作业更多是非自发状态下的,这能否做历时性描述? 这一问题在讨论上述两类的基础上再解释之。

从学校现场看,儿童作品的形式非常多样化,既可以是下文中呈现的平面或立体的作品,包括绘画、模型等;也可以是文字性的作品,包括作文、诗歌、小说等;还可以是口头陈述或影音资料,包括课堂讨论、辩论、表演等。这些形式的作品是儿童自身创造的,除此之外,教师对儿童创造作品时的观察或对儿童作品的观察记录,也可以是作品。据此,教师对儿童作品的历时性描述,往往会收集到大量丰富的研究素材。如近年来,有些小学和初中为个别儿童举办的画展等,实际上就是对作品的历时性描述成果的分享。这样的展览如果能从作品中更深入地洞察儿童自身的成长历程和特点,那么对儿童自身而言,这样的展览将会更有成长意义。

二、对作品的历时性描述的案例及其分析

以下分别就对作品的历时性描述的两种类型,分别呈现案例并分析。

(一)作品的创造者:卡利尼及其团队的历时性描述

卡利尼及其团队坚信:持续收集儿童的作品,能真正发现儿童自身的创造潜能,这对教师而言很有价值。在她们看来,作品不仅透露了每位儿童独特的自我,更为重要的是彰显了每个儿童自身丰富的人性、关注的焦点和兴趣等;持续收集儿童的作品,能发现儿童作品中显现的各种连续性,比如作品的主题、意象等。为此,她们曾收集并保存了展望学校儿童的作品集,对于如何收集、保存、研究这些作品集,卡利尼指出:

> 每个作品集至少跨越了每个孩子 8 年的生活,总共有大约 1000 件作品。所有的作品都按照年代顺序编号,孩子 5 岁时的第一件作品被标上数字 5.1,第二件作品被标上 5.2,以此类推;数字前面的字母"B"表示这件作品的尺寸大于 $12'' \times 17''$;"HC"表示这件作品由家庭提供,"nd"则表明日期不详。孩子们使用的名字并非是真实的姓名,而是化

名,这是为了保护这些孩子和家庭的隐私。①

为了保证所收集的儿童作品本身的有效性和连续性,卡利尼及其团队对于如何为收集的作品做好编码,做出了详细的约定,这些约定主要从儿童的年龄作为编码的起点,在此基础上对其他类型的编码进行了相应的约定。由此可见,编码本身是为了更好地研究儿童的作品。如图7-1所示,这幅画是一位化名为艾里斯的女孩画的画,这幅画是她5岁时的第82副作品,题目是"运动中的人"。

卡利尼基于其团队对儿童作品所做的具体的、集体共同进行的描述,精心研究了三位孩子的作品,尽管这些作品在表现形式都是三位儿童的绘画和文章,但每幅作品中无不

图7-1 运动中的人(5.82)

透露着每位儿童作为创造者的价值诉求。在我国中小学过度地把儿童视作知识的接受者的背景下,把儿童视作作品创造者的假设弥足珍贵,这样的研究值得一线中小学教师细细斟酌。为此,兹以艾里斯为例,节选其中的部分内容来揭示艾里斯在其绘画和文章中彰显的创造性。

艾里斯②

首先,我们要说的是艾里斯,她是一位多产的画家和作家。她的眼睛和耳朵能抓住事物的核心。在她6岁时,她写了这篇简短的童话故事:

白雪公主和七个小矮人

很久很久以前

有一位美丽的公主

---

① [美]帕特丽夏·F.卡利尼.让学生强壮起来——关于儿童、学校和标准的不同观点.张华等译.北京:高等教育出版社,2005:19—20.

② [美]帕特丽夏·F.卡利尼.让学生强壮起来——关于儿童、学校和标准的不同观点.张华等译.北京:高等教育出版社,2005:20—24.

她有一个可爱的孩子

她咬了一口苹果

一位王子出现了。　　　　　　　　　结束(6.91)

在艾里斯5岁和6岁的时候,她也画了很多图画,都是人物画——通常是两个女人——这些人物手势动作鲜明,戏剧般地栩栩如生,还经常伴有舞蹈,但其语境却极少涉及(见图7-1)。值得我们注意的还有这些女人头戴的花冠,因为它们和其他头饰,如蝴蝶结、帽子等,在整个作品集中都有出现。

还有如图7-2(6.251)描述的那种场景出现了:所刻画的很像是一个没有背景画面的舞台,但是却隐含着戏剧和神秘色彩。特别引人注目的是那位鬼鬼祟祟的女士,她踮起脚尖站在树后面,虽然对她的勾勒并非浓墨重彩,但她对这一场景确实产生了强烈的戏剧效果。

图7-2　两个人的风景(6.251)

图7-3　园艺女(7.124)

从7岁起,她主要描绘的是个体人物画,强壮的女性人物成为视觉作品中突出的、反复出现的主题。例如,有刻画劳动中的妇女,她们强健、自给自足。图7-3(7.124)中的那位乡村妇女就是一个代表,她在进行园艺劳作,身旁放着一篮胡萝卜。

除了自给自足以外,艾里斯笔下的妇女似乎有着一种神秘的力量。这种特色在图7-4(B8.203)中显现出来,庄重的仪表暗示着人物深刻的内心世界。在这一特定的画面中,一位面向观众的妇女,占据了最主要的位置,同时在她身后

图7-4　穿花格子服
的女人(B8.203)

稍微描绘了一些似乎是城市的轮廓线,代表着远方的地平线。为了削弱这种遥远感,这位妇女连衣裙的上身有一副都市风光图,大概是个港口,就好像要把它留作一个纪念。作为补充,又画了一个像是船头的东西来装饰裙子。这位妇女沉稳而静谧,她那出神的目光似乎正注视着画面外某个更加遥远的地平线,这大大加强了这幅画所表现的现在的时光与记忆中的时光相交融的整体效果。

……

然而,对于时间和记忆的关注,是富有代表性的,这在她后来写的一些文章中也能反映出来,这些文章是在 10 岁时完成的,主要以对话的形式展开,作品以一种精致、简练的风格表现了作者开阔的思想。

过去与现在的对话

"你好,现在。"过去说。

"你好,过去。"现在说。

"但愿我能有像你那么多的发明创造。"过去说。

"我的人民已经制造出毁灭你我的东西,因此……我希望我的人民能像你的人民。"

"那么,你说的那个东西是什么呢?"

"那个东西就是原子弹。"

"它有多大的威力?"

"它足以炸掉半个地球,并且将剩下的东西也毁灭掉,我们同样也会被毁灭。"

"怎样才能阻止这种事情发生?"

"恐怕没有办法。"

"你确定么?"

"是的,我肯定。"

"你的意思是,唯一阻止这种事情发生的办法就是人类不要战争。"

"对。"

"这不公平。"

"我知道,但除此以外我们别无他法。"

"再见。"

"再见。"(10.60)

......

研读上述艾里斯的作品,读者不妨自问:通过上述艾里斯5~10岁期间的部分作品,你能发现一个怎样的艾里斯?在描述艾里斯的绘画和文章的过程中,你还想提出关于艾里斯成长的哪些问题?

(二)作品中有待发现的潜能:我国老师的历时性描述

在我国,因整齐划一的好学生观、好孩子观,导致中小学总有那么一部分处境不佳的孩子。这些孩子的不良处境甚至从上幼儿园后就开始了,他们往往反应慢些、有个性、较自我为中心,面对这样的孩子,不少老师往往会为其贴上多动、学困、双差生等五花八门的标签,在教室里往往坐在最后或靠近讲台的特殊位置,以此进一步强化其特殊性。如果走近这些孩子,尤其是持续留意这些孩子的作品,往往会发现这些孩子有自己的独特兴趣。

对于这样类似隐身或被标签化的儿童,其内在的发展力量往往被漠视或压制,因此,需要教师有一颗耐心等待的爱心、有一双善于发现其潜能的慧眼,慢慢去研究其在作品中显现的独特成长历程。对于其成长历程的研究,教师需要持续收集和描述这些孩子的各类作品,在持续研究的过程中发现其潜能并顺势引导之。

上海市浦东新区梅园小学的姚老师一直通过描述这些孩子的作品来发现其成长的潜能。如下案例中的小孙于2008年入学,姚老师自小孙入学后发现其不一样开始,一直持续观察和描述小孙,并逐步开始收集和描述其作品。如下内容选自姚老师2009年初到2009年底期间对小孙作品的收集和描述,这些作品既有小孙自选主题自主创作的,也有依据班级主题自行创作的。除了小孙的作品外,姚老师记录了小孙的所谓的"怪",从中读者或许能读出小孙的"怪"实则有其独特意义。

小孙[①]

小孙一年级刚入学时,给我的感觉是有点"怪"。他喜欢大家围着他一个人转;他想要对你说什么话,你一定要听,否则他会拉着你不放;他脾气执拗,软硬不吃,在一个时期内认定的事就一定会坚持。比如,在一段日子里不带美术用具,问他是否掉了,否,建议下次带好,还是不

---

① 节选自姚依洁老师的2010年9月10日的写作"如何说和做孩子才会听".题目为笔者所加,略有删改.

带,说是不想带,似乎有越强调越不带的感觉,每次都主动上前拿公用的用具来用……小孙的主观意识很强,他不想做的如果一定要求他做到,会产生很强的逆反心理。后来通过对他行为的描述,并定期的反思以及各种方法的尝试,我发现小孙的"怪"只是渴望他人关注而做出的各种表现,但是对他渴望得到的关注,如果给予得不恰当(时间、方式等),可能达不到预期效果,甚至适得其反,影响全体。比如,小孙有时会用小小的捣蛋来引起老师的注意,如果他一有状况老师就过去,那全班的教学就无法正常进行,小孙还会因此形成习惯、乐此不疲。

小孙喜欢网络战争游戏,用他自己的话说就是打仗游戏,喜欢冰激凌,爱用粉红色的画纸。在美术学习方面,不太愿意和别人完全一样,要是大家今天剪贴,那他就会选择别的方式;这一年半以来,从把发下的材料扔在一边,碰也不碰,到只画喜欢的打仗游戏,到开始愿意参与到教学活动中来,小孙在慢慢融入进来。

2009年3月5日 主题:排队(不愿"出名",有是非感)

全班整队至美术室门口准备进教室时,我发现小孙以一种向后倾斜30度的姿势依靠在后面同学的身上,而后面的同学正憋红着小脸兀自硬撑着,也不敢移开,我忙拉开他身后的同学,小孙没奈何只得站正。这下他可不高兴了,他用通常的发泄方式:非暴力不合作态度及招牌动作——赖地板以示抗议。时值初春,寒风料峭,地上冰凉。我知道,劝说是没有用的,而按照今天的情况来看,想要他自己爬起来,难;地上凉,估计再躺会儿就感冒了。于是我灵机一动,拿起正好放在教室里的照相机,对他说:"小孙,你别动,就保持那个姿势,我给你拍点照片,传到我们的校园网上去,让大家都看看。"三张照片(如图7-5、图7-6、图7-7所示)还没拍完,小孙的姿势就从躺到蹲到倚门而立,站了一会,看大家听课听得入神,他就也坐下一起听讲了。

图 7-5　小孙斜坐起来

图 7-6　小孙蹲着

图 7-7　小孙站起来了

2009 年 9 月 11 日　主题:吹画(有点心动)

图 7-8　打仗游戏

讲解时,孩子们就兴致勃勃、跃跃欲试,先发到材料的孩子迫不及待地试了起来,而还没轮到的则伸长脖子,翘首以待。轮到小孙了,他用狐疑的眼光看看这些材料,又看看其他同学,好像他面前的是一份食物,虽然别人都吃得津津有味,但他还是在考虑这份食物好不好吃,值不值得吃。最后他决定"不吃",还是"吃""吃惯"的。"老师,我还是要画打仗游戏。"小孙说道。图 7-8 就是小孙画的打仗游戏。

2009 年 9 月 17 日　主题:染纸

(受集体氛围的感染参与了一半)

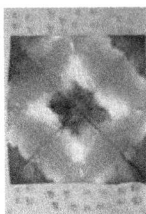

图 7-9　染纸

用水彩颜料给折叠过的宣纸染上颜色,打开后,制作出有扎染效果的作品。孩子们可是最爱玩水了,更何况是彩色的水,更何况还有会吸水的纸,更何况这纸干了打开后会有花纹!这下可乐疯了,就连小孙也坐不住了,卷起袖子挤进人群也开始染了起来。不过,新鲜劲一过就不耐烦了,染了一半就扔在一边不要了,事后,我将小孙的半成品捡起来,打开晾干后做成成品交给他,接过作品小孙有一瞬间的愣神,在接下来的一段日子里,小孙似乎变得有些懂事了。如图 7-9 所示,其中绿色的底色是老师衬的,底色上的彩色图章是小孙敲的。

2009 年 10 月 15 日　主题:形的组合

(选择自己喜欢的内容进行组合)

对于组合问题,小孙不一定感兴趣,但了解到可以画自己喜欢的东西，还可以做好多个，这就意味着小孙能有许多个最爱的冰激凌，他还是很乐意的。在制作了多个冰激凌后，他还很有耐心地将它们一个个排列好，用透明胶带固定在纸上(如图 7-10 所示)，第一次整堂课精力都集中在学习上。而在《形的组合》的第二个内容《重叠的形状》时，他更是调整了制作方式，改用了我提议的效果更好的固体胶(虽然以前曾多次建议)。这课，小孙沿用了自己一贯热爱的电脑游戏中的元素——军用卡车，虽然在组合排列方面他更倾向于排得整齐，但也没有反对老师为他添加上重叠的元素(如图 7-11 所示)。

图 7-10　透明胶固定

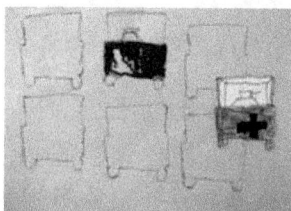

图 7-11　固体胶固定

2009 年 11 月 17 日　主题：蜻蜓

(从同学的选择中开始尝试不同的想法)

我提供各种纸张供学生自由选择喜欢的来用，小孙是一贯偏爱粉红色的纸的，但这次看到别的孩子在挑选的各种五颜六色的彩纸，居然犹豫了好一会，想要选别的颜色，虽然最后还是选了惯用的粉红色(如图 7-12 所示)，但从中可以捕捉到小孙在慢慢接受别的想法，不再那么执着于某一特性。

7-12　粉红色纸上的蜻蜓

2009 年 12 月 7 日　主题：网游角色

(对喜欢的内容就愿意去完成)

这天一进教室，小孙就显得很兴奋。在听讲解时，整个人呈"大"字形趴上了桌子，还斜斜地从戴着的眼镜上方偷瞄我，见我没有给出他预期的反应，还在继续为大家讲解，就伸长了两只手去推对面那张桌子后放着的椅子靠背；如果得逞的话，铁架的椅子会与瓷砖地板相碰发出巨大的响声，坐在他斜对面的孩子忙伸手去扶，全班的注意力一下子被吸引过去了。于是，我仍旧面对全班，没有看他，继续为全班讲解着，只是伸手将椅子轻轻地放倒在地板上，小孙够不着,一下子没了方向,有些发懵,不知道该怎么办,愣在了那里,而其余同学见到老师的态度,也就没把刚才的小插曲放着心上,继续听讲了。不多时,讲解完毕,开始发纸,小孙也就赶紧从桌子上爬下来,等着拿纸了。

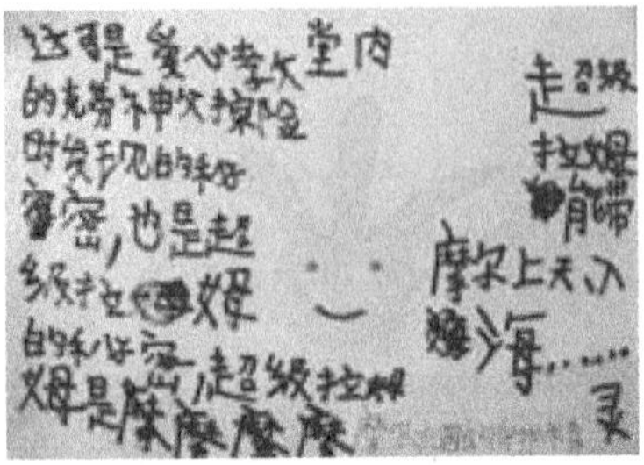

图 7-13　摩尔庄园的超级拉姆

但是拿到纸后,小孙又发呆了,在座位上反复说不会画,这时全班的情况基本稳定,我以为小孙是因为刚才没听,所以不会,就单独对小孙进行指导,但小孙还是一再强调,说校园中没有自己熟悉的地方,这样的状况以前也出现过,有时小孙对自己不感兴趣的内容就以不会来拒绝。于是,我表示,小孙可以任意画自己感兴趣的东西,于是在反复唠唠叨叨的斟酌中,小孙终于在自己最喜欢的三个电脑游戏角色中选定了一个画下来,慢慢地他沉浸其中,还要把这个角色的相关来历、背景和作用介绍给大家听。于是我对他说,现在大家都在进行各自的创作,为了不影响别人,他可以把相关的介绍写在画的旁边,方便他人的欣赏,下课后再和别人交流。小孙没有反对,静静地照做了。图 7-13 就是小孙完成的作品。

反思:经过一段时间的反复磨合,相互试探,发现帮助小孙改变不恰当的行为问题有两种策略:一是反着来,二是不关注的关注。

发现:对于这类个性比较特殊的孩子,我们可以不以通常的标准来要求他们,因为这样的标准太过简单和粗糙,在某些方面放宽对他们的要求,关注他们长远的发展。适当为他改变教师对学生的要求,要求不是僵化的,而是根据孩子们的情况而定的。教师的教育不是为了完全改变学生,将他们装入已经定好形的套子中,要求他们完全按着外壳长,磨灭他们的一切个性,而是使他们学会在保有个性特点的同时也能适应社会。毕竟在这两年中,小孙从一开始的漠视全体(不管学生还是老师,他一律全当看不见),到今年暑假中的返校,他主动跑上来和我打招呼;从一开始的只要上课,不是在座位上摇椅子晃桌子,就是趴在地上钻桌子,到现在的某些作品还能作为优秀作业展示出来,他的进步是巨大的。希望对小孙的研究能使我们更好地了解这些孩子们,更全面细致地调整我们的教育教学方法。

上述以"小孙"为题的写作中,姚老师尽管只收集了一年的作品,但全文的成文是基于对小孙及其作品的两年追踪研究而成。在该研究中,除了小孙的作品外,多数是姚老师对小孙创造过程的悉心记录,从这些记录中,小孙的特点逐渐得以显现。

除了持续描述小孙的作品,从中发现其潜能外,姚老师还研究了有各种个性的孩子,比如,慢悠悠的乐乐、有霸王脾气的小周,等等。需要指出的是,研究儿童作品的过程中,姚老师也拍摄了小孙的照片,但对照片做了马赛克处理,考虑到了研究伦理。同时,姚老师是用日期和主题的方式对作品进行编码的,这样便于持续地回顾和反思所研究作品中所显现的儿童。

需要指出的是,不论对于哪类儿童作品的收集,教师都可以和家长携手一起收集,特别对于那些喜欢在家里自发创作的儿童而言,家长往往更有持续收集这些作品的便利条件。因此,教师如能和家长携手,更有机会从儿童自发的创作中发现儿童的创造潜能和独特兴趣。如下就是一位喜欢画画和讲故事的小学生的作品,孩子妈妈一直用心收集孩子在家的自发创作,帮助孩子记录下孩子自己对作品的解说;这两幅作品及其文字解说完成于2014年10月初,梦幻学校3(见图7-14),孩子将之命名为"梦幻学校之误入深海中",梦幻学校4(见图7-15),孩子将之命名为"梦幻学校之走进老鼠洞",当时孩子7岁,刚入小学月余:[①]

梦幻学校之误入深海中

从前有个名叫小花的小女孩,喜欢探险,一天,她看着清晨有一道神秘的光芒,吸引着她走了出去,然后,她就昏沉沉地闭上眼睛睡着了。

当她醒来的时候,她落在一片海底,这里到处都是小鱼儿,一只漂亮的鱼公主带着小花参观海底世界,在海底梦幻学校的教学楼,小花看到许多许多小鱼儿在教室里专心地上课,还有许多小鱼儿在走廊里冲来冲去。哦,不,是游来游去。

梦幻学校之走进老鼠洞

小花和鱼公主走进一个曲里拐弯的地洞,地洞很复杂,一会,就把她们走得快迷路了。遇到了一只老鼠,就跟着这只老鼠进入"老鼠国家"。"老鼠国家"真是丰富,大家都在急匆匆地向前赶着,不知是上班还是上学,没有一家人家是停歇着的。在老鼠的带领下,参观了老鼠王

---

① 选自华东师范大学附属小学郑婉清同学的"梦幻学校"系列作品。

国的梦幻学校。小花和鱼公主这一路上了解了很多很多,以前,她们认为自己最聪明,懂得的东西非常多,可是,现在,她们知道原来自己知道的只是一部分,还有更多的路途等着她们。

图 7-14　梦幻学校 3

图 7-15　梦幻学校 4

三、对作品的历时性描述的拓展

对作品的历时性描述的思路可以运用于对作业的描述。考虑到我国一线学校一般是分科教学,因此,可以尝试如下两种思路。

（一）选择一位儿童的作业,持续研究之

这种思路适用于对任何一名儿童的研究,但对那些学业上暂时表现不佳的儿童尤为合适。之所以如此,是因为对于学业表现暂时不佳的儿童,教师如能对其作业持续记录和描述,如有需要可以与该儿童适当交流,通过此过程,教师不仅能发现该儿童的思维特点,而且也能为其提供适宜的帮助。如下案例是上海市浦东新区梅园小学的徐老师对小尚的作业所做的研究:[1]

【作业案例 1】:如图 6-13 所示

师:说说你是怎么想的?

生:(磨蹭,不语)

师:没关系,怎么想,怎么说。

生:1.25 需要跟 8 有关的,可以从 1.6 里面得到。

二八十六。

图 7-16　作业案例 1

　　……

从案例看,小尚知道 1.25 在巧算时,需要与 8 相关的数字(比如 0.08,0.8,8,80,800 等)相乘,于是他把 1.6 拆分,运用了口诀二八十六,但却疏忽了小数点。这从对小尚的访谈中也得到了验证。从小尚的解题过程,可以看出,他对乘法的含义、乘法分配律的理解是不清晰的。

---

[1]　节选自上海市浦东新区梅园小学徐平老师的 2016 年 3 月 30 日的写作.

【作业案例2】：如图6-14所示

师：这样的题目，你知道怎么做吗？

生：先看问题。

师：问题是什么？

生：商是多少？

图 7-17　作业案例2

师：看好问题，有什么用呢？

生：说明最后一步求商。

师：那你看看你的这个式子是不是最后一步求商呢？

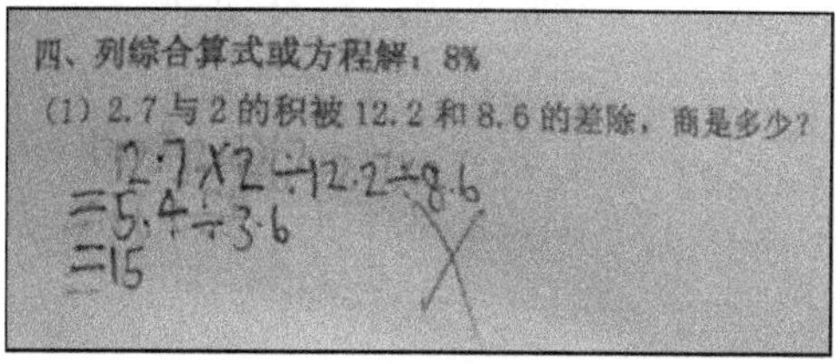

……

通过与小尚的一番交流发现，尽管没有做对，但是，他对解题还是有自己想法的，由于思维不够清晰，用错乘法运算定律；由于没有注意细节，该加括号的地方没有加上括号，导致这道题没有做对。

需要指出的是，对作业的描述的关键是，尽量面对作业本身，从中发现小尚作业中可能需要帮助的方面。从小尚的作业案例2看，小尚知道这道题最终是求商的；但从列式看，似乎不理解什么叫"被……除"，12.2 和 8.6 的差列成了 12.2÷8.6，不知是不理解还是看错了。此外，列式处看到涂擦的痕迹，不知在涂擦的过程中，小尚经历了哪些解题困惑。据此，通过描述小尚的作业，徐老师或许可以和小尚进一步交流。

(二)选择一个专题或特定学科的作品或作业，持续研究之

不论是选择一个专题还是特定的学科，研究儿童的作品或作业，可以从中洞察儿童群体的想法、兴趣、体验等。以专题为例，2001 年，英国《教育监护者报》举办了一次"我喜欢的学校"竞赛，参与对象是全国 4～18 岁的孩子，起初举办者担心在国家课程的压力下孩子们不会表达真实的想法，但从竞赛结果收到的作品看，来自几千所学校的几万名学生真实地展示了他们的梦想。发起这个竞赛，源于利兹大学教育学院的讲师凯瑟琳·伯克 (Catherine Burke)的一封信："信中提到她正在做一个相关的课题，特别想听听孩子们对他们的学校有怎样的感觉，并且询问我们是否知道我们的姐妹报《观测者报》在 1967 年举办的一次竞赛，那是一次要求孩子根据自己的

梦想设计自己的学校的竞赛。"①2001 年竞赛收到的作品表明,孩子们对自己所喜欢的学校包括学校建筑、食堂和餐厅、校园和操场、知识与课程、学习、教师、个性与平等、生存、时间意识等都提出了和成人迥异的观点和设计。如对于学校民主体制的发展,孩子们提出很多深刻的观点,列举如下:②

学生要创造自由气氛。我们愿意也希望表达我们的想法。我们的学校应使每个孩子都是自由的。

杰恩,8 岁

权利结构不应阻止学生做决定,摧毁学生的责任感,应该首先建立学生和成人交流的关系,依靠和相信成年人,咨询成年人,总之让孩子们感到他们日常接触的成年人可以给予他们权利。现在老师和学生之间存在的问题不是年龄的问题,而是权利的问题。

乔伊,14 岁,肯特

学校做的任何决定都应提交给学生会。从每班抽出一名男生和一名女生组成学生会。这就意味着学校将会像孩子们希望的那样改变,毕竟孩子们对学校所做的并不是很满意。

奥利弗,12 岁,陶顿

当研究者回顾 1967 年的调查时,发现当时的孩子们对于发展民主制度,也提出了深刻的见解,列举如下:③

学生要和老师一同经营学校,那么学校就会成为学生们想要的样子。有了这个计划,学生们将对学校活动更感兴趣,因为他们将会自己组织和选择活动(在老师的帮助下)。

鲁思,15 岁

今天的学校由一群不了解学校根本问题的人管理着。了解学校问题的人从未被征求过意见。在理想的学校中,一些年龄稍大的孩子应该被选做代表,他们充当管理者的角色。那么,孩子们在老师的指导下真正地管理学校。

布里恩,16 岁

---

① ［英］Catherine Burke,Ian Grosvenor.我喜欢的学校——通过孩子们的心声反思当今教育.祝莉丽、张娜译.北京:中国轻工业出版社,2006:序Ⅲ.

② ［英］Catherine Burke,Ian Grosvenor.我喜欢的学校——通过孩子们的心声反思当今教育.祝莉丽、张娜译.北京:中国轻工业出版社,2006:9.

③ ［英］Catherine Burke,Ian Grosvenor.我喜欢的学校——通过孩子们的心声反思当今教育.祝莉丽、张娜译.北京:中国轻工业出版社,2006:8—9.

　　尽管上述的专题研究不是学校组织的,但在我国的中小学、幼儿园的办学中,对儿童视角的忽视同样存在;据此,该专题研究的价值是,不论学校办学还是教师的学科教学,用描述的方法多多研究和倾听儿童群体的观点将会有意想不到的发现。从上述专题的研究看,尽管前后两次专题研究的时间相隔34年,但儿童群体对好学校的认知似乎有一定的趋同性。

　　以学科为例,较早持续研究儿童作业的是江苏教育学院附属小学语文教师刘春生。刘老师基于自己多年的研究,出版了《作业的革命》一书。刘老师对语文作业的研究,缘起于不经意中的一句悄悄话,从悄悄话中他发现,对于孩子而言,一句悄悄话的作用居然远胜过教师平时与孩子的顶针和叫喊。

　　　　十多年前,一个偶然的机会,在批改学生作业时得知第二天是他的生日,我便在得分后面工整地写了一句"祝你生日快乐!"作为与他们整日"纠缠"的班主任来说,这本身很平常,我是真诚的,但也可以看作是句客套话。但是,当我第二次批改作业时,却发现那句话下面已经写上了大大的"谢谢您!"三个字,比起他以前的作业书写漂亮多了,而且,这次作业也一改懒散,虽然还是大大小小,但已经走起直线来了。我心里一动,以前对他的顶针和叫喊,竟不如这一句"悄悄话"。后来,我在别的同学的本子里也尝试着写下或长或短的话。虽是小小的举动,带来的收获却是丰富的:我有了更多的机会"接近"学生,有了更多的"渠道"了解学生,有了更多的"方式"劝勉学生……虽然批改起来会多花一些时间,但是能够和学生交心,少了很多冲突,少了很多抵触,学生的作业越来越整齐,上课也越来越积极,真是一举多得呀。①

　　刘老师通过多年的作业研究发现,多样化、互动的作业是学生真正喜欢的作业。多样化表现在作业的表现形式身上,可以用图画、照片、剪报、互联网资料的形式,并且用手工制作、创作的乐曲、摄录的活动、排练的短剧或小品等来表现,进而鼓励学生以看、听、触、闻、尝、摸和想象等多种手段感受知识的存在、进行学问的探讨,完成生动活泼、精彩纷呈的作业。例如,教学《孙中山破陋习》一文时,我就让学生做了这样的作业:用三天的时间,走访老人,和他们谈一谈"裹足""小脚",然后写一篇采访报告;结果,学生的作业出人意料的好。互动主要体现在批改作业的过程中,如图 7-18②、图 7-19③ 是刘老师著作中的

---

① 刘春生.作业的革命.北京:世界图书出版公司,2007:2—3.

② 刘春生.作业的革命.北京:世界图书出版公司,2007:65.

③ 刘春生.作业的革命.北京:世界图书出版公司,2007:123.

一些作业。

上述作业不仅记录了儿童自己的想法，而且也显现了童心童趣，比如学生为老师设计的作业"开心一刻""小画"等，还有学生自主设计的比一比等栏目。从作业内容看，其实已经超越了语文学科本身；从作业的形式看，不仅是学生的作业，也是学生为老师布置的多样化作业。总体而言，刘老师从儿童的视角开展作业的研究，根据这样的研究，不仅作业本身的本质发生了变化，更重要的是刘老师找到了一条通往儿童世界的阳光大道。

需要指出的是，对于儿童作品或作业的研究，教师可以系统地收集学生的学习日记、作文、练习等，这些都是研究儿童自己的想法、体验等的重要数据。不论是儿童想法的专题研究还是学科作业的研究，其实都是在较长一段时间内，对儿童群体进行持续的研究，从中发现该群体对所关注专题或学科的想法，以便更好地帮助他们成长。

第三节　日记描述

日记描述（diary description）是一种非正式的儿童研究方法，是研究儿童成长问题的一种最古老的方法。之所以古老，是因为用日记描述研究儿童成长问题可以追溯到18

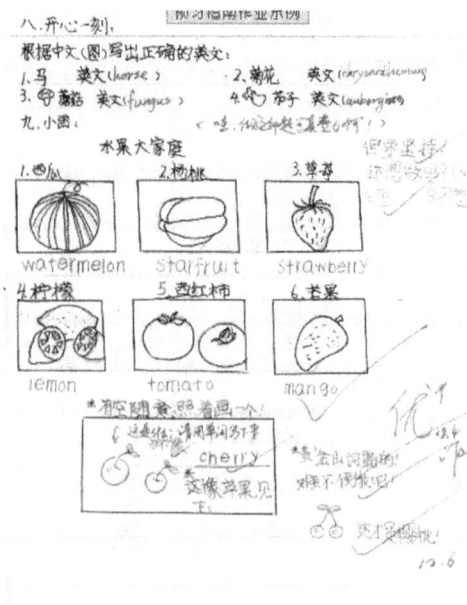

图 7-18　一学生上交给刘老师的英语作业

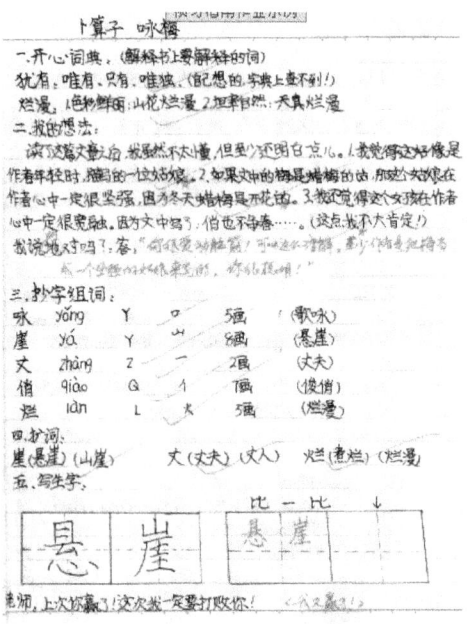

图 7-19　吴雨琪同学的作业

世纪,裴斯泰洛齐是最早使用该方法的教育家,此后,达尔文运用此法写了《一个婴儿的传略》。

一、日记描述概述

所谓日记描述就是直面儿童,用日记的形式及时记录儿童成长和发展的方法。日记描述兼具一日一记、描述的特点,因此,运用日记描述的关键是,及时、具体地记录所研究儿童的新行为。对于教师而言,能在忙碌的一日工作中及时记录儿童的成长不仅需要方法,更需要智慧和毅力。

(一)运用日记描述的基本要求

由于日记描述是一种历时性的儿童研究方法,据此,恰当运用日记描述法的基本要求如下。

1.教师要与儿童保持亲密的关系,并进行长时间的接触

教师与所研究儿童之间亲密关系的建立,是儿童信任教师并向教师敞开自我的前提。如果儿童不信任教师或教师不是发自内心地热爱儿童,那么,出现在教师面前的可能是自我遮蔽的儿童。面对自我遮蔽的儿童,教师即便每天记录,也无法从所记录的日记中洞察到儿童的成长特点。教师与儿童之间能否有长时间的接触,是教师有可能判断所记录的是否是儿童的新行为的前提。

2.教师应具有敏锐捕捉儿童的新行为、理解儿童新行为的能力

这意味着日记描述与所有描述的方法一样,对教师的专业特质具有一定的要求。在日记描述中,对儿童出现的新行为及其理解具有高度敏感性是教师最重要的专业素质。这种敏感性与教师日常能否细致、用心地留意儿童的成长密不可分,同时,也与教师本身对儿童世界的心情密切相关。

3.需要记录相对长的时间周期内的儿童成长

儿童成长需要时间,同时日记描述最重要的目标是记录儿童特定时期内的每一个发展,因此用日记描述研究儿童的成长需要相对长的时间。

(二)日记描述记录的对象

日记描述既可以记录一名儿童,也可以记录儿童群体。这在最早运用此法的裴斯泰洛齐那儿就清晰可见。1774年,裴斯泰洛齐使用日记描述,记录了他儿子让·雅克的成长。除了记录其儿子的成长外,裴斯泰洛齐也记录他所创办的孤儿学校的儿童,如下就是对所收儿童所做的一起群体记录:

忧郁、痴呆、脸上有惧容、眉毛显示焦虑、皱纹表示不信赖,有些则胆大骄傲。因久做丐儿,所以是骗子、说谎者。许多人愁容满面,疑心重重,

面庞现出惊慌与暗淡神情。懒散、迟钝、心智未及运用,技艺亦未发展。这种现象极为平常,十个中没有一个知道 ABC。[1]

从裴斯泰洛齐当时的记录看,日记描述的儿童既可以是一个,也可以是一个群体,比如晚近一些中小学班主任用日记描述记录自己所带班级的学生发展,就是日记描述记录一个群体的实例。

(三)日记描述与写日记的异同

与日记描述非常相似的一种方法是写日记,两者的主要异同如表 7-4 所示。

表 7-4　日记描述与写日记的异同

		日记描述	写日记
不同点	对象	儿童个体或儿童群体	自己
	目的	发现儿童个体或群体的成长特点	未必需要明确的目的
	内容	儿童的新行为,记录应符合研究伦理	未必是新行为,自己想记录的一切
共同点		都是非正式的方法,没有严格的记录格式要求	

需要指出的是,不少教师写的教育日记或一些教育学家提到的写教育日记,如果其日记所写的是关于儿童或班级的成长,且是具体、翔实地记录之;那么,这样的教育日记实际上就是日记描述。

二、日记描述的类型及其案例

根据记录内容的不同,日记描述大致可以分为综合式日记描述和主题式日记描述。如下分别讨论这两类日记描述及其案例。

(一)综合性日记描述及其案例

综合性日记描述是记录一个或一群儿童的大致发展情形的方法。赖特认为"这种日记按顺序尽可能详细地记录儿童表现出的每一个新行为"[2]。

综合性日记描述的经典案例是我国教育家陈鹤琴对其长子陈一鸣的研究,陈鹤琴在妻子和母亲的协助下,持续、详实地记录了一鸣从出生到 808 天的成长过程,并据此写了《儿童心理之研究》(上下册)。在该著作中,陈鹤琴以月、周、天的方式呈现了对一鸣的记录结果和成长特点,这些结果是陈鹤琴从

① 转引自林玉体. 西方教育思想史. 北京:九州出版社,2006:401.

② Herbert F. Wright. Observational child study. In Alfred Lee Baldwin(ed.). Handbook of research methods in child development. New York: John Wiley and Sons, Inc. 1960: 80.

对一鸣所做的详细记录中选出来的新行为。

如以第一月为例：[①]

第一月

第一星期

第一天

(1)这个小孩子是在民国十年十二月二十六日上午两点九分生的。

(2)生后两秒钟就大哭，一直哭到两点零十九分，共持续地哭了十分钟，以后就是间断地哭了。

(3)生后四十五分钟，就打呵欠。

(4)生后两点四十四分，又打呵欠，以后再打呵欠六次。

(5)生后的十二点钟，生殖器已经能举起，这大概是因为膀胱盛满尿的缘故，随即就小便了。

(6)同时大便是一种灰黑色的流汁。

(7)用手搧他的脸，他的皱眉肌就皱缩起来。

(8)用指触他的上唇，上唇就动。

(9)打喷嚏两次。

(10)眼睛闭着的时候，用灯光照他，他的眼皮就能皱缩。

(11)两腿向内弯曲如弓形。

(12)头顶是很软的，皮肤是带红色，四肢能动。

(13)这一天除哭之外，完全是睡眠的。

第二天

(14)这一天的功夫，差不多完全是睡眠。

(15)嘴唇对于外界的刺激感觉格外灵敏。

(16)吸乳的动作，已经完全发生。(舌头靠着下唇与上唇裹着乳头)

第四天

(17)吸乳后打噎。

第二星期

第八天

(18)晚上吸乳后，用指触他的上下唇，他眼睛闭着微笑了几次。

(19)眼睛开着微笑了几次。

第九天

---

① 陈鹤琴.儿童心理之研究(上册).北京:商务印书馆,1925:54—56.

(20)脐带脱了,脐很大的。

第十三天

(21)用胶皮黏在他的耳垂上,后来揭开的时候,他感觉痛了,哭得很厉害。

第十四天

(22)睡着的时候,他自己脸现了笑,哭,皱眉,皱唇,种种的样子。

(23)用指触他的上唇,他的鼻眼,都向下皱,触他的下唇,他的鼻眼,向上皱。

(24)他的眼睛能随意转动。

(25)大便带绿色是粒状的,比较从前干燥一些,不像从前的稀薄。

第四星期

第二十三天

(26)这天他睡的时候很多。

(27)大便带黄色。

从上述第一个月的记录看,陈鹤琴记录的是一鸣哭、笑、大小便、对外界反应的知觉、吸奶等各方面的发展,因此,这样的全面记录是综合性的日记描述。从其所呈现的内容,第一天记录的内容特别多,这是因为婴儿刚降临到这个世界之初会有很多具体的表现,这些表现其实都是新行为。之后的新行为不是每天甚至不是每周都有的,陈鹤琴对此的总结是基于每天的观察、记录,在行文时剔除了重复的行为。尽管当下我们可以在各类育儿著作或儿童心理学著作中看到婴儿期的特点,但在近百年前就做了如此翔实的记录,实属少见。

除了日记描述的内容是综合的外,陈鹤琴所用的记录一鸣成长的方法也是综合的,他当时用类似于叙事性描述的方法记录了一鸣动作的发展,内容如下:①

第八十九星期

第六百十四天——9/2/22

(251)他父亲研究他的动作(下午5点40分至6点,共20分)儿童生出后除了睡眠和生重病之外,没有一刻不动的,有时在睡眠中还是动的。一两天的襁褓,醒的时候,就会把手脚不定的乱动;假使手脚裹得太紧,不能自由,他的头,眼,口都还是要动的,不过这个时期,所有的动

---

① 陈鹤琴.儿童心理之研究(上册).北京:商务印书馆,1925:111—114.

作都是很简单,后来手足强健,他的动作就变复杂了,下面所写是他二十分钟内所作的事体。

A. 环境

(1)在 9 英尺×18 英尺面积的露台上,他所能自由运动的地方只有 9 英尺×8.5 英尺的面积。

(2)有一块长的洗衣板;一把短帚,一个畚箕;靠在墙壁一旁的地板上,又有五只鞋子,一把拖帚靠在栏杆上,上边不挂着衣服,另外板上还有两把牙刷,一根钉子,这些东西都在 9 英尺×8.5 英尺面积里面。

(3)他的三个堂兄,一个朋友,一个带领他的用人(原文如此)和他父亲都坐着不讲话,看他一人的动作。

B. 他的动作

动作事实	所需时间
(1)看他小朋友手里所捏的照片。	25 秒

(2)玩钟:用右手转钟后面的开钟机关,又玩钟后面转针的机关,拿了两支牙刷去开钟,开不成就用牙刷去刷钟的前面。　2 分 55 秒

(3)拿了一个刷帚举起来在空中左右飘动。　15 秒

(4)拿了两支牙刷放在洗衣板上,后来拿回放在地板上,又拿了钉子跑东跑去,又用钉刺地板数次,刺后再刺钟面,后又把牙刷拿到板上。

4 分 15 秒

(5)他拿了两支牙刷,再放在地板上,后把牙刷相互叠起来。

15 秒

(6)他把牙刷又拿到板上。	10 秒
(7)再玩钟:把钟拿到板对面的房间里面。	(未计时)

(8)再找钉子:他不留意把钉子掉在地板洞里了,他就寻找。

2 分 40 秒

(9)又拿了牙刷在空中摇动立刻又刷地板。	2 分 45 秒
(10)拿了钟放在地板上,又拿起放在板上。	35 秒
(11)用一支牙刷插在地板上或墙壁上洞里边并喊着说。	40 秒

(12)把钟放在板上,又放在地板上用右手刷钟面,再把钟放在板上又放在地板上。　2 分 10 秒

(13)再用牙刷插在地板上洞内,并且说。	20 秒
(14)从小朋友手中另外拿牙刷刷钟面。	10 秒
(15)再用牙刷在空中摇动。	20 秒

从上述案例看,陈鹤琴记录了动作观察的背景、环境、动作事实、所需时间,这一记录和前述叙事性描述的内容大致相当。陈鹤琴记录的是一鸣的自发活动,这样的记录是最能洞察儿童动作的特点的。所需时间是指完成每个相对完整的动作大致需要的时间,因一鸣专注于上述不同事物的时间不同,因此,所记录的所需时间的长短亦是不同的。需要指出的是,陈鹤琴所言的环境与前述的情境大致相似,动作事实大多能用描述性的语言记录。

特别需要指出的是,陈鹤琴用日记描述记录一鸣的成长,旨在发现儿童成长的特点,在他的著作中详尽地描述了这样的发现,如下内容中,陈鹤琴就用自己的发现和案例描述的方式记录了一鸣的成长特点:

第五百二十五天－6/5/22

(214)没有怕羞的态度:今天他父亲带他到幼稚园里去玩,他看见别人唱歌跳舞,后来他父亲怂恿他同别的儿童跳舞唱歌,他就很高兴的去做,在这个时候他还没有怕羞的意思。

(215)不受强迫,喜欢诱导:今天他正在很高兴翻阅书籍的时候,他母亲叫他吃饭去,他不肯去;他父亲叫他;他也不去;后来他母亲想了一个办法,跑到他的面前,蹲下来以背朝着他说:"我背了你去。"他看见这个新的游戏,他就肯去,并且立刻很高兴的扑在母亲背上吃饭去了。这里可以晓得遇到小孩子应当做而不愿做的时候,不要勉强他做,也不要恐吓他,使他哭起来,只要稍为用点心思,想个办法引诱他去做,这样既不违拗他的意志,而且使他对于父母的感情格外浓厚。

(216)模仿图书中的动作:他看见图书中的各种动作就要装装看,比方他看见一个人演说,两双手往上举着,他也学他的样子立刻举起手来,他又看见一队兵正在行走,就要站起来开步走。①

(二)主题式日记描述法及其案例

主题式日记描述是记录一个或一群儿童某一特定领域发展情形的方法。不同学科会用不同术语指称儿童某一特定领域的发展,如儿童心理学或发展心理学,往往用语言发展、社会交往、认知发展、动作技能发展、情绪发展等等来指称儿童某一领域的发展。又如在教育学中,儿童想法、儿童兴趣、儿童体验、儿童秘密等都是重要的主题。

前述综合性的日记描述中,主要以儿童个体为例,剖析了日记描述。这

---

① 陈鹤琴.儿童心理之研究(上册).北京:商务印书馆,1925:98—100.

里主要以儿童群体为例,举例诠释主题式的日记描述。多年来,浙江宁海潘天寿艺术幼儿园结合幼儿想探究的主题,及时记录不同幼儿对该主题提出的问题及其观点;因此,该园教师的记录在某种程度上看,是一种主题式的日记描述,且这样的记录是以儿童群体为记录对象的。如下是围绕着"小鸡成长记"主题所做的记录:

探究主题产生的背景:为了揭开鸡宝宝是"怎么出生"和"怎么喂养"的谜,2013年2月28日,100名幼儿参观了宁海县振宁畜牧公司的养鸡场。

一路上孩子们兴奋极了,问这问那:"养鸡场什么样啊?鸡的家在哪儿呀?小鸡是怎么孵出来的?"……到了养鸡场,先到会议厅看了幻灯片,通过幻灯片的介绍,孩子们对从蛋变成鸡的过程有了懵懂认识;来到孵化车间,孩子们看到了一箱箱正待出壳的鸡蛋在微微蠕动着,还听到脆弱的啄蛋壳的声音,他们既好奇又激动,个个瞪大了小眼睛。突然,在蛋的中间裂开一条细缝,慢慢地蛋壳打开了,一只湿漉漉的小鸡从蛋壳里钻了出来,"叽叽叽"地叫着,"哇,好小的小鸡呀!""它是不是在找妈妈呢?""小鸡是不是肚子饿了,它要喝牛奶吗?""真好玩"孩子们七嘴八舌地议论起来……

参观完毕,鸡场的工作人员让每位孩子带回两只小鸡和一袋鸡食,让他们饲养。在回家的途中,孩子们都处于兴奋状态,所有的心思都聚集在小鸡的身上。不停地问:要给小鸡做怎样的新房呢?要给小鸡喂些什么好吃的?小鸡睡觉要闭上眼睛吗?离开妈妈会不会哭呀?它什么时候会长大呀?带着种种疑问,孩子们体验了一次养小鸡的"奇妙旅程"。

2013年3月1日　探究问题:小鸡喜欢住哪里?

"小鸡喜欢住哪里?"对此问题,幼儿先通过分组进行讨论与猜想,接着,把小鸡喜欢住的房子用绘画的方式记录下来,老师到各组倾听幼儿的讨论,并帮助他们在所画房子旁注上文字,图7-20、图7-21就是孩子们画笔下的鸡窝。

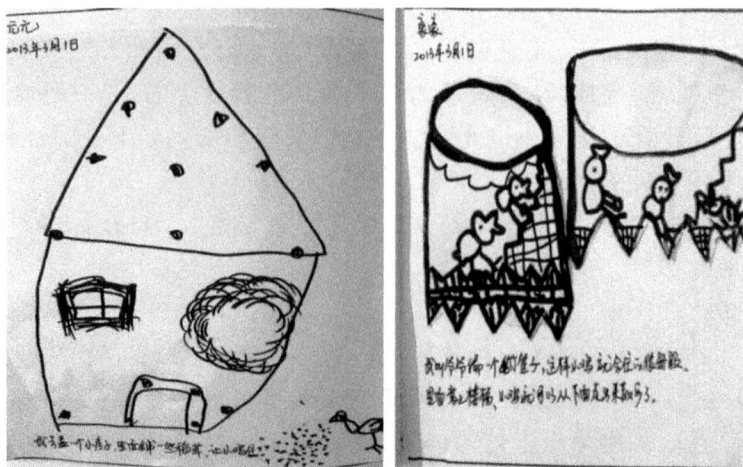

图 7-20   小鸡喜欢住的房子(一)

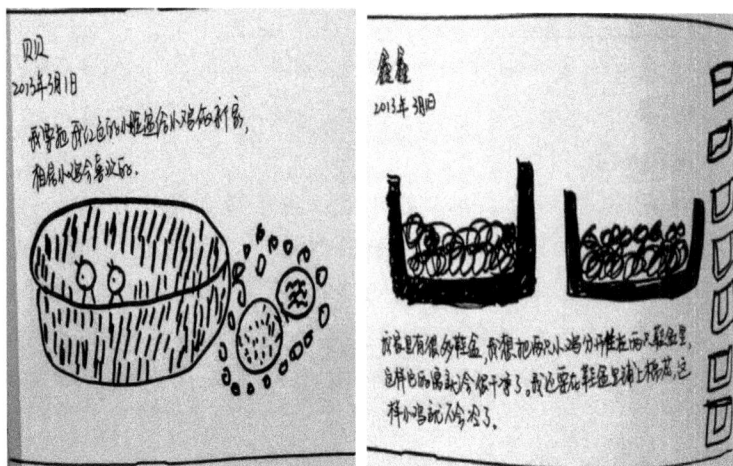

图 7-21   小鸡喜欢住的房子(二)

　　小组记录中幼儿合作的形式是不一样的,有的一人记录其他人讲,有的轮流记录。在集体交流时,幼儿结合自己的生活经验和平时了解的常识,讲出很多适合小鸡住的地方。主要分两大类:一类是住套房的孩子,他们归纳出小鸡的新房有鞋盒、纸板箱、塑料泡沫盒等;另一类是住落地房的孩子,他们觉得鸟笼、用竹子做的笼子,用小砖块砌成的小房子都可以做小鸡的新房。最后,他们都按照自己的想法给小鸡们安了新家,如图 7-22、图 7-23 所示。

么么：这是我奶奶用竹子编的鸡窝，我把它放在院子里。

这是一一的小鸡新家，用稻草做的，会很暖和哦。

欢欢：这可是鸟笼哦，小鸡住里面很方便的。

图 7-22 住落地房孩子给小鸡安的新家

文文：我找了一只大鞋盒给鸡宝宝当新家，还铺上了一层布呢，小鸡就不会冷了。

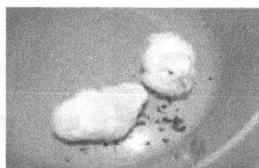

贝贝：我的小鸡住在我最喜欢的小脸盆里，小鸡肯定也喜欢。

晨晨：塑料泡沫盒是可以保温的，小鸡住在这里绝对暖和。

纸箱子也可以是小鸡的安身之处。

图 7-23 住套房的孩子给小鸡安的新家

在这过程中，我们习得了新的养鸡经验：

1. 刚出壳雏鸡保温能力低，调节体温机能也还不完善，因此，搞好防寒保温，调节适宜的温、湿度，是养好小鸡，提高雏鸡成活率的关键。雏鸡适宜的温度为：30～32℃。

2. 雏鸡挤成一起，不爱活动与吃食，不时发出"吱、吱"叫声，是温度过低的表现；如果雏鸡张口喘气，不时发出"啾、啾"声音，则是温度过高，只有雏鸡活动、吃食正常，羽毛平整光亮，安静等说明温度合适。

2013 年 3 月 7 日　探究的问题:小鸡喜欢吃什么?

关于"小鸡喜欢吃什么"我想知道的,如表 7-5 所示。[①]

表 7-5　小鸡喜欢吃什么?

我已经知道的(已知经验)	我想知道的(未知经验)	我还想知道的(未知经验)
小鸡喜欢吃米	为什么小鸡喜欢吃米、吃虫呢?	怎样才知道小鸡吃饱了呢?
小鸡喜欢吃虫	小鸡喜欢吃水果吗?	……
小鸡喜欢吃青菜	小鸡会吃鱼吗?	
小鸡喜欢吃面包屑	小鸡要喝牛奶吗?	
小鸡喜欢喝水	为什么小鸡喜欢到草地上去找吃的?	
小鸡喜欢吃泥土	什么时候才给小鸡喂吃的呢?	
小鸡喜欢吃饭	小鸡最喜欢吃什么呢?	
……	……	

孩子们不仅提出了上述问题,而且还通过观察、画画、摄影记录他们对各自提出的问题的探究,如图 7-24 所示。

---

① 节选自 2014 年 4 月 8 日宁海潘天寿艺术幼儿园金丹老师的写作"小鸡成长记",部分内容略有改动.

鑫鑫：我家的小鸡喜欢吃粟米，还要泡上一点水，这样小鸡就不会咽着了。

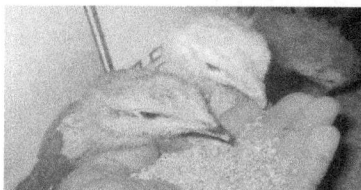

爷爷告诉我这是糠，把它和米饭和在一起，小鸡吃了会长得很快哦！

宝儿：我家的小鸡最爱吃米饭了，我还给它加了黄豆汤。

燕燕：小鸡吃完米后，还要吃些黄瓜、青菜、杂草等，因为这些里面有很多水分和营养哦！

图 7-24 孩子们对问题的探究

在这过程中，我们学到了一些饲养小鸡的正确方法：

1. 刚出生的雏鸡要喂用温水泡上三十分钟左右的小米，倒掉四分之三的水，留下一点，取出一点小米就行。小鸡喜欢喝水，但是不要给它喝太多，会拉稀。

2. 经过一段时间的饲养，小鸡没有以前那么肥肥胖胖圆圆乎乎。这时候我们可以喂它小面包、白菜、和米饭了。但必须撕小块，不然小鸡吃不下去的会噎死。每天喂到它肚子饱就行（如果吃饱了在它脖子下面会鼓起来、硬硬的）。不要喂它太大的虫子。

3. 小鸡渐渐长大了，可以喂许多东西了，不要再喂小米，它已经长大了，条件允许的情况下可以到外面找吃的了。

2013 年 4 月 7 日 探究的问题：小鸡有尿尿吗？

到了四月份，孩子们饲养小鸡已经 2 个月了。住在套房的孩子因为条件不允许养小鸡，就把小鸡寄养到乡下爷爷奶奶家；有的则送人了;有的孩子因为饲养不当小鸡不幸夭折了,还为它办了一场隆重的"葬礼"。在饲养的过程中,孩子不仅精心照料,还发现了一些奇怪有趣问题。如么么小朋友,在一次晚饭后发现自己饲养的小鸡解了许多大便,但就是没看见小便,于是他的一个问题问倒了在场的所有大人们:"小鸡有尿尿吗?"(如图7-25)结果,大人们目瞪口呆。第二天,么么就带着他所记录下来的问题到学校,交给老师,老师也没有立刻回答他,而是问小朋友,:"小鸡有尿尿吗?"这时,孩子们像炸开锅一样,有的说:"小鸡当然有尿尿喽,它喝了水肯定要解小便的。"有的说:"好像不会,因为小鸡它没有小鸡鸡哦!"有的说:"小鸡没有小鸡鸡,但它有屁股呀,尿尿可以从屁股里解出来呀"……于是,老师把问题又抛给么么,让他自己带着问题去找答案。最后,么么小朋友在家长的陪同下折返到养鸡场问了专业技术人员才知道了答案。原来鸡的体内温度是 43℃,喝下的水均在体内吸收了,剩余的一点点水与大便一起排出,所以禽类均无泌尿系统。

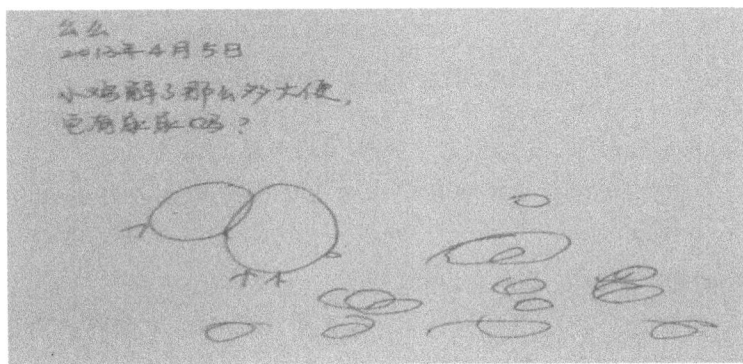

图 7-25　么么提出的问题

上述案例中,在节选的一个多月的记录中,小朋友们对小鸡的成长提出了各种各样的探究问题,有的小朋友甚至提出了一些大人熟视无睹的问题,比如最后一个问题;对于同一个问题,小朋友会基于自己的生活经历和思考得出不同的答案。在该案例中,儿童对新事物提问和认知的无限可能性,得到充分的体现。

需要指出的是,对于儿童成长而言,运用主题式日记描述记录其成长时,任一特定领域的发展一般而言不是每天都在发生,因此,尽管教师每天都可以做观察和记录,但在结果呈现时,选取的往往是某些日子的日记。

三、日记描述的优缺点

总体而言,两类日记描述的优缺点基本类似,但在选择性方面,主题式日记描述远高于综合性日记描述;相对于综合性日记描述而言,主题式日记描述需要选择特定领域的内容记录之。

（一）优点

如下从日记描述所记录的内容的角度,简要阐明日记描述的主要优点。

1. 连续性

日记描述记录儿童个体或群体成长的连续发展的行为,有利于洞察所研究儿童个体的独特性或群体的共性和差异性。

2. 翔实性

通过持续地记录儿童个体或群体的成长,能提供关于儿童成长的较长期的、翔实的第一手数据。

3. 广度性

日记描述和其他的描述法类似,不仅描述儿童的行为本身,也记录儿童行为产生的生活环境和社会情境,便于更好地理解儿童行为的特点。

（二）缺点

日记描述的主要缺点如下。

1. 限制了描述者的人选

日记描述需要描述者和儿童建立亲密的信任关系,从该角度看,对于那些比较难与儿童建立信任关系的教师而言,日记描述不是一种很适合的儿童研究方法。

2. 需要较长时间,比较费时

为了记录儿童成长的连续性,日记描述尽可能每天观察和记录,从该角度而言,比较费时。

第八章　抽样的方法

如果一个盒子里装着 50 块糖，你从中选择了 1 块糖，那么这 1 块糖就是你的抽样。这样抽样的目的之一是，帮助你确定你是否会喜欢 1 块你还没有品尝过（或抽样过）的糖。通过抽样，你不必尝遍整个盒子里的所有糖块儿，同时，你可以根据你吃过的这块糖的质量，来判断整盒糖的质量。因此，抽样可以节约很多时间和精力。①

抽样法重在方法的结构化，将描述法中儿童重复出现的行为视作事件或特定时间内的行为进行深度观察，以发现事件或特定时间内特定行为反复发生对儿童的意义或频度。需要指出的是，上述引言中提及的"一个盒子里装着 50 块糖"，这 50 块糖应该是相同的糖，这是抽样的前提。抽样法根据所抽样内容的不同，大致可以分为时间抽样法（time sampling）和事件抽样法（event sampling），这两种方法都是正式的儿童研究方法。尽管两种方法的共性是都需要抽样，但其抽样的核心、方法的要点、结果等都不同，据此，本章分别讨论这两种方法。

第一节　时间抽样法

教师职业最大的特点之一是面对儿童做出即时决策。当教师面对儿童

---

① ［美］沃伦·R.本特森.观察儿童：儿童行为观察记录指南.于开莲、王银玲译.北京：人民教育出版社，2009：93.

某些独特行为时,经常会遭遇的困境是无法判断这是儿童偶发行为还是经常的行为,时间抽样法就是这样一种能帮助教师判断行为发生频度的方法;为此,在概述时间抽样法的涵义和特征的基础上,笔者还将讨论时间抽样法的基本思路、案例、优缺点。

一、时间抽样法的涵义和特征

时间抽样法指仅在事先设定的时间内,以一定的间隔,观察和记录所选择行为的方法。据此,事先设定观察时间、确定时间间隔、界定所观察的行为,是能否恰当运用时间抽样法开展观察的关键。对于时间间隔的确定,最常见的是规律性时间间隔的确定。规律性时间间隔指在事先设定的时间内,以特定的规律设定观察的时间间隔,比如观察 30 秒、记录 20 秒、间歇 10 秒,继续下一个观察,这样一个观察时间间隔为 1 分钟;如果事先设定观察 30 分钟,那么,总共观察 30 次。时间抽样法既可以观察一名儿童,也可以观察多名儿童。时间抽样法的呈现方式多种多样,这种多样性体现在观察时间间隔的确定、观察儿童的数目、记录的方式等。

作为一种量化的儿童研究方法,时间抽样法的主要特征如下。

（一）能发现具有代表性的儿童行为

时间抽样法用以观察经常发生的行为,以确定儿童行为的代表性;不适宜用来观察偶发行为。第六章已论及,对于偶发行为的观察,轶事记录是更合适的方法。欧文和布什内尔(Irwin & Bushnell)认为:"如果在 15 分钟内,所观察的行为平均出现的次数少于一次,那么就不应运用时间抽样法。"①欧文和布什内尔所指的其实就是儿童行为的代表性问题,所观察的行为 15 分钟内出现的次数少于一次,意在说明该行为发生的频度非常低、不具有代表性,不适合用时间抽样法做进一步的观察和记录。

（二）高度结构化

运用时间抽样法,观察之前既需要设定观察的时间、明确观察的时间间隔,又需要有明确的观察目标、界定观察行为及其下属的类别。换言之,时间抽样法只记录设定时间内的预设行为;对于没有预设的行为,即便出现在设定的时间内,这些行为也是不记录的。

---

① 转引自[美]沃伦·R.本特森.观察儿童:儿童行为观察记录指南.于开莲、王银玲译.北京:人民教育出版社,2009:94.

二、时间抽样法的实施

根据时间抽样法实施的不同时段所需完成的不同任务,可将其概括如下,如表 8-1 所示。

表 8-1　时间抽样法的实施阶段及其任务

实施阶段	任　　务
实施前	确定观察主题
	描述观察目标
	界定行为、区分类别并界定之或界定行为、确定行为类别并编码
	设定观察时间
	制作观察表
	选择拟观察儿童
实施中	仔细观察
	客观记录
实施后	分析数据、做出推论
	运用数据

如下分阶段阐述表 8-1 中的任务。

（一）实施前

时间抽样法实施之前,为了确保时间抽样法的有效实施,教师需要对如下任务做好事前的规划:

1. 确定观察主题

观察主题确定了观察的方向、范围与边界。观察主题既可以源于理论研究,也可以来自于与儿童交往的实践,还可以两者结合形成。对于来自于理论研究中形成的已有观察主题,既可以是诸如儿童想法、儿童兴趣等的经典主题,也可以是新的理论研究产生的新主题,如核心素养及其相应的具体内容就可以是新的观察主题。对于来自于与儿童交往实践的主题,往往具有一定的操作性,如学生课堂参与、注意状态、倾听等等。

2. 描述观察目标

观察目标回答"到哪儿去"的问题,即对于上述观察主题,通过观察意欲达成什么。对于教师而言,观察目标往往缘起于自己的困惑。比如,开学初英语教师向班主任反应:"不少同学课堂上不在学习状态。"对此,班主任可以在英语课用时间抽样法进行观察,据此确定的观察目标是:了解"我班"学生开学初英语课的学习状态。

3.界定行为、区分类别并界定之或界定行为、确定行为类别并编码

界定行为即为即将观察的主要目标行为下一个操作性定义。区分类别指为该目标行为细分出具体的类别,分别为这些类别下操作性定义。类别与类别之间是并行的关系,如果类别之间有交叉,那么,类别的区分可能不够清晰。为类别下操作性定义的目的是,便于观察时进行客观的记录。需要指出的是,操作性定义是指根据可观察、可操作的特征来界定目标行为或类别的涵义,换言之,操作性定义是为了便于操作所下的定义。

帕顿(Mildred B. Parten)是时间抽样法最著名的早期研究者之一。1926 年 10 月至 1927 年 6 月期间,帕顿观察了 2 岁至 5 岁儿童在游戏中的社会交往行为,预设了 6 种儿童在参与游戏过程的社会交往类型,并对每种类型下了操作性定义(如表 8-2 所示)。从表 8-2 可以看出,帕顿区分了类别,并为各类别下了相当具体的操作性定义。不过,没有对社会交往下操作性定义;同时,六个类别的操作性定义不够简洁。为了让操作性定义的特征更加明确,特修改了帕顿所下的操作性定义(如表 8-3 所示)。

表 8-2　帕顿的六种游戏或社会交往分类①

游戏类型	操作性定义
1.无所事事	儿童没有参与任何明显的游戏活动或社会互动,他或她只是看一看此时感兴趣的事情。当没有自己感兴趣的事情时,他或她就会玩玩自己的身体,到处晃悠,跟着老师走来走去或坐在某个固定的位置上,四处张望班级的各个角落。
2.旁观	儿童大部分时间在看其他儿童游戏,有时他或她会与正在游戏的儿童交谈,有时会问问题或提出一些建议,但并不介入他人的游戏,总是保持在可以与他人说话的距离内,以确保自己能看得见和听得见别人在做什么。这说明儿童对某个小组或某些小组有一定的兴趣。他们不像无所事事的儿童那样对任何小组都不感兴趣,只对当时碰巧发生的令人兴奋的事情感兴趣,而且这种兴趣会经常转移。

---

① [美]沃伦·R.本特森.观察儿童:儿童行为观察记录指南.于开莲、王银玲译.北京:人民教育出版社,2009:99—100.

续表

游戏类型	操作性定义
3.独自游戏	这是一种游戏活动,儿童只是独自玩自己的游戏,不与其他任何人一起玩。儿童保持在可以与他人说话的距离内,玩一些与附近其他伙伴不同的玩具,不接近其他儿童,也不和他们交谈。儿童只是全身心地投入自己的活动,并且别人做什么都影响不了他。
4.平行游戏	儿童与其他儿童离得很近,但他们之间仍相互独立。儿童玩的玩具与其他儿童玩的玩具相似,但玩的时候他会以自己认为适合的方式来玩,不会受人影响,也不会去影响别人。因此,儿童只是在其他儿童旁边玩,而不是和其他儿童一起玩。
5.联合游戏	儿童与其他儿童一起游戏。他们互相分享材料和设备,一些儿童可能跟随其他儿童走来走去,一些儿童可能尝试控制在小组或不在小组里游戏的儿童,尽管这种控制并不十分坚决。儿童只是参加一些相似的而不是完全相同的活动,没有明确的组织分工。每个儿童都是在做自己想做的事情,没有把小组利益放在第一位。
6.合作游戏	这里的关键词是"有组织的"。儿童在一个小组中游戏,小组有特定的目的,制作某些物质产品,实现某些竞争目标,或者玩一些正式的规则游戏。儿童具有"我们"的意识,很明确自己属于某一组而不属于另一组。小组还会有一两个领导,指导其他人的活动。同时还需要进行分工,小组成员各自承担不同的角色,一个小组成员在努力工作时,其他小组成员都要给予支持。

表 8-3　修改后的帕顿的六种游戏或社会交往分类

游戏类型	操作性定义
1.无所事事	儿童没有参与任何明显的游戏活动或社会互动,只是随意观望感兴趣的事情。当没有感兴趣的事情时,便玩玩自己的身体,到处晃悠,跟随老师,或四处张望班级的各个角落。
2.旁观	儿童基本上在看其他儿童游戏,有时会与正在游戏的儿童交谈、问问题或提出一些建议,但并不直接参加他人的游戏。
3.独自游戏	儿童独自玩自己的游戏,专注于自己的活动,根本不注意别人在干什么。
4.平行游戏	儿童与其他儿童在同一处玩,甚至玩的玩具也可能相似,但各自玩自己游戏,既不影响他人,也不受他人的影响,互不干扰。
5.联合游戏	儿童在一起玩同样或类似的游戏,相互追随,但没有组织与分工,每人做自己想做的事。
6.合作游戏	儿童为某种目的组成一个小组在一起玩游戏,小组内有领导、有组织、有分工,每个儿童承担一定的角色任务,并且相互帮助。

对于界定行为、确定行为类别并编码,除了编码外,其他与前述的大致相同。编码关键是确定编码所需要的符号系统,常见的符号系统主要用大写或小写的英文字母表示,如假定大的行为类别分别 5 类,那么,这 5 类可以标为 A、B、C、D、E,如果第一大类下,还有更具体的行为类别,那么更具体的行为类别可以用小写字母编码。

4. 设定观察时间

观察时间的设定因观察主题和观察目的的不同而不同。一般而言,观察时间的设定包括观察时段、观察时长、观察次数。

观察时段由预设的观察时间间隔决定,一个观察时间间隔由观察时间、记录时间和间歇时间组成。如以观察 30 秒、记录 20 秒、间歇 10 秒为例,一个观察时间间隔为 1 分钟,这样一个观察时段为 1 分钟。在观察表中,观察时段可以以不同的方式呈现,最常见的是以时段的方式呈现,如上例中 1 分钟的观察时段可以表示为 10:00—10:01。

观察时长指一次完整的时间抽样观察所需要的总时间。总时间的设定根据教师观察儿童的实际需要而定。不过,需要指出的是,观察时长设定的太短或太长都会影响观察结果。设定的太短,无法得出所观察行为样本的代表性情况;观察时间太长,可能会因为观察的疲劳而影响观察的信度。中小学老师一般喜欢以一节课的时间或略少于一节课的时间设定为观察时长。

观察次数由观察时长、拟观察儿童的数目、观察时段决定。假定某次时间抽样法,观察时长设定为 40 分钟,依次观察 4 名儿童,每名儿童的观察时段为 1 分钟,这样观察次数是 10 次。教师要观察多少次才能判断儿童行为是否经常发生,对此,没有明确的研究。然而根据三角互证,对于初学者而言,观察次数至少在 3 次及以上。观察次数过少极有可能导致所观察到的行为缺少代表性和有效性。如假定在某个抽样的 1 分钟,你正在观察两对同桌之间的攻击行为,这时,方丽的右手肘猛击了一下王振的左手肘,你看到了这一幕,把方丽的行为视作攻击行为,并在观察表上记录了。接着,你把注意力转向下一个同桌。然而,真实情况可能是,之前王振用左手肘猛击了方丽两次,而这两次你刚好没有看到,因此,方丽的行为是被王振猛击以后的回击。

对于如何提高观察结果的信度和效度,本特森认为:“多次观察总比一次观察带来错误的决策或结论的机会少。同样,如果多个观察者参与观察,建立起观察者间一致性信度,也会减少出错的机会。当然,这还取决于观察者的技能和经验。"①此外,运用多种观察方法观察同一儿童,也能提高观察结果的信度。

5.制作观察表

一个相对完整的观察表大致包括如下内容:基本信息、观察目标、观察行为、观察情境、观察时间、拟观察的儿童、推论等。如仍以帕顿的研究为例,其中,所区分的类别及对各类别所下的操作性定义照前,据此设计下表(如表8-4所示)。

表 8-4 儿童游戏观察表

儿童姓名 (化名) 儿童的年龄 儿童的性别 地点(幼儿园、学校、家庭的具体地点) 日期 年 月 日 观察起止时间 记录者姓名 观察目标:

观察情境描述:

	1	2	3	4	5	6	7	8	9	10	11	12
无所事事												
旁 观												
独自游戏												
平行游戏												
联合游戏												
合作游戏												

注:预设观察12次,每次对应一个观察的时间间隔;假定该表的"时间"栏设定的观察时间是 10:00—10:12,那么,1 对应的观察时段是 10:00—10:01。一个时间间隔预设为观察 30秒,记录 20秒,间歇 10秒。假定观察三名儿童,那么,每位儿童实际观察的次数是 4 次。

推论:

———————————

① [美]沃伦·R.本特森.观察儿童:儿童行为观察记录指南.于开莲、王银玲译.北京:人民教育出版社,2009:156.

实际观察中,观察表的制定往往会经过几轮的修改。为此,观察表制定后,可以进行预观察,根据预观察中遇到的问题或相关发现,进一步修改所区分的类别及其所下的操作性定义,在此基础上进一步修改观察表。

6.选择拟观察儿童

对于儿童的选择,可以根据需要选择一名或多名,也可以根据观察目标,选择具有特定特征的儿童进行观察。对于初学者而言,一次选择的儿童数目不宜过多。

(二)实施中

根据上述思路制定观察表后,就可以运用该观察表进行实地观察。实施中的主要任务是仔细观察、客观记录。仔细观察是有效记录的前提,对于初学者而言,如何克服观察过程中可能出现的走神是一大挑战。

关于客观记录,如前所述,在界定行为、区分或确定类别时,既可以运用类别系统,也可以用符号系统对所选择的行为类别进行编码,据此,时间抽样法的记录大致有两种,即类别系统和编码系统。对于类别系统的记录,可以运用设定的符号记录之,如表 8-4 中,对于所设定的观察时段,如果观察的游戏类型出现,则在相应的位置打"√",如果没有出现,则打"×";对于编码系统,直接用编码所用的符号记录即可。需要指出的是,如果在设定的观察时间内要观察多名儿童,那么需要为拟观察的儿童编好序号,便于记录。

(三)实施后

实施后的主要任务是分析数据、做出推论,运用数据。对于分析数据、做出推论,主要在于得出行为发生的频度,这些行为的发生和所观察情境之间是否存在什么关系,如果观察情境包括多种因素,那么,就要考虑行为发生和这些因素之间的可能关系。

运用数据指基于数据来发现或洞察儿童行为发生的频度,以便更好地帮助儿童;或者用于家校沟通;或用来撰写研究报告或论文。

三、时间抽样法的案例及其分析

如下分别呈现一个完整的时间抽样法的案例和简化的时间抽样法案例,在此基础上简要分析之。

(一)时间抽样法的案例

观察表 8-4 是依据已有的理论研究得出的类别制定的。表 8-5 中的观察表是根据作者的实践及其兴趣自行设计的。该表和上述表格的区别是,增加了表格设计的依据、反思两栏内容。增加"反思"栏的用意是,试图引导职前教师或初学时间抽样法的教师通过反思,更深入地理解时间抽样法,以便能更好地运用时间抽样法来发现儿童。

案例一:

表 8-5　小学生的倾听①

儿童姓名①小 a、②小 b　　　　儿童的年龄　皆为 12 岁　　　　儿童的性别男、女

地点(幼儿园、学校、家庭的具体地点)　Z 小学科学教室

日期　2015 年 11 月 25 日　起止时间　上午 10:36—11:00　　　记录者姓名　朱清瑶

观察目标:观察两位外在表现不同的小学男女生课堂上的倾听表现

观察情境描述:

1.物理特点:同学们在一个科学教室上课,这个教室位于五楼,朝向正东,教室比普通教室要大一些,前面的墙上贴着关于"科学"的红字标语,侧边贴着关于科学的名言警句,后面黑板上贴着关于科学知识的海报,教室最后还有水池和一排供洗手的水龙头。教室的课桌桌面是绿色的,桌壁是白色的,比普通教室的桌子要大不少,同桌两人的桌子不是单独的,便于同桌交流。该教室座位呈传统秧田式分布(共 4 大列 6 小行),还有一名同学因教室座位不够而坐在过道上。该教室不是小朋友们平时上课的教室,仅用于上科学实验课和见习学生的公开课,而该班的小朋友是第一次来此教室上见习学生的公开课了,他们表现得较为紧张。

2.社会特性:这是一位见习学生的课堂,Z 小学五(3)班的同学们坐在科学教室的前半部分,一位见习教师在上课,部分见习学生(大约 1/2)坐在教室后方,部分见习学生(大约 1/2)坐在教室靠墙的左右两侧,该班语文老师坐在座位最后一排的某位同学侧边。课堂中正在上人教版小学语文五年级上册课文《长城》。

所选儿童的基本情况:

小 a:男、五年级,外在特点:坐在最后一排,坐得歪歪扭扭,小动作较多。位置:位于从门口往里数,第 5 小列,第 2 排。

小 b:女、五年级,外在特点:坐在正数第三排,坐得笔直,很有精神。位置:位于从门口往里数,第 4 小列,第 5 排。

	观察时段							
	10:36—10:39	10:39—10:42	10:42—10:45	10:45—10:48	10:48—10:51	10:51—10:54	10:54—10:57	10:57—11:00
1.对教师的倾听反映 1.1 有无倾听 A.有　B.无	① A	② A	① B	② A	① A	② B	① A ↓ B	② A

---

① 修改自浙江师范大学小学教育专业 141 班朱清瑶的时间抽样法作业.

续表

	观察时段							
	10:36—10:39	10:39—10:42	10:42—10:45	10:45—10:48	10:48—10:51	10:51—10:54	10:54—10:57	10:57—11:00
1.1 有倾听 1.1.1 倾听时的情绪表现： A. 感兴趣、兴奋、陶醉 B. 平常 C. 有点不耐烦	① B	② A		② A	① B ↓ C		① C	② B
1.1.2 倾听时目光表现 A. 抬头看着老师听 B. 看着书本听 C. 看着黑板、投影仪、讲台等听 D. 没有明显看着物体听	① A	② A		② C	① D		① C ↓ D	② A
1.1.3 倾听时的学习动作表现 A. 点头表赞同/摇头表不赞同 B. 边听边做笔记 C. 举手回应老师		② A					① C	② B
1.1.4 倾听时的学习语言表现 A. 边听边口头回应老师 B. 只听不回应老师	① B	② A		② B	① B			② A
1.2 不倾听 1.2.1 积极不倾听的表现： A. 与同桌讨论问题 B. 完成老师的任务 C. 自主思考						② C ↓ A		
1.2.2 消极不倾听的表现： A. 搓挠手指与头 B. 玩学习用品或其他物品 C. 靠着或趴在桌上，打瞌睡 D. 四处环视 E. 与同桌讲话 F. 其他			① E				① B ↓ E	
2. 对同学的倾听反映 2.1 有无倾听 A. 有　B. 无			① A	② A	① A	② A		② A

续表

	观察时段							
	10:36—10:39	10:39—10:42	10:42—10:45	10:45—10:48	10:48—10:51	10:51—10:54	10:54—10:57	10:57—11:00
2.1.1 倾听时的动作： A. 抬头看着同学听 B. 翻着书本听 C. 低着头听			① A	② A	① B	② B		② A
2.1.2 倾听的程度(质量) A. 非常认真倾听 B. 认真倾听 C. 一般 D. 不认真倾听 E. 非常不认真倾听			① C	② B	① D	② C		② B
2.1.3 倾听后的反映 A. 无反映 B. 补充同学的问题 C. 对同学的回答提出质疑 D. 对同学的回答进行评价			① A	② A	① A	② B		② A

注：观察的时间间隔为3分钟，其中观察2分钟，记录30秒，等待30秒继续观察。符号"→"表示在观察时段里从一种状态转向另一种状态。如1中的A→B，表示在观察的时间内，从倾听教师转向不倾听。

被观察儿童：①小 a(男)；②小 b(女)

观察表设计的依据

根据小学生上课实际倾听情况及个人的观察兴趣，我选定了"倾听"这一主题。从教学过程中的参与者出发，我将学生倾听的对象分为两种，一种是对老师的倾听，另一种是对同学的倾听。在对老师的倾听情况中，我先按是否倾听将其分为有倾听和不倾听两类。根据文献与课堂实际情况，将对教师的倾听与不倾听进行详细的分类。对教师的倾听，具体观察倾听时的情绪表现、目光表现、学习动作表现、学习语言表现；对教师的不倾听，又分为积极不倾听和消极不倾听两种，其下又下分各小类。对其他同学的倾听，先确定学生是否倾听，在此基础上按照倾听时的动作、倾听的认真程度及倾听后的反映对学生的倾听情况进行记录。

推论

从上述观察时段的记录看,小 a、小 b 的上课倾听如下:

(1)小 a:2 次在倾听,1 次先倾听后转向不倾听,1 次不倾听,因此,约 5/8 的时间倾听老师。倾听老师时,其情绪表现为,1 次平常、1 次平常转向有点不耐烦、1 次有点不耐烦;目光表现,1 次抬头看着老师听,1 次从看着黑板、投影仪、讲台等听转向没有明显看着物体听,1 次没有明显看着物体听;学习动作表现,举手回应老师 1 次;学习语言表现,只听不回应老师。不倾听老师时,表现为消极不倾听,具体表现为玩学习用品或其他物品、与同桌讲话。

倾听同学,在上述 4 次观察中,有 3 次需要倾听同学,小 a 有 2 次倾听同学。倾听同学时,其动作为抬头看着同学听、翻着书本听;倾听的认真程度是一般、不认真倾听;倾听同学后无反映。

(2)小 b:3 次在倾听,1 次不倾听,因此,3/4 的时间倾听老师。倾听老师时,其情绪表现为,2 次为感兴趣、兴奋、陶醉,1 次为平常;目光表现,2 次抬头看着老师听,1 次看着黑板、投影仪、讲台等听;学习动作表现,1 次点头表赞同/摇头表不赞同、1 次边听边做笔记;学习语言表现,2 次边听边口头回应老师,1 次只听不回应老师。不倾听老师时,表现为积极不倾听,具体表现为从自主思考转向与同桌讨论问题。

倾听同学,在上述 4 次观察中,有 3 次需要倾听同学,小 b3 次都在倾听同学。倾听同学时,其动作为 2 次抬头看着同学听、1 次翻着书本听;倾听的认真程度是 2 次认真倾听、1 次一般;倾听同学后 2 次无反映、1 次补充同学的问题。

从上述分析看,在观察过程中,小 b 倾听老师或同学总体比小 a 好。

问题与反思

修改完时间抽样观察表,不得不说这是四次观察记录表中最需要花心力的,也是问题许多的。

首先,在表格的编制上,我曾想过很多主题,比如关于"师生上课互动",但是主题太大不容易分类并编码,后又选择"对举手积极性的观察",也尝试着编写了表格,但由于表格编写太过主观,没有充分考虑课堂实际,所以记录表所列的类别与实际观察到的儿童行为的契合度比较低,编写的表格几乎做不了记录。最终受老师上课启发和观察兴趣的影响,我选择了观察课堂的倾听情况;并根据文献资料和以往的听课经验编定了表格。但去实地观察时仍存在问题,有些类别难以靠学生的外部特征来判断学生的行为是否属于此类或彼类,因此,区别行为类别的确是观察表设计和实施中的难点。

其次,时间抽样要完全按照预计设定的时间做记录,特别考验"干脆"能力,有时,一些表格中类别在观察时间之外被我观察到了,但不能记录;有时,学生的动作往往具有延续性,儿童所做的一系列行为还没结束,观察时间已经到了,这时也要停止记录。所以针对这两种情况,我会比较纠结、难以决断。不过,如果可以把时间抽样与叙事性描述有机结合可能对解决此问题有一定的帮助。

案例二:

根据多次实地观察,小学生的学习专注状态大概可以区别为如下 5 类:A一专注认真、B一聊天、C一发呆、D一东张西望、E一玩弄玩具。和任课老师商量后,抽取了小方、小明、小英、大兵、大名、小燕作为观察对象。

表 8-6　小学生学习专注状态观察情况

日期　2011 年 9 月 28 日　　　　　　　时间　下午 3:04—3:22
地点　Q 小学 301 班　　　　　　　　　记录者姓名　王丽华等

观察对象 \ 观察结果 \ 观察时段	3:04—3:06	3:06—3:08	3:08—3:10	3:10—3:12	3:12—3:14	3:14—3:16	3:16—3:18	3:18—3:20	3:20—3:22	学习%
小方	A	A	A	C	E	A	A	A	A	78%
小明	D	A	A	C	A	A	E	A	A	67%
小英	A	A	A	A	A	A	A	A	A	100%
大兵	A	C	A	C	C	C	A	C	C	33%
大明	A	A	A	A	A	A	A	A	A	100%
小燕	B	A	A	A	E	E	D	A	C	44%

　　作者总共观察了 9 次,在抽样观察期间,"学习%"这一栏表明,小英、大明 100%处于专注认真学习的状态;小方专注认真的状态是 78%,小明是专注认真的状态是 67%;小燕专注认真的状态是 44%,大兵专注认真的状态是 33%。如果进一步分析上述的不同时段中小燕和大兵的不专注学习的状态,可以发现,小燕不专注的具体表现是 1 次聊天、2 次玩弄物品,1 次东张西望、1 次发呆;大兵的不专注学习状态则只有一种,即 6 次发呆。

　　如果根据观察时段分析上述观察结果,可以发现,下午 3:08—3:10 这一时段观察的 6 名都专注认真,其他时段都有同学不在学习状态。

　　(二)案例分析

　　对于案例一,诚如作者在反思中所提到的,如何科学地区分行为类别、有效地记录是实施时间抽样法最为困难的部分。

　　对于观察结果与情境因素的关系的分析,从上述案例看,作者只是分析了观察结果,并没有分析观察结果和情境因素之间的关系。比如,本次观察中的部分情境因素是在科学教室里上课的、一位见习教师上的课,据此,可以分析是否是科学教室或见习教师上课是不利于小 a 倾听的因素?据此,如果要做进一步观察,作者可以选择小 a 原来的授课教室、自己的语文老师上课的情境,在这样的情境中进一步观察小 a 的倾听情况;如果观察结果仍然不佳,那么,或许可以进一步观察的主题是,影响小学男生倾听的因素研究。在案例一中,各选择了一名男生和一名女生进行倾听的观察,发现样本中女生的倾听比样本男生好;据此,可以进一步深化的观察主题,小学生课堂倾听的性别差异。

对于案例二,观察的是前半节课的学习状态,假定观察后半节课,上述 6 名儿童的学习状态又会是怎样呢?这次观察是在下午进行的,如果选择上午的课堂进行实地观察,上述 6 名儿童的学习状态又会是怎样呢?如果选择其他学科做进一步观察,上述 6 名儿童的学习状态又会是怎样呢?……

对于根据观察时段推论出的观察结果,或许可以提出如下问题:除了第三个观察时段外,其他时段为什么都有一些同学不在学习状态?是学习内容缺乏吸引力还是教师的教学实施能力欠佳?

四、时间抽样法的优缺点

时间抽样法的优缺点如下。

（一）优点

时间抽样法的优点有三。

1.节约时间和精力

尽管制定观察表比较费时费力,但一旦观察表制定完毕,时间抽样法的运用总体而言,比较省时省力。时间抽样法的省时还表现在,适合观察时间较短、会重复出现的行为。

2.具有较高的观察者间的一致性信度

运用时间抽样法进行实地观察时,多位观察者可以运用同一观察表对相同的儿童进行观察,因此,观察者间的一致性信度比较高。

3.可以结合不同的记录技巧

如前所述,时间抽样法可以运用类别系统、符号系统进行观察记录,尤其是通过编码后的符号系统,便于记录。

（二）缺点

时间抽样法的缺点有四:

1.观察表的制定比较费时

观察表的制定有赖于清晰区分行为类别并界定之,而行为类别的区别及界定非常费时。

2.缺乏连续性

对行为的观察和记录缺乏连续性,因为时间抽样法运用了类别系统和编码系统,只用编码记录所观察到的类别,无法捕捉到行为发生的情境及其详细的细节,这样有可能会误读行为,导致记录的信度受到影响。

3.受预设的观察时间的限制

只能在设定的时间内记录所预设的行为,但儿童的行为往往因情境等发生变化,不一定会完全按预设的间隔时间出现,由此增加记录的困难。

4.只能推论行为发生的频度,但不能得出行为发生的具体意义

为了能发现行为发生的具体意义,或洞察行为发生背后的意义,可以将时间抽样法和描述法相结合。

第二节 事件抽样法

前述的时间抽样法是以时间作为抽样的核心,观察特定时间里儿童行为发生的频度;事件抽样法是以事件作为抽样的核心,在儿童多样化的行为中,选出教师感兴趣的或对于儿童成长具有代表性的行为,作为特定的事件完整地记录儿童的行为,从中对该儿童的行为有更深刻的理解或发现。本节在概述事件抽样法的基础上,讨论事件抽样法的实施过程、案例、优缺点。

一、事件抽样法概述

作为一种正式的儿童研究方法,事件抽样法是以事先选取的事件作为观察样本,在自然情境中完整记录该事件的方法。事件是观察和记录的核心,事先确定事件至关重要。事件指儿童的一系列行为,这些行为分属不同的类别;一个事件的大小由观察目标确定。如儿童间的互动、儿童间的争执等都可以视作事件,但该事件的范围和边界是由观察目标确定的。事件既可以事先界定,也可以只选定事件,根据实践中的已有观察,区分出事件下属的具体类别。强调自然情境,是因为儿童自发的行为往往能在自然情境下发生的事件中能得以如实展现。"完整"意指要详细记录事件发生的起因、经过和结果等。

事件抽样法的特征如下。

1.以某一特定的事件作为记录的对象,不需要事先限定时间

运用事件抽样法研究儿童行为时,记录的时机是由事件决定的,事件一出现就记录,一直到该事件结束才停止记录。因此,事件抽样法记录的时间是指事件发生持续的时间,而非事先限定的时间。事先设定时间是时间抽样法的特征之一。

2.能在短期内聚焦于儿童的特定行为,据此深入探究之

因事先确定了拟深入观察的事件,这样便于教师快速聚焦于自己感兴

趣的儿童事件,根据持续观察和记录所获得的数据,便于深入探究儿童行为的表现、特点、多样性和复杂性。

3.能统计事件发生的次数或数量等

事件抽样法除了能收集到发生在儿童或儿童之间的事件的定性资料外,有时,根据研究的需要,也可以记录一些定量的资料,比如事件发生的次数、持续的时间等。

二、事件抽样法的实施过程

根据事件抽样法实施的不同阶段所需完成任务的不同,可将其概括如下,如表 8-7 所示。

表 8-7　事件抽样法的实施阶段及其任务

实施阶段	任　　务
实施前	确定观察主题
	描述观察目标
	界定行为、区分类别并界定之,或确定行为类别
	选择观察情境
	选择拟观察的儿童
	制作观察表
实施中	仔细观察
	客观记录
实施后	分析数据、做出推论
	运用数据

如下分阶段阐述表 8-7 中的任务。

（一）实施前

事件抽样法实施之前,为了确保事件抽样法的有效实施,教师需要对如下任务做好事前的规划。

1.确定观察主题

哪些观察主题特别值得作为事件来抽样观察之,对此并无系统的研究。相比较而言,适宜学龄前儿童的观察主题的研究较多,基础教育阶段的儿童的观察主题研究较少。

对于学龄前儿童,科恩（Dorothy H. Cohen）等人提出了多个观察主题:

儿童在常规活动中的行为,包括进餐行为、如厕行为、午休行为、过渡时间的行为;儿童使用材料时的行为;幼儿之间的社交行为;幼儿在戏剧表演游戏中的行为;师幼关系及在教师主导活动中幼儿间的相互关系;儿童早期的思维,包括个性化的思维方式;儿童思维能力的发展,包括概括能力、辨别能力、认识异同的能力、类比能力、认识因果关系的能力、时间观念、分类能力、理解空间关系的能力等;儿童的语言发展和读写能力;此外,他们还提出了如何记录婴儿和学步儿的行为、需要特殊关注的儿童。①

科恩等人提出的观察主题,有些主题是基础教育阶段可以借鉴的,如儿童的社交行为,儿童思维能力的发展包括个性化的思维方式,儿童的语言发展和读写能力,师生关系及在教师主导活动中学生间的相互关系;需要特殊关注的儿童;对于小学阶段的儿童,常规活动中的行为也可以作为参考的观察主题。儿童的自主性、探究性、合作性等,也是研究基础教育阶段儿童的重要观察主题。此外,儿童核心素养发展相关的内容可以作为重要的观察主题,如儿童的社会交往、儿童之间的合作、儿童的信息通信技术素养、儿童的创造性、儿童的批判性思维、儿童的问题解决能力等。

2.描述观察目标

观察目标主要回答"到哪儿去"的问题,观察目标的确定由观察主题和作者的观察设想或假设决定。较早运用事件抽样法研究儿童行为的是达维(Helen C. Dawe),需要说明的是,达维当时是用行为抽样法(behavior sampling method)②来指称我们当下熟知的事件抽样法。达维系统梳理了关于儿童争执的有关文献研究,包括研究方法和研究内容;研究发现,已有研究很少聚焦于具体情境下的儿童争执。于是,他确定的观察目标是研究和分析一个相对不受控制的社会环境中自发出现的学龄前儿童争执。

3.界定行为、区分类别并界定之,或确定行为类别

对于从已有研究中来的观察主题,可根据已有的界定,结合观察目标和拟观察的儿童,下一个合适的操作性定义;在此基础上,为观察主题区分出相互独立的类别。对于所选择的观察主题,对于已有研究并无界定的,可以先确定行为类别,在研究的基础上归纳得出所观察行为的操作性定义。如

① [美]Dorothy H. Cohen,Virginia Stern,Nancy Balaban & Nancy Groppper.幼儿行为的观察与记录.马燕、马希武译.北京:中国轻工业出版社,2013:1—234.

② Helen C. Dawe. An analysis of two hundred quarrels of preschool children. Child Development,1934,5(2):142.

达维对儿童争执事件的研究,他并没有对争执下操作性定义,不过,他区分了四类争执:争执物品、身体暴力、干扰活动和社交调整;并对四类争执下了操作性定义。但达维也指出,其实对于上述四类自身的辨别,不少时候会遭遇困难。以身体暴力为例,怎样的行为算得上是身体暴力的开始? 比如,一个孩子拍打另一个孩子,或向另一个孩子扔雪或扔沙子,这样的行为能被看作是身体暴力的开始吗。[①]

4. 选择观察情境

观察情境的选择是由观察目标决定的。尽管时间抽样法是在自然情境中进行的,但在中小学尤其是中小学课堂教学中,不少事件的观察其实很难做到真正的自然情境下的观察。为此,教师在选择合适的观察情境时,要尽可能考虑到观察情境的自然性问题。比如,在达维的儿童争执事件研究中,他特选择上午的自由活动时间作为观察儿童之间发生的自发争执的情境,因为该时段教师对儿童的控制最少。

5. 选择拟观察的儿童

拟观察儿童既可以选择一名也可以选择多名,对于选择多名儿童,可以是同桌或一个小组或其他。如在达维的儿童争执事件研究中,达维选择了明尼苏达大学儿童福利研究所幼儿园的儿童作为观察对象,他选择了 25 个月至 60 个月大的 40 名儿童(女 19 人,男 21 人)。

6. 制作观察表

尽管事件抽样法的观察表并无固定的格式,但一个相对完整的事件抽样观察表大致包括如下内容:基本信息、观察目标、观察行为、观察情境、拟观察的儿童、观察时间、推论等。事件抽样法的观察时间与时间抽样法的观察时间不同,在事件抽样法中,观察时间指事件发生的持续时间,即所观察的事件发生的起始和结束时间,而非预设的观察时间。为了便于教师使用,表 8-8 给出了一种可以参考的事件抽样法的观察表。表中的"界定及其类别"是指对所观察的事件或行为下操作性定义,并区分类别;如果类别本身不是自明的,那么,需要对所区分的类别进一步下操作性定义。记录"选择所观察儿童的理由"是帮助教师能在新的情境中,尤其是在跨校或跨区域的儿童研究情境中,能快速选定自己感兴趣的儿童。"目标行为与解释"中,在解释后的括号里备注了如有需要,是指不是每个目标行为描述后都需要做

---

① Helen C. Dawe. An analysis of two hundred quarrels of preschool children. Child Development,1934,5(2):143.

出解释;只有在教师所描述的目标行为可能会引起误解或者有其他意义时,需要做出解释,这样的解释在一定程度上能帮助读者理解当时记录的情境。表格中的 OBD 是英文 Objective Behavioral Descriptions 的缩写,意即目标行为描述。

表 8-8 事件抽样法观察表

儿童姓名 __(化名)__   儿童的年龄_____   儿童的性别_____
地点(幼儿园、学校、家庭的具体地点)_____
日期____年__月__日   观察起止时间_____   观察者姓名_____
观察目标:_____
界定及其类别:_____

简要描述观察情境:

选择所观察儿童的理由:

目标行为描述与解释(如有需要)

OBD1:(开始时间   结束时间   )

解释:

OBD2:(开始时间   结束时间   )

解释:

OBD3:(开始时间   结束时间   )

解释:

……

推论:

事件抽样法的观察表可以根据观察目标变换样式。如以达维对儿童争执事件的研究为例,达维确定了如下观察内容:①

(1)争执者的姓名、年龄、性别;

(2)争执持续的时间;

(3)争执发生的背景、起因;

(4)争执什么(争玩具、身体暴力、妨碍活动、社交调整);

(5)争执者扮演的角色(争吵的爆发者、主要的侵犯者、报复者、反抗者、被动接受者等);

(6)伴随争执的特殊言语或动作;

(7)结果如何(被迫让步、自愿让步、和解、旁观儿童干预解决、教师干预解决等);

(8)后果与影响(高兴、忿恨、不满等)。

尽管达维指出,在观察之前,他会事先印制好观察表,但在其论文中没有呈现他设计的观察表。不过,根据上述内容,大致可以制作如下的简易观察表(如表8-9所示)。因前面达维已经交代了观察情境、拟观察的儿童,推论是在全部观察结束后再进行的,因此,这里不需要再设这些栏目。如果上述内容没有事先交代,那么,需要在表格中相应之处增设有关栏目。

表 8-9　儿童争执事件观察表

日期＿＿＿年＿＿月＿＿日　　时间＿＿＿＿＿＿　　记录者姓名＿＿＿＿＿＿＿＿＿

观察内容	观察结果
争执者姓名	
争执者年龄	
争执者性别	
争执持续的时间	
争执发生的背景、起因	
争执什么(争玩具、身体暴力、妨碍活动、社交调整)争执者扮演的角色(争吵的爆发者、主要的侵犯者、报复者、反抗者、被动接受者等)	
伴随争执的特殊言语或动作	

① Helen C. Dawe. An analysis of two hundred quarrels of preschool children. Child Development,1934,5(2):142-144.

续表

结果如何（被迫让步、自愿让步、和解、旁观儿童干预解决、教师干预解决等）	
后果与影响（高兴、忿恨、不满等）	

　　需要说明的是，表8-9中争执者的姓名、年龄、性别各设一栏，是因为争执往往发生在多名儿童之中，据此，各设一栏便于记录。

　　对于未经预观察的观察表，制作完成后可先联系选定的观察情境进行预观察，通过预观察进一步厘定所区分的类别，酌情修改观察表。

　　（二）实施中

　　实施中的主要任务是仔细观察、客观记录。

　　1. 仔细观察

　　仔细观察旨在尽可能避免因观察失误而扭曲数据。为此，对"如何才能仔细观察"事先要有比较周全的考虑，比如需要选择适宜的观察位置，敏锐地判断出现的事件是否属于拟观察的事件。如达维研究学前儿童争执事件时，就如何做到仔细观察这样描述道："为了把40名儿童视作一个整体，观察者站在操场上的某一中间位置或两个游戏室之间的过道里。当争执发生时，观察者迅速地走到儿童附近且尽可能不被儿童察觉。"由此可见，达维等人对于如何选择一个适宜仔细观察的位置作了充分的考虑。

　　2. 客观记录

　　为了保证客观记录，事件抽样法有三种记录方式：编码、叙事性描述、编码和叙事性描述相结合。运用任何一种方式做记录，都需要事先考虑好并尽可能客观地记录之（尽管绝对的客观是不存在的）。对于如何编码，其思路和时间抽样法大致相同，即凡是区分或确定了特定类别时，都可以进行编码。如以表8-9为例，表格左栏中的争执什么（争玩具、身体暴力、妨碍活动、社交调整）、争执者扮演的角色（争吵的爆发者、主要的侵犯者、报复者、反抗者、被动接受者等）、结果如何（被迫让步、自愿让步、和解、旁观儿童干预解决、教师干预解决等）、后果与影响（高兴、忿恨、不满等），都区分了不同的类型，因此，都可以根据记录的需要事先做好编码；如以争执者扮演的角色为例，可以将上述5类编码为：A争吵的爆发者、B主要的侵犯者、C报复者、D反抗者、E被动接受者。如果记录过程中，只需要统计出争执者扮演角色的次数，那么，就可以只用编码系统记录，根据记录结果就能统计出次数。如果观察目标是既想了解发生的次数，还想了解成为该角色的前因后果，那么,就可以用编码和叙事性描述相结合的方式记录之。

（三）实施后

实施后的主要任务是分析数据、得出推论,运用数据。

1.分析数据、得出推论

由于事件抽样法既可以收集定性的数据,也可以收集定量的数据,据此,根据所收集的数据类型,决定数据分析的方法和推论呈现的方式。如在研究儿童争执事件时,达维采用了定性和定量相结合的方式分析数据、得出结论,部分结论如下：[1]

经过三个多月的观察,得出如下研究结论：

(1)观察时间总计 58.75 小时,平均每小时发生争执事件 3.4 次;

(2)共记录争执事件 200 例,68 例发生于室外,132 例发生于室内;

(3)每次争执涉及的儿童的平均数是 2.22 名;

(4)室内争执持续的平均时间为 34.48 秒,室外争执持续的平均时间为 18.45 秒,室内外争执持续的平均时间为 23.63 秒,争执时间持续 1 分钟以上的只有 13 例;

(5)男孩争执多于女孩,攻击性水平也高于女孩;

(6)争执常发生在不同年龄组、相同性别的儿童之间;随年龄增长,争执事件减少,攻击性和报复性增强;

(7)几乎所有的争执都伴有动作,如冲击、推拉等,争执中,偶尔有大声的喊叫或哭泣,但无声争执占大多数;多数争执发生的原因往往是对占有物品的不同意见;大多数争执自行平息,往往是年幼儿童被迫服从年长儿童或年长儿童自愿退出争执;争执平息后,很快恢复常态,没有证据表明有耿耿于怀、愤恨之感。

……

2.运用数据

运用数据指基于对特定事件的研究,以此深度洞察儿童行为或发现儿童行为发生的整体状况,以便更好地理解儿童世界。除了理解和发现儿童之外,研究结果也用于家校沟通,或用来撰写研究报告或论文,与同行分享研究发现。

----

[1] Helen C. Dawe. An analysis of two hundred quarrels of preschool children. Child Development,1934,5(2):145-156.

三、事件抽样法的案例及其分析

如前所述,事件抽样法没有唯一的记录格式,但为了帮助老师更好地理解事件抽样法的要点,如下呈现一案例,并做简要分析。

（一）案例

同伴交流是小学生人际关系发展的重要方面,作者选择这样的主题进行观察,具有重要的实践意义。案例具体内容请见表 8-10。

表 8-10　同伴交流的事件抽样法记录表①

儿童姓名　豆豆(化名)　　　儿童的年龄　12 岁　　　　儿童的性别　女
地点(幼儿园、学校、家庭的具体地点)　Z 小学科学教室 日期2014 年11 月12 日　　起止时间　13:40—14:20　　观察者姓名吕艳 观察目标:探究小学生的同伴交流过程。 界定及其类别:同伴交流指与班里同学之间的交流,包括语言交流、动作交流、神态交流、眼神交流。
简要描述观察情境: 　　这是一节小学四年级英语课,由 Z 大学的大二学生 Miss Zhou 执教。在 Z 小学专为 Z 大学见习学生听课安排的教室里上课,该教室是教学楼旁一幢楼第 5 层的一间科学教室。这间教室比孩子们平时上课的教室大,桌椅比较新,墙上贴着"探索、求知"之类的科学标语,但没有能表明上课班级任何情况的表格、展板等。座位安排与传统教室一样,分四大组,中间有 3 条过道,学生和听课者面向黑板与讲台。 　　孩子们吵吵闹闹地进了教室,找到座位坐下后,大部分孩子跟同桌、前后桌聊天,几个孩子转过身来看坐在教室后面的见习学生。由于这间教室只有 48 个座位,所以有 3 个孩子坐在过道上。
选择所观察儿童的理由:豆豆是个长相清秀、貌似乖巧的女孩子。在这节课中,她有多次本研究拟探究的同伴交流行为。 　　从观察位置看,豆豆和我处在一条斜线上,虽然有点距离,但是中间没有阻隔,便于观察。

---

① 修改自浙江师范大学小学教育专业 131 班吕艳同学的事件抽样法作业.

续表

座位表：

讲台

第四大组		第三大组		第二大组		第一大组	
						▲	

说明：▲表示豆豆所在的座位。

目标行为描述与解释

OBD1：(开始时间 13:54　　　结束时间 13:56)

豆豆用手捂着脸，稍稍侧着头跟同桌讲话，大约停了 15 秒后，边掰着手指边跟同桌在讲话，期间猛摇了三下头，然后略皱着眉头地跟同桌说了几句。

解释：本节课已经过去 13 分钟了，在这 13 分钟内，豆豆没有与同桌做任何交流，一直很认真地听课。

OBD2：(开始时间 13:57　　　结束时间 13:57)

豆豆左后方的同学被老师叫起来回答问题，豆豆转过头去一直看着回答问题的同学，看的同时眉头略微皱着，眼神中带有疑惑，似乎不太认同该同学的回答，整个过程持续了约 20 秒。

OBD3：(开始时间 13:59　　　结束时间 14:00)

同桌主动凑过来想跟豆豆聊天，但豆豆不停地掰着自己的多色可变圆珠笔，没有理同桌。大约 15 秒后，豆豆把这支圆珠笔递给了自己的同桌，然后侧低着头看着同桌把玩这支圆珠笔。

OBD4：(开始时间 14:00　　　结束时间 14:07)

豆豆趴在桌子上和同桌头贴头地靠在一起，右手往右伸，两个人一直低着头在纸上仔细地找着。前桌的同学也转过身来和豆豆以及她的同桌一起讨论，豆豆不时地点头，同时迅速提示同桌圈出单词。在 14 点 04 分时，豆豆斜着眼睛往后看了一眼，但是不一会儿又转了回去。豆豆后面的一个女同学主动地拍了拍豆豆的帽子，听完这位同学的话后，豆豆很激动，眉头紧皱，眼睛瞪大，右手不停挥着。听到老师说其中暗含 12 个单词时，周围的同学都炸开了锅，发出"啊、啊"的惊叹声，但豆豆和她的同桌却连头也没抬一下，依旧十分淡定地低头找着。前桌的两个同学先后转过来和豆豆她们俩说话，但豆豆一声不吭，也没抬头看前桌一眼。

解释：这一环节是老师安排学生找课文纸字母表中的单词。豆豆在 14 点 04 分时斜眼往后看了一眼，下课后观察者与豆豆交谈，发现她其实是想看看后桌同学寻找单词的进度，并不是为了偷看。

OBD5：(开始时间下午 14:10　　结束时间下午 14:13)

老师公布了完整的单词答案，豆豆和同桌低头校对。豆豆不时地抬头，右手食指指在课文纸上，嘴里念着单词，她的同桌则用笔在纸上圈出单词。这过程中，豆豆一直拉住同桌的衣角，时不时催促道："快点，快点。"

续表

> 推论：
> 1.豆豆在课开始的前13分钟内没有跟同桌有任何交流,但是后来跟同桌一起玩圆珠笔、合作找单词,还与前后桌交谈,有时神态和眼神夸张、动作幅度大。
> 2.豆豆在和同学的交往过程中,显得比较自我,未经商量,豆豆就安排同桌圈单词;对于前后桌主动要求谈话,豆豆几次没有回应。尤其是豆豆的眼睛,经常瞪得大大的,不怒而嗔。我认为豆豆用"同伴提名法"测量同伴关系后,可能会是受争议儿童。

> 反思：
> 1.在综合考虑各因素后,最终确定将"同伴交流"作为观察的事件。其实,起初 Miss Zhou 模拟上课后,打算以"同伴交往行为"作为观察主题,打算采用"发展心理学"里"游戏中六种同伴交往行为"作为行为符号,把同伴交往行为按类型、语气、控制等分类,以便于观察记录。然而,到了小学现场后,发现原来的预设根本没法记录。于是只能将主题改为"同伴交流",放弃原定的记录方式——符号系统,而采用叙事性描述记录之。
> 2.作为四年级的孩子,他们的抽象思维已经初步发展,思维深度与低段学生完全不同。如何吸引他们的课堂注意力,例如豆豆在前13分钟全情投入课堂,但为什么后来跟同桌屡屡讲话,我觉得这是新老师应该费心思考之处。
> 3.在找课文纸上的单词这一环节,豆豆跟同桌、前后桌讨论,但是他们的交谈内容是否全部与这一教学环节有关,我很难确定;所以作为老师,如何让学生在课堂自由时间内专心、高效地完成所布置的任务,这是一个值得思考的问题。
> 4.对于豆豆这样性格很明显、个性突出的学生,她本身就具有很强的表现力,如果老师让豆豆回答问题,那么她后半节课的说话频率可能有所降低。此外,豆豆的同伴关系到底是怎样的,老师应该如何帮助像豆豆这样表现的儿童,我认为也是值得研究的问题。

> 附：
> 课文纸
>
> | t | i | m | e | e | k | i | b |
> |---|---|---|---|---|---|---|---|
> | e | f | i | w | i | d | e | i |
> | a | i | n | i | n | e | m | t |
> | m | v | e | i | o | a | i | e |
> | r | e | n | d | s | i | t | e |
> | e | h | i | d | e | f | i | l |

（二）案例分析

　　这里主要根据事件抽样法的要点简要分析之。关于观察主题,尽管作者在实施事件抽样法之前预设的观察主题是同伴交往行为,但到现场后发现预设的主题无法观察,于是临时改为同伴交流,这里的同伴交流主要指同桌交流、前后桌交流。观察主题的临时变更,进一步表明,对于初学者而言,当做好事件抽样法实施之前的准备后,有必要去预设的观察情境中做预观察,根据预观察修改预设的有关内容。需要指出的是,对于师范生而言,因实地观察受制于对方学校的安排,这样的变更也是在所难免的;对于一线教师而言,用事件抽样法开展儿童研究比师范生更有便利条件。

从上述案例看,除了观察主题临时变更外,作者也变更了记录方式。除了这两者之外,作者总体能理解事件抽样法的精髓。如在目标行为描述时,一旦目标行为出现,马上用描述性语言记录下具体的目标行为,同时记录下目标行为持续的时间;又如,能根据所记录的目标行为描述,推论得出自己对豆豆的发现。针对自己记录的需要,增设了座位表栏、反思栏、附录栏。座位表的增设,能便于读者清楚地理解豆豆所在的位置;反思栏的增设,特别有利于师范生深化对时间抽样法本身的理解,同时还能根据自己的观察发现,从所观察的儿童出发深度反思教学有待改善的方面,甚至还可以找到进一步深化的儿童研究主题。附录栏的增设,能便于读者更好地理解目标行为描述中的有关内容。

四、事件抽样法的优缺点

事件抽样法和其他儿童研究方法一样,有其独特的优缺点。

（一）优点

事件抽样法的优点有三。

1.对目标行为或事件及其发生的情境有详细的记录

对目标行为或事件及其情境的详细记录,能全面了解目标行为或事件发生的来龙去脉;这样,不仅可以获得有关目标行为或事件"是什么"的研究数据,而且可以了解其背景、起因,得到有关"为什么"的线索,有助于分析目标行为或事件可能存在的因果关系。

2.记录方法具有一定的优势

事件抽样法既可以用符号系统做记录,也可以用叙事性描述做记录,还可以两者结合使用;因此,事件抽样法的记录具备符号记录法的即时性,以及叙事性描述的具体性。

3.适用于记录经常发生的行为

事件抽样法只有在目标行为或事件发生时才作记录,因此,只适用于记录经常发生的行为。

（二）缺点

事件抽样法的缺点有二。

1.无法保持儿童行为的完整性

运用事件抽样法研究儿童行为时,观察者集中观察事先确定的特定事件本身,只记录目标行为及其来龙去脉,不记录与目标行为不直接相关的其他行为;由此导致无法真正理解儿童行为的完整性,尤其是不能充分了解导致行为或事件发生的条件和情境的全部信息。

2.不适合研究不经常发生的行为

由于事件抽样法只在目标行为或事件发生时才作记录,因此,那些不经常发生的儿童行为,显然不适合用事件抽样法做研究。

最后,简要概括时间抽样法与事件抽样法的主要区别:时间取样法获取的数据重在事件或行为的存在,而事件抽样法则着重行为事件的起因、特点、性质和结果等,在事件抽样法中,尽管也需要记录时间,但这里的时间意在表明事件持续的时间。相比较而言,事件抽样法不受时间的限制,因此,比时间抽样法的适宜性更广泛些。

第九章　直观、数字化的记录法

　　多年以来,我们观察到瑞吉欧·艾米利亚幼儿园中拍摄儿童的照片,照片中的儿童正参与长期的项目活动,有的是他们热情高涨地开展研究的瞬间,有的是全镇出席一个学校活动的欢乐场面。我们能看到印刷出来的当时孩子们所说的话,但听不到他们真正的声音,而且我们对技巧纯熟的教师提供的合适工具、鼓励性的语言,或是让孩子们的一天更为充实的具有启发性的话语,知道的就更少了。[①]

　　从儿童研究数据的记录角度而言,描述的方法和抽样的方法主要以文字描述或符号记录为主,如有需要,可以附上图片等数据。在儿童研究中,尽管这些方法有其独特的价值,但其局限在于无法形象地重现儿童的声音和当时的场景,如上述瑞吉欧教育者们所发现的。近年来,随着数字技术的发展,儿童研究中也引入了数字化的记录方法,这类记录方法以视音频、照片等相结合的方式记录儿童的行为,能以生动、直观的方式呈现所记录的儿童及其场景。除数字化记录法外,有一些比较直观的记录方法如座位表记录法,也能较直观地呈现一个班级儿童的学习状态,这对于中小学课堂教学中的儿童研究极有帮助。鉴于这些方法在儿童研究中的独特之处,本章特讨论座位表记录法和数字化记录法。从方法出现的时间而言,座位表记录法早于数字化记录法,故本章先讨论座位表记录法,再讨论数字化记录法。

---

　　① ［美］卡罗琳·爱德华兹、莱拉·甘第尼、乔治·福尔曼.儿童的一百种语言:转型时期的瑞吉欧·艾米利亚经验(第3版).尹坚勤、王坚红、沈尹婧译.南京:南京师范大学出版社,2014:362.

第一节　座位表记录法

对于教师而言,座位表非常熟悉,但很少有教师会想到可以用座位表开展儿童研究。为此,本节在概述座位表记录法的基础上,讨论座位表记录法的实施、案例及其优缺点。

一、座位表记录法概述

座位表记录法源自于以座位表为基础的观察记录(seating chart observation records,简称 SCORE),艾奇逊和盖尔(Keith A. Acheson & Meredith Damien. Gall)提出了 SCORE。[①] 他们认为,SCORE 大致包括四个基本步骤:(1)观察者在教室内的某一座位就座(最好坐在教室前面、面向学生),以便观察到全班学生的学习情况;(2)画出当天全班学生的座位表;(3)按需要在每一方格上标上学生的姓名、性别(可以用 M 表示男生、用 F 表示女生)及其他特征,以便分析学生的学习情况是否和学生特征有关;(4)对将要观察的行为,用字母或符号编码好,写在座位表旁边。

座位表记录法的实施受到"语言流动记录法(verbal flow)"的启发,这是艾奇逊和盖尔提出的以座位表为基础的记录法之一。语言流动法是记录谁对谁说话最基本的方法,如教师提问、学生问答、教师反馈、学生提问等;其大致步骤和 SCORE 的基本步骤相同,不同之处在于具体规定了所用的记录符号。艾奇逊和盖尔在其著作中给出了一所高中英语课的语言流动图(如图 9-1 所示)。

在该图中,横线表示无人坐的空位;记录之前规定了四种记录符号,?表示教师提出问题(笔者注:从图 9-1 看,实际上是向下的箭头、问号表示教师提出问题),↑表示学生回答问题,＋表示教师正向反馈,一表示教师否向反馈。记录过程中,发现有些学生上课聊天,于是,用双向箭头记录学生之间的聊天,如左上角第一位女生和其左后方的女生聊天 1 次,和其右后方的女生聊天 2 次。

---

① ［美］Keith A. Acheson & Meredith Damien Gall. 临床视导与教师发展. 林春雄、陈雅莉、王欣华、胡峻豪、詹婷姬、许允丽、王慧娟译. 台北:五南图书出版公司,2007:235—239.

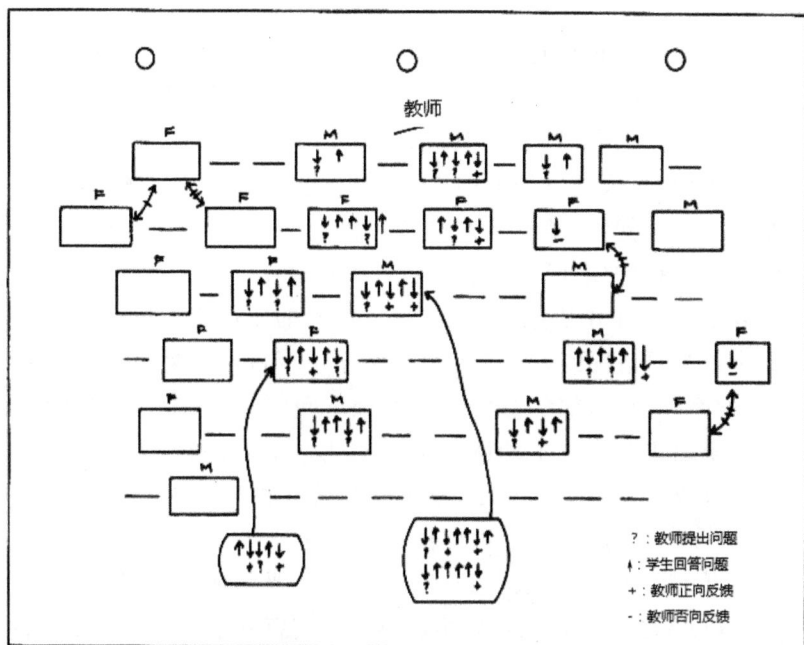

图 9-1　一所高中英语课的语言流动图①

从图 9-1,作者从座位偏好、学生偏好、语言行为偏好等方面大致得出如下观点:

(1)座位偏好:大部分问题都是提问教师可以直接看到的学生(中间部分),其他部分(左右两边)的学生则被忽略了。

(2)学生偏好:图中女生 13 人、男生 11 人;教师提问的 20 个问题中,12个(60%)的问题是针对男生的,8 个(40%)针对女生;12 个正向反馈中,男生占 8 个(66%),女生占 4 个(33%);教师给出的两个否向反馈都是针对女生的;提问过程中,13 位女生中有 9 位(70%)和 11 位男生中有 4 位(36%)并未参与。由此表明,教师较偏爱男生。此外,有两位学生,分别是一男一女,在整个参与过程中明显占上风(记录人员需要增加格子来记录他们的资料),教师提问的问题中有 30% 是针对这两位学生的,而且这两位学生占据了学生回答的一半。

(3)语言行为偏好:教师总共反馈 14 次,其中 2 次为否向反馈,但都针对女生。

　　从艾奇逊和盖尔的研究看,座位表记录法是用来研究教师的教学和学生的学习的。从我国基础教育界的校本研修的现状看,对于教师的教的关注远甚于对学生的学的关注,尽管近几年一些新口号诸如"学为中心"开始在一线学校流行,在这类口号的引领下,似乎已经开始关注学生的学;但从校本研修的实际运行看,学仍然未能真正得到关注,据此,可以借鉴艾奇逊和盖尔的研究,用座位表记录法来研究儿童的学习。

　　座位表记录法指用规定的符号在事先绘制的座位表上记录下儿童个体或小组或全班学习情况的方法。座位表记录法既可以用来记录全班儿童的学习机会、课堂参与等,如学习机会中的提出问题或回答问题的机会;也可以用来研究小组或个别学生的课堂学习机会。如果和描述法相结合,还能深入研究部分或个别学生的想法、学习兴趣等。符号的规定由需要观察的内容决定,实际记录时,尤其是用此法记录陌生班级的学习情况,考虑到课学生学习情况的动态性、复杂性和多变性,除了课前规定的记录符号外,如有需要,可以根据学生学习的实际情况临时规定符号记录需要记录的行为。

　　关于座位表记录法的记录符号,艾奇逊和盖尔后来约定了一些新的记录符号,这些符号可供参考。需要指出的是,不论是选用符号、字母,或符号和字母相结合的记录方式,对于教师而言,关键是选用一种自己认为便捷的或大家熟知的记录方式即可。

　　以下是教师可能表现的类别:

　　✝ 教师赞美或鼓励

　　↓‾ 教师批评或谴责

　　↓F? 教师问事实性问题

　　↓T? 教师问思考性问题

学生的语言行为也会有不同的类别,例如:

　　C↑ 学生自动提出相关或正确的回答

　　I↑ 学生自动提出无关或错误的回答

　　?↑ 学生提问题

↑ 学生直接对全班发表意见

字母也可以代表不同类别的行为,例如:

Q 教师提问题

P 教师赞美

C 教师谴责

R 学生自动提出相关或正确的回答

X 学生自动提出无关或错误的回答

Q 学生提问题[①]

二、座位表记录法的实施

在实施的总体思路上,座位表记录法和抽样法的基本思路大致相同,也可以分为实施前、实施中、实施后;其主要区别在于实施前。因此,如下主要论述座位表记录法实施前的基本思路,在此基础上,简要提及座位表记录法实施的注意事项。

(一)座位表记录法实施的基本思路

从我国基础教育学校教室的实际编排情况看,最基本的座位编排方式是秧田式和小组式,不论是哪种座位编排方式,其实施前的基本思路大致如下。

1. 确定记录主题

从儿童自身的角度出发,适合座位表记录法的记录主题有学习机会、学习参与、学习的自主性、合作性和探究性等。如以学习机会的记录为例,如果在以讲授为主的课堂里,可以记录全班学生回答问题的机会;又如学习的合作性,可以用规定的符号记录小组合作学习开展的情况。从学科的角度出发,则可以结合学科特点确定观察主题,如概念学习等。

2. 描述记录目标

记录目标由记录主题和教师自身的儿童研究兴趣决定的。以学习机会作为记录主题为例,如果某个班级语文课的学习整体水平男生不如女生,对此,如果想探究是否是因学习机会的差异而导致男生学习整体水平不佳,那么,记录目标就可以描述为"探究语文课中男女生学习机会的差异";如果想

---

① [美]Keith A. Acheson & Meredith Damien Gall. 临床视导与教师发展. 林春雄、陈雅莉、王欣华、胡峻豪、詹婷姬、许允丽、王慧娟译. 台北:五南图书出版公司,2007:250—251.

从学习机会多寡的角度探究学习困难学生是如何形成的,那么,记录目标可以描述为"探究学业成绩良好的学生和学习成绩不佳学生学习机会的差异"。由此可见,即便是同一个记录主题,其记录目标也会因教师的儿童研究兴趣的不同而不同。

3. 选定座位

教师应在教室内选择便于观察学生的座位,如果要记录全班的学习情况,那么,最好坐在教室前面、面向全体学生。如果想观察某个小组,可以坐在便于观察整个小组学习情况的座位。

4. 画出当天拟观察学生的座位表

如果拟观察全班学生,那么,可以画出全班学生座位表;如果拟观察一个小组,那么,画出小组座位表,如果有必要记录小组座位表和全班座位表之间的关系,那么,可以继续画一张包括小组座位表在内的全班座位表。如某班级总共有 42 名学生,7 列 6 行,不需要表示过道,该座位表可以绘制为如表 9-2 所示。表格后附加的信息便于后续的数据分析、解释和运用。关于附录信息,可以根据需要,增删相关信息。

表 9-2   某班座位表

讲台

规定的符号:

1	2	3	4	5	6	7	
1							
2							
3							
4							
5							
6							

附:

日期：＿＿＿＿＿＿＿＿　　观察起止时间：＿＿＿＿＿＿＿　　学校：＿＿＿＿＿＿

课题：＿＿＿＿＿＿＿＿　　任课教师：＿＿＿＿＿＿＿　　记录者：＿＿＿＿＿

5.在座位表上标示所需要的学生信息

学生的信息包括性别（可以用 M 表示男生、用 F 表示女生，下同）及一些观察所需要的其他特征，其他特征是否需要事先标示，由观察目标决定。需要指出的是，姓名不一定需要标示，在我国，一般的学校都有学生座位表名单，如果有需要，直接附上一份座位表名单即可。

6.规定记录符号

对将要观察的行为，用字母或符号编码好，写在座位表的上方或旁边的合适位置。

（二）座位表记录法实施的注意事项

为了利用座位表客观地记录学生学习的情况，从初学者试用座位表记录法的反馈看，如下应特别留意：

（1）画好座位表后，用"/"在座位表上及时表示空座位或当时缺课学生的座位，否则，会影响后续的数据分析、解释和运用；

（2）对于规定的记录符号，如果记录现场需要规定新记录符号，那么，需要将新规定的符号及其表示的意义及时备注；

（3）关于客观记录，漏记是初学者经常遭遇的困境，为此，需要根据观察目标及时快速记录所需要的信息，如果条件许可，可以拍摄视频，事后核对视频进一步完善所做的记录。

三、座位表记录法的案例

对于课堂情境下的儿童学习研究，座位表记录表是一种相对简便而又高效的方法。如下结合不同的主题和目标，兹举三例并做分析。前两个案例是班级座位表记录法，案例一选择了一节小学语文课，案例二选择了一节小学数学课，第三个案例是小组座位表记录法。

（一）案例一及分析

这是一节浙江师范大学小学教育专业大二见习学生陈老师上的小学语文课，安排在 Q 小学教学楼五楼的阶梯教室上课。阶梯教室由两部分构成，10 列 5 行（见表 9-2 中所写的数字）的学生座位区、讲台、电子设备、黑板等构成的学生上课区，第 5 和 6 列之间有一过道；近 200 座的阶梯型座位构成的听课教师座位区。学生上课区的南北两侧都有一些空闲的区域，学校在这两侧放了一些塑料方凳，于是，我选择了西北角靠前的一个位置就座，该座位上能清楚地看到全班学生的学习情况。初定的观察主题是全班学生回答问题的数量和机会。观察目标是探究小学语文课中全班学生回答问题的数量和机会差异，包括性别差异、位置差异。

表 9-2　504 班座位表

讲台

规定的符号：↓加？表示教师提出问题，↑表示学生回答问题，↓加＋表示教师对学生的回答做出正向反馈，↓加－表示教师对学生的回答做出否向反馈，/表示空座。

附：

日期：2014 年 10 月 15 日	观察起止时间：10：35—11：15	学校：Q 小学
课题：晏子使楚	任课教师：陈老师（见习学生）	记录者：王丽华

表 9-2 的记录，大致可以得出这节语文课中小学生回答问题的性别差异、位置差异：

（1）性别差异：504 班有 44 名学生，其中，男生 25 名，女生 19 名；教师提问的 39 个问题中，男生回答了 13 个（33.3％）问题，女生回答了 26 个（66.7％）问题；第 5 列第 2 行的女生总共回答了 7 个问题，是回答问题数量最多的，回答问题位居第二的是第 6 列第 3 行的女生，共回答了 4 个问题；提问过程中，25 名男生中有 14 名（56％）和 19 名女生中有 10 名（52.6％）并未参与；所有的回答教师未做出反馈。由此表明，女生回答问题的数量明显多于男生，回答问题的机会多于男生。

（2）座位差异：20 个（51.3％）问题是由第 5 和 6 两列的学生回答的，第 1 和 10 列的所有学生没有回答问题的机会，由此可见，中间区域学生回答问题的数量和机会远大于两边的学生。第 5 和第 6 两列学生回答的 20 个问题中，男生回答了 3 个问题，女生回答了 17 个问题，由此可见，即便在座位的优势区域，女生回答问题的数量远远超过男生，这进一步表明了（1）中得出的性别差异的存在。

此外，表 9-2 还可以看出，第 6 列第 2 行的男生自主回答了一次问题。

根据上述座位表记录，至少可以提出如下问题，这些问题利用座位表记录法进一步研究之：

（1）除了这节语文课外，是否其他的语文课中也存在上述的回答问题的差异？

（2）除了语文学科外，在其他学科的课堂教学中，是否小学高段男生回答问题的数量和机会都少于女生？

（3）除了语文学科外，在其他学科的课堂教学中，是否坐在两侧的学生回答问题的数量和机会都远少于坐在中间区域的？

（4）回答问题数量和机会的多寡与语文学业成绩之间是否存在必然关系？如果是，那么，那些一直没有回答问题的机会的学生如何获得回答问题的机会？

（5）回答问题数量和机会的多寡与其他学科的学业成绩之间是否存在必然关系？如果是，那么，在这些学科中，那些一直没有回答问题的机会的学生如何获得回答问题的机会？

（6）那些没有机会回答问题的学生，课堂上到底都在做什么？

对于问题6，可以运用描述法或事件抽样法进一步研究之。假定问题（4）和（5）能有证据表明回答问题的数量和机会与学科的学业成绩之间有必然关系，那么，这样的研究从某种程度上能为当下热议的男生学业危机为何存在提出一种新的解释；同时，也可以从课堂学习机会多寡的角度，进一步反思和深化我国教育公平政策在一线学校的落实状况和可能突破。

此外，上述案例还可以从多个角度进一步剖析之，这些剖析也意味着可以提出新的观察目标，比如深度学习的角度，教师在短短40分钟里提问了39个问题，学生学习的深度尤其是思维的深度到底如何？

（二）案例二及分析

这是一节刚入职不到2个月的丁老师上的小学数学课，安排在A小学教学楼五楼的科学教室上课。教室座位的编排是典型的秧田式，8列6行（见表9-3中所写的数字），除了课桌椅外，教室前部有讲台、电子设备、黑板等，第2和3列之间、第6和7列之间各有一过道，第1列和第8列的外侧各留了一条供一人通行的狭长通道；教室后部靠窗的位置，有一排水龙头和水槽，教室后部水槽到后面之间是一块相对比较大的空闲区域。学校在教室后部放了一些塑料方凳，学校默许的听课老师就座的位置是这片空闲区域，于是，我选择了靠近第4列第6行女生后的一个位置就座，该座位能看到全班学生的回答问题的情况。初定的观察主题是全班学生回答问题的数量和机会。观察目标是探究小学数学课中全班学生回答问题的数量和机会差异，包括性别差异、位置差异。

表 9-3　403 班座位表

讲台

规定的符号：↓加？表示教师提出问题，↑表示学生回答问题，↓加＋表示教师对学生的回答做出正向反馈，↓加－表示教师对学生的回答做出否向反馈，/表示空座。

附：

日期：2014 年 10 月 29 日	观察起止时间：12：50—13：30	学校：A 小学
课题：温度	任课教师：丁老师	记录者：王丽华

表 9-3 的记录，大致可以得出这节数学课中小学生回答问题的性别差异、位置差异：

（1）性别差异：403 班有 47 名学生，其中，男生 22 名，女生 25 名；教师提问的 32 个问题中，男生回答了 16 个题，女生回答了 16 个问题；第 7 列第 5 行的女生总共回答了 5 个问题，是回答问题数量最多的，回答问题位居第二的是第 7 列第 3 行的男生，共回答了 4 个问题；提问过程中，22 名男生中有 13 名（59％）和 25 名女生中有 18 名（72％）并未参与；所有的回答教师未做出反馈。由此表明，男女生回答问题的数量相当，但回答问题的机会男生多于女生；此外，全班 47 名学生中有回答问题机会的是 16 名（34％），全班学生中有回答问题机会的比率偏低。

（2）座位差异：18 个（56.25％）问题是由第 6 和第 7 两列学生回答的，第 3 列的学生回答了 7 个（21.9％）问题，第 1 和 5 列的所有学生没有回答问题的机会，如前所述，第 6 和第 7 列之间、第 2 和第 3 列之间各有一过道，教师除了站在讲台后之外，多数时间站在 2 个过道上，尤其是第 6 和第 7 列之间的过道更多；由此可见，过道区域尤其是教师经常活动的过道区域学生回答问题的数量和机会远大于非过道区域的学生。第 6 和第 7 两列学生回答的 18 个问题中，男生回答了 5 个问题，女生回答了 13 个问题，由此可见，在座位的优势区域，女生回答问题的数量远远超过男生，这表明了在优势区域存在性别差异。

上述围绕案例一提出的问题,多数问题同样适合案例二的进一步探究。此外,不论是案例一还是案例二,所有学生回答问题后都没有得到教师的反馈,由此可以进一步提出如下问题:

(1)从有利于学生学习的角度看,在怎样的情形下,学生回答问题后需要得到教师的反馈?什么情形下,教师不需要给出反馈?

(2)上述两个年级分别是四年级和五年级,是否教师默认高年级的学生回答问题后不需要给出反馈?

这两个问题可以用事件抽样法做进一步的研究。

此外,座位表记录法的记录,上述关于回答问题的记录,也可以规定其他的符号记录之。如以案例二为例,参阅表9-4。

表 9-4　403 班座位表

讲台

规定的符号:当学生回答问题时,所回答问题的序号填入学生对应的格子里,"/"表示当天缺课的学生。

1	2	3	4	5	6	7	8	
1	M	F	M10	F	M	F3、7、22	M	F
2	F	M	M20、27	M	F	M13	F18	M15
3	M	F2、19	M1、11、31	F	M	F	M4、6、23、28	F
4	F	M	F	M21	F	M	F	M26
5	M	/	F12	F	M	F9、14、17	F5、8、25、29、32	M16、24
6	F	F	M	F	F	F30	F	M

附:

日期:2014 年 10 月 29 日　　观察起止时间:12:50—13:30　　学校:A 小学

课题:温度　　任课教师:丁老师　　记录者:王丽华

如果结合描述法详细记录老师提出的每个问题,那么,还可以进一步分析学生所回答问题的难易程度,据此进一步反思学生学习的深度及其教师所提问题与学习深度的关系等。

(三)案例三及分析

这是一节由多年教龄的沈老师上的初中语文课,安排在玉环实验中学行政楼的多功能厅上课。教室座位的编排是小组式,每组 6 人,除了课桌椅外,多功能厅的右前方的角落里有一放电脑的长桌,有投影仪、屏幕和可移动的大黑板等。教师们随机选择自己想观察的小组,完成该案例记录的林老师等人观察的是第三组,坐在第三组的旁边。因学生已很熟悉这样的观察,因此,当我问他们:"有老师坐在你们边上,你们上课会有压力吗?",没想到学生居然异口同声地回答:"没感觉啦,经常这样的。"初定的观察主题是小组合作。观察目标是探究第三组组内提出问题、相互讨论、倾听、获得班级发言机会等情况。

表 9-5　803 班第三组小组座位表

规定的符号:? 表示学生提出问题,→←表示组内组员之间相互交流,→→表示组内一组员主动和另一组员交流,↑代表小组向全班发言,※表示向组内全体组员发言,@表示倾听组员的发言,符号后的数字表示第几次。

1F　@1↑	→	←	@1　6M
	→		→
2F　@1	→	←	?　↑※1　5F
	→		
3M　@1	→	←	@1　4M
	→		→

附:

日期:2014 年 11 月 27 日　　　起止时间:7:50—8:35　　　学校:玉环实验学校

课题:短文两篇　　　　任课教师:沈老师　　　记录者:林老师等

表 9-3 的记录,大致可以得出 803 班第三组小组合作学习的大致情况:

(1)5 号提出了 1 个问题;

(2)1 号和 6 号、2 号和 5 号、3 号和 4 号各相互讨论了 1 次;1 号主动和 6 号交流了 1 次,2 号主动和 5 号交流了 1 次,3 号主动和 4 号交流了 1 次;

(3)5 号赏析《水浒》人物时,其他组员认真倾听;

(4)1 号、5 号获得全班发言机会。

除了上述小组座位表能得出的上述 4 点外,林老师等还在小组记录单中写下了如下两点:

(1)赏析字词时,先独立完成;其中,小组讨论时,3 号和 4 号反应较快,马上说可以用"清闲""悠闲";小组讨论过程中,询问了 6 号同学的想法

(2)4 号倾听认真,及时记录笔记,但速度较慢,在小组内相对比较沉默。

需要指出的是,林老师等在用小组座位表记录时,同时简要地记录了独立学习、学生反映的情况,因此,林老师等后续写下的两点,在记录表中是无

法看出的。

上述记录表中,其实还可以进一步讨论小组合作学习过程,比如小组交流时的发起者是1、2、3号,由此可以进一步提出问题是,是否在其他课程的学习中,小组的发起者也是1、2、3号?5号主动提出了一个问题,善于主动提问的同学的学业成绩是否优于不善于主动提问者?其实,这样的观察可以为儿童学习的自主性提供证据。此外,如能结合描述法,那么,可以深入研究小组合作学习过程的互动过程是如何发生,由此进一步研究深度学习的问题。

四、座位表记录法的优缺点

从上述案例的呈现和讨论看,座位表记录法有其独特的优缺点。

(一)优点

优点有二:

(1)能快速地将儿童的行为记录在一张纸上,能相对直观地看出儿童的学习情况,这既能帮助教师更好地了解全班学生的学习情况,又能更好地反思自身的教学设计和实施,以便更好地从学生学习的角度找到改善教学的突破口;

(2)既能帮助听课教师在短时间内将焦点集中在全班学生特定学习行为的观察中,又能根据需要观察小组学习情况。

2. 缺点

座位表记录法主要用规定的符号记录下儿童的学习行为,容易将儿童的行为与行为发生的具体情境割裂开来,因此为了更好地呈现儿童学习的全貌,宜与描述法等方法结合使用。如上述案例三中,林老师等结合了描述法记录了无法用符号记录的小组合作学习情况,并在符号的基础上,呈现了符号记录无法观察到的学习事实。

第二节 数字化记录法

数字化记录法可以追溯到艾奇逊和盖尔提出的视音频记录(video and audio recordings)。进入 21 世纪后,数字技术(尤其大数据技术的发展)、网络技术日新月异,在这样的背景下,运用数字记录法研究儿童就显得尤为重要。需要指出的是,数字记录法与近年来兴起的学习分析和在线学习分析技术有所不同。后者是在高等教育领域因大学生网络学习行为的增多的背景下得以产生和发展的,加拿大阿萨巴萨卡大学学习分析研究者西门子(George Siemens)认为:"学习分析技术就是测量、收集、分析和报告关于学习者及其学习情景的数据,以期了解和优化学习和学习发生的情境。"[①]西门子进而指出,"假设学习分析使用已经存在的、机器可读的数据"是进行学习分析的前提。换言之,学习分析只能针对可分析的数据已经存在,如果不存在这样的数据,分析无法进行。与此不同,数字化记录法是用多种数据形式记录儿童的学习过程。

一、数字化记录法概述

数字化记录法指在自然情境中,将儿童的学习和成长过程以数字信号的方式记录下来的方法。之所以强调自然情境,意在表明数字记录法重在记录儿童学习和成长的真实行为。由于图片、视音频等的合成技术日益便捷和普及,如果利用不当,极有可能使所记录的儿童成长失真。数字化记录法从理想变成现实,与手机的快速更新换代分不开。尤其是随着智能手机的普及,因其具有强大的视音频、照片等的拍摄、存储和发布等功能,使得数字化记录法成为可能。

记得10年前去中小学观课时,那些想及时记录儿童的精彩观点的老师,往往会事先准备一支录音笔,及时录制儿童发言;学校为了帮助老师记录课堂的精彩瞬间,往往请信息技术老师专门到教室拍照。近几年,因智能手机的普及,这样的情形大为改观。在中小学里,基本上每位老师人手一部智能手机,便于及时记录想记录的儿童研究数据。尤其是随着微信的流行,很多老师喜欢在朋友圈分享自己和儿童交往的故事,尤其是一些民办学校,有些学校要求老师每日在朋友圈记录和分享儿童成长的点滴,尽管这样的要求是否合理、是否符合伦理值得商榷,但至少可以表明一点,随着记录工具的便捷化,使得数字化记录法成为可能。

运用数字化记录法研究儿童时,特别需要注意第四章讨论的研究伦理问题,尤其是尽力做到尊重儿童的隐私和保密、知情同意。对于幼儿园和小学教师而言,如未经儿童及其监护人同意,不能随意公开那些不适宜公开的儿童作品包括绘画、作文等。

---

① 魏雪峰、宋灵青.学习分析:更好地理解学生个性化学习过程——访谈学习分析研究专家George Siemens教授.中国电化教育,2013(9):2.

二、数字化记录法的实施

数字化记录法的实施是充满弹性的过程,因此,并无固定的实施过程。尽管如此,但如下方面是实施数字化记录时可以考虑的:内容、主体、情境、运用;内容指记录什么,主体指谁来记录,情境指在什么境况下记录,运用指记录结果如何用。

(一)数字化记录法的内容

数字化记录法既可以记录儿童个体的学习和成长过程,也可以记录儿童集体的学习和成长过程。如前述第七章中,对儿童作品的历时性描述中,展望学校、姚老师对儿童个体的作品记录,就是数字化记录法的特例,即主要用照片来记录儿童个体的作品包括绘画和写作。除了照片外,如能结合音频、视频等记录儿童个体的学习和成长过程,那么,所记录的内容会更加多样化、生动和直观。对于儿童个体的记录,既可以持续记录儿童兴趣的发展过程,也可以在特定的专题探究中记录儿童想法的发展。

对于儿童集体的学习和成长过程的记录,这里的集体指儿童个体外的任何组合形式,包括同桌、小组、班级等。如在小学低年级尤其是一年级,一些班主任和任课教师会记录同桌的学习情况,不过,这些记录只是个别教师零星的自发行为,由于是偶发行为,因此记录的往往是不同同桌的学习情况。如果教师能根据自己的研究兴趣选中1～3对同桌持续记录之,经历一周、半个月、一个月……乃至一学期的时间,会对同桌的学习情况有新的发现和理解。相比较而言,近年来随着学案导学、学习共同体等的推进,一线教师逐渐对合作学习的记录开始关注,包括对合作学习过程中的相互倾听、相互交流、神情等做记录。但与同桌的记录类似,这样的记录焦点仍然是合作学习,而非不同儿童组成的小组的学习过程,教师极少能对1个或多个小组持续跟踪做记录,诚如第二章瑞吉欧对儿童作为集体学习者的研究中所指出的。对于班级记录,中小学里相对而言是最多的,不论是教师还是班主任,往往会以照片、视频的方式将班级的学习或活动记录下来,以便在合适的时候(比如家长会)与家长分享。同样地,班级记录也存在与同桌记录、小组记录类似的问题,即记录的焦点只是学习或活动的某一精彩瞬间,而非班级学习或活动持续发展的过程。

(二)数字化记录法的主体

与前述的有些儿童研究方法不同,数字化记录法的记录主体包括教师记录、儿童记录。

1. 教师记录

对于教师记录,除了用手机或迷你摄像机记录儿童个体或集体的照片、音频、视频外,有一些功能便捷的软件是也是记录儿童成长的好帮手。Notability 就是这样一种便捷的记录软件,该软件是一款集手机输入、iPad 手写、照片插入、录音插入、视频插入等为一体的笔记应用软件。

手写是 Notability 的长处,笔的粗细、颜色、笔锋都可以自由选择。如果你很在意书写是否工整,可以调用 Notability 的放大书写框。除了普通的手写笔工具,Notability 的橡皮擦功能也很棒,如想擦除段落或一行文字,只需要用橡皮擦轻轻划过字迹就能消失,无需来回擦除。如果你还是习惯键盘输入,可以随意在 Notability 笔记画面任意一处点击光标位置输入即可。

除了独特的手写功能外,用 Notability 做记录的过程中可以随时插入一张随手抓拍的照片或按需录下的一段音频或一段视频。对于音频的录制,内置的录音功能很适合记录儿童的声音,或发言或对话;该功能就在上方工具栏右侧。录制的录音不但可以直接在 Notability 上进行回放,而且还会在录音播放时跳转到当时你记笔记时的录音位置。

Notability 唯一不足的是,只能在苹果手机或 iPad 等苹果电子产品上使用。所幸的是,近年来这样的记录软件越来越多,教师可以按需选择。

2. 儿童记录

儿童记录是指教师的儿童研究过程中,儿童自己成为研究数据的记录者和提供者。儿童成为记录者既是由儿童自身作为有能力的、积极的主体的形象决定的,又在某种程度上受到 2001 年开始的基础教育课程改革提出的发展性评价的推动。不论是学科学习、生活探究还是跨学科探究中,儿童都可以记录下自己开展学习或探究的电子作品、照片、音频、视频等,儿童可以用作品或 PowerPoint 或视频等和老师同学分享自己的记录。教师则可以通过儿童自己所做的数字化记录数据和儿童讨论,或进一步研究儿童的视角和观点。如图 9-1 至图 9-5 是 2010 年 10 月期间,上海市浦东新区梅园小学四(1)班的小丁同学的哈哈豆探究日记,小丁是用图片和文字相结合的方式记录的,并用 PPT 的方式将记录结果呈现之。

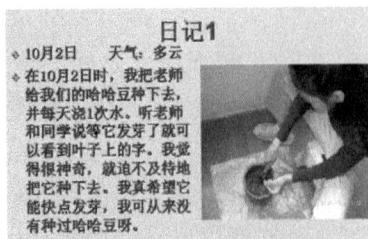

图 9-1　小丁哈哈豆探究日记 1

图 9-2　小丁哈哈豆探究日记 2

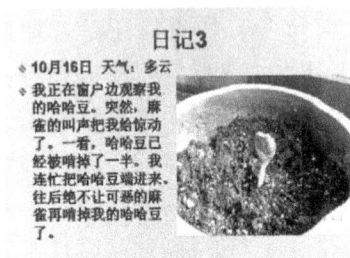

图 9-3　小丁哈哈豆探究日记 3

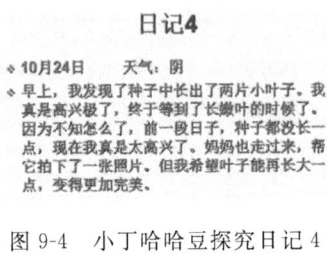

图 9-4　小丁哈哈豆探究日记 4

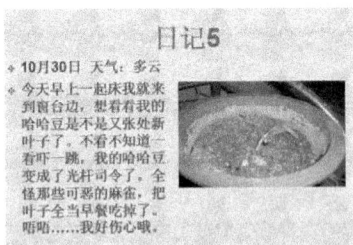

图 9-5　小丁哈哈豆探究日记 5

　　从上述日记看,不仅可以读出小丁探究哈哈豆时的想法和心情,而且还可以发现,小丁喜欢将每张 PPT 设计成不同的背景,甚至是文字和图片放置的位置也和成人所做不同。

　　需要指出的是,不论在学科学习、生活探究还是跨学科探究中,师生都可以成为合作记录者。如在开展网上小组学习过程中,学生能上传自己或小组的作品、作业等,这些实际上就是学生自己所做的记录;在此过程中,教师可以用合适的方式记录学生个人或小组的网络学习过程,这样,教师最后可用的数据实为师生共同完成的。

（三）数字化记录法的情境

数字化记录法的情境既可以是各学科的教学或学习情境，也可以是课间的活动情境，还可以是儿童的学习拓展的其他情境，比如生活探究课的情境、拓展性课程实施的情境等。对于儿童的学习和成长记录而言，课间活动情境和学习拓展的其他情境更值得记录，这些情境相比于学科教学或学习的情境而言，儿童的自主性和自发性更强，更能从中发现儿童学习和成长的特点。

（四）数字化记录法记录结果的运用

不论是对儿童个体还是对儿童集体的数字化记录，都可以按需制作成儿童的学习档案或成长档案，供进一步研究或和包括家长内在的相关人士分享。相比较非数字化记录方式而言，数字化记录不仅可以按需便捷地生成记录目录，还可以随时播放视音频，再现儿童成长的鲜活过程。

三、数字化记录法的案例

较早用数字记录法记录儿童成长的是瑞吉欧；2013 年创办于旧金山的Altschool，创办以来一直致力于用数字化的方式记录儿童的个性化学习。

（一）瑞吉欧的数字化记录

在瑞吉欧教育体系中，数字化记录用来记录儿童个体和儿童群体的学习和成长过程。之所以如此，是因为瑞吉欧教育者发现，数字化记录法记录的数据使用极为便捷，用该方法记录的数据既可以灵活存储、编辑、发布、重复播放等，如"最新的巡回展览'学习的奇迹：儿童的一百种语言'（Reggio Children，2011）新增了七、八个电脑显示器，可以循环播放 DVD，或者让参观者控制播放内容"[①]；又能与其他方法记录的数据合成，比如在文本中添加图片、视频等，增加文本记录的动态效果，诚如第二章瑞吉欧部分的例子所展示的。

同样地，第二章已经论及教师所做的图文并茂的纪录；在运用数字化记录之前，瑞吉欧关于儿童成长的记录基本上是静态的。随着数字技术的发展，瑞吉欧教育者研究发现，数字化记录有独特的价值：第一，能实现记录的民主化。记录的民主化有很多好处：

---

① ［美］卡罗琳·爱德华兹、莱拉·甘第尼、乔治·福尔曼.儿童的一百种语言：转型时期的瑞吉欧·艾米利亚经验（第 3 版）.尹坚勤、王坚红、沈尹婧译.南京：南京师范大学出版社，2014：354.

其一，我们能更好地理解儿童所完成的作品。当一个3岁儿童能够用记号来代表声音，我们不仅仅是惊讶，现在还能知道教师如何通过一系列促进式的指导、帮助儿童移情于这个课题中，最终支持这种思维方式。其二，我们能够理解他们所使用的术语，比如倾听教育法、回顾或者如在本节前文论述代码时所引用的创作性研究。我们过去的很多困惑都来自于用我们自己的"移动形象"解释他们的术语，却不知道我们的解释到底能有多准确。其三，当我们现在进入到和瑞吉欧·艾米利亚的对话中时，足够深入的案例与细节让我们惊讶于所见的内容，让我们询问关于在共享的录像片段中看到的行为的背后推理，并让我们像共同参与者一样互相辩论。[①]

换言之，数字化记录能实现记录的民主化的最大价值在于，第一，真正理解并走进儿童世界；在分享视频或录像的过程中，教师和儿童皆为视频分享的参与者，能开展平等地对话和讨论。第二，能创建强大的儿童成长的数据库。"想象一下，如果每一所学校都将儿童与教师在工作和嬉戏中的视频片段做成索引，那么一所学校将能创造多少历史，提供多少知识的储备。"[②]这样的数据库不仅是教师研究儿童的绝佳素材，而且也能为未来从历史的视角开展儿童研究提供丰富的素材。除了教师运用数字记录外，瑞吉欧也创造条件，帮助儿童学会数字化记录，如"在很多艺术工作室里都有打印机、扫描仪、显示器和投影仪。儿童会被教授怎么用这些设备在纸上画出图像，或是在电脑屏幕上做出图形、动画和视频片段"[③]。

瑞吉欧的教师和儿童在各种项目中运用数字化记录，教师以此记录儿童的项目探究过程，儿童记录自己的探究过程和作品。数字化记录形成的作品既用来和家庭分享儿童的成长，也用来和儿童重温一段经历，或将儿童作品用来美化学校的墙面，还用来作为各地来的参与者研究一个项目或探

① [美]卡罗琳·爱德华兹、莱拉·甘第尼、乔治·福尔曼.儿童的一百种语言：转型时期的瑞吉欧·艾米利亚经验(第3版).尹坚勤、王坚红、沈尹婧译.南京：南京师范大学出版社，2014：363.

② [美]卡罗琳·爱德华兹、莱拉·甘第尼、乔治·福尔曼.儿童的一百种语言：转型时期的瑞吉欧·艾米利亚经验(第3版).尹坚勤、王坚红、沈尹婧译.南京：南京师范大学出版社，2014：364.

③ [美]卡罗琳·爱德华兹、莱拉·甘第尼、乔治·福尔曼.儿童的一百种语言：转型时期的瑞吉欧·艾米利亚经验(第3版).尹坚勤、土坚红、沈尹婧译.南京：南京师范大学出版社，2014：354.

索活动的原始素材,这样的素材可以非常鲜活和有时效,有些项目的数字化记录可能昨天刚完成,今天如有需要,就可以成为研讨的素材。如以与家庭分享为例:①

> 带回家的光盘包含文本文件、记录儿童声音的音频文件、视频文件,以及一个反映儿童 3 年生活内容的文件菜单。这些光盘捕捉了儿童学校经历的实际过程,这在以往的实践中是不可实现的。以往传统的做法是给孩子们一个档案袋,里面装满了上一年的笔记、照片和图画。

(二)记录儿童个性化学习的学校 Altschool

AltSchool 成立于 2013 年,由谷歌＋的前负责人马克斯・温蒂拉(Max Ventilla)创办;从创办之初的 1 所到 2016—2017 学年预计将达到 16 所。温蒂拉创办 AltSchool,源于他为女儿选一所合适的幼儿园。温蒂拉认为当今的学校并不能满足每位儿童的学习需要:②

> 当今的学校只是满足最低限度的公共需求,只提供大众化教育而非针对每个儿童提供个性化教育。他将这样的状况称为"多数人的暴政",而且这个问题在学校里普遍存在。"如果我让你去教 20 个 9 岁的儿童,他们中有些不愿意待在教室里,他们每个人都有不一样的兴趣和需要,经过一段时间磨合后,你最有可能采用的还是现行教育体制下的教育工厂模式",他说:"你会将一天划分成若干节 45 分钟的课程,让孩子们坐的整整齐齐,如果有哪个小家伙调皮捣蛋,你不得不惩罚他,还有就是当他们显得不耐烦或走神时,你只能继续上课或者停下来等他们重新回神,一直到下课铃声响起。"

针对当今学校教育自身无法解决的问题,温蒂拉认为,应该创建新型学校,这样的学校应该是微型学校,在每所微型学校里,都配有和中央枢纽连接的巨大网络系统;它们既能够独立运行,也能够从中央枢纽获得共享资源。基于这样的设想,2013 年温蒂拉离开谷歌,在旧金山创立了第一家 AltSchool。在 Altschool 中,学生被分为学前班和 1—8 年级;学校没有校长,没有自助餐厅,没有走廊,没有报告厅,也没有上下课的铃声。每个班至

---

① [美]卡罗琳・爱德华兹、莱拉・甘第尼、乔治・福尔曼.儿童的一百种语言:转型时期的瑞吉欧・艾米利亚经验(第 3 版).尹坚勤、王坚红、沈尹婧译.南京:南京师范大学出版社,2014:354.

② http://www.wired.com/2015/05/altschool/. 2016-05-15.

少配有 2 名教师,包括课堂导师(room teacher)和科目教师。在 AltSchool 正式开学之初,教师会主动联系每位学生,通过谈话详细了解他们的个性特点、兴趣爱好、思维方式、学习强项以及弱项等,并将谈话内容记录在每位学生的成长记录中。温蒂拉喜欢将 AltSchool 称作蒙台梭利 2.0 版,认为学校办学的理念与蒙台梭利当时是相同的,即儿童不是通过直接教学,而是通过完成独立的项目学习的。AltSchool 旨在培养整体儿童(the whole child),就如当年杜威学校所致力的。

AltSchool 的主要特点是帮助每位儿童实现个性化的学习。AltSchool 教室的墙壁和天花板上都安装有特制的摄像头和麦克风,记录着每位儿童每天在最自然状态下的课堂学习和生活。所记录的数据和已建立的、被称作 My.AltSchool 的数字平台相连。依据为每位儿童记录的数据,为其生成一周的专属"任务清单"(Playlist,相当于动态课程表),"清单上列着各种需要独立完成或者团队合作完成的任务,这些任务都是按每位儿童具体的学习特长量身定制的"①。除了为每位儿童量身定制任务清单外,这些数据也可以供教师回看或进一步研究之用,以便教师根据每位儿童的学习情况,更好地为其做出最合适的调整,以优化每位儿童的个性化学习过程。

四、数字化记录的优缺点

数字化记录有其独特的优缺点,具体如下。

(一)优点

1.弥补文字记录的不足

与纯文字记录相比较,集照片、音频、视频于一体的数字化记录,不仅形象生动,而且也实现了数据的动态记录、存储、发布和再利用等。

2.克服教师直接观察和记录可能产生的局限

尽管教师直接观察、记录儿童的学习和成长是儿童研究的重要途径,但如能和数字化记录相结合,能在一定程度上解决教师的注意力有局限、持续观察产生的疲劳感等问题;同时,利用视音频记录的回看功能,可以解决直接记录中可能产生的误记、漏记、错记等;此外,完整的视音频记录能有助于记录本身更加客观化。

3.视音频记录能供他人回看和客观分析

如前所述,视音频记录的价值之一是供其他研究者或参与者回看视音

---

① http://www.wired.com/2015/05/altschool/. 2016-05-15.

频,在回看过程中深入研究儿童,或客观分析和讨论视音频中呈现的儿童。

4.视音频记录能为教师提供自我反思的素材

对于教师个人而言,对儿童成长所做的视音频记录,有助于教师通过回看视频,进一步反思自身的教学设计和教学实施等。

(二)缺点

如保存不当,可能会损害或丢失数据。为此,要尽可能做好多途径的备份工作;此外,网络存储是一种保存数据比较好的方式,这种方式的不足是数据的保密工作可能会受到挑战。

第十章　教师开展儿童研究的尝试

　　我不知道,别人想要我做什么? 我又能做什么? 一想到这些问题真叫人浑身不自在。我参加研究小组是抱着试一试的态度,还好,当时大家都差不多,没有专门的研究经验。但是,直到我亲自经历整个研究过程后,我才缓解了这种焦虑。一旦我决定了如何做研究,心情也就轻松多了。[①]

　　这是一位教师试水研究后的感言,该教师从研究之初的六神无主,到亲历整个研究过程之后的轻松,从中大致可以窥见该老师学做研究的心路历程。对于初涉儿童研究的教师而言,也会有类似的心路历程。在和中小学教师合作开展儿童研究的过程中,很多老师都对儿童研究很感兴趣,但对自己是否能顺利开展这样的研究充满焦虑。为此,本章主要讨论教师开展儿童研究之前的可能准备及一所小学的教师开展儿童研究的历程。

第一节　教师开展儿童研究的可能准备

　　在历史上,一些学者曾论及过教师开展儿童研究的可能准备问题;为此,本节在简要梳理这些观点的基础上,从我国教师的实践出发,探讨教师

---

　　① ［美］Marian M. Mohr, Courtney Rogers, Betsy Sanford, Mary Ann Nocerino, Marion S. MacLean & Sheila Clawson. 研究型教师与学校发展——美国教师研究纪实. 方彤、罗曼佳译. 北京:中国轻工业出版社,2006:82.

开展儿童研究的可能准备。

一、教师开展儿童研究的可能准备之历史视野

从已有研究看,关于教师开展儿童研究的可能准备,大致可以归纳为两大类,即教师个人的可能准备和教师集体的可能准备。

（一）教师个人的可能准备

国际上,蒙台梭利较早论及教师的儿童研究之个人准备问题;在我国,陈鹤琴较早论及了儿童研究者的资格。

1. 蒙台梭利的观点

蒙台梭利认为,教师在开展儿童研究之前,关键要做好内心准备。人无完人,教师亦如此。教师开展儿童研究之前,教师身上可能有一些具体的缺点和坏脾性,比如易怒,这些缺点和坏脾性会阻碍教师开展真正的儿童研究。为了不让教师自己的缺点和坏脾性蒙蔽儿童研究及儿童,蒙台梭利指出:

> 事实上,我们希望强调的是,教师必须使他自己内心做好准备。他必须系统地研究自我,以便发现某些具体的缺点。这些缺点会成为他对待儿童时的障碍。为了发现这些已成为教师潜意识一部分的缺点,我们需要帮助和教导。正像我们需要其他人观察我们并把观察到的结果告诉我们一样。

> 在这一方面,教师需要得到引导和使内心做好准备。他必须先研究他自己的缺点和坏脾性,而不要只注意儿童的坏脾性和如何纠正儿童错误的行为……

> 首先让教师清除他自己眼中的沙粒,然后他才能更清楚地知道如何消除儿童眼中的尘埃。①

在蒙台梭利看来,教师可以通过自我研究和他人帮助来发现自身的不足;教师只有清除自己眼中的沙粒,才有可能更好地帮助儿童的成长。同时,教师的内心准备也是一种价值观的准备,即开展儿童研究首先不是发现儿童的问题并纠正它,而是首先发现自身有待超越之处。

2. 陈鹤琴的观点

陈鹤琴在谈及儿童研究之方法的复杂性时,提及了研究儿童者之资格。

> 凡研究儿童的人。必须具以下的几种资格:

---

① 　[意]玛丽亚·蒙台梭利.童年的秘密.单中惠译.北京:京华出版社,2002:134—135.

（a）知科学的方法，具科学的精神。（b）对于儿童有敬爱之心。（c）曾经研究过普通心理学。（d）必须有恒心和细心。（e）与儿童接触的机会要多。[①]

陈鹤琴实际上提出了教师开展儿童研究应具备的基本素质。其中，条件（c）意味着教师的儿童研究要和著作的阅读相联系，著作阅读的目的不仅仅是将之作为儿童研究的理论依据，而且是以此反思和深化自己的研究，进而在合适的时候创造自己的观点。

（二）教师集体的可能准备

意大利的瑞吉欧是从教师合作研究即集体角度论述了可能准备之问题。如第二章所述，瑞吉欧是一个儿童研究共同体；据此，对于加入瑞吉欧的教师而言，做好可能准备的关键是，从理念到行动都能深刻理解瑞吉欧是一个儿童研究共同体。这不仅仅只是一个由教师组成的儿童研究共同体，而是一个由教师、家长、儿童、教研员等组成的儿童研究共同体。为了帮助儿童成为有能力的个体和公民，共同体的所有成员秉持民主参与和共享控制的方式参与儿童研究。比如以教师和家长就某一儿童正在开展的项目的合作为例：

> 教师与家长就当前的主题进行沟通，并鼓励家长成为儿童活动的参与者，通过寻找必要的材料，与教师共同创设物理环境，提供补充书籍，等等。在这种方式中，家长们对儿童的形象会有新的认识，他们通过更丰富、更复杂的视角理解童年生活。[②]

又如以教师和儿童之间的民主参与和共享控制为例，教师的角色不仅是记录者，更是帮助者和合作伙伴，在这样的过程中，教师才有可能真正发现儿童个体或群体的学习特点：

> 有时候教师参与到儿童的小组活动中，有时候只是在旁边，选择合适的角度观察并有选择地记录儿童的话语、动作、兴趣、经历和活动。教师也观察并记录他（她）自己的言行。这样的观察对于解释儿童正在做的事，预测与规划下一步的活动是十分必要的。在此基础上，教师进行适当的干预，加入儿童的经历和活动之中，促进或引发下一步的学习

---

① 陈鹤琴.儿童心理之研究（下册）.商务出版社，1933：401—402.

② ［美］卡罗琳·爱德华兹、莱拉·甘第尼、乔治·福尔曼.儿童的一百种语言：转型时期的瑞吉欧·艾米利亚经验（第 3 版）.尹坚勤、王坚红、沈尹婧译.南京：南京师范大学出版社，2014：158.

时机——始终要与儿童协商并达成一致。

......

在这一点上,教师不会提供现成的解决方案,而是帮助儿童关注问题或困难,并提出假设。他们的目标不是为了使学习过程"更顺畅、更容易"而"协助"学习。教师会询问儿童在开展实验时的需要——即便教师已经意识到某种方法或假设本身就是"不对"的。教师会像伙伴一样为儿童提供服务,通过提供援助、资源和策略使活动持续下去,并在儿童遇到障碍时,帮助他们"重新启动"。①

从上述不难看出,教师不仅研究儿童、记录自己,而且在研究过程中敏锐地捕捉到儿童的困难或需要,给予合适的引导或激励或帮助,而非代劳或纠正,诚如上文所指出的"教师会像伙伴一样为儿童提供服务",这是非常有深意的观点,值得那些在儿童研究过程中控制多于服务的教师深思。

瑞吉欧教师之所以能有这样的理念和行动,除了瑞吉欧自创建以来,一直是一个秉持民主参与和共同分享的共同体外,还与教师体验到的教研员的支持分不开:②

教研员采取合作的方式……比较而言,我们不是作为专家角色出现在幼儿园里,而是积极与老师讨论的人,站在一种支持教师的位置上,提出可能激发教师的潜能来叙述和解释与正在进行的项目相关的问题和批评性反思。这意味着,要与教师讨论正在进行的项目与其实现方式之间的关系,用图像(由教师选择并生成)的方式清晰呈现;选择有效的媒体手段来反思和阐释儿童和成人共同承担的项目研究活动的复杂性与重要性。

此外,工作坊是瑞吉欧深化教师合作开展儿童研究的重要方式。

二、我国教师开展儿童研究的可能准备

从我国多数教师的教学实践看,关注教材教法甚于关注儿童、研究教材教法甚于研究儿童的现象屡见不鲜。在此背景下,对于我国教师开展儿童

---

① [美]卡罗琳·爱德华兹、莱拉·甘第尼、乔治·福尔曼.儿童的一百种语言:转型时期的瑞吉欧·艾米利亚经验(第3版).尹坚勤、王坚红、沈尹婧译.南京:南京师范大学出版社,2014:158—159.

② [美]卡罗琳·爱德华兹、莱拉·甘第尼、乔治·福尔曼.儿童的一百种语言:转型时期的瑞吉欧·艾米利亚经验(第3版).尹坚勤、王坚红、沈尹婧译.南京:南京师范大学出版社,2014:143.

研究的可能准备,若从教师出发,至少应从教师自身和外部支持两方面论及。

(一)教师自身的准备

关于教师自身的准备,往往存在如下两种观点:一是儿童研究方法和技巧的准备;二是开展儿童研究前的工具准备。相比较这两者的准备而言,教师向新的可能性敞开自身、恢复对儿童的好奇心更为重要。

儿童研究的方法和技巧可以通过各种培训或阅读书籍习得,尤其是近年来,随着我国教师资格证书从终身制转变为五年一审制,教师参与培训的机会比以前多,儿童研究的新理论、内容和方法等也经常被安排在各种培训项目中,有些地方的教师不仅在国内培训,甚至出国培训;同时,教师获取儿童研究方法类的文献比过去更为便捷。尽管如此,总体而言一线教师开展儿童研究还是很少的,诚如第三章所论及的,我国教师的儿童研究尚处于起步阶段。之所以如此,教师的培训总体而言是外部驱动的。即便是本应满足教师特定发展需要的校本培训,不论是培训内容、培训方式、培训时间、专家遴选等皆是学校的行政决策。不可否认,行政决策在一定程度上考虑了教师的可能发展需要,但这种考虑往往是基于对教师发展的可能需要的揣摩或外部政策驱动,并没有真正倾听教师自身的发展需要。显然,这样的培训除了满足指令性或工具性的需要外,无法真正唤醒教师对儿童研究的内在需要。

如前所述,开展儿童研究前的工具准备包括但不限于纸、笔、讲义夹等。如果教师真的愿意致力于儿童研究,这些准备对学校而言很轻松。除了这些基础性准备外,在一些学校,如果教师有需要,准备数字化的儿童研究工具也不难。如:随着学校数字化教学环境的建设,有的学校为每位教师准备了一台 iPad,试图让教师用此记录丰富的儿童世界。但即便有如此多样的儿童研究工具,还是有部分教师除了敷衍学校布置的任务外,很少致力于做发自内心的儿童研究。

据此,向新的可能性敞开自身、恢复对儿童的好奇心,是教师做发自内心的儿童研究的关键。儿童是正在生长中的个体和群体,儿童世界和成人世界最大的区别在于,儿童世界具有无限发展的可能性,这是儿童世界的内在价值。当教师学会悬置各种理论或经验,直面儿童世界时,儿童的思维、话语、兴趣等都会逐渐显现。如果愿意,教师可以尝试在家里或学校里,留意一项儿童个体或群体发起的自发活动,尽可能地记录下儿童自发活动过程中的所思所想、所作所为。通过这样的记录，教师可能会发现，儿童对周围事物充满好奇，即便是一粒小石子，在儿童眼里都可以成为各种想象的素材，比如当作蛋糕里的坚果仁、捏橡皮泥时的配料，等等。姚老师是一位对儿童世界充满好奇心的老师，因好奇，姚老师善于倾听儿童尤其是那些有不同观点的儿童的想法，在倾听儿童观点的过程中，姚老师对自身也有了新的理解。

老师其实也可以"不知道"[①]

作为老师，如果对学生提出的问题回答"不知道"，好像显得不够敬业，甚至会有对不起学生的感觉。母亲也是教师，记得我小时候特别喜欢问问题，而且一有问题就缠着母亲，非要打破砂锅问到底不可。而我的问题又特别多，快赶上十万个为什么了，母亲不胜其烦，索性回答"不知道"，我很吃惊，"你是老师啊！怎么会不知道！"无奈之下，只得悻悻地翻书或动脑筋自己找答案。一来二去，却养成了我爱看书和爱研究的习惯，如今想想，这"不知道"或许有功呢！现在，做了老师，我更是发现有时"不知道"比"知道"更管用呐。

一年级的一堂美术课《下雨了》，主要是请学生用圆形、方形、三角形、平行四边形、橢橢形、菱形、梯形、扇形等图形拼贴的方法，来表现一个下雨时的人物形象。在孩子们列举了一大堆图形后，我提出了用哪些图形可以用来做人的头部，哪些可以做身体的问题，孩子们在讨论后形成两派：多数认为只有圆形、椭圆形才能做脑袋；少数派（只有二三个人）认为三角形、菱形、梯形也能做脑袋，这一论调引起大多数同学的哄堂大笑。

"老师，头是圆的，当然只能用圆形、椭圆形来做了，对不对啊？"多数派之一说。

"这下，我也不太清楚了。"我犹豫着说，"让我们来听听认为其他图形也能做头部的小朋友的想法好吗？"

少数派本来人数就少，经大家这么一笑，都有些不确定起来了，相互看了半天，在我再三鼓励下，才鼓足勇气说："有的人脸瘦瘦的，就可以用菱形的。""三角形像人戴的帽子。"

"哦！"我作恍然大悟状，"原来是这样啊！呃，听起来好像蛮有道理的,你们大家觉得呢?"

教室里顿时安静下来了,有的孩子在点头,有的孩子盯着黑板上的图形若有所思,有的则说:"老师,我觉得用三角形做身体就像小朋友穿的裙子。"少数派们看上去也安心了不少,身体语言也从缩着肩膀伸展成了抬头挺胸。于是教室里又就哪些图形做头部看上去像什么、哪些图形做身体看上去像什么展开了新一轮的热烈讨论,大家踊跃发表意见,最后达成一致,组织成较规范的语言就是:头部和身体可以挑选任意形状,主要是看自己怎么搭配调整。

讨论结束后,大家仔细选择要用的图形剪下来,在底板上试着拼,我也在黑板前忙乎着,拼了好几个,并问学生:"老师拼得怎么样啊?好吗?"

"啊,老师你的头贴歪了。"小朋友们指着黑板上一个脑袋歪在身体一侧的图形说。

"那怎么办呀,我已经贴好了。"我为难地说。

"撕掉重贴。"

"要撕坏的,你们就不能帮我想想吗? 可不可以就这样的动作啊?"

"要不就这样吧,下雨地上滑,不小心滑跤了。"

"有风刮过来的时候,人也会这样的。"

"哦,是吗,那请你来表演表演看。"我拿出准备好的伞请同学表演,大家抢着上前,"风从前面刮过来了。""风从后面刮过来了。""下雨没带伞,抱着头跑。""头顶着包跑。"孩子们的表现越来越精彩,甚至还有自由发挥和自我解说。我趁热打铁,"这时候他们的身体和头部排列是什么样的? 手和脚呢?"并及时让孩子们添画,成果出乎意料又在意料之中——出乎意料地生动、有趣,人物还添画了丰富的脸部表情,高兴的、着急的、伤心的,还有学生添画了被风吹成倒喇叭的伞,甚至小王在自己制作的人物额头上画了个"王"字,他告诉我,这代表他自己,有趣别致,令人忍俊不禁。鉴于他们这节课上的优秀表现,在享受学习成果的同时大大表扬了他们,并告诉他们"我将要把这些优秀的作品带给其他班级的小朋友一起分享、让其他班向3班的小朋友们学习"时,那一张张小脸就别提多灿烂了,对于美术学习他们更有热情了。

敞开自身最大的挑战是改变对儿童的看法,尤其是对那些教师本不太喜欢的儿童的看法。这种改变只有在教师发现儿童发展的多种可能性、体验到一种内在自生的力量时,才有可能真正实现。

(二)教师自身之外的准备

教师自身之外的准备,包括学校内外部的支持。不论是学校内部还是外部的支持,关键在于帮助教师找到一种内在自生的力量,这种力量是教师持续开展儿童研究的源泉。对于我国学校而言,教师的儿童研究是一个新研究领域,据此,如何支持教师开展儿童研究是一项新挑战。从国际上看,除了前述的瑞吉欧教育体系的已有探究外,学校自主构建或与外部合作构建促进教师研究的内部机制是关键①,这里的与外部合作主要指学校与学者合作。

第二章论及的卡利尼及其团队在展望学校做出了富有成效的探究。②该校的内部机制构建具有开创性,是学校作为儿童研究共同体存在的机制构建的典范,影响了美国不少中小学甚至大学的改革。展望学校机制的构建经历了 10 多年的探究,大概到 20 世纪 80 年代左右,形成了促进教师开展儿童研究的四要素机制:儿童研究、描述性研究(Descriptive Inquiry)、合作、信任(如图 10-1 所示)。儿童研究是机制的核心,描述性研究是机制运作的方法论支柱,信任和合作是机制运作的原动力和基础,四要素围绕着儿童研究这一核心协同有序运行。将儿童研究确立为机制的核心与学校的办学理念一致,该校秉持的办学理念是"好的教学实践和严谨的儿童研究应该是紧密相连的事业"③,通过儿童研究实现每位儿童作为人、学习者、思考者的整体发展;这样,作为机制核心的儿童研究也是教师们开展合作研究的主题。为了持续开展儿童研究,展望学校从创校之初的观察、记录、描述到逐步形成了完整的描述性研究的方法论,因有共同的研究主题和便于开展研究的方法支撑,教师之间的合作、教师和家长之间的合作就围绕着儿童和描述自然而然地展开了。合作的内容、方式等因儿童研究的具体需要而有所不同,不过不论何种方式的合作,其本质都是集体建构知识。这些合作的背后是强大的信任,这种信任包括对学校办学理念的信任、对做儿童研究本身所具有的价值的信任、共同体成员之间的相互信任等。

---

① 王丽华、褚伟明. 促进教师研究的学校内部机制构建:国际进展与前瞻. 教育发展研究,2015(6):66-73.

② 王丽华、褚伟明. 促进教师研究的学校内部机制构建:国际进展与前瞻. 教育发展研究,2015(6):67.

③ [美]帕特丽夏·F. 卡利尼. 让学生强壮起来——关于儿童、学校和标准的不同观点. 张华等译. 北京:高等教育出版社,2005:前言 1.

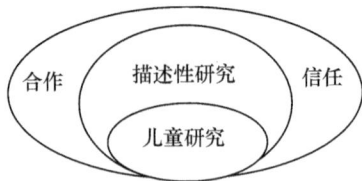

图 10-1 卡利尼及其团队构建的四要素机制

关于学校外部的支持,我曾系统研究了促进教师研究的机制,研究发现:

> 进入 21 世纪后,学者和政界都逐渐发现:单靠学校和学者的共同努力,机制的持续实施往往会受阻。其原因是机制运行还受到政策变动等诸多其他因素的影响,为此,走向多方力量整合是世界各国和国际组织制定改革政策的重要走向。整合机制是指学校内外的组织或人员各司其职,尽最大努力制定促进教师研究的连贯性机制;其核心在于各司其职、制定和实施政策时多方联动,这样可以将因政策或决策不一致而产生的教师行动冲突降至最低。①

我国教师的儿童研究的顺利开展,同样也面临着上述如何构建整合机制的问题。

第二节 一所小学的教师的儿童研究之旅②

被选为深度个案的 M 小学是上海市浦东新区一所普通小学,创建于清朝年间,前身是教会学校,1980 年改名为现在的校名。当时学校生源主要由当地居民子女、外来务工人员子女、外企员工子女等构成,2007 年前后因老城改造,当地居民日益减少,加之该校附近有两所名牌小学,名牌效应吸引了很多生源,由此导致学校生源逐年下降,这成了学校发展的重大阻力。L校长于 2007 年 9 月到岗,当时她发现学生作业很多,特别强调语数外教学;

---

① 王丽华、褚伟明.促进教师研究的学校内部机制构建:国际进展与前瞻.教育发展研究,2015(6):69.

② 本节主要修改自本书作者等人发表的论文:王丽华等.促进教师研究的学校内部机制探寻——一所小学的深度个案研究.全球教育展望,2015(7):89—98 转 110.

为在夹缝中生存,教师压力很大,她试图通过研究让学校整体发展有所改变。然而,她发现当时学校校本教研陷入了形式化的误区,但学校自身又缺乏走出该误区并推动教师持续研究的内部机制。为此,该校于 2008 年初主动加入了华师大 Z 教授的课题组。加入课题组后,根据 Z 教授的安排,W 等四人常态跟进该校教师研究;后来,因 M 小学拟将儿童研究作为该校特色,为此继续保持和 W 的合作关系至今。

M 小学的儿童研究之所以能持续开展多年,是因为该校的儿童研究源自于教师们自身的内在需要,据此,本节主要讨论 M 小学如何通过机制探寻回应教师的内在发展需要。对于文中涉及的研究数据,按照"类型—对象—时间"或"类型—时间"编码系统进行编码。类型包括 O—观察(包括 F—田野笔记、M—会议记录)、II—个别访谈、GI—集体访谈、D—实物(包括 E—电子邮件),对象包括 R—大学研究者、P—学校校长、T—学校教师、VT—外校来访教师,其中对 M 小学教师的访谈数据的编码加上被访谈者姓名前两字的首字母缩写,其他人员的访谈则用姓的首字母。资料分析主要运用类属分析法和情境分析法,采用三角互证法以确保研究效度。需要指出的是,进入新阶段之前的准备期数据应作为新阶段的研究数据,这样表面上看起来似乎研究数据收集的时间和阶段划分时间之间有一定落差,但实际上是一致的。

一、M 小学促进教师的儿童研究机制的探寻历程

分析 8 年(论文是 2015 年发表的,所以当时是 7 年)探究历程发现,M小学促进教师研究的学校内部机制探寻大致经历了三个阶段:外部推动下学校内部机制的初探阶段(2008 年 3 月至 2009 年 6 月)、内部为主外部为辅的五要素学校内部机制的形成阶段(2009 年 9 月至 2013 年 6 月)、稳定的五要素学校内部机制的深化阶段(2013 年 9 月至今)。在三个阶段中,学校遭遇的外部阻力基本类似,因此,概括后在第三阶段总述之。

(一)外部推动下学校内部机制的初探阶段

该阶段的主要特点是学校有自主意识但缺乏自主构建促进教师研究的学校内部机制的能力。M 小学的自主意识主要表现在:(1)L 校长主动要求加入课题组,且没有简单接受 Z 教授提出的机制构想;这得到了 Z 教授和 L校长的证实。课题负责人 Z 教授说:"接到 M 小学 L 校长的电话,想加入'重建课堂教学研究'课题"(F—Z—20080314),L 校长也说:"我们学校是自己想加入'重建课堂教学研究'课题的,……参加课题不是想徒有虚名,而是

想通过研究改变老师"(F—P—20080324)。Z教授及其团队成员应邀到校第一次访问就召开了部分老师的座谈会,座谈会临结束时,Z教授提出"底线是常态开展生活探究,同时也尽量开展学科探究和跨学科探究,为此,学校需要成立一个课题组,每周研讨一次,研讨不是采取提一二三建议的方法,而是诚恳地说出自己倾听了什么、描述了什么";对此,L校长回应说:"Z教授第一次来学校,还没有深入沟通,需要大家继续商量。"(M—20080314)(2)参与座谈会的一些教师提出了自己的研究需要。在座谈过程中,Z教授说得最多的是"老师们自己有什么想研究的问题",有老师提出"1年级英语现在用的新版教材,几乎把2—3年级的内容都让1年级的小学生学,我觉得大部分学生无法学",也有老师提出"班里有思想不集中、多动的孩子,不知道怎么办好"(M—20080314)。可见,老师们最想研究的是儿童学习和成长问题,与Z教授上述预设的需要并不一致。为此,在与"重建课堂教学研究"课题组支持该校发展的W等人多次商谈后,M小学将Z教授提出的底线"生活探究"和教师自身的需要"儿童研究"作为研究焦点。

M小学缺乏自主构建机制的能力主要表现在:确定研究焦点后,L校长、SL主任和老师们很急切地想知道如何具体开展。这在对L校长的多次访谈中被反复提及,以其中一次为例,L校长急切地说:"真的无从下手,不知道怎么做起,老师们从来没有做过,能否有一个可行的大致方案?"(II—P—20080404);SL主任和多位老师也多次提及:"能否请W老师给大家讲讲到底怎么做?"(F—20080324至20080504)

基于M小学的急切需要,课题组成员帮助学校初步确定了三要素内部机制。历经座谈、多次研讨、课题启动会议召开等过程,2008年4月上旬,M小学在课题组W等人的帮助下初步确定了研究焦点、合作、支持三要素学校内部机制(见图10-2)。合作主要指校内教师之间的合作,在学校安排下,将课题组老师分成两个合作研究小组,一组是儿童研究小组,由3位老师合作对一位有特殊需要的儿童开展研究;另一组是生活探究小组,由7位老师组成,分别指导当时的7个生活探究小组。支持包括校内外双重力量,校内的支持包括校长和教师发展主任的支持。凡是有时间,校长都会参加大学研究者主持的两个研究小组的活动;当时的教师发展主任SL细致安排教师们参与研究小组的时间和空间,大学研究者每次到校前SL都会提前将当天的活动议程发给W,以某周五的议程为例:"上午第三节课(10:15—10:55):儿童研究小组交流,中午(12:20—13:00):生活探究小组交流,下午第一节课:YY老师美术随堂课;下午第二节:专家参与各生活探究小组活动;下午

第三节课:SJ 老师数学互观课"(E—20080514)。该议程既可以看出 SL 在安排活动时的细致用心,也可以看出大学研究者提供支持的内容和方式。不过,对于大学研究者的支持,议程上只能看出大学研究者给予教师的专业支持;面对起步阶段老师们普遍具有的焦虑不安、困惑和急切,大学研究者也给予教师以情绪支持和一对一的指导;此外,外部支持还包括课题组负责人 Z 教授为老师们创造了校际交流和区级展示等平台,这些平台极大地唤起了老师们的研究热情。这样,在双重支持下,老师们逐渐体验到了学做研究的价值和乐趣。

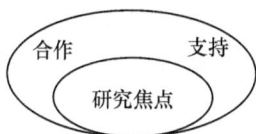

图 10-2 三要素学校内部机制

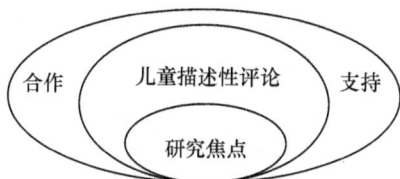

图 10-3 四要素学校内部机制

　　2008 年 9 月,根据老师们的研究需要,学校内部机制由三要素调整为四要素。经过近一个学期的实地观察,W 发现:"儿童研究似乎变成了儿童研究小组的一位老师的研究特权,其他两位老师似乎是为她的研究服务的;同时,生活探究小组的老师想做儿童研究却没有机会。"(F—20080411 至 20080606)为此,学期末 W 和学校领导商量,能否让课题组的 10 位老师自主选择研究意向,根据自选结果重组研究小组。学校采纳此想法后让老师们自选,选择结果发现 10 位老师都愿意参与儿童研究小组。重组后儿童研究小组的有些老师提出:"对儿童研究我们很有兴趣,但不知道怎么做,你能不能提出一种具体的方法?"(GI—20080919)。为了解决老师们做儿童研究的方法需要问题,学校内部机制由三要素变成了四要素,即增加了方法——儿童描述性评论(见图 10-3)。对老师而言,这是一种全新的研究方法,为了帮助老师更好地开展儿童研究,2008 年 9 月至 12 月初期间,W 等人设计了多个专题的参与式培训,老师边学边尝试儿童研究。

　　该阶段来自学校内部的阻力有二:(1)多数老师只是按部就班地开展研究、缺少自己的独立思考。SL 主任所言表现出了这样的阻力:"小朋友听老师的,老师听专家的。"(F—20080504 至 20090522)(2)尽管 2008 年 9 月起,老师们的研究意向是自选的,但尝试了一段时间后,有个别老师认为儿童研究并不简单并转而抵制研究。如在一段时间的田野笔记中,某位老师说得

最多的一句话是："我没空做儿童研究,真的没有空。"(F—20090410)

(二)内部为主外部为辅的五要素学校内部机制的形成阶段

经历了从迷茫、困惑到初见曙光的初探阶段,课题组老师的研究能力得到提升,学校自身在内部机制构建方面的自主性大大提高。为此,学校在多方协商的基础上决定,2009 年 9 月起,全校教师开展儿童研究,这意味着学校将"研究焦点"这一要素进一步具体化为"儿童研究"。L 校长在全体教师会议上提出:"本学期开始学校的重点是儿童研究,为此,我们要探索基于儿童研究的校本研讨制度,学校的各种会议也尽量以此为核心。"(M—20090911)为了确保全校性儿童研究的顺利开展,L 校长和 SL 主任早在前一学期末就谋划了此事。2009 年 6 月,W 因工作关系将离开上海,这意味是 W 作为 M 小学的主要外部合作者将终止合作关系。L 校长主动向 W 提出了继续合作的想法:"你和老师们的每次讨论对老师而言都是值得的,下学期每两周请你来一次……老师们很信任你,你的水平、研究投入度能压得住,我们都把你当朋友。有信任才能真正做研究。以前和大学也有合作,但全由 H 师大操作,老师们只能接受,完全由大学研究者摆布。"(F—20090522)

表 10-1　教师研究意向自选报名表

A 整体的儿童研究

整体的儿童研究,主要从历时性角度出发,持续关注和研究上儿童,发现其创造潜能,揭示其独特性、复杂性、多样性。教师选择一位儿童开展研究,主要运用儿童描述性评论开展研究,通过持续地观察某位儿童的如下五个方面:身体外表和姿势,气质和性情,与他人的关系,强烈的兴趣和爱好,思维方式和学习方式,以揭示其创造潜能。

B 学科教学中的儿童研究

学科教师主要研究学科教学中的儿童的创造潜能,在学科教学中主要通过倾听和对话,发现儿童个体或群体的创造潜能。通过儿童研究,改善师生关系,发现每个儿童的个性,逐渐形成每个老师的风格。

C 生活探究中的儿童研究

生活探究指导教师在指导学生开展生活探究的过程中研究儿童的思想和观念,也是通过倾听和对话,发现儿童个体或群体的创造潜能。通过儿童研究,改善师生关系,发现每个儿童的个性,逐渐形成每个老师的风格。

D 合作型儿童研究

在班级中选择一至二名学生,执教同一班级的各科老师同时从不同学科,不同时间段,对相同的对象加以研究。使教师的研究发挥最大限度的效益,让老师们共享研究过程。目的在于求求最佳的方法帮助儿童更好地成长。

第一意向(　　)

第二意向(　　)

签名＿＿＿＿＿＿

L 校长的想法也显现了学校内部机制的第五个要素信任,除了对大学研究者的信任外,也包括学校领导和教师之间、教师们相互之间、师生之间的信任,还包括学校信任儿童研究所具有的内在价值。这些不同类型的信任对教师研究的价值也在老师们的研讨和访谈中多次被提及。确定了延续已有的合作关系后,在参阅了 W 等发表的"教师即儿童研究者"一文的基础上,SL 主任于 2009 年 6 月自主设计了教师研究意向自选报名表(见表 10-1)。之所以设计两个意向,是为了避免老师们集中选择某一选项。根据选择结果,全校教师分成 4 个儿童研究小组。这样,经过学校的自主谋划,促进教师研究的五要素学校内部机制形成了(见图 10-4)。

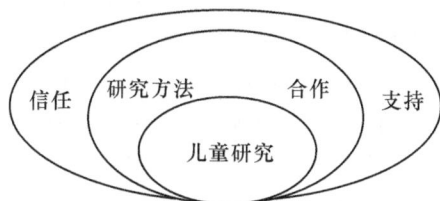

图 10-4　五要素学校内部机制

　　该阶段大学研究者提供的支持除了延续初探阶段的专业支持和情绪支持等外,还在如何深化儿童研究方面给予学校方向性的指引;此外,来自教发院、外校访问者等的积极反馈成了新的外部支持力量。校内支持,除了校长和 SL 主任的主持外,原课题组的部分教师成了教师研究的带头人,在各小组中起着引领和催化的作用。该阶段的一大突破是,从促进课题组教师研究的内部机制构建转向促进学校全体教师研究的内部机制构建。该阶段的主要阻力是个别教师因留恋已经习惯了的"舒适地带"而只是形式上参与儿童研究,内心则抗拒之;不过,因学校儿童研究的大环境形成,个别老师自行调离了学校。

　　(三)稳定的五要素学校内部机制的深化阶段

　　通过阶段二的探究,全校老师熟悉了儿童研究过程、体验到了儿童研究的价值和乐趣,全校教师参与研究后的第一本论著《师生即研究者》于 2011年 10 月出版。与此同时,学校也遭遇了新的发展瓶颈,即尽管通过研究老师们具备了和过去迥异的儿童观,不论是在班级管理还是日常交往中老师们都能从儿童需要出发,但学科教学尤其是跨学科教学研究如何超越程序化、建基于儿童研究之上? 这是学校必须直面的新课题。诚如新上任的教师发展主任 XP 发给 W 的邮件中所描述的:"我们的困惑是:(1)在跨学科的儿童研究,即'双周五'活动中,不同学科的老师如何以儿童研究的角度观课,老师们到底可以从哪些方面来看?怎么看?怎么记录?(2)在学科内的儿童研究,即定期的教研活动中,如何开展围绕儿童研究的教研?"(E—20130903)针对学校提出的具体困惑,在和学校多方商谈的基础上,W设计了解决思路。为了将该思路具体化,W为全校教师做了深化儿童研究的专题培训,在培训中陈述了具体的思路并呈现了为深化儿童研究专门设计的四个记录表,供老师们根据自己的研究需要自主选择用。由于该新思路打破了学校教研组活动和双周五活动的原有思路,引起了一些老师的抵触。为此,学校以充分研讨、广泛倾听老师想法的方式化解了老师们的抵触,并根据老师们的合理想法修改了W提供的原始记录表(见表10-2),两者的主要区别是学校从便于老师记录的角度增加了座位表、教师行为、同伴行为栏,删除了学校认为不需要的个别基本信息。此外,基于多方的研讨和协商,最终将跨学科教学中的儿童研究基本思路确定为:在双周五全校性教学研究的课堂上,学校每位老师自主选择一名想研究的儿童,以符合伦理的方式持续观察、记录该名儿童的学习事实;课后按年级分成五个小组充分研讨各自的观察发现,并汇总组员的发现;各年级组派代表向全体教师汇报本组的发现,并提出可继续研究的儿童研究问题或深化教学改进的问题,以此真正基于儿童研究反观和改善教学。

表 10-2 学校修改后的记录表

跨学科教学中的儿童研究记录表

记录者(观察者):_____

儿童姓名:_____(注意:该记录表若对外,此处儿童的姓名请用化名,或以儿童当时的座位代号代替姓名填入"儿童姓名"后。)

儿童性别:_____

科目: 自然 班级: 三(1) 人数: 30人 其中男生 18 人,女生 12 人

观察日期: 2013 年 11 月 1 日 观察开始时间:_____ 观察结束时间:_____

上课 5 分钟内,选取一名(或一组)儿童,选取这位或这组儿童的理由:

_____

记录内容:(观察整节课,描述一个片段)

教师行为 (教师提出的问题、或创设的情境等)	同伴行为 (班级里除观察对象以外的儿童的反映及其想法或观念)	儿童的表现	我的想法 (观察者的想法)

记录后的发现或反思:

基于学校遭遇的新困境和解决思路,该阶段机制探寻的核心是修改、深化并形成稳定的五要素学校内部机制。具体包括:(1)具体化机制中的方法要素,并将其确定为"描述"(见图 10-5);(2)深化儿童研究的内涵,特别是儿童研究的内涵从已有的四个研究小组拓展至全校工作的各个方面包括跨学科教学中的儿童研究。诚如富兰所指出的:"我们需要建立围绕课堂教学的基础组织。"①换言之,只有当儿童研究和课堂教学改革紧密结合时,儿童研究才能真正成为每位老师愿意致力的工作。(3)丰富了支持和信任的内容,支持不仅包括前述的内容,还包括 M 小学教师作为师父带教来自安徽、四川、西安等地的骨干教师,并自主回答一些老师提出的关于儿童研究的疑问和困惑。如:"有老师提出'我们当地的儿童研究活动比较少,课堂上如何去观察和探究儿童?'对此,JQ 老师说'听课的目的不是听教学组织、教材处理,而是关注你想观察的儿童个体;老师观察孩子后,将孩子的表现用描述性的语言描述出来……'"(F—20140404)。信任从校内拓展到了家校之间。由此可见,在该阶段老师们不仅变成了他人专业发展的支持者;而且也能对大学研究者提出的突破思路进行理性讨论和改善。

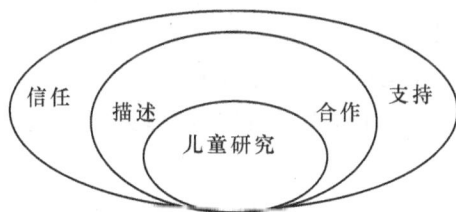

图 10-5　修改后的五要素学校内部机制

在上述三阶段的探寻过程中,学校遭遇的主要外部阻力有:(1)来自上级部门的各种评比检查和强制执行的新项目,这些检查和执行耗费了老师们大量工作时间。对此,学校多位中层在多次访谈中反复提到,如以其中一次为例,学校中层认为教师研究的外部阻力主要来自于:"第一,各种评比检查过多,……仅固定常规评比检查的项目就有:区政府教育督导;新教师教学基地验收;基于课程标准与评价的专项督导;心理健康校检查;法制星级学校评比;……这些是每年或规定年限一定要接受验收检查的,有些一年期间要接受三次检查验收。除此之外还有许多突发的或者是新生的检查项

---

① 迈克尔·富兰等.突破.孙静萍、刘继安译.北京:教育科学出版社,2006:27.

目,这些项目花费了老师们许多时间来准备资料,应付检查。第二,上级部门热衷于开发各种项目并强制要求学校执行。如信息化工程项目、各种赛课项目。"(GI—20141128)(2)政策不连续引发的制度性恐惧。这种恐惧感反复出现在探寻过程中,如以新旧领导更替出现的政策不连续为例,有老师谈道:"新的教发院院长通知学校:三四五年级要统考了,同时要开展精细化管理;并强调在新的绩效工程下成绩第一,看来老师们已经绷得很紧的弦还要绷得更紧。"(II—SL—20110422)

二、M 小学教师的儿童研究之旅的初步结论和启示

通过上述研究,大致可以得出如下结论:(1)M 小学内部机制的探寻既是以问题解决的思路突破教师研究困境的过程,也是多方形成合力逐步深化并找到学校内在自生力量的过程;且在探寻机制的过程中,学校发展的共同愿景也得以显现,即由儿童研究发展为儿童研究共同体。管理学大师彼得·圣吉(Peter Senge)认为:共同愿景是组织中人们所共同持有的意象或景象。① 在 M 小学,儿童研究作为一种统整的力量,指引着教师研究和学校发展。(2)在机制探寻的初探阶段,学校有自主意识但构建的主体实为外部支持者;在其后两阶段,尽管需要大学研究者的参与,但主体是学校。(3)在机制探寻的不同阶段,M 小学促进教师研究的学校内部机制其构成要素是不同的。在三阶段的探寻过程中,根据教师研究困境突破的需要,机制要素从三要素演化为稳定的、要素之间动态相互作用的五要素。(4)其间,M 小学遇到的阻力来自于校内外,校外的阻力主要是行政阻力;相比较而言,校内阻力能通过学校和大学研究者共同努力化解,但外部阻力却一直影响着教师们的研究。回顾完整的研究过程,或许能为类似学校突破教师研究困境提出如下启示。

(一)学校内部机制探寻是一个复杂深度的变革过程,而非一步到位

从 M 小学促进教师研究的学校内部机制探寻过程看,机制的构建不是一步到位的,而是一个复杂、逐步深化的变革过程。不可否认,在初探阶段,M 小学校长和老师们也像当下不少学校的领导和老师那样急切期待一步到位的机制,试图以速成的学校内部机制一劳永逸地突破教师研究的困境;然而,7 年探寻历程表明,因研究困境具有阶段性、教师研究需要具有多样性和

---

① [美]彼得·圣吉.第五项修炼:学习型组织的艺术与实务.郭进隆译.上海:三联书店,1998:237.

复杂性,学校内部机制的构建根本不可能一步到位。诚如美国学者霍尔(Gene E. Hall)等人通过大量的变革研究发现,绝大多数的教育变革都至少需要 3～5 年时间,才能在一个较高的水平上被实施。因此,变革是一个"过程",而不是一次可以短期奏效的"事件"。[①] 需要指出的是,机制探寻过程也因学校、外部合作者而异。如对于校长无自主意识、教师无研究需要的学校,探寻机制的首要前提是唤醒校长和教师的自主意识。此外,M 小学机制探寻的一个有利条件是校长没有被频繁更换。

(二)学校内部机制探寻的主体是学校,而非政府或高校

M 小学的探寻历程表明,机制探寻的主体是学校,而非政府或高校。近年来,随着大学—中小学、大学—政府—中小学合作的兴盛,不少中小学希望通过外部帮助走出教师研究困境;遗憾的是在此过程,由于机制探寻主体的定位存在偏差,经常出现越俎代庖现象,由此在消解学校在机制探寻过程中的主体性的同时进一步阻碍了教师研究的真正突破。同时,学校主体并非指校长,而是包括校长在内的全体教师。任何一所学校,校长的主体性是重要的,但如果只有校长有主体性,机制的构建必然会遭遇极大的内部阻力。诚如海林杰(Philip Hallinger)指出的:"校长是重要的,但是只有当他/她与他人合作时,校长才有可能成功。"[②]在本研究中,教师发展主任是组织校长与教师、学校与大学研究者深度合作、共同研究的关键力量;换言之,机制探寻过程中的相关人员能否彰显并协商彼此的主体性,学校是否有一位善于沟通、能整体规划的教师发展主任至关重要。

既然学校是主体,那么,学校和外部合作者是什么关系? 上述研究表明,双方是形成合力的指向理解和解放的伙伴关系。诚如在一次对学校教师的深度访谈中,学校的中层、多位老师所提到的:"校长的理念是先进的,学校的决策是逐步深入的,W 老师多年的持续指导,这样,老师们就不会有杂乱无章的感觉。专家和领导引领得好,教师研究就会朝着健康的方向走。"(GI—20131205 和 20131206)。由此可见,在老师们看来,对于单凭自身力量难以突破的学校,合力的形成很重要。

---

① [美]吉纳·E.霍尔、雪莱·M.霍德.实施变革:模式、原则与困境.吴晓玲译.杭州:浙江教育出版社,2004:6.

② Philip Hallinger. Leadership for learning:lessons from 40 years of empirical research. Journal of Educational Administration,2011,49(2):137.

（三）学校内部机制的要素是基于实践逻辑确定的，且要素内容因校而异

学校内部机制的要素是基于学校自身整体推进的需要即实践逻辑确定的，而非理论逻辑，据此形成的要素既有鲜活的实践依托，又有突破困境的动力；同时，要素具体内容的细化也是依据实践逻辑，如要素中的儿童研究的分组就是依据教师的儿童研究需要和研究小组力量的相对均衡而提出的，而非基于理论逻辑。学校内部机制要素的具体内容会因校而异，但机制要素内容大致可以从内容维度、人际维度、组织维度、支持维度等维度出发①，并基于学校教师的研究需要具体地确定之。

（四）外部阻力是学校内部机制实施过程中的主要阻力

从上述 M 小学遭遇的阻力看，外部阻力是学校内部机制实施过程中的主要阻力。这种阻力在我国学校中的情形和佐藤学（Manabu Sato）曾指出的日本学校中的情形颇为相似。对此，佐藤学曾指出："学校改革的过程可以用内与外的辩证法来求得认识。……反观现今数量庞大的学校改革政策，内与外的辩证法显然在发生逆转：一方面是政策决定者们打着'教师的意识改革'的旗号，力图从外部强行变革学校；相反，另一方面即便显示出从学校内部发生变革的动向，却得不到来自外部的支持。"②由于这类阻力单靠学校自身难以彻底解决，亟待政策制定者以支持教师研究为主、制定具有连贯性的学校改革支持政策；同时，决策行为亟待走向专业性，特别要重视研究解决机制实施过程中因决策漏洞、管理上的缺陷而导致的教师研究的低效问题。

三、M 小学教师的儿童研究的展望

作为一所儿童研究的先行校，M 小学如何在已有的儿童研究的基础上深化之，这是学校下一步发展需要直面的课题。如前所述，M 小学已经有相对稳定的机制帮助教师持续开展儿童研究，教师也从儿童研究中不断找到内在自生的发展力量。据此，M 小学可以在已有的基础上，从如下方面努力。

（一）确立理想的儿童形象，以此作为儿童研究共同体的行动指南

在 M 小学探寻机制的过程中，全校已发展成为一个有共同旨趣的儿童

---

① 王丽华、褚伟明.促进教师研究的学校内部机制构建：国际进展与前瞻.教育发展研究,2015(6):71.

② ［日］佐藤学.学校再生的哲学——学习共同体与活动系统.钟启泉译.全球教育展望,2011,40(3):8.

研究共同体。通过儿童研究,老师们都深刻地认识到儿童研究基于儿童、为了儿童、服务儿童,又发现每位儿童都是独特的、多样的且具有无限的发展潜能。尽管老师们对于儿童的发展力量有很多鲜活的认识和具体的故事,但对于 M 小学究竟要培养出怎样的儿童,似乎并没有明确的建构。为此,学校可以将老师们对儿童的已有认知具体化,在此基础上通过民主参与、融合国内外研究进展的方式,确立起本校的理想儿童形象。全校围绕着理想的儿童形象,来整体架构深化课程、教学、德育、管理等改革的框架和思路。教师在此框架和思路的指引下,开展适合自身需要的儿童研究。

(二)组建更为灵活的儿童研究小组

近年来,M 小学教师基于儿童研究,不断提出自发的课题研究,这对于M 小学儿童研究的持续开展是可喜的。为了将教师的儿童研究力量拧成一股绳,学校可以引导教师围绕着上述儿童形象和学校改革的整体架构自主申报项目,打破原有的四大儿童研究小组,组建更为灵活的儿童研究小组,这种灵活性可以体现在研究主题、小组成员的人数、成员的分工等方面。如以小组成员的分工为例,可以打破原来的主持人、记录员、汇报员等的分工,依据小组开展儿童研究大概需要完成的任务,有计划地分工,合作记录儿童个体或学习小组的学习过程。如果研究有需要,小组成员可以根据需要有弹性地增加或减少;小组合作研究的任务既可以生成,也可以调整。

(三)合作完成儿童研究个案,这些个案可以作为合作研讨或分享的资源

通过小组合作开展儿童研究,小组成员及时完成个案资料的整理,整理后的完整个案,既可以和同行或家长或儿童分享,也可以作为学校工作坊的素材。对于与同行尤其是校内的同事分享,个案的诠释和反思不是回顾性的,而是为更好地进行教学设计、班级管理、生活探究的深化、实践项目的设计等服务。对于与儿童分享,可以和儿童一起回顾学习过程中的收获、困惑,进而深化后续的研究。如果将个案作为工作坊的素材,学校可以有计划地安排研究小组分享,其他成员从各自的视角提问或深化儿童研究之个案。对于学校而言,善用儿童研究个案是一条将儿童研究与学校各项改革融合一体的新思路。

对于上述(二)和(三)两方面的努力,第一章第三节普雷斯科特提出的儿童研究过程是一种可参考的思路,除此之外,展望学校对一名儿童的合作描述、瑞吉欧的工作坊也是可借鉴的。上述方面如能整体考虑并形成可运

作的方案,M 小学或许可以深化当前的儿童研究。当然,除了这些努力之外,外部政策如能更为专业化,M 小学将会形成更多合力深化当前的儿童研究。

参考文献

一、中文部分

(一)译著(以作者的国籍和作者译名的首字拼音升序排列)

[1] [德]海德格尔.存在与时间.陈嘉映,王庆节译.北京:生活·读书·新知
　　三联书店,1999.

[2] [法]卢梭.爱弥儿:论教育(上卷).李平沤译.北京:人民教育出版
　　社,2001.

[3] [法]卢梭.忏悔录(第九卷).李平沤译.北京:商务印书馆,2010.

[4] [法]卢梭.论科学与艺术.巴黎伽里玛出版社,1967.

[5] [法]卢梭.新爱洛伊丝.陈筱卿译.北京:北京燕山出版社,2007.

[6] [法]卢梭.一个孤独的散步者的梦.李平沤译.北京:商务印书馆,2008.

[7] [加]马克斯·范梅南.教学机智——教育智慧的意蕴.李树英译.北京:
　　教育科学出版社,2001.

[8] [加]马克斯·范梅南.生活体验研究——人文科学视野中的教育学.宋
　　广文,等译.北京:教育科学出版社,2003.

[9] [美]爱莉诺·达克沃斯.精彩观念的诞生:达克沃斯教学论文集.张华,
　　等译.北京:高等教育出版社,2005.

[10] [美]芭芭拉·安·尼尔森.一周又一周:儿童发展记录.叶平枝,孟亭
　　含,等译.北京:人民教育出版社,2011.

[11] [美]伯尼·特里林,查尔斯·菲德尔.21世纪技能:为我们所生存的时

代而学习.洪友译.天津:天津社会科学院出版社,2011.

[12] [美]Dorothy H. Cohen, Virginia Stern, Nancy Balaban & Nancy Groppper.幼儿行为的观察与记录.马燕,马希武译.北京:中国轻工业出版社,2013.

[13] [美]约翰·杜威.杜威全集·早期著作·第五卷.杨小微,罗德红译.上海:华东师范大学出版社,2010.

[14] [美]约翰·杜威.杜威全集·中期著作·第七卷.刘娟译.上海:华东师范大学出版社,2012.

[15] [美]约翰·杜威.经验与教育.姜文闵译.北京:人民教育出版社,2005.

[16] [美]约翰·杜威.学校与社会·明日之学校(第2版).赵祥麟,任钟印,吴志宏译.北京:人民教育出版社,2005.

[17] [美]吉纳·E.霍尔、雪莱·M.霍德.实施变革:模式、原则与困境.吴晓玲译.杭州:浙江教育出版社,2004.

[18] [美]卡罗琳·爱德华兹、莱拉·甘第尼、乔治·福尔曼.儿童的一百种语言:转型时期的瑞吉欧·艾米利亚经验(第3版).尹坚勤,王坚红,沈尹婧译.南京:南京师范大学出版社,2014.

[19] [美]凯瑟琳·坎普·梅休 等.杜威学校.王承绪,赵祥麟,赵端瑛,顾岳中译.北京:教育科学出版社,2007.

[20] [美]Keith A Acheson & Meredith Damien Gall.临床视导与教师发展.林春雄,陈雅莉,王欣华,胡峻豪,詹婷姬,许允丽,王慧娟译.台北:五南图书出版公司,2007.

[21] [美]劳伦斯·阿瑟·克雷明.学校的变革.单中惠,马晓斌译.上海:上海教育出版社,1994.

[22] [美]马格丽特·赫姆莉、帕特丽夏·F.卡利尼.从另一个视角看:儿童的力量和学校的标准——"展望中心"之儿童叙事评论.仲建维译.北京:高等教育出版社,2005.

[23] [美]Marilee Sprenger.脑的学习与记忆.北京师范大学"认知神经科学与学习"国家重点实验室,脑科学与教育应用研究中心译.北京:中国轻工业出版社,2005.

[24] [美] Marian M. Mohr, Courtney Rogers, Betsy Sanford, Mary Ann Nocerino, Marion S. MacLean & Sheila Clawson.研究型教师与学校发展——美国教师研究纪实.方彤,罗曼佳译.北京:中国轻工业出版社,2006.

[25] [美]玛莉媄·威利斯、维多利娅·霍德森.发现孩子的学习风格.盛强译.北京:新华出版社,2003.

[26] [美]内尔·诺丁斯.学会关心——教育的另一种模式.于天龙译.北京:教育科学出版社,2003.

[27] [美]帕特丽夏·F.卡利尼.让学生强壮起来——关于儿童、学校和标准的不同观点.张华等译.北京:高等教育出版社,2005.

[28] [美]彼得·圣吉.第五项修炼:学习型组织的艺术与实务.郭进隆译.上海:三联书店,1998.

[29] [美]特里萨·M.麦克德维特,珍妮·埃利斯·奥姆罗德.儿童发展与教育(上册).李琪等译.北京:教育科学出版社,2007.

[30] [美]沃伦·R.本特森.观察儿童:儿童行为观察记录指南.于开莲,王银玲译.北京:人民教育出版社,2009.

[31] [日]佐藤学.教师的挑战.钟启泉,陈静静译.上海:华东师范大学出版社,2012.

[32] [日]佐藤学.学校的挑战.钟启泉译.上海:华东师范大学出版社,2010.

[33] [苏]阿莫纳什维利.孩子们,祝你们一路平安!.朱佩荣译.北京:教育科学出版社,2002.

[34] [苏] Ю·巴班斯基.论教学过程最优化.吴文侃,等译.北京:教育科学出版社,2001.

[35] [新西兰]玛格丽特·卡尔、温迪·李.学习故事与早期教育:建构学习者的形象.周菁译.北京:教育科学出版社,2015.

[36] [意]玛利亚·蒙台梭利.发现孩子:了解和爱孩子的新方法.胡纯玉译.北京:中国发展出版社,2003.

[37] [意]玛利亚·蒙台梭利.蒙台梭利方法.江雪编译.天津:天津人民出版社,2003.

[38] [意]玛利亚·蒙台梭利.蒙台梭利教育法.霍力岩,李敏谊,胡文娟,等译.北京:中国人民大学出版社,2008.

[39] [意]蒙台梭利.蒙台梭利幼儿教育科学方法.任代文主译校.北京:人民教育出版社,2001.

[40] [意]玛利娅·蒙台梭利.蒙台梭利早期教育法全书.万信琼译.北京:中国发展出版社,2004.

[41] [意]玛丽亚·蒙台梭利.童年的秘密.单中惠译.北京:京华出版社,2002:129.

[42] [意]玛丽亚·蒙台梭利.新世纪的教育.郭景皓译.北京:中国发展出版社,2015.

[43] [意]玛利亚·蒙台梭利.有吸收力的心理.江雪编译.天津:天津人民出版社,2003.

[44] [英] Catherin Burke,Ian Grosvenor.我喜欢的学校——通过孩子们的心声反思当今教育.祝莉丽,张娜译.北京:中国轻工业出版社,2006.

[45] [英]戴维·霍普金斯(David Hopkins).教师课堂研究指南.杨晓琼译.上海:华东师范大学出版社,2009.

[46] [英]梅拉尼·莫特纳、马克辛·伯奇、朱莉·杰索普、蒂娜·米勒.质性研究的伦理.丁三东,王岫庐译.重庆:重庆大学出版社,2008.

[47] [英]约翰·洛克.教育漫话.徐大建译.北京:人民出版社,2005.

[48] Jack R. Fraenkel,Norman E. Wallen.教育研究法:规划与评鉴.卯静儒,等译.台北:麦格罗·希尔国际股份有限公司台湾分公司,2004.

[49] 零点方案、瑞吉欧儿童.让儿童的学习看得见:个体学习与集体学习中的儿童.朱家雄,王峥,等校译.上海:华东师范大学出版社,2007.

[50] 米歇尔·波拉德.蒙台梭利传.陈美芳译.上海:世界图书出版公司,1997.

[51] 蒲洛克.儿童学实地研究.上海:商务印书馆,1926.

(二)著作(以作者姓氏拼音升序排列)

[1] 蔡春美,洪福财,邱琼慧,卢以敏,张明杰.幼儿行为观察与记录.上海:华东师范大学出版社,2013.

[2] 陈鹤琴.儿童心理之研究(上、下册).北京:商务印书馆,1925.

[3] [清]曹雪芹、高鹗.红楼梦.北京:金城出版社,1998.

[4] 丰子恺.丰子恺儿童漫画.缪印堂赏析.北京:中国少年儿童出版社,2012.

[5] 国家教委国家教育发展研究中心,中国教科文组织全委会秘书处.未来教育面临的困惑与挑战——面向 21 世纪教育国际研讨会论文集.北京:人民教育出版社,1991.

[6] 刘春生.作业的革命.北京:世界图书出版公司,2007.

[7] 李平沤.如歌的教育历程:卢梭《爱弥儿》如是说.济南:山东人民出版社,2008.

[8] 林玉体.西方教育思想史.北京:九州出版社,2006.

［9］张祥龙.朝向事情本身:现象学导论七讲.朱刚,林丹 整理.北京:团结出版社,2003.

［10］赵玫怡.儿童行为的观察与了解.台北:桂冠图书股份有限公司,1981.

［11］朱小蔓,等.教育职场:教师的道德成长.北京:教育科学出版社,2004.

(三)译文(以作者译名的首字拼音升序排列)

［1］[苏]Ю·巴班斯基.要系统地研究学生.施小珍译.外国中小学教育,1983(1).

［2］[日]佐藤学.学校再生的哲学——学习共同体与活动系统.钟启泉译.全球教育展望,2011,40(3).

(四)论文(以作者姓氏拼音升序排列)

［1］陈静静.教师实践性知识及其生成机制研究.上海:华东师范大学学位论文,2009.

［2］成尚荣.儿童研究是教师"第一专业".中国教育报,2016 年 4 月 6 日第 11 版

［3］成尚荣.名师应当是优秀的儿童研究者.中国教师,2015(19).

［4］方明生.儿童学专业教育模式探究:教育·研究·育儿援助一体化的"儿童研究中心"之建设——访日本东大阪大学副校长、儿童研究中心主任吉冈真知子教授.外国中小学教育,2012(5).

［5］高文.研究学生——实现教学过程最优化的重要前提(Ю·К·巴班斯基教学论思想述评之三).外国教育资料,1983(3).

［6］黄兰芳.对张小凡的描述性评论.全球教育展望,2009(6).

［7］李召存.儿童形象的政策建构——基于学前课程指南的国际比较.全球教育展望,2013(6).

［8］刘询牧."儿童研究"列为师范生及中等以上女生必修科之建议.中华教育界,1931(1).

［9］孟照海.改进师生关系,教师需提高教学能力——基于杭州、大连和成都的中小学师生关系调查.中国教育报,2013-11-11(3).

［10］王丽华,褚伟明.促进教师研究的学校内部机制构建:国际进展与前瞻.教育发展研究,2015(6).

［11］王丽华,等.促进教师研究的学校内部机制探寻——一所小学的深度个案研究.全球教育展望,2015(7).

[12] 王丽华,陆虹. 教师即儿童研究者. 全球教育展望,2009(6).

[13] 王丽华."教师的儿童研究"本质初探. 教育发展研究,2014(4).

[14] 王丽华. 教师的儿童研究:读卢梭的《爱弥儿》. 浙江社会科学,2014(4).

[15] 王丽华. 教师意识研究. 上海:华东师范大学学位论文,2009.

[16] 王丽华. 我国教师的儿童研究:缺席的根源和现实的课题. 全球教育展望,2012(6).

[17] 王丽华. 我国教师教育课程理念的嬗变:从"无儿童"到"儿童为本". 全球教育展望,2008(2).

[18] 王欲为. 儿童研究与小学教师. 江西教育行政旬刊,1932(7).

[19] 王占军,刘娜. 教育研究伦理的审查政策——以美国哥伦比亚大学 IRB 为例. 现代教育论丛,2008(11).

[20] 魏雪峰,宋灵青. 学习分析:更好地理解学生个性化学习过程——访谈学习分析研究专家 George Siemens 教授. 中国电化教育,2013(9).

[21] 文雯. 英国教育研究伦理的规范和实践及对我国教育研究的启示. 外国教育研究,2011(8).

[22] 姚依洁. 我的儿童研究故事. 教师月刊,2012(11).

[23] 张华. 教学即描述——卡利尼教学思想管窥. 全球教育展望,2008(5).

[24] 周加仙. 教育神经科学:创建心理、脑与教育之间的永久连接——哈佛大学 Kurt W. Fischer 教授访谈. 全球教育展望,2011(1).

(五)网络资源

[1] 淡茶. 大人们,请遵守诺言,请问问我们想要什么. http://blog. sina. com. cn/s/blog_a856a83a01018ivf. html,2016-02-16.

[2]《现代汉语词典》(在线词典). http://www. hydcd. com/cd/htm_a/37723. htm.

[3] 畲峥. 日本教改专家佐藤学:想把日本老师带到蔡塘来学习. http://xm. fjsen. com/2016-03/17/content_17509651_3. htm.

[4] 中华人民共和国国家卫生和计划生育委员会. 卫生部关于印发《涉及人的生物医学研究伦理审查办法(试行)》的通知. http://www. nhfpc. gov. cn/mohbgt/pw10702/200804/18816. shtml,2016-03-15.

二、英文部分

(一)著作(以作者首字母升序排列)

[1] Bob Moon, Lazar Vlasceanu & Leland Conley Barrows(eds.). Institutional approaches to teacher education within higher education in Europe: current models and new developments. Bucharest: UNESCO-CEPES, 2003.

[2] Carol Anne Wien. Emergent curriculum in the primary classroom: interpreting the Reggio Emilia approach in schools. New York: Teachers College Press, 2008.

[3] Colin Lankshear, Michele Knobel. A handbook for teacher research: from design to implementation. Berkshire: Open University Press, 2004.

[4] David Allen. Assessing student learning: from grading to understanding. New York: Teachers College Press, 1998.

[5] Dennis Thiessen & Alison Cook-Sather(eds.). International Handbook of Student Experience in Elementary and Secondary School. The Netherlands: Springer, 2007.

[6] D. Michelle Irwin & M. Margaret Bushnell. Observational strategies for child study. New York: Holt, Rinehart, and Winston, Inc., 1980.

[7] Herbert F. Wright. Observational child study. In Alfred Lee Baldwin (ed.). Handbook of research methods in child development. New York: John Wiley and Sons, Inc., 1960.

[8] John Dewey. The early works, 1882-1898. Carbondale: Southern Illinois University Press, 1972.

[9] Keith A. Acheson & Meredith Damien Gall. Techniques in the clinical supervision of teachers: preservice and inservice applications (4th ed.). NY: Longman, 1996.

[10] Loren S. Barritt, et al. A Handbook for Phenomenological Research in Education. Michigan: The University of Michigan, 1983.

[11] Maclean Rupert & David Wilson. International handbook of education for the changing world of work. Springer Science+Business Media B. V., 2009.

[12] Margaret Himley & Patricia F. Carini. From another angle: children's strengths and school standards. New York: Teachers College Press,2000.

[13] Marilyn Cochran-Smith, Susan Landy Lytle. Inside/outside: teacher research and knowledge. New York: Teachers College Press, 1993.

[14] Maxine Greene. Teacher as stranger: educational philosophy for the modern age. Belmont, Calif. : Wadsworth Pub. Co. ,1973.

[15] Patricia F. Carini. The school lives of seven children: a five year study. Grand Forks, N. D. : University of North Dakota,1982.

[16] Patricia F. Carini. Starting strong: a different look at children, school, and standards. New York: Teachers College Press,2001.

[17] Patricia F. Carini. The art of seeing and the visibility of the person. Grand Forks: University of North Dakota,1979.

[18] Prescott D. A. The child in the educative process. New York: McGraw-Hill, 1957.

[19] William Lawrence Goodwin & Laura A. Driscoll. Handbook for measurement and evaluation in early childhood education. San Francisco: Jossey-Bass Publishers, 1980.

(二)论文(以作者首字母升序排列)

[1] Carol R. Rodgers. From the guest editor—learning to see: the prospect school's teacher education program's beginnings. The New Educator, 2011, 7(3).

[2] Helen C. Dawe. An analysis of two hundred quarrels of preschool children. Child Development, 1934,5(2).

[3] Jean Gordon, et al. Key competences in Europe: opening doors for lifelong learners across the school curriculum and teacher education. CASE network Reports, 2009, (87).

[4] Marilyn Cochran-Smith & Susan L. Lytle. The teacher research movement: a decade later. Educational Researcher, 1999,28(7).

[5] Max van Manen. The phenomenology of pedagogic observation. Canadian Journal of Education,1979,4(1).

[6] Philip Hallinger. Leadership for learning: lessons from 40 years of em-

pirical research. Journal of Educational Administration,2011,49(2).

[7] Samantha Punch. Interviewing strategies with young people: the "secret box", stimulus material and task-based activities. Children & Society, 2002, 16(1).

[8] Tom L. Beauchamp. The Belmont report. The Oxford Textbook of Clinical Research Ethics, 2008.

(三)网络资源

[1] American Psychological Association. Ethical principles of psychologists and code of conduct. American psychologist, 引自 http://www. apa. org/ethics/code/code—1992. aspx.

[2] Bronwyn Fryer. The ethical mind: a conversation with psychologist Howard Gardner. Harvard Business Review, 2007, 85(3): 51-6, 142. 引自 http://www. ajustnhs. com/wp-content/uploads/2012/05/gardner-ethical-mind-HBR-2007. pdf

[3] Code of Federal Regulations title 45. public welfare department of health and human services part 46. protection of human subjects. Revised January 15,2009. 引自 http://www. hhs. gov/ohrp/regulations-and-policy/regulations/45-cfr-46/index. html♯46. 116. 2016-05-10.

[4] Issie Lapowsky. Inside The School Silicon Valley Thinks Will Save Education. 引自 http://www. wired. com/2015/05/altschool/. 2016-05-15.

[5] OECD. The definition and selection of key competencies [Executive Summary], 2005. Available online at http://www. oecd. org/dataoecd/47/61/35070367. pdf.

索　引

E

儿童研究的共同体　45

儿童研究方法的开拓者　60

J

教师的儿童研究本质　82

教师的儿童研究机制　261

教师的儿童研究内容　25,112

教师即儿童研究者　72,88,107,265

L

历时性描述　127,132,162,174,179

M

描述　4,36,127,128,154,228

R

日记描述　127,162,190,202

S

时间抽样法　204,210,216

事件抽样法　217,221,225,229

数字化记录法　230,243,247

X

叙事性描述　127,139,142,147,228

学生研究　72

Y

轶事记录　127,148,159,161,204

Z

座位表记录法　230,236,240,242

后　记

　　此小书既是浙江省哲学社会科学规划"之江青年课题""教师的儿童研究和教学创新"(项目批准号:11ZJQN083YB)的研究成果,该项目于2015年顺利结项;又是全国教育科学规划办教育部青年专项课题"学校促进教师研究的机制和策略"的部分研究成果,该项目于2016年顺利结项。

　　从本小书的第一、二章可以看到,该领域国外相对有较多的研究,国内相对薄弱。尽管如此,但国内涉足教师的儿童研究领域只比国外略晚,即民国时期就有学者倡导开展教师的儿童研究。在充分研读国内外研究进展及其和一线中小学合作研究的基础上,本小书探究了教师的儿童研究领域的基本问题,提出了诸多新观点;从我有限的学术视野看,对教师的儿童研究做出相对系统而又深入研究的著作尚不多见。

　　回顾整个研究过程,我愈发觉得教师的儿童研究是我深深钟爱的研究领域之一;但作为一个全新的研究领域,研究过程中的挑战不言而喻。是导师们一直来的鼓励和帮助给予我不断前行的力量,他们是我的博士导师张华教授、硕士导师蔡铁权先生和梁一鸣先生(先后任职于香港大学、香港中文大学),梁先生曾为我提供了2008年赴香港中文大学访问的机会,访问期间,我查找了该领域的文献。我的同门尤其是韩少斐、刘宇、高振宇、张光陆、李树培、吴成业、周巧学、徐蕾寒等,和他们的研讨让我启发良多,少斐利用在美国路易斯安那州立大学攻读博士学位的便利条件,为我查找了国内难以购到的文献。浙大刘力教授一直关心并支持我在此领域开展研究;浙江师范大学儿童文化研究院院长方卫平教授一直关注我的研究,并创造机会让我和同行交流该领域的研究进展;浙江师范大学儿童文化研究院的众多同仁尤其是沈俊强等老师、台湾台中教育大学教育学系的曾荣华老师、浙江师范大学田家炳教育科学研究院的于汝霜老师为我提供了部分文献,一并致谢!"之江青年社科学者"教育学组是一个温暖的集体,和你们一起前行的日子充满力量!

和梅园小学、宁海潘天寿艺术幼儿园、台州玉环实验学校的合作,为本书的创作提供了不少素材;尤其是梅园小学,持续 8 年多的合作,为我提供了丰富的思想素材和案例;特别感谢三所合作学校的校长、园长、老师们!2011 年起为浙江师范大学小学教育专业学生开设了"小学生观察与研究(曾名'小学生观察与指导')"课程,该课程的作业为本研究的方法部分提供了丰富的案例,特别感谢小教专业的学生们!感谢我的研究生们的协助!

特别感谢浙江师范大学教师教育学院营造的良好的研究环境、工作氛围和交流平台!书中的部分成果曾刊载于《教育发展研究》《全球教育展望》《浙江社会科学》等刊物,特表谢忱。感谢浙江师范大学教育学一级学科基地的出版资助,使小书能如期出版。感谢浙江大学出版社的吴伟伟编辑,她为本书的出版提供了很多支持,尤其是她的专业和敬业使本书增色不少。

将小书献给我的先生褚伟明和我们的儿子褚玘铖。我的先生是我的精神伴侣和合作伙伴,我们的儿子吸引我不断探寻教师的儿童研究的意义和价值。是父子俩给予的多方支持和包容,才使此小书在繁重的工作、家务之余得以面世!

最后,诚祈广大读者不吝批评指正!

王丽华

2016 年 8 月 29 日于丽泽花园

三化协调发展的河南实践

SANHUA XIETIAO FAZHAN DE HENAN SHIJIAN

主编 张占仓 刘爱荣 杨迅周

人民出版社

策划编辑：娜　拉

责任编辑：娜　拉

封面设计：肖　辉

图书在版编目（CIP）数据

三化协调发展的河南实践 / 张占仓　刘爱荣　杨迅周　主编 .
　 －北京：人民出版社，2012.11
ISBN 978 － 7 － 01 － 011626 － 6

I. ①三…　　 II. ①张…②刘…③杨…　　 III. ①区域经济发展 － 研究 － 河南省
　 IV. ① F127.61

中国版本图书馆 CIP 数据核字（2012）第 317687 号

三化协调发展的河南实践
SANHUA XIETIAO FAZHAN DE HENAN SHIJIAN

张占仓　刘爱荣　杨迅周　　主编

人民出版社 出版发行
（100706　北京市东城区隆福寺街 99 号）

北京中科印刷有限公司印刷　新华书店经销

2012 年 11 月第 1 版　2012 年 11 月北京第 1 次印刷
开本：710 毫米 × 1000 毫米 1/16　印张：22.75
字数：350 千字　印数：00,001 － 10,000 册

ISBN 978 － 7 － 01 － 011626 － 6　定价：25.00 元

邮购地址 100706　北京市东城区隆福寺街 99 号
人民东方图书销售中心　电话（010）65250042　65289539

深入贯彻落实科学发展观

——持续探索"两不三新"三化协调科学发展路子

卢展工

河南省第九次党代会提出，持续探索不以牺牲农业和粮食、生态和环境为代价的新型城镇化、新型工业化、新型农业现代化三化协调科学发展的路子，是从根本上破解发展难题的必然选择，是加快经济发展方式转变的具体实践，是中原经济区建设的核心任务。走好这条路子，必须充分发挥新型城镇化的引领作用、新型工业化的主导作用、新型农业现代化的基础作用。

在某种意义上，河南是中国的一个缩影，农村人口多、"三农"问题突出，持续探索"两不三新"三化协调科学发展的路子，是改革开放以来河南省历届省委、省政府团结带领全省广大干部群众持续探索的一个创造性成果，充分彰显了科学发展观的真理力量，充分彰显了科学发展观的实践价值，是中国特色社会主义道路在河南的生动实践。深刻理解这条路子，必须把握以下几点：

第一，倒逼机制。这条路子不是我们凭空想出来的，而是河南省发展面临的诸多困难和问题倒逼出来的。一是不牺牲农业和粮食、生态和环境的承诺形成了倒逼机制。不牺牲农业和粮食、生态和环境，是中央的要求，是人民的期盼，更是河南的承诺。一方面，不牺牲农业和粮食首先不能牺牲耕地，就河南省目前的农业生产力发展水平来看，在今后相当长一段时期内，没有足够的耕地作保障，要做到粮食稳产增产，到 2020 年达到 1300 亿斤是不可能的；另一方面，对河南这样一个人多地少的内陆省份来说，城市发展需要土地，工业发展需要土地。既要做到耕地不减少、粮食稳产增产，又要保障城镇化、工业化用地需求，就要求我们必须研究探索一条新的发展路子。二是河南省"三农"问题突出的状况形成了倒逼机制。目前，我省 60% 的人口生活在农村，但农村生产力发展水平还比较落后，农业生产规模化、组织化程度不高，农民生活水平还比较低。比如，农村的水、电、路、气等基础设施很不健全，文化、教育、卫生等公共服务设施也很不完善；农民建的房子没有产权，不能抵押融资，无法带来财产性收入。提高农业生产力的发展水平，解决农民的柴米油盐酱醋茶等民生问题，改善农民的生产条件、生活方式、生活环境，维护保障农民的各项权益，都非常突出地摆在了我们面前。三是推动城乡统筹和城乡一体化、破除城乡二元结构、促进三化协调发展的要求形成了倒逼机制。我们过去提出的工业化、城镇化、农业现代化，都没有充分考虑农村发展的问题。传统的城镇化是农民进城的城镇化。现在河南外出务工人员达到二千五百多万，他们很难在务工的城市安家落户。2008 年国际金融危机爆发后，河南省有九百多万外出务工人员返乡，给我们造成了很大压力。中央提出要破解城乡二元结构，统筹城乡发展，形成城乡经济社会发展一体化新格局。在实际工作中如何破解城乡二元结构，如何推进城乡统筹和城乡一体化，过去我们始终没有找到好的切入点和结合点。推进新型农村社区建设，找到了统筹城乡发展的结合点、推进城乡一体化的切入点、促进农村发展的增长点，从而抓住了三化协调发展的着力点，使得协调有了希望、互动有了希望。正是这些倒逼机制，促使我们必须探索、走好这条路子。

第二，引领理念。新型城镇化是城乡统筹的城镇化，是城乡一体的城镇化，是包括农村在内的城镇化，是破解城乡二元结构的城镇化，是着力实现更均等、更公平社会公共服务的城镇化。新型城镇化的引领作用，体现在能够为新型工业化、新型农业现代化提供重要支撑、保障和服务。在新的发展阶段，没有新型城镇化就没有新型工业化，就没有新型农业现代化。从引领新型工业化来看，如果没有城市搭建的载体平台，没有城市集聚的生产要素，没有城市提供的相关服务，大型企业、高科技企业就发展不起来，新型工业化就无法推进。随着河南城镇化水平的提高，城市的基础设施更加健全，教育、文化、餐饮、住宿、旅游、休闲等服务更加完善，吸引了富士康等国际知名企业在豫落户。新型城镇化引领新型工业化发展，还体现在提供劳动力资源、土地资源上。例如，在中原内配股份有限公司调研时，企业负责人跟我们讲，新型农村社区建设的推进，将提供充足的劳动力和建设用地，支撑企业不断做大做强。从引领新型农业现代化来看，随着农业生产力的发展，生产关系必须作出相应的调整。现在一家一户分散经营的小农经济模式很难适应大面积机械化生产和现代化管理的需要，只有提高农业生产的规模化、组织化程度，才能实现农业现代化。推进新型城镇化，可以促进农村社会精细分工和农村劳动力转移就业，可以加快农村土地流转、促进农业规模经营，为推进新型农业现代化创造条件。新型城镇化的引领作用，体现在能够扩大内需、增加投资，有效支撑经济社会发展。最大的内需潜力在新型城镇化，最大的内需市场在农村。坚持新型城镇化引领、推进新型农村社区建设，既能够促进农村扩大投资、增加消费，又能够促进农村公共服务水平提升，成为经济社会发展一个新的重要增长点。从农民愿望来说，农民最渴望、最需要的是建房，建有产权、有公共服务设施的住房。现在，河南省农村进入了新一轮建房高峰期。推进新型农村社区建设，让农民在新型农村社区建房，既可以扩大固定资产投资，又可以拉动房屋装修、家具家电等消费。同时，政府为新型农村社区配套建设公共基础设施，促进城市公共服务向农村延伸，也可以扩大投资。

建设新型农村社区，必须把握好原则方向、基本要求，注重运作、科学运作、有效运作。一是政策引领。要切实把新型农村社区建设研究透，把有关政策制定好，让农民群众知道有什么好处，让干部知道怎么干，让有关部门知道怎么支持。我们已经探索了很多好的做法，积累了很多好的经验，下一步要逐步规范、不断提升、形成政策，充分发挥政策的引领作用。二是规划先行。设计理念不一样、规划水平不一样，效果就会大不一样。现在很多人把城市规划和城市建筑设计作为艺术来做，这个理念很好。我们要以对广大农民负责的态度，着眼长远，认真对待，通盘规划，逐步实施，真正高水平规划建设新型农村社区。三是突出主体。要突出农民的主体地位，坚持让农民主导，让农民全程参与新型农村社区的规划布局、方案制定、监督管理、收益分配等各个环节。四是保障权益。建设新型农村社区就是要为群众谋利益。要切实保障群众的各项权益，绝不能从中谋取利益。值得一提的是，新型农村社区建设不是搞福利分房，还是老百姓自己建房。五是规范有序。建设新型农村社区是河南的一个创新。我们既要和现有的政策衔接，把政策用足用够用好，又要坚持依法依规、规范操作、有序推进。六是拓展创新。河南省各地基础不一样，区位不一样，条件不一样，经济发展水平也不一样，在推进新型农村社区建设中会遇到很多不同的困难和问题，需要我们去探索、去创新、去试验，逐步研究解决。河南省之所以没有进行统一部署，没有出台相关文件，就是考虑到还有很多具体问题需要深入研究，急于出台文件会限制基层的创新创造。七是互动联动。上下级之间要加强互动，各方面要加强联动，使人才、资金等各种要素流动起来、发挥作用。八是一体运作。建设新型农村社区，不仅仅是建设部门、发展改革部门的事情，也是各级党委、政府和各个部门共同的事情。要加强统筹协调，真正形成上上下下、方方面面的合力。总之，要通过新型农村社区建设使三化真正互动起来，不断加快新型城镇化、新型工业化、新型农业现代化进程，不断加快民生改善步伐，为中原经济区建设提供有力支撑。

第三，"三新"内涵。新型城镇化，新就新在把农村涵盖进来，形成新的城镇化概念、新的城镇化体系、新的城镇化规划布局。统计上主要用城镇化率这一指标来衡量城镇化水平。城镇化率是指城镇人口占总人口的比例。现在有些地方城镇化率比较高，但实际上城市的公共服务水平并不高。如果城市聚集大量没有技能、没有就业的人口，即使人口规模很大，发展水平也不可能高。我们在推进新型城镇化过程中，一定要在完善城镇公共服务、提升城镇化水平上下功夫，而不能单纯地扩大城镇人口规模。新型城镇化意味着整个城镇体系的不断完善，意味着大中小城市、小城镇、新型农村社区的互动联动、协调发展。当前，河南省区域性中心城市、县城和中心镇的发展水平并不高，亟须进一步提升。一方面要注重新型农村社区建设，为提升大中小城市的发展水平打好基础；另一方面要注重大中小城市和小城镇的协调发展。新型工业化，新就新在科技含量高、信息化涵盖广、经济效益好、资源消耗低、环境污染少、人力资源优势得到充分发挥，这是我省推动工业化进程的方向。对河南这样一个发展中省份来说，推进新型工业化既需要提升层次水平，也需要扩大总量规模，不断加快发展步伐。新型农业现代化，新就新在以稳定和完善家庭联产承包责任制为基础，不断提高农业的集约化、标准化、组织化、产业化程度，使更多农民从土地的束缚中解放出来。改革开放初期我们实行家庭联产承包责任制是一项重大的改革举措，现在建设新型农村社区、推进新型农业现代化同样是一项重大的改革举措。这一生产关系的调整，是由当前的农业生产力发展水平决定的。如果还是一家一户的分散经营模式，农业生产力就很难发展，"不牺牲农业和粮食"就很难实现。新型农村社区体现了新型城镇化、新型工业化、新型农业现代化之间的互动联动关系。一些地方通过建设新型农村社区，农民变成了社区居民，住进了配套设施齐全的楼房，生活水平有了很大提高；很多人进入企业工作，实现了劳动力就近转移，推动了新型工业化发展；农民自愿把土地交给专门的农业合作机构进行规模化、组织化经营，有效地提升了新型农业现代化水平。

第四，着力协调。科学发展观是以人为本、全面协调可持续的发展观，统筹兼顾是科学发展观的根本方法，也是领导干部的根本领导方式和工作方法。统筹兼顾就是要注重协调。领导干部要在协调上下功夫，注重研究解决发展中的不协调问题，协调推动三化互动联动、一体运作，协调推动政治、经济、文化、社会建设以及生态文明建设，协调上上下下、方方面面的力量，使全省1亿人民的共识不断凝聚、合力不断增强。探索走好这条路子，最大的难题也是协调。我们不能就城镇而城镇、就工业而工业、就农业而农业，要下功夫研究如何协调，在协调中促进三化更好地发展。"协调"是新型城镇化的创新所在、重点所在、关键所在。只有牢牢抓住新型城镇化作为引领，才能推动新型城镇化、新型工业化、新型农业现代化协调发展。

（本文系河南省委书记、省人大常委会主任卢展工同志2012年8月在河南省新乡市、焦作市调研时的讲话节选）

目　录

前　言 ……………………………………………………………………001

第一章　河南省三化协调发展研究及基础 …………………………001

　第一节　三化协调发展研究及进展 …………………………………001
　第二节　河南省的发展基础 …………………………………………010
　第三节　河南省三化协调发展的战略意义 …………………………016

第二章　河南省三化协调发展的基本原理研究 ……………………019

　第一节　三化协调发展的理论依据 …………………………………019
　第二节　区域土地资源总量平衡理论的假设与实践意义 ………028
　第三节　河南省三化协调发展路子的理论框架 …………………032
　第四节　河南省三化协调发展路子探索及创新 …………………039

第三章　河南省三化协调发展现状分析 ……………………………049

第一节　河南省三化协调发展的特点 ………………………049

第二节　河南省三化协调发展存在的突出问题 ………………061

第三节　河南省三化协调发展实践探索的必要性 ……………067

第四章　河南省三化协调发展评价 …………………………………078

第一节　评价方法的选择 ……………………………………078

第二节　河南省三化协调度的变化 …………………………087

第三节　河南省三化协调度区域评价 ………………………092

第四节　河南省三化协调度发展趋势预测 …………………096

第五章　河南省的新型城镇化 ………………………………………101

第一节　国外城镇化的模式及启示 …………………………102

第二节　新型城镇化的实践基础与科学内涵 ………………105

第三节　河南省新型城镇化建设的亮点 ……………………113

第四节　河南省新型城镇化需要破解的难点 ………………118

第五节　河南省新型城镇化的战略重点 ……………………123

第六节　河南省新型农村社区建设的主要模式 ……………126

第七节　河南省新型城镇化的创新点 ………………………131

第六章　河南省的新型工业化 143

　　第一节　新型工业化的内涵 143
　　第二节　河南省新型工业化的基础 148
　　第三节　河南省新型工业化的亮点 158
　　第四节　河南省新型工业化的创新点 163
　　第五节　河南省新型工业化的对策 166

第七章　河南省的新型农业现代化 171

　　第一节　新型农业现代化的科学内涵 171
　　第二节　河南省新型农业现代化的实践 177
　　第三节　河南省新型农业现代化的亮点 184
　　第四节　河南省新型农业现代化的制约因素 189
　　第五节　河南省新型农业现代化的对策 192

第八章　河南省三化协调发展的主要内容和焦点 201

　　第一节　河南省三化协调发展的主要内容 201
　　第二节　河南省三化协调发展的焦点 211
　　第三节　河南省土地资源节约集约利用的主要方法 ...216
　　第四节　河南省"两不牺牲"的可行性 221
　　第五节　河南省三化协调发展中土地资源的供求平衡 ...226

第九章　河南省"两不三新"三化协调科学发展路子探索与成效……231

第一节　河南省"两不三新"三化协调科学发展路子的内涵…………231
第二节　河南省"两不三新"三化协调科学发展路子的战略意义……236
第三节　河南省"两不三新"三化协调科学发展路子的探索…………239
第四节　河南省"两不三新"三化协调科学发展路子的初步成效……248

第十章　河南省三化协调发展案例研究………………………………253

第一节　许昌市三化协调科学发展的实践探索及体会………………253
第二节　孟州市三化协调科学发展的实践与经验……………………264
第三节　新乡市新型农村社区建设的探索与实践……………………274
第四节　舞钢市新型农村社区建设的做法与成效……………………282

第十一章　河南省三化协调发展对策研究……………………………294

第一节　确立新型城镇化引领三化协调科学发展路子的科学原理……294
第二节　确定新型农村社区建设在土地资源盘活方面的战略地位……297
第三节　确保三化协调科学发展过程中当地群众的切身利益………298
第四节　切实通过三化协调破解发展中的难题………………………299
第五节　大胆探索三化协调科学发展的体制机制……………………301

第十二章 河南省三化协调发展的理论创新与基本经验........................307

　　第一节 理论创新..308
　　第二节 基本经验..327

参考文献..335

后 记..344

前　言

2011 年 9 月 28 日，《国务院关于支持河南省加快建设中原经济区的指导意见》出台。其中提出：河南省是人口大省、粮食和农业生产大省、新兴工业大省，解决好工业化、城镇化和农业现代化（以下简称"三化"）协调发展问题具有典型性和代表性。按照中共河南省委九次党代会的部署，积极探索"两不三新"三化协调科学发展的路子，是中原经济区建设的核心任务，也是河南省必须攻克的难关。三化如何协调发展？怎么样应对？怎么样破解？是中央和地方都非常关心的问题，急需开展系统的理论研究与实证研究。回答中原经济区建设进程中，大家最为关心的三化协调科学发展过程中土地资源节约集约利用和供求平衡途径问题，打消工业化、城镇化过程中对耕地占用过多影响农业现代化，特别是影响粮食生产能力提升的担忧。为全国类似地区探索三化协调科学发展的实际路径，积累三化协调发展的经验，摸索政策创新的切入点和着力点。

国内学者关于工业化、城镇化和农业现代化协调发展的研究可追溯到 20 世纪初，研究重点主要集中在农业与工业协调发展方面。20 世纪 90 年代以来，由于我国工业化、城镇化的快速推进，学术研究重点较多地转移到城镇化与工业化协调发展研究上来。进入 21 世纪，工业化、城镇化和农业现代化成为国家重要发展战略以来，国内学术界开展了关于工业化、城镇化与农业现代化协调发展的研究。其中，比较有代表性的成果是国务院发展研究中心农村经济研究部课题组（2005）的《三化带三农，促进城乡协调发展》中总结出我国发达地区城镇化、工业化带动农业发展的五种模式：珠江三角洲模式、江浙模式、上海模式、北京模式和青岛模式。《河南省全面建设小康规划纲要》提出三化协调发展的科学命题之后，河南省学术界对三化协调发展开展过大量理论探讨，主要集中在工业化、城镇化和农业现代化本身的进展。党的十七届五中全会明确提出"在工业化、城镇化深入发展中同步推进农业现代化"的重大战略以来，全国对三化协调发展进一步引起重视。《国务院关于支持河南省加快建设中原经济区的指导意见》提出积极探索"三化"协调发展的路子，是中原经济区建设的核心任务。中共河南省委第九次党代会确定的持续探索"两不三新"三化协调科学发展之路，促使河南省学术理论界积极跟进，对三化协调发展进行了持续深入的研究。

本书是一本系统研究河南省持续探索三化协调科学发展之路的理论与实证研究专著，由十二章组成。其中，第一章对国内外三化协调发展研究进展进行综述，并对河南省的发展基础和三化协调发展的战略意义进行了背景分析。第二章分别从三化协调发展的理论依据、土地资源总量平衡理论的假设与实践意义、河南省三化协调发展路子的理论框架和探索及创新等方面对河南省三化协调发展的基本原理开展研究。第三章对河南省三化协调发展的现状特点、存在的突出问题和实践探索的必要性进行了探讨。第四章在构建"两不三新"三化协调发展评价指标体系的基础上，采用协调度定量分析方法，分别对河南省三化协调度的历史变化、各省辖市区域评价及全省发展趋势预测进行了深入研究。第五章从国外城镇化的模式及启示和新型城镇化的实践基础与科学内涵入手，对河南省新型城镇化建设的亮点、需要破解的难点、战略重点和创新点以及河南省新型农村社区建设的主要模式、新型城镇化的创新点等开展了全面研究。第六章在分析新型工业化基本内涵的基础上，对河南省新型工业化的基础、亮点、创新点和对策进行了探讨。第七章探讨了新型农业现代化的科学内涵和产业支持体系，并对河南省新型农业现代化的实践、亮点、制约因素和对策进行了研究。第八章探讨了河南省三化协调发展的主要内容和焦点，总结了河南省土地资源节约集约利用的主要方法，研究了河南省"不牺牲农业和粮食、生态和环境"的可行性，并对河南省三化协调发展中土地资源的供求平衡进行了分析。第九章分别对河南省"两不三新"三化协调科学发展路子的内涵及特征、战略意义、探索历程和初步成效等进行了研究。第十章分别选取许昌、孟州、新乡、舞钢四市作为典型案例，对其三化协调科学发展及新型农村社区建设的实践探索和初步成效进行研究。第十一章提出了促进河南省三化协调发展的相应对策，包括确立新型城镇化引领三化协调科学发展路子的科学原理、确定新型农村社区建设在土地资源盘活方面的战略地位、确保三化协调科学发展过程中当地群众的切身利益、切实通过三化协调破解发展中的难题和大胆探索三化协调科学发展的体制机制等。第十二章对河南省三化协调发展的理论创新和基本经验进行了总结，其理论创新主要表现在探索到一条区域发展的新路子、探索出科学内涵丰富的新型城镇化理论架构和找到了破解"三农"问题的新方法，其基本经验有解放思想是促进地方经济社会发展的力量源泉，注重持续是促进地方经济社会发展的思想自觉，务实重干是促进地方经济社会发展的思想法宝。

　　本书的主要特点有：（1）理论研究与实证研究相结合。既有河南省"两不三新"三化协调科学发展的基本原理、发展路子的科学内涵、河南省三化协调发展的理论创新等理论研究，又有河南省三化协调科学发展现状和发展案例分析、发展对策研究等实证研究。（2）系统性与创新性相结合。既对河南省"两不三新"三化协调科学发展之路进行了全面系统研究，又创新提出了土地资源总量平衡理论、三化协调发展协调度评价模型、以土地资源节约集约利用和供求平衡为焦点的核心问题解决途径以及基于理论研究与实证分析基础上的对策建议。（3）定性分析与定量分析、静态分析和动态分析相结合。突出表现在河南省三化协调科学发展过程研究、评价研究、经验研究等方面。

　　本书是我们研究的阶段性成果，虽然投入了大量精力深入基层、深入一线调查研究，并进行总结与提升，但毕竟这个论题非常新颖，在研究过程中遇到的新问题、新难题、新理念、新举措非常多，相比之下我们调查研究的深度、广度都非常有限，加之我们自身研究水平、认识水平、把握能力所限，书中一定存在不少不妥之处，敬请各位领导与读者批评指正！

作　者

2012 年 10 月

第一章
河南省三化协调发展研究及基础

第一节　三化协调发展研究及进展

一、国外研究及进展

三化协调思想基础萌芽于 16 世纪初，基本理论初步形成于 20 世纪 50 年代，经历了 4 个多世纪的探索过程。

三化协调发展的思想可追溯到 16 世纪英国著名思想家莫尔提出的"乌托邦"设想，经过 20 世纪英国城市学家埃比尼泽·霍华德提出了"田园城市"思想和赖特在《宽阔的田地》中提出的"广亩城"设想，逐步使人们对城乡协调发展的认识深化。到 20 世纪 50 年代，英国经济学家、诺贝尔经济学奖获得者威廉·阿瑟·刘易斯发表的《劳动力无限供给条件下的经济发展》论文，标志着三化协调发展研究理论框架初步形成，使三化协调发展研究逐步走向了应用。

1954 年，英国著名经济学家威廉·阿瑟·刘易斯在《劳动力无限供给条件下的经济发展》中提出了著名的"二元经济"模型理论，间接体现了工业化、城市化和农业现代化之间的关系。该模型假定发展中国家的经济是由两个不同的经济部门组成，以工业为代表的现代部门和以农业为代表的传统部门。其中，以农业为代表的传统部门边际生产率为零，非熟练劳动的工资极低，存在大量的隐蔽性失业，并容纳着发展中国家的绝大部分劳动力；以工业为代表的现代部门技术较先进，容纳的就业劳动力较少，劳动生产率和工资水平均高于传统部门。该理论的核心是农业部门的人均收入水平决定了工业部门工资的下限，工业部门从农业部门大量吸收劳动力，而其工资水平基本保持不变。工业部门的利润来自劳动产出大于工资总量的部分，并不断把利润转化为资本扩大再生产。农业的富余劳动力向城镇中的工业部门集中，随着城市生产规模的不断扩大，新产生的工业部门将吸纳农村剩余劳动力。同时生产要素也在各个产业重新配置，这个过程是工业化过程；劳动力在不同产业部门的流动导致人口在空间上向城镇转移，这个过程是城市化过程。因此，工业化与城镇化是同步进行的。只要不断扩大工业的生产规模，就能大量地容纳更多的农业剩余劳动力，使社会经济的发展处于一种平衡状态。

1957年，缪尔达尔在《经济理论和不发达地区》一书中提出的地理二元结构理论，第一次利用"扩散效应"和"回流效应"概念，把二元结构理论引入了经济发展理论。他指出城乡的诸多差异会引起"累积性因果循环"，导致城市区域发展更快，乡村区域发展更慢，使乡村发展陷入纳克斯描述的"贫困的恶性循环"之中，并使城乡差异在逐步增大过程中出现"马太效应"，最终在空间组织结构上呈现出为埃及发展经济学家阿明在《世界范围的积累》中所描述的"中心—外围"结构。要改变这种地理上的二元结构，政府应该在发达地区累积起发展优势时采取不平衡发展战略，促进城市扩散效应的形成，支持乡村地区加快发展。

1970年，美国经济史学家约翰逊在《发展中国家空间组织》一书中论述了乡村增长中心发展理论，认为大城市规模过大，中小城市严重缺乏，阻碍了发展中国家经济发展；农村人口向城镇转移数量的日益增长对生产能力和创造能力造成了巨大浪费。提出发展中国家应该建立一套包括小城镇、中等城市、大都市在内的"中心地"城市等级结构，以此来沟通广大农村与大城市之间的关系，实现农村与城市发展相互协调，城乡一体化思想基本形成。1975年，钱纳里和赛尔奎因在《发展的格局》一书中提出，在联系均衡的国民经济中，城镇化可能是各种表现相互作用的结果，引发工业化的交易和需求的改变，导致农业劳动力向城镇转移，并提出工业化与城镇化、农业现代化的发展模式：随着人均收入的提高，工业化促进产业结构改变，加快了城镇化进程，导致大量农业富余劳动力向城镇转移，促进农业现代化的发展。这是发展经济学中对三化协调发展最为明确的描述。

1978 年，美国学者罗迪内利和拉德尔在《城市化与乡村发展》一书中详细论述的综合区域发展战略，主张在乡村地区建立一个有乡村服务中心、小型集镇和区域中心所组成的三阶等级聚落结构，并更加强调在等级聚落结构内建立城乡联系的重要性，以促进区域协调发展，实现城乡一体化。1986 年，英国城市经济学家 K.J. 巴顿在《城市经济学》一书中提出城镇化的形成和发展离不开工业化，工业化促进城市化。同时，由于城市化具有集聚经济效应，既能促进工业化的发展，又能促进城市规模的扩大。

事实上，第二次世界大战结束以后，以英国为代表的西方国家立即着手进行福利国家建设。首先，建立了完善的社会保障法律体系，如英国 1946 年颁布了"国民保险法"和"国民医疗保健法"，1948 年颁布了"国民救济法"，使普惠制的福利制度建设有法可依。其次，统一了社会保障事务的管理体制。如英国从 1944 年起就实现了对社会保险、社会补助和社会救济项目的统一设计、统一管理和统一实施，最终确立了"福利"与"国家"之间的联结关系。20 世纪 50—70 年代，北欧等发达国家，仿效英国的做法，完善了其社会福利制度，使社会福利覆盖到大多数人，甚至是社会全体成员。伴随福利制度的建设，发达国家在城乡协调发展方面出现重大跨越，农村地区的基础设施的完善以及现代化通讯技术的普及，使城乡一体化和均等化发展逐步达到了比较高的水平。

二、国内研究及进展

国内学者关于工业化、城镇化和农业现代化协调发展的研究可追溯到 20 世纪初，研究重点主要集中在工业化、城镇化对农业的影响、城镇化与工业化的关系、工业化对区域经济发展的作用和农业现代化促进作用等，对三化协调科学发展研究起步比较晚，学术积淀相对薄弱，尤其是结合中国人多地少的特殊国情开展的系统研究比较少。

在工业化、城镇化对农业的影响方面，黄铁平（1996）、徐扬（1998）、尹军（1998）、刘明国（2011）、彭荣胜（2006）分别从民工潮现象、农业剩余劳动力转移、耕地保护、粮食安全等方面对工业化和城镇化发展给农业所带来的影响进行了深入研究，表明城镇化和工业化发展对农业及农村发展具有较强的带动作用，同时对粮食生产造成一定压力。钱津（2010）从农业现代化对工业化、城镇化发展的促进作用出发，提出了实现工业化需以农业现代化为基础，实现城镇化需以农业现代化为前提的研究结论。谢杰（2012）应用面板门槛模式对我国工业化、城市化在农业现代化进程中的门槛效益进行了分析，指出我国城镇化过程长期滞后于工业化进程的现实，认为三化协调的重点是推进城镇化。孔祥智（1999）通过对英国工业化、城市化发展历程的回顾，对我国现阶段如何处理好城乡关系进行了研究。

在城镇化与工业化的关系以及城镇化发展所造成的问题方面，李青（1999）、黄群慧（2006）、孙新雷（2003）、苏喜军（2009）从城镇化与工业化的关系入手，指出城镇化、工业化发展与区域经济发展格局一致，应从加快发展第二产业、提高农民收入等方面促进城镇化、工业化协调发展。王发曾（1992）、耿德建（1997）、刘满仓（1997）、金学良（1999）、陈彦光（1999）、杨迅周（2000）、张占仓（2009，2012）分别从城镇化进程中遇到的问题和区域协调发展方面对城镇化进行了深入研究，提出城镇化的发展趋势、发展模式、发展机制及发展对策，其主要观点对促进城镇化发展具有较强借鉴意义。在工业化对区域经济影响方面，苗长虹（1994）、冯德显（1996）、王淑湘（2004）、张教平（2005）、郜慧（2008）分别从工业化与人地关系、工业化的发展模式、工业化的发展形势分析、工业化带动落后区域发展、工业化与环境污染等方面进行了深入研究，提出推进工业化持续发展的对策措施。在农业现代化方面，张新光（2008）、张继承（2010）等从农业现代化的发展趋势出发，分别对农业现代化的道路、规律进行了深入研究，并提出相应对策措施。

在工业化、城镇化与农业现代化之间的关系方面，王思明（1995）、马恩成（1995）、国务院发展研究中心农村经济研究部课题组（2005）、颜海林（2005）分别对工业化、城镇化和农业现代化的关系进行了深入探讨。翟雪玲（2007）、韩柱（2012）、王瑞波（2012）、徐志华（2012）、何平均（2012）对国外推进工业化、城镇化和农业现代化所采取的政策措施方面进行了系统地介绍。夏春萍（2012）、曾珍香（2008）、穆东（2005）、王有国（2012）等从工业化、城镇化和农业现代化协调发展的定量研究、实证分析方面进行了深入研究。其中，国务院发展研究中心农村经济研究部课题组（2005）在《三化带三农，促进城乡协调发展》一文中对我国城镇化、工业化和农业现代化进行了研究，总结出我国发达地区城市化、工业化带动农业发展的五种模式：珠江三角洲模式、江浙模式、上海模式、北京模式和青岛模式，并对破除我国二元结构、农村发展与新型工业化协调发展进行了深入探讨。钱津（2010）在《农业现代化是工业化城镇化的必要条件》一文中认为农业现代化是工业化、城镇化的必要条件，提出我国实现工业化需以农业现代化为基础，实现城镇化需以农业现代化为前提，并进一步说明了"工业化、城镇化和农业现代化"协调发展的重要性。王先锋、刘谟炎（2011）在《中国建立"三化同步先行区"的学理因应及其政策取向》一文中认为推进三化协调应在统筹城乡发展最适宜的空间地域和最佳的区域建立"三化同步先行区"，并探讨了先行区建设的重点，提出了政策建议。夏春萍、刘文清（2012）在《农业现代化与城镇化、工业化协调发展关系的实证研究》一文中采用 VAR 模型，对我国三化协调进行了研究，指出城镇化对农业现代化的促进作用要高于工业化，农业现代化对城镇化具有正效应，对工业化的影响会受到户籍政策、工业结构与农业匹配能力、工业发展模式以及资源约束等问题的影响出现负向作用。韩柱（2012）在《日本农村"三化同步"的经验及启示意义》一文中通过对日本三化同步历程的研究指出三化协调发展需建立农村三化同步的支持体系。王瑞波（2012）在《世界"三化"同步及对中国的启示》一文中通过对全球、发达国家、发展中国家三化协调发展的分析得出三化协调发展需建立三化协调体制，必须走新型工业化道路和有中国特色的农业现代化道路。谢杰（2012）在《工业化、城镇化在农业现代化进程中的门槛效益研究》一文中应用面板门槛模式对我国工业化、城市化在农业现代化进程中的门槛效益进行了分析，指出我国城镇化进程长期滞后于工业化进程的现实，认为三化协调的重点是推进城镇化。徐志华（2012）在《国外三化发展的理论、实践及启示》一文中通过对国外三化协调发展理论的回顾，分析了国外城市化的"两种偏向"和城乡关系"两个趋势"的发展演变进程，总结了国外三化协调发展的经验、做法和对我国三化协调发展的启示。何平均（2012）在《国外三化同步发展的道路设计、典型经验及借鉴》一文中通过对美、日、韩等国家实现工业化、城市化和农业现代化同步发展的回顾，指出我国推进三化协调发展应从新型工业化、城市化转移剩余劳动力、城乡统筹发展和农业立法等方面着手。王有国（2012）在《黑龙江垦区三化同步的成功实践》一文中认为三化同步发展的基础是现代农业发展，关键是城乡协调发展，根本是发展新型工业化。并结合黑龙江垦区的实践进行了分析总结。河南省作为全国第一人口大省、新兴工业大省、农业大省，工业化、城镇化、农业现代化的发展矛盾较为突出，它们的协调发展事关河南省的兴衰大局。蔡世忠（2011）、王永苏（2011）、李海玉（2012）、张敬燕（2012）、宋伟（2012）、徐君（2012）、薛百战（2012）、耿明斋（2011）、张占仓（2004、2010、2011）等分别从三化协调的理论出发，对河南省工业化、城镇化和农业现代化的协调发展问题进行了研究。万年庆（2010）、范辉（2010）、董栓成（2011）、杨迅周（2011）、吴旭晓（2012）、徐君（2012）分别采用定量分析的方法，从评价指标体系、协调发展评价等方面对工业化、城镇化、农业现代化进行了实证研究。其中，杨迅周（2000）在《城镇化道路与河南小城镇发展》一文中在对中国和河南省的城镇化道路进行分析的基础上，针对河南省城镇化发展中存在的问题，提出采用城乡结合、大城市和小城镇发展相结合的多途径综合模式来提高河南省的城镇化水平，并进一步提出了河南省小城镇发展的对策与措施。孙新雷（2003）在《河南省工业化与城市化协调发展研究》一文中运用工业化与城市化关系理论，详细分析了河南省工业化与城市化发展现状，发展阶段与特点以及城市化发展的动力机制等，在此基础上进一步提出了加速河南省工业化与城市化协调发展的战略对策。张占仓（2004）在《论中原崛起的基本问题》一文中对三化协调发展进行了比较系统地研究，明确提出中原崛起的基本思路是集中精力推进工业化，历史性地加速城镇化，努力实现农业现代化，明确了三化协调发展的逻辑关系。王淑湘（2004）在《河南省新型工业化发展的形势分析与对策研究》一文中通过与全国其他省份相比分析，指出河南省的工业化程度、城镇化率较低，发展新型工业化要加快转变政府职能，加快城镇化进程，大力发展非公有制经济和积极

006

推动清洁生产。郜慧（2008）在《河南省工业经济发展与环境污染治理的关系分析》一文中分析了河南省工业发展与环境污染的问题，指出河南省目前面临着经济增长方式粗放、资源供给短缺、环境污染总量增大等一系列挑战，资源和环境两大瓶颈凸显。因此，以低能耗、少污染、高效益和实现可持续性为主要特征的新型工业化道路是实现中原崛起的必然选择和有效途径。张占仓（2009）在《河南省新型城镇化战略研究》一文中，提出了新型城镇化的概念、指导思想、战略目标、战略重点以及新型城镇化推进的对策，是河南省系统研究新型城镇化战略的关键之作。苏喜军（2009）在《河南省工业化与城镇化的互动发展模式选择》一文中分析工业化和城镇化互动关系模型，结合河南省工业化与城镇化协调发展的实际，借鉴了国外发达国家工业化和城镇化发展的模式，提出了符合河南省的工业化与城镇化发展模式。张占仓（2010）在《河南省建设中原经济区战略研究》一文中对城镇化、工业化与农业现代化关系进行了多角度的分析，提出三化协调发展是中原经济区建设最大的特色与难点，建议大胆探索新形势下三化协调发展的途径，集中破解三化协调发展的空间问题，为全国类似地区提供示范。蔡世忠（2010）在《河南省"三化"进程中农民利益保障的机制与建议》一文中阐述了农民利益保障的内涵，从促进就业、增加农民收入、提高产业结构层次、促使农民土地意识变迁、增强法制观念等方面论述了工业化、城镇化及农业现代化在农民利益保障中的作用，分析了河南省三化进程中农民利益保障存在的主要问题，从城乡一体化发展、农村富余劳动力非农化就业、失地农民利益保障、农民工权益保障四个方面论述了农民利益保障机制，提出了保障措施及政策性建议。张占仓（2011）在《如何破解"三化"协调难题》一文中提出，土地资源供求平衡是三化协调的关键。发达国家的实践已经证明，实现城镇化的过程，是土地资源由粗放利用向节约集约利用转化的过程，所以积极推进城镇化是节约集约利用土地资源最直接的途径。河南省的探索已经表明，在现有土地资源利用结构中，由于制度本身的制约，没有充分利用或者完全处于闲置状态的土地资源量非常大，如何创新土地政策甚至调整完善土地法，都大有文章可做。政策创新潜力非常大。耿明斋（2011）在《对新型城镇化引领"三化"协调发展的几点认识》一文中提出城镇化是打开三化协调发展的钥匙，是解决工业化和农业现代化发展空间约束的关键。因此，用城镇化来带动工业化和农业现代化，并将河南省划分为郑州及毗邻地区、豫北、豫西、豫西南、黄淮海平原五大板块，从城市建设空间、功能、规模、交通等方面进行了探讨。董栓成（2011）在《工业化、城镇化、农业现代化协调发展的定量分析》一文中建立三化协调发展效率评级指标体系，采用 DEA 方法对河南省三化协调发展程度进行了测度，指出河南省在三化协调发展方面存在的不足，对河南省三化协调发展提供了一定借鉴。杨迅周（2011）在《河南省三化协调发展评价研究》一文中运用效益理论与平衡理论建立协调度评价模型，进行了河南省实证研究。蔡世忠（2011）在《中原经济区建设中"三化"协调发展问题研究》一文中认为中原经济区三化协调发展要从构建现代农业产业体系、统筹城乡一体化、政策引导规模经营、发展新型工业化和构建功能互补的现代城镇体系着手。王永苏（2011）在《试论中原经济区工业化、城镇化、农业现代化协调发展》一文中着重论述了中原经济区三化协调发展的路径。李海玉（2012）在《河南省工业化、城镇化、农业现代化协调发展研究》一文中以河南省为研究对象，指出河南省三化协调发展面临的问题，提出了河南省三化协调发展的措施。张占仓（2012）在《河南省新型城镇化战略实施中需要破解的难题及对策》一文中通过对新型城镇化实践基础和理论的回顾，提出河南省新型城镇化在实施过程中需要破解的难题，根据河南省实际，对发展重点进行了分析并提出相应对策，对促进河南省新型城镇化发展具有较强借鉴意义。吴旭晓（2012）在《我国中部地区城市化、工业化和农业现代化"三化"协调发展研究》一文中通过设立三化协调发展的综合评价指标体系对赣湘鄂豫四省进行了实证分析。张敬燕（2012）在《以新型城镇化为引领，走"三化"协调发展之路》一文中通过对河南省巩义市竹林镇三化协调的研究，总结出竹林镇进行三化协调发展的主要做法。宋伟（2012）在《中部地区县域经济"三化"协调发展问题研究》一文中提出中部地区实现县域经济三化协调应该以工业发展为动力，统筹产业、城镇与人口的空间布局，并适度推进农业现代化。徐君（2012）在《中原经济区"三化"协调发展的动力机制》一文中从三化协调发展的内部动力机制、外部动力机制和耦合动力机制方面分析了中原经济区三化协调发展的动力机制。薛百战（2012）在《中原经济区"三化"协调发展研究》一文中认为中原经济区三化协调发展依然面临着诸多困境，必须从强化项目着手、推动制度创新、加强宣传教育、健全土地集约机制等方面入手，进一步推进三化协调发展。王沛栋（2012）在《中原经济区"三化"协调科学发展路径探析》一文中认为中原经济区三化协调科学发展的难点在于统筹协调，动力在工业化，压力在"三农"，潜力在城镇化，出路在于找准三化各自的角色定位，应实现三化互动，避免相互制约或损害。徐君（2012）在《中原经济区新型工业化、新型城镇化、农业现代化协调发展评价》一文中通过对中原经济区三化协调的测评，得出河南省十八个城市整体的三化发展程度较低，省会郑州核心城市地位不突出。河南省农办常务副主任张文深（2012）明确提出，新型农村社区建设从概念提出到规模推进，虽然时间不长，却表现出极强的生命力，主要是切入点、结合点、增长点作用得到了充分发挥，更重要的是新型农村社区建设它有根、接地气，维护和发展了农民群众的根本利益，开辟了农民增加财产性收入的新路径，得到了农民群众的真心拥护，切实做到了把空间留给三化、把利益留给"三农"，是破解城乡二元结构、实现城乡一体化发展的治本之策。"两不三新"三化协调之路，破解的不仅是河南之难，也是中国之难。张占仓（2012）提出，作为新型城镇化的切入点和城乡一体化的结合点，我们正在创造性地全面推进新型农村社区建设。它可以低成本地改善农民的生产和生活条件，节约集约利用土地资源，对新型工业化和新型农业现代化均具有重大战略意义。中共河南省委书记卢展工（2012）指出，建设新型农村社区，是继家庭联产承包责任制之后农村发展的"第二次革命"，是继"离土离乡"城镇化、"离土不离乡"城镇化之后探索的第三条道路，即"既不离土也不离乡"的城镇化，河南的领先之处就在于找到了切入点。张占仓、孟繁华等（2012）在"河南省新型城镇化实践与对策研究综述"中明确提出，新型城镇化引领三化协调科学发展已经被舞钢市、新乡县、新密市、滑县等实践证明是切实可行的。

综合国内研究进展情况看，全国对三化协调发展研究已经逐步引起重视，对三化需要协调发展认识基本一致，部分研究认为三化要同步发展；对新型城镇化在三化协调发展中的地位说法不一，主要是河南的部分研究认为起引领作用；对工业化是区域发展基本动力的传统说法很多学者仍然比较肯定，部分学者认为新型工业化起主导作用，其他创新性提法不多；对农业现代化以及"三农"问题最终破解的途径实证分析和理论分析比较多，对策提法比较多，但是究竟怎么样突破？缺乏重大集中性认识。因此，根据当地实际，在大量实践基础上，探索区域发展中三化协调科学发展的基本理论与新的政策框架，是全国性难题，河南省的初步探索具有重要的示范意义。

第二节　河南省的发展基础

一、自然地理概况

河南位于黄河中下游，简称"豫"，界于北纬 31°23′—36°22′，东经 110°21′—116°39′ 之间，东与江苏、山东、安徽相邻，南连湖北，西接陕西，北与山西、河北结合，承东启西、连南望北。河南省地势西高东低，北、西、南方向被太行山、伏牛山、桐柏山、大别山沿省界呈半环形分布；中、东部为黄淮海冲积平原；西南部为南阳盆地。平原和盆地、山地、丘陵分别占总面积的 55.7%、26.6%、17.7%。河南属暖温带—亚热带、湿润—半湿润季风气候。冬季寒冷雨雪少，春季干旱风沙多，夏季炎热雨丰沛，秋季晴和日照足。全省年平均气温一般在 12℃—16℃之间，气温分布大体呈东高西低，南高北低的特征。年平均降水量约为 500—900 毫米，且时空分布不均。

河南国土面积 16.7 万平方公里，居全国各省区市第 17 位，约占全国总面积的 1.73%；其中山地丘陵面积 7.4 万平方公里，占全省总面积的 44.3%；平原和盆地面积 9.3 万平方公里，占全省总面积的 55.7%。复杂多样的土地类型为农、林、牧、渔业的综合发展和多种经营提供了十分有利的条件。

河南省矿产资源丰富，是全国矿产资源大省之一。目前，已发现各类矿产 126 种（含亚矿种为 157 种）；探明储量的 73 种（含亚矿种为 81 种）；

已开发利用的 85 种（含亚矿种为 117 种）。在已探明储量的矿产资源中，居全国首位的有 8 种，居前 3 位的有 19 种，居前 5 位的有 27 种，居前 10 位的有 44 种。其中，钼、蓝晶石、红柱石、天然碱、伊利石黏土、水泥配料用黏土、珍珠岩、霞石正长岩居第 1 位，铸型用砂岩、耐火黏土、蓝石棉、天然油石、玻璃用凝灰岩居第 2 位，镁、钨、铼、镓、铁矾土、水泥用大理岩居第 3 位，铝土矿、石墨、玻璃用石英岩居第 4 位，锂、铯、电石用灰岩、岩棉用玄武岩、玉石居第 5 位。河南还是重要的能源基地，石油保有储量居全国第 8 位，煤炭居第 10 位，天然气居第 11 位。

河南横跨黄河、淮河、海河、长江四大水系，水资源丰富。境内 1500 多条河流纵横交织，水资源总量 413 亿立方米，居全国第 19 位。水资源人均占有量 440 立方米，居全国第 22 位，为全国的 1/5，世界的 1/20。水力资源蕴藏量 490.5 万千瓦。目前，全省已修建水库为 2347 座，总库容 270 亿立方米。

河南旅游资源丰富。少林寺、龙门石窟、龙亭、相国寺、殷墟等历史人文资源享誉海内外，嵩山、云台山、黄河等名山大川纵横。以古（古文化）、河（黄河）、拳（少林寺、太极拳）、根（寻根觅祖）、花（洛阳牡丹、开封菊花）为特色的旅游资源，是河南旅游业发展的一大优势。截至 2011 年年底，河南省拥有 11 家 AAAAA 级景区，71 家 AAAA 级景区。

二、区域发展背景

（一）经济规模逐年扩大

20 世纪 90 年代以来，河南省经济取得快速发展，经济总量占全国经济总量比重由 1991 年的 4.80% 上升为 2011 年的 5.77%，经济规模连续 6 年稳居全国第 5 位，中部六省首位；人均 GDP 占全国人均 GDP 比重由 1991 年的 63.46% 增加到 2011 年的 74.18%。2011 年，全省生产总值达到 27232.04 亿元，人均 GDP 达到 25962 元。地方财政总收入 2851.22 亿元。其中，地方财政一般预算收入 1721.56 亿元，地方财政一般预算支出 4246.40 亿元。全社会固定资产投资 17766.78 亿元，亿元及以上固定资产投资在建项目 5693 个，完成投资 7796.33 亿元，比上年增长 96.4%。一批重大项目建成投产，南水北调中线一期工程河南段、郑州富士康航空港区项目、连霍高速河南段改扩建工程、郑州城市轨道交通一号线一期工程等重点项目建设进展顺利。社会消费品零售总额 9322.90 亿元，比上年增长 18.1%（表 1—1，图 1—1）。

表 1—1　1991—2011 年河南省主要经济指标（亿元）

年份	生产总值	地方财政一般预算收入	全社会固定资产投资	社会消费品零售总额
1991	1045.73	91.36	256.46	368.92
1992	1279.75	104.03	318.83	470.30
1993	1660.18	139.20	450.43	577.96
1994	2216.83	93.35	628.03	790.17
1995	2988.37	124.63	805.03	957.76
1996	3634.69	162.06	1003.61	1194.76
1997	4041.09	192.63	1165.19	1427.53
1998	4308.24	208.20	1252.22	1565.88
1999	4517.94	223.35	1324.18	1691.20
2000	5052.99	246.47	1475.72	1869.80
2001	5533.01	267.75	1627.99	2071.93
2002	6035.48	296.72	1820.45	2292.75
2003	6867.70	338.05	2310.54	2539.33
2004	8553.79	428.78	3099.38	2938.26
2005	10587.42	537.65	4378.69	3380.88
2006	12362.79	679.17	5907.74	3932.55
2007	15012.46	862.08	8010.11	4690.32
2008	18018.53	1008.90	10490.65	5815.44
2009	19480.46	1126.06	13704.65	6746.38
2010	23092.36	1381.32	16585.85	8004.22
2011	27232.04	1721.56	17766.78	9322.90

增速（%）

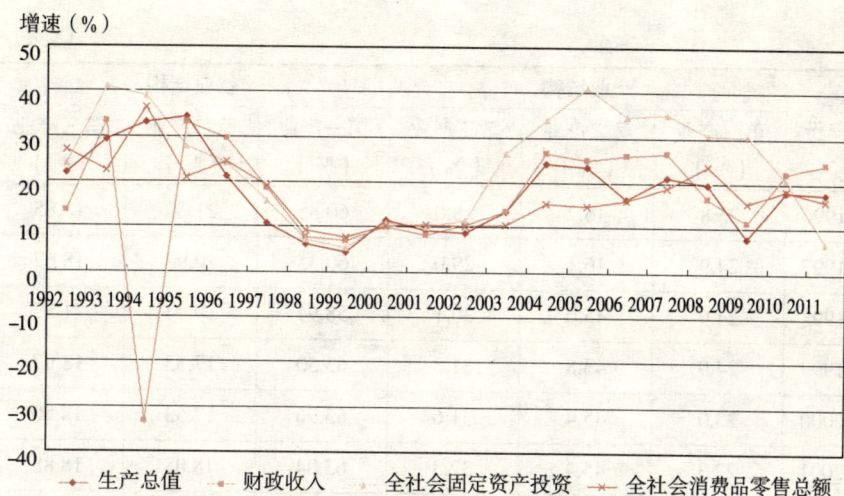

图1—1　河南省1991—2011年主要经济指标增速

（二）经济结构逐步优化

在发展的过程中，河南省在不断巩固农业生产的前提下，突出工业主导地位，工业化进程不断加快。经济由20世纪90年代的第一、第二、第三产业共同发展转变成为主要依靠第二、第三产业推动发展的新格局。三次产业结构由1991年的32.0∶37.1∶30.9调整为2011年的12.9∶58.3∶28.8，第二、第三产业比重比1991年提高了19.1个百分点。相应地，三次产业就业结构也发生显著变化，由1991年的69.28∶16.34∶14.37变化为2011年的44.9∶29.0∶26.1（表1—2）。河南已由一个传统的农业大省转变为一个新兴的工业大省。

表1—2　河南省产业结构与就业结构对比

年份	产业结构			就业结构		
	第一产业（%）	第二产业（%）	第三产业（%）	第一产业（%）	第二产业（%）	第三产业（%）
1991	32.0	37.1	30.9	69.28	16.34	14.37
1992	27.7	42.6	29.7	68.21	16.71	15.07
1993	24.7	46.0	29.3	66.14	18.36	15.50
1994	24.6	47.8	27.6	64.41	19.42	16.16
1995	25.5	46.7	27.8	62.41	20.60	16.99

（续表）

年份	产业结构			就业结构		
	第一产业（%）	第二产业（%）	第三产业（%）	第一产业（%）	第二产业（%）	第三产业（%）
1996	25.8	46.2	28.0	60.85	21.30	17.85
1997	24.9	46.1	29.0	60.35	20.98	18.67
1998	24.9	45.0	30.1	58.94	19.24	21.82
1999	24.9	43.8	31.3	63.50	17.53	18.97
2000	23.0	45.4	31.6	63.96	17.53	18.50
2001	22.3	45.4	32.3	63.04	18.08	18.88
2002	21.3	45.9	32.8	61.54	18.80	19.67
2003	17.5	48.2	34.3	60.19	19.57	20.24
2004	19.3	48.9	31.8	58.10	20.44	21.48
2005	17.9	52.1	30.0	55.44	22.09	22.47
2006	15.5	54.4	30.1	53.33	23.62	23.05
2007	14.8	55.2	30.0	50.58	25.76	23.66
2008	14.8	56.9	28.3	48.80	26.80	24.41
2009	14.2	56.5	29.3	46.48	28.15	25.37
2010	14.1	57.3	28.6	44.89	29.01	26.10
2011	12.9	58.3	28.8	43.10	29.90	27.00

（三）城乡居民生活水平明显改善

经过近20年的发展，河南人民生活逐步由温饱走向富裕，实现了从温饱向全面小康过渡。城乡居民收入不断增加，消费结构由数量增长向数量增长、结构调整、品质提高转变，由生存型消费向发展型和享受型消费转变。2011年，城镇居民人均可支配收入和农民人均纯收入分别达到18194元和6604元，分别为1991年的13.1倍和12.2倍。城乡居民储蓄快速增加，2011年，全省城乡居民储蓄存款余额为14648.43亿元，是1991年的30.2倍，年均增长18.67%，比同期GDP增速高2个百分点。城乡居民收入的增加带动消费能力不断增强。城乡居民人均消费支出逐年加快，2011 年，河南省城镇和农村人均消费支出分别达到 12336.47 元和 4319.95 元，为 1991 年的 10.3 倍和 9.5 倍，年均增长 11.6%和 11.0%（表 1—3）。

表 1—3　河南省历年城乡人均收入情况

年份	城镇居民家庭人均			农村居民家庭人均		
	可支配收入（元）	可支配收入增速（%）	恩格尔系数	纯收入（元）	纯收入增速（%）	恩格尔系数
1991	1385	3.9	53.7	539	2.3	53.4
1992	1608	7.8	53.4	588	4.9	55.9
1993	1963	10.4	49.6	696	9.0	59.2
1994	2619	4.7	49.8	910	3.4	58.2
1995	3299	7.8	50.1	1232	9.5	58.6
1996	3755	3.9	47.8	1579	13.8	55.6
1997	4094	6.4	44.6	1734	7.4	54.6
1998	4219	5.3	42.6	1864	6.5	56.5
1999	4532	11.2	40.8	1948	6.4	53.0
2000	4766	6.1	36.2	1986	3.9	49.7
2001	5267	8.8	34.7	2098	4.9	48.6
2002	6245	14.2	33.7	2216	5.1	48.0
2003	6926	9.0	33.6	2236	-0.4	48.2
2004	7705	5.5	35.0	2553	8.1	48.6
2005	8668	10.2	34.2	2871	7.5	45.4
2006	9810	11.9	33.1	3261	12.1	40.9
2007	11477	11	34.6	3852	12.2	38.0
2008	13231	8.3	34.8	4454	7.2	38.3
2009	14372	9.9	34.2	4807	7.9	36.0
2010	15930	7.2	33.0	5524	11.0	37.2
2011	18195	8.4	34.1	6604	12.7	36.1

第三节　河南省三化协调发展的战略意义

一、三化协调发展是区域发展模式的创新

国内、外的历史经验教训告诉我们，传统工业化和城镇化虽能使社会生产力获得快速发展，创造巨大的物质财富，但却是以过量消耗资源、牺牲生态环境和农业为代价的。河南省建设中原经济区走三化协调发展的模式不仅需要突破资源与环境、人口与就业、城乡二元结构、技术创新和信息化不足等方面的矛盾，还需要严格保护耕地，突破区域内发展空间不足的矛盾，以确保国家的粮食安全。这些矛盾的突破必然孕育着令人瞩目的创新，不仅对河南省和中原经济区的科学发展有举足轻重的作用，而且对人多地少、资源和环境承载能力有限的中国具有重大的昭示作用。

探索三化协调之路面临协调难度大、压力大等困难和挑战。协调难度大是因为三化之间虽然有着内在的有机联系，但真正实现相互协调的确存在诸多矛盾，如工业化城镇化与稳粮保粮的矛盾、推进三化进程与土地制约的矛盾、三化协调与资源环境约束的矛盾等。作为后发地区，还面临着先发地区不曾遇到的诸如资源约束和路径依赖的"后发劣势"。协调压力大的原因在于，河南经济结构性矛盾依然突出，工业多处于产业链前端和价值链底端，服务业发展滞后，农业基础薄弱，科技创新能力不强，经济发展的质量和效益亟待提高，等等。

在困难和压力面前，要发挥国家赋予中原经济区先行先试的政策优势，敢于创新、率先突破，凡是不违反国家大政方针的，都可以大胆地试。要借力"人地双挂钩"、资源税、排污权和碳排放交易、考核评价机制等国家赋予的探索权、试点权，在先行先试中不断破解制约三化协调的难题和瓶颈，为全国三化协调科学发展探索道路、积累经验。

二、有利于形成国家新的经济增长极

河南省位于我国腹地，承东启西、连南贯北，是全国重要的交通运输枢纽，农业和粮食在全国具有举足轻重的地位。中原经济区人口众多，人力资源丰富，市场潜力巨大。中原文化是华夏文明之根，对增强海内外同胞的向心力、提高中华民族的凝聚力、推动两岸关系和平发展具有不可替代的作用。实现中原崛起，有利于充分发挥区域综合优势，加快工业化、城镇化和农业现代化进程，提升对外开放水平，全面激发发展潜能，推动巨大的内需潜力向现实需求转化，在中部崛起中发挥引领带动作用，与沿长江中游经济带形成南北呼应，共同支撑中部崛起战略目标的实现，在中部地区培育形成新的经济增长板块。经过改革开放30多年的发展，作为中原经济区主体的河南省，在基础设施建设、产业发展、人口素质、社会事业发展等方面都有了显著提升，经济总量稳居全国第五位、中西部首位，已成为全国重要的经济大省、新兴工业大省和有影响的文化大省。随着国际产业向发展中国家转移和国家促进中部崛起战略加快实施，东部地区产业向中西部地区转移的趋势不断加强，值此之际，建设以河南为主体的国家级中原经济区三化协调推进体制机制，必将形成重点开发的增长极，成为"中部崛起"的重要支点。

三、能够有效促进地区间均衡发展

促进地区间均衡发展是落实科学发展观的重要内容。加快以河南省为主体的中原经济区建设，有利于进一步促进我国地区之间均衡发展。

1978年以来，我国改革开放的战略步骤首先是在东部沿海地区率先启动的，通过体制和政策倾斜，东部地区发展成效显著，成为引领我国经济发展的"引擎"；2000年以来，我国西部大开发政策的有效实施，为西部地区的长足发展提供了有力保障；在2000—2005年期间，中部地区事实上成为区域性政策规划的"洼地"，不仅制约了中部地区的发展，也不利于我国东、中、西部之间的均衡互动。2005年，国家推出了促进中部崛起的一系列举措，逐步加强了对中部六省地区的支持力度，有效促进了中部地区的经济发展和社会事业进步。至此，我国东中西均衡互动发展的格局基本形成。

但从我国区域经济发展布局看，东部地区的长三角、珠三角、环渤海和海峡西岸经济区已经连成一线，形成了基本完善的沿海经济布局，而中西部经济区布局还有待于进一步展开和优化。以河南省为主体的中原经济区建设就成为承接区域间协调发展的"腹地"、中部崛起的重点。中原地区的地理区位和基础条件，决定了建设中原经济区，能够凸显这一地区"腹地效应"，有利于国家统筹东中西部协调发展重大战略的实施，通过优化地区产业布局，拓展国民经济发展空间，促进资源要素优化配置和区域经济布局调整，加快形成东中西互动、优势互补、相互促进、共同发展的区域发展新格局。中原经济区建设上升为国家战略会明显加快区域内经济发展与社会进步，也会以此为基点，充分发挥其"东西对接，南北贯通"的功能，促进区域间均衡发展。

第二章

河南省三化协调发展的基本原理研究

区域经济发展理论中，对三化协调发展研究有一些经典论述，但系统研究相对较少，能够看到的文献有限，与此同时我们在现实生活与实践中确实遇到了三化协调发展的理论与实践问题。结合现实情况，进行必要的理论分析势在必行。所以，本章试图以理论研究的视角，以城乡统筹发展和城乡一体化为方向，以河南省大量实践与实际创新为依据，探索区域发展中三化协调科学发展的基本原理。

第一节　三化协调发展的理论依据

一、国外三化协调发展的历史经验

正确处理好城市化进程与工业化以及农村、农业的关系是世界各国走向现代化过程中面临的共同问题，其核心仍然是城乡关系问题。

发达国家城乡关系的演进大体经历了如下几个阶段：（1）乡村孕育城市，城市萌芽出现；（2）城乡分离，城市迅速发展；（3）城市统治和剥夺乡村，城乡关系对立；（4）城市辐射乡村，带动乡村发展；（5）城市反哺乡村，乡村对城市发展产生逆向辐射，城乡关系趋向和谐；（6）城乡互助共荣与融合，最终实现城乡一体化。工业革命早期，在资本主义经济最发达的英国和西欧国家，出现了工农分裂、城乡差别加剧、阶级矛盾尖锐、城乡对立严重等问题。在这种背景下，很多思想家提出了城乡经济一体化

的主张，如区域统一体、城乡混合体、城乡整本规划、城乡融合系统、城乡福利一体化等，以此作为推进城乡对立走向城乡融合的方式。

英国经济学家、诺贝尔经济学奖获得者威廉·阿瑟·刘易斯1954年发表的《劳动力无限供给条件下的经济发展》论文，提出了用以解释发展中国家经济问题的两个著名模式，首次提出了"二元"经济模型，是有关三化协调发展的最早研究成果，为我们描了一个三化协调发展的经典理论框架。1958年，他又先后发表了《无限的劳力：进一步的说明》和《对无限的劳动力的反思》两篇论文，对"二元"经济理论模型进行了补充和完善。

美国著名城市地理学家芒福德指出：'城与乡，不能截然分开；城与乡，同等重要；城与乡，应该有机地结合起来。如果要问城市与乡村哪一个更重要的话，应当说自然环境比人工环境更重要。"芒福德非常同意赖特的主张，即通过分散权力来建造许多新的城市中心，形成一个更大的区域统一体。通过以现有的城市为主体，把这种区域统一体引向许多平衡的社区内，就有可能促进区域整体发展，重建城乡之间的平衡，使全部居民在任何一个地方都能享受到同样的生活质量，避免大城市在发展过程中出现的各种困扰，最终达到霍华德的"田园城市"发展模式。

20世纪70年代，主要资本主义国家完成了工业化、城市化和农业现代化，城乡之间的差别明显缩小。进入21世纪以来，由于城市工业的扩散、转移和快速交通网络的建设，互联网的普及，促使发达国家大量城市人口由城市向郊区和环境优美的小城镇迁移，以及致力密集型小企业在郊区城镇的增长和集聚，给城市郊区和小城镇带来了新的发展契机，成为城乡一体化过程中的一个新趋势。目前，发达国家和地区已经进入后现代化社会和城市化高级阶段，整体上社会福利水平比较高，农业和工业之间的相互联系和相互依赖进一步加强，农业产业化和农工商综合企业迅速发展，农场经营管理趋向集中化、资本化和企业化，农民收入提高和城乡居民社会地位的平等化，特色小城镇日益兴起与郊区城镇化不断发展。他们面临的问题是保护城市与乡村的居住环境和文化的多样化，推进城乡融合、城乡优势互补的城乡一体化发展。

发展中国家在获得独立后，为了实现经济赶超目标，在"无工不富"

思想影响下，企图以工业化带动经济增长作为发展战略的重点，集中大量资金投放在城市的第二、第三产业，弱化农业和乡村发展，通过压低工资、低价征用土地价格等措施，过分榨取农民剩余价值，用作工业和城市发展积累，从而在制度层面使乡村更加落后和贫困，城乡差别呈现扩大态势，逐步形成所谓的城乡二元结构。20 世纪 60 年代后期以来，许多发展中国家逐步认识到片面工业化战略的局限性，开始重视农业变革和乡村的综合开发，重视城乡经济的协调发展，对城乡经济一体化进行了大量探索和实践。众多的发展中国家和地区仍然处于城市化过程之中，他们面临的核心问题：一是如何解决农村剩余劳动力转为非农业人口问题，即城镇化问题；二是如何节约资源，实现大、中城市的可持续发展，同时又避免农村地区的衰退问题；三是如何保证人类的生态安全问题，避免在工业化过程中导致环境污染过度，为未来发展留下沉重的后患；四是如何通过科教发展，加快工业化、城市化和信息化进程等问题。越来越多的人已经认识到，树立城乡一体化发展理念，将成为摆脱城市繁荣而农村衰落窘境的有效途径。值得一提的是，加拿大学者麦基（T. G. McGee）在对亚洲一些国家进行长期研究后提出了 Desakota 概念，它是一种以区域为基础（Region based）的城市化现象，不同于西方国家以城市为基础（City based）的城市化景观。建立在区域综合发展基础上的城市化形态，其实质就是城乡之间的统筹协调和一体化发展。麦基用城乡一体化区域（Desakota）来概括亚洲城市化的空间模式，其主要特征是高强度、高频率的城乡之间的相互作用，混合的农业和非农业活动，淡化了城乡差别。这一模式的提出，削弱了传统的城市—乡村两分法，增强了城乡一体化发展规划与管理的必要性和紧迫性。

概括国外工业化、城镇化和农业现代化三化关系演绎的过程，可以看出真正的城乡一体化发生于生产力水平或现代化和城市化水平相当高的时期。它的发展进程是由乡村人口向城市集聚，集聚到一定程度出现城市病以后，大城市出现郊区化，最后迈向城乡一体化。城乡一体化是一个渐进的动态发展过程，是一种发展理念和思想方法。城乡一体化是城乡互动发展过程，是双向的而不是单向的。因而在城乡区域经济发展中，应当校正城市偏向，将城市与乡村有机结合起来，实施城乡平等发展战略，避免出现城市问题突出而乡村衰落萧条的两难困境。城乡一体化是城乡社会现代化的系统演化过程，包括物质文明和精神文明等诸多方面。城乡一体化的发展目标是实现城乡融合，即城市地区和乡村地区的协调发展、和谐发展、可持续发展。在城乡融合发展中，除城乡经济和社会因素外，很多学者还强调了地域特色文化传承、创新和生态环境保护的重要性。

因此，工业化、城镇化与农业现代化的协调发展，实际上就是城乡关系的协调发展，城乡一体化较好地实现了，不仅经济发展具有可持续性，而且社会结构也相对稳定，有利于国家或者地区长治久安。

二、我国三化协调发展的思想渊源

我国城乡关系的发展既符合普遍的规律，又具有自身的特殊性。我国是一个有着几千年封建社会传统的农业大国。在1840年鸦片战争之前，城乡关系主要表现在乡村孕育城市，城乡混沌统一。鸦片战争之后，我国进入了100多年的半殖民地历史阶段，在半封建半殖民地时期，我国没有对近代以来的工业化潮流作出成功的反应，现代化、工业化的进程长期停滞，成为一个更加贫穷落后的农业大国和经济弱国。城乡关系逐渐走向对立突出，逐渐形成城乡二元结构，不仅体现为工农关系，也表现为官民关系和阶级关系。

1949年新中国成立，我国的工业化、城镇化才被正式提到议事日程上来。1964年12月，第三届全国人民代表大会第一次会议上，周恩来总理根据毛泽东主席建议，在政府工作报告中首次提出，在二十世纪内把中国建设成为一个具有现代农业、现代工业、现代国防和现代科学技术的社会主义强国，并宣布了实现四个现代化目标的"两步走"设想，促进了国民经济以较快的速度发展。

但是，1958年颁布的《中华人民共和国户口登记条例》，对城乡发展影响深远。其主要特点是依据城乡把全国人口分为农业和非农业。这在当时条件下，对于制止大量农村人口涌入城市，造成城市居民就业、食品供应困难、农业劳动力过度流失、防止过度城镇化等方面发挥了积极的作用。但是，随着我国经济体制由计划经济体制转向市场经济体制，这种僵化的城乡分割的户籍制度，已越来越不适应新的经济社会发展环境，严重阻碍了我国城镇化的进程。其弊端主要表现为以下两个方面：一是城乡分割的户籍管理制度阻碍了劳动力的自由流动，限制农村人口向城市有效迁移，使大量的劳动力被束缚在土地上成为农村剩余劳动力，或者即使进城从事第二、第三产业的，也被称为农民工，无法实质性融入城市生活；二是城乡分割的户籍管理制度提高了农村人口向城镇转移的成本，使其不易实现向城镇转移，制度化因素影响了城乡协调发展，使城乡二元结构日益突出。

新中国成立以后，为了迅速实现国家工业化，在非常缺乏经验的特殊条件下，我国仿效苏联，采取了"重工业优先发展战略"，确实迅速增强了工业发展实力。但是，由于重工业是资金密集型产业，投资规模大，创造的就业机会却不多。因此，我国过去长期实行的重工业优先发展战略，减弱了经济增长吸收劳动力在非农业部门就业的能力，阻碍了劳动力从第一产业转移出来的就业结构转变过程。有关研究表明，从 1952—1987 年，新增工业投资应当吸纳劳动力 17113.7 万人，而实际吸纳劳动力仅 5097 万人，少吸纳了 12016.7 万人，即实际吸纳的劳动力仅为应当吸纳劳动力的 29.78%。同时，由于轻工业投入严重不足，投入产出严重不成比例，城乡消费结构长期处于较低档次，也压制了消费，抑制了城镇化的需求。因此，我国工业化没有走进农民的生活，从而缓和城乡关系，并且城市的工业化使城乡经济差距进一步加大，并为中国城乡二元社会结构的出现提供了经济上的基础，再加之新中国成立初期的一系列政策，特别是城乡分离的户籍制度，使城乡对立的关系逐渐固化，并最终形成了非常典型的城乡二元结构。

改革开放初期，在农村经济优先改革的大力推动下，加上城市改革的积极响应，城乡居民的生活水平都显著提高，城乡居民的收入差距呈显著缩小态势，城乡二元结构逐渐松动，城乡一体化的趋势随着经济的发展，进程越来越快。但是，1992 年邓小平南方谈话以后，城市土地市场开放，促进了城市房地产市场的快速发展，而由于过分担心农村耕地受到影响而迟迟没有开放农村土地市场，导致城乡之间严重的制度化不平衡和不合理的土地交易，以至城市财富增长迅速，而广大农村始终没有支撑农民致富的载体依托，城乡二元结构更加显著。

关于城乡关系，党中央高度重视，并持续进行了有益的探索：在党的七届二中全会上，毛泽东提出了城市与乡村兼顾的论断，"城乡必须兼顾，必须使城市工作和乡村工作，使工人和农民，使工业和农业，紧密地结合起来。绝不可以丢掉乡村，仅顾城市，如果这样想，那是完全错误的"。邓小平认为，想要解决中国的问题，必须从农村起步，先使农民富起来，农村稳定下来，然后才能保持稳定的发展环境。要从重视城市转向对农村给予更多关注，"农业和工业，农村和城市，就是这样相互影响、相互促进，这是一个非常生动、非常有说服力的发展过程"。江泽民在城乡发展的定位上实现了从"兼顾"到"统筹"的历史性转变，在党的十六大报告中，他明确提出"实施城乡统筹发展战略"的要求，指出统筹城乡经济社会发展，建设现代农业，发展农村经济，增加农民收入，是全面建设小康社会的重大任务。胡锦涛同志进一步将统筹城乡发展作为落实科学发展观的重要内容和首要战略任务，指出"坚持统筹城乡发展，充分发挥城市对农村的辐射和带动作用，充分发挥工业对农业的支持和反哺作用，逐步建立有利于改变城乡二元经济结构的体制，促进城乡良性互动、共同发展"。按照中央部署，全国安排了一批城乡一体化试点，进行了大量制度与政策层面的探索与试验，取得了各具特色的成绩。探索城乡一体化发展途径，推动工业化、城镇化与农业现代化协调发展，成为很多地方孜孜以求的目标。

我国沿海地区，在实现工业化和城镇化过程中，农业现代化问题凸显，特别是粮食生产能力下降成为普遍现象，城乡二元结构日益加大也比较显著。所以，2006年浙江省在全国率先推出新型城镇化战略之后，山东省、江西省、四川省等也先后推出各具特色的新型城镇化战略，并力求与工业化协调推进。但是，面对国家日益管理严格的18亿亩耕地红线，对于在国家粮食安全方面负有重要职责的中西部省区来说，如何既有效推进工业化和城镇化，又保障农业现代化，特别是保持粮食生产能力持续提升，确实是一个历史性难题。

三、河南对三化协调发展的探索

河南对三化协调发展的探索，可以追溯到 20 世纪 90 年代初期。

1990 年 11 月，河南省五次党代会上，中共河南省委提出了团结奋进、振兴河南的指导思想。会议提出，在经济工作上，必须坚持科教兴豫、教育为本的战略方针；必须坚持以农业为基础、工业为主导；必须坚持深化改革，扩大开放，努力探索计划经济与市场调节相结合的路子。在战略布局上，要以黄河经济带为龙头，重点发展中州平原，积极开发丘陵山区。1991 年 1 月，河南省委五届二次全会确定了一高一低的战略发展目标，即经济发展速度和效益要略高于全国平均水平，人口增长速度要低于全国平均水平。1992 年 1 月，时任河南省长李长春以"加快改革开放，实现中原崛起"（刊于 1997 年中共中央党校出版社出版的《团结奋进 振兴河南》一书第 386 页）为题撰文，提出：中西部地区是我国能源、原材料工业生产基地，又是广大的工业消费品市场，这都是促进沿海工业发展不可缺少的因素。实际上，沿海与内地在经济上是一种相互依存、互惠互利、共存互荣的关系。因此，从全国一盘棋的战略出发，为促进东、中、西部经济的协调发展，必须加快中原的振兴和崛起，并指出，在党的十四大精神指引下，中原一定能够再度崛起。1993 年 1 月，李长春在全省农村工作会议上强调，农业大省实现工业化，必须首先立足于丰富的农副产品所提供的工业原料，坚持强农兴工的路子，把两者统一到围绕农字上工业上。1995 年 8 月，在同河南省理论界部分专家座谈时，李长春再次指出，就河南的实际来讲，必须围绕农字上工业，上了工业促农业。强农兴工，协调发展，走出一条农业省加快工业化进程的新路子。1995 年 12 月，河南省六次党代会上，李长春提出，九五时期河南省经济社会的基本思路是：积极实施科教兴豫战略、开放带动战略、可持续发展战略，着力加强第一产业，强化提高第二产业，积极发展第三产业，加快基础设施建设，加速工业化、城市化进程，保持经济发展速度略高于全国平均水平、人口自然增长率略低于全国平均水平，使河南成为中西部发展较快的地区之一。其中，科教兴豫战略、可持续发展战略首次列为河南省的经济社会发展战略，三化协调发展的思想初现端倪。

1999 年，根据党中央、国务院提出国家要实施西部大开发战略要求，河南省委、省政府提出了东引西进战略。东引就是充分发挥河南区位、市场、劳动力资源丰富等优势，吸引东部产业、技术、资金等，推动河南省产业改组、改造和升级；西进就是积极参与西部大开发，加强河南省与西部省区的经济技术合作，大力开拓中西部市场，努力提高河南省农产品、工业消费品等投资类产品在西部市场的份额。

2001 年年初，河南省人代会通过了全省十五期间经济社会发展的总体思路，即以发展为主题，以经济结构调整为主线，以改革开放和科技进步为动力，以提高人民生活水平为根本出发点，继续坚持一高一低目标，实施科教兴豫、开放带动、可持续发展战略，推动经济发展和社会全面进步。会议指出，要在保持经济快速增长的同时，把质量和效益放在突出位置，实现国民经济较高的增长速度和较高的增长质量。2001 年 8 月，河南省委、省政府作出建设全国重要优质小麦生产和加工基地与建设全国重要畜产品生产和加工基地的决定。当年，河南粮食总产首次跃居全国第一。2001 年 10 月，河南省七次党代会工作报告中指出，十五及今后一个时期，河南省的经济社会发展要继续坚持科教兴豫、开放带动、可持续发展战略，积极实施城市化战略，推进工业化进程，三化协调发展的思想进一步明晰。

2003 年，中共河南省委、省政府在《河南省全面建设小康社会规划纲要》中率先明确提出三化协调发展的战略举措，并第一次在河南省把工业化放在第一位的空前高度。按照河南省委、省政府的战略部署，全省持续进行了各种试验与探索，工业发展突飞猛进，有效地促进了全省工业化进程。2006 年，河南省新乡市创新新农村建设的内涵，最早提出通过新型农村社区建设，节约集约农村居民点建设用地，并为工业化城镇化提供空间，该方法 2008 年在当地被进一步提升，并逐步在面上推开，引起较大反响。

2009 年 12 月，在河南省委组织的理论界座谈会上，河南省委书记卢展工提出什么是中原？什么是中原崛起？为什么要实现中原崛起？中原怎么样崛起？中原是否能够崛起？引发全省高度关注。2010 年 3 月，河南省委、省政府开始组织研究河南省发展战略，项目组对三化协调发展战略思想与实际成效给予充分肯定。2010 年 4 月，河南发展高层论坛举行第 29 次会议，专题讨论河南省新型城镇化战略，主讲报告提出了河南省新型城镇化战略的初步方案，得到与会者广泛赞成。2010 年 5 月，河南省委书记卢展工对会议综述作出重要批示，标志着新型城镇化战略引起省委高度重视。

2010 年 7 月 2 日，河南省委常委扩大会议决定，要推动中原经济区上升为国家战略，并随之在方案中确定把探索三化协调发展之路作为我们最大的特色，新型城镇化也被列到三化之首。2010 年 11 月，《中原经济区建设纲要（试行）》出台，明确提出以持续探索走出一条不以牺牲农业和粮食、生态和环境为代价的三化协调科学发展路子为中原经济区建设的基本途径，要发挥新型城镇化的引领带动作用。2010 年 12 月，时任河南省新乡市委书记吴天君在中央农村工作会议上应邀专题介绍了如何把建设新型农村社区作为城乡一体化的切入点，推动更多的城市资源向农村倾斜、向县域配置，构建以工促农、以城带乡长效机制的探索与实践，得到中央高度重视，有关省区也开始学习和推广，特别是山东等省行动比较快。

2011 年 8 月 1 日，河南省委书记卢展工在舞钢市调研新型农村社区建设时，提出新型城镇化引领三化协调科学发展之路，使新型城镇化在三化协调发展之中的特殊位置进一步明确。2011 年 9 月 28 日，《国务院关于支持河南省加快建设中原经济区的指导意见》出台，探索三化协调发展之路被确定为中原经济区建设的核心任务。在 2011 年 10 月召开的中共河南省委第九次党代会前后，全国理论界与河南省合作，讨论酝酿党代会报告，对该问题的提法提升为"两不三新"三化协调科学发展之路。其中，把新型农村社区建设纳入城镇体系，属于重大创新。至此，以新型城镇化引领"两不三新"三化协调科学发展的路子，新型农村社区建设是新型城镇化的切入点和城乡一体化的结合点，是农村发展的增长点，形成完整的概念（图 2—1），并在河南省第九次党代会上成为拥有 1 亿人口大省人民的共同意志。

河南省提出的"两不三新"三化协调科学发展之路，是由于资源环境

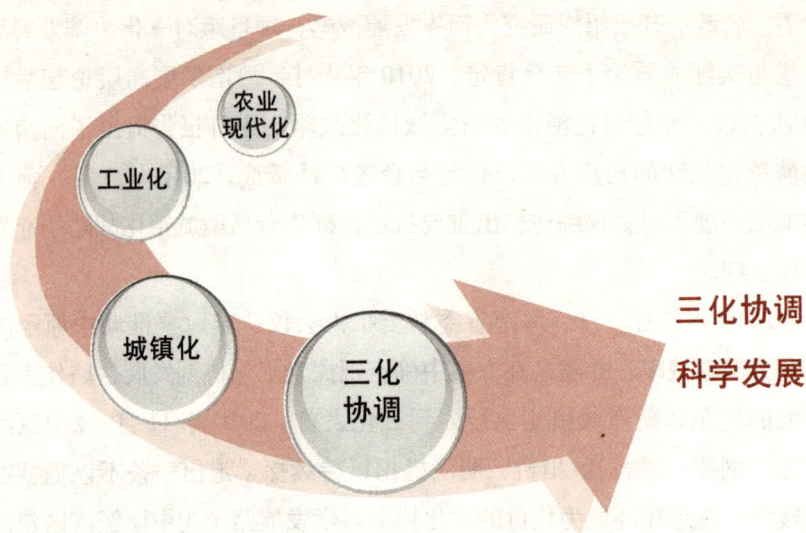

图 2—1　河南省"三化"协调科学发展之路

所迫导致干部群众艰苦探索的结果，是河南历届省委、省政府针对河南实际情况持续探索的结果，是面对未来站位全局敢于担当的庄严承诺，是"重在为民"基本理念持续实践、持续深化、持续提升的战略选择。

第二节　区域土地资源总量平衡理论的假设与实践意义

一、理论背景

在人多地少的发展中国家，人地关系情况比较复杂，人多地少是主要矛盾，城乡协调发展难度比较大。因为工业化和城镇化都要大量占用土地资源，而维护当地粮食安全，又要保持农业应有的生产规模，特别是要保持粮食生产能力持续提升，相互之间的矛盾如何破解？

我们通过对大量实践情况的调查，分析发达国家城镇化走过的历程，结合全国特别是河南省的实践基础，总结归纳提出了区域土地资源总量平衡理论。其主要涵义，是从一个区域土地资源总量供求平衡的视角分析，同样数量的人群，在生产力水平相对比较低下的农村生产和生活时，因为缺乏资源共享条件，人均占有的各种土地资源相对比较多，但生活水平却比较低，整个社会经济处于相对自然状态；伴随区域经济社会发展，特别是城镇化进程，这些人群越来越多地在生产力水平相对比较高的城镇生产和生活时，因为集中居住而产生的集聚效应，使居民资源共享程度相对比较高，人均占有的土地资源相对比较少，而生活水平和质量却比较高。因此，当一个地区完成城镇化以后，土地资源的总量应该是节约的。发达国家的经验已经证明这是事实，而发展中国家，一般情况下人均土地资源比较少，特别是人均耕地比较少，都存在如何保障作为特殊商品的农产品自给问题，尤其是粮食基本自给问题，在城镇化过程中，能否也能够减少人口对土地资源，特别是耕地资源的压力呢？我们认为结果应该是肯定的。这就是我们提出的土地资源总量平衡理论的基本内涵。对于类似河南这样的传统农区，只有土地资源总量平衡理论成立，实现新型工业化、新型城镇化和新型农业现代化三化协调科学发展，才具有理论上的可能性。

二、理论推导

（一）在农业经济时代，一个区域的土地资源总量平衡关系式为：

$$Z（农）= R \times (G/R + J/R + Q/R + B/R)$$

式中：Z（农）：农业经济时代土地资源总量；

R：人口总数；

G/R：人均耕地数；

J/R：人均居住用地数；

Q/R：人均其他用地数（指副业等其他产业用地）；

B/R：人均不能利用的土地数（主要指不适宜农业利用的土地资源）。

（二）在城镇化率30%—70%时期，假设工业化与城镇化大致同步，而且在这个过程中人口总数大致保持不变，或者略有增长。这段时间，一个区域的土地资源总量平衡的关系式为：

$$Z（城）= R \times (G_1/R + J_1/R + Q_1/R + B_1/R)。$$

式中：Z（城）：城镇化率30%—70%时期的土地资源总量；

G_1/R：人均耕地数（大致与 G/R 相当）；

J_1/R：人均居住用地数（小于 J/R，在城镇大致是 J/R 的 40%）；

Q_1/R：人均其他用地数（指工业、基础设施及其他产业用地，大于 Q/R）；

B_1/R：人均不能利用的土地数（主要指不适宜城镇和工业利用的土地资源，小于 B/R）。

（三）如果要达到土地资源总量平衡，即让 Z（农）= Z（城）。

在 $G/R = G_1/R$ 情况下：

那么，只有使：$J/R + Q/R + B/R = J_1/R + Q_1/R + B_1/R$；

显然，$Q/R < Q_1/R$。

只能够在 J_1/R、B_1/R 上寻求潜力空间，并采取措施限制 Q_1/R 适度增加。

所以，J_1/R、B_1/R 是主攻方向，土地资源能否平衡，关键在这两类用地可以节约集约利用的数量上。

从实践情况分析，全球多数发达国家，如英国、法国、德国、日本等，城镇化率越高，人均占有居住用地越少（当然，美国在城镇化后期，由于特殊国情，出现过度郊区化，人均占地反而有所增加），以城镇节约集约利用方式占有全社会的居住用地资源总量就会减少，所以城镇化过程，多数情况下，实际上就是土地资源节约集约利用的过程，加快城镇化步伐，有利于减少土地资源供求平衡的压力。

在农业经济时代，不宜作为耕地利用的低山丘陵，或者类似焦作太行山前的砾石地带，地表缺乏农作土壤，或者由于缺水而不易耕种的土地等，在工业经济时代均可以经过适当的投资开发，转化为工业用地，或者城镇建设用地。所以，工业化、城镇化条件下，用地范围能够适度扩大，开发性土地资源有一定的潜力，可以为可利用土地资源扩大容量。

在城镇化时代，人均其他用地，一般是增加的，特别是基础设施建设用地（如公路、铁路、大型公共服务设施等）、工业用地是要大幅度增加的。能否达到增减平衡，就看城镇建设用地节约集约利用情况和农业经济时代不能利用土地资源的开发利用情况。如果两者能够大致平衡的话，整个土地资源供求平衡就能够从理论上得到解决。

基于这样的特殊假设与分析可以看出，通过城镇化可以大量节约集约利用土地资源，通过工程的办法投资开发的可以用于工业、城镇或者建设基础设施的土地资源也具有一定的潜力，两者相加，就是人均增加的其他用地的空间。区域土地资源供求平衡的关键，就在于这两者关系的平衡与协调。

三、实践意义

事实上，河南省在总人口持续增长、工业占用土地资源持续较快增长、城镇建设占用土地资源持续较快增长、基础设施占用土地资源也持续较快增长的情况下，已经连续13年耕地实现占补平衡，年底常用耕地数量还有所增加，主要腾出的空间就是城镇化导出的空间（如空心村改造、新型农村社区建设等）和通过工程措施开发的空间（如废旧砖瓦厂改造、农业难利用土地改造、低山丘陵开发利用等）。所以，只要科学管理，统筹运作，周密衔接，循环推动，一个区域走向工业化、城镇化过程中，土地资源总量平衡是能够实现的，而只要能够保持耕地总量不减少，加上管理现代化、经营现代化、农业科技现代化，加上没有大的自然灾害，保持粮食生产能力持续提升，粮食产量持续提高，促进新型农业现代化是有理论依据与实践基础的。特别值得欣慰的是，河南省正在全面推动的新型农村社区建设，大约可以节约农村居民点占地的1/3或1/2以上，全省现在农村居民点大约占用土地2300万亩，如果经过一定的历史过程，逐步完成这种转换的话，大致可以节约土地资源1000万亩以上，将为新型工业化、新型城镇化和新型农业现代化提供比较大的空间，并为三化之间的协调提供可以推动运行的余地。因此，河南选择的三化协调科学发展之路，已经有了一定的科学试验依据，伴随进一步深化与探索，特别是借鉴国内外的经验教训，持续探索新型城镇化与新型工业化节约集约利用土地资源的方式与方法，全面走好三化协调科学发展之路，应该大有希望。

第三节　河南省三化协调发展路子的理论框架

一、坚持新型城镇化引领

从河南省实际发展分析，在1亿的人口中将近60%是农村人口，农业比重在GDP中高达12.9%，是全国大省中最高的省份之一。河南是全国粮食主产区，粮食产量占全国的10%，夏粮产量占全国的1/4以上，到2020年国家新增1000亿斤粮食中，还要承担新增300亿斤的繁重任务，保持粮食生产能力持续提升，是保障国家粮食安全的需要，也是河南经济社会可持续发展的需要。因此，"三农"问题突出是制约河南省三化协调的最大症结，人多地少是制约河南省三化协调的最现实问题，城镇化水平低是河南省经济社会发展诸多矛盾最突出的聚焦点，这一状况对城镇化模式转变形成倒逼压力，要求河南必须创新城镇化发展思路和路径，坚定不移走新型城镇化道路。实践已经初步证明，推进新型城镇化，有利于拓宽农村人口转移渠道，有效解决农村劳动力亟待转移与城镇承载能力不强的矛盾；有利于改善农村生产生活条件，促进城乡一体化发展，加快解决城乡收入差距大、二元结构矛盾突出的问题；有利于推动农业规模化和组织化经营，提高农业劳动生产率和综合生产能力，加快新型农业现代化步伐；有利于节约集约利用土地资源，缓解建设用地刚性需求与保护耕地硬性约束的矛盾；有利于持续扩大内需，推动经济社会持续较快发展。要统筹推进大中小城市、小城镇和新型农村社区建设，加快构建符合河南实际、具有河南特色的现代城镇体系。

着力增强中心城市发展能力和辐射带动作用。中心城市是区域发展的中心，集聚要大量中高端要素，对区域发展起引领作用。不断增强中心城市的实力，是城镇化过程中始终不渝的战略任务。为此，要依城促产、以城带乡，开放发展、以人为本，真正使城市达到"让生活更美好"的境界。同时，要完善中原城市群联动发展机制，推进交通一体、产业链接、服务共享、生态共建，形成具有较强竞争力的开放型城市群。要优化中心城市布局和形态，促进中心城区与周边县城、功能区组团式发展，形成合理分工，培育整体竞争优势。特别是要高度重视加快郑州都市区建设，提升交通枢纽、商务、物流、金融等服务功能，建设全国重要的区域性中心城市。按照高标准规划思想，加强城市新区建设，强化产业复合和经济、生态、人居功能复合，支持城市新区建设成为中原经济区最具活力的发展区域，引领所在地区的新思想、新文化、新观念、新潮流，形成新亮点、新风格、新地标、新景观。持续发展城区经济，重点发展高端制造业、战略性新兴产业和现代服务业。提高城市建设和管理现代化水平，加强城市基础设施建设和公共服务，完善城市功能，建设充满活力的宜居宜业城市。

着力增强县域城镇发展能力和承载承接作用。县级市、县城和中心镇是统筹城乡发展的重要节点，在整个新型城镇化过程中始终处于前沿阵地，担负着特别重要的吸纳人口、发展产业、提高居民收入水平、推动城乡一体化发展的战略作用。要用现代城市的理念和标准来规划建设城镇，注重内涵式发展，突出地方特色、提高文化品位，完善公共服务设施，提高承载能力。以产业集聚区建设为抓手，强化产业集聚和人口集中，逐步把有条件的县（市）发展成为中等城市，把基础较好的中心镇发展成为小城市，提高承接中心城市辐射能力和带动农村发展能力。大力发展县域经济，依托产业集聚区和专业园区，加大招商选商引资力度，培育主导产业，发展特色产业集群，壮大产业规模。不断深化县域经济体制改革，持续做好省直管县和经济发达镇管理体制改革试点工作，激发县域经济、镇域集聚发展活力。

着力增强新型农村社区城镇功能和战略基点作用。新型农村社区纳入城镇体系管理以后，是统筹城乡发展的结合点、推进城乡一体化的切入点、促进农村发展的增长点、推动三化协调发展的突破点。要坚持政策引领、规划先行、突出主体、保障权益、规范有序、拓展创新、互动联动、一体运作，积极稳妥推动新型农村社区建设，推动土地集约利用、农业规模经营、农民多元就业、生活环境改善、公共服务设施健全，加快农村生产方式和农民生活方式转变。把新型农村社区建设纳入城镇体系规划，统筹安排、合理布局；纳入重点项目，加大支持力度。建立健全新型农村社区管理体制和运行机制，提高管理水平，完善新型农村社区的城镇功能，让社区居民真正享有与城镇居民一样的幸福生活。

着力推动城乡一体化发展。把加快新型城镇化与建设新型农村社区结合起来，统筹城乡规划、产业发展、基础设施建设、公共服务、劳动就业、社会管理，促进城乡经济协调发展和基本公共服务均等化。解放思想，主动创新政策，切实解决农民进城的就业、户籍、住房、社会保障、子女入学等问题，逐步使符合条件进城落户的农民真正转为城镇居民，享有与城镇居民平等的权益，促进和谐社会建设。

二、坚持新型工业化为主导

适应经济发展方式转变的需要，加强以科技含量高、信息化涵盖广、经济效益好、资源消耗低、环境污染少、人力资源优势得到充分发挥为主要内涵的新型工业化发展，提高工业发展水平和发展效益，为三化协调发展提供主导力量。对于河南现有工业基础来说，要坚持做大总量和优化结构并重的原则，推动工业化与信息化融合、制造业与服务业融合、新兴科技与新兴产业融合，构建结构合理、特色鲜明、节能环保、竞争力强的现代产业体系。

以做大做强优势产业为重点增创工业新优势。加快工业转型升级，推动生产规模由小到大、产业链条由短到长、产业层次由低到高、企业关联由散到聚。以科教优先发展为突破口，以龙头带动、基地支撑、高端突破为着力点，大力发展汽车、电子信息、大型装备制造、食品、轻工、新型建材等高成长性产业；以精深加工、节能降耗、重组整合为着力点，积极运用先进适用技术和信息技术改造提升化工、有色、钢铁、纺织等传统优势产业；以核心关键技术研发、自主创新核心技术产业化为着力点，培育壮大生物、新能源、新材料、新能源汽车、高端装备等先导产业，大力发展节能环保产业，促进战略性新兴产业发展。食品工业关联工业、农业、服务业，要发挥农产品资源丰富的优势，加快建设食品工业强省。优化投资结构、提升投资质量，提高工业项目投资在重点项目投资中的比重，发挥重点项目在产业升级中的带动作用。深入推进企业兼并重组，提高产业集中度，壮大一批拥有知名品牌和核心竞争力的大型企业集团。培育一大批"专、精、特、新"中小企业，增强分工协作和产业配套能力。支持老工业基地调整改造和资源型城市转型发展、可持续发展、创新发展。

以产业集聚区为载体推动产业集聚发展和产业集群发展，加快人口有序集中步伐。把新增建设用地和环境容量指标优先向产业集聚区配置，加强基础设施、公共服务平台建设，促进企业集中布局、产业集群发展、资源集约利用、功能集合构建、人口有序转移，充分发挥产业集聚区在构建现代产业体系、现代城镇体系和自主创新体系中的载体作用。培育和引进龙头型、基地型企业，促进同类企业、关联企业和配套企业集聚，形成一批特色鲜明的产业集群和与之相辅相成的适宜居住的新型城镇。

以拓展提升为重点发展壮大服务业。适应经济社会发展需要，拓宽领域、提升层次、优化环境，推动服务业加快发展。特别是要大力发展生产性服务业，突出发展现代物流业，培育一批全国性、区域性和地区性物流节点城市，建设全国重要的现代物流中心；以政策创新为切入点，加快发展金融业，壮大地方法人金融机构，加快建设中原银行步伐，逐步构建多层次资本市场体系，积极推动更多优势企业上市融资，鼓励发展创业投资基金；积极发展信息服务、科技服务、服务外包和会展等新业态。发掘传统文化资源，拓展生活性服务业领域，积极发展家政、养老、健身、社区服务等行业。发挥资源优势，整合旅游资源管理，加快发展旅游业，扩大建设更多旅游精品景区、精品线路，打造世界知名、全国一流的旅游目的地。持续促进房地产业平稳健康发展。建立扩大消费需求的长效机制，优化消费环境，培育消费热点，释放城乡居民消费潜力。

三、坚持新型农业现代化为基础

新型农业现代化是以粮食优质高产为前提，以绿色生态安全、集约化标准化组织化产业化程度高为主要标志，基础设施、机械装备、服务体系、科学技术和农民素质支撑有力的农业现代化。结合省情，要坚定不移地把"三农"工作摆在重中之重的位置，坚持工业反哺农业、城市支持农村和多予少取放活的方针，从制度创新层面加大强农惠农富农力度，推动整个社会的资源向"三农"倾斜，扎实推进新型农业现代化，加快农业发展方式转变，夯实三化协调发展的基础。

在保持耕地规模和持续提升粮食生产能力上实现新突破。解决好近亿人口吃饭问题，同时为保障国家粮食安全做贡献，是河南必须担负的责任和义务。因此，要按照严格国家"占补平衡"的要求，坚定不移维护耕地"红线"不动摇，维持耕地应有规模不动摇，持续支持粮食生产不动摇，加快粮食生产核心区建设步伐，建立健全粮食稳产增产长效机制，力争实现粮食综合生产能力达到 1200 亿斤的阶段性目标。为此，要实行最严格的耕地保护制度，稳定耕地面积和粮食种植面积。加强以水利为重点的农业基础设施建设，持续大规模改造中低产农田，加大高产样板田创建工作力度。推进农业科技创新，健全农业技术推广体系，发展现代种植业，加快农业机械化。完善粮食生产政策和利益补偿机制，加大对粮食主产县的财政转移支付和奖励补助力度，保障其正常发展的权益。

在提高农业效益和农民收入上取得新进展。在确保粮食稳产增产的前提下，推进农业结构调整，大力发展现代畜牧业和特色高效农业，加快发展节约型农业、循环农业、生态农业、有机农业。建设一批国家级和省级现代农业示范区。探索多种土地承包经营权流转方式，促进适度规模经营。推进农业产业化，发展壮大龙头企业和知名品牌，拉长产业链、提高附加值。培育有文化、懂技术、会经营的新型农民。结合新型农村社区建设，在制度创新上下功夫，提高进入社区居民的财产性收入水平。创新农民增收机制，拓宽农民增收渠道，加快农村富余劳动力转移，千方百计增加农民收入。加快发展农民专业合作组织，健全农业社会化服务体系，提高农业经营组织化规模化程度，提高专业从事农业的农民的收入水平。加强农产品质量安全监督管理，为老百姓提供安全放心食品。

在改善农村生产条件和生活条件上实现新跨越。扎实推进新型农村社区建设，统筹解决农村发展农民增收农业转型问题。继续实施农村电网改造，加强农村道路、饮水安全、清洁能源、信息通信等基础设施建设，完善农村现代流通网络，实施农村清洁工程，积极发展农村文化、科技、教育、卫生、体育事业。加强农村"六大员"队伍建设。创新工作思路，加大工作力度，集中扶贫资金，加快解决集中连片特殊困难地区的贫困问题，支持革命老区、少数民族聚居区加快转型发展、跨越式发展，提高当地居民的收入水平。

四、坚持三化协调科学发展

河南省第九次党代会确定的"两不三新"三化协调科学发展之路，是新型三化协调发展，比原来传统意义上的三化协调有着更为丰富的内涵（图2—2）。在要素组合上，强调在城乡统筹、城乡一体化的视野中优化资源要素的空间配置，突出节约集约，提高发展的科技含量，把空间留给新型城镇化、新型工业化和新型农业现代化。在目标导向上，突出资源节约、环境友好，致力于走生产发展、生活富裕、生态良好的现代文明发展道路。在利益驱动机制上，以新型城镇化为引领、以新型工业化为主导、以新型农业现代化为基础，并将现代城镇体系向下延伸一级，把新型农村社区纳入城镇体系管理，从制度创新入手，推动社会资源向农村倾斜，加快农村人口有效转移。在新型农村社区建设的过程中，应实事求是、把握规律、量力而行。把增值收益的"第一桶金"装进政府还是群众的腰包，决定了群众满意不满意、答应不答应，也直接影响着新型城镇化引领的根本方向。"三农"问题的关键是农民问题，而农民问题的本质是利益分配。推进新型农村社区建设，既能够提高农村的社会生产力，又能改善农村环境、提升农民生活水准，还能够为三化协调发展提供最为重要的空间，节约土地1/3到1/2以上。因此，不但要实现好、维护好农民利益，更要发展好农民利益。其衡量标准就是能否最大限度维护和发展农民群众的根本利益。要以维护农民根本利益作为出发点和落脚点，使农民的权益得到充分保障，真正把利益留给"三农"。

促进新型三化协调发展，是当今条件下河南省破解城乡二元结构、实现城乡一体化发展的治本之策。按照这种机制运行，"两不三新"三化协调之路就能够铿锵前行，持续发展。如果持续探索，持续完善，持续创新，持续提升，有可能破解的是近期河南发展之难，而探索的将是未来中国发展之路，为全国类似地区的发展试验示范、积累经验、铺平道路。

新型三化协调的主要标志，突出体现为"四个协调"：即产业关系协调、产城关系协调、城乡关系协调、人地关系协调。所谓产业关系协调，就是要防止产业发展失衡、失序，甚至畸形发展，形成三次产业互补、互动、协调、可持续发展的局面。所谓产城关系协调，就是城镇建设与产业发展相互适应、互为依托，形成以产带城、以城促产的良性互动格局。所谓城乡关系协调，就是打破城乡二元结构，形成以城带乡、城乡平等、开放互通、互补互促、共同进步的城乡一体化发展局面。所谓人地关系协调，就是要勇于直面人均土地资源紧张的国情、省情，把土地资源节约集约放到战略高度对待，在新型城镇化、新型工业化和新型农业现代化中都充分地节约集约利用土地资源，最大限度地发挥土地资源的效应，特别是要充分认识到城镇化、工业化中需要的土地资源很大程度上是从农民那里调整过来的，农民是最大的贡献者。所以要真正从制度层面创新，向"三农"倾斜更多资源，让农村居民享受改革发展的成果，不再仅仅承担改革的压力。在新型三化协调发展的过程中，对农民要给出路子，让他们自觉成为改革发展的动力，充满创新发展的活力，迸发出发展的创造力，共同创造并分享新型三化协调发展的伟大成果。

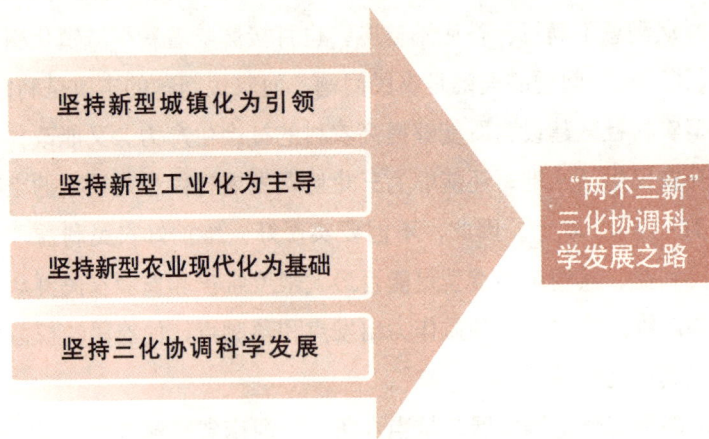

坚持新型城镇化为引领

坚持新型工业化为主导

坚持新型农业现代化为基础

坚持三化协调科学发展

"两不三新"三化协调科学发展之路

图2—2 河南省三化协调科学发展的理论框架

综上所述，河南省三化协调发展的路子的理论框架，就是"四个坚持"，题眼就是新型农村社区建设，保障机制就是把空间留给三化、把利益留给"三农"，推动方法就是制度创新、政策创新、城乡统筹发展，目标就是实现城乡一体化。

第四节 河南省三化协调发展路子探索及创新

河南省沿着自己提出的"两不三新"三化协调科学发展路子持续探索，大胆创新，务实前行，成效明显。

一、发展理念创新

（一）科学发展的理念

近些年，通过艰苦探索，特别是中原经济区建设上升为国家战略的过程历练，科学发展的理念逐步深入人心。过去，长期按照行政区划组织经济社会发展是大家习以为常的思想与观念，而通过谋划中原经济区，社会各界深度介入酝酿和讨论，借鉴国内外的发展经验，越来越多的干部和群众认识到科学发展观在区域发展上最直接的表现，就是按照经济区划组织经济发展。这是国内外实践已经证明的行之有效的区域经济发展规律，也是中央高度重视的一大战略举措。按照经济区划组织区域经济发展，濮阳市、三门峡市、信阳市、商丘市等就不再是过去传统意义上的边沿地区，而是跨界发展的结合点、突破点、"金刚腿"等。观念一变天地宽，认识到位干劲添。信阳市从过去总在考虑扶贫的传统思维方式中走出来，强化招商引资，从无到有，一个信息产业集聚区拔地而起，引人注目。周口市担心被边缘化的包袱卸了，吸引产业转移的热情激发，针对自己劳动力资源丰富的特点，招到了成群结队的劳动密集型产业，制鞋业集群迅速形成规模，过去在广东打工的青年人回到家乡干起了老本行，工作理家两不误，收入水平明显提高，幸福指数明显提升。三门峡不再埋怨被边缘化了，冷静思考自己的优势，客观认识自己的弱势，跳出思维惯性，发现内陆意识是最大的问题，对外开放对自己最重要，所以奋力一搏，2011年春季，中央编办批复同意设立三门峡海关，对外开放和外向型经济发展有了新支点。濮阳市不再担心自己离省城太远，而是按照河南省委书记卢展工同志提出的深入沿海的"金刚腿"战略思想，快速谋划"濮范台综合试验区"，列入中原经济区建设方案，大大提升了地方经济社会发展的信心。伴随中原经济区建设推进步伐加快，全省人民科学发展、按照科学规律办事蔚然成风，这块传统的沃土，迸发出科学的希望、发展的火花、思想的激情、奋进的潮流，中原大地激荡着催人奋进的发展热潮。继续沿着这条科学发展之路前行，会有更多激情，更多火花，更多创造，更多希望。

（二）创新发展的理念

自从 2003 年提出三化协调发展的基本理念以来，河南省已经在这条道路上探索了 10 年。这 10 年中，虽然走得非常辛苦，但是河南人民确实创造出来了符合自己实际的经验，确实摸索到了推动三化协调发展的方法。现在，在原有基础上进一步提升、延伸、拓展，河南又提出了"两不三新"三化协调科学发展的路子，内涵更加丰富，支撑点更加科学，突破点更加明确，切入点更加具有可行性和可操作性。如新型农村社区建设，这项涉及成千上万群众的创造性活动，2006 年最早从新乡市开始试点，2008 年在当地扩展，2010 年得到省委和中央高度重视，特别是河南省委书记卢展工明确指出，新乡市在城乡统筹、城乡一体化方面进行了探索，通过建设新型农村社区来推进新型城镇化，抓住了统筹城乡发展的结合点，抓住了推进城乡一体化的切入点，得到了中央领导和国家有关部门的肯定。三化协调科学发展的路子这一概念是河南自己提出来的，没有现成的经验可供借鉴，也没有现成的模式可供参考。能不能走好这条路子，关键靠自己探索和实践。不能仅仅把走这条路子作为一个口号、停留在口头上，而是要开拓创新、大胆实践。2011 年 8 月，卢展工最早提出新型城镇化的引领作用。2011 年 10 月，河南省委第九次党代会把新型农村社区建设上升为省委的重大决策，之后在全省全面推开。这条路子是在中央社会主义新农村建设的基础上，创新、探索、提升、规范，逐步形成的，对破解城乡二元结构、推进城乡一体化具有直接的指导意义。按照河南省大量的试验，新型农村社区建设，不仅可以彻底改变农民的生产和生活方式，大量节约集约土地资源，一般一个行政村可以节约居民点建设用地 400 亩左右，为三化协调发展提供空间，而且引领了新型工业化主导作用的发挥，倒逼了农村新型产业的拓展；引领了新型农业现代化的快速发展，助推了农业经营模式的不断创新；引领了和谐社会的构建提升，促进了文明新风的形成和弘扬，在中原地区的农村掀起了一场重大变革。2008年，面对招商引资项目落地难的普遍问题，全省启动集中用地指标建设产业集聚区的重大举措。至今中原大地已经成长起180个产业集聚区，有的县甚至有两个之多，企业云集，人才济济，产品丰盛，市场广阔。2011年，全省产业集聚区完成投资突破7000亿元，占全省固定资产投资的比重达到41.3%，产业集聚区已成为河南经济转型升级的突破口、招商引资的主平台、农民转移就业的主渠道、改革创新的示范区和县域经济的重要增长极。这一重要举措，其实就是河南人民在党和政府领导下，破解当地发展难题的一种创新和选择。

（三）持续发展的理念

由于历史文化的原因，新中国成立以后，在基层中一个领导一个思路害苦了老百姓，所以，胡锦涛早就提出"不折腾"的要求。近几年，河南省委反复强调"四个重在"，即重在持续、重在提升、重在统筹、重在为民。重在持续，特别引人注目，特别得民心、顺民意。2010年，河南省委、省政府开始谋划中原经济区建设规划，河南省委主要领导提出要充分汲取历届省委、省政府重大决策的营养，并持续、延伸、提升，结果在很短时间之内，就凝聚全省人民意志，形成中原经济区建设规划纲要，并迅速得到方方面面的高度赞成和一致拥护。持续这种好的趋势、好的态势、好的气势，全省上下一鼓作气，广泛征求意见，推动中原经济区上升为国家战略，为中原崛起河南振兴迎来了难得的历史机遇。这种持续发展的理念，被《人民日报》誉为一任接着一任干、一张蓝图绘到底、一以贯之谋发展——中原旧貌换新颜。这种持续发展的理念，是历史唯物主义的充分体现，是我们这种政治体制应该有的风格。持续这种理念，走出"瞎折腾"的误区，党和国家的事业必将蒸蒸日上，广大老百姓的生活必将芝麻开花节节高，中原经济区建设必将硕果累累。

（四）务实发展的理念

河南省委提出，尊重客观规律，坚持"三具两基一抓手"，把工作做实。加快领导方式转变，关键在领导干部。建设中原经济区，关键在求实求效。把工作做实，思想观念、思维方式转变是引领。河南省委反复强调"规律"的重要性：从领导层面来讲，要讲究有所为有所不为。有些事情，"不为"就是"为"，很多事情尊重规律、不去干预不去做，反而会收到很好的效果。2011年春节抗旱静悄悄：职能部门各司其职，专业部门各显其能，官员没下乡扰民，资金和技术却大量下乡，全省整合涉农项目资金77.25亿元，用于抗旱应急工程建设，新增、改善、恢复灌溉面积1366万亩。转变领导方式，为河南带来了一次静悄悄的抗旱，更为河南带来了夏粮大丰收，夏粮总产量连续11年全国第一，为全国物价稳定作出了重要贡献。把工作做实，河南在实践中深刻总结，并形象地提出了"三具两基一抓手"的科学工作方法。任何事情一具体就突破、一具体就深入、一具体就落实。为请富士康落户郑州，河南省委书记、省长亲自参与制订预案、亲自参加谈判，仅仅一个多月的时间，就实现了富士康郑州科技园从项目签约到开工投产，被富士康惊叹为"郑州速度"。项目仅一期工程就吸纳18万人就业，全省的出口总额因此而翻了将近一番。求实求效，离不开"抓好基层、打好基础"。省里召开的重要会议，河南省委、省政府领导都提前到场，发言提出见解，出行不搞接送，市内不用警车，下乡不定路线。省委书记卢展工工作再忙，总要安排时间下乡搞调研，少则三五天，多则一周时间。安排群众座谈会，常常三四个小时不休息。干部群众看到了河南省委领导深入基层、深入群众的作风，感受到了省委的温暖。求实求效，需要用好项目带动这一"总抓手"。经济社会发展的每项工作都可细化为具体的项目。经济项目、文化项目、民生项目、社会管理项目，推动工作向实处拓展、向具体延伸，使具体工作都能够落到实处。河南各地纷纷出台措施，把作风转变作为领导方式转变的关键之举，把为民作为本质、根本、责任和标准。如何问政于民？河南郑州市委规定"两个绝不允许"，要求各级干部主动"下访"，工作当中绝不允许发现不了问题，绝不允许发现问题解决不了又不报告。没有大轰大嗡，没有大起大落，力戒形式主义，反对急功近利，没有开轰轰烈烈的大会，而是通过《河南日报》等"一文九论十八谈"和"新九论"、"新十八谈映象版"，涓涓细流，润物无声，一种新的学习之风、科学之风、务实之风、为民之风正在逐渐形成。河南省长郭庚茂同志说，领导方式转变像一把钥匙，正开启发展方式转变的大门，像一台助推器，正提供发展方式转变的持续动力。河南通过"三具两基一抓手"，务实发展，蔚然成风。

二、实践探索创新

（一）发展战略创新

从 2010 年年初开始，集中大量专家，系统梳理历届省委确立的发展思路，持续、延伸、拓展、深化中原崛起战略，集中全省干部群众智慧，提出了建设中原经济区战略，制定了《中原经济区建设纲要（试行）》。推进中原经济区发展列入国家"十二五"规划纲要、全国主体功能区规划；以国务院制定下发的《关于支持河南省加快建设中原经济区的指导意见》为标志，中原经济区正式上升为国家战略。中原经济区战略定位是建设成为国家重要的粮食生产和现代农业基地、全国三化协调发展示范区、全国重要的经济增长板块、全国区域协调发展的战略支点和重要的现代综合交通枢纽、华夏历史文明传承创新区。建设中原经济区，主题是科学发展，主线是加快转变经济发展方式，目标是富民强省，核心是三化协调，活力是解放思想，动力是改革开放，方法是统筹兼顾，关键是实干实效。建设中原经济区上升为国家战略，标志着全省发展战略实现重大创新。

（二）实践运作创新

2011 年，河南省委九次党代会上，进一步提出持续探索不以牺牲农业和粮食、生态和环境为代价的新型城镇化新型工业化新型农业现代化三化协调科学发展的路子，是从根本上破解发展难题的必然选择，是河南省加快转变经济发展方式的具体实践，是中原经济区建设的核心任务。走好这条路子，必须充分发挥新型城镇化的引领作用、新型工业化的主导作用、新型农业现代化的基础作用。这标志着实践运作思路进一步提升，为中原经济区建设具体运作指明了道路和方法。按照这种要求，全省在"两不三新"三化协调科学发展方面大胆探索，大胆试验，持续创新，持续求效，促进了经济社会快速发展，人民生活明显改善。特别是在新型城镇化引领方面，出现了郑州都市区规划建设全面推进，中心城市新区建设全面铺开，县城发展日新月异，特色镇建设初具规模，新型农村社区建设全面开展的大好局面。在新型工业化方面，招商引资进展迅速，成效显著，产业转移形成气候，富士康等标志性企业顺利入驻，河南煤化集团进入世界企业 500 强，180 个产业集聚区在全省遍地开花，工业发展展现出一幅生机勃勃的生动画卷。新型农业现代化稳步推进，保护耕地坚定不移，全省耕地面积连续 13 年实现"占补平衡"；提高粮食生产能力扎实有效，2012 年夏粮获得全球少见的十连增；农业科技创新扎实推进，国家科技进步成果奖年年丰收，主要农产品单产屡创世界纪录。

（三）发展实效创新

中原经济区上升为国家战略以后，按照中央的要求，河南省政府积极作为，先后与中央近 40 个部委签署合作协议或者备忘录，各个方面支持中原经济区建设的具体政策日益明朗，支持力度空前。在各种力量支持下，2011 年，全省 GDP 总量达 2.7 万亿元，同比增长 11.6%，高于全国 2.4 个百分点。其中，外贸进出口额突破 300 亿美元，达 326.4 亿美元，同比增长 83.1%，其中出口增长 82.7%，增速居全国第二位。实际利用外资达 100.8 亿美元，同比增长 61.4%，居中西部第一位，占全国 8.7%；实际到位省外境内资金突破 4000 亿元，同比增长 46%。粮食总产实现了八连增。进入充满挑战的 2012 年，河南依然保持了较好的发展态势。来自统计部门的数据显示，2012 年上半年全省生产总值超过 1.35 万亿元，比上年同期增长 10.3%；夏粮生产连续 10 年创历史新高，主要经济指标均处于两位数以上的较快增长区间，实际利用外资比上年同期增长 51.5%。全省进出口总额 217.1 亿美元，同比增长 84.6%，增速居全国第三（重庆 250.4 亿美元，增长 1.7 倍；西藏 10.2 亿美元，增长 1.7 倍）。2012 年 8 月，国家发改委组织的中原经济区规划编制正式启动，这标志着中原经济区建设进入关键阶段，也进一步明晰了中原经济区的范围。据国家发改委相关负责人介绍，目前初步考虑规划涉及范围以河南省为主体，包括与河南省毗邻的晋东南、鲁西南、冀南、皖北的部分区域，共涵盖 30 个地级市和 2 个县，区域面积达 28.9 万平方公里，涉及人口约 1.7 亿。规划编制对于进一步优化区域经济布局，探索三化协调发展新路径，推动形成一体化发展新格局具有重要作用。

中原经济区上升为国家战略后，明确了中原经济区建设的五大战略定位和核心任务。河南省委、省政府分析认为，当前河南的发展正呈现出发展定位越来越清晰、发展战略越来越清晰、发展路子越来越清晰、转变方式越来越清晰、务实发展越来越清晰的良好状态。

三、发展理论创新

区域发展理论，既是过去很多地区发展实证的总结与提升，又是未来很多地区进一步发展所要遵循和借鉴的基本规范。但是，任何已经形成的区域发展理论，都无法直接产生中国特色社会主义建设理论，因为这种理论只有紧密结合中国实际，把普遍原理与中国发展的具体实践相结合，并进一步在实践中创新与探索，才能够符合中国的实际需要。正像过去的理论无法解释中国发展的道路一样，河南省作为一个有着悠久文明史的大省，确实有自己非常独特的历史、文化、资源等，靠国外的理论不行，靠我国沿海开放地区的理论也不行，只有依靠自己的理论探索与创新，才能够真正找到适合自己的发展道路。

（一）河南发展路子创新

河南省委、省政府在历届省委、省政府持续探索的基础上，砥砺前行，持续摸索，深入实际，深入一线，深入群众之中，深入市场需求之中，务实试验，务实争鸣，务实创造，务实提升，终于找到了具有中原地区特色的发展道路，那就是持续探索一条"两不三新"三化协调科学发展之路。在这条路上，"两不"是对国家和时代的庄严承诺，是一种责任，是一种担当，是一种胸怀，是一种可持续发展的战略；"三新"是一种对人口稠密内陆地区发展规律的深刻认识，是当地特殊的资源环境条件下倒逼出来的一种科学选择，是一种高瞻远瞩能够为国家发展甚至为发展中国家破解"三农"问题创造经验的大胆试验，是一种敢为人先先行先试时代精神的具体体现；三化协调是一种科学发展观结合当地实际进行本土化贯彻落实的大胆创新，是一种结合当地实际实现城乡统筹和城乡一体化发展的行动指南，是一种对当地群众长远利益敢于负责的积极探索，是一种与国际接轨的区域发展理论在发展中国家的深化与提升。所以，"两不三新"三化协调科学发展之路，具有重大创新意义，沿着这条道路前行，并继续发展与完善，将为中原经济区 1.7 亿人民创造福利，创造实惠，创造未来，创造希望。

（二）新型城镇化理论创新

一是以新型城镇化引领三化协调科学发展，是河南人民最为重要的创新。过去区域发展理论一直认为工业化是区域发展的驱动力，城镇化只是工业化的结果之一。伴随中国发展结构的变化，特别是中国在全世界相对地位的变化，内需渐成中国经济发展的主要动力，而扩大内需过程中，对于河南省这样人口稠密、人均收入相对比较低的地区来说，什么是最大的内需，什么是广大老百姓的真正需求，什么办法能够为数以万计的群众办成实事，河南的决策者没有在会议上争论，更没有在高端论坛上高谈阔论，而是深入基层，走到群众之中，了解老百姓的心声，倾听一线干部的诉说，把握时代的脉动，明确提出新型城镇化引领三化协调科学发展的新论断。此论断一出，也曾经令有些人迷茫，甚至有些疑问，还有些人反对，但是只要认真看一看按照新型城镇化思路规划、建设推进的实际情况，看一看新型农村社区建设给基层老百姓带来的历史性变化，很多人信服了，赞成了，肯定了，夸奖了。虽然这种理论创新，可能离部分人比较远，但是因为这种创新本身就来源于实践，所以有着良好的实践基础，有着丰富的科学内涵，有着为老百姓创造的直接利益，有着扎实的作风保证，这样它就容易成功，容易出成果，容易出效益。二是把新型农村社区建设纳入城镇体系管理，创新了城镇体系架构。我们原来的城镇体系分为国家区域性中心城市，地方性中心城市，县城，乡镇四级，而把新型农村社区纳入城镇体系管理以后，城镇体系向下延伸一级，成为五级，更加符合我国加快推动城镇化的战略需要，能够为几亿农民低成本进入城镇解决实际问题，能够促进我国城镇化与工业化协调推进，得到国内学术界和党中央、国务院的大力支持与肯定。三是通过新型农村社区建设，找到了三化协调科学发展的空间。过去，研究三化协调科学发展，很多人总为发展空间发愁。通过大量的新型农村社区建设的实践表明，仅这种举措即可节约农村居民点占地 1/3 到 1/2 以上，有些地方节约高达 70% 左右。循着这条道路，河南全省至少有 1000 万亩以上的土地资源节约集约利用空间，新型工业化、新型农业现代化以及新型城镇化，就有了加快发展的巨大空间。四是河南新型农村社区建设管理政策创新，为进入社区的居民实现家庭财产资本化提供了制度保障，为千百万农民发展与创业带来了新的希望。按照河南省多数市县的实际试验，一般情况下，进入社区的居民，地方政府可以给他们办理土地证、房产证，转城镇户籍和社保，而且金融机构还可以以此为抵押，为他们发放贷款。像舞钢市一般农民，把自己的宅基地交给乡镇之后，可以出资 10 万元左右，得到一套 200 平方米左右配套齐全的连体别墅，一旦两证俱全，在当地房子本身就升值到 30 万元以上。这不仅使千百年来没有财产性收入保障的农民实现财产性收入有了制度保障，彻底改善了自己的生活，提升了自己的社会地位，而且为他们创业与发展经济铺平了借助银行资本走向富裕的道路。从政策的进一步延伸分析，这部分居民，实际上他们以集体土地证和房产证为确权方式，可以进行正常的交易，为我国农村土地市场的开放铺垫了前奏，政策进一步创新将会有更加可观的前景。

（三）新型农业现代化理论创新

一是在河南这样人口密度特别大的区域，粮食生产能力持续提升，政策创新具有特别重要的支撑意义。河南省人均耕地 1.2 亩，但是河南用占全国 6%的耕地生产了 10%以上的粮食，而且连续多少年保持粮食总产量持续增长，特别是夏粮实现 11 连增，创造了举世瞩目的奇迹。很重要的原因就在于河南在国家支持粮食生产的各种优惠条件基础上，持续推出鼓励粮食生产的各种政策措施，激励了种粮农民的积极性。二是农业科技进步在新型农业现代化中居于特别重要的战略地位。河南省高度重视农业科技进步，政府与社会均投入大量人力、物力、财力推动农业科技研发，新品种、新方法、新成果持续涌现，每年都有获得国家科技进步奖的农业科技成果，为农业现代化提供了强有力的技术支持。三是河南的实践已经证明，新型农业现代化可以与新型城镇化、新型工业化相互协调，互为激励，互动共进，互动共赢。河南这些年以耕地面积实现"占补平衡"和粮食产量持续提升为标志的新型农业现代化稳定推进，并没有挤占过多的城镇化与工业化资源，而是通过新型农村社区建设，为三化之间的协调发展提供了空间支撑。这与沿海地区很多地方走过的道路有很大不同，是河南当地创新创造的结果。四是通过制度创新，特别是新型农村社区建设政策的创新，推动社会资源向社会弱势群体倾斜，使这部分消费能力最弱的群体获得了消费与发展的机遇，对改善这部分居民的生产与生活条件具有重大的意义，对推动整个社会形成有效的消费能力，形成消费热点，拉动国民经济发展发挥了十分重要的作用。这种实践证明了一个非常重要的理论，就是在当前的消费结构和全社会缺乏消费热点的情况下，支持弱势群体，是支持扩大消费最有效的方法，而这种支持本身又是拉动内需的有效途径。因此，支持弱势群体，就是支持国家发展，有利于建设和谐社会，有利于国家长治久安，可谓一石数鸟，效果比较好，宜持续进行更大规模的探索与创新。

"两不三新"三化协调科学发展，是理论界前无古人的新路子，而在现实生活中河南省由于被资源环境所迫，进行了持续的探索与创新，初步找到了一条路子，积累了一定的经验，尝到了一些甜头。这是河南1亿人民在党中央、国务院领导下持续探索的结果，是1亿人民集体智慧的结晶，是1亿人民务实创新的结果，对全国具有重要的战略意义。但是，"两不三新"三化协调科学发展路子，面临的新问题新难点新障碍仍然非常多，特别是政策支持与相关法律支撑方面需要进一步创新与试验的任务仍然非常繁重，需要持续探索。

郑东新区会展宾馆

公园长廊

第三章
河南省三化协调发展现状分析

河南是全国人口大省、农业大省、经济大省，也是新兴的工业大省。改革开放以来，河南省坚持科学发展、务实发展、协调发展，各项事业取得了富有成效的业绩。特别是"十一五"以来，河南生产总值、工业增加值、财政总收入、人均生产总值都翻了一番，经济总量达 2.7 万亿元，继续保持全国第 5 的位次，初步探索走出了一条不牺牲农业和粮食、生态与环境为代价的工业化城镇化和农业现代化三化协调科学发展的路子。但是，河南省人口多、底子薄、基础弱、发展不平衡的基本省情和阶段性特征尚未根本改变。河南经济总量全国靠前而人均落后，粮食增长责任重、经济结构不合理、城镇化发展滞后、公共服务水平低等问题，是制约科学发展的主要障碍。伴随建设中原经济区战略的实施，持续探索"两不三新"三化协调科学发展的新路子，仍然是以河南省为主体的中原经济区建设的核心任务。

第一节　河南省三化协调发展的特点

"十一五"以来河南省综合经济实力持续提升，不断跨上新台阶，生产总值由 1 万亿元到突破 2 万亿元，人均生产总值突破 3000 美元，地方财政总收入突破 2000 亿元，到 2011 年生产总值达 27232 亿元，稳居全国第 5、中西部之首。粮食生产能力多年稳定增长，2011 年粮食总产量达到 1108.5 亿斤，连续 8 年实现增产、连续 6 年超千亿斤；2012 年夏粮总产量达 637.2 亿斤，实现"十连增"，连续创历史新高。工业增加值已连跨5000 亿元和 10000 亿元两个大台阶，主要行业核心竞争力显著增强，新兴工业大省地位在全国确立。2011 年，河南工业增加值达到 1.4 万亿元，全省规模以上工业增加值同比增长 15.4%，继续保持全国第 5、中西部首位。"十一五"以来也是河南省城镇化进程最快的时期，城镇化发展跨上新台阶，城镇面貌发生了巨大变化，城镇化率比"十五"末提高 10 个百分点，到 2011 年城镇化率提高到 40.57%。人民群众生活水平显著改善，城乡居民收入增速超过中部地区平均水平。特别是 2011 年全省进出口总额增长 83.1%，进出口增速居全国第 3 位，实际利用外资总量和增速均居中部地区首位。河南省在粮食产量连续 6 年稳产千亿斤的同时，实现了耕地占补平衡，生态环境保护水平逐步提升，区域协调发展能力不断增强，发展特征日益显著。

一、三化协调科学发展持续推进

河南省积近 20 年的发展经验，持续探索符合河南实际的三化协调科学发展之路，更加注重农业和粮食生产能力持续提升，更加注重生态与环境保护，更加注重投资、出口、内需三驾马车共同发力，更加注重产城融合、节约集约、城乡统筹、民生改善，发展成效显著。

河南省进一步明晰新型城镇化的发展趋势，推进新型城镇化的思路逐步明确，新型城镇化发挥了引领三化协调科学发展的重要作用，城镇化进程快速推进，城镇综合承载力明显提升，城镇龙头作用日益显现，新型农村社区建设亮点纷呈。全省从优化城镇化空间布局、妥善处理三化协调科学发展关系、推动城乡一体化发展、强化产业支撑、提升城镇综合承载能力、创新城镇化体制机制等方面出发，持续探索新型城镇化的实际发展道路。重点发挥中心城市辐射带动作用，不断完善城市功能，增强中原城市群集聚吸纳要素能力和综合竞争力，郑州新区、洛阳新区等中心城市新区建设已经开始在全省城乡统筹、产业协调、产城互动发展中发挥示范与引领作用。着力统筹城乡协调发展，促进中心城市组团式发展、中小城市内涵式发展、基层乡镇集中式发展，加快构建现代城镇体系。通过重点发挥产业集聚区平台载体作用，促进人口集中、产业集聚，构建现代产业体系，实现节能减排目标，促进集约发展，为促进产城融合、推动城乡协调发展奠定坚实基础。2011年，全省产业集聚区投资占全省投资的43.1%，促进工业发展作用越来越显著。通过重点发挥新型农村社区建设的集聚作用，整合村庄、土地、人口、产业等资源要素，推动城乡之间公共资源均衡配置和生产要素自由流动，提升农村基础设施水平和公共服务能力，有力支撑了城乡一体化发展。

新型工业化是推进三化协调科学发展的主导力量。河南围绕壮大高成长性产业、提升传统优势产业、加快发展高技术产业和积极发展战略性新兴产业，加快新型工业化进程。汽车、电子信息、装备制造、食品、轻工、建材六大高成长性产业高速增长，化工、有色、钢铁、纺织服装四大传统优势产业继续发展。2011年，全省高新技术产业实现增加值占全省规模以上工业的比重突破5%、达到5.3%，180个产业集聚区工业增加值增长27.5%，高于全省平均水平8.1个百分点，拉动全省工业增长9.3个百分点。

河南省积极推进农业现代化，培育现代农业产业体系，促进农业稳定发展、农民持续增收、农村全面繁荣，努力打造全国粮食生产核心区，夯实三化协调科学发展的基础。河南从加快农业结构调整着手，以市场需求为导向，不断优化农业生产布局，通过加快土地流转、建立专业合作社等办法，不断提高农业的规模化经营水平和标准化生产能力；从完善农业基础设施着手，全面加强农田水利等农业基础设施建设，大力推广农机新技术、新机具，增强农业机械化作业能力，提升农业生产效率和水平，增强农业抵御自然灾害的能力。据分析，河南省夏粮之所以能够创造"十连增"的奇迹，确实与农业生产条件持续改善直接相关。

二、城乡统筹持续发展

作为欠发达的人口大省，河南省城镇化水平低、各地区城镇化发展不平衡，城乡矛盾突出；城镇体系发育不完善，中心城市首位度低；城市基础设施相对落后，城镇产业基础薄弱，就业人口和乡村人口向城镇转移的压力很大。面对城镇化存在的诸多问题，河南总结基层人民群众的大量实践经验，在全国率先提出了新型城镇化引领的三化协调科学发展的理念，把新型城镇化引领三化协调科学发展作为建设中原经济区、加快中原崛起河南振兴的关键性、全局性战略举措。

河南省结合自身实际提出，新型城镇化是探索建设以城乡统筹、城乡一体、产城互动、节约集约、生态宜居、和谐发展为基本特征的城镇化，是大中小城市、小城镇、新型农村社区协调发展、互促共进的城镇化，是更加注重粮食和农业、产城融合、集约节约、城乡统筹、民生改善的城镇化。河南省城镇化过程中强化规划引导，按照"向心布局、集群发展、两规衔接、五个层次"构建现代城镇体系，城镇规模体系日趋完善，初步形成以国家区域性中心城市郑州为核心、洛阳等地区性中心城市、县域中小城市、中心镇和新型农村社区各具特色、竞相发展的五级城镇体系框架。到2010年省域城镇体系规划编制完成，38个设市城市和86个县城总体规划全部修编完成，180个产业集聚区空间发展规划和控制性详细规划全部编制完成。

河南省坚持中心城市带动战略，优先发展区域性中心城市，充分发挥中原城市群辐射带动作用，继续稳步提升发展中等城市，积极发展壮大县城和特色乡镇，从优化城镇化空间布局、推进产业和人口集聚入手，加快发展复合型、紧凑型、生态型城市，最终形成层次分明、结构合理、功能互补、协调发展的现代城镇体系。

河南省中心城市发展空间不断拓展。中原经济区建设的一个重要任务是要加快建设郑州都市区，形成中原经济区核心增长极，使郑州真正成为全国区域性中心城市，实现增长速度、发展质量和综合效益居于全省和中西部地区前列的目标。郑州都市区坚持规划先行，建设中突出重点，有序推进，按照中心城市现代化、县域城镇社区化，编制空间布局规划。按照全域规划理念，明确"一主、三区、四组团、27个新市镇、458个新社区"的全区域空间布局，将规划延伸至乡、村，同步推进城市和农村现代化。"一主"是四环以内中心城区，"三区"是四环以外东部郑州新区、南部航空港新区，西部荥阳上街新区。"四组团"是登封、巩义、新密、新郑组团。围绕合理的城镇体系、合理的产业布局、合理的人口布局、合理的就业结构进行延伸和布局，以县城为核心，要布局3—4个新市镇。在县城、城市组团、新市镇镇区和产业集聚区、规划区以内和规划区周边3公里以内的村庄，实现拆村并城、拆村并镇。规划区3公里以外的地方，拆村并点规划新型社区。都市区规划基本明确了郑州作为国家区域性中心城市的未来发展前景，摆脱了过去传统的发展思路，是继郑东新区规划建设之后郑州市规划建设整体思路的全面提升与重大跨越。特别是郑州新区、包含郑州航空经济示范区、富士康手机基地在内的航空城等这种凸显新功能的城区规划与建设，对依托原有城市发展基础，改善区域性中心城市经济发展质量，具有重要的理论创新意义和实践价值。

继郑东新区规划建设获得成功之后，全省各市借鉴国内外成功经验，突破传统的"摊大饼"发展模式，在提升原有城区建设水平的同时，全面规划建设城市新区，拓展城市发展空间，获得突破性进展。先后有开封、洛阳、焦作、平顶山、新乡、许昌、南阳、鹤壁、安阳、漯河等获准建设复合型新区，扩大了城市发展的舞台，大幅度提升了中心城市发展实力。特别是每个城市新区更加重视产城融合与地域文化建设，规划建设了高质量绿地系统，研究探索和推广应用了大量节能低碳建筑技术，形成产业发展特色和规划建设特色。全面启动规划建设中心商务区和特色商业区，为新型城镇化注入了新的活力，有利于促进第三产业加快发展，有利于改善产业结构，促进经济发展方式转变。

河南省新型城镇化的另一个亮点是新型农村社区建设。把加快新型农村社区建设作为统筹城乡的突破口，通过新型农村社区建设，积极引导和推动农村人口向城镇转移，提升农村基础设施水平和公共服务能力，提高城乡居民收入和社会保障水平，让更多群众享受现代城市文明。新型农村社区逐步实现农村基础设施城镇化、生活服务社区化、生活方式市民化。2011年，河南省实施了中心镇和中心社区"百千"建设试点工程，启动了100个中心镇建设、1000个中心社区建设试点，并统筹安排5亿元财政专项引导资金推动新型农村社区建设。在推进新型农村社区建设试点过程中，各地积极探索，打造出如新乡模式、新密模式、舞钢模式、鹤壁模式等发展模式。新乡市通过城镇化与新农村建设的"双轮驱动"带动了农民增收，城乡收入差距远远低于全国平均水平。鹤壁市以产业集聚区建设推动新型农村社区建设，促使两万多农民实现了家门口就业。再如舞钢市，通过构建"一城四镇十七个中心社区"的城镇体系，实现了农民不出社区就能满足就学、就医、娱乐、购物等生活需求。新型农村社区建设通过合村并点、拆旧建新、节约、置换出大量土地，不仅能够确保建设用地占补平衡、耕地面积稳中有增，能够推进农业发展方式由家庭分散经营向规模化、现代化、集约化经营转变，从而提高单位土地面积产出水平，提升粮食综合生产能力，在保障国家粮食安全保障体系中发挥了更大作用。河南省委书记卢展工说，这是继家庭联产承包责任制之后农村发展的第二次革命，是继"离土离乡"城镇化、"离土不离乡"城镇化之后探索的"既不离土也不离乡"的第三条城镇化道路。随着城镇化速度的加快，人口以及各种生产要素逐步向城镇集中，产业主要向产业集聚区集聚，城镇经济持续快速增长对全省的经济贡献率不断提高，新型城镇化在三化协调中的引领作用日益显现。

三、产业转型持续提升

新型工业化是转变经济发展方式、提升产业竞争力、实现三化协调科学发展的主导力量。河南作为新兴工业大省，工业增加值连年位居全国第5位、中西部第1位。但是，河南工业大而不强、资源性产业比重高，产业层次低，处于产业链的末端、高新技术产业比重低，企业规模小、竞争力弱等问题突出。河南资源型重化工业产业比重达70%以上，有色、化工等6大高耗能行业实现增加值占全省工业增加值的41%。工业产品产量位居全国前列的主要是氧化铝、电解铝、钼精矿、甲醇、尿素、纯碱、尼龙66盐、原煤、水泥、玻璃等，多属原材料初级产品。全省38个行业大类中有32个行业集中度低于50%，规模以上企业数量不足江苏、浙江的1/3，每万人拥有中小企业数尚不及全国平均水平的一半。从产业结构看，2011年河南三大产业比例为12.9：58.2：28.9，第二产业比重比全国平均水平高17.2个百分点，第三产业发展比全国平均水平低14.4个百分点，第三产业比重不仅在中部地区六省排末位，在全国也排在末位。第二、第三产业发展水平低、吸纳就业能力弱也制约了城镇化水平的提高和

对农业的带动作用。2010 年，河南省第二、第三产业从业人口比重仅有
55.1%，低于全国平均水平 8.2 个百分点。从产业结构演进状况来看，河
南正处在工业化中前期向中后期加速推进的阶段，工业内部结构不断优
化，高加工度水平逐步提高。但河南离后工业化阶段还有一定距离，工业
在国民经济中还将继续处于主导地位。充分发挥新型工业化的主导作用，
既是河南的现实选择，也是三化协调科学发展的重中之重。

走新型工业化道路，确保河南工业经济持续健康发展，推动产业转型
升级是关键。近年来，河南省确立了促进工业创新发展、绿色发展、品牌
发展战略，选择战略基础产业、战略支撑产业和战略性新兴产业中的重点
行业，抓龙头企业带动，积极促进协作配套来促进产业体系建设。围绕
壮大高成长性产业、加快发展高技术产业，培育发展优势产业。2011 年，
汽车、电子信息、装备制造、食品、轻工、建材等六大高成长性产业比上
年增长 25.3%，对全省规模以上工业增长的贡献率为 69.6%，有力带动了
全省工业结构升级和经济效益增长。积极培育战略性新兴产业，加快建设
全国重要的先进制造业基地，做优做强先进装备制造、精品原材料、终高
端消费品三大板块。2011 年，全省高技术产业增长 53.3%，成为产业结
构调整中最为活跃的力量之一。

河南省坚持通过技术改造提升传统优势产业发展水平。在化工、有
色、钢铁、纺织服装四大传统优势产业，抓技改，抓信息化提升，实现传
统支柱产业的转型升级。加大传统支柱产业的技术改造，延长产业链条，
提高产品附加值。加强自主创新能力建设，围绕产业结构调整升级、节能
减排、环境保护等重点领域突破一批关键技术，提升核心竞争力。大力调
整工业内部结构、产品结构及其企业组织结构。2010 年，河南煤业化工
集团资产总额、营业收入双双突破 1400 亿元，跻身世界 500 强位列 446
位，标志着河南工业发展首次出现进入世界一流方阵的大型企业。2011
年，在全球经济发展下行压力较大的背景下，河南煤化集团发展业绩快速
增长，营业收入突破 1800 亿元，在世界 500 强排队中上升至 397 位，一
年向上跨越了 49 个位次，成为中国进入世界 500 强企业中发展最为耀眼
的明星企业之一。全省国内 500 强企业由 2005 年的 9 家增加到 2011 年的
15 家，龙头企业发展势头强劲，提升了河南工业企业的核心竞争力。在

保持总量增长和规模扩张的前提下，实现由重化工业为主向多元支柱产业协调发展转变，由低水平粗放经营向高效集约集聚转变，由高污染高能耗向绿色经济转变，由资源依赖型向创新驱动型转变，工业发展规模与发展效益实现双增长。

河南省坚持抓产业集聚区建设、产业集群发展和产业链延伸，提升工业发展的核心竞争力。目前，河南省已规划建设产业集聚区 180 个。其中，县域内的集聚区有 122 个，省辖市域内的集聚区有 58 个。2010 年年末，全省产业集聚区规模以上工业从业人员 153.89 万人，占全省规模以上工业企业从业人员的 33.6%。2011 年，180 个产业集聚区固定资产投资占全省固定资产投资的 41.7%，其中工业投资占全省工业投资的 56.2%。产业集聚区在发展中坚持产城互动，统筹城市功能区与产业集聚区建设，不仅提升了城市功能，增加了就业岗位，也有效促进了农村人口向城镇转移。河南省产业集聚区已经步入良好的发展轨道，正在成为全省经济持续快速发展的主要推动力量。产业集聚区产业集群发展、链式发展特征明显。河南省 180 个产业集聚区已成为河南省招商引资承接产业转移项目的主要承接地和产业结构调整的突破口。在承接沿海产业转移中，大力开展产业集群招商，把产业集聚区打造成调整结构、构建现代产业体系的主战场。通过国家和省级新型工业化产业示范基地创建等手段，引导产业集聚区集中打造主导产业，加快产业配套、完善产业链，培育特色鲜明、优势明显的产业集群。

洛阳市是河南最具代表性的老工业基地之一，但产业产品结构不够优，低附加值产品比重过大。为改变传统工业发展存在的弱点，洛阳坚持自主创新，大力推动工业技术升级。正在建设的洛阳市先进制造业集聚区，已入驻企业 344 家，规模以上企业 40 家。其中，已有中信重工机械有限责任公司、中国一拖集团有限责任公司、河南柴油机重工有限责任公司、中钢洛阳耐火材料有限公司等四大全国知名企业的基础上，又陆续有轴研科技精密型重型机械轴承产业化项目、中国一拖技术中心提升自主研发能力项目、中信重工大型冶金轴承产业化项目等一大批中高端项目入驻，明显提升了洛阳工业创新发展的能力。传统工业基地安阳市，瞄准工业转型发展方向，在新上项目中调整结构，在调整产品中调整结构，在谋划培育新兴产业中调整结构，努力实现又好又快发展。目前，安阳新能光伏、恒通地热、格林生物等一大批以生产新能源材料为主的骨干企业迅速发展，新能源谷已具雏形，"中国光伏产业示范基地"已经在当地落户。许昌市在新型工业化推进中，规划建设"一带、十区、二十个产业集群"，重点培育三大主导产业、四大特色产业和五大战略性新兴产业，突出抓好50户龙头企业、100户"小巨人"企业和20户高新技术企业，加快构建现代产业体系，形成大企业顶天立地、"小巨人"企业铺天盖地、高新技术企业抢占发展高地的良好态势。许昌坚持把自主创新作为调整产业结构的中心环节，着力构建以"政府主导、企业主体、人才支撑、项目抓手"为核心的自主创新体系，科技进步对经济增长的贡献率达到56%，已连续10年荣获全国科技进步先进市。注重在产业发展中扩大就业，大力发展民营经济，积极发展劳动密集型与技术密集型相结合的复合型产业，培育壮大现代物流、文化旅游、金融信息等现代服务业，全市新增劳动力就近就地转移就业比重达到56%，荣获全国创业先进城市，有力支撑了城镇化、带动了农业现代化。

河南积极探索"不以牺牲生态和环境为代价"的新型工业化发展之路，把生态文明理念注入到经济发展中，努力实现经济效益、生态效益双突破。全省积极开展循环经济试点，延伸产业链，推动循环经济发展。安阳市紧紧围绕"节约、循环、低碳、发展"的理念，建立符合当地实际的循环型经济体系。一是立足传统优势产业，大力发展循环型工业产业链：大力延伸采矿—炼铁—钢坯—板材、线材、铸管—精密铸造、装备制造的生产链条，实现原煤—洗煤—焦炭—煤气收集—煤气发电和焦油提炼—化工产品开发的煤化工价值链，推进矿石开采—熟料—水泥—预制板产品链条延伸；二是依靠农业资源，多种途径建设循环型农业产业链：打造粮食种植—畜禽养殖—畜产品精深加工—废弃物处理再利用生态循环链；打造畜禽养殖—粪便沼气—有机肥—无公害农产品生产链；以农作物秸秆综合利用为重点，形成农作物秸秆—综合利用生态循环链。2011年，河南省在经济总量突破2.7万亿元、经济社会保持平稳较快发展的情况下，全省化学需氧量、二氧化硫排放量比2010年分别削减3.08%和4.85%，经济发展与环境保护初步呈现相互促进的协调发展态势。

四、农业现代化水平不断提高

近年来，河南省农业综合生产能力稳步提高，农业经济结构进一步优化，农业科技创新能力和应用水平进一步提高，农民收入稳步增长，农业支撑保障能力增强。但整体来看，河南农业仍处在传统农业向现代农业转变中。立足农业所处的发展阶段特征，围绕保障国家粮食安全目标，抓住转变农业发展方式、破解农村劳动力转移矛盾，把"推进农业科技创新、持续增强农产品供给保障能力"作为农业农村工作的主题，着力完善农业基础设施，推进新型农业现代化进程。

《国务院关于支持河南省加快建设中原经济区的指导意见》明确指出，中原经济区是"国家重要的粮食生产和现代农业基地"。国家新增1000亿斤粮食生产能力规划，要求2020年河南省粮食生产能力稳定在1300亿斤，占全国粮食增产目标的近1/3，任务非常繁重。河南坚持抓好粮食生产，以政策支持、科技强农、高产创建等为重点，认真组织实施《河南粮食生产核心区建设规划》，实施高标准粮田"百千万"建设工程。加强农业基础设施建设，推进中低产田改造和高产田巩固提升，加快农村土地整理复垦，加快大中型灌区续建配套节水改造，完善农村小微型水利设施，大规模建设旱涝保收高标准农田。加强农田防护林体系建设，稳步提高农业防灾抗灾减灾能力。从落实强农惠农政策着手，稳定农业生产、安排两亿元资金对农民购买抗旱机具进行补贴，全省89.2亿元农资综合补贴和粮食直补资金全部兑现到户。加大对89个产粮大县的扶持和财政转移支付力度，进一步扩大农业保险试点范围，强化各级领导责任，抓好各项服务工作，有效地调动和提高了农民种粮积极性。2011年的河南秋粮播种面积达6700万亩，比上年增加55万亩，玉米播种面积比上年增加约108万亩，优质高产玉米、水稻良种覆盖率达到100%，全年粮食总产持续增长。2012年，在遭遇60年来最严重干旱的情况下，河南省夏粮总产达到破纪录的637.2亿斤，比上年增产10.9亿斤，夏粮总产在继续稳居全国第一的同时，还实现了从2003年至今的"十连增"。其中，小麦总产量为624.6亿斤，比上年增产8.2亿斤，增长1.3%，平均亩产为395.8公斤，比上年增长 0.5%。

　　河南省在推进新型农业现代化方面涌现出很多先进典型，如豫北温县，小麦单产连续多年位居全国领先水平。从 2008 年起，县乡两级财政每年都安排粮食高产创建专项资金，支持高产创建活动。建立新品种培育激励机制。对通过国家和省审定新品种的研发单位或个人，一次性奖励 10 万元。建立重大攻关田成果奖励机制，对超高产攻关田小麦亩产达 700 公斤以上，百亩示范片小麦达 650 公斤以上，万亩示范片小麦 600 公斤以

2012 年 6 月 5 日，卢展工沿途看到农民在田间收割，当即走入麦田，挥镰收割，称"找回了当年当知青的感觉"。

上的单位和个人分别奖励 5 万元、5 万元和 10 万元。超高产攻关田亩产在全国领先的奖 10 万元。奖励机制激励了农民种粮的积极性，也激励了科技人员科技创新的积极性，形成了推动粮食生产能力持续提升的基本动力。

　　耕地保护是国家基本国策，是国家发展的刚性要求，也是河南确保粮食安全的必备条件。河南省按照"以整治促建设，以建设促保护"的思路，坚持把农村土地整治作为稳定耕地面积、提高农田质量和生产能力、坚守耕地"红线"的重要手段，从而保证耕地数量不减少、质量有提升，粮食

产量稳中有升。据统计，在工业化、城镇化持续快速推进的同时，河南省年底常用耕地面积连续 13 年实现占补平衡，2008 年耕地面积为 7202.2 千公顷，比 1978 年的 7157.3 千公顷还略有增加，用铁的事实证明中央保护耕地的战略部署是完全正确的，而且也是可以实现的，为全国粮食主产区树立了保护耕地的榜样，也为发展中国家探索出工业化、城镇化过程中可以同步推进新型农业现代化的基本路子。

从全国来看，我国农业科技贡献率与发达国家仍有较大差距，中国农业科技整体水平与国外相差 10—20 年，科技在农业增产中的贡献份额仅39%，而欧洲一些国家在 70% 以上，美国高达 80%。发达国家的农业科技成果转化率在 60% 左右，而中国仅为 30%—40%。农业科技进步在河南新型农业现代化发展中支撑作用显著，特别是"十五"以来，河南省农业科研事业快速发展，实施科技支撑工程，加快种质资源创新利用和新品种选育，培育了一大批优良农作物新品种，高产创建技术集成实现了重要突破。河南省农业科研平台建设取得了较大进展，新建"杂交小麦""种子加工""农业节水"等 13 家省级工程技术研究中心。截至 2011 年河南在农业领域已建成"国家小麦工程技术研究中心"等国家级研发平台 5 个，工程技术研究中心 104 个，初步形成了结构合理、优势互补、辐射全省农业的科技创新网络体系。健全公益性农技推广体系，扎实推进基层农业技术推广体系改革与建设，万名科技人员包万村科技服务行动、高产创建活动、科技入户工程的实施，使全省农技推广取得了阶段性成效。加快了科技成果转化，提高粮食单产水平和土地产出率，加强农业现代物质装备，提高农业机械化水平，积极发展节水农业、循环农业。努力创建国家现代农业示范区。河南农业科技贡献率已达 52%，在国内处于前列，特别是在小麦、玉米、芝麻等品种与栽培技术研究方面位居全国前列。

河南高度重视完善现代农业产业体系，围绕发展高产、优质、高效、生态、安全农业，促进农业生产经营专业化、标准化、规模化、集约化。在稳定提高粮食综合生产能力的基础上，推进农业经济结构调整，大力发展果蔬化卉园艺业、畜牧业和农产品加工业，建设了一批特色农业产业基地，打造全国优质安全农产品核心产区。围绕提高农业组织化程度，大力发展农业产业化龙头企业，增强农副产品加工转化能力。积极发展农民专

焦作博爱农场

业合作组织，培育农业新型经营主体。2011 年年底，全省依法登记的农民专业合作社达 3.4 万家，入社农户达 226.49 万户。2012 年将力争推动农民专业合作社数量增长 20％以上，总数量将突破 4 万个。在农业现代组织方式转化进程中，也加快了农村土地流转，2011 年流转面积达 1982 万亩，占家庭承包面积的 20.6％，合作社服务体系正在更为广泛地覆盖农业生产各个环节。完善农产品流通体系，支持重点农产品综合批发市场、大宗农产品物流、鲜活农产品冷链物流设施建设，提高了农业组织化程度。

第二节　河南省三化协调发展存在的突出问题

河南省有 1 亿人口，生活在 16.7 万平方公里的土地上，人口密度是全国的 4.3 倍，人地关系矛盾突出，人均资源占有量较低。河南省农耕历史悠久，耕地面积 1.2 亿亩，占土地总面积的 48.8％，耕地面积占土地面积比例是全国最高的省份之一，但人均耕地仅有 1.2 亩，大致相当于全国平均水平的 80%，相当于世界人均耕地的 34%。河南是我国北方地区严重缺水省份之一。我国人均占有水资源量不到世界平均水平的 28%，而河南全省多年平均水资源总量 413.4 亿立方米，仅占全国水资源总量的 1.4%，人均水资源占用量和亩均水资源量分别是全国的 1/5 和 1/4。人均煤炭、石油等战略性资源占有量仅为全国平均水平的 1/4。河南省三化协调科学发展面临资源环境制约，还存在一些突出问题。

一、工业发展转型任务繁重

河南经济总量快速增长，但产业结构层次依然比较低，全省各地产业同构化现象严重，在全国性基本工业品供求过剩、国民内需结构全面升级的条件下，全省工业发展亟待转型升级，亟待提高科技含量，亟待提高发展效益，亟待为满足居民内需提供支持和支撑。

目前，河南工业主导产业以资源开发与加工为主，产品附加值比较低。河南采掘业、资源加工业和农产品初级加工业占规模以上工业增加值的比重达 70%；河南在全国产量排名靠前的工业产品主要是煤、铝、纱、水泥等初级产品。工业企业规模小，产业集中度不高。全省增加值排名前 10 位的行业中，只有煤炭和黑色金属冶炼两个行业的集中度较高，其余行业的集中度都低于 40%，尤其是纺织业和非金属矿物业还不到 10%。产业结构效益差，经济增长的环境代价比较大。全省第二、第三产业吸纳劳动力的能力不足，使就业结构偏离产业结构的问题比较突出。全省工业"粗、低、重、耗"产品过多，且大多处在产业链的前端、价值链的末端，造成了环境资源利用效率偏低。据统计，河南省工业增加值居全国第 5 位，但二氧化碳排放量却居全国第 2 位；河南省建设用地占用面积是广东的近两倍，但创造的 GDP 却仅为广东的 1/2，经济效益仅仅是广东的 1/3，传统产业结构升级迫在眉睫。

河南省由于工业结构明显偏重，重污染和高耗能产业比重较大，导致污染排放强度大，环境承载力下降。目前，全省河流水系污染严重，水环境基本已无容量，部分城市大气环境容量不足，局部已超出环境容纳能力，难以接纳新的污染负荷。

由于地处内陆，改革开放以来引进外资、引进先进技术与装备、引进管理经验等方面不足，导致高新技术产业发展没有形成多大规模。2010年以前河南省一直仅有郑州、洛阳两家国家级高新技术产业开发区，但整体实力和国内先进高新区相比有一定差距，对全省高新技术产业引领带动作用不显著。2010年以来，南阳、安阳、新乡三家进入国家级高新技术产业开发区序列，但其高新技术产业发展规模都不大。河南省高新技术产业发展规模偏小，直接影响了当地工业结构升级，也直接影响着工业发展效益的提升。

二、城镇化严重滞后

按照国际通行标准，河南人均GDP突破4000美元，已进入工业化城镇化加速推进时期，但由于全省城镇化发展不足，直接制约三化协调科学发展。2011年，河南省工业化率为57.8%，城镇化率仅40.57%，城镇化滞后工业化、两者之间明显不协调。另外，河南省城镇化水平与全国城镇化平均水平的51.3%相比低了10.7个百分点，城镇化水平仅仅高于甘肃、云南、贵州、西藏等西部边沿省份，居全国倒数第5位，与辽宁、浙江、江苏等沿海省份相差20个百分点以上。城镇化水平低，已经成为制约河南省经济社会发展最为突出的问题之一。

河南省中心城市规模小，带动辐射能力不强，没有形成区域经济发展的核心辐射源，区域经济整体上发展活力不足，导致资金不足，是制约城镇化进程的主要原因之一。据有关方面研究，近年来城镇人口每增加一个，至少需要10万元的城镇固定资产投资，包括城镇基础设施、公共服务设施和房地产开发等。按此计算，2015年河南实现48%的城镇化目标，每年需要1700亿元的城市建设投资，如果再加上教育、医疗、社保等方面的投入，需要的资金更是惊人。河南经济发展水平不高，总体来讲仍是欠发达地区，2011年，河南人均GDP仅为2.7万元，全国排名第20位；地方财政一般预算收入1722亿元，排全国第9位；人均财政收入1641元，居全国倒数第3位。与推进城镇化需要的巨大资金量相比，地方财力明显不足。另外，地区经济发展的不平衡带来了全省城镇化推进速度和质量的差异。豫西、豫北等经济发展水平较好的地区，财力较为充裕，有能力投资基础设施和公共服务设施，带动社会资金进入城镇化领域；黄淮地区驻马店、信阳、周口、商丘等市发展基础薄弱，城镇化水平和发展速度远远落后于其他地区，而这一地区正是城镇化推进需要提速和提质的重点地区，需要大量公共建设资金，没有资金的保障城镇化就难以推进。因此，资金问题是制约城镇化进程加快发展的重要因素。

人口数量特别大，城镇化难度大也是河南面临的难题之一。河南作为全国第一人口大省，拥有1亿人口，城镇化率每提高一个百分点，就需要转移100万农村人口。按照河南"十二五"规划，2015年河南城镇化率达到48%左右，以此测算，每年全省城镇化率要增长1.7个百分点，即每年要新增加170万城镇人口，五年累计需要增加850万城镇人口。河南省农村人口文化素质普遍不高，劳动年龄人口中初中及其以下学历的人群占大多数，接受过职业技术培训或教育的农村劳动力较少，技术素质偏低，人口转移困难。解决好"人往哪里去"，对于河南来说是个巨大的挑战，也是城镇化进程中最大的制约因素。另外，目前河南进入工业化中期的资本密度提高阶段，资本替代劳动的趋势日益显现；同时，由于服务业发展滞后，能够容纳的就业有限。2010年，河南第二、第三产业劳动力就业比重为55.1%，低于全国平均水平8.2个百分点，导致河南本省农民工不能在本省就业，人口被迫向省外转移。如何创造更多的就业机会，扩大就业空间，实现农村人口顺利转移，特别是低成本转移，是城镇化进程中面临的一大挑战。

城镇化的迅速推进使人们的生活水平得到了极大的改善和提高，但是也给自然环境带来了前所未有的压力。由于城镇的工业生产、交通运输、日常生活所消耗自然资源以及排放废弃物的数量迅速增加，已经超过了自然环境的承载能力，带来了一系列的环境污染问题，垃圾等废弃物、城市热岛效应、水污染、噪声污染、空气污染、土壤污染等不断增加。由于河南经济发展方式粗放，人口密度大，环境承载力下降，全省18个省辖市空气质量等级仅为良，郑州等部分城市的夏季最高气温屡创新高。随着工业化水平的不断提高和可利用资源的相对减少，城镇发展和生态环境容量之间的矛盾越来越尖锐。在全球性气候变化导致的环境危机大背景下，由城镇化发展进程而导致的热岛效应逐渐受到人类的重视，人们要求节能减排的迫切性日益强烈，这与河南处于工业化和城市化加速进程之中经济发展需要一定的热排放之间存在着巨大的矛盾。

传统的城镇发展方式和管理方式也受到挑战。河南城镇建设与发展在取得巨大成就的同时，城镇经济发展、规划建设、生态环境、城镇管理、社会发展等方面也暴露出了发展方式粗放等问题。如何创新城镇化发展理念，转变城镇化方式，有效推动城镇化进程，在河南省经济社会发展，特别是三化协调科学发展中显得尤为急迫。

三、"三农"问题压力特别大

传统的经济增长方式造成了河南省工业化整体竞争力不强，产业关联弱，资源环境约束依然严重等；城镇化发展严重滞后，与工业化发展不协调，尚不能充分发挥城镇化的拉动效应，已经制约了工业化的发展，也影响了农业现代化水平的提高。"三农"问题突出，农村剩余劳动力多，整体素质不高，农业生产方式比较粗放，产业化发展滞后等，这些问题又反过来制约了工业化的发展和城镇化进程，形成对比明显的城乡二元结构。

"三农"问题的核心是农民问题，而农民问题的关键是收入增长问题。河南省由于人口基数大，城镇化水平低，目前，农民总数达 6000 万人，比世界上很多国家的人口总数还要多。要利用非常有限的农业、农村资源使这么大的群体发展和致富，难度之大全球罕见。近些年，尽管国家和河南省都持续采取了一系列的措施，支持、鼓励、帮助农业发展、农民增收、农村建设，但是农民是最大的弱势群体的基本状况还没有彻底改变。2011 年河南省农村居民人均纯收入 6604.03 元，扣除价格因素，比上年实际增长 12.7%；农村居民人均生活消费支出 4319.95 元，实际增长10.6%。城镇居民人均可支配收入 18194.80 元，实际增长 8.4%；城镇居民人均消费支出 12336.47 元，实际增长 8.2%。虽然农村居民收入和支出增长速度在加快，但是城镇居民收入与支出分别是农民的 2.76 倍和 2.86倍，农民收入过低仍然是最主要的问题。如果与全国相比，2011 年全国农村居民人均纯收入 6977 元，比上年增长 17.9%，扣除价格因素，实际增长 11.4%；农村居民人均纯收入为 6194 元，增长 19.1%，河南省的发展差距更加明显，收入增长速度比全国平均水平低得多。

另外，河南省农业也存在发展方式粗放问题，农业资源利用效率较低，主要灌区渠系利用系数只有 0.4—0.6，与发达国家 0.8 相差甚远；农业生产化肥利用效率仅 35%，并且施药量超过农药标准推荐量的现象普遍存在。农田、农业废弃物污染现象普遍比较严重，部分地区农业生态环境失衡。经济社会快速发展带来的巨大环境要素需求与环境容量不足的矛盾，已经成为地方经济社会发展的瓶颈制约之一。

从我们深入基层调查研究获得的信息分析，仅仅依靠现有的农业资源，在人口稠密的河南省想让 6000 万农民发展致富，难度非常大。如何在政策层面有所突破，调动全社会的资源向"三农"倾斜，可能是破解"三农"问题应该寻求的途径之一。

四、三化协调难度较大

从区域发展理论与实践的角度分析，工业化是区域发展的主要动力，对区域资本积累发挥重大作用，推进工业化是区域经济发展必须完成的过程。但是，工业化过程中，占用土地资源是必不可少的成本，环境污染是与之相伴的"副产品"之一。城镇化是区域发展中老百姓最为期盼的历史过程，只有顺利完成城镇化的重任，大部分老百姓才能够享受现代化带来的公共基础设施和公共服务，彻底改善千百年来因为分散居住导致的生活质量较低的状况，也只有集中进入城镇以后，因为集聚导致的规模经济，才有利于提高普通居民的收入水平。然而，城镇化需要大量资金，城镇化也需要大量建设用地，城镇化的高成本使城镇化过程往往要通过长达几十年甚至更长的过程来逐步完成。河南省历来是国家的粮仓，在未来国家粮食增产中担负近 1/3 的特殊重任，在保障国家粮食安全方面担负十分重要的职责，既要保障国家粮食安全，又要考虑当地老百姓的发展与致富，相互之间确实矛盾重重，而且河南省人均耕地非常有限，耕地资源的宝贵程度全球少见。在这样的情况下，工业化、城镇化与农业现代化之间如何协调？协调的空间在哪里？涉及的利益关系如何处置？需要各展其能，大胆探索，深入实践，逐步破解。

伴随国务院颁布的《全国主体功能区规划》的深入实施，河南省粮食主产区的地位不仅不会削弱，而且还会进一步强化。在工业化、城镇化快速推进过程中，必须保证低收益的粮食和农业的稳定持续发展，这是国家的利益，是国民经济的基础，也是着眼全国大局的需要。要完成这一历史性任务，除了国家支农惠农政策的支持外，必须探索一条适合河南省农业人口众多、劳动力转移压力大的新型城镇化路径来实现。同时，还应该看到，我国城乡分割，时间跨度长，城乡差异大，涉及人口政策、财税政策、土地政策等方方面面，很难一时全部解决。尽管为了推进城乡之间的协调发展，国家已经作出了几十年的努力，但是一直到目前为止，城乡之间的差距仍然呈现扩大的趋势，城乡之间分割的局面仍然没有得到根本扭转。推进城乡协调发展是一个长期的艰巨任务，需要逐步推进，逐步探索，逐步深入，逐步破解。要统筹考虑制约城乡协调发展的种种因素，重点解决其中的关键问题。坚决贯彻落实科学发展观，以人为本，深化改革，使城乡居民都能均等获得政府基本公共服务和基本社会保障的机会。促进更多的农民市民化，改变目前农村劳动力"转而不离"的局面，并以此为方向走出一条以城镇化带动产业聚集和经济转型、以产业聚集带动人口转移、以人口转移促进农业现代化的三化互动互促协同发展的道路。这就是河南持续探索的不以牺牲农业和粮食、生态和环境为代价的，以新型城镇化为引领、以新型工业化为主导、以新型农业现代化为基础的三化协调科学发展的路子。

第三节　河南省三化协调发展实践探索的必要性

《国务院关于支持河南省加快建设中原经济区的指导意见》中，把持续探索不以牺牲农业和粮食、生态和环境为代价的三化协调科学发展的路子作为中原经济区建设的核心任务。河南省践行科学发展观，探索三化协调科学发展之路，是以科学发展观为指导，以新型城镇化为引领、新型工业化为主导、新型农业现代化为基础，以统筹城乡、一体化发展为目标，以体制机制创新为突破口，出发点和落脚点都是促进经济社会发展和民生改善。促进三化协调科学发展，是我国现代化进程中的重大战略问题。没有现成的经验可资借鉴，只有大胆实践，大胆探索，大胆创新，才能够积累经验，有所突破，最终克服各种困难，完成这项历史性任务。

一、河南三化协调科学发展是服务国家大局的需要

从工业化进程看，2011年河南省人均国内生产总值约为4300美元，工业增加值比重为52.8%，仍处于工业化中期阶段。据对147个国家和地区截面数据的研究表明：随着人均收入水平的不断提高，工业增加值比重大体呈现出"倒U型"变化。当人均GNI（国民总收入）在5000美元以下时，工业化加快推进，工业增加值比重不断提升；当人均GNI处于5000—10000美元时，工业增加值比重大体保持稳定，工业化着重提升质量；当人均GNI超过10000美元时，进入后工业化时期，工业增加值比重趋于下降。就河南省而言，当前正处于工业化加速推进时期。

从城镇化进程看，2011年河南省城镇化率为40.57%，比全国平均水平低10.7个百分点，城镇化进程严重滞后。国际经验表明：城镇化率在30%—70%的区间是城镇化快速推进的时期，其中50%是一个重要的转折点，即30%—50%的区间为加速推进时期，而50%—70%为减速推进时期。河南省目前仍处于城镇化加速推进的区间。这表明在今后一段时期内，以河南为主体的中原经济区将处于工业化和城镇化同时加速推进的"双加速"时期。尤其是城镇化推进的速度预计会更快。

在这种"双加速"时期，工业化和城镇化的快速推进，很容易与农业和粮食、生态和环境产生冲突，而造成工业化、城镇化与农业现代化不协调的局面。沿海珠三角、长三角等地区的经验教训值得深刻反思和总结。这些地区过去也曾经是我国重要的粮食主产区，自改革开放以来，工业化和城镇化的快速推进不断吞食着大片农田，耕地面积大幅度减少，粮食生产呈现萎缩状态，农业现代化没有得到应有的重视。从1978—2010年，浙江和广东的粮食播种面积分别下降了63.3%和50.1%，粮食产量则分别下降了47.5%和12.8%。目前，广东、浙江等地已由过去的粮食主产区转

变为粮食主销区，而把保障国家粮食安全的重任转移到了中西部地区。中原经济区是我国重要的粮食主产区，在保障国家粮食安全中具有重要作用。应该认真吸取珠三角和长三角的经验教训，在加快推进新型工业化和新型城镇化的进程中，同步推进新型农业现代化的进程，积极探索不以牺牲农业和粮食、生态和环境为代价的三化协调科学发展新路子。

建立粮食稳定增产长效机制，为确保国家粮食安全作出更大贡献，是建设中原经济区的战略定位之一。因此，在河南三化协调探索中，必须始终坚持探索协同发展的具体途径：一是探索农业增产与农民增收相协同的途径。只有农业增产与农民增收有效衔接，才能充分调动种粮者种粮的积极性，使粮食生产建立在坚实的基础之上。二是推动工业化城镇化与保护耕地"红线"相协同的途径。一方面改变过去粗放工业化城镇化对土地特别是耕地的占用；另一方面，通过各种措施增加耕地供给，面向全社会盘活土地资源。三是城市繁荣与农村进步相协同的途径。从制度安排着手，改善城市与农村的关系，实现城镇与农村共同发展，共同进步。河南三化协调科学发展实践探索表明，农业人口稠密地区三化协调科学发展的核心必须解决"三农"问题，但不能就"三农"说"三农"，不能把眼光局限在农业领域和农村区域，而必须从城乡互通互融的整体和经济社会发展的全局上来思考和把握统筹城乡发展的路径选择，既要支持农业、关注农村、帮助农民，更要以科学的理念和广阔的视野，立足于通过土地流转、转移劳动力、新型农村社区建设、启动内需来改善和理顺城乡关系，促进城乡统筹发展、协调发展。

从河南各地已经进行的初步探索看，今后还要进一步探索建立完善"三个长效机制"。一是粮食持续增产的长效机制。在中原经济区建设中，可以通过建立粮食生产核心区，设立基本农田保护基金和粮食生产专项基金，加大对农田水利建设的投资，建立对粮食生产的科技扶持，对农业机械、良种培育、农药化肥生产的税收优惠，建立粮食调入地对调出地的利益补偿机制等，促进粮食持续增产。二是工业和城镇反哺农业和农村的长效机制。农业农村不仅具有可以用市场价值衡量的显性价值，更有诸多对环境和人类社会影响巨大的隐性价值。要坚持工业反哺农业、城市支持农村，加快健全"三农"投入稳定增长机制，推动人才流、物资流、资金流等各种资源要素更多地向农村配置。三是"三化"联手联动深度融合的长效机制。要用工业化推动城镇化，用城镇化带动农业现代化，用农业现代化有效解决工业化和城镇化进程中的一系列问题，通过三化联手联动、深度融合、互动发展来保持速度、体现特色、提高质量、增强实效，走出一条具有河南特色的新型工业化、新型城镇化与新型农业现代化深度融合、互动发展的新路子。

城市化过程中应尽量规避城市化所引发的城市与乡村的社会阻隔。城市化过程既要考虑全省农村人口众多、耕地极为稀缺的现实，也要考虑农民对城市文明的追求和心理承受能力以及农村人口的迁移成本。城市化过程和资金投入不可以忽略农村的发展和农村生态环境保护，也不应该以牺牲社会公平、牺牲农业为代价推进城市化。经济社会发展应建立在城市与农村居民社会认同、社会信任和共同发展的基础上。市场机制条件下，城市的集聚效应和经济启动效应，必然会吸引市场和政府的要素配置集中流向城市，带来对农村经费投入减少甚至缺失。近几年，我国城市化步伐不断加快，但城市的边缘地带和广大的农村明显地凋敝，城市化后面是乡村的凋敝，农村很多地方很少看到年轻人，有些村庄成了空壳村，道路水利等基础设施破坏失修，农业基本上成为一个无利可图的产业，农业认同的缺失、信任纽带的断裂都会加剧社会的不公平，就会加剧农村和城市贫困人口的社会排斥和边缘化。

河南省三化协调科学发展符合国家战略要求和河南的省情，对于保障国家粮食安全、破除城乡二元结构、促进中部崛起和区域协调发展具有重要的战略意义。河南持续探索不以牺牲农业和粮食、生态和环境为代价的新型城镇化、新型工业化、新型农业现代化三化协调科学发展的路子，成为推进中原经济区建设越来越清晰的发展路子。

二、以新型城镇化为引领是时代发展的需要

根据大量的实践经验，河南省在全国率先提出以新型城镇化引领三化协调科学发展的道路，是破解发展难题的现实选择。河南省第九次党代会和第十一届人大五次会议提出：走新型城镇化道路，必须增加新型农村社

区建设这一战略基点，将传统的四级城镇化体系创新为五级体系——大、中、小城市、小城镇和新型农村社区协调发展、互促共进。将新型农村社区纳入现代城镇体系，作为战略基点在全国具有时代创新意义。

改革开放以来我国加速推进工业化、城镇化，是廉价的土地、廉价的劳动力和工农产品剪刀差支撑了中国改革开放 30 年的高速城镇化、高速工业化，生产方式形成了高投入、高污染、高消耗，形成了"物"的城镇化，而"人"的城镇化很低。传统城镇化、工业化发展模式难以为继，也造成农村的内生动力不足，农业农村发展难以为继。同时全国两亿多人口的农民工在大城市无法安家、无法落户，还带来了城市的环境治安问题和农村家庭的社会问题，特别是第二代农民工、第三代农民工落户难、也回不去，成为我们必须面对而且必须设法给予解决的问题。

河南人口众多，城镇化水平低，有大量农业劳动力要转移，必须探索走人口转移性与结构转换性相结合的城镇化道路，在有序引导人口向城镇转移的同时，更侧重于城乡结构的转换，包括农民就业结构的转换、消费结构的转换、文化结构的转换、居住环境结构的转换、社会治理结构的转换、公民权益结构的转换。河南省提出建设新型农村社区是新型城镇化的切入点，迁村并镇、迁村并（社）区，最终走向城市社区的管理模式，是符合基层需要的大胆创新，是城乡统筹的城镇化，是城乡一体的城镇化，是包括农村在内的城镇化，是破解城乡二元结构的城镇化，是着力实现更均等更公平社会公共服务的城镇化。

新型城镇化的实质之一是国土资源利用的再调整，土地的调整必然带动产业布局、产业形势的再调整，带动集聚、集群、集约、内涵式发展为主要特征的，新型工业化、新型农业现代化的发展。新型城镇化为新型工业化、新型农业现代化提供重要支撑、保障和服务，体现在能够扩大内需、增加投资，有效支撑经济社会发展。最大的内需潜力在新型城镇化、最大的内需市场在农村。坚持新型城镇化引领、推进新型农村社区建设，既能够促进农村扩大投资、增加消费，又能够促进农村公共服务水平提升，成为经济社会发展一个新的重要增长点。只有以新型城镇化为引领，坚持城乡统筹、城乡一体，才能持续优化人口产业布局，统筹解决粮食安全、耕地保护以及农民所需要的工业化和农业现代化。河南新型城镇化走出了一条不同于沿海发达地区，符合国情、省情的科学化新路子。

河南省三化协调科学发展在土地、资源等方面仍存在诸多制约，要破解此类难题，必须通过机制创新，发挥市场机制配置资源的基础性作用，正确引导生产要素合理流动和优化配置，进而激发三化协调科学发展的内生动力。

河南省三化协调科学发展实践始终坚持以深化改革为基本动力推动城乡统筹发展。以新型城镇化为引领，以产业集聚区和新型农村社区建设为载体重点突破，通过对资源的空间重整，激活城乡要素，突破了城乡二元结构的旧格局。围绕"四集一转"产业聚集区和新型农村社区，以初步建立城乡一体的经济社会发展管理体制和运行机制为目标，建立和完善城乡基本统一的社会保障制度、新型户籍管理制度、农村土地管理和使用制度、公共财政城乡合理分配制度，落实了一系列举措，统筹城乡发展迈出了坚实的步伐。统筹城乡发展不是简单地增加对农村和农业的投入，而是要着眼于通过深化体制改革，着力打破城乡分割的二元结构，在新型城乡关系的框架下构建合理配置全社会资源的体制和机制。全省各地加大三化协调科学发展先行先试力度，重点探索统筹城乡的土地利用制度，开展城乡之间、地区之间人地挂钩政策试点，实行城镇建设用地增加规模与吸纳农村人口进入城市定居规模挂钩、城市化地区建设用地增加规模与吸纳外来人口进入城市定居规模挂钩，有效破解三化协调科学发展用地矛盾。重点探索建立符合区域主体功能定位的财政政策导向机制，加大对产粮大县（市）转移支付力度；不断深化投融资体制改革，加快发展完善资本、产权、技术、土地和劳动力等要素市场，推进资源性产品价格改革，提高资源税税率。三化协调科学发展要促进产业互动，促进三次产业之间互动。第一、第二、第三产业并不是截然分开的，而是有着内在的联系。河南省早在20世纪90年代就提出农业"长入"工业，实现工业农业两篇文章联手做，有效地带动了农业的发展。第三产业的发展，也要以第一、第二产业的发展为基础。促进城乡互动，要通过转移支付、税收优惠等措施，弥补市场调节的缺陷，从制度层面加大对农村的支持力度。这是时代发展的需要，是我们建立健全城乡统筹发展制度的需要，是我们完善社会主义市场经济体制机制的需要。因此，河南的探索，是中国特色社会主义理论在中原大地的最新实践、最鲜活的样本、最具代表性的试验，对全国破解三化协调科学发展体制机制都具有典型示范意义。

三、以产业集聚区为载体是新型工业化发展的需要

不以牺牲生态和环境为代价的新型工业化、新型城镇化道路是破解河南资源环境制约的现实需求。河南人地矛盾突出，人均资源占有量较低，要求河南必须坚持节约集约的理念，实施内涵式发展。河南省新型城镇化进程中，坚持了节约集约发展。一是统筹推进土地利用、城乡建设和产业集聚区三个规划的协调衔接。河南省政府明确规定，三个规划在空间上要实现精准重叠，合理配置建设用地指标。二是拓宽中心城市组团式发展、中小城市内涵式发展、新型农村社区集聚式发展的思路。中心城市组团式发展的重点，是通过发展城市组团，构建城市群，共同带动区域发展，形成新的经济增长板块。中小城市内涵式发展的重点，是转变城市粗放发展方式，避免盲目扩张，建设紧凑城市、促进城市发展速度和发展质量的统一。郑州市政府将交通道路建设、生态廊道建设、新型农村社区建设、城市组团起步区建设、中心城区功能提升和产业集聚区建设等六项工作作为切入点，统筹推进"两核六城十组团"的建设，形成了科学发展新局面。

河南省以产业集聚区为载体，加强基础设施、公共服务平台建设，促进企业集中布局、产业集群发展、资源集约利用、功能集合构建、人口有序转移，充分发挥产业集聚区在构建现代产业体系、现代城镇体系和自主创新体系中的载体作用。培育和引进龙头型、基地型企业，促进同类企业、关联企业和配套企业集聚，形成一批特色鲜明的产业集群。依托中心城市和县城，促进第二、第三产业高度集聚，强化产业分工协作，建设沿陇海产业带、沿京广产业带，形成以产兴城、依城促产的协调发展新格局。产业集聚区有助于产业、人口、生产要素集中度明显提高，有助于构建生态高效的现代城镇体系和现代产业体系，有助于形成以产带城、依城促产的良性互动局面。

产业集聚区建设是破解资源约束、实现集约发展和要素聚集的有效平台。河南产业集聚区按照"产城一体"的发展要求，统筹规划居住和商业

组团布局，强化基础设施和公共服务设施配套，通过建立、完善联席会议、定期督导、考核评比等长效工作机制，大力实施建设投资倍增计划和大招商计划，积极推进基础设施建设，加快了产业集聚区发展。积极推进产业集聚区建设投融资平台、中小企业担保平台、土地整理和开发平台建设，多渠道、多模式地筹措集聚区发展所需资源，以硬件要素保障产业集聚区充分发挥三化协调科学发展中的载体作用。产业聚集区也有利于同步推进三化与资源环境保护相协同。通过建立以清洁生产和资源节约为目标的新型产业结构和发展紧凑型城市，把工业化、城镇化逐渐纳入节约资源、环境保护的轨道。2011年，全省产业集聚区完成投资突破7000亿元，占全省固定资产投资的比重达到41.3%，产业集聚区已成为河南经济转型升级的突破口、招商引资的主平台、农民转移就业的主渠道、改革创新的示范区和县域经济的重要增长极，是新型工业化的标志。

通过重点发挥产业集聚区平台载体作用，促进人口、要素和产业集聚，构建现代产业体系，实现节能减排目标，促进集约发展，为促进产城融合、推动城乡协调发展奠定坚实基础。通过建设产业集聚区，实现产业与城镇的结合，是实现产城互动的有益探索，使新型工业化有了具体的发展平台，值得认真总结和推广。

刚下线的东方红

四、新型农村社区建设是城乡统筹发展的需要

以人为本，不仅是科学发展观的核心，也是三化协调科学发展的重要内容和基本原则。河南省在三化协调科学发展的实践和探索中，无论是城市建设、产业集聚区建设，还是新型农村社区建设，都坚持在不损害人民群众利益的基础上，为人民群众谋取更多福利，通过解决居民就业、社会保障、土地流转、公共服务均等化等现实问题，让城乡居民共享经济社会发展成果；进一步完善和实施扩大就业、义务教育、住房和社会保障、土地流转等政策，切实维护进城农民的合法权益，有序推进农民进城落户。此外，产业集聚区和新型农村社区建设，促使农民实现了就地转移、就地城镇化，过上了既"安居"又"乐业"的理想生活，成为直接受益者。

河南省农业人口众多，农村就业人数比例过大（比全国平均水平高约21%），城镇化水平低、城乡差距大。河南省城乡居民收入绝对差距已由2000年的2780元扩大到2011年的11590元，城乡居民收入比由2.4∶1扩大到2.76∶1。要想富裕农民，就得减少农民。只有将大批农村剩余劳动力转移出去，才能实现农业生产的规模化、机械化、产业化、集约化，才能提高农民收入，使农民尽快富起来。引导河南省农村剩余劳动力合理有序流动，加快农村剩余劳动力向非农产业转移是河南省三化协调科学发展的现实要求。河南省把新型农村社区建设作为转移劳动力撬动土地流转整合的切入点，通过整合村庄、土地、人口、产业等区域空间资源要素，实现土地集约利用、产业集聚发展、人口集中居住、功能集合构建，增强新型农村社区综合服务功能。大力推动城镇基础设施和公共服务体系向农村延伸，积极探索以工促农、以城带乡、城乡统筹发展的新路径，取得了良好成效。

河南省一些地区通过建设新型农村社区，实现了"离土不离乡，就业不离家，进厂不进城，就地城镇化"，打破了过去把人口集中到城市的单一城镇化模式，使城乡结构、产业结构、就业结构、人口分布结构更趋合理，探索了一条人口稠密、农业人口比重大地区实现城镇化的新途径。同时也促进资金、技术、人才、信息等要素在城乡之间科学配置、合理流

动，实现城乡协调发展、相互促进、共同繁荣。

河南省把新型农村社区作为推进城乡基础设施一体化和公共服务均等化的载体，推动公共设施向农村延伸，公共服务向农村覆盖。河南省对社区配套建设初步提出"五通六有两集中"的标准："五通"，即通四级公路、自来水、电、有线电视、宽带；"六有"，即有社区综合服务中心、标准化卫生室、连锁超市、文化活动室、科技文化活动中心、幼儿园（5000人以上的配建小学）；"两集中"，即垃圾集中收集、污水集中处理。河南省整合多方资源集中投向农村，涉农部门资金集中"打捆"投向新型农村社区，财政"以奖代补"带动社会投资 11.6 亿元。河南省将新型农村社区建设纳入省重点项目管理，省财政厅主动谋划，引导项目资金集中投放；农业银行率先行动，在河南省推出"农村民居建设贷款"，已发放贷款 2.69亿元；建设银行倾力支持，批准河南省率先开展新型农村社区建设信贷业务创新试点，还在国有大型商业银行中第一个投资河南省建设村镇银行。2011 年，全省新型农村社区建设完成投资 650 亿元以上，2012 年预计超过 1000 亿元，这在全省投资建设历史上是空前的，是全社会资源向农村、农业、农民倾斜的标志，是城乡统筹发展的转机，是城乡一体化发展的具体行动，是河南省新型农业现代化的最新之处。

新乡市从 2008 年开始全面探索建设新型农村社区，2010 年被确立为河南省统筹城乡发展试验区，2011 年又被确立为全国农村改革试验区。2012 年以来，新乡市又制定了《推进全国农村改革试验区工作的 13 个实施细则》，为入住社区的 2.8 万户居民办理城镇户口，让农民享受城镇居民在就业、教育等方面的同等待遇。目前，新乡市已累计启动建设 352 个新型农村社区建设，投入资金 257 亿元，入住农户 11.7 万户，复垦土地 2.8 万亩。按照 1：1.05 补充耕地，不仅占补平衡，还能适当增加耕地。部分土地通过参股、租赁等方式用于农民在县域内发展第二、第三产业，不仅改变了农民的生产和生活方式，而且提高了农民的收入水平。

义马市 2011 年综合经济实力跃居全省第 1，也成为河南第 1 个"无村市"，在城乡一体化发展上走在了全省前列。在推进公共服务均等化方面，义马市将城乡居民户口全部统一为城市居民户口，在全省率先实行城乡义务教育阶段全免费；在社会保障方面，全市城乡低保实现并轨并提高至每人每月 230 元，社保和医保实行"双轨"制，即涉农居民可以自由选择城市或农村标准。济源市出台新规定，允许进城落户农民在一定期限内，依法依规继续保留原有土地承包经营权、宅基地及农房收益权、集体资产收益权，确保进城落户农民已有的惠农政策持续有效，建立完善农民自愿退出宅基地、土地承包经营权的经济补偿机制，让更多的农民带着产权、资本、资金到城镇落户。河南省逐步探索扩大农民财产性收入，让他们由"无产者"变成"有产者"。信阳市已全面实行林、水、地、宅、房"五权"确权，使农民"资产变资本"，仅平桥一个区就抵押贷款 1.16 亿元。2012 年年底，全省农村集体土地的每一宗地都将上"户口"。集体土地确权登记发证完成后，全省 2100 多万户农民即将告别农村集体土地"有地无权"的历史。

在新型农村社区建设过程中，河南省坚持土地收益归农民，保护发展农民的现实利益，坚持宅基地置换土地集体所有、承包地农民所有，基础设施政府投资，农村的生产生活条件得到了改善，通过为进入社区的居民发放土地证和房产证，使农民拥有了一份祖祖辈辈可以继承，长期固定收入的财产性资产。河南省正在探索继"离土离乡"、"离土不离乡"之后的第三条城镇化道路，即"不离土不离乡"的城镇化。先行先试实践证明，新型农村社区建设正成为城乡统筹的结合点、城乡一体化的切入点、农村发展的增长点。

第四章
河南省三化协调发展评价

为了更加科学准确地把握河南省三化协调科学发展的内在联系，预测未来三化协调科学发展趋势，通过建立数学模型来对现实情况和未来趋势进行评价。

第一节　评价方法的选择

一、评价研究及进展

国内学者不仅对三化协调科学发展理论进行了探讨，还从定量研究方面进行了实证分析，其中有不少研究成果都值得借鉴。

河南大学董栓成教授运用数据网络分析方法和协调发展理论建立定量分析模型，对河南省"工业化、城镇化与农业现代化"协调发展的程度（协调效度、发展效度和综合效度）进行测度。统筹工业化、城市化、农业现代化协调发展系统分为：工业化系统、城市化系统、农业现代化三个子系统，最终设置各子系统的输入指标为：工业从业人员、农业从业人员、城镇从业人员、工业投资总额、农业投资总额、城镇基础设施投资总额，输出指标为：工业化率、农业化率、城镇化率等。结果表明：河南省已经迈入了工业反哺农业、城市支持农村发展的时代，但中原农区长期运行的传统生产组织方式与三化协调发展是不相称的。

河南省社会科学院吴旭晓采用灰色系统理论构建区域三化协调科学发

展评级模型，该评级指标体系选取城市化率、第三产业劳动生产效率、城镇居民人均可支配收入、人均 GDP 作为城市化的评级指标，选取工业劳动生产率、工业化率、单位工业增加值能耗、工业废水排放达标率作为工业化指标，选取农业土地生产率、农民人均纯收入、农业劳动生产率、按耕地农机总动力作为农业现代化指标。将评价结果按照协调发展度(TCD)划分为失调、濒临失调、勉强协调、初级协调、中级协调、良好协调、优质协调七类等级，结果表明：中部地区的江西、湖南、河南、湖北四省的三化协调科学发展整体上处于上升趋势，2010 年都处于中级协调阶段；城市化和工业化是江西、湖南和河南三化协调发展的驱动力量，而农业现代化是制约因素；工业化和农业现代化是湖北三化协调的驱动因素，而城市化是制约因素；工业化率是影响江西三化协调的主要指标，农业劳动生产率则是影响湖南和湖北三化协调发展的主要指标；而第二产业劳动生产率是影响河南三化协调发展的主要指标。

河南省科学院地理研究所杨迅周运用效益理论与平衡理论制定三化协调发展评价模型，选用城镇化率、城镇居民人均可支配收入、服务业增加值作为新型城镇化指标，选用工业增加值、高新技术产业占工业总产值比重、每万元产值的综合能耗作为新型工业化指标，选用农民人均纯收入、粮食总产量、畜牧业增加值作为农业现代化指标，结果表明：河南省新型城镇化、新型工业化和农业现代化系统的协调度总体较好，总的发展趋势是逐步提高，2000 年处于初级协调状态，2005 年和 2010 年为中级协调，到 2015 年预测将达到良好协调状态。

华中农业大学夏春萍结合我国 1978—2009 年的样本数据，在建立VAR 模型的基础之上，采用协整分析、脉冲响应、方差分解等方法对三者之间的关系进行了实证分析。该评价指标体系选用农村人均机械化总动力来衡量农业现代化水平，选用城镇人口占总人口比重衡量城镇化的发展水平，选用工业增加值占 GDP 比例衡量工业化发展水平。结果表明，农业现代化、城镇化和工业化三者之间具有长期均衡关系，三者之间存在明显的相互促进作用。从长期来看，城镇化对农业现代化的促进作用要高于工业化；农业现代化同样对城镇化具有正效应，对工业化的影响会受到户籍政策、工业内部结构与农业的不相匹配和均衡，工业发展模式的落后以及资源约束等问题的影响出现负向作用。

河南理工大学徐君通过对中原经济区新型工业化、新型城镇化、农业现代化的协调发展定量分析评价河南省三化协调科学发展程度。选用人均GDP、工业产值比重、规模以上工业增加值增速、实际利用外资比重、科技支出比重、技术成交额占 GDP 比重、单位工业增加值能耗、污水处理率、工业劳动生产率作为新型工业化指标；选用城镇化水平、第三产业比重、城镇居民人均可支配收入、恩格尔系数、人均城市道路面积、每万人拥有公共交通车辆、医疗养老保险人员比重、人均公园绿地面积作为新型城镇化指标；选用第一产业就业比重、粮食单产、单位面积农业机械总动力、财政支农比例、农民人均纯收入、恩格尔系数、每万人普通中学毕业生数、每万人拥有医生数作为农业现代化指标。结果表明，十八个城市整体的三化协调发展程度较低，省会郑州与其他城市的差距较小，其核心城市地位不突出。

二、三化协调和协调度的概念

协调是两种或两种以上子系统间配合得当、和谐一致、良性循环的关系，以达到减少系统运行的负效应、提高系统的整体输出功能和协同效应的目的。协调既是一种状态，也是一个过程。作为一种状态，协调是指被协调者各要素之间的融洽关系，从而表现出最佳整体效应；作为一个过程，协调表现为一种控制与管理职能，是围绕被协调者发展目标对其整体中各种活动的相互关系加以调节，使这些活动减少矛盾，共同发展，促进被协调者共同目标的实现，达到一加一大于二的整体功效。协调是发展的一种规定，是对系统的各种因素与属性之间的动态相互作用关系及其程度的反映。所以可以定义协调为：为实现系统总体演进的目标，各子系统或各要素之间相互协作、相互配合、相互促进而形成的一种良性循环状态。而系统之间或系统组成要素之间在发展演化过程中彼此和谐一致的程度称为协调度，它体现了系统由无序走向有序的趋势。协调度可分为发展协调度和对比协调度两种，前者用于度量一个城市或区域在不同发展阶段各子系统的协调状况；后者则度量同一发展阶段或同一时期不同城市或区域之间各子系统的协调状况。由协调内涵可知，协调度是一个系统状态概念，表现为某一时刻的数值。

河南省的三化协调是指新型工业化、新型城镇化和新型农业现代化发展过程中，三者相互促进、良性循环、共同发展、持续发展的状态，也就是说工业化和城市化的发展不能以牺牲农业和粮食、生态和环境为代价。所谓工业化主要是指工业在区域经济中的比重不断提高以至取代农业，成为经济发展主体的过程，是由传统的农业社会向现代化工业社会转变的过程。这一过程的主要特征是农业劳动力大量转向非农产业，农村人口大量向城镇转移。工业化是现代化的基础和前提，高度发达的工业社会是现代化的重要标志之一。所谓城镇化是指由于第二、第三产业的发展导致农村人口不断向城镇集聚的过程，表现为城镇规模逐步扩大，城镇数量逐步增加，城镇发展质量稳定提高。它主要表现为：随着一个国家或地区社会生产力的发展、科学技术的进步以及产业结构的调整，导致农业出现剩余劳动力，由于城镇是非农产业的集聚体，可为农业剩余劳动力提供就业岗位，吸引农村剩余劳动力因为就业地点的变化而放弃原住地向新的工作地点——城镇转移的过程。同时城镇化的过程也是各个国家和地区在实现工业化、现代化过程中所经历社会变迁的一种反映。所谓农业现代化是指从传统农业向现代农业转化的过程。在这个过程中，农业日益通过采用现代工业、现代科学技术和现代管理方法，实现由落后的传统农业向具有当代世界先进水平的农业转化，实现了这个转化过程的农业叫做现代化农业。

三化协调科学发展是一个相互推动、共同发展的渐进过程，三者紧密关联、互包互容、相辅相成。工业化与城镇化呈现明显的正相关性。工业化发展可以提高城镇的产业聚集能力，带动城镇基础设施的发展，可以创造更多就业岗位。因此，工业化对城镇化具有带动作用。反过来，城镇化不仅为工业大规模集中生产提供良好的外部经济环境和地域空间，还为企业产品提供巨大的消费市场，它通过需求扩张拉动经济增长与产业结构升级，为工业化进一步发展提供了空间。所以，城镇化对工业化具有促进作用。工业化、城镇化与农业现代化之间相互促进。一方面，工业化、城镇化的发展可以提升农业现代化水平；工业化、城镇化的发展将为农业现代化提供丰厚的资金、技术、物质装备，促进农业产业内部的分工，提高农业生产的专业化程度，大量吸纳农村劳动力，推动农业规模化经营，提高农业生产效率。另一方面，农业现代化水平的提升能为工业化、城镇化提供支撑和保障；农业现代化发展可以优化农业产业结构，提升农业生产效率，为工业化、城镇化发展提供多样化的农产品供给。同时，农业现代化的发展将会为工业化、城镇化建设"腾"出宝贵的土地资源和提供更多的劳动力资源，并刺激城镇商品生产和商品流通的发展，推动工业化深入发展和城镇经济社会繁荣。总而言之，三化协调科学发展就是指工业化、城镇化和农业现代化三者之间相互促进、良性循环、共同发展，由此实现区域国民经济的现代化。

实现三化协调的目标概括地说有两个：一是做到相互促进，而不是靠牺牲"一化"、"两化"来发展另外"两化"、"一化"；二是根据经济演化规律，实现三化共同发展、协同发展，产生协同效应。

三、河南省"两不三新"三化协调评价指标体系构建

结合已有研究成果和河南省"两不三新"三化协调科学发展的实际要求，构建河南省"两不三新"三化协调评价指标体系分为两大部分：第一部分为"两不"限制性指标；第二部分为新型三化协调指标。

(一)评价指标体系构建的原则

三化协调涵盖内容广泛，仅就定量测度方面就包括了社会经济各个方面，在选择相关指标，构建评价指标体系时，应注意以下几方面。

第一，具有时代性。要求指标体系适应时代的需要，既能反映和体现城镇化、工业化和农业现代化的本质特征，又能体现不牺牲农业和粮食、生态和环境的要求。时代性要求在建立评价指标体系时既能够反映当前城镇化、工业化、农业现代化的协调程度，对三化协调具有现实的指导意义，又要有战略眼光，能够预见较长时间的规律。

第二，具有科学性。科学性一方面要求所有指标概念要科学，含义要明确，范围要界定清楚，统计口径应一致。另一方面要求指标体系要结构化、模块化，从而降低工作量以保证信息完整、易查找，使评价工作更严密，结果更可信。

第三，具有可比性。可比性要求指标体系在横向、纵向两个方面都要具有可比性。它要求指标本身符合规范，指标设计时一方面符合现实，另一方面参照国内有关标准，规范指标名称、计量方法、总体范围等，尽量使其与国际、国内惯例衔接起来，使其具有较强的可比性。

第四，具有系统性。系统性是应用系统的观点来评价和分析城镇化、工业化和农业现代化的协调程度，将评价区域作为一个整体，指标体系应从时间和空间上，从各个角度分析事物现象全貌，同时要求指标体系具有一定的动态适应性。

第五，具有可操作性。可操作性主要包括以下几个内容：指标设计上可操作，数据易于获取，计算简便；指标体系可操作，指标要求具体、简便，不宜过多；评价方法上可操作，要求指标间应尽量避免交叉和重复，以避免由此造成的评价方法复杂，不易操作。

第六，具有代表性。代表性主要是指在众多的反映城镇化、工业化、农业现代化等的指标中，选择那些最能代表城镇化、工业化、农业现代化三化协调程度内容的指标，主要突出新型城镇化、新型工业化、新型农业现代化等方面的内容。

（二）评价指标体系的建立

从资料的权威性和可获得性方面考虑，我们以 1996—2011 年《河南省统计年鉴》中的数据为基础，并参考了河南省各省辖市统计公报中的相关指标。三化协调度是一个区域城镇化、工业化和农业现代化相互协调发展程度的反应，具有一定的前瞻性，而不仅仅是现有情况的体现。在确定指标时将"两不"指标作为"两不三新"三化协调科学发展度评价的一票否决指标，以定性分析为主，不参与三化协调度的计算过程。根据不牺牲农业和粮食、生态和环境为代价的新型城镇化新型工业化新型农业现代化三化协调科学发展的内涵，选取了新型城镇化、新型工业化、新型农业现代化三大类要素共十二个原始指标，建立"两不三新"三化协调科学发展评价指标体系（表4—1）。

第一，不牺牲农业和粮食、生态和环境指标。该指标为"两不三新"三化协调科学发展评价指标体系的约束性指标，不参与"两不三新"三化协调科学发展程度的具体计算，其实现情况直接决定区域是否实现"两不三新"三化协调科学发展。对各指标的具体要求由上级或同级政府制定，原则上反映不牺牲农业和粮食的指标不应低于上一年度该指标数值，反映在三化发展过程中不牺牲生态的森林覆盖率指标也应不低于上一年度该指标值，反映在三化发展过程中不牺牲环境的指标不应高于上一年度该指标数值。选取耕地面积、粮食生产能力作为反映在三化发展过程中不牺牲农业和粮食的指标：耕地面积反映在发展中是否牺牲农业，粮食生产能力反映在发展中是否牺牲了粮食；选取全省森林覆盖率、化学需氧量（COD）排放量、二氧化硫（SO$_2$）排放量反映在三化发展过程中不牺牲生态和环境：森林覆盖率、化学需氧量（COD）排放量、二氧化硫（SO$_2$）排放量分别从生态环境、水环境、大气环境方面反映在发展中是否进一步对环境造成影响。

第二，新型城镇化指标。该指标是反映一个区域新型城镇化发展程度，共有四个指标，分别是：城镇化率、城镇居民人均可支配收入、城镇固定资产投资、恩格尔系数。其中，城镇化率反映区域城镇化的基本进展情况；城镇居民人均可支配收入反映城镇居民的消费能力，间接反映对工业、农业的带动潜力；城镇固定资产投资反映城镇的发育程度和发展潜力；恩格尔系数反映城镇居民的生活水平。

第三，新型工业化指标。该指标反映一个区域新型工业化发展程度，共有四个指标，分别是：工业增加值占 GDP 比重、工业全员劳动生产率、万元产值综合能耗、高技术产业增加值占工业增加值比重。其中，工业增加值占 GDP 比重是体现一个区域工业化进程的重要指标；工业全员劳动生产率是重要的工业效益指标，在一定程度上反映工业采用生产技术的先进程度，间接反映区域工业在产业分工中所处的地位；万元产值综合能耗反映工业发展对资源的消耗程度，也反映出工业采用新技术的先进程度；高技术产业增加值占工业增加值比重反映区域产业发展的高科技含量，以及技术进步对经济的贡献能力和产业结构的先进程度。

第四，新型农业现代化指标。该指标反映农业的现代化程度，共有四个指标，分别是：单位面积粮食产量、农民人均纯收入、单位面积农业机械总动力、农业劳动生产率。其中，单位面积粮食产量反映耕地的基本产出能力，间接反映农业科技的应用程度；农民人均纯收入反映农民的富裕程度，间接反映农民享有现代生活的能力；单位面积农业机械总动力反映农业的机械化程度，间接反映工业对农业的支撑能力；农业劳动生产率反映农业的生产效益，间接反映农业规模化生产程度。

表 4—1　河南省三化协调度指标体系

指标分级	一级指标	二级指标	三级指标
协调度	"两不"一票否决指标	不牺牲农业和粮食指标	耕地面积
			粮食生产能力
		不牺牲生态和环境指标	森林覆盖率
			二氧化硫（SO_2）排放量
			化学需氧量（COD）排放量
	新型三化协调度	新型城镇化	城镇化率
			城镇居民人均可支配收入
			城镇固定资产投资
			恩格尔系数
		新型工业化	工业增加值占 GDP 比重
			工业全员劳动生产率
			万元产值综合能耗
			高技术产业增加值占工业增加值比重
		新型农业现代化	单位面积粮食产量
			农民人均纯收入
			单位面积农业机械总动力
			农业劳动生产率

四、评价方法选择

综合国内关于协调度的研究进展情况，最终选取熵权法来计算新型三化协调发展程度，选取协调度指标来计算新型三化的协调程度。

（一）确定各个指标的权重

采用客观赋权法中的熵权法确定指标的权重，主要有以下三个步骤。

第一步：原始数据矩阵规范化处理。

首先对得到的数据进行转化处理，得到规范化后的指标数据矩阵：

$$F = (f_{ij})\max, (0 \leqslant f_{ij} \leqslant 1) \qquad (1)$$

式中：f_{ij} 为第 i 个评价对象在第 j 项指标上的标准化指标值，是介于 [0,1] 内的正向指标数值。

第二步：定义熵。在有 m 个指标，n 个被评价对象的评估问题中，第 i 个指标的熵为：

$$h_i = -k \sum_{j=1}^{n} f_{ij} \ln f_{ij}, \quad 而 f_{ij} = r_{ij} / \sum_{j=1}^{n} r_{ij}, \quad 其中 k = 1/1nn \qquad (2)$$

第三步：定义熵权。定义了第 i 个指标的熵之后，可得到第 i 个指标的熵权：

$$W_i = \frac{1 - h_i}{m - \sum_{i=1}^{m} h_i}, \quad (0 \leqslant w_i \leqslant 1, \sum_{1}^{m} w_i = 1) \qquad (3)$$

（二）计算新型三化综合发展水平，采用加权线性和法

其公式为：

$$X_i = \sum_{j=1}^{m} \omega_j \chi_j \qquad (4)$$

（三）计算协调度

协调度公式建立的理论基础是效益理论与平衡理论。所谓效益理论是指各子系统效益必须同步发展，使综合效益最大化。平衡理论是指各子系统效益保持一种平衡状态，任何一个子系统效益的增加不能以另一个效益的降低为代价。在这种平衡状态下，表现出的是一种复合效益。通常以三种效益之和表示综合效益，之积表示复合效益。我们的目标就是在综合效益最大的基础上，求得最大复合效益。其公式为：

$$C = \frac{x \cdot y \cdot z}{(x + y + z)^3} \qquad (5)$$

式中：C 为系统的协调度；x 为新型城镇化子系统的发展水平；y 为新型工业化子系统的发展水平；z 为农业现代化子系统的发展水平。用平均效益指数代替综合效益指数，对 C 进行标准化处理，如下式所示：

$$C = \left[\frac{x \cdot y \cdot z}{((x + y + z)/3)^3} \right]^k \qquad (6)$$

式中：k 为调整系数，一般取 k=6。

　　模型中的协调度 C 都是介于 0—1 之间，当 C=1 时协调度极大，系统走向新有序结构；当 C=0 时，协调度极小，系统的有序崩溃，系统将向无序发展。

（四）协调度等级的划分

见表 4—2。

表 4—2　河南省三化协调度等级的划分

协调度	0—0.39	0.4—0.49	0.5—0.59	0.6—0.69	0.7—0.79	0.8—0.89	0.9—1.0
协调等级	失调	濒临失调	勉强协调	初级协调	中级协调	良好协调	优质协调

第二节　河南省三化协调度的变化

一、河南省三化协调主要评价指标变化情况

（一）河南省新型城镇化基本情况

　　20 世纪 90 年代中期以来，河南省委、省政府把加快推进城镇化作为实现中原崛起的基本途径之一，强力推进中心城市带动战略，有力地促进了全省城镇化水平的提高。城镇人口由 1996 年的 1687 万人增加到 2010 年的 4052 万人，城镇化水平由 1996 年的 18.4%增加到 2010 年的 38.8%，提高了 20 多个百分点。城镇人口规模的增加带动城镇建设的快速发展，城镇固定资产投资由 1996 年的 731 亿元激增到 2010 年的 13934 亿元，大大提高了河南省城镇的综合承载能力。河南省在推进城镇化的进程中，坚持以人为本，城镇民生改善显著提高，城镇居民人均可支配收入由 1996 年的 3755 元提高到 2010 年的 15930 元，城镇居民的恩格尔系数由 1996 年的 47.8%降低到 2010 年的 33.0%。

（二）河南省新型工业化发展情况

20世纪90年代中期以来，河南开始高度重视工业发展，特别是2003年小康规划实施以来，把工业发展放在了三化之首，并逐步从重视速度提升转向更加重视质量和效益，工业发展实现了重大跨越，成为国民经济增长的主导力量，确立了新兴工业大省的地位。工业主导地位稳步增强，全部工业实现增加值由1996年的1496.7亿元增加到2010年的11950.8亿元，占GDP的比重由1996年的41.2％提高到2010年的51.8％。工业经济效益大幅提升，工业全员劳动生产率由1996年的19893元增加到2010年的206596元。科技对工业发展的支撑能力明显提升，高技术产业增加值由1996年的28.01亿元提高到2010年的409.87亿元，占工业增加值比重由1996年的1.87％提高到2010年的3.43％。工业结构的调整，促进工业的节能降耗，万元产值综合能耗由1996年的1.8吨标准煤降低到2010年的0.9吨标准煤；工业污染治理不断取得新的进展，化学需氧量和二氧化硫排放总量分别由2005年的72.08万吨、162.45万吨到2010年的61.97万吨、133万吨，全面完成国家下达河南省的节能减排任务。

（三）河南省新型农业现代化情况

20世纪90年代中期以来，河南省粮食和农业生产持续发展，有力地支撑了工业化和城镇化的快速推进。粮食产量连年增长，耕地面积略有增加，粮食总产量由1996年的3839.9万吨增长到2010年的5437.1万吨，每公顷粮食产量由1996年的3.13吨提高到2010年的3.82吨，年底常用耕地面积由1996年的6786.3千公顷增加到2008年的7202.2千公顷。农业劳动生产率稳步增加，由1996年的2436.69元增加到2010年的6629.32元。农业投入不断加大，农业物质技术装备条件显著改善，每公顷农业机械总动力由1996年的6.27千瓦提高到2010年的14.16千瓦。农民人均纯收入不断提高，生活水平稳步改善，由1996年的1579.19元提高到2010年的5523.73元。

二、河南省三化协调变化评价

(一)河南省三化协调变化主要指标

河南省新型城镇化、新型工业化和新型农业现代化主要数据见表4—3到表4—5。

表4—3　河南省新型城镇化指标

年份	城镇化率（％）	城镇居民可支配收入（元/人）	城镇固定资产投资（亿元）	恩格尔系数（％）
1996	18.39	3755.00	731.90	47.8
1997	19.59	4094.00	795.89	44.6
1998	20.79	4219.00	831.39	42.6
1999	21.99	4532.00	848.21	40.8
2000	23.20	4766.00	951.76	36.2
2001	24.43	5267.00	1076.76	34.7
2002	25.80	6245.00	1226.45	33.7
2003	27.20	6926.00	1693.27	33.6
2004	28.90	7705.00	2434.88	35.0
2005	30.65	8668.00	3528.29	34.2
2006	32.47	9810.00	4843.76	33.1
2007	34.30	11477.00	6609.16	34.6
2008	36.03	13231.00	8721.19	34.8
2009	37.70	14372.00	11455.01	34.2
2010	38.82	15930.00	13934.82	33.0

注：数据来源于《河南省统计年鉴2011》。

表4—4　河南省新型工业化指标

年份	工业增加值占GDP比重（％）	工业全员劳动生产率（元/人）	万元GDP综合能耗（吨）	高技术产业占工业增加值比重（％）
1996	41.20	15148.99	2.41	1.87
1997	40.60	16232.25	2.12	1.89
1998	39.30	17592.00	1.88	2.10
1999	38.30	18949.46	1.54	2.28

（续表）

年份	工业增加值占GDP比重（%）	工业全员劳动生产率（元/人）	万元GDP综合能耗（吨）	高技术产业占工业增加值比重（%）
2000	39.60	20471.24	1.30	2.56
2001	39.50	21887.99	1.31	2.10
2002	40.00	23238.73	1.38	2.13
2003	41.90	26550.97	1.55	2.27
2004	42.60	31912.43	1.53	2.21
2005	46.30	39136.77	1.37	2.10
2006	48.80	44642.56	1.21	2.64
2007	50.00	50493.14	0.97	2.60
2008	51.77	59645.95	0.86	2.81
2009	50.82	59115.95	0.87	3.14
2010	51.75	68173.87	0.81	3.43

注：数据来源于《河南省统计年鉴2011》,《河南省改革开放三十年》,2008年、2009年、2010年高技术产业增加值根据2008—2010年《河南省国民经济统计公报》相关数据计算得出。

表4—5　河南省新型农业现代化指标

年份	单位面积粮食产量（吨/公顷）	农民人均纯收入（元）	单位面积农业机械总动力（千瓦/公顷）	农业劳动生产率（元/人）
1996	3.13	1579.19	6.27	3322.61
1997	3.17	1733.89	6.40	3467.00
1998	3.19	1864.05	6.97	3635.53
1999	3.36	1948.36	7.83	3398.25
2000	3.12	1985.82	8.41	3259.20
2001	3.14	2097.86	8.80	3549.29
2002	3.15	2215.74	9.02	3791.52
2003	2.61	2235.68	9.67	3597.69
2004	3.09	2553.15	10.48	5080.99
2005	3.29	2870.58	11.02	6027.43
2006	3.65	3261.03	11.54	6284.39
2007	3.72	3851.60	12.11	7594.73
2008	3.78	4454.24	13.09	9337.87
2009	3.80	4806.95	13.63	10015.15
2010	3.82	5523.73	14.16	12013.61

注：数据来源于《河南省统计年鉴2011》。

（二）计算结果

河南省三化综合发展水平及协调度见表4—6和图4—1、图4—2。

表4—6　河南省三化综合发展水平及协调度

年份	新型城镇化子系统发展水平	新型工业化子系统发展水平	新型农业现代化子系统发展水平	三化协调度
1996	0.01	0.07	0.20	0.53
1997	0.09	0.07	0.21	0.60
1998	0.15	0.07	0.22	0.62
1999	0.21	0.12	0.30	0.69
2000	0.34	0.17	0.24	0.75
2001	0.38	0.13	0.26	0.64
2002	0.43	0.14	0.28	0.63
2003	0.45	0.19	0.21	0.66
2004	0.44	0.21	0.35	0.73
2005	0.49	0.30	0.45	0.78
2006	0.56	0.42	0.57	0.81
2007	0.60	0.48	0.66	0.81
2008	0.67	0.58	0.78	0.82
2009	0.75	0.60	0.83	0.81
2010	0.85	0.71	0.94	0.82

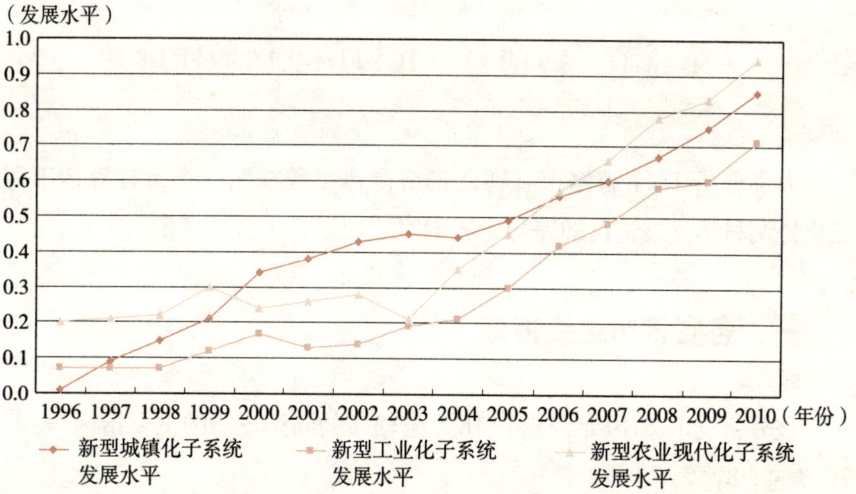

图4—1　河南省三化综合发展水平图

（三化协调度）

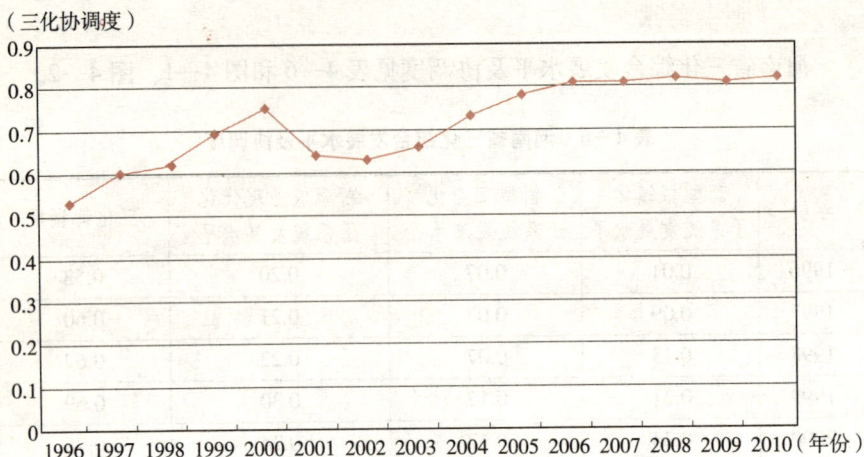

图4—2　河南省三化协调度图

（三）结果分析

　　由河南省三化协调度的评价结果可以看出，河南省新型城镇化、新型工业化和新型农业现代化系统的协调度总体较好，总的发展趋势是逐步提高。其中，1996年处于勉强协调状态，1997年、1998年、1999年和2001年、2002年、2003年处于初级协调状态，2000年、2004年、2005年处于中级协调状态，2006—2010年处于良好协调状态。数据表明近些年河南省对三化协调科学发展的探索富有成效。

第三节　河南省三化协调度区域评价

　　为了分析18个省辖市（在此把济源市单独按照一个市计算，下同）三化协调科学发展情况的差异，我们对它们进行了区域评价。

一、各省辖市主要指标

　　该分析选取2010年河南省18个省辖市的新型三化的主要指标（表4—7，表4—8，表4—9）。

表4—7　河南省各市新型城镇化指标

城市	城镇化率（%）	城镇居民可支配收入（元/人）	城镇固定资产投资（亿元）	恩格尔系数（%）
郑州市	63.62	18896.96	2421.31	33.02
开封市	36.00	13695.00	394.72	31.63
洛阳市	44.33	17639.21	1548.81	31.50
平顶山市	41.39	16208.20	580.34	32.12
安阳市	38.60	16393.92	760.06	32.81
鹤壁市	48.01	15058.95	305.30	30.75
新乡市	41.09	15751.66	1085.44	31.44
焦作市	47.05	15781.37	841.03	31.54
濮阳市	31.46	15138.42	432.43	31.87
许昌市	39.10	15171.17	685.59	30.00
漯河市	39.16	14768.87	351.57	33.76
三门峡市	44.25	15032.34	570.83	30.25
南阳市	33.00	15077.41	1129.95	33.15
商丘市	29.75	14177.73	690.39	38.02
信阳市	34.36	13348.46	855.05	42.48
周口市	29.73	12677.98	592.84	35.98
驻马店市	29.75	13701.71	496.74	32.52
济源市	49.40	16480.86	181.19	28.17

注：数据来源于《河南省统计年鉴2011年》。

表4—8　河南省各市新型工业化指标

城市	工业增加值占GDP比重	工业全员劳动生产率	万元产值综合能耗	高新技术产业增加值占工业增加值比重
郑州市	49.40	125766	1.08	8.77
开封市	39.73	47347	1.02	8.59
洛阳市	53.61	101039	1.24	3.39
平顶山市	62.64	94377	1.82	1.69
安阳市	55.62	64551	2.15	3.38
鹤壁市	66.04	89974	1.40	5.04
新乡市	50.62	52774	1.38	13.61
焦作市	64.54	114827	1.80	4.18
濮阳市	61.44	74581	1.56	4.32
许昌市	64.38	95225	1.12	2.78

（续表）

城市	工业增加值占GDP比重	工业全员劳动生产率	万元产值综合能耗	高新技术产业增加值占工业增加值比重
漯河市	66.53	82809	1.01	10.00
三门峡市	64.32	184513	1.49	1.31
南阳市	46.62	51030	1.09	8.45
商丘市	40.61	30906	1.16	9.12
信阳市	34.52	34067	1.10	5.67
周口市	40.09	26619	1.02	6.33
驻马店市	37.30	28070	1.02	6.08
济源市	71.66	186723	2.03	2.26

注：数据来源于《河南省统计年鉴2011年》，高技术产业产值数据来源于各地市2010年国民经济统计公报，其中，开封、商丘、漯河数据根据全省平均产值比重推算。

表4—9　河南省各市新型农业现代化指标

城市	单位面积粮食产量(吨/公顷)	农民人均纯收入（元）	单位面积农业机械总动力（千瓦/公顷）	农业劳动生产率（元/人）
郑州市	4.61	9225.46	9.89	12327.81
开封市	5.57	5390.01	8.40	13852.34
洛阳市	4.50	5679.98	6.60	12235.82
平顶山市	4.77	5504.28	6.32	7767.61
安阳市	6.18	6359.10	7.63	10511.41
鹤壁市	6.76	6813.29	11.30	15736.51
新乡市	6.30	6240.65	8.63	12461.05
焦作市	7.43	7512.32	10.79	12515.89
濮阳市	6.60	5076.51	8.25	9313.48
许昌市	6.40	7196.93	5.93	14153.64
漯河市	6.38	6460.00	6.77	12415.79
三门峡市	3.88	5787.23	6.75	11311.54
南阳市	5.19	5665.75	6.04	12141.78
商丘市	6.46	4674.30	8.14	12692.08
信阳市	6.99	5311.19	3.76	13332.89
周口市	6.40	4509.62	6.26	11031.84

（续表）

城市	单位面积粮食产量(吨/公顷)	农民人均纯收入（元）	单位面积农业机械总动力（千瓦/公顷）	农业劳动生产率（元/人）
驻马店市	5.78	4860.95	8.14	10165.37
济源市	5.18	7783.90	18.31	12158.46

注：数据来源于《河南省统计年鉴 2011 年》。

二、评价结果

经过计算，河南省 18 个市三化综合发展水平及协调度见表 4—10。

表 4—10　河南省各市三化综合发展水平及协调度

城市	新型城镇化子系统发展水平	新型工业化子系统发展水平	新型农业现代化子系统发展水平	三化协调度
郑州市	0.48	0.51	0.29	0.76
开封市	0.20	0.31	0.23	0.79
洛阳市	0.35	0.35	0.15	0.68
平顶山市	0.26	0.30	0.09	0.58
安阳市	0.25	0.20	0.20	0.82
鹤壁市	0.28	0.38	0.34	0.81
新乡市	0.27	0.31	0.24	0.82
焦作市	0.28	0.34	0.33	0.83
濮阳市	0.22	0.31	0.19	0.78
许昌市	0.26	0.42	0.29	0.78
漯河市	0.19	0.45	0.24	0.68
三门峡市	0.27	0.48	0.13	0.57
南阳市	0.23	0.35	0.17	0.73
商丘市	0.12	0.29	0.24	0.70
信阳市	0.09	0.29	0.27	0.57
周口市	0.13	0.32	0.20	0.68
驻马店市	0.19	0.31	0.16	0.73
济源市	0.35	0.48	0.32	0.80

三、结果分析

由河南省区域新型三化协调度的评价结果可以看出，信阳、三门峡、平顶山处于勉强协调状态，信阳属于经济比较落后地区，工业化、城镇化率比较低；三门峡、平顶山属于资源型城市，工业以资源型工业为主，对资源环境造成较大压力，农业现代化水平较低。洛阳、漯河、周口处于初级协调状态，其中洛阳地形以山区为主，农业发展水平较低；漯河、周口处于黄淮海平原，城镇化水平较低。郑州、开封、濮阳、许昌、南阳、商丘、驻马店处于中级协调状态，其中郑州、南阳由于山区县较多，农业发展水平较低；濮阳、开封、许昌、驻马店属于传统农区，城镇化水平和农业现代化水平都不高；焦作、新乡、安阳、鹤壁、济源处于良好协调状态，三化发展比较协调。

第四节　河南省三化协调度发展趋势预测

结合对河南省协调度的计算结果，参考国内关于协调度预测的研究方法，最终选取曲线估计的方法对河南省三化协调度的发展趋势进行预测。曲线估计是在很多情况下有两个相关变量，希望利用其中一个变量对另一个变量进行预测，可以采用的方法很多，从简单的直线模型到复杂的时间序列模型。如果不能马上根据观测量确定一个最佳模型，则可以利用曲线估计方法在众多回归模型中建立一个简单而又比较适合的模型。曲线估计对数据的要求是自变量与因变量的类型，应属于数值型变量。

一、计算方法的选择

首先提供曲线估计有线性模型、二次函数模型、复合模型、生长模型、对数模型、三次函数模型、S型曲线模型、逆模型、逻辑模型、幂函数模型、逻辑函数模型等多种模型，在不能明确究竟哪种模型更接近样本数据时，可以同时选择多种模型；然后，用 SPSS 软件进行模型的参数估计，并显示 F 值、对应的相伴概率等统计量；最后选择与现实具有较高耦合性的模型作为回归模型，进行估计运算。

根据河南省"两不三新"三化协调度的计算结果，我们分别选取有线性模型、二次函数模型、复合模型、生长模型、对数模型、三次函数模型、S 型曲线模型、逆模型、逻辑模型、幂函数模型、逻辑函数模型进行回归分析。其结果见表 4—11。

表 4—11　河南省"两不三新"三化协调度回归计算结果

年份	协调度	线性模型	对数函数模型	逆函数模型	二次函数模型	三次函数模型	幂函数模型	复合模型	S 型曲线模型	逻辑函数模型	生长函数模型	指数函数模型
1996	0.526	0.57868	0.57853	0.57837	0.57868	0.57868	0.58218	0.58205	0.58191	0.58218	0.58218	0.58218
1997	0.601	0.59772	0.59763	0.59754	0.59772	0.59772	0.59840	0.59832	0.59823	0.59840	0.59840	0.59840
1998	0.617	0.61675	0.61672	0.61668	0.61675	0.61675	0.61507	0.61503	0.61499	0.61507	0.61507	0.61507
1999	0.693	0.63579	0.63580	0.63580	0.63579	0.63579	0.63220	0.63220	0.63221	0.63220	0.63220	0.63220
2000	0.749	0.65483	0.65487	0.65491	0.65483	0.65483	0.64981	0.64985	0.64988	0.64981	0.64981	0.64981
2001	0.635	0.67386	0.67393	0.67400	0.67386	0.67386	0.66791	0.66797	0.66804	0.66791	0.66791	0.66791
2002	0.627	0.69290	0.69298	0.69306	0.69290	0.69290	0.68651	0.68659	0.68668	0.68651	0.68651	0.68651
2003	0.662	0.71193	0.71202	0.71211	0.71193	0.71193	0.70564	0.70573	0.70582	0.70564	0.70564	0.70564
2004	0.728	0.73097	0.73105	0.73114	0.73097	0.73097	0.72529	0.72538	0.72547	0.72529	0.72529	0.72529
2005	0.777	0.75000	0.75008	0.75015	0.75000	0.75000	0.74549	0.74557	0.74565	0.74549	0.74549	0.74549
2006	0.808	0.76904	0.76909	0.76914	0.76904	0.76904	0.76626	0.76632	0.76638	0.76626	0.76626	0.76626
2007	0.812	0.78808	0.78810	0.78811	0.78808	0.78808	0.78760	0.78763	0.78765	0.78760	0.78760	0.78760
2008	0.816	0.80711	0.80709	0.80707	0.80711	0.80711	0.80954	0.80952	0.80950	0.80954	0.80954	0.80954
2009	0.811	0.82615	0.82607	0.82600	0.82615	0.82615	0.83209	0.83201	0.83193	0.83209	0.83209	0.83209
2010	0.817	0.84518	0.84505	0.84492	0.84518	0.84518	0.85527	0.85511	0.85495	0.85527	0.85527	0.85527

由表 4—12 可以得出，一元函数、对数函数、逆函数、二次函数、三次函数 5 种曲线的拟合优度比较高（其 R^2 统计量的值分别为 0.788563，0.788694，0.788823 和 0.788563）。因此，初步选用一元函数、对数函数、

逆函数、二次函数、三次函数 5 种方法进行协调度预测的计算。

表 4—12 R^2 统计量的值结果

模型	R^2 统计量的值
Linear	0.788563
Logarithmic	0.788694
Inverse	0.788823
Quadratic	0.788563
Cubic	0.788563
Compound	0.772947
Power	0.773153
S	0.773357
Growth	0.772947
Exponential	0.772947
Logistic	0.772947

二、河南省三化协调度预测

将河南省"两不三新"三化协调度数据带入计算模型，得出一元函数、对数函数、逆函数、二次函数、三次函数 5 种预测值对比图（图 4—3）。

VAR00002

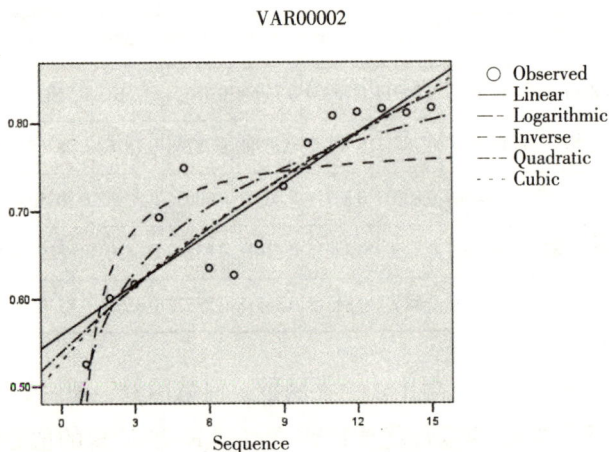

图 4—3 五种函数预测值对比图

从对比图中可以看出，二次幂函数（Quadratic）的曲线与样本的实际观察值拟合较好，所以，决定对河南省"两不三新"三化协调度的预测采用二次幂函数进行回归分析，其具体模型为：

$$y = 0.54007 + 0.02594x - 0.00043x^2$$

根据该回归模型，得出河南省三化协调度的预测结果（表4—13）。

表4—13　河南省"两不三新"三化协调度的预测结果

年份	现状值	预测结果
1996	0.526	0.5656
1997	0.601	0.5902
1998	0.617	0.6140
1999	0.693	0.6369
2000	0.749	0.6590
2001	0.635	0.6802
2002	0.627	0.7005
2003	0.662	0.7200
2004	0.728	0.7386
2005	0.777	0.7563
2006	0.808	0.7732
2007	0.812	0.7892
2008	0.816	0.8044
2009	0.811	0.8187
2010	0.817	0.8321
2011	–	0.8446
2012	–	0.8563
2013	–	0.8672
2014	–	0.8771
2015	–	0.8862
2016	–	0.8945
2017	–	0.9019
2018	–	0.9084
2019	–	0.9140
2020	–	0.9188

三、结果分析

结合预测结果可以看出，在保持河南省现有发展态势的基础上，河南省"两不三新"三化协调科学发展能力将逐步提升，到 2017 年左右，其协调程度由良好协调阶段进入优质协调阶段，全省经济社会发展质量将明显提升。

第五章
河南省的新型城镇化

　　城镇化是区域发展的历史趋势，是发展中国家走向现代化的必由之路，是亿万农民发自内心的一种期盼。但是，传统城镇化日益显现出种种弊端，新型城镇化便呼之欲出。作为全国人口最多的河南省，在新一轮城镇化浪潮中，乘中原经济区上升为国家战略的东风，明确提出以新型城镇化引领"两不三新"三化协调科学发展道路，并在持续探索的基础上提出以新型农村社区建设为新型城镇化的切入点，城乡一体化发展的结合点，

洛浦公园

农村经济发展的增长点，"三化"协调发展的突破点的理论体系，内容丰富，实践性强，颇具特色，为当地经济社会发展注入了新的活力与动力，迎来了城镇化务实推进、创新发展的新时代，创造出一系列值得认真研究与推广应用的新理念、新做法、新经验和新变化。

第一节　国外城镇化的模式及启示

按照政府与市场机制在城镇化进程中的作用、城镇化进程与工业化和经济发展的相互关系，可将国外城市化发展概括为四种模式。

一、西欧政府调控下市场主导型的城市化

以西欧为代表的发达的市场经济国家，市场机制在其城市化进程中发挥了主导作用，政府通过法律、行政和经济手段，引导城市化健康发展。城市化与市场化、工业化总体上是一个比较协调互动的关系，是一种同步型城市化。

其特点：一是工业化与城市化相互促进。城市产业结构不断调整和重新分工，产业发展与城市发展密不可分。二是政府在城市化过程中发挥着不可替代的作用。

在西欧的城市化过程中，人口、土地、资本等经济要素能够自由流动和配置，受市场主导。政府则通过体制机制的不断完善，弥补市场机制的不足。

二、以美国为代表的自由放任式的城市化

美国是自由市场经济的典型代表，在其城市化和城市发展过程中，市场发挥着至关重要的作用。由于美国政治体制决定了城市规划及其管理属于地方性事务，联邦政府调控手段薄弱，政府也没有及时对以资本为导向的城市化发展加以有效引导，造成城市化发展的自由放任。突出的表现就

是过度郊区化，城市不断向外低密度蔓延。1950—1990 年，美国城市人口密度减少了 40%。

美国城市的郊区化有效地满足了广大中产阶级追求理想居住环境的需求，人口密度降低，城市与郊区、乡村之间的差距缩小，不断融合，但也为此付出了巨大的代价：土地资源浪费严重等。越富的人居住地离城越远，富裕的郊区环绕着相对贫穷的中心城区成为美国城市的突出特征。

20 世纪 90 年代以来，美国政府官员、学者和普通百姓都开始意识到过度郊区化所带来的危害，提出了"精明增长"理念。其主要内容包括强调土地利用的紧凑模式，鼓励以公共交通和步行交通为主的开发模式等，使美国城市发展迎来新风，但美国模式过分浪费土地资源的教训应该汲取。

三、以日本为代表的集中型城市化

日本在资源极度匮乏的条件下，为实现跨越式发展，选择了适合本国土地资源条件的区域布局和整体发展模式，走出了一条集中型城市化道路。

其主要特征是以大城市为核心的空间集聚模式，以获得资源配置的集聚效益。伴随着城市不断扩展和城乡人口转移，日本及时进行町（镇）、村合并，其中 1950—1955 年村的数量由 8357 个锐减到 2506 个，减少了 70%，腾出了大量分散居民点多占用的土地，大大提高了土地的使用效率，为人多地少的国家提供了成功的土地资源节约集约利用的范例。

日本政府对于城市化的引导作用比较显著。但政府区域发展政策的成效有限，东京等大都市圈人口和经济活动的"极化"现象越来越显著。

四、受殖民地经济制约的发展中国家的城市化

拉美与非洲大部分国家的城市化与其历史上长期为西方列强的殖民地直接相关，具有独特的发展模式。表现为在外来资本主导下的工业化与落后的传统农业经济并存，工业发展落后于城市化，政府调控乏力，城市化

大起大落，属于"过度城市化"。

第二次世界大战前夕，巴西、墨西哥、委内瑞拉、哥伦比亚和秘鲁五个处于半工业经济类型的国家，城市化率和工业化率大致相当，都在约10%—15%。到1960年，工业化比例没有发生太大变化，仍维持在10%—15%，而两万人以上城镇人口的比例却增至30%—50%。而且这些国家的首都"首位度"都很高。在乡村居民持续不断地流向城市的过程中，经济日趋衰落或停滞不前。正规就业水平持续下降，城市必要的基础设施严重短缺，环境恶化，贫民窟增多。

该类国家城市化水平与西方国家接近，但经济水平是西方国家的1/20—1/10，城市发展质量较低，城市化本身带来的经济社会问题，特别是由于基础设施不足导致的居民生活质量低下问题非常严重。

五、启示

第一，城镇化是一个历史过程，是发展中国家走向发达国家必须完成的历史任务，它本身又是一个涉及经济社会方方面面的复杂系统，需要在政府宏观调控下发挥市场配置资源的功能，而且要根据本国人地关系的实际情况，探索符合国情的城镇化道路，既要立足于通过城镇化改善广大居民的生产方式与生活方式，真正造福于已经进入城镇的居民和即将进入城镇的居民，又要通过城镇化完成国民经济发展结构的跃升，并与工业化一同相伴，带动国家走向富裕与繁荣。第二，尽管国外城镇化模式是多样的，但世界上没有哪一个国家的城镇化模式可以供我们直接照搬，因为我国人多地少的基本国情是世界上任何国家都无法比拟的，所以我们只能够借鉴其经验。第三，我们的城镇化与西方发达国家处在完全不同的外部环境之中，我们无法像欧洲那样通过向其殖民地国家扩散人口等要素来完成城镇化过程。所以，中国只有走自己的路！这就是中国特色的新型城镇化道路。这可能是历史留给我们的唯一选择，部分专家期望的类似欧洲部分国家的田园城市，在中国可能是美好的梦想，很难成为现实。因为我国人均资源，特别是耕地资源太少，又是人口大国，吃饭问题始终是一个特殊大事，保护耕地具有长期的战略意义，城镇化过程中要坚持不懈注意节约、集约利用土地资源，要拿出全世界最为得力的措施保护耕地，以保障农业作为国民经济的基础作用得到充分发挥，以保障农业能够在国家稳定与发展中占有应有的历史地位。

第二节　新型城镇化的实践基础与科学内涵

一、实践基础

我国城镇化基本上分三个阶段：新中国成立以后，1949—1977 年，年均城镇化率增长 0.28 个百分点，属于城镇化低速发展阶段；1978—1995年，年均城镇化率增长 0.64 个百分点，属于发展中国家发展相对较快的阶段；从 1996 年至今，年均增长 1.46 个百分点，进入经济学和地理学意义上城镇化的高速增长期（图 5—1）。

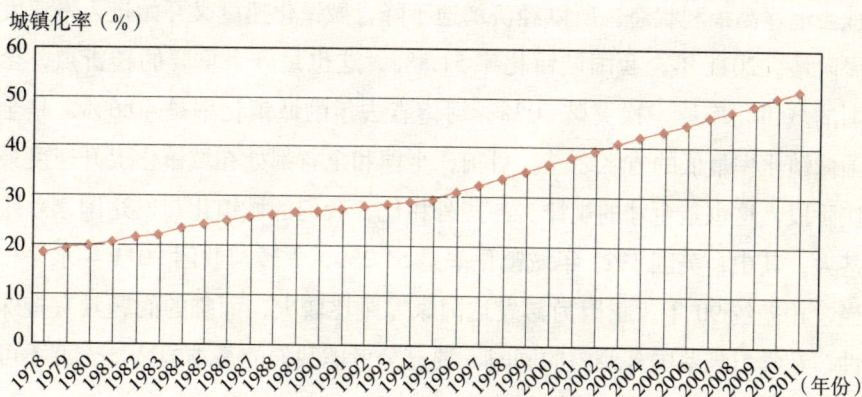

图 5—1　中国城镇化过程图

改革开放以来，河南省城镇化率增长经历了四个阶段：1978—1990年，年均增长 0.16 个百分点；1990—1995 年，年均增长 0.34 个百分点；1995—2004 年，年均增长 1.3 个百分点；2004—2011 年，年均增长 1.74个百分点。为什么 2004 年以后进入高速期？因为 2005 年河南省的城镇化突破了 30%，2004—2005 年完成了这个跨越。城镇化率越过 30% 以后，进入城镇化的高速发展期（图 5—2）。

城镇化率（%）

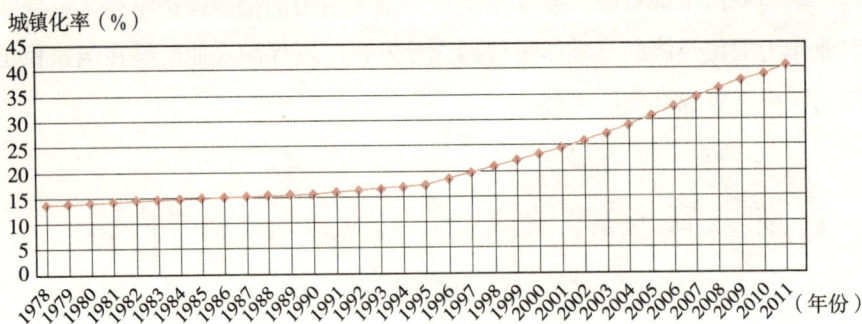

图 5—2　河南省城镇化过程图

全国城镇化由低速向高速的转换点和河南省的转换点都很典型，就是美国地理学家诺瑟姆的"S"模型。即一个国家或地区城镇化率在30%之前阶段，是小马拉大车，走得很慢，但是从30%—70%之间，会是一个城镇化高速增长期，这时候经济结构的活跃性、人口结构的活跃性、城乡地域结构的特殊性都支撑城镇化高速推进。到70%之后，一般会进入全社会追逐高福利状态，所以经济增速下降，城镇化速度又开始进入慢速发展阶段。2011年，我国城镇化率51.3%，这也是一个重要的转折点，全国的城镇化率第一次突破50%。河南省去年的城镇化率是40.6%，是全国城镇化率最低的省区之一。目前，全国和全省都处在城镇化上升速度最快阶段，这也是全球的规律。与国外相比，我们的城镇化与发达国家差距甚大。其中，美国1921年城镇化率是51.2%，大致与我国2011年水平相当，相差约90年。正因为与发达国家差距比较大，面临的问题具有特殊性，在学习借鉴国外经验的同时，要充分考虑我们的基本国情，千万不可简单套用国外的东西。

与国外相比，我们从1981年至2003年，用了22年使城镇化率提高了20个百分点，但是发达国家从20%到40%，英国用了120年，法国用了100年，德国用了80年，美国用了40年，苏联用了30年，日本用了30年。我们中国的第一个20%用了22年，从最近这十几年的速度看，第二个20%要16至17年就可以完成。所以，我们可以得出一个结论，中国正在经历世界规模最大和速度最快的城镇化，就这个进程本身来说，具有全球无法比拟的特殊性，因此更要结合各地的实际，科学推进城镇化进程，创造性地探索符合各地实际的城镇化之路。

二、科学内涵

2002 年，党的十六大报告提出，要逐步提高城镇化水平，坚持大中小城市和小城镇协调发展，走中国特色的城镇化道路。2007 年，党的十七大报告提出，走中国特色城镇化道路，按照统筹城乡、布局合理、节约土地、功能完善、以大带小的原则，促进大中小城市和小城镇协调发展。以增强综合承载能力为重点，以特大城市为依托，形成辐射作用大的城市群，培育新的经济增长极。这是党中央对全国城镇化的总体部署，具有科学性和前瞻性。

2005 年，胡际权在其博士论文《中国新型城镇化发展道路》中提出，所谓的新型城镇化，是体现以人为本、全面协调可持续发展的科学理念，以发展集约型经济与构建和谐社会为目标，以市场机制为主导，大中小城市规模适度、布局合理、结构协调、网络体系完善，与新型工业化、信息化和农业现代化互动，产业支撑力强，就业机会充分，生态环境优美，城乡一体的城镇化发展道路。

2006 年 8 月，浙江省委、省政府出台了《关于进一步加强城市工作走新型城市化道路的意见》，提出要创新发展机制，走资源节约、环境友好、经济高效、社会和谐、大中小城市和小城镇协调发展、城乡互促共进的新型城市化道路，在省级层面开始推进新型城镇化。2006 年 11 月，中共广西壮族自治区第九次代表大会提出走新型城镇化道路的构想。"围绕统筹城乡经济社会发展，坚持高起点规划、高质量建设、高效能管理，走布局科学、结构合理、功能完善、资源节约、集约发展、以人为本理念得到充分体现的多样化有特色的城镇化道路"。2007 年 5 月，温家宝总理在关于长江三角洲地区进一步加快改革开放和经济社会发展的座谈会上，明确提出"不仅要坚持走新型工业化道路，而且要走新型城镇化道路"，充分显示中央高层对"走新型城镇化道路"的肯定。2007 年，《江西省新型城镇化"十一五"专项规划》中提出，按照产业集聚、功能完善，节约土地、集约发展，合理布局、各具特色的原则，积极稳妥地推进城镇化进程。2007 年 10 月,河南省召开全省城市发展与管理工作会议提出,全面做好新时期城市发展与管理工作,走出一条符合河南实际的新型城镇化道路。河南新型城镇化道路可以概括为:科学发展、建管并重、城乡一体、集约节约、统筹协调。2009 年 10 月,山东省委、省政府出台《关于大力推进新型城镇化的意见》,指出走资源节约、环境友好、经济高效、文化繁荣、社会和谐、以城市群为主体,大中小城市和小城镇科学布局,城乡互促共进、区域协调发展的新型城镇化道路。

2009 年 12 月,中央经济工作会议对以城镇化建设促进经济发展提出了新要求。特别值得注意的是,放宽户籍限制,推进城镇化改革的内容,在 2010 年的中央一号文件中,从篇幅到政策的力度上都是空前的。从这个意义上讲,该文件是进一步加快推进城镇化的总纲领。

吴江等认为,新型城镇化主要是指以科学发展观为统领,以新型产业以及信息化为动力,追求人口、经济、社会、资源、环境等协调发展的城乡一体化的城镇化发展道路。杨重光认为,新型城镇化是在科学发展观指导下,以新型工业化和现代服务业为产业基础,以现代交通通讯网络为物质技术手段,形成大中小城市和城镇合理的结构和空间体系,充分发挥各自的特点和功能,并以城乡和谐发展为目的,城市带领农村发展,从而形成国民经济全面、和谐和可持续发展的城市化道路。

2010 年 4 月,在《浙中城市群规划》专家评审会上仇保兴发言指出,新型城镇化就是对老城镇化模式的一种升级。新在什么地方?现在理论界还没有十分清晰的概念。我认为,首先就新在现在需要用质量型的城镇化取代过去数量型的城镇化。所谓质量型的城镇化,就是既要使城市中人们的生活更加美好,同时又能节能减排。如果说过去我国的城市发展模式能使经济运行更有效率,那么现在就是城市发展应使生活更美好,要回到城市的本质内涵上来。回顾历史,世界上所有先行国家的城镇化,到了这个阶段都提出了城市美化运动。城市美化运动的起源就是人民群众对高质量生活场所的一种追求和实践。我们所做的所有工作都是为了满足人民群众的需求,不同的阶段有不同的需求,这个时候压倒一切的就是生活质量的需求和生态环境的需求。其次,新型城镇化一定是均衡化的城镇化。过去的城镇化叫先富一小部分地区和城市,以点开花,以点带面。现在我们要追求的是整个区域的均衡发展，要追求城乡一体化协调互补发展，要追求城市、乡村的居民都能够共同富裕。这就是一种均衡、和谐的发展观。此外，新型城镇化还必须回答我国城镇化面临的一些瓶颈问题，要准确应对当地面临的各种挑战。新型城镇化的结果必须是生态、低碳的。

以上这些探索与研究表明，中国的新型城镇化是注重城镇质量的城镇化，是结合中国发展实际的城镇化，是兼顾大中小城市和小城镇协调发展的城镇化，是要充分考虑我国农业农村农民如何转移和发展的城镇化，是有利于城乡统筹、城乡一体、破解城乡二元结构的城镇化。

三、河南的探索

2006 年，新乡市创新社会主义新农村建设的内涵，最早提出通过新型农村社区建设，节约集约农村居民点建设用地，并为工业化城镇化提供空间。该方法 2008 年在当地被进一步提升，并逐步在面上推开试验，引起较大反响。

2010 年 4 月，河南省发展高层论坛第 31 次会议，专题讨论河南省新型城镇化战略，由笔者作主讲发言，提出了河南省新型城镇化战略的初步方案，得到与会者高度评价。4 月 29 日上报河南省委以后，5 月 5 日河南省委书记卢展工作出重要批示，标志着新型城镇化引起中共河南省委高度重视。2010 年 11 月 17 日，在河南省委八届十一次全会通过的《中原经济区建设纲要（试行）》中指出："以科学发展为主题，以加快转变经济发展方式为主线，以持续探索走出一条不以牺牲农业和粮食、生态和环境为代价的'三化'协调科学发展路子为基本途径。"其中，"两不牺牲"和"三化"协调成为十分突出的新亮点，"发挥新型城镇化的引领带动作用"进入河南省决策层面。

2010 年 12 月 23 日，在河南省委经济工作会议上，河南省委书记卢展工指出，建设中原经济区，就是坚持探索走出一条不以牺牲农业和粮食、生态和环境为代价的三化协调科学发展的路子，但这条路子到底怎么走、怎么走得更好，需要我们深入研究、积极探索，突出河南特色、体现河南优势。2010 年 12 月，时任新乡市委书记吴天君在中央农村工作会议上应邀专题介绍了如何把建设新型农村社区作为城乡一体化的切入点，推动更多的城市资源向农村倾斜、向县域配置，构建以工促农、以城带乡长效机制的探索与实践，得到中央高度重视，有关省区也开始学习和推广，特别是山东省等行动比较快。

2011年8月1日，河南省委书记卢展工同志在舞钢调研时提出："建设中原经济区，走好一条不以牺牲农业和粮食、生态和环境为代价的'三化'协调科学发展之路，新型城镇化是引领。"进一步明确了新型城镇化引领三化协调发展的科学命题。此后，理论界快速行动，王永苏等调研发表了新型城镇化引领三化协调科学发展研究报告，引起广泛关注。之后，《河南日报》先后发表了新型城镇化的新密样本、舞钢样本、潢川样本、淮阳样本等，十八谈许昌篇专门谈了以新型城镇化引领三化协调发展。10月13日，河南省理论界第一次召开新型城镇化引领三化协调发展高层论坛，与会者各抒己见，从理论与实践的不同角度深入探讨，来自基层的领导介绍了他们在一线创新与探索的鲜活素材，研究者从理论的高度深入讨论了该论断的科学性。当时争论的焦点就是新型城镇化能不能引领，多数与会专家热烈讨论以后认为，伴随中国经济发展阶段的演变，在内需对经济发展拉动作用日益重要的情况下，新型城镇化对区域发展具有引领作用。

2011年8月，为推动城市组团发展，河南省委、省政府出台的《关于促进中心城市组团式发展的指导意见》指出，力争到2015年，规划城市组团发展到30万人以上，中心城市组团式发展态势基本确立。该意见提出，力争到2020年，中心城区人口规模达100万—200万人，形成一批人口规模达50万人左右的城市组团，中心城市组团式发展和一体化发展的格局全面形成。

2011年10月，中共河南省委第九次党代会正式把新型城镇化引领三化协调科学发展纳入省委工作报告。按照党代会报告里新型城镇化的定义，新型城镇化是以城乡统筹、城乡一体、产城互动、节约集约、生态宜居、和谐发展为基本特征的城镇化，是大中小城市、小城镇、新型农村社区协调发展、互促共进的城镇化。这个说法和全国学界公认的说法基本接近。但河南省提出新型城镇化的引领作用，把新型农村社区纳入城镇体系，引起全国高度关注。

2012年2月，十届全国政协副主席徐匡迪在河南专题调研"中国特色城市化道路发展战略研究"课题以后指出："河南省的新型城镇化突出城乡统筹、城乡一体，提出五个层次的城镇化体系协调发展，不是盲目地扩大城市规模，不是简单地把农民搬进城，而是以农村社区组织为切入点，就近就地实现劳动力的转移，让农民在当地的社区就能得到和城市一样的社会服务。这一点非常可贵，是河南省的创新。"

2012年4月6日，《人民日报》头版头条发表了"不以牺牲农业和粮食、生态环境为代价，以新型城镇化引领的'三化'协调科学发展之路悄然延伸——河南务实发展稳步前行"的文章，说明河南省的做法走在了全国前列。4月7日，《河南日报》发表舞钢市为21户进入社区的居民发放集体土地使用证和房产证的报道，标志着新型农村社区建设管理政策取得突破，农民的财产性收入有了初步的制度保障。4月13日，河南省发展高层论坛召开第49次会议，主题是河南省新型城镇化战略实践及对策，笔者主讲发言，题目"河南省新型城镇化战略实施及对策"，与会者讨论热烈，对全省新型城镇化推进过程中的热点问题进行了系统讨论，也提出一系列难点问题，形成了很多具有针对性的建议。4月14日《河南日报》对主题演讲和会议讨论情况报道后，迅速引起省委领导重视，并要求主题演讲发言全文在省委主办的《河南工作》上刊发。5月9—11日，青海省党政代表团到河南调研，重点学习新型城镇化引领三化协调科学发展的做法与经验。5月31日《河南日报》报道，5月30日舞钢市21户首批领到房产证的农民中的10户拿到了房屋抵押贷款331万元。有了房产证，农民手中的"死资产"变成了"活资本"，通过抵押贷款，入住新型农村社区的当地居民创业与致富更有盼头，中原经济区建设中先行先试的政策威力初步显现。

2012年6月7日，卢展工在洛阳主持召开全省扶贫开发工作调研座谈会。他强调，建设新型农村社区，要把握好以下几个方面：一是政策引领，二是规划先行，三是突出主体，四是保障权益，五是规范有序，六是拓展创新，七是互动联动，八是一体运作。

2012年8月，为加快中原城市群建设，带动全省发展、实现中原崛起，全省确定了 62 个城市组团。其中，县城 42 个，县级市市区 13 个，特殊功能区 7 个。

2012 年 8 月 13—16 日，卢展工在新乡、焦作调研时指出，新型城镇化是城乡统筹的城镇化，是城乡一体的城镇化，是包括农村在内的城镇化，是破解城乡二元结构的城镇化，是着力实现更均等更公平社会公共服务的城镇化。没有新型城镇化就没有新型工业化，就没有新型农业现代化。新型城镇化的引领作用，体现在能够为新型工业化、新型农业现代化提供重要支撑、保障和服务，体现在能够扩大内需、增加投资，有效支撑经济社会发展。最大的内需潜力在新型城镇化、最大的内需市场在农村。坚持新型城镇化引领、推进新型农村社区建设，既能够促进农村扩大投资、增加消费，又能够促进农村公共服务水平提升，成为经济社会发展一个新的重要增长点。推进新型农村社区建设，要注重运作、科学运作，严格把握"政策引领、规划先行、突出主体、保障权益、规范有序、拓展创新、互动联动、一体运作"的原则要求，使其效应更好地显现出来。只要我们把新型农村社区建设作为统筹城乡发展的结合点、推进城乡一体化的切入点，就能抓住推动三化协调发展的着力点。

2012 年 9 月 16—17 日，中共中央政治局委员、国务院副总理回良玉在河南省南阳市考察，在淅川县九重镇桦栎扒移民新型社区深入居民家中了解搬迁以后的生产生活情况，对当地为进入社区的居民办理土地证和房产证，并能够抵押贷款，表示充分肯定。他说："过去农村最大的问题就是居住房屋等不能抵押取得贷款，现在你们通过新型农村社区建设解决了，而且促进了农村生产生活方式的转变，促进了农业经营形式、组织形式的变化。新型农村社区建设，还解决了学校、医院、水电、道路等公共设施建设问题。"

2012 年 9 月 18 日，卢展工在确山县三里河乡秀水尚城社区调研时指出，新型农村社区建设是三化协调一个好的切入点、结合点和增长点，可以统筹解决工业用地、劳动力转移等问题，能够起到引领的作用，要坚持协调做、统筹做、一体做。要在实践中不断加深理解、不断加强探索，树立为民观念，认真研究政策，突出群众主体，强化群众监督，通过公共服务设施的延伸，真正让群众享受到同城市一样的生活。

和谐社区

洛阳牡丹甲天下

在探索三化协调科学发展的实践中，河南省国土资源管理部门转变领导方式，顺应农民需求，进一步丰富土地综合整治的内涵，从原有的整治"田、水、路、林"，扩大到整治"村、房"。2009年，全省以行政村为单位开展了"千村整治"示范工程，依托新型农村社区建设，实现了传统乡村发展与建设质的跨越。通过土地综合整治，两年来河南省为新型农村社区建设腾出了15万亩用地，为县域经济发展整治出13万亩建设用地，为全省科学布局产业、加快经济社会发展拓展出广阔空间。

种种迹象表明，河南省以新型城镇化引领三化协调科学发展的路子大有可为，作为新型城镇化切入点的新型农村社区建设确实在破解三化协调发展空间方面功能卓著，而且河南省利用国务院授权在中原经济区建设过程中先行先试的特殊机遇，探索创新了很多可操作性政策，为进入新型农村社区的居民创造了巨大的经济社会利益，有可能是激发新一轮中国农村土地市场化改革与经济跨越发展的爆发点。

第三节　河南省新型城镇化建设的亮点

按照国务院建设中原经济区的要求和河南省委九次党代会的部署，河南省创造性提出探索一条以新型城镇化引领"两不三新"三化协调科学发展的路子，具有独特性和针对性。按照"四个重在"的实践要领，全省新型城镇化建设持续推进，持续探索，持续创新，持续提升，初步呈现出具有战略意义的亮点。

一、郑州都市区规划建设

2010年下半年，郑州市委全会上，郑州市的决策者围绕中原经济区建设形成共识，就是要加快规划建设郑州都市区，持续推进跨越式发展，形成中原经济区核心增长极，使郑州真正成为全国区域性中心城市，实现增长速度、发展质量和综合效益居于全省和中西部地区前列的目标。在2012年郑州市人大会议上明确的方案，郑州都市区规划由"两核六城十组团"组成，基本上明确了郑州作为国家区域性中心城市的未来发展前景，摆脱了过去传统连片外延式发展思路，主要以两个核心城区、六个特色城区、十个城市组团发展支撑未来的城市扩张，是继郑东新区规划建设之后郑州市规划建设整体思路的全面提升与重大跨越，符合现代大型中心城市发展规律，反映了可持续发展的科学理念，有利于规避日益引起高度重视的大城市病的负面影响，建设宜居宜业城市，特别是郑州航空经济示范区等这种凸显新功能的城区规划与建设，突出了内陆地区临（航空）港发展中高端产业的特色，有利于加快外向型经济发展步伐，弥补河南省不临海、不临江的区位缺陷，形成新的开放型经济增长点，对依托原有城市发展基础改善区域性中心城市发展质量、提高对区域经济发展的辐射带动能力具有重要的理论创新意义和实践价值。

二、中心城市新区建设

继郑东新区规划建设成功之后，全省各市突破传统"摊大饼"发展的模式，全面规划建设城市新区，拓展城市发展空间，获得突破性进展。先后有开封、洛阳、新乡、焦作、许昌、漯河、南阳、安阳、商丘、平顶山、三门峡、鹤壁、濮阳、驻马店等获准建设复合型新区，跨越式扩大了城市发展舞台，大幅度提升了中心城市发展实力，激发了中心城市经济社会发展活力。各个城市新区规划起点高，前瞻性好，更加注重体现"城市，让生活更加美好"的新理念，为城市居民生产和生活预留绿色空间大，生态环境质量优，历史性迎来中心城市跨越发展、持续发展、创新发展、高质量发展的重大机遇。特别是每个城市新区更加重视产城融合与地域文化建设，超前建设高质量绿地系统，着力创造宜居宜业的发展环境，研究探索和推广应用节能低碳建筑技术，形成产业发展特色和规划建设特色。郑州、三门峡等试验获得成效以后，全省各市县全面启动规划建设中心商务区和特色商业区，为新型城镇化注入新的活力，有利于促进第三产业加快发展，有利于改善产业结构，促进经济发展方式转变，全省城区第三产业发展迎来一个新的黄金期。

三、中原城市群一体化网络化发展

以加快公共基础设施建设为载体，以加快集聚发展、提高城市经济发展效率为基本方向，促进了中原城市群一体化网络化发展。发挥"两群融合"（城市群与产业集群融合）的叠加优势，节约集约利用土地资源，依托中原城市群产业集聚区和现有产业基础，集中规划布局和引导建设一批科技含量较高的产业集群，尽快在产业集聚区实现以产业集群发展为主要形态的"两集融合"（产业集聚区与产业集群融合），确实把全省已经创造的产业集聚区项目容易落地的政策优势与国内外已经证明的产业发展最具核心竞争力的产业集群发展优势有机集成，放大效应，让全省拥有更多充满活力的产业集群，推进中原城市群二、三产业上水平、上档次、上规模，并通过产业集群主导产品易于国际化的路径，为内陆开放高地建设铺平产业发展之路，让新型城镇化更具时代性、更具创新性、更具地方特色、更具人本精神。

四、县城的快速扩张

作为县域政治、经济、社会、文化中心，县城在地方发展中影响深远，在当地居民心目中吸引力较大，是河南省这样人口稠密地区吸引人口转移、发展现代产业、推进新型城镇化建设的前沿基地。河南省各县(市)紧紧抓住全省新型城镇化高速推进的历史机遇，利用县城基础设施相对较好的优势，充分借鉴国内外经验，制定优惠政策，吸引投资、完善基础设施，特别是提升公共基础设施和公共服务水平，以加快产业发展，特别是产业集聚区发展，带动产业集聚与人口集中，促进了县城的快速扩张。据河南省发改委统计，2006—2010年，河南省各级城镇新增人口有50.3%集中在县城和县级市市区，说明其在吸纳人口转移过程中具有十分突出的地位。像平原地区的平舆县，2004年县城人口才7万人，2011年已经激增至18万人。巩义市市区人口更是高达30多万人，已经成为生机勃勃的中等城市。按照目前的发展态势，全省大约有三分之一以上的县城处于快速扩张之中，发展活力充沛，在全省城镇体系中地位将持续提升。

五、特色镇的崛起

依据资源环境条件，特别是产业集聚区和产业集群发展基础，以特色工业、旅游业或商贸业为主，全省一批特色镇正在迅速崛起，向着中小城市方向迈进。著名工业重镇回郭镇，经过多年打造，形成具有全国影响的铝材加工产业集群，现有铝加工企业 2000 多家，铝板、铝带、铝箔和铝加工装备研发等系列产品一应俱全，2011 年销售额达 400 亿元以上，拥有永泰、永顺等著名企业，铝加工关键技术及装备创造了很多项全国第一，荣获中国最具发展潜力产业集聚区。河南省最具产业竞争力集聚区等多项荣誉，成功创建河南省高新技术特色产业基地，在创建国家级新型工业化示范基地方面取得重要进展。与此相伴，人口集聚达 11.4 万人，远超过当地原有人口，一个特色鲜明的城市形象已初步显露出来。以冶铁著称的安阳县水冶镇，建成区面积达 18 平方公里，拥有著名的钢铁冶炼产业集群，集聚人口 13.5 万人，先后荣膺国家建设部全国小城镇建设试点镇、全国重点镇、河南省改革发展建设综合试点镇等称号，已成为经济繁荣、生活富裕、环境优美、社会文明的现代化新型城镇。2011 年，水冶镇被确定为全国 25 个经济发达镇行政管理制度改革试点之一，未来发展成为一个中等规模的城市大有希望。全国最大的玉器工艺品加工制造销售中心镇平县石佛寺镇，更是以先后荣获"全国特色景观旅游名镇"，"中国人居环境范例奖"著称。

六、新型农村社区建设的突破

河南省在推进三化协调科学发展过程中，逐步探索找到了推进新型城镇化的切入点和城乡一体化的结合点，就是建设新型农村社区。所谓新型农村社区，是指打破原有村庄界限，把两个或两个以上行政村，按照一定标准，经过统一规划，统一建设新的居民住房和服务设施，统筹产业发展和居民就业，以优惠政策引导，在一定期限内迁村并点，形成农村新的居住模式、管理模式和发展模式，并开创性地纳入城镇体系管理。建设新型农村社区，可以持续扩大内需，低成本地改善农民的生产和生活条件，让农民过上和城里一样的生活，节约集约利用土地资源，促进耕地流转和规模经营，对新型工业化和新型农业现代化均具有战略意义。中共河南省委书记卢展工说，这是继家庭联产承包责任制之后农村发展的"第二次革命"，是继"离土离乡"城镇化、"离土不离乡"城镇化之后探索的第三条道路，即"既不离土也不离乡"的城镇化。通过新型农村社区建设，可以节约 1/3—1/2 以上的农村居民点建设用地，既解决了今后的建设用地问题，也更好地就地解决农民群众改善居住环境和提高收入水平的期待。中央早就提出要城乡统筹发展，但怎么统筹一直难以破题，河南省的领先之处就在于找到了切入点，三化协调核心是破解不牺牲农业的难题，切入点就是在新型城镇化过程中，把农村发展联系进来，以新型农村社区作为着力点，但有一点要清楚，新型农村社区不是新农村的概念，它们之间有着本质的区别。比如，城市公共服务设施要延伸到自然村难度很大，但可以到达农村社区。按照舞钢市等地的探索，进入新型农村社区的居民，在不影响原有涉及农民和农业方面基本利益的情况下，将其转为城镇户籍，办理城镇社保，办理土地使用证和房产证，使居民财产资本化，还可以用房产证进行抵押贷款，为其创业和实现财产性收入奠定了新的制度基础。这种制度与政策创新，向社会的弱势群体倾斜资源，为当地农民带来了实实在在的利益，促进了当地农民生产方式与生活方式的重大转变，大幅度提升了居民的收入水平，有利于破解"三农"发展难题，成为城乡统筹发展和城乡一体化的支撑点。加上"人地挂钩"政策已开始试验，初步为新一轮土地制度改革和农村土地市场开放摸索到了切入点。按照国务院关于中原经济区先行先试的政策，继续探索、提升、凝练和完善，河南省新型农村社区建设有可能成为第三次全国土地制度改革创新的突破点，具有重要的政策试验与示范意义。

科学、客观、全面、系统地认识全省新型城镇化建设的亮点，能够增强持续推进新型城镇化的信心与勇气，以城乡统筹发展和城乡一体化为核心理念，从理论与实践的结合上探索新型城镇化引领"两不三新"三化协调科学发展的路子，在"关键在做"上下功夫，务实发展，为民发展，创新发展，科学发展，加快中原经济区建设步伐，更加有效地促进中原崛起、河南振兴。通过深入系统的摸索，从最需要制度创新的基层试验，从最具创新冲动的基层突破，让普通民众获得创新的效益，并逐步提升与规范运作政策，解河南省现实发展之难，探国家未来发展之路。作为在全国最具代表性的区域，河南省为国家创新发展积累经验，为国家制定促进类似地区发展政策提供科学依据。

第四节　河南省新型城镇化需要破解的难点

一、新型城镇化引领三化协调发展问题

三化协调发展，难点是发展空间，也就是土地问题。所以，卢展工讲，建设中原经济区走一条不以牺牲农业和粮食、生态和环境为代价的三化协调发展之路，新型城镇化是引领，要通过新型城镇化建设，整合村庄、土地、人口、产业等要素，增强新型农村社区综合服务功能，着力破解保护耕地和保障城乡建设用地的矛盾，提升节约集约用地水平。改革开放以来我国沿海地区的发展历程，实现了城镇化和工业化的迅速发展，但农业却停滞，甚至出现倒退发展趋势。而河南省从寻求发展空间入手，通过新型农村社区建设，一般可以节约 1/3—1/2 农村居民点建设用地，全省就可以节约几百万亩土地，潜力巨大，这就是引领的关键所在。舞钢市通过新型农村社区建设，让农民有了财产性收入，并顺利通过房产抵押，拿到了创业与致富的贷款，政策创新确实为当地老百姓带来了发展的实惠，深受当地群众的欢迎，这也是引领的具体体现。但是，新型城镇化，路子刚刚开始摸索，而且涉及大中小城市以及县城、乡镇的统一规划与协调发展，在各个层面如何发挥引领作用，需要持续进行探索与试验，以便激活城镇化的各种内在要素，共同推动城镇化健康发展、科学发展、持续发展、创新发展，引领新型工业化与新型农业现代化，引领更多的农民进入各种城镇，改善自己的生产与生活条件。

二、新型城镇化与传统城镇化的衔接问题

传统城镇化道路，已经显示出明显的弊病，造成城乡二元结构显著。这样不仅不利于经济本身的发展，也对社会稳定、国家安定造成潜在威胁。新型城镇化核心是强调城乡协调发展，而不是把二元结构越拉越大，就是要在国家宏观调控下，更多地调动国家资源，支持农村的发展，在制度与体制层面解决"三农"问题。发展中国家最难破解的是"三农"问题，如果不用国家的力量推动资源向"三农"倾斜，国家长治久安是会出问题的。现在，我们通过新型城镇化，特别是建设新型农村社区，让更多的农民低成本转化为城镇居民，既解决了集中集聚集约发展提高效益问题，也解决了我们国家由于"人多地少"而迫切需要的发展空间问题，有利于促进城乡统筹发展，特别是有利于农村加快发展。

三、新型农村社区建设的资金筹措问题

新型农村社区建设现在最大的问题之一是资金筹措。新型社区建设核心内容是让过去分散的农村居民点变成集中的居民点，把过去因为分散导致多占用的土地资源腾出来，为工业化和城镇化腾出空间。这样我们的基本农田、耕地保住了，农业生产能力就能持续提升。新型农村社区建设就是要用更高的标准建设基础设施配套完善、住宅条件很好的社区，所以筹集足够的资金是关键问题。目前，河南省各地探索的路子各具特色，比如新密，它利用煤炭塌陷区改造这个特殊优势，不仅把新型农村社区建得很好，基础设施配套也非常到位。长葛的众品集团通过市场化运作投资建设新型农村社区，而且获得了平均每个行政村400亩地的发展空间。舞钢市采取多种办法筹集资金进行基础设施建设，而房屋建设成本由自愿入住的居民出，公共基础设施由地方政府和商业运作筹集，资金运转比较好。滑县锦和新城一期工程共需要资金13亿元，地方整合国家项目资金1.1亿元（水利、教育、建设、交通、林业等）；产业集聚区管委会自筹资金1.8亿元（商业街开发受益）；争取和整合国有企业资金1.2亿元（电力、通讯、

移动、广电、天然气等）；融合社会资金 2.4 亿元（社区医院、餐饮洗浴等城市配套功能建设）；农民自筹资金 1.46 亿元；争取银行贷款 5.1 亿元，其中河南省农行农民新民居贷款 2.3 亿元（每户贷款 5 万元），河南省农业发展银行贷款 2.8 亿元（拆旧建新节约土地抵押贷款），较好地解决了建设资金问题。据统计，河南省 2011 年新型农村社区建设共筹资 650 亿元，和过去相比有很大增长，2012 年的投入将会更多，特别是省财政已经将其列为重点项目、金融机构已经积极介入，省级财政资金和信贷资金的投入将进一步缓解资金难题。

四、新型农村社区居民的就业问题

这个问题现在是很多学者，包括国外学者最关心的问题之一。把居民集中起来，我们能做到，但是集中以后让居民干什么？如果居民集中在社区，还是去种地，还从事第一产业，那是不行的。基于理论分析，到实际调研，我们形成这些观点：一是中国确实已经出现了刘易斯拐点，剩余劳动力不再无限供应，已经出现劳动力价格稳定上涨的状态，招工难，稳定普通职工从业更难。在这种状态下，历史已经发展到可以加快农村居民积聚，而且能够让越来越多的居民在第二、第三产业实现就业。二是对河南省来说，我们看到了一个现象，一个富士康打破了郑州市与河南省用工市场多年一边倒的现象。2012 年郑州富士康招工 18 万，导致劳务市场上用工成本迅速提升。实际上富士康为什么大规模向中国中西部转移，确实和中国现在已经出现刘易斯拐点相关。三是河南省有序推进的 180 个产业集聚区建设，改变了我们工业发展与产业工人规模扩张的格局，过去就业是大难题，现在招工难题在挑战就业难题。所以在现有条件下，尽管各市、县情况有差别，但是从总体上看，就近到第二、第三产业就业通过协调是有希望解决的。舞钢市枣庄社区，就近社区建起几家台资企业，实现就地安置，就近就业。濮阳市西辛庄村，原有村民 600 多人，现在工业企业安置就业 8000 多人，进一步集聚人口建设社区，条件已经具备。

五、新型农村社区建设中土地资源节约集约
   利用与利益分配

从全省情况看，平原地区会节约农村居民点占地 1/3 左右，丘陵地区潜力最大，平均可以节约一半左右。丘陵地区是户均占有宅基地面积最大的，一般在 1 亩左右。把这些土地资源整合之后，可以腾出大量发展空间。相比较而言，山区不仅人均宅基地不多，而且宅基地复垦难度大，一般平原地区也要慎之又慎，因为平原地区都是比较穷的地方，筹集资金难度比较大。京广铁路沿线的丘陵地区是全省新型农村社区建设的突破口，不仅人均占有宅基地最多，而且经济相对活跃，经济实力较强，第二、第三产业就业情况较好。舞钢市通过建设新型社区，在人口相对密集的地区建设连体别墅，户均住宅由原来平均半亩以上，到现在户均 0.23 亩，节约了用地一半以上。永城市芒山镇雨亭中心社区原有 6 个村 1.5 万多人，占地 6000 亩，新社区规划占地 1000 亩，节约出土地 5000 亩，目前社区一期工程基本结束。滑县锦和新城 33 个村庄整合以后建成新型农村社区，由原来占地 9500 亩减少到 3925 亩，节约土地达 5575 亩。新密市实施合村并城、并镇、并点后，预计全市可节约土地 8 万多亩，为工业化和农业现代化提供了用地保障。通过新型农村社区建设的初步实践证明，可以节约集约利用土地资源毋庸置疑。当然，这些土地确实存在能否腾得出的问题，后续仍然有大量工作要做。与此同时，对于节约出来的土地以及由此带来的土地收益如何分配，也是目前关注的难点。从多数基层社区运行情况看，要充分考虑新型农村社区建设过程中的利益补偿问题，也必须保障新创造的效益让当地居民分享，这样才能够让当地居民不仅顺利搬进新社区，而且能够把应该盘活的土地资源真正盘活。2011 年 11 月，卢展工在周口商丘调研时指出，在推进新型城镇化过程中，一定要让广大农民得到更多实惠，决不能侵犯农民权益、损害农民利益。以农村宅基地为例，建设新型农村社区需要对农民的宅基地进行整合，整合出来的土地仍然是农民的，一部分可以作为耕地，另一部分可以调剂为建设用地，保障城镇化、工业化的用地需求，但一定要保障农民的土地权益不受损害。

六、大中小城镇的协调发展问题

新型城镇化仍然要求大中小城镇协调发展，这是城镇化的大局，也是区域经济发展的客观规律。国内外城镇化的过程表明，中心城市的集中集聚集约发展，是城镇化的普遍规律。基于这种规律，在全省推动新型城镇化战略过程中，真正积聚各类要素的重点，仍然是在各级中心城镇，特别是以省会郑州为中心的国家区域性中心城市，以各地级市政府驻地为中心的市域中心城市，以各县城为中心的县域中心城镇，是主要积聚中心。但是，我们河南省人口密度特别大，仅仅依靠中心城市，推进城镇化速度和城镇本身的承载力都无法满足实际需要。因此，以各乡镇政府所在地为中心的节点城镇，以新型农村社区为中心的新集聚地，在推进城镇化过程中，具有特殊的集聚要素的意义。对于中心城市与基层的集聚中心，要统筹规划，协调发展，互促共进，最终立足于造福于民。

七、传统文化保护与传承问题

胡锦涛同志在党的十七大报告中指出："当今时代，文化越来越成为民族凝聚力和创造力的源泉，越来越成为综合国力竞争的重要因素。"纵观历史，世界几大文明的消失无一不是以文化消失为标志，而中华文明之所以绵延至今，就在于拥有鲜活的民族精神和优秀的传统文化。中国传统文化发源于农耕文化，从某种意义上说中国传统文化的根就在农村。中原大地是全国传统文化沉淀非常丰厚的地方，如巩义市康百万庄园、偃师市二里头文化遗存、义马市石佛村具有 300 年历史的李家大院、渑池县地坑窑院、经典豫西民居等，这些传统文化载体大多在基层农村。在农村新型社区建设过程中，如何对类似这些传统文化载体进行科学保护，并伴随经济发展，进一步对其进行研究、认识、挖掘、继承、传承、利用和弘扬，确实需要我们做更加深入细致的工作。在新型社区建设中形成乡村特色、地方特色和民族特色，对防止"一刀切"，防止大拆大建，防止加重农民负担，保护有历史文化价值的古村落和古民宅有着重要的作用。有些地方在新型农村社区建设规划过程中，正在讨论利用原来在当地比较有影响的建筑，或者在新型社区建设民俗博物馆，发动当地居民自愿捐赠有传承纪念价值的农具、纺车、砖雕、家具、标志物等，深受欢迎，值得关注。我们需要提醒的是，万万不能在新型农村社区建设过程中，随着部分村庄被拆除、复垦或者变成建设用地，让这些宝贵的文化遗产被遗弃，甚至被毁掉。

第五节　河南省新型城镇化的战略重点

一、从战略上强化郑汴都市区核心增长带动作用

区域发展的核心地区拥有强大的集聚辐射能力，可以形成强大的积聚中心。要充分利用郑汴都市区（包括郑州市区、开封市区和郑州、开封之间的郑汴新区）位置居中、基础设施配套条件优越、人才资源相对丰富、适宜中高端项目，特别是大型产业转移项目落地的特殊优势，模拟富士康项目引进时创造的"郑州速度"，提高政府管理部门的运行效率，创造更加宽松和谐的投资环境，加速集聚高端生产要素和生活要素，提高产业发展层次，加快区域经济国际化步伐，借势促进经济发展方式转变，全面提升发展效益，打造中原经济进入世界的枢纽和世界经济进入中原的门户。到 2020 年，力争集聚人口规模 800 万—1000 万，集聚产业实现生产总值两万亿以上。以该都市区的快速集聚发展，强化其在河南省乃至中原经济区的增长极地位，促进区域发展层次的持续提升。

二、加快中原城市群集聚集群集约集成发展

以加快产业集聚发展为基本方向，以集中发展产业集群为主要形式，以扎实推进产业集聚区建设为主要载体，以加强基础设施建设为主要支撑，以集中力量建设城市新区为主要抓手，以创造宜居宜业、生态环境优美、发展环境宽松、城乡关系和谐、文化特色显著的新型城镇和功能组团为战略目标，发挥"两群融合"（城市群与产业集群融合）的叠加优势，

通过新型农村社区建设、土地综合整治等战略措施，节约集约利用土地资源和相关公共资源。依托各市产业集聚区和现有产业发展基础，集中规划布局建设一批有重要影响的产业集群，尽快在产业集聚区实现以产业集群发展为主要形态的产业，推动"两集融合"（产业集聚区与产业集群融合）。充分利用我们已经创造的产业集聚区项目容易落地的政策优势与国内外已经证明的产业发展最具核心竞争力的产业集群发展机制优势，促进二、三产业集聚发展、集群发展、集约发展、集成发展，特别是要高度重视充满活力的产业集群的持续发展，培育更多符合产业政策要求的产业集群，推进产业上水平、上档次、上规模，增强核心竞争力和国际化影响力，并通过产业集群产品易于国际化的路径，为内陆开放高地建设铺平产业发展的道路，以产兴城、产城互济，打造富有地方特色的中原城市群。

三、全面规划建设五级新型城镇体系

过去，河南省城镇体系一直是四级体系。其中，郑州市是国家区域性中心城市，其他各省辖市是地方区域性中心城市，县城是县域中心，乡镇是地方性增长节点。现在，城镇体系向下延伸一级，发展到第五级，就是新型农村社区，这是个创新点，而且已经被国务院批复的河南省城镇体系规划肯定。事实上，新型农村社区在管理体制上进一步创新，逐步纳入城镇体系规范管理，将是推动城镇化的重要动力，是城乡一体化的切入点，是统筹城乡发展的结合点，是促进农村发展的增长点，是推动三化协调发展的突破点，在促进农村人口就地转移转化方面具有特殊优势。在河南省这样人口稠密的地区，进一步创新城镇体系，扩大城镇体系覆盖范围，有利于加快城镇化进程，有利于改善当地居民的生活，有利于推动"三农"问题破解，深受基层群众的欢迎，与国外"迁村并点"有类似的政策效应，对城镇化任务比较繁重的省区有重要的借鉴价值。

四、努力提高城乡统筹协调发展水平

新型城镇化的核心是城乡协调发展，关键是通过国家宏观调控的力

量，更多地向农村倾斜资源，支持农村加快发展。为此，一是鼓励城市支持农村发展，让更多的资源向农村倾斜。二是推动农村人口向城镇有序转移，必须在户籍制度上为进入社区的居民"开绿灯"。三是尽快开展农村土地市场开放试点，像 1992 年开放城市土地市场一样，先行先试，积极探索农村土地使用权进入市场的具体办法，激发农村发展活力，盘活农村土地资源，为工业化、城镇化提供支撑。四是加快公共服务向农村延伸步伐。统筹城乡基础设施建设和社会事业发展，逐步提升农村社会事业公共服务水平，加快推动城乡一体化发展。

五、积极推进新型农村社区建设

新型农村社区建设是新型城镇化的战略基点，是中原经济区建设实践中基层群众的伟大创举，也是河南省委、省政府顺应民意、顺应潮流、"谋河南的事、解发展的题"的重大创新。以新型农村社区作为统筹城乡发展的结合点，有利于推动"两不三新"三化协调科学发展，推动土地集约利用、农业规模经营、农民多元就业，实现思路上统筹、发展上一体、作用上互动、要素上集约。以新型农村社区作为推进城乡一体化的切入点，有利于推动城镇生产要素和产业链条向农村延伸，基础设施和公共服务向农村覆盖，现代文明和科学技术向农村传播，实现一体化、均等化发展。2011 年 10 月，河南省委九次党代会明确指出新型农村社区建设是统筹城乡发展的结合点、推进城乡一体化的切入点、促进农村发展的增长点。要坚持分类指导、科学规划、群众自愿、就业为本、量力而行、尽力而为，积极稳妥开展新型农村社区，推进土地集约利用、农业规模经济、农民多元就业、生活环境改善、公共服务健全，加快农村生产方式和农民生活方式转变。把新型农村社区建设纳入城镇体系规划，统筹安排、合理布局；纳入重点项目，加快支持力度。探索新型农村社区管理体制，提高管理水平。

第六节　河南省新型农村社区建设的主要模式

作为新型城镇化最大的亮点之一，河南省在新型农村社区建设方面大胆探索，积极进取，充分发挥一线群众的积极性和创造性，先后涌现出一批具有重要示范意义的典型案例。我们按照主要动因，把全省新型农村社区建设大致分为以下六种模式。

一、移民搬迁型

由于水利建设、矿区塌陷或者是贫困山区生产生活条件较差导致的移民搬迁，过去传统的做法是由原来的旧村搬到后来的新村，村还是村，居民居住依然分散，生产要素和生活要素难以集中。近几年，各地总结历史经验，适应新型城镇化建设的需要，按照靠近城镇、靠近产业集聚区、靠近骨干交通道路的思路，采用统一规划、一步到位的方法，直接规划建设新型农村社区。因为这类社区有专项搬迁补贴费用的支持，所以一般情况下建设速度比较快，成效比较显著。典型如南水北调移民搬迁社区建设，在规划过程中，确保了房屋建设、道路、给排水、公共绿地和学校、幼儿园、医院、超市、敬老院、公园、社区活动服务中心等配套设施优化配置，布局合理。搬迁涉及河南省丹江口库区移民16.2万人，安置区涉及6个省辖市25个县（市、区）。搬迁后居民点占地比搬迁前的1.89万亩节约0.84万亩。新密市委、市政府以煤矿沉陷区搬迁安置为契机，采取"党委政府引导、部门支持、社会

阳光政务进农家

帮扶、上下联动"的办法，动员各方力量，整合各种资源，探索出了新型农村社区建设新模式，在以新型城镇化为引领、推进三化协调科学发展的道路上率先起步，进行积极有益的尝试。其煤矿塌陷区搬迁，除郑州煤炭工业（集团）有限公司给予的专项补助外，还动员当地企业家自愿捐款数亿元，使建设资金比较充足，确保了新型农村社区建设的质量。坚持统筹谋划，从社区选址布局到房屋建筑外观、从道路设计到绿化美化、从基础设施到公共服务设施，乃至工作生活半径等，都做了高标准设计，妥善处理了当前与长远、个体与总体、生活与生产的关系，形成了独具特色的建设理念和发展模式，被称为新型城镇化的新密样本。

二、产业集聚区建设集中型

地方结合建设产业集聚区，把原来居住在规划区内部的居民，通过统一规划，集中居住，建设新型农村社区。如滑县的锦和新城，是目前河南省规模最大的省级新型农村社区建设试点。他们按照"以社区建设为突破，以产业发展为支撑，以人文关怀为纽带，以文明建设为保证"的方针，对当地土地、村庄"双整合"，全面规划建设新型农村社区。该社区共整合33 个村，可容纳 4 万多人。一期工程投资 12 亿元，建设面积 96.4 万平方米，整合 18 个村 1.9 万人居住。目前，已经有 2940 户搬入连体独院或多层、小高层楼房新居，占一期搬迁总户数的 62.1%，其余农户预计 2012 年年底之前可实现全部入住。二期工程预计投资 22 亿元，建筑面积 113.3 万平方米，整合 15 个村 2.4 万人居住，将在两年内完成。与之配套的相关设施有些已经投入运营，有些正在建设。濮阳县濮上人家社区，由原来产业集聚区内部 10 个行政村、2500 户、1.1 万人集中居住，居民主要安置房是 11 层的小高层楼房。按照正在建设实施的方案，对原来居民的旧房进行评估，均价大约为 8 万元，与新楼建成以后分给居民的 120 平方米的住房价格大致相当，另外每户居民按照成本价 1200 元—1300 元可以优惠购买高层住房 80 平方米，按照成本价购买地下贮藏室 10 平方米，门面房 30 平方米，即每户居民可以在新型社区得到 240 平方米的房子，既解决了城镇化的住房，也可以解决居民收入问题。

三、龙头企业支持型

依托龙头企业的管理优势与资金运筹优势，由其支持建设新型农村社区，推动地方经济社会发展，企业本身再通过市场运作获得相关发展效益。如长葛市石象乡古佛寺社区即是由著名企业众品集团公司支持建设的。该社区西距长葛市区 10 公里。规划由古佛寺和苗庄两个行政村、6个自然村迁并而成，共 1790 户、5647 口人，耕地面积 7231.5 亩、人均 1.28亩，属于传统农业村，主要以粮食种植业为主，大部分劳动力外出务工，2011 年人均纯收入 8800 元。原村庄占地面积 1086.6 亩，社区规划占地面积 396 亩，节约土地 690 亩，节地率达到 64%；规划总建筑面积 25.4 万平方米，总投资 2.4 亿元。其中，居民房屋建筑面积 19 万平方米，计划分两期建设，两年完成。众品公司积极参与古佛寺社区建设，规划了一区四基地。社区建成后腾出的 690 亩地，拿出 426 亩用来建设众品公司果蔬加工基地和养殖基地；剩下的 264 亩，加上原来的耕地统一流转给众品公司，由其与今麦郎公司合作建设优质粮食生产基地和众品公司蔬菜加工基地。在村民就业方面，除社区服务、商业就业外，其余劳动力，尊重本人意愿，可全部进入众品公司建设的四个基地和长葛市产业集聚区的企业就业。该社区采取政府主导、企业帮建模式，就是政府主导社区规划和基础设施、公共设施建设，建成以后，群众搬迁，把老宅基地有效利用；在建设资金方面，众品公司预支社区建成后置换出的可用土地指标款每亩 15万元，共 690 亩，总计 10350 万元，用于社区建设，解决了前期建设资金问题。浚县王庄镇中鹤社区由鹤壁市中鹤集团为主投资建设。该社区规划面积 11 平方公里，总投资 60 亿元，分三期建设，计划用 15 年时间建成可容纳 6 万—8 万人集中居住的新型农村社区。中鹤新城建成后，可新增耕地 2.9 万亩。中鹤集团准备将王庄镇的全部土地流转承包，规划了居住区、综合服务区、产业发展、种植示范、畜牧养殖等 13 个功能区，该社区拥有与城市居民一样的基础设施和就业、就学、就医等公共服务。中鹤新城一期 2010 年 8 月份启动，拟搬迁小齐村、大齐村等 10 个行政村，可节约土地 3850 亩。2012 年 3 月，启动了 4 个行政村、1234 户的搬迁工作。

四、中心村升级型

在原有的规模比较大的中心村，经过进一步规划与建设，升级为新型农村社区。如辉县市裴寨社区，以张村乡裴寨村为中心，整合周边 11 个行政村联合建设了一个超万人的大型新型农村社区。2008 年 12 月，原裴寨新村建成。后来，伴随新型农村社区全面铺开，紧挨着新村，又有几十栋同样的连体小楼拔地而起，就是正在建设之中的裴寨社区。由于集体经济较好，有能力改造村庄，新型农村社区建设步伐很快。2010 年 3月，裴寨老村的整体拆迁改造全面展开，不到 3 个月时间，不仅拆完了老村的所有房屋，而且还把村庄周围的沟渠填埋起来，总共增加了 600 多亩土地。濮阳县庆祖镇西辛庄村，原有 172 户家庭，680 口人。近些年，在党委书记李连成带领下经济发展非常快，已有近 20 家村办企业，2011 年企业总产值超过 10 亿元，村民人均收入 2.6 万元，全村有 8000 多名外来务工人员，非农就业 1 万多人。1998 年，当地就启动了新农村建设，家家住上了 200 多平米的别墅式住宅，建设了高标准小学、幼儿园和民生医院，基础设施日益完善，初步具备了环境优美、功能齐全的新型农村社区雏形。在西辛庄带动下，周围 15 个村的群众纷纷表示自愿并入西辛庄，目前已经启动规划建设西辛庄社区。

五、中心镇拓展型

依托原有城镇向外拓展，进行新型农村社区建设，既节约城镇基础设施配套建设费用，也容易得到当地老百姓的认可，是深受基层群众欢迎的一种新型农村社区建设类型。舞钢市八台镇丰台社区，枣林镇枣园社区，尹集镇柏都社区等都属于这种类型。这种社区一般依托原有中心镇，选择建设条件相对较好的地区，规划建设标准较高的社区，成本相对比较低，加之原有镇本身相关基础设施，特别是学校、集市、医院、公共上下水、警务等配备齐全，早已是地方经济社会活动的中心，建设成的社区容易吸引居民进驻，是目前很多县市推进量比较大的类型。当我们走进以连体别墅为主要建筑类型的丰台社区时，确实可以感受到当地群众发自内心的喜悦。他们祖祖辈辈居住在分散的农村，在这一次新型农村社区建设过程中，以享受种种优惠的方法进入社区，不仅彻底改变了居住条件，成为城镇居民，而且作为农民仍然享受国家规定的一系列优惠政策，地方政府为他们办理了集体土地使用证、房产证，使自己的家庭财产资本化，为财产性收入奠定了制度基础。如果需要的话，他们的土地证和房产证还可以抵押贷款，为创业或者置业创造了条件。临颍县杜曲中心社区，也属于城镇拓展型。该社区规划吸纳镇区北部 9 个行政村 20 平方公里范围内 2.5 万群众聚集。根据现有的村庄区位布局和工商业分布，杜曲中心社区从西到东由彼此相连的 3 个居民区组成，即北徐居民区、颍河家园和龙云居民区。3 个居民区依托天然的颍河故道水系和不断完备的道路体系合围发展，统一规划建设公共绿地广场、社区服务、教育文体、医疗卫生、商贸金融等公共基础设施和服务设施，构成一个布局集中、要素集约、资源共享的社区。

六、旅游开发型

依托当地旅游资源，建设新型农村社区，让进入社区的居民主要从事旅游服务业，既解决了原来分散居住导致的生产生活条件差问题，也解决了集中居住以后居民的就业问题，大大提高了居民收入水平，改善了群众的生产和生活方式，往往还能够造就出各具特色的风情小镇。汝阳县的西泰山新型农村社区，距离县城 50 公里，由原来分散居住在山区的居民集中以后，依山而建，错落有致，形成宛如坐落在群山环抱中的旅游风情小镇。小镇群众依托当地旅游资源，家家户户办起农家乐，开展旅游接待，农民人均纯收入由搬迁前的 2760 元增加到 2011 年的 9000 多元。社区内基础设施配套齐全，公共服务基本健全，村民不仅实现脱贫，而且基本上过上了市民的生活。鄢陵县陈化店镇明义社区由 6 个行政村整合而成（共 2285 户、8480 口人，耕地 11225 亩）。该社区紧邻许昌至鄢陵城际快速通道和花都温泉度假区，原村庄占地 2088.1 亩，迁并后社区安置用地566 亩，节约土地 1522.1 亩，节地率达到 73%。目前，该社区一期工程已经建成，占地面积 165 亩，建设砖混结构住宅 22 栋，安置户数 647 户；二期工程规划占地 400 亩，建筑总面积 27.77 万平方米，共 1638 套住宅。社区重点围绕务农、务工、服务、经商 4 个行业发展，实现群众就业。其中，通过发展高产农业、花木种植业、现代畜牧业，并拉成产业链条，可提供 1700 个就业岗位；通过旅游纪念品和工艺品、箱包及优质饮用水生产，可提供 870 个就业岗位；通过建设茶文化商业街、地方特色美食街和温泉度假游，可提供 1120 个就业岗位，让群众在家门口实现就业增收。舞钢市尹集镇张庄社区，也是依托当地旅游资源开展旅游为主的社区。社区占地 510 亩，可容纳 1100 户、4000 余人，是一个依山傍水、风景秀丽，集生活居住、休闲娱乐、观光度假为一体的旅游服务型社区。"风景墙、别墅房，青山绿水变银行，家家有项目，户户奔小康，社区栽下梧桐树，满天飞来金凤凰"，成为当地老百姓生活的真实写照。

实际上，河南全省各地开展的新型农村社区建设还有更加丰富多彩的内容，我们也只是在调查研究的基础上，初步归纳出这些模式。伴随这场农村发展史上革命性创举的不断深化，相信必将涌现出更多值得我们关注、为当地群众带来更多利益、人文关怀更好的模式，我们也期望各地在总结经验的基础上，创造更加符合群众需要的、更具科学价值的新型农村社区建设模式。

第七节　河南省新型城镇化的创新点

在中原经济区建设上升为国家战略的激励下，河南新型城镇化建设如火如荼，正在全面展开，赢得了方方面面的重视，为当地人民带来了可以看得见、摸得着的利益，深受当地群众欢迎。我们在对全省新型城镇化进行调研分析的基础上，初步归纳出新型城镇化在以下四个方面具有重要创新。

一、创新了我国地域城镇体系

城镇体系（urban system）是指一定地域范围内若干规模不等、性质不同的城镇及其职能区域相互联系，相互依赖和制约而形成的一个有机的地域城镇系统。该概念的内涵可概括为：(1) 任何城镇体系都存在于一个特定的、相对完整统一和相对独立的区域内；(2) 不同类型和级别的城镇是体系的主体；(3) 城镇体系的结构功能是健全和有序的；(4) 城镇间多种方式、多种渠道的联系与作用是构成体系的纽带；(5) 相互联系的所有城镇是一个完整的综合体。城镇体系区别于一般城镇群体的独特性质是它的整体性、层次性、关联性、开放性和动态性。

我国地域城镇体系形成了全国性、区域性和地方性的三级城市网络。参照国家城市等级规模分类和配套相应服务设施的经济规模，我国地域城镇体系的等级规模可分为 7 个层次：特大城市(100 万人以上)、大城市(50 万—100 万)、中等城市 (20 万—50 万)、小城市 (10 万—20 万)、县城 (5 万—10 万)、建制镇 (1 万—5 万) 和一般集镇 (1 万以下)。

河南省新型城镇化建设实践中，首次把新型农村社区纳入城镇体系管理，使原有的城镇体系向下延伸了一级，即形成 8 个层次。而且，在国务院刚刚批准的河南省城镇体系规划中，认可了我们把新型农村社区纳入城镇体系管理的做法。因此，在这样情况下，全国的城镇体系规模结构就形成了新的 8 个层次的体系。其中，在我们创新的新型农村社区这个层次，我们一般是按照 3、5、1 的序列建设的，即在山区把新型农村社区建设规模定为 3000 人以上，在一般丘陵地区定为 5000 人以上，在平原地区定为 10000 人以上。实际上，从河南省各地实际建设进展情况看，不少新型农村社区建设规划规模在 2 万—5 万人不等，已经超过了过去建制镇和一般集镇的规模，也充分说明全国城镇化面临一系列亟待研究与解决的新问题。在这种特殊背景下，在河南省这样人口密度特别大的地区，创新城镇体系，使实际城镇体系向下延伸，促进城乡协调发展、一体化发展，不仅具有科学管理的重大意义，而且从实际运行情况分析，把分散的农村集中建成新型农村社区，打破了千百年来农村家族世袭力量在传统农村的延伸路线，为克服家族势力对基层政权的不正常影响创造了历史性条件，有利于不同家族之间的融合与深入交流，促进基层组织的健康发展，所以社会学意义也特别大。

在通俗易懂的层面分析，按照 2010 年颁布的《全国城镇体系规划

2010》，将全国城镇划分为国家中心城市、区域性中心城市、地区性中心城市、县域中心、乡镇等五级。那么，河南省没有国家中心城市，原有城镇体系是四级。河南省创新的新城镇体系就是向下延伸一级，成为包括新型农村社区在内，成为五级。这种城镇体系，虽然打破了我们演绎了多少年的传统城镇体系的概念，但是从已经运行的实际效果看，确实能够促进当地群众的城镇化，确实让进入社区的居民过上了和城镇大致一样的生活，居民生产方式与生活方式均发生重大变化，具有重大历史进步意义，很可能是结合河南省当地实际情况、符合未来发展需要的一条科学可行的推动城镇化的路子。

从国外情况看，也有同我们类似的做法。例如，日本，在经历了迁村并点以后，把 2000 人以上的居民点就可以称为镇。在北欧，把 2000 人以上的居民点，就可以称为市。在美国，很多市也就几万人。所以，对我们城镇化任务特别重的地区，创新城镇体系也是历史的必然，因为这样既符合城镇化本身的客观需要，也确实为当地人民群众解决了融入城镇的历史性难题。如果全国各地逐步认可这样的创新，就可以逐步克服我们国家城镇化长期落后于工业化的弊病，为城镇化的科学推进提供新的制度支持。

对于有些人担心的在新型农村社区建设过程中，当地农民"被城镇化"问题，实际上是一个认识误区。其实，我们很多现在没有城镇户籍的农民，早就不在农村从事第一产业了，只不过我们传统上有严格的城乡分离的户籍制度，导致他们虽然已经长期在城镇从事第二、第三产业，但是被异地冠以"农民工"的称谓，没有被纳入城镇人口管理。如果我们本着以人为本的科学理念，通过新型农村社区这种载体，在近期不影响他们所拥有的土地承包权、农业补贴利益等既得利益的情况下，低成本地解决他们的城镇化问题，很可能是破除城乡二元结构的重大制度创新。对于有些人担心的进入社区住进楼房的居民，是否还需要种地？也是一个对基层现实情况了解不足的问题。在包括河南省农区在内的大部分北方农区，仍然在安心种地的青壮年劳动力很少，因为我们国家劳动力供给的"刘易斯拐点"已经到来，劳动力不再是无限供给的资源，劳动工资已经进入持续上升期。所以，很多地方出现招工难，替代原来的就业难。在这样的条件下，转入第二、第三产业就业，收入增长比较快，进一步刺激农村劳动力离开农业，进入城镇的第二、第三产业，也直接带动近几年农业土地流转速度加快。不少人由于在城镇就业与居住没有保障，仍然把土地作为自己最后生活保障的底线，但是完全可以通过土地流转，获得比较有效的土地收益，在河南省很多农村，土地流转报酬水平已经上涨到流转每亩耕地，每年给以 1200 斤小麦的程度，农户本身的收益已经高于自己直接耕种，而且土地流转之后，自己和家人都可以到非农产业就业，一年的收入比种地要高很多。因此，进入社区的居民，确实也有部分居民在种地，但是所占比例非常有限，而且往往具有特殊性。对于大部分进入社区，已经转为城镇户籍、办理有城镇社保的居民来说，选择二、三产业就业，是大势所趋，是利益所在，具有普遍性。更有甚者，提出进入社区的居民，怎么样养鸡？怎么样养羊？怎么样养猪？这是对当今我国畜牧业了解不足所致。现实情况是，我们早已经进入畜牧业规模化发展时代，分散养殖业比例非常小，除专业养殖之外，绝大部分居民不再分散养殖家畜家禽。所以，不用担心这类问题。

二、提出了新型城镇化引领"两不三新"三化协调科学发展的新论断

2011 年 8 月 1 日，卢展工进一步明确提出新型城镇化引领三化协调发展的科学命题之后，全省理论界与各个基层组织，认真探索，努力实践，引领作用日益显现，这种观点的科学性、可行性也逐渐被方方面面接受。

从河南省实际看，城镇化水平低是经济社会发展诸多矛盾最突出的聚焦点，这一状况对城镇化模式转变形成倒逼压力，要求河南省必须创新城镇化发展思路和路径。实践证明，推进新型城镇化，有利于拓宽农村人口转移渠道，有效解决农村劳动力亟待转移与城镇承载能力不强的矛盾；有利于促进城乡一体化发展，改善农村生产生活条件，逐步解决城乡差距大、二元结构矛盾突出的问题；有利于推动农业规模化和组织化经营，提高农业劳动生产率和综合生产能力；有利于节约集约利用土地，解决建设用地刚性需求与保护耕地硬性约束的矛盾；有利于扩大内需，推动经济社

会持续较快发展。要统筹推进大中小城市、小城镇和新型农村社区建设，加快构建符合河南省实际、具有河南省特色的现代城镇体系。卢展工的这一论述，既是对基层新型城镇化初步探索的总结，也是下一步新型城镇化实践的基本要求。

在推进新型城镇化实际工作中，要落实四个着力。即着力增强中心城市辐射带动作用，着力增强县域城镇承载承接作用，着力增强新型农村社区战略基点作用，着力构建城乡一体化发展新格局。

河南省提出新型城镇化引领，是在发展实践中持续探索、持续提升、持续实践、持续创新的结果，也是历届省委、省政府带领全体人民艰苦奋斗、科学追寻、结合实际的选择。20 世纪 90 年代初期，河南省作为传统农业大省、工业小省、财政穷省，如何在不牺牲农业的同时，推进工业化和城镇化，成为摆在全省人民面前的重要课题。"八五"之初，河南省提出了"工业、农业两篇文章一起做"和"两道难题（工业化缓慢、农民增收困难）一起解"的发展思路。2003 年《河南省全面建设小康社会规划纲要》进一步明确："要坚持以工业化为主导，以城镇化为支撑，以推进农业现代化为基础，统筹城乡经济社会协调发展"，工业化地位进一步提升，全省工业发展形势明显好转。2006 年，河南省八次党代会明确了要坚持以工促农、以城带乡的指导思想，开始意识到城乡二元结构明显加大的趋势。2011 年，河南省九次党代会提出，要走好"两不三新"三化协调发展这条路子，必须充分发挥新型城镇化的引领作用、新型工业化的主导作用、新型农业现代化的基础作用，使三化之间的关系进一步明确。由此看来，在河南省发展的不同历史阶段，面临着不同的矛盾和问题，在工业化初期阶段，主要任务是强农兴工。进入新的历史时期，河南省面临的最突出的矛盾是城镇化严重滞后，影响全省经济社会的全面发展。而传统城镇化道路又面临一系列难以破解的瓶颈。因此，河南省开始高度重视新型城镇化战略，并结合新乡市已经进行的探索与实践，提出以新型城镇化引领三化协调科学发展，既是基于弥补短板、增强动力、拓展空间、激活潜力的现实要求，也是厘清关系、抓住关键、破解难题、促进区域协调发展的科学选择，这是城镇化发展模式的重大创新。作为一个城镇化水平低、农业比重大的内陆人口大省，河南省城镇化对象是 4.7 万个行政村、

18万个自然村和6000万农村人口，要在基础弱、底子薄的情况下加速城镇化，让超过60%的农村人口与城镇居民一起融入现代生产生活方式、共享改革发展成果，就必须摒弃传统的城镇化发展模式、创新发展思路，探索走出一条符合河南省发展实际、顺应城镇化发展规律、具有区域特色的新型城镇化道路。

针对河南省的实际情况，只有坚持新型城镇化引领，才能不断完善城镇功能，优化发展环境，促进企业集中、要素集聚，形成产业集群优势和交易成本优势，进而吸引更多的投资和项目进得来、留得住、发展快、带动强，解决"钱从哪里来"的问题；才能有效破解现有城市承接吸纳能力弱、不能满足农村人口向城市转移需要的矛盾，通过新型五级城镇体系建设为人口转移提供了多元选择和更大的容量，让广大农民可以不必离土离乡就能安居乐业，有利于解决"人往哪里去"的问题；才能以社区化发展促进耕地流转，推动农业规模化、组织化、标准化、现代化，在耕地不减少的同时提高农业生产效率和综合生产能力，有效解决"粮食怎么保"的问题；才能通过要素集约利用、功能集合构建、服务整体提升，不断完善城乡基础设施和公共服务设施，破除城乡二元结构，尤其是新型农村社区建设，让农村居民不出家门就能过上城镇生活，低成本解决"民生怎么办"的问题；才能不断优化城市布局和形态，同时推动农村土地挖潜、整治、复耕，更好地促进城乡土地资源集约节约利用，缓解建设用地刚性需求与保护耕地硬性约束的矛盾，解决"土地哪里来"的问题；才能促进企业集中布局、产业集群发展，进而形成循环经济发展链条，深入推进清洁生产，通过污染物减量和污染综合治理并举，解决"减排哪里去"的问题；才能促进资源合理流动、优化配置，提高资源投入产出效率，推进节约集约利用，解决"要素怎么保"的问题；才能一方面通过加快农业发展方式转变，提高农业生产能力和生产效率来实现保供给，另一方面通过城乡统筹、融合发展促进产需之间有效衔接，减少中间环节，有效降低流通成本，平抑市场物价，解决"物价怎么办"的问题。

在当前条件下，新型城镇化引领什么？一是引领农村人口合理转移，提高公共资源配置效率；二是引领土地节约集约利用，破解土地瓶颈制约；三是引领城镇功能完善，提高城镇承载能力；四是引领工业合理布局集聚发展，促进新型工业化；五是引领农业规模化组织化发展，加快新型农业现代化；六是引领产城互动产城融合，推动以产兴城、依城促产；七是引领城乡统筹发展和城乡一体化发展，逐步破解城乡二元结构矛盾；八是引领资源节约环境保护，推动城镇生态宜居，和谐发展。

三、找到了破解三化协调发展空间的具体方法

三化协调发展是指一个国家或地区工业化、城镇化和农业现代化三者之间相互促进、良性循环、和谐发展的过程，而不是相互掣肘、制约发展的状态。在一般意义上，工业化、城镇化和农业现代化是人类文明进步的重要标志，是发展中国家现代化建设的基本内容。在一个国家或地区经济社会发展的进程中，工业化、城镇化和农业现代化是一个有机联系的整体系统，三者相互联系、相互作用，既有资源利用上的竞争关系，也有相互推动、互为支撑的协调关系。实现三化协调发展，是促进经济平稳较快发展、社会和谐稳定、顺应农业农村发展新变化新挑战的迫切需要和必然要求，也是在资源约束条件下工业化、城镇化推进过程中的一种战略需求。

2003 年 8 月，中共河南省委、河南省人民政府印发《河南省全面建设小康社会规划纲要》的通知（豫发［2003］17 号）提出："加快工业化、城镇化，推进农业现代化是河南省全面建设小康社会的基本途径，也是从根本上解决'三农'问题的必由之路。坚持以工业化为主导，以城镇化为支撑，以推进农业现代化为基础，统筹城乡经济社会协调发展。"第一次正式将"三化"并列提出，并提出"协调发展"的要求。事实上，这些年来，河南省一直沿着工业化、城镇化和农业现代化协调推进的路子在探索。特别是从 2004 年开始，全省在快速推进工业化、城镇化的同时，开展了以农村空心村、黏土砖瓦窑、工矿废弃地为重点的"三项整治"，取得了显著成效。到 2008 年，全省共整治土地 129 万亩，新增耕地 78 万亩。其中，全省共拆除黏土砖瓦窑厂 7760 多个，复垦土地 21.6 万亩。通过"三项整治"，不仅有效保护了耕地，而且提高了农村土地的集约节约利用水平，为工业化、城镇化提供了有效的土地资源支撑。新乡市从 2006 年开始探索通过新型农村社区建设，节约集约利用农村居民点建设用地的方法，很

快见到成效。一般情况下，平原地区可以节约 1/3 以上，丘陵地区可以节约 1/2 以上，节约集约土地资源潜力非常大。

在 2010 年河南省委、省政府制定的《中原经济区建设纲要(试行)》中，三化协调发展作为河南省建设中原经济区的核心思想，被放到了空前重要的位置。而国务院出台的《关于支持河南省加快建设中原经济区的指导意见》更是把三化协调作为中原经济区建设的核心任务，并明确指出，中原经济区的战略定位之一是"全国工业化、城镇化和农业现代化协调发展示范区"。在加快新型工业化、城镇化进程中同步推进农业现代化，探索建立工农城乡利益协调机制、土地节约集约利用机制和农村人口有序转移机制，加快形成城乡经济社会发展一体化新格局，为全国同类地区发展起到典型示范作用。这些意见都给中原经济区建设提出了明确要求，就是要努力探索三化协调发展的科学可行之路，真正为全国同类地区起到典型示范作用。

目前，河南省仍然处于工业化城镇化的中期阶段，产业结构的特点是能源、原材料等资源与资本密集型产业比重较大，这种基本情况非常不利于三化之间的协调，三化之间不够协调已成为河南省和谐发展的重要制约因素。此外，针对河南省的实际情况和建设中原经济区的实际需求，在河南省三化协调发展问题上，走"新型工业化"、"新型城镇化"的观点得到了广泛认同，"加快新型工业化，构建现代产业体系"、"加快新型城镇化，构建现代城镇体系"、"推进农业现代化，加快社会主义新农村建设"写入了《中共河南省委关于制定全省国民经济和社会发展第十二个五年规划的建议》。由于新型工业化、新型城镇化和农业现代化是一个涉及经济社会方方面面的复杂系统工程，既要在政府宏观调控下发挥市场配置资源的功能，又要根据本区域内的经济社会情况，在认真总结我们自己创造的经验的同时，辩证地学习和借鉴外地的成功经验，选择符合自身特点的发展模式是全面破解三化协调发展难题的关键。

提高城市用地效率是缓解城市化用地扩张与农地保护矛盾的关键。因为总体上讲城市用地的集约化程度要远高于农村。如果城市化的进程能够伴随着城市用地利用效率的提高，则城市化并不会导致大规模的农地流失。如果缺少用地效率提高的基础，则农地保护政策实现难度大，也会阻碍城市化的健康发展。也就是说，解决土地制约的关键还在于节约集约用地问题。我们系统研究这个问题，提出了区域土地资源总量平衡理论，从理论上说明，当一个地区完成城镇化以后，土地资源的总量应该是节约的。据我们初步分析，河南省在盘活土地资源方面潜力还是非常大的。从若干方面努力，河南省大约可以有1000万亩以上的可以盘活利用的土地资源。而如果用这些土地资源进行城镇建设的话，按照人均占有100平方米的标准计算，就可以容纳6000万人以上，基本上可以解决河南省现有全部农村人口的城镇化用地。所以，在积极推进新型工业化、新型城镇化的过程中，保住现有的耕地规模，保障粮食生产能力持续提升的可能性是有的。而依托这种科学基础，推动新型农业现代化建设也就大有希望。

四、探索创造出农民财产资本化制度框架

舞钢市为了解决新型农村社区建设遇到的资金难题，千方百计把农民所掌握的资源转化为资金。2012年4月初，舞钢市政府为尹集镇张庄社区居民颁发了《中华人民共和国集体土地使用证》和《中华人民共和国房屋所有权证》，并获准以房产证抵押贷款。多年来，农民最重要的资产就是住宅，由于得不到产权证明而只具有居住功能，是真正的"不动产"，而给进入社区的居民发放"双证"就是要把"死资产"变成"活资本"，解决长期以来农村"缺血"、农民"融资难"的问题。发放"双证"后的一个月内，社区居民从当地农信社获取的贷款额度达到1600万元，实现了农民的房产变成资产，再变成资本，获得可持续发展的动力。因此，新型农村社区建设，实质就是以城镇化的理念改造农村，以公共服务均等化覆盖农村，以现代化的产业体系支撑农村，最终让农民实现生活方式和生产方式的改变。

洛阳市新型农村社区建设创新用地制度和房屋产权制度。一是破解新型农村社区建设用地难题。洛阳市出台的《新型农村社区建设有关土地和房屋产权的若干意见（试行）》指出，"新型农村社区建设用地纳入城镇规划和土地利用总体规划，可以使用集体建设用地，也可使用国有建设用地。使用出让方式供地的，按照政府'零收益'的原则，土地征收时扣除

上缴省以上的费用外，其余所产生的市县两级的行政事业性收费一律予以免除，服务性收费按底限减半收取"。二是为入住新型农村社区居民办理房产证。洛阳市探索了两种模式：第一种是集体建设用地上的房屋产权。按国家有关政策办理集体土地房屋所有权证，可以继承、赠与、租赁、抵押、转让。土地使用限期为无期。上市交易时，应先将土地变性为国有出让地并补缴土地出让金，所缴的土地出让金除省级以上3%以外，市县两级的收益免除。由于此类房屋的土地性质属集体建设用地，适合以居住为主的群众选择。第二种是国有建设用地上的房屋产权，房屋拥有完全产权，土地使用限期为70年。这种房屋适合近期有出让愿望的群众选择。截至2012年上半年，全市为入住新型农村社区的2625户居民办理房产证2115个、土地证1853个，其中办理国有建设用地上的房屋产权证186个。三是为新型农村社区居民办理住房抵押贷款。洛阳市委农村工作委员会，积极协调金融机构，为新型农村社区居民办理住房抵押贷款。洛阳银行、洛阳农信社、农商行等相继出台了《洛阳银行个人住房贷款—新型农村社区住房按揭贷款操作规程》、《洛阳银行个人经营性抵押贷款—新型农村社区居民住房抵押循环额度贷款操作规程》、《河南省农村信用社联合洛阳市办公室关于印发新型农村社区住房抵押贷款指导意见(试行)的通知》等文件，可以用住房进行创业资金抵押贷款。2012年7月18日，洛阳市首批新型农村社区居民住房抵押贷款签约仪式在偃师市高龙镇举行，韩鹏程、王宾兵等10户居民，以新型农村社区住房做抵押，向高龙农信社贷款共计80万元，用于自主创业，开启了该市新型农村社区居民住房抵押贷款的先河。

2012年8月17日，洛阳市农村社区房产办证网络系统正式开通。为稳步推进新型农村社区建设，洛阳市将全市范围内的新型农村社区居民房屋及其权属管理纳入全市房产管理系统进行统一管理。网络系统可及时、准确地把房产权利状况记载在房地产登记簿上，并自动形成电子档案，对外公开物权事实。居民可登录网络系统查询房产登记信息，了解实时信息，减少交易成本，保证交易安全，确保新型农村社区居民的合法权益。至此，洛阳市确定的33个新型农村社区建设试点已全部开工，其中，11个一期工程基本完工，建成住宅楼123栋4590套，为新型农村社区居民办理房产证 2115 个、土地证 1853 个。

新乡是新型农村社区建设的"创始者",从 2008 年起全面铺开建设新型农村社区,2010 年被确立为河南省统筹城乡发展试验区,2011 年 11 月又被确立为全国农村改革试验区。新乡在户籍制度改革、集体土地流转、产权制度改革等 10 多个重点领域不断探索创新,总结了一系列宝贵经验。2012 年以来,新乡市在"三化"协调科学发展方面持续探索,制定了《推进全国农村改革试验区工作的 13 个实施细则》,共出台 8 个方面 49 项城乡一体化政策。为入住社区的 2.8 万户居民办理城镇户口,已累计办理房产证 10062 个,组建土地整治中心和土地矿业权交易中心,让农民享受城镇居民在就业、教育、医疗、社会保障等方面的同等待遇,增加农民的财产性收入,腾退收益全部用于新型农村社区建设。积极探索社区建设管理的体制机制,下沉政府社会管理和便民服务职能,构建社区党总支委员会、社区服务管理委员会、社区居民代表委员、社区居民事务监督委员会"四位一体"的农村社区组织机构。

2012 年 8 月 29 日,新密市给 394 户新型农村社区居民统一发放了房屋所有权证,允许农民在村集体范围内进行房屋产权转让。根据《郑州市集体土地上房屋登记暂行办法》,拿到房产证的农民,允许将房屋抵押登记,获得金融机构的贷款。以上这些事例说明,河南已经有多个省辖市在推动新型农村社区建设的同时,大胆探索城乡统筹发展和城乡一体化政策,为进入社区的居民办理土地证、房产证以及用房产证进行抵押贷款的运作政策框架,确实让千百年来没有财产权的农民,拥有了财产权和财产使用权,使党中央早就提出的让居民有财产性收入的阳光普照到了新型农村社区居民的身上。这种政策创新具有划时代的战略意义,对于我们从制度层面支持农村发展农民致富,实现城乡一体化不仅可以操作,而且已经见到成效。伴随这种制度创新的进一步规范与完善,必将为更多的农村居民带来革命性的变化。如果这项制度进一步延伸,依托新型农村社区居民住房即将进入市场的还有农村集体土地,尽管现在只是可以在小范围流动与交易,那么通往致富大门的这扇门打开了,只有可能越开越大,不可能再关上,对于酝酿已久的农村土地市场改革将是一个非常积极的信号。就像当年在安徽小岗村推动农村土地承包制一样,一个村政策的突破,导致中国农村发生了一场革命，大大解放与发展了农村生产力。这一次在传统农业大省河南探索找到了让农民拥有财产性收入的制度架构，因为能够为当地居民创造实实在在的利益，深受基层农民欢迎。进一步完善以后，对中国农村的发展，对中国农民的城镇化之梦，对中国最终从制度层面破解"三农"问题，都将是一场新的革命。我们可以感受到这场革命山雨欲来风满楼，那么它带给广大农民的将是制度创新造就的巨大财富，将为中国发展做出不可磨灭的历史性贡献。

以上这些创新，有些已经非常明朗，科学可行，有的还刚刚开始，还正在探索和试验，还不成体系，但是我们能够看到其非常美好的前景。所以，我们在认真系统调查研究的基础上，大胆对其进行了初步总结。期望得到方方面面的指导，以期共同关注、研究、讨论、思索这种"河南现象"。当我们一方面时常听到中国经济发展面临新的下行压力，急需寻求激发全国经济发展新的增长点的时候，不少人都表现出无奈，甚至表现出不满；另一方面我们到河南的基层，看到新型农村社区居民因为实现了进入城镇的梦想，住上了宽敞明亮的楼房，拥有了财产性收入，我们深刻认识到当今中国持续推动改革创新有多么重要。党的十一届三中全会以来，全党全国坚持改革开放，坚定不移走中国特色社会主义道路，使我们这样国内生产总值（GDP）曾经不及西班牙的国家，仅仅一代人的时间，就成为了世界第二大经济体，全球从来没有哪个国家像中国这样攀升得如此之高、如此之快。但同时，由于制度建设与创新的缺失，目前仍然有将近一半的国民是农民，他们基本上无法享受城镇公共基础设施和公共服务，生活的幸福指数不高。而河南探索创新的新型农村社区建设的路子，不仅为新型工业化、新型农业现代化寻求到了非常宝贵发展的空间，而且为大量农民带来了巨大的实际利益，为全国亿万梦想进入城镇的居民带来了低成本实现梦想的希望。因此，这种政策和制度创新，对我国经济社会发展与进步的影响是巨大的，其战略作用的进一步放大将为中华民族的伟大复兴奠定坚实的基础，将为亿万农村居民创造美好的未来！

第六章
河南省的新型工业化

新型工业化是新型城镇化和新型农业现代化的重要依托和支撑，在三化协调发展进程中居于主导地位。进入 21 世纪以来，河南省紧紧抓住国家促进中部崛起的重大历史机遇，充分发挥区位优势和资源优势，大力扶持和培育大型工业企业和企业集团，鼓励各类民营企业发展，加快自主创新和工业结构调整步伐，大胆探索新型工业化发展道路，全省工业经济实现了重大跨越，工业经济总量快速增长，效益水平大幅提高，实现了由农业大省向新兴工业大省的历史性跨越。

第一节　新型工业化的内涵

一、新型工业化的提出

新型工业化是相对传统工业化而言的。传统工业化是以粗放型增长为主的工业化，主要是靠不断增加生产要素的投入，不断扩大生产规模实现经济的增长。传统工业化的缺陷是长期大量消耗资源能源，经济效益较差，难以实现可持续发展。20 世纪 70 年代中后期，在技术进步、管理创新和发展理念创新的共同推动下，西方主要发达国家经济结构实现了重大变化，经济增长方式逐步由粗放型向集约型转变。20 世纪 90 年代以后，信息技术飞速发展，不断塑造知识型全球化社会。以信息技术为代表的高新技术广泛应用，并对农业、传统工业和服务业进行优化和提升，不仅推动发达国家的产业结构、发展方式发生了根本转变，对发展中国家也产生了重大影响。国内外学界通常将以信息技术为代表的高新技术推动经济发展的阶段称之为"新型工业化阶段"，将20世纪90年代以前主要发达工业国家以及新兴工业化国家和地区所走的工业化道路称为"传统工业化"。

我国的工业化过程大致可以分为四个阶段。一是从新中国成立（1949年）到改革开放前夕（1978年）。这一时期，国家实行计划经济体制，把重工业作为优先发展的重点，与国际经济联系较少。经过近30年的发展，初步奠定了工业化基础，建立了较为完整的工业体系。二是从改革开放初期（1979年）到建立社会主义市场经济体制前夕（1992年）。随着改革开放，我国资源配置方式由单纯的计划手段转向由计划手段与市场调节相结合，工业经济得到了高速发展，国内经济较为发达的东部沿海地区快速实现了由工业化初级阶段向工业化中期阶段的过渡。三是从确立社会主义市场经济体制（1993年）到"十六"大召开（2002年）。随着社会主义市场经济体制在我国的逐步建立，市场对资源配置的基础性作用逐步增强，产业的市场化程度显著提高，工业增长明显转向以重工业为主导的格局。四是2003年以来，按照十六大的战略部署，我国整体上步入新型工业化

中信重工生产的超大型矿山机具

道路。

党的十六大报告中明确提出："走新型工业化道路，大力实施科教兴国战略和可持续发展战略。坚持以信息化带动工业化，以工业化促进信息化，走出一条科技含量高、经济效益好、资源消耗低、环境污染少、人力资源优势得到充分发挥的新型工业化路子"。提出走新型工业化道路，是党中央在总结改革开放以来经济发展的基础上，立足基本国情得出的科学结论和准确定位，是加快推进我国工业化、现代化的重大战略部署，对我国新世纪工业化进程具有重要的理论、政策和实践意义。

二、新型工业化的科学内涵

综合国内外新型工业化的实践和学术界对新型工业化的研究成果，与传统工业化相比较，新型工业化具有以下五个方面的基本内涵。

（一）新型工业化是信息化和工业化互动发展的工业化

新型工业化与传统工业化一个重要的不同之处，就在于传统工业化把工业化和信息化看成是一个国家和地区现代化发展过程中两个不同的阶段，认为只有在工业化完成之后，才开始推进信息化。与此相反，新型工业化是将工业化和工业发展中后期的信息化放在同等重要的位置来考虑，强调以信息化带动工业化，以工业化促进信息化，实现二者的互动发展、融合发展。

第二次世界大战以后世界经济的发展历程表明，随着工业技术，特别是先进制造技术的不断提升，促进了以集成电路为核心的电子信息技术的飞速发展，到20世纪90年代在全球形成了信息化的浪潮，以信息技术为先导的高新技术向社会的各个领域不断渗透，极大地影响了全球工业化进程，带来了人类生活方式、生产方式的深刻变革。

当前，河南省已经步入工业化中期阶段，走新型工业化道路必须适应世界经济、科技发展的大趋势，大力发展以电子信息为代表的高新技术产业，坚定不移地走信息化带动工业化的路子。河南省第九次党代会报告指出，以科技含量高、信息化涵盖广、经济效益好、资源消耗低、环境污染少、人力资源优势得到充分发挥为主要内涵的新型工业化，在经济社会发展中具有决定性作用。这一论述，进一步强化了信息化在河南新型工业化内涵中的重要位置。

（二）新型工业化是科技进步推动的工业化

十六大报告指出，走新型工业化道路，必须发挥科学技术作为第一生产力的重要作用，注重依靠科技进步和提高劳动者素质，改善经济增长质量和效益。十七大报告进一步指出，要坚持走中国特色新型工业化道路，促进经济增长由主要依靠增加物质资源消耗向主要依靠科技进步、劳动者素质提高、管理创新转变。两次论述都准确地阐明了科技进步与新型工业化之间的关系，强调了科技进步在新型工业化进程中的重要作用。在当前经济全球化的大背景下，国家之间的竞争就是综合国力的竞争，而综合国力的竞争，归根到底就是科技的竞争。科技进步对提高企业经济效益，推动地区经济增长有巨大作用。科技竞争力将决定一个国家或地区在未来世界竞争中的地位，同时也将极大地影响一个国家或地区的工业化进程。

科技进步推动工业发展主要体现在两个方面：一是改造、提升传统产业。科学技术是第一生产力，在生产和服务的各个环节充分利用先进适用技术和高新技术，可以提升传统产业的技术水平，实现传统产业的改造和升级，进一步推进产业结构的优化调整。二是催生新兴产业，产生新的经济增长点。当今世界，科学技术，特别是高新技术产业对经济的贡献越来越大，已经成为工业化进程的主导力量。据统计，在发达国家，战后经济增长的70%—80%是由科学技术的进步而取得的。在20世纪的后20年，全球信息产业创造的生产力提高了近100倍。到2000年，美国信息产业创造的增加值占国内生产总值的比例超过了50%。进入21世纪以来，发达国家纷纷把加快科技进步，重点培育和发展战略性新兴产业作为重振经济、提升国家竞争力的战略选择，力争通过科技创新，进一步培育新兴产业，抢占新一轮经济发展制高点。推进三化协调发展，必须适应这种全球性的发展趋势，通过科技进步促进新型工业化健康发展、科学发展。

（三）新型工业化是实现可持续发展的工业化

传统工业化道路的显著特征是大量消耗资源，特别是大量消耗煤炭、石油等不可再生资源，是资本密集型产业占主导地位的工业化，走的是先污染后治理的道路。尽管在20世纪70年代以后发达国家开始注意保护本国环境，但采取的办法大多是通过产业转移向第三世界国家转嫁环境污染，全球温室气体大量排放、气候变暖、灾害频发的状况不但没有改观，反而持续恶化，全球为工业化的发展付出了沉痛的资源与环境代价。

促进资源节约和环境友好，实现可持续发展，既是新型工业化的基本内涵之一，也是新型工业化的艰巨任务。新型工业化道路强调以可持续发展来统领工业化进程，坚持生产发展、生活富裕、生态良好的文明发展道路，是依靠科技进步，以信息产业为代表的高新技术产业占主导地位的工业化。新型工业化更加注重对资源的集约节约利用和对生态环境的保护，更加注重经济增长的质量和效益，建立速度和质量效益相统一、经济发展与人口资源环境相协调的工业化模式，实现人民在良好生态环境中生产生活，经济社会可持续发展。

党的十六届五中全会明确提出，要建设资源节约型与环境友好型社会，并首次把建设资源节约型、环境友好型社会确定为国民经济与社会发展中长期发展规划的一项战略任务。这是依据我国资源供给、环境承载能力等现实国情做出的战略选择，也是全面解决资源、环境问题，走中国特色的新型工业化道路的战略部署。

（四）新型工业化是统筹城乡协调发展的工业化

改革开放以来，我国工业化进程明显加快，但以农业增效难、农民增收难、农村社会进步慢为代表的"三农"问题一直未能得到有效解决，城乡差距、工农差距扩大的趋势不断加剧。造成这一问题的深层次原因是传统工业化过于强调城市工业化，而忽视了农村工业化的发展，特别是广袤的中西部地区，人为地将城市化和工业化割裂开来，影响了农村的发展，形成了非常典型的二元经济结构，扩大了城乡之间的差距。

新型工业化是以科学发展为基础，能够实现城乡之间的协调推进。一是彻底打破城乡分割的传统体制，能够促使城市企业和农村企业在农村和城市之间有序转移，以市场机制为基础在城市和农村之间合理配置资源。二是因地制宜引导农民不断进入第二、第三产业，加快农业现代化进程，使农民充分分享工业化的成果。三是重视改造、发展农村经济，用抓工业的思路、理念、机制和办法发展农业，能够形成以城带乡、以工促农、工农互动的良性循环，形成城乡互补共促、统筹城乡发展、统筹区域发展的格局。四是坚持大中城市与小城镇协调发展，不断提高农民的专业化素质，能够引导农村剩余劳动力向城镇转移，在城乡协调发展的基础上逐步提高城镇化水平。

（五）新型工业化是充分发挥人力资源优势的工业化

人口众多、劳动力成本较低、劳动力文化素质不高是我国人力资源现状。在推进新型工业化的过程中，必须充分考虑这一基本国情，扬长避短，充分发挥人力资源丰富的优势，科学化解工业化过程中提高劳动生产效率与扩大就业的矛盾。具体工作中，要正确处理两个方面的关系。一是既要重视能够吸纳为数众多的普通就业人员的传统产业的优化升级，又要重视能够吸纳中高端人才的高新技术的培育和发展，正确处理好发展传统产业和发展高新技术产业的关系。二是通过合理规划、承接产业转移等，既要大力发展能够促进农村就业和农民增收的劳动密集型工业项目，又要不断创造新的竞争优势，大力发展能够集聚高技能人才的技术密集型产业，正确处理好发展劳动密集型产业与发展技术密集型产业的关系。

第二节　河南省新型工业化的基础

一、经济社会发展取得显著成效

"十一五"期间，河南省保持了较高的经济发展速度，经济发展质量也明显改善，主要经济指标年均增速均高于全国平均水平，综合经济实力跨上了新的台阶。2010 年，全省生产总值达到 23092.4 亿元，自 2005 年突破 1 万亿元后，又突破了 2 万亿元，五年年均增长 12.8%，总量翻了一番，稳居全国第五位；人均生产总值由 1000 美元增加到 3500 美元，高于中部地区平均水平；财政总收入达到 2293.3 亿元，是 2005 年的 2.4 倍，年均增长 18.8%；累计完成固定资产投资 54600 亿元，比"十五"翻了两番，年均增长 30%。

"十二五"规划开局的 2011 年，在宏观形势错综复杂的情况下，河南省借助中原经济区建设的契机，促使国民经济继续保持平稳增长的良好态势，全年全省 GDP 达到 27232.04 亿元，比上年增长 11.6%；地方财政总收入 2851.22 亿元，比上年增长 24.3%；地方财政一般预算收入 1721.56 亿元，比上年增长 24.6%。

河南省 2005—2011 年国民经济基本运行情况见表 6—1，显示河南省经济发展质量稳步提升，经济社会发展总体持续、总体提升、总体协调、总体有效，持续呈现比较好的趋势、比较好的态势、比较好的气势。

表 6—1　2005—2011 年河南省国民经济基本运行情况

指标	2005 年	2006 年	2007 年	2008 年	2009 年	2010 年	2011 年
GDP（亿元）	10587	12363	15012	18408	19480	23092	27232
GDP 增速（%）	14.2	14.1	14.6	12.1	10.7	12.2	11.6
GDP 在全国的位次	5	5	5	5	5	5	5
河南省人均 GDP（元）	11346	13313	16012	19593	20597	24446	28829
全国人均 GDP（元）	14103	16084	18934	22641	25582	30074	34999
河南人均 GDP 占全国（%）	80.5	82.8	84.6	86.5	80.5	81.3	82.4
地方财政一般预算收入（亿元）	537.7	679.2	861.5	1009.1	1126.1	1381.3	1721.6
地方财政一般预算支出（亿元）	1116.0	1440.1	1870.6	2283.9	2905.8	3416.1	4246.4

注：数据来源于 2005—2011 年《河南省统计年鉴》和《中国统计年鉴》。2011 年数据来自河南省统计公报和河南省工业和信息化厅运行监测协调局。

二、进入工业化中期阶段

科学判断工业化进程所处的发展阶段，是制定符合省情的新型工业化战略的基础。目前，对工业化发展阶段判断标准研究的代表人物主要有 H. 钱纳里、西蒙·库茨涅茨、约翰·科迪、C.G. 克拉克、威廉·配第、华尔特·惠特曼·罗斯托等。综合这些学者的研究成果，围绕人均国民生产总值、三次产业产值比例、制造业增加值占国内生产总值的比重、三次产业就业比例、人口城市化率等5个指标，可从多个角度判析河南省现阶段的工业化发展水平。

从人均国民生产总值看，河南省处于工业化中期的前半段。2004年，河南省人均GDP突破1000美元的"门槛"，2007年突破2000美元，2010年突破3000美元，达到3500美元。河南用两个3年，实现了两个千点的跨越。对照美国经济学家H.钱纳里的工业化阶段划分标准（表6—2），河南省在2010年实现了由工业化初期向中期的跨越，目前处于工业化中期的前半阶段。

表6—2　H.钱纳里的工业化发展阶段标准

时期	人均GDP变动范围 （按2009年美元计算）	发展阶段
1	763—1526	初期产品阶段
2	1526—3025	工业化阶段早期
3	3025—6104	工业化阶段中期
4	6104—11445	工业化阶段后期
5	11445—18312	发达经济阶段
6	18312—27468	

注：资料来源于尹继东等，《欠发达地区新型工业化道路研究》，中国财政经济出版社。

从产业结构看，河南省处于工业化中期的后半段。改革开放30年来，河南省的产业结构发生了重大变化（表6—3），特别是二、三产业的地位大幅度提升，已经由2005年的17.9：52.1：30.0转变为2011年的12.9：58.3：28.8，其中，第二、第三产业占GDP的比重由82.1%提升到87.1%。

按照美国经济学家西蒙·史密斯·库茨涅等学者的研究结果，当一产比重下降到20%以下，二产比重上升高于三产，工业化进入中期阶段。从表6—3可以看出，河南省三次产业达到这一结构的年份是2003年。自2008年以来，河南一产、二产比重分别一直低于15%、高于55%，说明河南省正处于工业化中期阶段的后半段。

表6—3　1978—2011 年河南省三次产业结构（%）

年份	生产总值	第一产业	第二产业	第三产业	年份	生产总值	第一产业	第二产业	第三产业
1978	100.0	39.8	42.6	17.6	1995	100.0	25.5	46.7	27.8
1979	100.0	40.7	42.3	17.0	1996	100.0	25.8	46.2	28.0
1980	100.0	40.7	41.2	18.1	1997	100.0	24.9	46.1	29.0
1981	100.0	42.5	38.3	19.2	1998	100.0	24.9	45.0	30.1
1982	100.0	41.1	39.0	19.9	1999	100.0	24.9	43.8	31.3
1983	100.0	43.7	35.5	20.8	2000	100.0	23.0	45.4	31.6
1984	100.0	42.0	36.8	21.2	2001	100.0	22.3	45.4	32.3
1985	100.0	38.4	37.6	24.0	2002	100.0	21.3	45.9	32.8
1986	100.0	35.6	40.2	24.2	2003	100.0	17.5	48.2	34.3
1987	100.0	36.1	37.8	26.1	2004	100.0	19.3	48.9	31.8
1988	100.0	32.1	40.0	27.9	2005	100.0	17.9	52.1	30.0
1989	100.0	34.1	37.3	28.6	2006	100.0	16.4	53.8	29.8
1990	100.0	34.9	35.5	29.6	2007	100.0	14.8	55.2	30.0
1991	100.0	32.0	37.1	30.9	2008	100.0	14.5	56.9	28.6
1992	100.0	27.7	42.6	29.7	2009	100.0	14.2	56.5	29.3
1993	100.0	24.7	46.0	29.3	2010	100.0	14.1	57.3	28.6
1994	100.0	24.6	47.8	27.6	2011	100.0	12.9	58.3	28.8

注：数据来源于 2005—2011 年《河南省统计年鉴》，2011 年数据来自河南省统计公报。

　　从就业结构看，河南省处于工业化中期的前半段。C. G. 克拉克和威廉·配第等学者提出，随着国民人均收入的提高，劳动力首先将由第一产业向第二产业转移；当人均收入进一步提高时，劳动力将由第二产业向第三产业转移。西蒙·库茨涅茨提出，以第一产业在全部从业人员中的比例，可以将工业化分为五个阶段：第一阶段，第一产业劳动力占全部劳动力的比重高于 80%；第二阶段，第一产业劳动力占比低于 70%；第三阶段，第一产业劳动力占比低于 50%；第四阶段，第一产业劳动力占比低于 40%；第五阶段，第一产业劳动力占比低于 20%。对照近年来河南省三次产业劳动力就业结构看（表6—4），河南省在 2008 年进入工业化第三阶段。如果按照该阶段的中间值（35%）进一步细分，目前，河南省处于工业化中期的前半阶段。

表6—4　河南省三次产业人员从业人员结构（%）

年份	全国			河南省		
	第一产业	第二产业	第三产业	第一产业	第二产业	第三产业
2005	44.8	23.8	31.4	55.4	22.1	22.5
2006	42.6	25.2	32.2	53.3	23.6	23.1
2007	40.8	26.8	32.4	50.6	25.8	23.6
2008	39.6	27.2	34.1	48.8	26.8	24.4
2009	38.1	27.8	34.1	46.5	28.2	25.4
2010	36.7	28.7	34.6	44.9	29.0	26.1

注：数据来源于2005—2011年《河南省统计年鉴》和2011年《中国统计年鉴》。

　　从城乡结构看，河南省人口聚集程度呈现工业化初期后半段特征。城市化、工业化以及经济发展是紧密相关、共同发展的，工业化必然带来城市化，而城市化所带来的集聚效应又反过来推进工业化进程。改革开放以来，河南省城镇化率有了很大提高，特别是2004年以来，进程明显加快，年均提高速度接近2个百分点，2011年达到了40.57%。对照H.钱纳里提出的标准，河南省人口聚集程度呈现为工业化初期后半段的特征。但学界普遍认为，城镇化率在30%—60%之间，工业化将进入快速发展期。按照这个标准衡量，河南省已经迈入工业化的快速发展时期。

　　以上从不同角度、不同方面分析了河南省工业化进程，虽然各个方面表现出不同特征，但考虑到河南省是农业大省、人口大省、新兴工业大省的基本省情，综合判析，目前河南省总体上已经实现了从工业化初期阶段向中期阶段的历史性跨越，新型工业化发展处于快速推进状态。

三、新兴工业大省地位进一步巩固

　　工业规模不断扩大。2011年，河南省全部工业增加值完成14401.70亿元，比上年增长16.1%，同比提高0.7个百分点；规模以上工业企业主营收入占全国的比重为5.7%，利润占全国的比重为7.5%。出口总额192.4亿美元，比上年猛增82.75%。河南氧化铝、电解铝、煤炭加工转换、粮食及肉类精深加工等均位居全国首位，昔日的传统农业大省已经成为名副其实的新兴工业大省。

工业企业效益保持良好。尽管受到金融危机的严重影响，河南省规模以上工业企业主营业务收入年均增长 28.95%，利润年均增长 37.8%。2011 年，河南省规模以上工业企业完成主营业务收入 47759.8 亿元，同比增长 35.9%；实现利润 4066.1 亿元，同比增长 32.8%。

培育了一批大型骨干企业和大型企业集团。近年来，河南省不断加大政策引导和支持力度，促进优势企业做大做强，培育了一批在国内外有重要影响的大型骨干企业集团。金龙铜管拥有多项国际领先的核心技术，是亚洲最大的空调与制冷用精密铜管及附件加工基地。宇通客车是世界规模最大的大中型客车生产企业，销售业绩在全国同行业中连续多年位列第一。河南省煤化集团、安阳钢铁、中信重工、华英禽业、思念食品、栾川钼业、黄河集团、风神轮胎、神马集团、豫光金铅等一批规模大、效益好、市场竞争力强的大企业，在国内同行业中具有重要的影响。

非公有制经济发展迅速。近年来，非公有制经济已经成为河南省国民经济的重要支撑力量。河南省非公有制企业占全省工业经济总量的比重从 2005 年的 44.6% 提高到了 2010 年的 70.2%；全省非公有制规模以上企业超过 18500 家，是 2005 年的 2.6 倍；2010 年非公有制企业实现工业增加值增长 21.8%，高于全省平均水平 4.5 个百分点，高于公有制企业 7 个百分点。

四、传统优势产业持续发展

近年来，河南省通过提高技术含量、延长产业链条、淘汰落后产能和节能减排等措施，不断促进传统优势产业的转型升级，有效实现了传统优势产业从数量效益型向质量效益型的转变，进一步巩固了传统优势产业的优势地位。

食品行业领域。食品工业是河南省的传统优势产业。2011 年，河南省食品工业完成主营业务收入 6674.2 亿元，同比增长 33.4%；实现利润639.4 亿元，同比增长 26.1%。河南省已经成为全国食品工业大省，初步形成了漯河、郑州、许昌、周口、鹤壁和安阳市 6 大食品产业密集区；是全国最大的面制品加工基地和肉类生产加工基地；小麦粉、速冻米面食品、方便面、饼干等产品产量均居全国首位，其中速冻食品占有全国 70％的市场份额；以双汇、汇通、众品等为代表的优势企业，利用其品牌、资本、技术和营销网络，形成了强劲的市场扩张能力，在国内外都有重要影响。

化工领域。2011 年，河南省化工工业完成主营业务收入 4242.3 亿元，同比增长 34.6％；实现利润 282.4 亿元，同比增长 29.8％。目前，河南省石油化工已基本形成了从上游开采原油、炼油，到下游合成材料比较完整的产业体系，形成了洛阳石化、濮阳石油化工等大型产业集群，农用氮肥、磷肥、钾肥，纯碱、尿素等产量均居全国前列。河南省煤业化工集团与中科院山西煤化所合作在商丘建成了国内最大的高性能碳纤维生产基地，与中科院福建物构所合作在商丘、新乡、洛阳、安阳、濮阳等地市建立 5 条煤制乙二醇生产线，已经开通生产两条，全部开通以后可年产乙二醇 20 万吨，将成为全国最大的煤制乙二醇生产基地。

有色冶金领域。2011 年，河南省有色工业完成主营业务收入 4896.0 亿元，同比增长 32.8％；实现利润 356.4 亿元，同比增长 31.3％。河南省是全国重要的有色金属工业基地，初步形成了包括铝工业、铅、锌、铜、镁、钼等门类比较齐全的工业体系。郑州、洛阳、三门峡、焦作地区集中了全省 90％以上的氧化铝产能和 70％的电解铝产能，形成了国内最大的铝工业集聚区，中铝河南分公司、中州分公司的氧化铝产能分别达到 300 万吨和 200 万吨，分别居全国第一位和第三位。济源是全球最大的铅冶炼生产基地。鹤壁是全世界最大的镁粉、镁粒生产中心，巩义市是全国最大的铝材深加工基地，铝板、铝带、铝箔等系列产品一应俱全。

装备制造领域。2011 年，河南省装备制造工业完成主营收入 6772.5 亿元，同比增长 37.0％；实现利润 609.6 亿元，同比增长 37.7％。河南省装备制造业涵盖了金属制品、通用设备制造、大型专用设备制造、交通运输设备制造、电气机械及器材制造、仪器仪表及文化、办公用机械制造等多个行业。目前，河南省是全国重要的电力装备制造业基地，输变电设备、大型矿山装备、起重设备、农业机械等行业整体竞争力位居全国前列，二次继电保护装备、高压隔离开关、玻璃深加工设备、防爆电机、煤矿液压支架、大型干法水泥主机设备、有色金属加工装备等一系列产品市场占有率均居全国第一位；以工程和起重机械为主的通用装备制造业在全国同行业中占据重要地位。

纺织服装领域。河南省纺织服装工业是发展较早的传统优势产业。2011年，河南省纺织工业完成主营收入2496.4亿元，同比增长43.8%；实现利润209.1亿元，同比增长38.2%。郑州、安阳、商丘、周口、许昌、开封等地市的纺织产业集群已具相当规模，在国内有非常重要的影响。郑州服装加工业发展迅猛，已成为全国最大的裤业生产基地。

汽车及零部件领域。2011年，河南省汽车及零部件工业完成主营收入1490.7亿元，同比增长43.1%；实现利润150.6亿元，同比增长56.7%。河南省汽车及零部件产业发展的历史已有50多年，涵盖了汽车制造、摩托车制造两大行业。汽车与零部件制造业作为河南省"十一五"期间做大、做强的六大优势产业之一，近年来产业规模不断扩大，涌现出一批市场竞争能力强、发展前景好的企业和产品，在郑州、新乡、焦作、驻马店、南阳等地区形成了特色鲜明的汽车制造产业集群，在洛阳、平顶山、许昌等地区分布了一批有较强竞争力的摩托车制造企业。

五、战略性新兴产业形成一定规模

近年来，河南省注重加强规划引导和政策支持，坚持自主创新与开放引进相结合，一批依托产业集聚区建设的战略性新兴产业快速发展。以电子信息、生物医药为主的高技术产业快速发展，郑州已经成为全国最大的智能手机生产基地，2012年年底将形成2亿部生产能力，产品覆盖全球几十个国家和地区。全省生物医药产业规模居全国第四位，一批国内外行业龙头企业先后在河南省建设生产基地。至"十一五"末，河南省战略性新兴产业实现产值3351亿元，同比增长25%，已经成为支撑全省工业经济发展的新兴力量。2011年，河南高技术产业实现营业收入2200亿元，比2005年增长5.6倍，高技术产业增加值年增长50%以上，高于规模以上工业增速30个百分点以上。目前，河南省在生物医药、生物育种、新型合金材料、智能电网装备、生物能源等领域具有一定的技术和产业优势。以华兰生物、辉煌科技、信大捷安、汉威电子、四方达等为代表的一批战略性新兴产业企业群体不断发展壮大。

六、产业集聚区建设成效显著

2008 年以来，河南省把产业集聚区建设和发展作为优化经济结构、转变发展方式、实现集约发展的有效载体，先后制定了一系列优惠政策，不断完善基础设施，一大批项目相继落户、投产，产业集聚能力日益增强，产业集聚区综合效应日益显现，产业互动格局初步形成，对全省产业的支撑带动作用日益增强，已成为产业转型升级的突破口、招商引资的主平台、改革创新的示范区和县域经济的重要增长极、拉动各地经济增长的新生力量。目前，河南省已规划、建设产业集聚区 180 个，其中，县域内的集聚区 122 个，省辖市域内的集聚区有 58 个。2011 年，全省产业集聚区固定资产投资突破 7000 亿元，占全省比重 40% 左右；利用省外资金 2400 亿元左右，占全省比重近 60%。

七、科技事业取得长足发展

目前，河南省拥有科学研究与技术开发机构 1900 个，研究领域涵盖自然、经济、社会和工程技术科学等不同学科领域，初步形成了基础研究、应用基础研究和技术开发等较为系统完整的学科布局。省属 76 家科研机构之中，技术开发类有 33 个。其中，河南省科学院是河南省唯一的综合性自然科学研究机构，也是全国规模较大、科研开发实力较强的省级科学院之一。全院拥有二级机构 15 家，高级专业技术人员 400 多人，在化学化工、生物工程与制药、能源与环境、先进材料、电子信息与自动化、冶金与建材、民用非动力核技术、食品安全控制、遥感与 GIS、软科学研究等领域形成了鲜明特色和比较优势。中央部委驻豫工科科研单位有 38 家，约占全国总数的十分之一强，研究领域涉及机械、化工、煤炭、冶金、纺织、通信、船舶、新材料、农林水利、医药食品、地球物理、核工业和工程技术等，为所在地提供了大量科研成果，支撑着河南省很多领域的科技创新与持续发展。

近年来，河南省人才总量显著增长，人才素质有了较大提高。目前，河南省具有大学和相当于大学学历的人数达到601.6万人，约占总人口的0.6%，是2000年的2.5倍。拥有专业技术人员360万人，总数居全国前列。在信息技术、耐火材料、超硬材料、生物技术、中医中药、小麦育种、烟草等专业领域，河南省人才高地建设取得了较大进展，人才群体在全国同行中具有重要地位。以郑州大学、河南大学、解放军信息工程大学等高校为代表的高等院校和以中央驻豫科研单位、河南省科学院、河南省农业科学院、河南省社会科学院等为代表的科研机构聚集了一大批具有创新精神和创新能力的高层次人才，成为河南高层次人才培养和开发的重要基地。

2010年以来，依托河南企业承建的"盾构及掘进技术国家重点实验室"等7个国家重点实验室入选国家重点实验室建设计划名录，结束了河南省没有国家重点实验室的历史，标志着河南省重点实验室建设整体水平迈上了新台阶。河南省中国科学院科技成果转移转化中心揭牌成立，使河南省率先成为中西部地区拥有中国科学院科技成果转移转化机构的省份之一。至"十一五"末，河南省拥有国家工程技术研究中心9个，国家工程中心2个，国家级企业技术中心44个；拥有省级重点实验室75个，省级工程技术研究中心330个，分别是"十五"末的3.1倍和6.6倍；省级以上企业技术中心达674个，是"十五"末的4.3倍。不断完善的科技创新平台，将为河南新型工业化提供强有力的技术研发支撑、人才支撑和信息支撑。

"十一五"期间，河南省获国家科学技术奖励97项，其中科技进步特等奖3项，科技进步一等奖9项、自然科学二等奖2项，技术发明二等奖5项，科技进步二等奖75项。2011年，河南全省专利申请、授权总量分别达到234076件、19259件，分别较上年增长35.5%和18.1%。"特高压输变电装备关键技术"、"超薄电子玻璃浮法生产设备和工艺"、"兆瓦级风力发电成套装备"、"石油催化重整整套技术的开发及应用"、"大采高液压支架及电液控制系统"、"数字化超深井石油钻井装备研制"、"精密铜管四辊旋轧和四联拉新装备"等一系列重大自主创新成果先后获得突破，引起社会各界广泛关注，充分表明河南工业领域科技实力的迅速崛起，也为河南省新型工业化持续推进提供了强大科技支撑。

走三化协调科学发展之路，必须以新型工业化为主导。经过改革开放以来的快速发展，河南省已经成为全国重要的经济大省，为新型工业化奠定了重要的技术积累、资本积累、管理经验和人力资源储备。在总结已经取得的成就和具有的基础的同时，我们还必须清醒地看到，河南省人口多、底子薄、基础弱、发展不平衡的基本省情还将长期存在，工业经济长期积累的结构性、体制性矛盾还没有根本改变。面对日趋激烈的区域发展竞争，加之国内外经济环境的诸多不确定因素的影响，河南省必须高度重视新型工业化进程中一些不容忽视的困难和问题。一是河南省工业发展对资源的依赖程度过高、新兴产业发展滞后，造成工业结构失衡，整体上表现为"规模大、层次低、能耗高"，可持续发展能力差。二是在城镇化快速推进的过程中，河南省需要创造更多的就业岗位，承载进城人口就业压力。三是省内不同区域间的产业相似度比较高，造成产业同质化问题突出，资源配置效率较低。四是全省企业规模整体上仍然偏小，具有核心竞争力的大型企业集团数量仍显不足，产业集中度较低，规模效益仍待提高。五是以信息技术为基础的生产性服务业发展滞后，工业领域信息化应用程度较低。六是自主创新能力不高，科技的综合实力整体处于全国中下游水平，科技创新对经济发展的支撑能力不足，产业发展遇到的大量问题，还没有能力通过科技创新顺利解决。

第三节　河南省新型工业化的亮点

一、产业集聚区建设成效卓著

产业集聚区的建设和发展是河南省促进"三化"协调发展、实现科学发展的重要着力点和战略突破口。近年来，产业集聚区已成为河南省工业增长的主要贡献力量。主要表现为：

规模以上工业生产增长较快。据统计，2011 年 1—11 月河南省产业集聚区规模以上工业增加值比上年同期增长 28.4%，高于全省规模以上工业 8.8 个百分点；占全省规模以上工业增加值的比重为 38.1%，对全省规模以上工业增长的贡献率为 51.4%，拉动全省规模以上工业增长 10.1 个百分点。全省有 11 个省辖市的产业集聚区规模以上工业增加值占本市规模以上工业比重超过 40%。有 6 个省辖市的产业集聚区规模以上工业主营业务收入超过 1000 亿元，其中，郑州、洛阳两市突破了 2000 亿元。

大型项目向产业集聚区聚集。2011 年 1—11 月，全省产业集聚区在建项目 9196 个，占全省在建项目的 29.9%，其中，亿元以上项目 3243 个，占全省亿元及以上项目的 60.6%；新开工亿元及以上项目 1947 个，占新开工亿元及以上项目的 62.5%。如长葛市产业集聚区把装备制造和食品加工作为两大主导产业。2011 年，黄河旋风销售收入超过 100 亿元，并投资 25 亿元用于线锯和大直径金刚石项目建设，拉长了高端产业链条。森源电气销售收入突破 60 亿元，新建的柔性加工生产线和立体仓库等生产设备已达到世界一流水平。

从业人员增长加快。2011 年 1—11 月份，全省产业集聚区规模以上工业从业人员 230.61 万人，比上年同期增长 42.0%，增速高于全省规模以上工业 15.4%；产业集聚区规模以上工业从业人员占全省规模以上工业的比重为 43.1%，对全省规模以上工业从业人员增长的贡献率达 68.2%。

二、全球及中国 500 强企业的突破

近年来，河南省不断加快工业转型升级，推动生产规模由小到大、产业链条由短到长、产业层次由低到高、企业关联由散到聚。2011 年，全省汽车、电子信息、装备制造、食品、轻工、建材等六大高成长性产业在全省工业经济中的比重提高到了 55.3%。进入 2011 年中国企业 500 强的河南省企业达到 15 家，总数居中部六省之首。主营业务超千亿的工业企业集团上升为 3 家，尤其是在河南省诞生的首家世界 500 强企业河南煤化集团，主营业务收入突破 1800 亿元，在世界 500 强排名第 397 位，比 2010 年排名（第 446 位）上升了 49 个位次，再次成功入选世界企业 500 强榜单，标志着河南省煤化集团进入了国际第一方阵企业的行列，同时标

志着河南省工业企业进入了一个崭新的发展阶段，对于提升河南省工业企业的市场竞争力和社会形象、推进中原经济区建设具有重要意义。

三、工业自主创新能力持续提升

进入21世纪以来，河南省工业企业自主创新环境得到了明显改善，企业技术中心建设明显加强，企业自主创新的内在动力和利用外部科技资源能力持续提高，自主创新能力不断提升，突破了一大批经济社会发展重点领域关键核心技术，自主创新效果已经开始彰显。郑煤机的"大采高液压支架及电液控制系统"，开发出世界最大采高的7米液压支架，并攻克了核心技术电液控制系统，新增销售收入45亿元，胡锦涛总书记亲笔批示"谨表祝贺"。许继集团、平高集团的"特高压输变电装备关键技术"，开发出世界最高电压等级、最长输送距离和最大输送能量的特高压输电关键装备，并在世界首条100万伏晋东南—荆门交流和首条80万伏向家坝—上海直流等输电工程中成功应用；中信重工制造的世界最大、最先进的18500吨油压机成功锻造438吨特大型钢锭。此次锻造成功的438吨特大型钢锭，采用双真空冶炼，内部质量要求按国外著名企业DANIELI标准执行。它标志着我国大型自由锻件的锻造能力达到了世界先进水平。在国家863计划支持下，中铁隧道集团研发的盾构机迅速进入全国市场，打破了德国、法国、日本等少数国家长期垄断该技术的壁垒，成功进军市场巨大的地铁隧道领域。

四、战略性新兴产业蓬勃发展

近年来，河南省战略性新兴产业快速发展，技术水平不断提高，产业规模不断扩大，形成了良好的发展基础。据统计，2011年河南省信息、生物、新材料、新能源、新能源汽车、节能环保等战略性新兴产业实现增加值同比增长49.3%，增速比全省工业发展平均水平高29.7%。

信息产业领域。2011年，河南省规模以上电子信息企业实现主营收入1369.68亿元，同比增长87.6%。目前，河南省电子信息企业达到2300

多家，从业人员超过 35 万人。汉威电子、许继集团、中硅高科等一批骨干企业在国内同行业具有明显优势，新型电池材料、太阳能光伏、LED 照明、电力电子、信息安全、高精度光学组件、可擦写 DVD 光盘等领域形成了较强的竞争优势。

新能源领域。2011 年，河南省太阳能光伏产业规模以上企业增至 37 家，产值规模上升至 120 亿元。河南省晶硅电池产量迅速增长，太阳能电池产品质量不断提升，形成了以洛阳中硅、尚德、阿特斯等企业为龙头，以硅材料为主，同时发展光伏电池等特色的硅电子产业格局；河南省从事新生物能源技术的规模以上企业达 32 家，燃料乙醇产量占据全国 1/3 以上的市场份额；河南省风电产业技术创新战略联盟依托许继集团、南阳防爆集团股份有限公司、焦作制动器股份有限公司等，围绕风力发电产业技术创新链，运用市场机制集聚创新资源，结合郑州机械研究所、洛阳 725 所的科研优势和清华大学等的基础理论研究优势，协同创新突破了风电产业发展的一批核心关键技术。成立的河南省煤层气开发利用有限公司，积极勘探开发煤层气、岩页气等非常规天然气，使河南省煤层气开发利用正式进入专业化时代。

电动汽车领域。河南省电动汽车的发展路线主要为纯电动汽车和混合动力汽车，在郑州、洛阳、南阳、新乡、鹤壁、漯河、三门峡等地已经形成了一批骨干企业。其中，郑州宇通、郑州日产、郑飞集团、三门峡速达、郑州鸿马等在国内电动汽车领域具有较高的知名度、一定的人才和技术优势；多氟多、环宇集团、科隆集团、卓威电源等公司生产的新型电池及相关材料产能居全国前列。目前，河南省共有 11 款混合动力及纯电动城市客车、4 种纯电动汽车列入国家公告，郑州、新乡等城市的公共交通电动汽车示范运营取得了良好效果。

新材料领域。从 1963 年我国第一颗人造金刚石诞生于河南郑州以来，历经 50 多年的发展，河南省已经形成了完整的超硬材料研究、开发、产业化产业链，并形成具有全球影响的产业集群。目前，以许昌、郑州、商丘为中心的超硬材料高技术产业基地快速发展，全省超硬材料产业占有全国市场的 75%。镁金属及制品产量位居全国前列；高性能钛合金、镁合金、钨钼金属材料等领域均有较大优势。在高强轻型合金材料、高性能钢铁材料、功能膜材料、新型动力电池材料、碳纤维复合材料等方面发展势头良好，形成了一定的产业规模。

生物医药领域。2011年，河南省生物产业产值已经超过1000亿元，其中生物医药实现工业产值700亿元，同比增长33%，高于全国平均增幅11个百分点；实现利润52亿元，同比增长27%，是全国增长最快的省份之一。天方药业、辅仁制药、金丹乳酸、天冠集团、华兰生物、中棉种业、安图生物、焦作健康元等生物医药骨干企业具有较强的市场竞争力。抗生素原料药、血液制品、疫苗及诊断试剂、乳酸、核苷、片剂、中药贴剂、中药丸剂等产品生产规模在全国均居前列，小麦、玉米、棉花、芝麻等品种的改良、育种技术和规模在国内居领先地位，多项成果荣获国家科技进步一等奖。

五、高新技术产业发展加快

2011年，河南省高新技术产业增加值占全省工业的比重达到5.3%，首次超过5%，一举改变了2003年以来持续徘徊在3%—4%的局面。目前，河南省拥有郑州、洛阳、安阳、南阳、新乡等国家级高新技术产业开发区5个，数量位居中部六省首位。进区企业超过6000家；培育形成了11个国家级高新技术特色产业基地，7家省级高新技术特色产业基地。以电子信息、生物医药、新材料和先进制造为发展重点，着力提升电子元器件和新型能源两大优势产业，做强硅半导体材料及太阳能电池、新型显示材料及精深加工两大产业链，培育数字视听、网络及通讯、计算机、软件四类优势产品。郑州新郑综合保税区（郑州航空港区）是围绕郑州机场和郑州综合保税区建设的新兴开发区，该区建有省级以上研发中心8个，市级研发中心27个，2011年高新技术产业总产值达422.2亿元，增加值87.9亿元，是2010年的19.5倍。河南省已成为全国重要的新型电池、血液制品、抗生素原料药和超硬材料生产基地。以富士康为代表的高技术企业的入驻，将为河南高技术产业带来跨越性的发展，智能手机已经成为河南最大的"土特产"。

六、工业化与信息化融合步伐加快

大力推动工业化与信息化融合，充分发挥信息化在经济发展过程的"催化剂、倍增器"作用。在区域层面，郑州市围绕工业立市和信息化强市的要求，在装备制造业、纺织工业、食品加工业、铝加工、超硬材料等重点行业，累计投入经费3.5亿元，建立了42家示范企业、41家试点企业、6个技术服务中心，形成了布局合理、层次分明，具有带动力、辐射力的示范体系，被列为国家级两化融合试验区。巩义市在全省率先开通了中小企业信息化服务平台，为当地中小企业免费提供信息技术服务。在企业层面，安阳钢铁集团有限责任公司、中国铝业股份有限公司中州分公司、河南省心连心化肥有限公司、河南众品食业股份有限公司、郑州煤矿机械集团股份有限公司、河南省中源化学股份有限公司等也成为河南省工业化与信息化融合的亮点。

第四节 河南省新型工业化的创新点

近年来，河南省立足基本省情，强化新型工业化在全省经济社会发展中的主导作用，发挥新型工业化在三化协调科学发展中的关键作用，走出了一条具有河南特色的新型工业道路。概括起来，河南省新型工业化的特色与创新之处有以下四个方面。

一、承诺在"两不牺牲"前提下的新型工业化道路是
河南的新探索

从理论上讲，新型工业化注重低能耗、少污染，实现工业的可持续性发展，与"两不牺牲"的关系是相互促进、相互支撑的。但从世界及中国的现代化进程上看，两者之间往往存在着不和谐的方面，亟待破解。河南省是中国的缩影，在16.7万平方公里的土地上，生活着1亿多人口，人

口密度每平方公里近 600 人，是全国平均水平的 4 倍多；是中国第一粮食生产大省，粮食总产量占全国的 1/10，小麦产量占全国的 1/4；全省资源保障能力和环境容量却严重不足，人均矿产资源占有量仅为全国平均水平的 25% 左右。同时按照要求，到 2020 年，全省粮食综合生产能力要达到 1300 亿斤，在国家新增 1000 亿斤粮食生产能力中，河南省要贡献近 1/3 的增产份额；主要污染物排放量要持续减少，生态环境明显改善。从以上分析得知，河南承诺在"两不牺牲"前提下探索新型工业化道路，对国家的科学发展具有典型示范意义，提法本身有很强的创新性。

河南省已经在探索"两不牺牲"前提下的新型工业化迈开了坚实步伐。近年来，河南省吸取以往工业发展"先污染后治理"的教训，按照"减量化、再利用、资源化"的原则，大力发展工业循环经济和资源节约型产业，加大高能耗企业整改力度，淘汰落后产能和高耗能设备，工业结构不断优化。2011 年，河南省六大高成长性产业实现增加值占全省工业的比重达到 55.3%；高新技术产业比重达到 5.3%；六大高载能行业比重实现增加值同比下降 1.3 个百分点。据测算，河南省只要沿着新型工业化的路子走下去，加快推动产业结构调整和发展方式转变，"十二五"期间，河南省每年腾出的环境容量可以支撑 GDP 年均 9% 以上的增速；如果河南省三次产业比例调整达到全国平均水平，同样的环境容量可以支撑 GDP 年均 13.8% 的增速。

既要推进工业化，还能够做到"两不牺牲"，是庄严的承诺，是科学的探索，是大胆的创新，是先进的理念，是河南省新型工业化的魅力！

二、以产业集聚区建设作为新型工业化的载体

产业集聚区是实现集群集聚集约发展的重要方式。河南省把产业集聚区建设作为新型工业化的载体，以产业集聚支撑城镇化，推动产城互动融合，在探索突破发展瓶颈中效果开始显现。加快产业集聚区建设，使之成为走新型工业化道路的重要载体，是当前全省很多具市的一种明智和现实的选择，很好地扭转了招商引资项目无地可落的不利局面。近几年，河南省的实践证明，凡是新型工业化发展得比较好的地方，也是产业集聚区建

设抓得比较好的地方。产业集聚区的建设和发展，注重集中建设用地、环境容量、扶持资金等要素资源和政策资源，注重优化投资环境、降低外来投资者生产环节的运营成本，注重物流配套和技术服务，注重走产学研结合，吸引知名企业、大学和科研机构把试验室、研发机构、销售中心办在区内。同时减少了审批环节，提高了办事效率。目前，河南省 180 个产业集聚区已成为招商引资、承接产业转移项目、发展产业集群的主要承接地，也是产业结构调整的突破口。

三、加快新型工业化与信息化的深度融合

信息化与工业化融合发展是新型工业化的灵魂。河南省持续从区域、行业、企业 3 个层面深度推进信息化和工业化融合，提高工业企业信息化水平，加大产业集聚区和重点领域"两化"融合力度，加强"两化"融合支撑体系建设。郑州获批国家级"两化融合"试验区；建设中的中国移动（洛阳）呼叫中心，是目前全球最大的呼叫中心；郑汴电信同城作为推进郑汴一体化建设的重要内容之一，郑州开封有望实现区号统一；建设实施数字河南、智慧中原、无线城市、中国联通中原数据基地和光网城市等重大工程。据《中国两化融合发展报告（2011）》，2011 年河南省"两化融合"深度居全国第 9 位，在全国呈现良好的上升趋势。

四、突出科技创新

科技创新是新型工业化发展的主要推动力，是提升传统产业竞争力、发展高新技术产业、优化产业结构、实现可持续发展的基础和依托。卢展工指出："科技创新是动力、科技创新是活力、科技创新是民生、科技创新是未来。"河南省在加快新型工业化进程中，注意发挥科学技术作为第一生产力的重要作用，大力推进科技创新。一是充分发挥企业的创新主体作用。大力加强企业技术研发中心建设，鼓励企业建立各种形式的技术研发机构，积极支持骨干重点企业建设国家级技术中心，成为全省自主创新体系的主要载体。二是充分发挥政府的引导作用。积极引导、鼓励和支持

企业加大研发投入，围绕壮大优势产业、传统产业升级和发展高新技术产业，实施一批重大科技专项，提高企业核心竞争力。三是充分发挥社会中介服务机构的纽带作用，加快技术创新服务中心、技术市场等中介机构的发展，进一步扩大面向企业的技术、信息、人才、法律等多方位服务。四是加快建立以企业为主体、市场为导向、产学研相结合的科技创新体系，重点支持高等院校和科研院所围绕产业优化升级的关键技术协同企业开展联合攻关，开发具有自主知识产权的核心技术，在一些关键技术领域率先取得突破，为全省加快新型工业化进程提供技术支撑。

第五节　河南省新型工业化的对策

一、加快传统产业转型升级

着眼于推动科技与经济紧密结合，把解决产业转型升级、突破技术瓶颈摆在更加突出位置。组织高等院校、科研机构和企业等科研力量协同创新，力争在食品、石油与煤化工、汽车及零配件、有色冶金等产业领域攻克一批重大关键核心技术，为优势传统产业转型升级提供强有力的科技支撑。加快制度创新和行业共性关键技术的推广应用，采用高新技术、适用技术、信息技术和先进工艺改造提升传统产业，促进传统产业转型升级，使传统产业向高端化发展，增强传统产业的竞争力。推广应用先进适用技术促进传统产业节能减排，不断降低资源和能源消耗，实现资源的循环利用，推动相关产业迅速向低碳经济转型。

二、培育壮大战略性新兴产业

根据河南省现有和潜在的优势，选择对中原经济区建设具有带动作用的先导性战略高技术领域进行部署，重点实施新能源汽车、生物质能源、新材料、生物医药、智能电网、物联网技术、太阳能光伏电池、风力发电成套装备、半导体照明、动力锂离子电池关键技术、轨道交通关键技术与

现代化的体育中心

装备、低热值褐煤提质新技术、治疗性乙肝疫苗、海洋石油钻机、名优花卉新品种及产业化技术等一批重大科技专项，努力形成一批具有自主知识产权的原始创新成果，培育未来产业发展的技术优势，抢占战略性新兴产业的先机和制高点，并加快科技成果的转移转化，实现高新技术成果的产业化。

三、深化实施"两化"融合战略

加快发展支撑"两化"融合的政策、信息网络、技术和产品，推动电子信息技术广泛应用到工业生产的各个环节，把信息化转化成为工业企业研发设计、生产制造、经营管理、市场营销等核心业务的常规手段。河南省宜选择发展潜力大、产业关联度高的生产性服务业作为现代服务业的发展重点，围绕传统优势产业、制造业高端环节和重点产业聚集区，以制造服务融合产业为方向，以服务全省开展的产业聚集区建设为目标，充分发挥政府的组织协调和公共服务职能，强化信息化技术对制造业的科技支撑作用，建立产业聚集区制造业信息化公共服务平台，运用高新技术围绕企业设计、制造与经营管理业务目标实现业务协作、区域资源服务和集成创新，实现信息化与工业化的深度融合，推动整个产业结构调整与产业升级，促进工业向质量型、效益型方向发展。

四、加强产业集聚区建设

一是进一步完善调整产业集聚区规划和管理政策。合理和谐履行产业发展和公共管理的职能，加快产业经济区基础设施建设，完善和提高基础设施、公共服务、产业支撑和集聚发展四大保障能力。二是充分发挥产业集聚区的集聚功能。培养产业集聚区的投融资平台，促进资金、技术、人才等生产要素向产业集聚区集中，提高各种要素资源的配置水平和使用效率。三是加快培育特色产业集群。因地制宜引导各地在产业集聚区集中发展特色产业，培养优势产业，组织实施一批产业关联度大、带动作用强、技术水平高、市场前景好的大项目，以特色产业集群带动新型工业化发展。四是打造循环经济产业集聚区。鼓励产业集聚区内企业向产业链上下游延伸，优化产业集聚区企业之间的协作配套体系，走集约化、循环型工业发展道路，减少环境污染，提高资源利用效率。五是实现产业集聚区与产业集群的深度融合。坚决摒弃把产业集聚区变成普通工业区的做法，下功夫让产业集聚区与产业集群在地域上融合，有效利用产业集群的资源共享机能，加快提升工业化水平，打造区域品牌，提升区域产业核心竞争力。六是抢抓产业转移机遇。积极引导各地产业集聚区承接与本地自然禀赋、内生条件、产业基础相适应的劳动密集型和知识技术密集型产业，大力开展以商招商和产业链招商，吸引沿海产业集群式转移。

五、加快提高企业自主创新能力

坚持创新发展，综合协调财政、税收等部门，认真落实国家和河南省已经制定的有关鼓励企业自主创新的各项政策。强化企业技术创新主体地位，加快建设以企业为主体、市场为导向、产学研相结合的技术创新体系，推动企业与高水平的高等院校、科研机构协同创新，构建产业技术创新战略联盟，为全省优势产业的持续发展聚集技术创新要素，提升工业整体技术水平。引导和支持企业不断增强管理创新能力，加快推进企业成为创新投入的主体、创新活动的主体和创新受益的主体；支持各类企业通过原始创新、集成创新和引进消化吸收再创新，形成自主知识产权，提高全省企业的核心竞争力。

六、加强创新人才和高技能人才队伍建设

坚持人才资源是第一资源的战略思想，持续实施"人才强省"发展战略，认真落实《河南省科技人才发展中长期规划（2011—2020年）》。创新政策机制，营造良好环境，在人才队伍建设上做到"有措施、有投入、有实效"。在加大"中原学者"和依托国家、省重大科研计划项目培养创新人才力度的同时，针对河南省重点产业与行业，围绕经济结构和产业结构调整，优先发展高等教育，广揽海内外归国领军人才和青年人才，力争尽快建设一支规模宏大、素质优良、结构合理、老中青结合、富有活力的创新型科技人才队伍，确立河南传统优势产业和战略支撑产业科技人才竞争比较优势，推动由人口大省向人才大省、人才强省转变，为河南省新型工业化发展提供强大的人才支撑和智力支持。同时，加强高技能人才队伍建设。要以提升职业素质和职业技能为核心，大力发展职业教育，进一步加大技能型人才培训力度，抓好量大面广的农村劳动力资源的开发，从根本上解决河南省人力资源丰富与职业技能型人力资源短缺的矛盾，为河南省新型工业化发展培养造就一大批数量充足、结构合理、技艺精湛的高技能人才。

七、加快发展科技服务业

科技服务业是现代服务业的重要组成部分，是推动产业结构升级优化的关键产业。对全省大型科研仪器设备进行整合重组，构建种类齐全、结

构合理、功能完善、开放高效的科研仪器设备共享服务平台，为企业提供科技服务。围绕河南省高新技术和支柱产业领域，通过新建和重组，搭建国内一流的重点实验室、工程技术研究中心、企业技术中心等科技创新实验基地共享服务平台，让企业共享，降低企业科技创新的成本。按照"统筹采集、统一标准、分别建库、规范加工"的原则，整合集成现有科研机构、高等院校、公共图书馆、大型企业等资源，建设全省科技文献资源共享服务平台。创新体制机制，积极开展科学研究、专业技术服务、技术推广、科技信息交流、科技培训、技术咨询、技术孵化、技术市场、知识产权服务、科技评估和科技鉴定等活动。采取切实可行的措施，抓好开放合作，吸引世界 500 强企业以及国内高科技领军企业在豫设立研发中心；利用"省院合作"、"省部会商"渠道，通过共建研发机构、共同承担重大科研项目等形式，引导和促进国家级高端创新资源向河南聚集，弥补河南省创新资源不足的缺陷，提高对企业的创新支持能力。

第七章
河南省的新型农业现代化

第一节　新型农业现代化的科学内涵

一、新型农业现代化的提出

当今世界，人口激增，气候变暖，极端天气趋多，粮食需求刚性增长，而制约粮食生产的因素日益凸显，食物短缺、粮食危机成为重大国际问题，粮食被当成重要的战略物资，受到所有国家的高度重视。然而，作为第一产业的农业，本来是人类最传统、最熟悉的产业，为什么支撑不了全球发展的需求呢？可能是传统产业发展的传统思路背离了现实的实际需要。为此，习近平2007年3月就在《人民日报》撰文指出，坚持以科学发展观统领农业发展，以新型工业化理念引领农业、以新型工业化成果反哺农业、以新型城镇化带动农民转移，加快把传统农业改造成为有市场竞争力、能带动农民致富、可持续发展的高效生态农业，走新型农业现代化道路。发展高效生态农业，必须按照新型工业化、新型城镇化和新型农业现代化整体推进的思路，把工业与农业、城市与农村作为一个整体来谋划，进一步健全工业反哺农业、城市带动农村的体制机制，充分发挥工业化、城镇化、市场化对"三农"的带动作用和"三农"对"三化"的促进作用，让农民主动参与"三化"进程，成为"三化"的重要推动力量及其成果的共享者。这个论述高瞻远瞩地把新型工业化、新型城镇化和新型农业现代化融为一体，提升到统筹发展、协调发展的战略高度，为农业发展指明了前进的方向。

河南是我国粮食生产大省，产量占全国的 1/10，对于保障国家粮食安全具有重要作用。河南历届省委、省政府的决策者，对农业和粮食的地位与功能认识清醒而深刻，始终把粮食生产放在十分重要的战略地位。"对河南来讲，粮食生产怎么保是个很大的问题。粮食生产，只能进，不能退。"河南省省委书记卢展工的这句话，表达出河南对确保国家粮食安全责任的坚守和担当。河南省省长郭庚茂也强调"要通过加快新型农业现代化来稳固粮食基础"。进入 21 世纪以来，河南粮食总产量连续 6 年超千亿斤、连续 8 年创新高，用占全国 1/16 的耕地，生产了全国 1/4 的小麦、1/10 的粮食。除满足自身需求之外，每年还向国家贡献 400 亿斤以上的粮食及其制成品，还有大量蔬菜、瓜果、肉蛋奶等农副产品输送到省外，河南省已成为名副其实的"中国粮仓"和"国人厨房"。河南保障粮食生产的同时，积极发展农副产品精深加工，食品工业已经成为新兴工业大省的第一支柱产业，成为经济增长的强大引擎，为现代农业注入了强劲动力，加速了新型城镇化、新型工业化进程。

河南农业在承载无上荣耀的同时，更担负着重大和持久的责任。《国务院关于支持河南省加快建设中原经济区的指导意见》明确指出，中原经济区是"国家重要的粮食生产和现代农业基地"。国家新增 1000 亿斤粮食生产能力规划，赋予河南 300 亿斤的增产份额，占总量的近 1/3。2010 年，河南向国家作出了 2020 年粮食生产能力稳定在 1300 亿斤的郑重承诺，昭示着国家对河南的重视和重托，昭示着河南的勇敢担当，昭示着农业和粮食在中原经济区建设中的独特分量。然而，粮食生产本身是一个弱质、低效的传统产业，而且随着工业化、城镇化的加速推进，全省农业发展的宏观形势将发生重大变化，原有耕地刚性减少，人多地少的矛盾突出，水资源匮乏，资源约束趋紧，制约越来越大；农业进入高成本时代，虽然农业一直在持续增产，而比较效益偏低，按照传统方式耕作种植农民增收不多，城乡居民收入差距仍在扩大；新型农业生产经营主体发育较慢，组织化程度低，农业物质技术装备水平不高，劳动生产率远低于第二、第三产业，农业现代化明显滞后于工业化和城镇化。解决这些问题，就要求加快转变农业发展方式，创新农业发展模式，探索一条既能发挥河南比较优势又能克服传统农业发展难题、实现农业又好又快发展的道路。据此，河南省委、省政府根据新时期河南省农业发展的新特点和新任务，在实践探索的基础上，也提出了新型农业现代化发展问题。

河南省第九次党代表报告指出：新型农业现代化是以粮食优质高产为前提，以绿色生态安全、集约化标准化组织化产业化程度高为主要标志，基础设施、机械装备、服务体系、科学技术和农民素质支撑有力的农业现代化。

二、新型农业现代化的含义

新型农业现代化概念的提出，对于树立科学的现代农业发展观，准确把握现代农业的丰富内涵，正确引导现代农业的发展方向，具有十分重要和积极的意义。新型农业现代化是在保障粮食安全和食品安全的前提下，以高度集约化、标准化、组织化、产业化为农业生产的主要形式，以完善的基础设施、现代物质装备、完整的服务体系、现代科学技术和高素质农业人力资源为支撑的现代农业发展模式。根本目的是提高土地产出率、资源产出率、劳动生产率和产品商品率，实现农业的经济效益、社会效益和生态效益的高度统一。新型农业现代化的内涵可概括为经济高效、产品安全、资源节约、环境友好、技术密集、凸显人力资源优势等方面。

经济高效，就是做大做强有比较优势的农业主导产业，着力提升农业集约经营水平，开拓农业的多种功能，拉长农业产业链，提高农产品附加值，使农业成为能够带动农民致富的高效产业；产品安全，就是以绿色消费为导向，大力发展优质安全的农产品，形成从农田到餐桌全过程的农产品质量安全保障体系，以绿色安全来提升农产品的市场竞争力；资源节约，就是从我国和河南省人均农业资源短缺的实际出发，注重农业资源的节约使用、循环利用、综合开发，积极推广资源节约型生产经营模式；环境友好，就是按照人与自然和谐发展的要求，推进农业标准化清洁生产，加强农业污染治理和生态环境建设，实现农业可持续发展；技术密集，就是使科技进步成为农业增长的主要动力，大幅度提高农业的科技含量和科技贡献率，充分运用生物技术、信息技术、新材料技术提升种子种苗、种植养殖和农产品精深加工水平；凸显人力资源优势，就是从人多地少的实际出发，充分发挥精耕细作的优良传统，着力提高农业劳动者的科技文化素质，大力发展劳动密集型与技术密集型相结合的特色优势产业，挖掘农业就业增收的潜力，促进农业向广度和深度进军，使农业发展真正走上依靠科技进步和提高劳动者素质的轨道。

现代性是新型农业现代化固有特征，新型农业现代化是现代理念、现代科技、现代装备、现代管理、现代服务、现代农民等先进生产要素的有机结合。这些现代化的生产要素通过农业产业化的组织形式和社会化服务体系组织载体，运用于农业生产之中，从而推动现代农业的可持续发展。现代理念，就是与市场经济相适应的理念，只有把现代农业发展与市场需求紧密结合，才能够在满足市场需求的过程中，促进农业本身的可持续发展。科学技术是第一生产力，新型农业现代化的发展，必须依靠现代科技，现代科技是新型农业现代化的根本动力。新型农业现代化是建立在知识和信息的生产、存储、使用与消化基础上的农业，是依靠了尖端的科学知识、先进的管理知识、快捷的信息知识来武装的农业。现代物质装备是新型农业现代化发展的重要基础。建设新型农业现代化，要用现代物质条件装备农业，加快农业基础建设、提高现代农业的设施装备水平。现代农民是农村先进生产力的代表和农业科技知识的传播者，是实现新型农业现代化的主力军。建设新型农业现代化，要提高农民的综合素质，培养有文化、懂技术、会经营的新型农民，推进农村整体性人力资源的开发进程，促进农民增收致富。

协调性是新型农业现代化的时代特征。新型农业现代化要与新型工业化、新型城镇化协调配合、相互促进、共同发展。河南省省委书记卢展工在中国共产党河南省第九次代表大会上的报告中指出：持续探索不以牺牲农业和粮食、生态和环境为代价的新型城镇化新型工业化新型农业现代化三化协调科学发展的路子，是从根本上破解发展难题的必然选择，是河南省加快转变经济发展方式的具体实践，是中原经济区建设的核心任务。走好这条路子，必须充分发挥新型农业现代化的基础作用，在进一步夯实农业基础的前提下加快新型工业化和新型城镇化进程，探索不同于东部地区的发展道路，为中西部地区提供示范。所以，新型农业现代化不能够孤立发展，而是要协调发展，与新型工业化和新型城镇化相互协调，互促共进，统筹各种资源，共享各种资源，协同创新，协同进步，达到更好的综合发展效益。

三、新型农业现代化的产业支持体系

新型农业现代化要具有高土地产出率、高劳动生产率和高市场竞争力的现代农业产业支持体系来保障。

做强做大高附加值的农业主导产业。根据资源禀赋、产业基础和市场需求，选准若干拳头产品，按照区域化布局的农业集群经济和贸工农一体化的龙型经济要求，大力推进标准化、产业化的特色产业基地和特色农产品加工功能区建设，积极培育具有明显比较优势的主导产业。实施高效生态农业发展规划，着力打造一批有区域知名品牌、有相当市场知名度和市场份额、在当地农业产业中占有较大比重、拥有连片基地的特色农业区域。积极拓展农业的多种功能，大力发展健康养殖业、农家乐休闲观光农业和农产品精深加工业。重视优质粮食生产，发展优质小麦、优质玉米、优质花生、种子粮等地方特色产业。

培育高效益的现代农业生产经营主体。在稳定农村基本经营制度的基础上，转变农业发展方式，把推进规模经营、集约经营的重点放到培育土地产出率高、产品附加值高的新型生产主体上来，鼓励专业公司、专业大户、农场企业按照"依法、自愿、有偿"的原则，结合新型农村社区建设，采取招标承包、长期租赁、股份合作等方式，以较高的土地租金和股份分红吸收农户的承包地，促进耕地、水面、山林的规模化、企业化经营，用工业化的理念发展农业，用规模化的方式克服农业效益偏低的弊端。农业生产组织化程度高，是新型农业现代化的基本组织形式。目前分散的家庭生产经营方式无法与社会化的大市场实现良好对接，也形成了产加销一体化农业产业化经营的瓶颈约束。新型农业现代化要求大力发展内容多元化的农民专业合作经济组织，大幅提高农业生产的组织化程度。推进农业经营产业化，实现农产品生产、加工、流通诸环节的有机结合，以建设现代粮食产业为中心构建完整的农业产业化体系。

　　构建高效率的现代农业服务体系。积极创新农业服务形式，大力推进以农民专业合作社为基础、供销合作社为依托、农村信用合作社为后盾的"三位一体"的服务联合体建设，努力构建以政府部门的服务和管理为保障的集技术、信息、金融、营销等服务于一体的新型农业服务平台。建立健全农产品市场物流体系，发展一批大型涉农商贸企业集团，改造建设一批农产品专业批发市场和现代农业物流中心，逐步形成连通全省、辐射全国的农产品连锁配送体系和电子商务网络。大力实施农产品品牌战略，培育若干国内外知名的农产品品牌，依法保护农产品地理标志产品和知名品牌。加快推行标准化生产和管理，加强农产品生产环境和质量检验检测，利用物联网技术建立农产品质量安全追溯体系。积极推进农业信息化，有效整合各种信息网络服务资源，为农民提供便捷有效的信息服务。

　　研发推广高效能的现代农业先进技术。按照自主创新体系建设的要求，加快农业科技创新平台建设，引导涉农企业开展技术创新活动。按照建设资源节约型、环境友好型社会和农业功能多样化的要求，大力推进农作制度改革和生产模式创新，重点推广设施农业、循环农业、精准农业、休闲农业、有机农业等高效生态的生产模式。推进农业科技推广服务组织创新，围绕特色优势产业建设，组建由教育、科研、推广机构和行业协会等多方参与的区域性专业性科技服务组织，建立和完善首席专家、推广教授、科技特派员、责任农技员联系制度，构建农科教、产学研一体化的新型农技推广体系。

　　加强高标准的农业基础设施和生态环境建设。加快建设适应主导产业发展的高标准农田水利基础设施，促进高标准农田建设。充分发挥农业综合开发在现代农业发展中的作用，加强山水田林路的综合治理和山区小流域农业生态工程建设，促进标准化的主导产业基地建设。进一步加强气象工作，提高对灾害性天气等自然灾害预测预报预警的水平。加强林业特色产业基地的配套基础设施建设。高度重视农业生态环境建设，加快农业面源污染治理，推广沼气等清洁能源，深入实施富民兴林和林业现代化示范工程，大力推进生态公益林、生态防护林、高标准平原绿化工程建设，全面提高农业可持续发展能力。

　　以上这些产业支持体系，相互配合、相互联系，共同推动新型农业现

焦作黄河公路大桥

现代化的宇通客车生产线

代化向着更加贴近市场、更加贴近民生的方向发展。

第二节　河南省新型农业现代化的实践

一、河南省新型农业现代化探索

多年来，河南省委、省政府始终坚持在推进新型工业化、新型城镇化的过程中，积极开展新型农业现代化的各种实践，努力提高粮食综合生产能力，深入调整农业结构，积极推进农业产业化进程，取得了较为明显的成效。

（一）粮食核心区建设

2008年，河南省制定了《国家粮食战略工程河南核心区建设规划（2008—2020）》（以下简称《规划》），提出到2020年粮食生产能力达到1300亿斤，即以1000亿斤为基数，从2008—2020年的12年间，粮食生产能力要净增300亿斤。在黄淮海平原、豫北豫西山前平原和南阳盆地三大区域，选择了基础条件好、现状水平高、增产潜力较大、集中连片的95个县（市、区）作为河南粮食核心区的主体范围。《规划》于2009年得到国务院常务会议批准。自2008年粮食核心区建设开展以来，在加大投资保障的前提下，全省农业基础设施建设日趋完善，显著改善了粮食生产条件，提升了粮食综合生产能力。全省之所以从2006年起连续6年粮食总产量稳定在1000亿斤以上，2011年更是突破了1100亿斤，达到1108.5亿斤，确实与近些年农业投资快速增加、农业基本条件保障水平提高直接相关。河南省委常委、副省长刘满仓说，河南确立7500万亩粮食生产核心区，就是要按照"资金安排向高标准农田聚焦、项目布局向粮食主产区聚焦"这"两个聚焦"的要求，瞄准最适宜种粮、增产潜力大的产粮大县，集中投入，集中扶持，把这些地方打造成高产稳产的"永久粮仓"。

（二）农业结构调整

多年来，河南省采用有效措施积极推进农业产业结构调整，着力提高优质粮食品种种植比例，着力推进畜牧业规模化发展，积极推进果园、茶园、花卉、中药材等特色农业快速发展。截止到"十一五"末，全省优质粮食比重显著提高，优质粮食品种种植面积占粮食种植面积的70%以上，其中小麦、玉米、水稻的优质化率分别达到71%、82%和94%。畜牧业规模化生产快速发展，生猪、肉鸡、蛋鸡规模养殖比重分别达到69%、97%和75%。特色农业主导产业进一步壮大，优势特色农作物加快向适宜地区集中，蔬菜种植面积达到2556.1万亩，其中设施蔬菜种植面积590万亩，农业生产效益明显提高。

（三）农业产业化经营

多年来，河南充分发挥农业大省、人口大省的资源、产业优势，用发展工业的理念发展农业，大力推进农业产业化经营，在农业产业化发展方面走在中西部省份的前列。农产品加工龙头企业发展迅速，2011年，全省各级龙头企业达到6248家，其中国家级龙头企业39家、省级龙头企业562家，年销售收入超1亿元的企业594家、超30亿元的企业10家、超100亿元的企业3家，12家企业在国内外资本市场上市。农民组织化程度不断提高，全省在工商部门注册的各类农民专业合作组织达到2.3万家，农民专业合作社实有入社农户175万户，辐射带动农户257万户，合作社统一组织销售的农产品总值148.6亿元，有效带动了农民增收。土地流转积极推进，截止到2011年，全省农村土地流转面积已达1982万亩；流转的农村土地中用于粮食生产的占流转总面积的62.7%，用于经济类作物生产的占流转面积的37.3%；规模经营面积在百亩以下的有近5万户，100—500亩的1.5万户，500—1000亩的2900户，千亩以上的有2600多户，农村土地流转和规模化经营，提高了农业生产集约化和

洛阳市汝阳县一养殖基地

专业化水平，实现了土地、资金、技术、劳动力等生产要素的合理流动和资源的优化配置，对促进现代农业发展起到了积极作用。农产品加工能力和加工效益显著提高，全省农产品加工企业达到 3.1 万家，面粉、肉类、乳品加工能力分别达到 350 多亿公斤、70 多亿公斤和 30 多亿公斤，火腿肠、味精、面粉、方便面、挂面、面制速冻食品等产品产量均居全国前列。河南省各地市也积极推动农业产业化经营，取得了明显成效。汤阴县始终坚持将农业产业化经营作为"富民工程"紧抓不放，强力推进农产品加工业示范区等五个农业特色园区良性互动，不断延伸产业链条，大力发展农民专业合作经济组织，培育发展了八大农产品加工群体，建成了 45 万亩优质强筋小麦生产基地、30 万亩玉米生产基地、1.2 亿袋食用菌生产基地及年出栏肉鸡 3000 万只、生猪 100 万头的畜牧饲养基地，初步实现了农业产业化经营"破茧成蝶"展翅飞翔的强劲态势。滑县以政策扶持为保障，以土地流转为依托，全面推进高效农业快速发展，现已形成了高平镇温棚瓜菜、慈周寨大棚西瓜、八里营大棚洋香瓜、留固麦套大葱、白道口麦套尖椒、王庄畜牧养殖等高效农业生产基地，认证了黄瓜、番茄、西瓜、丝瓜、苦瓜等无公害农产品和有机食品，并实现了"农超对接"。潢川县按照"强龙头、建基地、带农户、创品牌"的思路，坚持以市场为导向，用企业化的理念经营农业，用工业化的要求发展农业，围绕农村产品精深加工做文章，坚持不懈地做大做强"龙型经济"，在全国、全省较早探索出"公司＋基地＋农户"的华英模式，当地老百姓不仅通过养鸭增加了收入，华英集团则通过深加工让华英鸭驰名国内外。

（四）农业基础设施建设

多年来，河南加强农田水利、农田林网、中低产田改造等基础设施建设，显著改善了农业生产条件。强化农田水利基础设施，重点在大型灌区的续建配套、小农水重点县、高效节水项目等方面加大投入，取得了明显成效，"十一五"期间全省实施了 38 座大型灌区续建配套和节水改造，农田有效灌溉面积达到 7550 万亩。加强农田林网建设，网、带、点、片相结合，多树种、多林种、多功能的综合性农田防护林体系已基本形成，全省 94 个平原、半平原县全部达到平原绿化高级标准，1000 多万亩风起沙扬的沙化土地变成良田。大力推进中低产田改造，逐步建立起粮食生产稳定增长的长效机制，"十一五"期间全省累计完成中低产田改造885万亩，建成高产稳产田207万亩。

（五）林业生态省建设

河南省委、省政府从全省经济社会长远发展和人民群众切身利益出发、从全局和战略高度出发，于2007年11月作出了建设林业生态省的重大决策，决定利用5年时间把河南建设成山清水秀的林业生态省。当年，在全国率先颁布并实施《河南林业生态省建设规划》（以下简称《规划》），为林业生态建设提供了制度保障。《规划》颁布实施以后，各级政府严格执行，河南省政府连续两年印发了年度《林业生态省建设实施意见》，按《规划》分解年度任务，并落实到各县（市、区）和各项工程。加大林业生态省建设资金投入，建立了政府主导和市场调节相结合的投资保障机制，形成了多方筹资建设林业生态省的模式。2008年以来，河南省林业建设取得长足进步，5年内造林2275万亩，建成林业生态县102个，森林覆盖率达到22.19%。目前，在河南省豫东平原地区拥有全国最好的平原生态林网，田成方、树成行、林成网、鸟飞翔，一派田园美景。

（六）农业服务体系建设

多年来，全省围绕农产品安全、信息服务、农作物重大病虫害监测预警能力和防控、教育培训等方面完善农业服务体系。"十一五"末，全省农产品质量安全检测体系逐步完善，建成了18个省辖市和122个县（市、区）的农产品质检中心，在198个主要农产品批发市场和无公害农产品产地建立了检测机构，初步形成了"三级四层"（省、市、县三级，省、市、县、基地四层）的农产品质量安全检测体系。农业信息服务能力增强，建成了18个省辖市和133个农业县（市、区）的信息网站及1686个乡镇农业信息服务站，覆盖省、省辖市、县（市、区）、乡镇、村、户的农业信息化服务网络已经初具规模。农作物重大病虫害监测预警能力和防控能力显著提高，中、短期预报准确率分别达到了75%和90%以上。积极开展农民科技教育培训，坚持普及性培训与专项培训相结合、务农培训和务工培训相结合、技能培训和职业教育相结合，通过积极实施公益性培训项目、大力开展农业广播电视教育、动员组织农业教育、科研、推广和社会力量，多形式、多渠道、多层次开展农业科技培训和转移培训，取得了显著成效。

（七）农业发展政策扶持与激励

"中原熟，天下足"，河南的农情、农事和粮情，一直牵动着中南海，直接影响全国粮食特别是夏粮的供求平衡。党的十六大以来，党和国家领导人到河南考察指导工作，心中始终牵挂着粮食，必看的也是农业和粮食生产情况。"能不能保障国家粮食安全，河南的同志肩上是有责任的。"胡锦涛总书记的谆谆告诫，寄托了党和国家对河南粮食生产的殷切期望；"农业是河南的优势，中原经济区建设，依然需要在念好'粮食经'的基础上全面展开。"连续九年在农业生产关键时节来到河南视察的温家宝总理，语重心长地嘱托："如果河南的粮食生产掉下来，别的地方就补不上、背不起，抓好河南的农业农村工作、稳定粮食生产，对保障国家粮食安全具有至关重要的意义。"回良玉副总理一语道破河南粮食生产在全国的分量。正因为河南省粮食生产在全国地位的特殊性，中央对河南省农业生产和粮食生产一直高度关注，积极支持，全力扶持。除国家给农业税统一免除以外，给农业的各种补贴持续增加，2012年国家给的各种农业补贴总数超过100亿元。2011年年底，新中国成立以来表彰对象最全、规模最大、规格最高的一次全国粮食生产表彰奖励大会，在北京人民大会堂隆重举行。河南省受到通报表扬，有20个产粮大县，54名先进个人受到表彰奖励。每个产粮大县奖励1000万元，每个种粮大户奖励东方红拖拉机1台。这种奖励与激励政策，鼓舞着粮食生产者的积极性。河南省委、省政府准确理解国家的意图，始终把农业和粮食放在重中之重常抓不懈，并想方设法给予实际支持。2005年，河南对产粮大县的奖励资金5.3亿元，2012年增加到30亿元，增长约5倍，8年累计119亿元。随着扶持粮食生产政策的针对性越来越强、支持力度越来越大，地方政府扶持粮食生产和产业发展的积极性也越来越高。2012年3月9日，河南省委一号文件发布，这是省委、省政府继2005年以来第八次把一号文件锁定"三农"。文件充分考虑了河南省农业所处的发展阶段，抓住建设中原经济区的需要、转变农业发展方式的需要、破解农村劳动力供求矛盾的需要、突破推进农业现代化的需要、保障国家粮食安全的需要，把"推进农业科技创新持续增强农产品供给保障能力"作为2012年农业农村工作的主题。河南省委、省政府特别强调"两不牺牲"，在确定中原经济区战略定位时，把农业和粮食生产放在首位。2012年，河南实施高标准粮田"百千万"建设工程，规划建设一批百亩方、千亩方和万亩方高标准永久性粮田，确保粮食总产量稳定在1100亿斤以上。

二、新型农业现代化发展评价

2010年全国各省农业现代化发展情况见表7—1。

表7—1　2010年全国各省份农业现代化指标

地区	人均农业GDP（元）	农民人均纯收入（元）	农业劳动生产率（元）	土地生产率（元/亩）	单位面积农机动力（千瓦/公顷）	初中以上文化程度比例（%）	单位面积化肥有效使用量（公斤/亩）	人均耕地面积（亩）	有效灌溉率（%）	亩均粮食产量（公斤）	受灾面积成灾率（%）
北京	634	13262	19103	3578	11.91	94.6	39.33	0.18	91.25	332.86	74.2
天津	1120	10075	19181	2200	13.33	80.7	38.60	0.51	78.13	241.43	20.1
河北	3563	5958	17439	2705	16.07	80.8	34.07	1.32	71.99	314.05	54.6
山西	1551	4736	8688	911	6.93	78.1	18.14	1.70	31.42	178.36	63.8
内蒙古	4430	5530	19182	1022	4.24	64.9	16.53	4.34	42.36	201.31	63.5
辽宁	3728	6908	23294	2662	5.50	80.0	22.86	1.40	37.64	288.09	75.0
吉林	3823	6237	20008	1265	3.88	69.2	22.02	3.02	31.20	342.39	62.9
黑龙江	3399	6211	16816	734	3.16	75.7	12.11	4.63	32.76	282.49	68.0
上海	496	13978	31407	3119	4.27	84.6	32.36	0.16	82.39	323.55	45.3
江苏	3228	9118	28757	3555	8.27	75.2	47.74	0.91	80.18	452.73	29.7
浙江	2498	11303	21463	4722	12.64	66.0	32.00	0.53	75.54	267.47	21.6
安徽	2903	5285	11238	2012	9.44	68.2	37.20	1.44	61.43	358.39	27.7
福建	3693	7427	21425	6835	9.07	65.4	60.67	0.54	72.74	331.75	49.9

（续表）

地区	人均农业GDP（元）	农民人均纯收入（元）	农业劳动生产率（元）	土地生产率（元/亩）	单位面积农机动力（千瓦/公顷）	初中以上文化程度比例（%）	单位面积化肥有效使用量（公斤/亩）	人均耕地面积（亩）	有效灌溉率（%）	亩均粮食产量（公斤）	受灾面积成灾率（%）
江西	2705	5789	13918	2846	13.46	65.3	32.45	0.95	65.52	460.94	47.9
山东	3743	6990	17902	3183	15.47	79.6	42.16	1.18	65.94	384.61	40.7
河南	3464	5524	12015	2740	12.86	78.8	55.10	1.26	64.10	457.30	37.3
湖北	3748	5832	23322	3069	7.23	71.8	50.14	1.22	51.02	331.01	36.4
湖南	3540	5622	12423	4091	12.28	69.4	41.62	0.87	72.28	500.96	49.4
广东	2190	7890	15418	5386	8.29	75.1	55.88	0.41	66.15	310.05	25.2
广西	3634	4543	10661	2648	6.56	75.0	37.49	1.37	36.11	223.25	52.2
海南	6215	5275	24306	4947	5.85	76.9	42.55	1.26	33.51	165.30	27.2
重庆	2376	5277	10833	2044	4.79	58.3	27.38	1.16	30.65	344.70	32.4
四川	3086	5087	11591	2783	5.31	62.8	27.80	1.11	42.93	361.27	36.6
贵州	1797	3472	5243	929	3.86	51.2	12.86	1.93	25.23	165.33	68.2
云南	2409	3952	6631	1217	3.97	50.1	20.27	1.98	26.16	168.09	66.5
西藏	2285	4139	7389	1267	10.45	5.0	8.74	1.80	65.55	168.13	43.3
陕西	2646	4105	11547	1627	4.94	74.0	32.39	1.63	31.72	191.74	47.8
甘肃	2341	3425	8192	858	4.24	57.4	12.20	2.73	27.44	137.13	50.9
青海	2396	3863	10934	1657	7.76	39.8	10.76	1.45	46.37	125.29	52.1
宁夏	2517	4675	12415	959	6.59	52.0	22.84	2.62	41.97	214.68	38.5
新疆	4936	4643	24734	1743	3.99	60.3	27.08	2.83	90.23	189.22	49.7

注：数据来源于《中国统计年鉴》（2011 年）、《中国农村统计年鉴》（2011 年）等。

从表 7—1 可以看出以下特点：

（一）河南省农业生产效益较低

从人均农业 GDP、农民人均纯收入、农业劳动生产率、土地生产率等效益指标排名来看，河南省在全国的排名分别为第 12、17、20 名和第 13 名，整体来看农业生产效率在全国处于中游靠后水平，具体指标远低于上海、福建、浙江、北京等发达地区，农业效益亟待提升。如农民人均纯收入 5524 元，仅相当于该项指标第一位上海市 13978 元的 39.52%；农业劳动生产率 12015 元，相当于上海市 31407 元的 38.26%；土地生产率 2740 元，仅相当于该项指标排名第一的福建省 6835 元的 40.09%。

（二）农业科技教育水平较高

从单位面积农机使用动力、农业劳动力初中以上文化程度比例等科技指标来看，河南省在全国的排名分别为第 5 名、第 7 名，说明河南省近年来在农业科技研发推广、农民科技教育培训方面取得了明显成就。

（三）粮食生产能力较强

从人均耕地面积、单位面积粮食产量、单位面积有效化肥施用量、有效灌溉率、受灾农田成灾率等可持续发展指标来看，河南省在全国的排名分别为第 17、3、3、14 名和第 22 名。从耕地保护来看，虽然河南省人均耕地面积偏少，但多年来河南省的耕地面积没有大幅度减少，人均耕地面积也稳定在 1.2 亩左右；从粮食生产来看，单位面积粮食产量较高，排名全国第 3 位，仅次于湖南省和江西省；从单位面积有效化肥施用量、有效灌溉率、受灾农田成灾率等来看，化肥施用强度较高、农田有效灌溉率和抗灾能力还较弱，不利于农业的可持续发展。

第三节　河南省新型农业现代化的亮点

河南省新型农业现代化包括一个前提、一个标志、一个支撑。所谓"前提"就是粮食的优质高产；所谓"标志"就是以绿色生态安全、集约化标准化组织化产业化程度高为主要标志；所谓"支撑"就是基础设施、机械装备、服务体系、科学技术和农民素质支撑有力。河南省新型农业现代化更加重视农业综合生产能力提升，凸显粮食安全，突出农产品质量，坚持数量质量效益并重，发展可持续农业，实现社会化大生产，强基固本，盈仓富农。河南省新型农业现代化亮点主要体现在以下几个方面。

一、夏粮实现"十连增"

《国务院关于支持河南省加快建设中原经济区的指导意见》对河南省作出的首要战略定位是"国家重要的粮食生产和现代农业基地"，要求河南省"把发展粮食生产放在突出位置，打造全国粮食生产核心区"。2012年，河南夏粮总产量637.2亿斤，比2002年增产39.2%，在稳居全国第一的同时，实现了自2003年以来的"十连增"（如图7—1所示），创造了国内外大面积夏粮持续增产的奇迹。夏粮总产量实现"十连增"，巩固提升了河南省在保障国家粮食安全中的重要地位，得益于多年来河南省在耕地保护、农业基础设施建设、农业新品种新技术研发等方面加大投入，也正是河南省持续走不以牺牲农业和粮食、生态和环境为代价的三化协调科学发展之路的重要体现。在"十连增"的背后，是一个庞大的支持体系：一是充分发挥惠农政策的作用，落实好中央"三农"政策，健全好利益补偿机制，让抓粮种粮的有荣誉、有实惠、有后劲。信号一直不变，要求一直不松，支持一直不减，政策支持是河南粮食稳定发展的根本保证。二是科技支撑功不可没，"国家队"、"省级队"、"市县队"和"农民育种队"各显神通，大专院校、科研单位、民营种企成果迭出。种业革命是河南粮食稳定发展并寻求突破的关键支撑。三是方法创新成效显著，高产创建、成果转化、包村包乡，既抓源头、又抓中间，既抓科研产量、又抓平衡增产，建立健全农业科技推广新体系，推广普及工作突破"最后一公里"，将好技术与好品种一起集成打包送到农民手中，让农民也能种出科学家的产量，让科技对河南粮食稳定发展的作用更直接、更生动、更具体。四是提升综合生产能力，河南近年来在耕地保护、农田水利、土地整治、中低产田改造、高标准农田建设等方面投入了大量人力、物力、财力、精力，显著改善了粮食生产条件。综合生产能力的不断提高是河南粮食稳定发展的坚实物质基础。五是行政推动力量巨大，针对不断发生的自然灾害、突出问题，在重要农时、关键环节，党委和政府及时调度农情、研判形势、部署工作，各地各部门迅速行动，采取强有力的推动措施，行政推动是河南粮食稳定发展的有效保障。六是体制机制创新激发活力，河南引导耕地向农民专业合作组织、种粮大户集中，大力发展农民专业合作社，坚持探索农业社会化服务新模式，体制机制创新为河南粮食稳定发展创造了良好的制度环境。七是依托粮食资源优势，做大做强做优粮食加工企业，不断拉长粮食产业链，让粮食产业为农民增收作出更大贡献，提高粮食生产综合效益是河南粮食稳定可持续发展的必由之路。

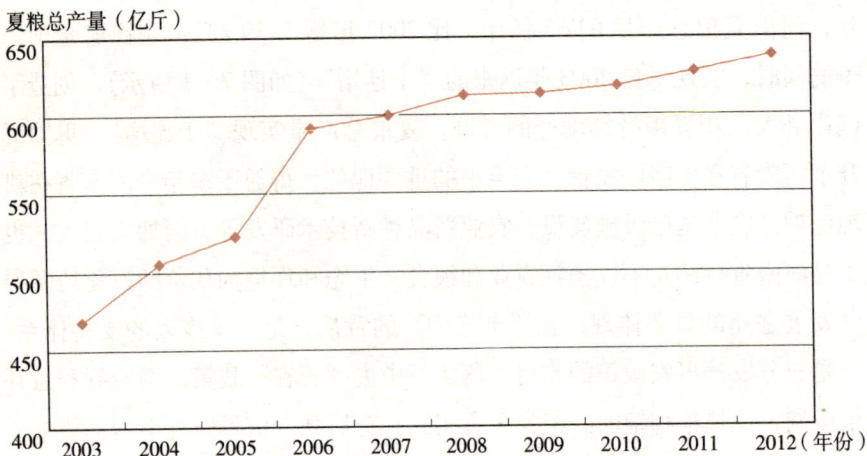

夏粮总产量（亿斤）

图7—1　2003—2012年河南省夏粮"十连增"

二、耕地连续13年实现占补平衡

河南在发展粮食生产的过程中认识到，保证粮食的长久安全，归根到底是要有稳定可靠的生产能力。对河南来说，在人均占有耕地低于全国平均水平、且耕地后备资源严重不足的情况下，耕地保护任务十分艰巨。为此，全省采取建设紧凑型城市、发展工业集聚区、建设新型农村社区等多种途径促进土地节约。同时，将土地整治作为补充耕地数量、提高耕地质量、增强耕地产能的重要手段和有效途径大力推进。在采取以上切实措施的基础上，多年来河南省做到了3个不减少——耕地面积不减少、基本农田面积不减少、粮食播种面积不减少(如图7—2所示)。连续13年实现"占补平衡",全省耕地稳定在1.2亿余亩,基本农田稳定在1.03亿亩,保有量均超出了国家下达的指标。

耕地面积(千公顷)

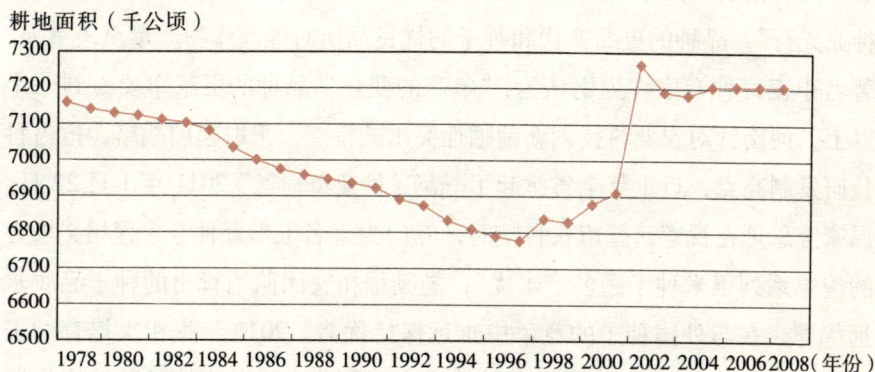

图7—2　1978—2008年河南省耕地面积变化情况

三、农业科技创新成就突出

处在加快推进新型城镇化、新型工业化关键阶段的农业大省,不可能靠提高种植面积来提高粮食生产能力,总产增加的动力主要源于单产的提高。而单产的提高是品种更新、种植技术和生产投入等多种因素作用的结果,但品种的贡献率要占到一半以上。多年来,河南省加强农业科技研发,构筑农业科技创新平台,不断完善农业科技服务体系,为新型农业现代化发展提供有力的科技支撑。在多方重视支持下,河南省育种力量越来越强,形成了学科齐全、布局合理、层次分明、结构优化的农业科研体系,一大批产量高、品质好的粮食新品种被选育推广,对农业生产的支撑作用越来越大。河南已成为全国重要的农作物育种大省和供种大省,其中优质小麦和优质玉米的供种量居全国第一位,不仅满足了自身需要,还把良种推广到了山东、江苏、四川、安徽、湖北、河北、陕西等省。在着力开展科研育种的同时,河南省大力推动高产技术的普及推广、科研成果的转化应用,使河南走出了一条通过稳定面积、主攻单产、依靠科技实现粮食增产的内涵式发展道路。河南省夏粮总产量从2002—2012年增产幅度达 39.2%；夏粮播种面积从 7207 万亩缓慢增加至 8050 万亩，增幅接近 11.7%，而单产从 318.1 公斤增加至 395.7 公斤，增幅则达到 24.4%。由此可见，在播种面积基本稳定的前提下，粮食产量增加取决于单产的增加，而科技创新是单产提高的主要推动力（如图 7—3 所示）。"科技兴农，种业先行"。品种的更新换代和种子的优良品质对提高作物产量至关重要。著名小麦育种专家许为钢认为："单产的变化，品种的贡献率要占到一半以上。河南针对农业科技创新前瞻性突出的特点，采取超前战略，抢占科技研发制高点，近十年全省掀起了一场'种业革命'。"2011 年 1 月 22 日，温家宝总理在视察鹤壁市农科院时，专门为著名玉米育种专家程相文培育的浚单系列玉米种子题名"永优"，勉励程相文团队培育出的种子品质永远优秀，在与外国种子的竞争中永远保持优势。2012 年程相文培育的玉米新品种"浚单 20"荣获国家科技进步一等奖，目前，该品种已成为黄淮海地区种植面积最大、全国种植面积增长最快的玉米品种。

小麦单产（公斤/亩）

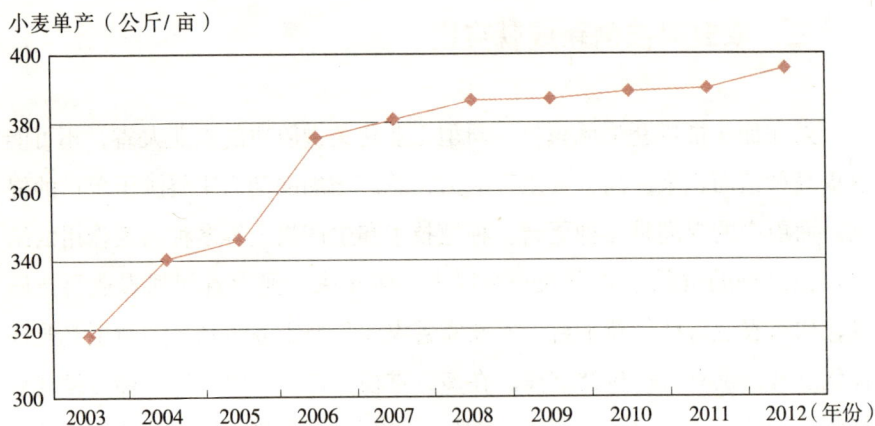

图 7—3   2003—2012 年河南省小麦单产变化情况

四、农业产业化经营成效明显

近年来，河南省积极引导耕地向农民专业合作组织、种粮大户集中，大力发展农民专业合作社，坚持探索农业社会化服务新模式，取得了明显成效。目前，全省分散耕种的土地正在加速集中，截至 2011 年年底，全省农村土地流转面积达 1982 万亩，除农户之间流转外，一些农业产业化龙头企业、农民专业合作组织、专业大户等规模经营主体也作为受让方积极参与流转，规模经营主体逐渐增多，并呈逐步增加趋势。同时流转形式不断创新，除转包、转让、互换、出租等形式外，股份合作、合作经营、土地托管、委托经营等形式不断涌现。据河南省农机局提供的资料，2007年《农民专业合作社法》公布之初，河南农机合作社只有 500 家，到2011 年年底就飙升到 4182 家，平均每个乡镇 2.23 个。由于农机合作社主要从事粮食生产，拥有性能先进、数量较多、配套齐全的农机装备，具备大面积承包土地、推动土地流转和集成应用农业先进技术的能力，因此已成为土地流转的新主力。全省还涌现了一批流转土地上万亩的规模化经营示范社，孕育了一批农机农艺融合的现代农业示范社。

五、农民财产性收入实现突破

城乡收入差距大、农民增收难的问题是全国尤其是河南省的现实问题。河南省利用国务院授权在中原经济区建设过程中先行先试的机遇，通过开展土地流转、迁村并点、为新型农村社区办理土地使用证和房产证等措施，实现了农民财产性收入的制度性突破。近年来，河南省积极探索引导农民进行土地承包经营权流转，在农民自愿的基础上，积极推动土地依法、有偿流转，在稳定农民对承包地拥有长期物权的前提下，使农民获得稳定的收入。通过舞钢市等地的探索，为进入新型农村社区的居民办理土地使用证和房产证，使农民财产资本化，并可以进行抵押贷款和房屋出租，为其创业和实现财产性收入奠定了制度基础。

第四节　河南省新型农业现代化的制约因素

根据河南省农业发展的资源和社会经济条件，河南省新型农业现代化主要受以下几个方面因素的制约。

一、农业基础设施不完善

河南省作为农业大省、人口大省，人多地少的矛盾较为突出。截至目前，全省耕地面积 7202 千公顷，农业人口人均耕地仅 0.07 公顷，只相当于美国人均耕地占有量的 1/10，英国、法国和德国等西欧国家的 1/6。此外，河南省目前仍有 6490 万亩中低产田需要改造，占耕地面积的 53%，加上自然灾害频繁、抵御灾害能力不强，导致农业生产仍然有一定波动，对农业的持续稳定发展构成严重威胁。近年来，尽管河南省农田水利建设取得较大成就，但农田水利设施建设仍比较滞后，防涝抗旱能力仍然不高。2010 年全省有效灌溉面积 7550 万亩，占全部耕地面积的 61.7%，尚有 38.3% 的耕地得不到有效灌溉，河南省农业稳产高产的基础仍然面临较大挑战。

二、农业产业化经营程度偏低

目前，全省农业经营主体缺位，规模化、标准化和组织化程度仍然不高。2011 年，河南省户均常用耕地面积仅 0.35 公顷，而美国农场的平均规模则为 177 公顷。从创造的价值看，河南平均每个劳动力年创造农业产值相当于美国的 1/60。这种以高成本、低效率农户经济为主体的小农经营，不仅难以形成规模效益，限制了农村劳动生产率和农产品商品率的提高，而且成为农业现代化发展的严重"瓶颈"。虽然全省在工商部门注册的各类农民专业合作组织达到 2.3 万家，但从总体上看，农民的组织化程度仍然不高，不同形式的专业合作社尚处于发展之中，全省尚有 2/3 以上农户游离于农业产业化组织之外。河南农业结构性矛盾较为突出，农产品加工业产值与农业产值之比仅为 0.7∶1，生产的食品仅占消费的 25%，农产品加工程度只有 45%，而发达国家这 3 个指标分别达到 3∶1、90%、80%。农产品加工大多为初加工，精深加工程度较低，初加工与精深加工的比例仅为 1∶0.8。农业外向度低，出口创汇型企业少，农产品生产与国际市场对接能力弱，与山东等东部沿海省份出口额度的差距扩大。另外，加工企业与农户利益连接机制不完善，农产品加工带动农户增收能力有限，农业生产、加工、销售不能有机地结合在一起，生产结构层次较低，呈现出比较典型的分割型产业结构。由于产业化程度低，不能通过产业链条将农民与市场联合起来，农产品就不能更好地适应市场，部分农产品时常出现"卖难"的尴尬局面。

三、农业生态环境问题凸显

目前，河南省耕地养分含量有机质平均不到 1%，与全国平均 1.5% 的水平相比，相差近三分之一，而且土壤有机质含量呈逐年下降趋势。全省约有 50% 的耕地缺钾，有 22% 的耕地磷、钾俱缺。2010 年，全省人均水资源 496 立方米，仅占全国人均的 18%；平均每公顷耕地水资源占有量为 6375.5 立方米，占全国人均的 26%。由于农业生产过分依赖化肥、农药、地膜、除草剂等农业化学用品，致使土壤酸化、板结，土壤质量下降，地下水污染严重，农业面源污染比较普遍，严重影响了农产品的产出和食品安全。同时，较为严重的水土流失、粗放的农业生产方式等所引起的土地资源浪费和农业生态环境的不断恶化，使得河南省人多地少的矛盾日益突出。

四、现代农业发展滞后

农业科技支撑作用不突出，农业技术结构中传统技术仍占较大比例，高新技术比例偏小，科技成果转化率和科技进步对农业贡献率远不及农业发达国家的 70%—80% 的水平，也落后于国内浙江、江苏、上海、北京等省市，也是今后加快推进新型农业现代化的重要制约因素。农业服务体系不完善，信息、科技、流通等服务体系建设有待加强，农业产前、产中和产后服务体系尚未完全建立，直接导致农业生产力水平不高，制约农业增产增效。在全国已经崭露头角的生态农业、高效农业发展规模比较小，直接影响农业发展的效益。

第五节　河南省新型农业现代化的对策

把推进新型农业现代化作为建设中原经济区的基础和重要任务，在稳定粮食生产的基础上，大力转变农业发展方式，使规模稳健增长、质量加快提升，进一步强化农业基础设施建设，提高新型农业现代化水平，努力探索一条新型农业现代化与新型工业化、新型城镇化协调发展的新路子。

一、切实做好粮食生产核心区建设

结合国家粮食生产核心区规划建设要求，实施高标准粮田"百千万"工程，进一步稳定提高粮食综合生产能力，确保到 2020 年粮食生产能力达到 1300 亿斤。

（一）实施高标准粮田"百千万"工程

按照"科学规划、综合配套、稳定面积、规模经营、集中投入、主攻单产"的原则，在 95 个县（市、区）的粮食核心区内，集中打造 6000 万亩平均亩产 1 吨以上的高标准粮田。到 2020 年，建成 2000 个万亩方、2

老君山峰顶

万个千亩方、20 万个百亩方，确保到粮食综合生产能力稳步提高到 1300 亿斤。高标准粮田"百千万"工程建设应持续加强农田基础设施建设，改善农业生产条件，增强抗灾减灾能力。切实加大农业科研成果和农业技术推广力度，充分发挥现代农业产业技术体系的作用，加快科技创新和成果应用，着力解决影响粮食生产持续稳定发展的关键性技术难题。坚持良种良法配套、农机农艺结合，促进农业技术集成、高效、规范应用。积极开展土地流转，培育农民专业合作社，加强农机和植保专业合作社建设，提高农业组织化程度。

（二）提高粮食转化增值能力

大力发展粮食加工产业，提高粮食转化增值能力。进一步做大做强面业，依托三全公司、思念公司、金苑公司、白象集团、海嘉公司等龙头企业，加快推进主食工业化，提高面粉加工集约化水平，大力发展终端面制品，拓宽玉米、杂粮的开发利用渠道，壮大速冻食品加工产业。加快发展饲料产业，加强小麦型配合饲料、新型饲料酶制剂、热敏性饲料添加剂等的研究开发，重点把郑汴饲料主产区打造成为全国高科技饲料生产基地，努力把河南省打造成为全国粮食加工强省。

二、加快发展特色高效农业

围绕提高农业效益，增加农民收入，大力发展畜牧业、特色高效种植业。畜牧、花卉、蔬菜、林果和水产五个产业的产值占农业总产值的比重达到 70%以上。

（一）发展现代畜牧业

按照规模化、集约化、标准化、产业化、信息化发展方向，大力调整畜禽结构，坚持"提猪、扩牛、壮禽"的方针，重点提高生猪产业竞争力，扩大奶牛、肉牛等优势产品的规模，进一步壮大禽类生产。调整畜牧业空间结构，加快发展相对集中的畜产品优势集聚区。巩固提高京广铁路沿线、南阳盆地和豫东平原的传统生猪产区生产能力，扩大豫西、豫南浅山丘陵区的生猪养殖规模。继续做好沿黄地区和豫东、豫西南"一带两片"奶业基地建设，加快良种奶牛推广改良步伐，鼓励发展牧场式生态养殖，建设奶牛专用牧草生产基地。建设良种肉牛规模养殖场，重点发展豫西南和豫东平原两大肉牛生产基地。大力发展豫北、豫东肉禽和豫南水禽生产基地，重点发展集约化规模养殖场。进一步实施畜禽良种繁育推广工程、标准化规模养殖场改造工程和动物防疫体系、无规定动物疫病区、畜产品质量监测检验和追溯体系建设项目，提高畜产品质量安全水平和市场竞争力。

（二）因地制宜发展特色高效种植业

在稳定粮食种植面积的基础上，积极调整种植业内部结构，因地制宜发展花卉园艺、林果、蔬菜、茶叶、中药材、油料、棉花等高效经济作物。打造优质蔬菜、优质棉花产业链条，优质林产品产业链条，优质油料、优质茶叶产业链条，优质水产、优质中药材、花卉园艺产业链条。发挥花卉苗木产业的先导作用，扩大花卉种植规模，建设郑州、许昌、洛阳、豫东开封、商丘、豫南南阳、信阳、豫北濮阳、安阳六大花卉核心产区。建设郑州航空港区花卉综合物流园区和区域性花卉交易中心，扩大花卉外销规模。抓好"菜篮子"工程，实行菜地最低保有量制度，在优势区域和重要交通干线沿线地区建设标准化蔬菜种植基地，重点在中心城市周边地区建设蔬菜生产基地，完善蔬菜冷链物流网络，提高"菜篮子"保障能力。加快发展花生、芝麻等优质特色油料作物。积极发展优质茶产业，建设大别桐柏等茶产业基地，做大做强绿茶产业，大力开发红茶新产品，培育豫茶名牌产品和名牌企业。加快推进林果业发展，建设豫西、豫南高标准林果种植基地和沿黄速生丰产用材林基地，支持发展生物质能源林，大力开发林果加工产品。实施水产良种工程，积极发展特色高效水产新品种。建设地道中药材种植基地，因地制宜发展优质棉花、烟草、食用菌、蚕丝等特色农产品，培育一批全国知名的优势特色农产品品牌，将特色高效农业打造成为河南省现代农业的先导产业和农民增收的重要支柱产业。

三、持续加强农业基础设施建设

加大水利基础设施建设力度，加快农业机械装备发展，努力增强气象服务能力，提高现代农业发展保障能力。

（一）持续加强农田水利设施建设

坚持兴利除害并重，加大水利基础设施建设力度，形成以南水北调中线工程干渠和受水配套工程为主体，由水库、灌区、河道及城市生态水系组成的复合型、多功能的水利网络体系。加强防洪控制工程和灌排体系建设，加快重大洪水控制工程、重要支流和中小河流治理、中小水库除险加固、大中型病险水闸除险加固、蓄洪区等防洪工程建设，提高防洪减灾能力，形成较为完善的防洪减灾体系。实施重点河道治理工程，加快贾鲁河等重要支流及中小河流治理。完成淮河干流堤防标准化建设。继续实施大、中型灌区续建配套与节水改造。积极开展标准农田建设，完善渠系配套。建立较为完善的灌排体系。加快水源工程建设，全面建成南水北调中线工程河南段及沿线城市受水工程，全面完成南水北调中线工程河南段移民工作。充分利用黄河水资源，统筹城市生态水系用水、工业及产业集聚区用水、城乡供水和农业灌溉用水需求，建设一批引黄调蓄工程，实现"丰蓄枯用、常蓄急用"。加快国家规划的中型水库建设，建设一批规模合理、标准适度的抗旱应急水源工程，建立应对特大干旱和突发水安全事件的水源储备制度。建立较为完善的供水网络及城市生态水系。

（二）持续加强农田林网建设

河南省广大平原区是重要的粮食核心区，同时又是人口主要集聚区和生态环境脆弱区。加快农田林网建设，完善防护林体系，是提高农业综合生产能力的重要屏障，是改善平原区生态环境的重要基础。河南省应围绕郑州、开封、洛阳、平顶山、安阳、鹤壁、新乡、焦作、濮阳、许昌、漯河、南阳、商丘、信阳、周口、驻马店、济源17个省辖市118个县（市、区）持续加强农田林网建设。加大针阔及乔灌结合的林带比例，提高绿化标准，对断带和网格较大的地方进行完善提高，积极稳妥地推进成过熟农田防护林更新改造，逐步建立起稳固的农林复合生态系统，切实提高防护功能，为全省粮食综合生产能力的稳步提高提供保障。

（三）持续加强农业现代技术设施建设

建设河南省气象灾害监测预警与防御工程，完善农业气象防灾减灾与保障系统、农村气象灾害防御系统、人工增雨消雹系统、气象信息处理及保障系统，建设空中云水资源开发工程，建设气候变化应对决策支撑系统工程和基层气象台站工程。建成由公共气象服务系统、气象预报预测系统、综合气象观测系统和气象科技创新体系、气象人才体系共同构成的结构完善、布局合理、功能先进的气象现代化体系。积极推动病虫害物理防治、农土壤墒情监测、农产品质量安全监测等现代农业技术设施建设，为河南省新型农业现代化发展提供服务。

四、创新农业发展体制机制

（一）加快农业产业化集群发展

把加快农业产业化集群发展作为促进农业增效农民增收、加快转变农业发展方式、推进三化协调科学发展的重要手段，按照"基地支持、龙头带动、流通服务、特色高效"的原则，选择一些基础条件好、比较优势强、发展潜力大的农产品生产区，通过建设规模化、标准化、专业化和集约化原料生产基地，壮大龙头企业、培育知名品牌等措施，打造一批"全链条、全循环、高质量、高效益"的农业产业化集群。

原料生产基地建设。强化上游产业链建设，发展规模化、标准化、集约化、绿色环保的原料生产基地，推进高标准生产基地建设。建设一批各具特色、优势明显的粮食作物、畜禽养殖、特色种植等大型原料生产基地，实现与农业产业化龙头企业的有效对接，从源头上保证原料供给和质量安全。

龙头企业培育。引导有条件的加工型龙头企业向产业集聚区集聚，大力发展农产品精深加工，培育壮大主导产业。在扶持壮大现有国家级、省级农业产业化龙头企业的同时，培育发展一批新的省级以上龙头企业。通过大企业强强联合、中小企业分工协作，加大政策扶持力度，形成一批产业关联度高、功能互补性强的大型龙头企业和企业集团；通过购并重组、参股控股、改制上市等形式，形成一批发展潜力大、科技含量高、产品竞争力强的龙头企业群体。

农产品知名品牌打造。发挥区域龙头企业品牌优势，整合品牌资源，打造区域品牌，提升品牌价值。通过整合技术、人才资源，增强企业自主研发能力，提高产品科技含量，提升市场占有率、影响力和知名度。加大宣传和推介力度，打造一批农产品知名品牌。

加快发展农业产业化龙头企业。进一步做大做强本地龙头企业，大力推动农业企业优化组合、兼并重组，积极引进国内外大型农产品加工企业进驻，吸引国内外龙头企业在河南省建立总部或区域性总部，将河南省建设成为国内农业产业化发展和营销策划中心，推进全省农产品加工业向高附加值、精深加工转变。

（二）积极推动农业农村制度创新

创新土地流转机制。在稳定完善农村基本经营制度的前提下，积极发展转包、出租、互换、转让、股份合作等多种形式的土地经营权流转模式，推动土地适度规模经营。探索建立土地银行、农村土地交易所，重点解决流转中的信息对接、价格评估、利益保障等问题。建立农村产权交易所，探索农村资产资本化的有效途径。按照节约用地、保障农民权益的要求推进征地制度改革，完善农村集体经营性建设用地流转和宅基地管理机制。严格界定公益性和经营性建设用地，提高征地补偿标准，逐步实现农村建设用地与国有建设用地同权同价。深化集体林权制度改革，将林地承包经营权和林木所有权落实到户，鼓励林地、林木依法规范流转。

创新金融支农机制。落实县域内银行业金融机构新吸收存款主要用于当地发放贷款政策。鼓励引导金融机构开展农村金融产品和服务方式创新，充分发挥农业发展银行、农业银行、农村信用社、邮政储蓄银行等支农主力军的作用，增加涉农信贷投放。通过创新担保机制、建立农村专业合作组织等，完善涉农贷款风险补偿机制，提高涉农信贷资金使用效率。鼓励有条件的地方以县（市、区）为单位建立社区银行，发展农村小型金融组织和小额信贷。加快组建村镇银行、贷款公司、农村资金互助社等新型农村金融机构，实现新型农村金融机构在全省县域的全覆盖。推动郑州商品交易所开发更多农业产品交易品种。探索建设农畜产品中远期交易现货市场，推动河南省具有比较优势的生猪、大枣、玉米、山药进行中远期现货交易。

建立农业产业与资本市场对接机制。加大宣传和指导力度，引导符合条件的龙头企业通过首发上市和发行企业债、短期融资券、中期票据等方式筹集资金。推动已上市涉农企业通过吸收合并、增发、配股及发行公司债、可转债等形式，进一步提升再融资能力。大力发展农业产业投资基金，适时满足不同发展阶段农业企业的资金需求。指导龙头企业利用融资租赁工具，促进融资结构多元化。制定有针对性的扶持政策，鼓励信托公司针对经济效益良好的农业项目发行信托产品。

创新农业风险防范机制。按照政府引导、政策支持、市场运作、农民自愿的原则，建立多元化的新型农业保险体系，增加农业保险费补贴的品种并扩大覆盖范围，提高农业生产抗风险能力。引导龙头企业资助农户参加农业保险。健全农产品价格保护制度，稳步提高粮食最低收购价。

五、持续提高农业科技水平

（一）提高农业科技创新能力

围绕主要农作物新品种选育与产业化开发、农副产品精深加工、动物重大疫病预防控制等，组织实施重大科技专项，努力破解农业生产的关键性技术，提升产业整体核心竞争力。着力构建现代农业产业技术研发平台，打造国内外知名的农业科技创新平台，建设一批重点实验室和工程技术研究中心，使农业科技装备水平达到全国前列。培养农业科技高层次人才，扶持一批在全国具有影响力的农业科技领军人物和农业科技技术创新团队，将河南省农科院和河南农业大学建设成为国内一流的农业科研院校。

（二）做强做优种业产业

做大做强、做精做优种业产业，确立河南省良种选育在全国的主导地位，巩固在全国的领先地位。坚持"资源保护、良种创新、引进培育、产业化开发"的方针，尽快将河南省的科研与品种优势转化为产业优势。建立种质资源保护利用、珍稀品种保存和地方品种标准样品保藏体系。加快小麦、玉米超高产新品种选育及超级水稻、特色农作物的新品种开发，建设高科技生物技术育种园区、农作物种子南繁科技园区，培育小麦、玉米主导新品种，力争在近2—3年内完成主要粮食作物品种更新换代一遍，持续增强河南省农作物育种创新能力，不断提升种子产业的核心竞争力。整合种业科研资源，依托河南省农科院、河南农业大学以及周口、商丘、漯河、驻马店、信阳、南阳、新乡、鹤壁、温县等具有典型区域代表性的市、县农科院（所）、种业公司等，组建产学研结合的种业技术创新战略联盟。建立新品种产业化开发体系。提升种子质量监督监控和信息化服务能力，逐步建立完善的种子质量监督检测体系。

（三）加快先进适用技术集成推广

建立省、市、县级农业院、校、所协作的科研、推广体系，在种植业、养殖业、林业、农业微生物、农副产品加工、农业装备、循环农业、农村民生科技等领域，力争研发推广深耕深松、夏玉米免耕机播、病虫害专业化统防统治、测土配方施肥等一批先进适用技术。开展农业适应气候变化、农业气候资源高效利用及农业气象业务服务保障等技术推广应用工作，提升农业发展科技支撑能力。加强县级农业技术推广能力建设，完善农业技术推广体系，加速技术推广和成果转化。

六、完善农业服务体系

（一）提高农业机械化水平

加快农业机械装备发展，以秋粮机械化为突破口，走农机农艺相结合的道路，重点建设秋粮生产机械化技术集成与示范、根茎类作物生产机械化技术集成与示范、高效低碳农业机械装备技术集成与示范、现代农业机械关键技术研究与装备提升、农机化技术推广示范基地等项目。建设一批农机专业合作社，推进农机服务产业化。建设农机跨区作业信息网络设施和智能调度管理服务平台，提高农机信息化服务水平。

（二）加强农产品质量安全体系建设

加强农业标准体系建设，制（修）订一批优势农产品、特色农产品、农业生产资料生产标准，加快农业标准的推广应用。逐步建立"生产有记录、出场有证明、产品有标识、部门有监测"的农产品质量安全保障机制。强化产地准出、市场准入、质量追溯、召回退出等监管制度。建立生产基地速测室，确保基地售出的农产品质量；推进使用包装标识，落实质量安全追溯制度；加强农业投入品监管，培育一批农资连锁企业。建立农产品质量安全突发事件应急处置机制，确保及时发现、有效控制、快速处置农产品质量安全事件。建设完善以省级农产品质量检测服务中心为龙头，以省辖市检测服务中心为骨干，以县级检测服务站为基础，乡镇或区域农技推广机构农产品质量检测室配合，以基地、超市检测员速测为补充的功能齐全、管理规范、布局合理、服务有效的农产品质量安全检测体系。健全农产品质量安全检测制度，逐步扩大检测品种和检测数量。

（三）提高农民生产技能和经营水平

积极培育适应现代农业生产和经营方式需要的新型农民、农村科技骨干和实用人才，重点加强对农业合作组织领办人、农业企业经理人、农民经纪人、农村产业工人的培训。实施职业农民培训计划，按照发展高效种植业、规模化养殖业、特色农业、绿色农业和生态农业等现代农业的要求，开展农民科技和职业技能培训，提高农民现代农业生产能力和转岗就业能力。继续实施"阳光工程"，提高农民就业适应能力和综合素质。继续实施"雨露计划"，在革命老区、贫困地区建设一批全免费培训试点基地和一批办学规模大、培训质量好、社会信誉度高的培训学校，重点抓好对贫困家庭初、高中毕业后未升学"两后生"的职业技能培训。实施信息惠农工程，搭建省级农业信息服务平台、农业生产监测预警系统、农产品和农资市场信息服务系统、农村科技信息服务系统等应用系统。

第八章
河南省三化协调发展的主要内容和焦点

新型城镇化为新型工业化和新型农业现代化提供需求、空间和环境，是三化协调发展的巨大引擎；新型工业化为新型城镇化和新型农业现代化提供产业支撑、就业岗位，是三化协调发展的主导力量；新型农业现代化为新型城镇化和新型工业化提供要素保障，是三化协调发展的重要基础。三化之间相互协调，才能互促共进、科学发展。

第一节　河南省三化协调发展的主要内容

中原经济区建设要发挥新型城镇化的引领带动作用，统筹安排城镇建设、产业集聚区建设、农田保护、生态涵养等空间，协调推进粮食生产核心区、现代城镇体系和现代产业体系建设，在加快新型工业化、新型城镇化进程中保障国家粮食安全、推进新型农业现代化，基本建成生态高效的现代城镇体系和现代产业体系，形成以产带城、以城促产的良性互动局面。

一、发挥新型城镇化的引领作用

新型城镇化是适应国内外的发展大势和河南省新时期、新阶段经济社会发展的新需要，以促进产业和人口向城镇集聚为核心，以统筹城乡发展、城乡一体化发展为目标的历史过程。城镇化是现代化的必由之路，城镇化的最终目标是实现居住环境的城市化、公共服务的城市化、就业结构的城市化、消费方式的城市化。新型城镇化一头连着工业化，一头连着农业现代化，在三化协调发展中具有引领带动作用。新型城镇化引领是基于河南省情的必然选择，是结合实际主动探索发展新路的重大创举。城镇化水平低是河南省经济社会发展各种矛盾的聚焦点，既有工业化动力不够强劲的制约，又有城镇化自身引领不足的软肋，经济社会发展中存在的诸多问题都能从城镇化水平不高的现实中找到答案。强化新型城镇化引领，就抓住了扩内需、调结构、促转型、惠民生的"牛鼻子"。新型城镇化引领是基于先进理念的科学决策，是新时期更加自觉推进城乡协调发展的生动实践。美国著名学者雷利认为，一个城市对周围地区的吸引力，与它的规模成正比。德国地理学家克里斯特勒认为，中心城市依靠更加完善的综合服务功能，能吸引产业和人口集聚。产业兴城市兴，城市强产业旺。全球所有发达国家城镇化率都非常高，而所有落后国家城镇化率都比较低，所以城镇化水平就是经济发展水平的标志，提高城镇化水平是历史进步的必然趋势。新型城镇化引领是基于发展阶段的科学定位，是对发展中国家现代化发展规律的准确把握。从发达国家和东部沿海地区的经验看，在工业化初期，项目建设带动城市发展；在中后期，城市以完善的功能和服务吸引项目落地。目前，河南省已进入深化改革开放、推进转型发展、加快中原崛起的新阶段，工业反哺农业、城市支持农村有了资本，成为必然。

河南省提出的新型城镇化在城市体系上，新型城镇化则突破了传统城市梯次的划分，将新型农村社区列为城镇化的组成部分，从而形成国家区域性中心城市、地区中心城市、县域中心城市、中心镇、新型农村社区的五级城镇体系。新型城镇化建设应坚持中心城市带动，优先发展区域性中心城市，继续稳步提升发展中等城市，积极发展壮大县城和特色中心镇，优化城市和空间发展布局，推进产业和人口集聚，加快发展复合型、紧凑型、生态型城市，最终形成层次分明、结构合理、功能互补、协调发展的现代城镇体系；将农村新型社区建设纳入城镇体系，进行一体化布局，把加快新型城镇化进程作为统筹城乡发展的突破口，积极引导和推动农村人口向城镇转移，以提高城乡居民收入和社会保障水平，让更多群众享受现代城市文明。

　　强化中心城市带动，加快中原城市群发展。提升郑州作为我国中部地区重要的中心城市地位，发挥洛阳区域副中心城市作用，加强各城市间分工合作，推进交通一体、产业链接、服务共享、生态共建，促进城际功能对接、联动发展、融合发展，建成沿陇海经济带的核心区域和全国重要的城镇密集区，形成具有较强竞争力的开放型城市群。加快郑汴新区发展，建设内陆开发开放高地，打造"三化"协调发展先导区。

　　做大做强地区性中心城市，发挥区域性带动作用。按照规模做大、实力做强、功能做优、环境做美的原则，发挥比较优势，科学编制城镇规划，完善城市功能，提升基础设施水平和公共服务能力，发展壮大其他各省辖市规模，优化城市布局，形成以中心城区为核心、周边县城和功能区为组团的空间格局，增强聚集要素和辐射带动作用，使之成为各区域发展的核心。

　　加快建设各具特色的县（市）和中心镇，提高以城带乡发展水平。发挥县（市）和中心镇促进城乡互动的纽带作用，把中小城市作为吸纳农村人口就近转移的重要载体，推动城乡之间公共资源优化配置和生产要素自由流动。增强县城发展活力，支持有条件的县城逐步发展为中等城市，提高承接中心城市辐射和带动农村发展的能力。按照合理布局、适度发展原则，支持基础较好的中心镇逐步发展成为小城市，强化其他小城镇对周边农村的生产生活服务功能。

　　搞好新型农村社区建设，促进城乡一体化发展。新型农村社区一头靠向城镇，一头连着农村，处在城镇体系的末端，是推进城乡一体化的切入点、统筹城乡发展的结合点和促进农村经济发展的增长点。因此，要把新型农村社区建设作为推进新型城镇化的重要环节，稳步推进。要积极推广新密、舞钢、潢川建设新型农村社区的经验，因地制宜，分类指导，采取合村并城、合村并镇、合村并点等不同模式，稳步推进新型农村社区建设。要优先在城市郊区、产业集聚区等非农产业基础好、前景好的地方推进，使之与工业化、城镇化有机结合起来，保证农民能够非农就业。鼓励农民向重点镇、建制镇集中。经济实力强、农民非农就业比较充分的县市可以率先尝试建设新型农村社区，暂不具备条件的县市，不要一哄而起。要注重可持续发展能力的培养，防止虎头蛇尾、接续不力的现象发生。

二、强化新型工业化主导地位

新型工业化是以科技含量高、信息化涵盖广、经济效益好、资源消耗低、环境污染少、人力资源优势得到充分发挥为主要内涵的工业化，在经济社会发展中具有决定性作用。

三化协调科学发展中的新型工业化，体现在以下几个方面的新颖性：第一，新型工业化是建立在新型工农、城乡关系下的工业化。把农业的发展放在国民经济的循环中，把农村的进步放在整个社会的进步之中，促进农村劳动力有序转移和城镇化水平的提高，逐步形成工业反哺农业、城市反哺农村的机制。第二，新型工业化是三次产业协调发展的工业化。以科技、教育、能源、信息等资源、要素的合理分配和聚集来发展，充分发挥第三产业的吸收就业主渠道作用，积极全面地发展服务业，使人力资源优势得到充分发挥。第三，新型工业化是能够增强可持续发展能力的工业化，是资源消耗低、环境污染少、可持续发展的工业化。坚持保护环境和节约资源的基本国策，在注重低能耗、少污染和实现工业发展可持续性的基础上，强调环境、资源的协调发展。第四，新型工业化是以信息化带动的、科技引领的、能够实现跨越式发展的工业化。以信息化带动工业化、以工业化促进信息化。信息化是三化协调发展的催化剂，信息化与工业化的融合发展，有利于充分利用信息技术推动产业结构升级，促进发展方式转变；有利于增强自主创新能力，提高企业核心竞争力和产业素质；有利于管理创新，提高生产效率和经营效益。河南省正处在工业化中前期向中后期加速推进的阶段，工业内部结构不断优化，高加工度水平逐步提高，由于离后工业化阶段还有一定距离，工业在国民经济中还将继续处于主导地位。充分发挥新型工业化的主导作用，是客观必然，也是现实需要。

河南省新型工业化发展肩负三大历史任务，一是"转"，二是"赶"，三是"引"。既要走一条新型工业化道路，不重复沿海发达地区走过的老路，坚持以信息化带动工业化、以工业化促进信息化，转变发展方式；又要发挥后发优势，实现赶超式的跨越发展，加快推进工业化进程；另外，充分利用全球产业转移的机遇，继续加快招商引资步伐，吸引更多需要转移的企业到河南落地生根、开花结果。

河南省必须加快工业转型升级。坚持把工业化作为经济社会发展的主体，作为转变发展方式、调整经济结构的主战场，坚持做大总量和优化结构并重，着力推动能源原材料初级产品向精深加工方向发展，由过多地依赖传统产业向装备制造业和高新技术产业为主转变。推动生产规模由小到大、产业链条由短到长、产业层次由低到高、企业关联由散到聚。做大做强，培育重点产业集群和企业集团，以龙头带动、基地支撑、高端突破为着力点，大力发展汽车、电子信息、装备制造、食品、轻工、新型建材等高成长性产业；以精深加工、节能降耗、重组整合为着力点，积极运用先进适用技术和信息技术改造提升化工、有色、钢铁、纺织等传统优势产业。食品工业关联工业、农业、服务业，是河南省传统优势产业，也是重点发展的支柱产业之一。河南要发挥农产品资源丰富的优势，加快建设食品工业强省，把"国家粮仓"进一步转化为更具实力的"国人厨房"。做大做强食品工业在争创工业新优势中不可或缺。要强化原材料基地、产品开发、冷链物流、安全检测等关键环节建设，积极引进龙头企业和产业资本，推动食品工业和现代物流业互动融合，促进优质原材料基地和加工制造一体化发展。通过引导农产品深加工企业在农产品主产区集中布局，形成一批食品产业集群。

河南省必须推动工业跨越式发展。以核心关键技术研发、自主技术产业化为着力点，培育壮大生物、新能源、新材料、新能源汽车、高端装备等先导产业，大力发展节能环保产业，促进战略性新兴产业发展。建设战略性新兴产业示范园区，实现生物医药、新材料、新能源、新能源汽车等先导产业新突破。持续推进企业兼并重组，提高产业集中度，壮大一批拥有知名品牌和核心竞争力的大型企业集团。培育一大批"专、精、特、新"中小企业，增强分工协作和产业配套能力。突出抓好工业行业节能减排，加快工业结构调整步伐，着力改变粗放型发展方式，降低结构性的资源和能源消耗，使工业生产向集约化、清洁化、减量化方向发展。通过强力推进资源整合，大力淘汰落后产能和工艺，依法关闭浪费资源、污染严重的企业，努力从源头上解决污染问题。围绕经济结构调整的重点方向和领域，谋划和实施一批重点项目，集中资金、土地、环境、技术、人才等生产要素，保障新兴重点行业发展需要，形成新的发展优势。

河南省必须抓住产业转移的战略机遇在招商引资上形成新突破。充分利用 2008 年以来潜心创造的 180 个产业集聚区的项目容易落地的既有优势，借鉴引进富士康等这样大型国际集团企业经验，转变观念，以优质服务招商，以环境优良招商，以行政成本低招商，以劳动力资源丰富招商，以投资回报率高招商，以项目准备充足招商，招大商，招集团客户，招集群企业，招世界 500 强和全国 500 强企业，招高科技企业，招与当地资源环境联系紧密的企业，吸引越来越多的各类企业投资中原，兴业中原，致富中原，发展中原，提高河南省工业化水平，提高河南省外向型经济发展水平，提高河南省居民收入水平。

三、夯实新型农业现代化基础

不以牺牲农业和粮食、生态和环境为代价，是三化协调科学发展的前提，是河南省建设中原经济区的现实需要。所以，必须持续采取措施，夯实新型农业现代化的基础。

加快粮食核心区建设。贯彻落实《全国新增 500 亿公斤粮食生产能力规划(2009—2020 年)》，组织实施《河南粮食生产核心区建设规划(2008—2020 年)》，加强粮食主产区农业基础设施建设，不断改善粮食生产的物质技术条件，大力发展粮食加工产业，着力完善粮食物流体系，构建涵盖生产基地、粮食收储、粮食加工、食品加工、物流销售、循环利用等环节的完整粮食产业链和产业集群。

加强农业基础设施建设。因地制宜地开展水源工程建设，加大投资力度，扩大有效灌溉面积，逐步形成布局科学、配置合理的水资源保障体系。实施现代化高标准粮田"百千万"重点工程，按照"合理规划、综合配套、稳定面积、主攻单产"的原则，依托粮食生产核心区规划建设万亩方、千亩方、百亩方，总面积达到 6000 万亩。避开城乡建设用地和铁路、公路、电网等重大线性工程，统筹推进水利、农业、农机、科技、林业、

龙门东西山全景

气象等设施建设，配套建设专业合作社、农技服务站、综合行政执法所等农业服务体系，整合推进新增粮食规划中低产田改造、大中型灌区续建配套与节水改造、小农水重点县建设、节水灌溉、现代农业示范区、农村土地整治等工程项目建设，提高农业基础设施的保障能力。

加快农业结构调整步伐。在确保粮食稳产增产的前提下，按照高产、优质、高效、生态、安全的要求，扩展农业功能，大力发展现代畜牧业和特色农业，加快发展循环农业、生态农业和节约型农业，向农业发展的深度和广度进军，不断提高农业效益。

强化农业科技支撑能力。完善农业科技创新推广体系，加快发展现代种业，不断提高农业机械化水平，推动农业生产经营专业化、标准化、规模化、集约化发展。进一步提高农村劳动者科技文化素质，大力培育有文化、懂技术、会经营的新型农民，造就现代化的农业经营主体。

加快现代农业发展步伐。按照"基地支持、龙头带动、流通服务、特色高效"的原则，把发展现代农业产业化集群和创建现代农业示范区有机结合起来，选择30个左右上下链接、合作紧密、以就地加工为主的农产品产区，积极培育现代农业产业集群。坚持以城带乡、以工哺农，结合新型农村社区建设，积极稳妥地推进土地规范流转，促进土地向种粮大户和农业龙头企业集中，把千家万户的小生产与千变万化的大市场有机连接起来，实现了新型城镇化、新型工业化推进与新型农业现代化发展的互促共赢。

四、大力发展现代服务业

2011 年，全国服务业增加值占 GDP 的比重为 43.4%，河南省服务业比重为 29.3%，比全国平均水平低 14.1 个百分点，连续几年位居全国倒数第一。从河南省服务业内部构成看，以批发、零售、餐饮为代表的传统服务业仍处于主体地位，2011 年占服务业的比重接近 60%，而以金融保险、信息服务等为代表的现代服务业近年来虽有所发展，但由于起步晚、基础差，比重仍较低、发展滞后。河南省现代服务业增加值占全国现代服务业增加值比重较小，2008 年占全国现代服务业份额为 3.4%，而同年河南省 GDP 占全国 GDP 份额为 5.7%，份额少了 2.3 个百分点，说明河南省现代服务业发展滞后于经济发展。

服务业发展与城镇化进程是相辅相成，尤其是现代服务业发展更是需要较高消费群体的集中集聚，才能形成规模化的市场。河南省从"十五"时期就开始实施中心城市带动战略，但是发展效果仍不理想，2011 年河南省城镇化率为 40.57%，比全国平均水平低 10.7 个百分点，长期处于中部地区末位。城镇化水平的高低决定了服务业的发展需求，城市集聚功能强、人口集聚程度高，才能使服务业成规模的发展起来。河南省除郑州外，绝大多数城市缺乏高层次和国际化的旅游、会展、休闲、文化及商务基础设施，使得像科技研发、信息技术、电子商务、综合物流等知识密集型服务行业缺少发展载体和空间，阻碍了现代服务业快速发展。河南省的工业产业层次较低，对第三产业需求不旺。现代服务业的发展，有赖于生产性服务需求的拉动，如软件与信息服务、金融与金融保险服务等服务业在很大程度上取决于工业链条上研发、设计、生产、营销及售后服务等环节的分工、分离与专业化。河南省新型工业化发展，必须有现代服务业全面发展来支撑。

河南省要坚持现代服务业与先进制造业融合发展，从产业融合的角度发展现代服务业。大力发展会展、金融、销售等生产性服务业，为制造业的改造和升级提供综合配套服务，降低生产成本，提高附加值，促进制造业的知识化、信息化和高技术化发展，增强制造业核心竞争力。加大制造业的研发力度，延长产业链条，发展制造业总部经济和组织管理控制中心，将现代服务业融入制造业生产前期研发、设计、中期管理、融资和后期物流、销售、售后服务、信息反馈等全过程，推进制造业向高端化方向发展。大力发展代表现代服务业和制造业融合发展方向的新兴产业，如创意产业等，使产品融入更多的智力要素、人才资本、品牌内涵，使现代服务业和制造业共同向高级化方向发展，形成"双轮驱动"的发展新模式。

河南省要以重点项目、龙头企业、特色园区为抓手，以改善政策和体制环境为保障，促进服务业总量扩张，结构优化、水平提升，提高服务业增加值在生产总值中的比重和服务业从业人员在全社会从业人员中的比重。突出发展现代物流业，培育一批全国性、区域性和地区性物流节点城市，加快建设全国重要的现代物流中心。加快发展金融业，壮大地方法人金融机构，构建多层次资本市场体系，推动企业上市融资，发展创业投资基金。积极发展信息服务、科技服务、服务外包和会展业。拓展生活性服务业领域，积极发展家政、养老、健身、社区服务等行业。加快发展旅游业，整合旅游资源，建设一批精品景区、精品线路，打造世界知名、全国一流的旅游目的地。建立扩大消费需求的长效机制，释放城乡居民消费潜力。

河南省要实施现代服务业提速工程，大力培育引进龙头企业，加快特色园区建设，提高金融、物流、文化、旅游产业规模和水平。突出抓好郑州区域性金融中心建设，加快发展产业投资基金、金融后台服务中心和金融租赁业务，建设中原金融产业园区。加快郑州国际物流中心建设，推进电子、食品冷链、快递、汽车、医药等行业物流发展，提升物流集约化、网络化、品牌化发展水平。启动郑州国际物流园区建设工程，进一步提升郑州物流中心辐射带动能力。加快建设郑州航空经济示范区。重点培育郑州国际物流园区、临空产业园区、国家干线公路物流港和洛阳城北、商丘豫东、南阳龙升、信阳金牛、新乡南环、漯河豫南口岸、焦作德众、三门峡黄河金三角等物流产业集群。

河南省要推进文化旅游融合发展，重点推进文化改革发展试验区和文化旅游产业园区建设，大力引进战略投资者，培育中原文化特色品牌，促进产业集聚发展。实施精品文化旅游园区建设工程，推进郑州华强文化科技产业基地、洛阳国际文化旅游名城、云台山旅游园区等重大项目建设。推进开封休闲文化、登封禅武文化、禹州钧瓷文化、淮阳中华人祖文化、新县红色旅游、浚县民俗文化、宝丰魔术演艺、镇平玉文化、鸡公山茶文化综合开发、濮阳杂技 10 个文化改革发展试验区发展和宋都古城国家级文化产业示范园区建设。加快推进黄河、伏牛山、南太行、桐柏—大别山等旅游度假区和郑州新区、云台山、嵩山、龙门、殷墟、尧山大佛、鸡公山、嵖岈山、卧龙岗、鄢陵、函谷关等文化旅游园区建设。

五、加大自主创新力度

区域经济的发展离不开资源、资金、人力等要素的支持，但决胜未来的砝码是科技、知识、人才等创新要素。河南省要走出一条"两不三新"三化协调科学发展的新路，必须加大自主创新力度，突出科技的支撑作用。

培育壮大自主创新主体。强化企业创新主体地位，全面实施企业创新能力培育工程，综合运用财税政策、产业政策等手段，鼓励支持企业建立研发中心，引导社会资源和创新资源向企业集聚；发挥科研院所骨干作用，强化高等院校生力军作用，逐步建立以企业为主体、科研院所和高校优势互补、风险共担、利益共享、共同发展的产学研合作机制。

丰富发展自主创新载体。围绕河南现代产业体系建设，以主导产业和高新技术产业的骨干企业为重点，加快建设和发展一批国家、国家地方联合及省级工程（技术）研究中心、重点实验室、工程实验室等行业创新平台；积极发展创业孵化基地，探索建立产业技术创新战略联盟，围绕产业间的关键技术和共性技术开展联合攻关。

推进重点领域自主创新。实施重大科技专项，以技术突破带动煤化工、有色、钢铁企业加快技术创新和产品结构调整，创建一批有重大影响的自主品牌，促进传统产业改造升级；围绕现代农业、装备制造、新材料、新能源、电子信息、生物医药、生态环保等重点领域，加快掌握一批重要的自主知识产权和标准，促进高成长性产业和先导产业加快发展。

积极营造自主创新环境。完善财政创新投入稳定增长机制，实施知识产权战略，不断健全和完善科技信息服务体系和转化体系，加大科普力度，提高全民科学素质。

六、积极探索各具特色的三化协调发展模式

河南省有 18 个省辖市、158 个县（市、区），发展基础、资源禀赋、区位特点等有很大差异，各地要因地制宜，选择适合本地实际情况的推动三化协调科学发展的模式。从全省情况来看，大体可分为三类地区：一是以城镇化带动三化协调发展的地区，主要是基础较好、综合实力较强的中部各地市，如郑州、洛阳、开封、新乡、许昌等。加大力度推进城镇化，以创新体制机制为抓手，以引导农民进城为重点，促进三化协调科学发展。二是以产业转型升级带动三化协调科学发展的地区，主要是资源型地市，如三门峡、焦作、鹤壁、平顶山、济源等。相对来讲这些地区工业化、城镇化水平比较高，政府财力雄厚，工业城镇反哺农业农村的能力较强，应当率先实现城乡一体化，为三化协调科学发展提供样板。但这些城市工业结构偏重，属于资源型城市，要走出资源依赖、寻求替代产业是关键。三是坚持以推进工业化带动三化协调科学发展的地区，如黄淮四市、南阳等。从发展定位看，目前当地工业化滞后是主要矛盾，所以要坚持推动工业"四集"（集中、集聚、集约、集群）发展，引导企业向产业集聚区集聚，人口向城镇集中，提高产业和人口的集中度。重点围绕主导产业、龙头企业拉长产业链条，促进产业上下延伸、侧向配套，衍生或吸引更多相关企业集群发展。

第二节　河南省三化协调发展的焦点

河南省在推进三化协调科学发展方面取得了一定成绩，探索出了一些经验，但是三化协调科学发展面临的一些深层次矛盾和焦点问题还有待突破。

一、三化推进与土地资源供给不足的矛盾

从沿海地区的发展历程以及河南省以往的发展轨迹来看，工业化和城镇化的持续推进导致人地矛盾突出，耕地保护的压力很大，这是三化推进过程中面临的最大难点之一。

（一）建设用地指标不足问题

伴随工业化和城镇化水平不断提高，大量农村富余劳动力进入城镇工作和生活，会直接带动城镇住宅用地、工业用地和各类公共基础设施建设用地需求的增加。据分析，国家每年给河南省核定建设用地指标约 20 万亩，而河南省目前正处于工业化、城镇化快速推进期，实际上每年需要 50 万亩左右。虽然作为周转指标，每年还有 6 万亩的循环使用余地，但是建设用地不足是普遍存在的问题。2008 年以来，河南省通过建设 180 个产业集聚区，把各地用地指标集中使用，取得了非常显著的节约集约利用土地的效果，但产业集聚区建设发展较好的市县已经面临新的建设用地不足问题。同时，城镇化发展的用地需求压力也非常大。河南省城镇化发展滞后工业化，中心城市辐射带动能力不够，人民生活改善速度较慢。统计表明，2011 年全省城镇化率只有 40.57%，低于全国平均水平 10.7 个百分点，居全国倒数第 5 位。现有大中城市难以带动周边区域经济社会快速发展。突出表现如省会郑州的龙头带动作用不强，郑州全市经济总量占全省经济总量的比重只有 17%，明显低于武汉的 35.2%、西安的 33.3%，对全省经济社会发展的龙头带动作用不够，需要加快规模扩张。南阳盆地和黄淮平原地区，更是人口密集而中心城市规模小。如南阳、周口、驻马店、信阳等，市区人口都不足 100 万人，有的甚至不足 50 万人，难以有效带动周边发展。实现中原崛起目标，要求河南省"十二五"期间主要经济指标平均增速高于全国平均水平，其中全社会固定资产投资规模年均增速将超过 15%，城镇化率 2015 年要达到 48% 左右，年均提高超过 1.7 个百分点。这些都将直接转化为建设用地的刚性需求。因此，制度化开辟建设用地资源势在必行。

（二）耕地质量保障问题

在工业化城镇化过程中我国坚持耕地占补平衡原则，河南省已经连续13年实现了耕地占补平衡。然而，在实际运作过程中，占补平衡存在很多深层次问题。很明显，城市扩张和工业化发展所占用的都是城镇周边的良田，而通过各种途径补上的耕地质量则各不相同。其中，有些新退耕还田的耕地质量比较差。此外，在城镇化和工业化进程中，由于"三废"大量排放，环境治理跟不上，城镇、工矿区周边的耕地污染比较严重，尤其是铅、汞等重金属污染，极大地影响耕地质量，对农产品质量构成不利因素。因此，在工业化、城镇化大趋势不可逆转的情况下，怎么使土地资源在未来工业化、城镇化快速推进的过程中得到优化配置，耕地质量得到有效保护，是一个不可回避的焦点问题。

（三）粮食生产能力保障问题

河南省粮食生产任务艰巨，耕地保护压力巨大。由于人多地少，资源承载已经比较大。2011年，全省户籍人口10428万人，土地总面积16.7万平方公里，耕地面积1.2亿亩，以占全国1.7%的土地承载了全国7.5%的人口，以占全国6.5%的耕地生产了全国10.3%的粮食。加之河南省历史悠久，土地开发利用程度非常高。全省农用地12281千公顷，其中，耕地面积为7926千公顷，建设用地2187千公顷，未利用土地面积1510千公顷。可利用的后备土地资源，特别是后备耕地资源严重不足，现有耕地总体质量不高。据统计，河南省人均耕地从1996年的1.33亩下降到2011年的1.19亩，低于全国人均1.36亩的平均水平，人地矛盾日益尖锐。在现有耕地中，高产田面积为2742千公顷，仅占34.5%；中低产田面积5184千公顷，占65.5%。为了确保粮食生产能力持续提升，进一步加强中低产田改造任务十分繁重。

（四）耕地后备资源紧缺问题

经过千百年来持续不断的大规模开垦，河南省土地利用率达87.4%，宜耕后备土地资源日趋减少，且大多位于浅山丘陵和河滩等生态脆弱地区。受相关政策和成本制约，靠开发补充耕地的难度越来越大，而且新补充耕地质量也较低。随着工业化、城镇化的快速推进，招商引资项目的大量增加以及贯穿河南省的国家重点交通、水利建设项目相继开工建设，不可避免地要占用一定数量的耕地资源，实现耕地占补平衡面临空前的压力和困难。如何通过市场机制，特别是农村土地市场的逐步开放，盘活土地资源存量是一个亟待探索的重大问题。

二、稳粮保粮与富民的矛盾

改革开放后，家庭联产承包责任制的推行，极大地解放了农业生产力，河南省农业得到了迅速发展，不但解决了自身人口的温饱问题，同时也担负起了确保国家粮食安全的重任，稳粮保粮已成为河南的一大政治责任。然而，相对于工业而言，农业是弱质和微利产业，"粮食大县、工业小县"，都是"财政穷县"，民众收入过低，大量劳动力外出务工，致使人力资源等多种生产要素流失，反过来又进一步抑制了当地经济发展，如此形成恶性循环。一方面是稳粮保粮的重大责任，另一方面是富民强县的迫切需要，如何协调好这二者之间的关系，是三化协调科学发展亟待突破的又一重大难题。

在我国当前制度下，教育、医疗、保障性住房、养老等各类公共服务

怀菊生产基地

及社会保障所面对的主体都是城镇职工，农民和外来务工者还未能完全被纳入，这使得很大一部分农村人口虽然在就业上实现了向城市第二、第三产业的转移，却不能真正转型为城镇人口。近年来，尽管户籍制度在历经多次改革后有所淡化，但与之相配套的就业制度与社会保障制度改革还没有得到实质性突破，这种制度化的不平等实际上扩大了城乡二元结构。

另外，城镇化进程在空间上表现为农村土地转变为城市建设用地，作为供需双方的农村土地管理制度和城市土地管理制度以及由农村土地向城市土地转化的过程，都对城镇化进程具有重要影响。目前，国家出台的许多政策对城市和农村居民明确提出双重标准，致使在城镇化过程中利益补偿方面也存在着显著的城乡差异，如失地农民补偿金、征地与用地实行双轨制。随着城镇化进程的推进，失地农民问题如果处理不好，不仅可能导致这一群体贫困加剧，更为严重的是可能诱发社会不稳定。

河南省三化协调科学发展就是立足破解这些突出矛盾而提出的。三化协调科学发展路子的核心在以新型城镇化为引领，创新体现在城镇化"引领"。目前，制约河南省发展的因素不仅仅在于城镇化水平低，也在于工业化和城镇化发展的制度环境及发展环境与过去完全不同了，最大的约束是一方面耕地保护越来越严格，土地"红线"约束越来越紧，保粮食安全的责任越来越重；另一方面更为迫切，速度更快的工业化和城镇化发展对建设用地的增加提出了越来越强烈的要求。用地制约就成为加快河南省发展的矛盾焦点。

要确保河南省的粮食产量到 2020 年能够实现 1300 亿斤目标，还要确保在工业化、城镇化加快发展阶段绝不忽视农业生产，也不能为保粮食、保农业而拖赘经济发展，必须实现新型工业化、新型城镇化、新型农业现代化的协调发展。《国务院关于支持河南省加快建设中原经济区的指导意见》针对这个问题，给河南省确保粮食生产方面赋予了一些明确的支持政策。明确提出加大对粮食主产县的财政转移支付力度，逐步缩小地方标准财政收支缺口，要求加大对种粮农民补贴的规模，扩大范围，完善补贴方式；要求国家安排的农业基本建设项目，以及能够带动地方发展的产业项目，要优先向粮食大省和粮食大县布局；要求促进粮食主产区与主销区之间建立紧密的、密切的利益关系，等等，其目的就是要解决种粮吃亏问题。

河南省人均耕地1.2亩，要保住粮食，首先必须确保基本农田这个"红线"。城市扩张要占地、工业化进程要占地，一些交通基础设施的建设要占地。既要保粮食，又要加快工业化、城镇化，土地资源尤其是建设用地资源的稀缺成为工业化和城镇化发展的最大瓶颈。据初步测算，河南省到2020年要实现50%的城镇化目标，从2010—2020年，全省将累计新增城镇人口近2000万人。按人均用地123平方米计算，需增加城镇工矿用地370万亩。与《全国土地利用总体规划（2006—2020年）》确定的河南省预期增长规模相比，用地缺口超过100万亩，"十二五"期间国家下达河南省的建设用地指标仅能保障用地需求的1/3，未来建设用地供需矛盾将更加突出。

要破解粮农矛盾、不牺牲粮食和耕地，必须探索建立工农城乡利益协调机制、土地节约集约利用机制和农村人口有序转移机制，促进"人、地、钱"等资源要素在农业和非农业以及城市和农村之间的合理配置。城市化是解决三农问题的关键，一方面城市化加快人口的集聚，引导农村剩余劳动力向城市流动；另一方面还要利用城市化用地的规模效应，实现土地资源的集约利用，保障现代农业发展建设的规模用地需求，实现城乡建设相互调和、相互包容的科学发展。从这个角度看新型城市化与新型农村社区建设是相辅相成的。

我们认为，解决土地制约的关键还在于节约集约用地问题。河南省在三化协调科学发展探索实践中，一是挖掘现有土地潜力，通过土地置换、土地整治、土地节约集约利用来提高用地效率；二是通过创新土地资源配置机制，促进城乡统筹发展。特别是新型农村社区建设在河南省三化协调科学发展探索中，有可能成为破解建设用地制约比较现实可行的切入点。

第三节　河南省土地资源节约集约利用的主要方法

近几年，河南省认真贯彻国家法律、法规、政策，按照全面落实科学发展观的要求，坚持保护与保障并重、监管与服务相济的理念，始终坚持落实最严格的耕地保护制度和节约集约用地制度，耕地保有量稳定在 1.2 亿亩，基本农田面积稳定在 1.03 亿亩，为河南省粮食产量连续 8 年创新高、连续 6 年超千亿斤打下了坚实基础，粮食生产能力不断增强。河南省通过开展创建国土资源的节约集约模范县（市）活动，确保实现耕地质量总体上有所提高，通过多种方法，推动了土地资源的节约集约利用。

一、规划引领在宏观尺度上控制和引导土地节约集约

河南省严格规划管理，加强土地节约集约利用，坚持以科学发展观为指导，强化土地利用规划和计划的约束作用，自觉维护规划的权威性。对基本农田保护，始终坚持基本农田的"红线"不动摇，在保证基本农田面积不减少、补充耕地质量和数量不降低的情况下，连续 13 年实现占补平衡，实现了耕地面积的稳定、基本农田面积的稳定、种粮面积的稳定、粮食总产量的稳定。目前，全省耕地面积稳定在 1.19 亿亩，基本农田面积稳定在 1.03 亿亩，保护率达 86.9%。

河南省确立了土地规划是各专项规划的前提和基础、各类规划必须与土地规划无缝衔接的方针。重视新一轮土地利用总体规划修编工作，切实做到城乡规划、产业集聚区规划等与土地利用总体规划有机结合，实现相互衔接，形成一个总体的科学布局，称为"三规合一"。"三规合一"是统筹协调、优化资源配置、调整经济结构、实现经济社会长远发展的重要保障。其中，城乡规划和产业集聚区规划确定的建设用地不得超过土地利用总体规划确定的建设用地范围和规模，土地利用总体规划要充分体现城市和产业集聚区发展要求，合理配置建设用地指标，确保三个规划在空间上实现精准对接。河南省准确把握"两保一高"这一要求，全面完成市、县、乡三级土地利用总体规划修编。目前，国家下达河南省的各项用地指标已经向各省辖市进行了分解，各地均把土地资源的管理作为调控调节经济运行、促进统筹协调发展的重要手段，按照"严格保护耕地，保障科学发展，实现土地高效利用"的总体要求，正确处理当前与长远、局部与整体、需要与可能的关系，科学系统地推进各级规划修编工作。通过土地利用规划修编，优化土地利用结构和布局，切实保护耕地，引导各地提高土地节约

集约利用水平；通过城乡规划修编，构建合理的城镇体系，建设"紧凑型城市"，引导城镇发展由"外延粗放型增长"向"内涵集约化发展"转变；通过产业集聚区规划，把产业发展与城镇建设密切结合起来，较大幅度地提高土地利用效率，提升城市人口、产业承载能力和集聚程度，破解土地约束这一发展中的难题。

二、强化激励约束制度促进土地节约集约

目前，受发展阶段和用地观念影响，河南省土地节约集约利用水平较低，建设用地利用总体粗放。城镇建设中单位面积建设用地的固定资产投资强度，第二、第三产业增加值仅为全国平均水平的87.6%和86.8%，工业用地平均容积率为0.72，低于全国平均水平。提高建设用地利用的效率和效益，是河南省土地管理的迫切要求。

河南省认真落实《国务院关于促进节约集约用地的通知》，加强规划的科学性和权威性，建立项目用地控制制度，完善土地收购储备制度，加大政府宏观调控力度，健全土地市场体系，强化土地法制管理，加强部门间的协调与配合。河南省出台了《关于进一步加强土地开发利用管理的若干意见》、《创新土地开发利用管理机制专项工作方案》，把土地资源节约集约和高效利用作为工作目标之一，强化土地利用计划指标分配的激励约束作用，全面推行节约集约利用土地考核奖惩激励机制。河南省政府专门出台文件，对城市和建制镇人均建设用地控制面积作出明确规定，对产业集聚区投资强度、建筑密度、容积率等提出具体要求。对土地供应总量、结构、价格、区域分布和开发利用情况进行实时动态监测，建立健全了"批前早介入、批中严把关、批后重监督"的全程监管机制。将单位生产总值、固定资产投资规模增长的新增建设用地消耗量等指标纳入各级政府责任目标；将用地计划指标分配与各地节约集约、盘活挖潜存量土地及供地率挂钩；政府财政将开发区、产业集聚区按照奖励节约、补助挖潜、鼓励集约的原则，对节约集约用地成效突出的市、县（市、区）进行奖励；市、县财政分别从土地出让金中提取1%—1.5%，与土地闲置费一并纳入节约集约用地专项奖励基金。同时，对用地粗放严重的地方加大惩罚力

度，扣减相应的计划指标，直至实行用地限批。

河南省主要面向内部挖潜，大力开展了空心村、砖瓦窑、废弃地的"三项整治"活动，从2004—2008年通过"三项整治"，共整治土地129万亩，新增耕地78万亩。其中，全省共拆除黏土砖瓦窑厂7760多个，复垦土地21.6万亩。对城镇存量建设用地进行了清查，一批闲置和空闲土地，包括批而未用、批而未供及2000多家关停倒闭的企业占地等得到了清理，共清理出城镇存量建设用地约7000多公顷。通过规划引导、税费减免、政策优先等手段，建立和完善盘活存量建设用地的激励机制，加大城镇存量建设用地挖潜力度，重点盘活"批而未供、供而未用、低效使用"的三类建设用地，用旧城区、城中村和棚户区改造后腾出的土地，保障一般项目需求。严格控制农村宅基地标准，继续深入开展"空心村"、工矿废弃地整治，挖掘农村建设用地潜力。

三、围绕重点抓好产业集聚区土地节约集约

河南省坚持把产业集聚区作为节约集约用地的重要载体与平台，配套开展了节约集约利用土地示范产业集聚区创建活动。

坚持"政府引导、业主开发、市场化运作"的方式高标准规划，高起点建设，整体推进产业集聚区建设。严格规划管理，强化土地节约利用，超前预测，充分论证，科学划定土地用途区域，使用地空间布局更为合理。同时合理规划产业布局，调整产业结构，通过规划对项目引进等严格控制，确保有限的土地资源得到比较充分的合理利用。完善约束机制，促进土地节约利用。凡新建工业项目一律进产业集聚区。严格按照批准的产业集聚区主导产业和功能布局安排项目，凡不符合主导产业布局的项目一律不准进驻产业集聚区；对集聚区内固定资产投资金额低于1亿元的一般工业项目、低于5000万元的高新技术项目不予单独供地，全部进驻标准化厂房。产业集聚区标准厂房建设，可以利用新增、存量国有建设用地，也可以使用集体建设用地。厂房建设大力推广应用先进节地技术，重点建设3层以上、单体建筑面积3000平方米以上多层标准厂房，规定电子电器、生物工程、软件工程、服装加工、物流配送等项目必须进入标准厂

房，不得单独建厂。各地出台了一系列政策，要求区域内的工业项目、招商引资项目必须集中落户产业集聚区，改变了过去项目散、乱、小，甚至"乡乡建厂、村村冒烟"的粗放发展模式。通过对规划和项目实行集中联审，确保了产业集聚区规划与土地利用总体规划、城市总体规划"三规合一"，实现了提出的企业（项目）集中布局、产业集群发展、资源集约利用、功能集合构建、人口集中转移的"四集一转"目标。

产业集聚区在节约和集约用地上创造出了很多经验，涌现出很多节约集约用地的典型：沁阳市大力推行"引企上山"，把产业集聚区建在太行山南麓的山脚下一片沙荒地上，经过几年的建设，这片沙荒地上已经崛起了一座工业园，集中连片摆放大型工业项目，不仅累计节约耕地4200亩，还激发了当地经济发展活力。辉县市的产业集聚区分成东西两个园区，把纺织、食品等劳动密集型的轻工业项目放在城郊，把化工、制造等企业放到西部山里的沙砾地里。在这片荒蛮的乱石堆上，市政府投下巨资修路、架线，完成了基础设施建设，陆续引导了一批重工业项目到这里落地建厂，目前，园区已有20多家企业投产，昔日荒无人烟的乱石堆上，泛起了一片生机盎然的工业绿洲。登封市把产业集聚区规划在东部的一片丘陵地里，起伏不平的地形反而造就了园区不同的环境和地貌，不仅节约了土地资源，而且产业集聚区环境起伏较大，反而成为一个特色。济源、焦作等市依托当地地处太行山前的优势，提出了"工业出城、项目上山"的思路，在一些荒山未利用地上巧做文章，建立产业集聚区，分别节约土地上万亩。商丘市在修建商丘至周口、商丘至亳州等高速公路的施工中，坚持科学规划，统筹安排，采取合理选址、降低路基、增加涵洞和从河滩取土等方法，创造了大型建设项目节地1万余亩的佳绩。

各地大胆探索，科学开源，拓展用地空间，在保护生态环境的前提下，探索利用低山丘陵或者缓坡拓展建设用地空间，推进山地工业、坡地城镇建设，已经初见成效。

四、城乡统筹整合促进土地节约集约

河南省坚持全省城乡统筹整合资源，健全农村土地整治机制，统筹城乡土地利用。科学编制并从严落实农村土地整治规划，进一步拓宽资金投入渠道，新增建设用地土地有偿使用费、土地出让收益要优先用于农村土地整治和基础设施建设。以实施土地整治重大工程为重点，有计划、有步骤地开展大规模整治，进一步提高粮食生产规模化、集约化、产业化、标准化水平。稳妥开展村庄整治和城乡建设用地增减挂钩工作，认真落实一户一宅政策，进一步完善宅基地使用制度。严格规范土地整治指标交易与收益分配，切实维护农民群众合法利益。

"十一五"期间全省已实施安排千万亩土地整治项目，全部由中低产田变成了高产稳产田，已实施的土地整治项目，绝大多数都沿田间道路和沟渠种植了防护林带，使项目区的林木覆盖率大幅度提高。有些地方通过开展缓坡地综合治理，增加了田间蓄水量；有些地方通过小流域治理，种植了大量的护坡植被。工程措施有效减少了项目区风沙、水土流失、泥石流等自然灾害的发生，极大地改善了农田生态环境，提高了农作物产量，实现新增耕地 70 多万亩。全省通过综合整治推动节约集约用地和农村土地管理制度改革，支持了新农村建设和经济发展。通过开展土地综合整治，帮助各地解决耕地保护"缺动力"、工业化城镇化"缺土地"、农民增收"缺渠道"、新农村建设"缺资金"、城乡统筹"缺抓手"、深化农村土地管理制度改革"缺平台"等一系列问题。

在保障农民利益的前提下，规范开展农村土地整治和城乡建设用地增减挂钩试点，引导农村居民点向新型农村社区集中，将原有散乱、废弃、闲置和低效利用的集体建设用地进行整合、复垦，促进城乡用地布局调整和结构优化，显著提高了节约集约用地水平。如舞钢市对全市 190 个行政村、834 个自然村进行整合规划，农村居民点占地由原来的 7.11 万亩缩减到 3.53 万亩，节地率达 50.4%。

第四节　河南省"两不牺牲"的可行性

实践表明，河南省走不以牺牲农业和粮食、生态和环境为代价的新型城镇化新型工业化新型农业现代化三化协调科学发展路子是可行的。

一、不牺牲农业和粮食的可行性

多年来，河南省委、省政府始终坚持在推进工业化、城镇化的过程中，积极探索不以牺牲农业和粮食为代价的新型农业现代化发展路子，取得了较为明显的成效，连续 13 年实现"占补平衡"，夏粮总产量实现了自 2003 年以来的"十连增"。

（一）耕地占补平衡

在推进新型工业化、新型城镇化过程中，不牺牲农业和粮食就必须稳定耕地面积。为此，全省采取建设紧凑型城市、集中用地指标发展产业集聚区、建设新型农村社区等多种途径促进土地节约集约利用。同时，将土地整治作为补充耕地数量、提高耕地质量、增强耕地产能的重要手段和有效途径大力推进。1999—2011 年，河南省连续投入资金 185 亿元，整治土地 1400 万亩，新增耕地 330 多万亩。通过土地整治，贫瘠的土地变成了高标准农田，农村废弃的建设用地和零星分散的边角地得到了重新利用，节约集约用地水平显著提高，此外，1000 多万农民还在整治项目中

美丽的村庄

获得工资性收入18亿元，社会效益令人欣喜。目前，河南省在建和规划建设土地整治项目又有1600万亩，超过过去10年的总和，预计完工后可增加粮食生产能力45亿斤。近两年，河南省土地综合整治面扩大，从原有的整治"田、水、路、林"，扩大到整治"村、房"，特别是新型农村社区的建设，进一步实现了土地集约。仅永城市芒山镇雨亭中心社区，就从原有6个村1.5万多人占地6000亩，变为了新社区规划占地1000亩，节约用地约5000亩。两年间，河南省为新型农村社区建设腾出了15万亩用地，为县域经济发展整治出13万亩建设用地，使全省科学布局产业、加快经济社会发展有了更广阔的空间。如为石武铁路客运专线河南段供永久用地21996亩、征用临时用地1.4万亩。再如西气东输、山西中南部铁路通道、兰（州）郑（州）长（沙）成品油管线等一大批重点项目，用地也都得到及时保障。河南省"耕地保护责任目标履行情况自查工作数据"显示：截至2012年5月，河南省耕地占补平衡动态监管系统中储备的可用于占补平衡的耕地38.71万亩，有效支持了建设用地报批。因为土地整治成效比较大，储备了一定的资源，河南省招商引资，也由过去的"项目等土地"，悄悄变为了现在的"土地等项目"。在采取以上切实措施的基础上，多年来河南省做到了3个不减少——耕地面积不减少、基本农田面积不减少、粮食播种面积不减少，连续13年实现常用耕地"占补平衡"，在新型工业化、新型城镇化持续快速推进的同时，全省耕地稳定在1.2亿余亩，基本农田稳定在1.03亿亩，保有量均超出了国家下达的指标，为促进新型农业现代化和稳定粮食生产提供有力保障。

（二）粮食产量持续提高

多年来，河南省把发展粮食生产放在突出位置，制定了《国家粮食战略工程河南核心区建设规划（2008—2020)》，并得到国务院常务会议批准。在耕地保护、农业基础设施建设、农业新品种新技术研发等方面持续加大投入，为保障粮食生产稳定增长起到了巨大作用。2011年，河南省粮食总产量突破1100亿斤，达到1108.5亿斤，2006年起连续6年稳定在1000亿斤以上，实现"八连增"。2012年河南省夏粮总产量637.2亿斤，在稳居全国第一的同时，实现了自2003年以来的"十连增"。粮食总产量的"八连增"和夏粮总产量的"十连增"，进一步巩固提升了河南省在保障国家粮食安全中的重要地位，也是河南省持续走不以牺牲农业和粮食为代价科学发展路子科学性、可行性的具体体现。

二、不牺牲生态和环境的可行性

近年来，在经济社会快速发展的同时，河南省着力加强生态环境保护，持续探索实践不牺牲生态和环境的科学发展之路，取得了明显成效，城乡环境面貌和环境质量逐步改善，环境保护与经济社会发展呈现出相互促进的良好态势。据河南省环境保护厅初步测算，只要沿着不牺牲生态和环境科学发展的路径走下去，加快推动产业结构调整和发展方式转变，"十二五"期间，全省每年腾出的环境容量可以支撑 GDP 年均 9% 以上的增速；如果全省三次产业比例调整达到全国平均水平，同样的环境容量可以支撑 GDP 年均 13.8% 的增速。

（一）着力推进循环经济试点省建设

近年来，河南省委、省政府高度重视循环经济工作，把发展循环经济作为调整产业结构、加快经济转型的重要抓手，紧紧围绕推进国家循环经济试点省建设，依托企业、园区和城市 3 个层次，以优化资源利用方式为核心，以提高资源利用效率和降低废物排放量为目标，以科技创新和制度创新为动力，积极探索符合具有河南特色的循环经济发展模式，取得了明显成效。"十一五"期间，全省各地认真贯彻落实中央和河南省委、省政府的决策部署，开展了"3515"节能行动计划。全省万元生产总值能耗下降 20.12%，如期实现了国家下达的节能减排目标；资源利用效率不断提高，能源产出率提高到 0.91 万元/吨标准煤，单位工业增加值能耗下降至 2.147 吨标准煤/万元，农业灌溉水平平均有效利用系数提高到 0.57，为保持经济平稳较快发展提供了有力支撑。

（二）着力推进林业生态省建设

为切实提升全省生态环境水平，河南省委、省政府从经济社会长远发展和人民群众切身利益出发，于 2007 年 11 月作出了建设林业生态省的重大决策。河南省当年在全国率先颁布并实施了《河南林业生态省建设规划》（以下简称《规划》），为林业生态建设提供了制度保障。《规划》颁布实施以后，各级政府严格执行，河南省政府连续两年印发年度《林业生态省建设实施意见》，按《规划》分解年度任务，并落实到各县（市、区）和各项工程。加大林业生态省建设资金投入，建立了政府主导和市场调节相结合的投资保障机制，形成了多方筹资建设林业生态省的模式。5年来，河南省林业建设取得长足进步，造林2275万亩，建成林业生态县102个，森林覆盖率达到22.19%，全省生态环境质量明显提升。

（三）着力推进污染减排

多年来，河南省把污染减排作为破解资源环境"瓶颈"制约的突破口，持续加大污染减排力度，以腾出更多的环境容量，保障经济社会发展的环境要素需求。积极推进重点治理工程建设，2007年实现了县县建成污水处理厂和垃圾处理场的目标。截至2010年年底，全省共建成城市污水处理厂146座，建成总规模为641.55万吨/日，形成年化学需氧量减排能力63万吨；建成垃圾处理场124座，处理规模为3.27万吨/日；建成垃圾处理场渗滤液处理工程56个，874个建制镇和1020个乡建设了垃圾转运站，初步建立了"户分类、村收集、乡运输、县处理"的农村生活垃圾收集处理体系和农村卫生保洁制度。全省共有210台装机容量4265万千瓦燃煤机组建成脱硫设施，形成二氧化硫年减排能力65.52万吨。同时，对全省3615家企业实施了限期治理、停产治理和深度治理，对电力、钢铁、化工、造纸等重污染行业的338家重点排污企业实施了清洁生产审核。建成医疗废物集中处置设施17座，日处理医疗废物规模129吨；总处理规模8.3万吨/年的河南省危险废物集中处置中心和南阳市危险废物集中处置中心建设稳步推进。依法关闭取缔重污染企业5690家，淘汰了一批落后产能。"十一五"期间，全省工业和生活中化学需氧量和二氧化硫年排放量下降14.02%和17.59%，圆满完成了国家下达的"十一五"减排任务。

（四）着力农村环境连片综合整治

河南省以开展国家农村环境连片综合整治试点为契机，全面落实以奖促治、以奖代补政策，因地制宜开展农村生活污水、垃圾污染治理，加快农村污水和垃圾处理设施建设步伐，逐步解决农村饮水、生活污水、垃圾、土壤污染等问题，切实改善农村环境质量。加强畜禽养殖业污染治理，科学划定了畜禽禁养区、限养区和养殖区，引导养殖小区、养殖专业户和散养户统一收集和治理污染物，完善雨污分离污水收集系统，推广干清粪工艺。落实河南省粮食生产核心区建设规划确定的环境保护任务，努力控制面源污染，大力推广测土配方施肥技术，鼓励农民使用有机肥、生物农药或高效、低毒、低残留农药。积极发展生态农业、循环农业、推进无公害、绿色和有机农产品生产。"十一五"期间，全省共对211个行政村开展农村环境综合整治，集中解决了一批村庄的污水、垃圾、饮用水水源地保护、畜禽养殖污染等问题，农村生态环境得到了明显改善。

河南省"两不牺牲"的探索与实践，虽然付出了一定代价，但是也确实取得了显著成效。沿着这条路子坚定不移地走下去，持续探索，持续实践，持续创新，持续提高，应该具有光明的前景。

第五节 河南省三化协调发展中土地资源的供求平衡

一、问题与政策依据

当前，农村土地管理尤其是农村宅基地使用及管理中出现了新情况、新问题，主要体现在：一是宅基地分配制度缺陷。农村宅基地实行劳动群众集体所有制，所有权属于农村集体经济组织，宅基地分配实行的是基于集体成员身份的福利性分配制度，表现为无偿取得、无成本留置、无流动占有、无限期使用，造成宅基地变成了"一潭死水"。二是村庄规划和土地利用规划滞后，且缺乏有效衔接，造成村庄建设无序扩张。

《国务院关于严格规范城乡建设用地增减挂钩试点切实做好农村土地整治工作的通知》（国发 [2010] 47号）中要求"严格宅基地管理。合理确定农村居民点数量、布局、范围和用地规模，抓紧修订宅基地标准。完善宅基地使用制度，探索宅基地退出机制。"《国土资源部关于进一步完善农村宅基地管理制度切实维护农民权益的通知》（国土资发 [2010] 28号）中要求"加大盘活存量建设用地力度，对一户多宅和空置住宅，各地要制定激励措施，鼓励农民腾退多余宅基地。"依据土地利用总体规划和村庄规划，在保障农民住房建设用地基础上，严格控制农村居民点用地总量，统筹安排各类建设用地。鼓励通过改造原有住宅，解决新增住房用地。逐步引导农民居住适度集中。有条件的地方可根据城乡一体化的城镇建设发展规划，因地制宜推进农村居民点撤并整合和小城镇、中心村建设。对因撤并需新建或改扩建的小城镇和中心村，要加大用地计划、资金的支持。推进"空心村"治理和旧村改造，对治理改造中涉及宅基地重划的，要按照新的规划，统一宅基地面积标准。对村庄内现有各类建设用地进行调整置换的，应对土地、房屋价格进行评估，在现状建设用地边界范围内进行，在留足村民必需的居住用地（宅基地）前提下，其他土地可依法用于发展第二、第三产业，但不得用于商品住宅开发。

二、土地资源平衡分析

据土地资源调查分析数据，目前，河南省城乡居民点及工矿用地面积为 2780 万亩，其中，农村居民点面积为 2106 万亩，占 75.76%，农村居民点人均占地 184.79 平方米，比城镇人均用地高出 88 平米。新型城镇化将新型农村社区建设纳入城镇体系，鼓励合村并城、合村并镇、合村并区（社区），支持有条件的地区进行合村并点，促进农民集中居住，可以有效地缩减农村建设用地。按照河南省各地数千个新型农村社区建设试点的经验，丘陵地区大约可以节约用地 50%—70%，平原地区大约可以节约用地 30%—50%，山区可以节约用地 30%—40%。折合计算，按照节约用地 50% 的话，全省仅新型农村社区建设，大致就有 1000 万亩左右节约用地潜力。

以河南省丘陵地区的新密市为例，该市目前建成或在建的 36 个新型农村社区，原涉及占地 1.6 万亩，新型社区占地 5200 万亩，节约了 1.08 万亩，节地率为 67.5%。按照新密市的规划，全市全部拆村并城、并镇、并区后，可以节约土地 6.8 万亩。建设用地完全可以支撑新密市自身的城镇化或工业化所需要的土地，就能在根本上保证了耕地不减少、粮食不减产。

位于豫东平原的商丘市土地总面积 10704.55 平方公里，农业人口 546 万人。现有建设用地面积 1900 平方公里，占总面积的 18%。在建设用地中，村庄村盘面积 1500 平方公里，占全市建设用地面积的 78%，占全市土地总面积的 14%。农村人均建设用地面积 270 平方米，远远高于国家人均 150 平方米的用地标准，更高于商丘市土地整治规划提出的人均 120 平方米的用地标准。据初步测算，如果按照人均 120 平方米土地整治规划实施，仅村庄村盘建设用地即可挖潜 833 平方公里。这些土地资源，正常使用起来的话，足够全市所有农村人口完成城镇化过程使用。因此，村庄建设用地整治潜力比较大。

实际上，河南省现有城镇居民约 4000 万人，其中大约 3000 万人是第一代城市居民。这些居民很多尽管已经在城市生活多年，但是由于政策法规等方面的原因，现在很多人仍然在农村占有宅基地，而且这些宅基地多数都处在低效利用或者未利用状态。如果也平均按照每户 4 口人，每户占有 0.6 亩宅基地计算的话，大约就要占用 450 万亩宅基地。如何盘活这部分资源，确实大有文章可做。另外，未来 10 年，河南省至少可以转移农村人口进城 1000 万人，如果能够使这些居民在城镇安居乐业以后，我们在制度层面大胆创新，通过利益补偿机制保障其生产和生活，使他们顺利转换在农村的宅基地为城镇建设或工业用地的话，也能够腾出用地约 150 万亩。前已述及，1999 年至今，河南已经整治土地 1400 多万亩，新增耕地 330 多万亩。按照国土资源部门这些年行之有效的土地整治的经验，在投入有保障的情况下，未来整治复垦工矿废弃地、废旧砖瓦窑等，仅目前已经在建与规划的 1600 万亩大约可以提供可用土地资源 300 万亩以上。参考国内、外土地利用模式，如国内现在云南省的土地新政——用地上山。通过调整规划并配之以差别化的土地，严格限制建设用地占用坝区耕地，推进山地城镇模式，引导城乡建设用地向山地发展，确保坝区优质耕地得到根本性、永久性保护。像美国康奈尔大学、台湾文化大学、香港中文大学等完全建在山上，欧洲有不少著名城镇也都建在山上；河南省济源市、焦作市利用临近太行山的特殊优势，已经探索而且富有成效的"工业出城、项目上山"的土地资源开发利用模式，在一些荒山坡地上巧做文章，建设工业集聚区和大型工业项目，大量节约了常规的工业用地。

综上所述，从盘活土地资源的角度，河南省节约集约用地潜力仍然比较大，以此来保证河南省新型城镇化、新型工业化用地，并保证新型农业现代化顺利推进，特别是保住耕地不减少，保障粮食生产能力持续提升是大有希望的。

三、制度创新及希望

改革创新始终是提高国土资源管理水平的不竭动力，发展中的实际问题也只有立足改革创新逐步破解。

国务院的《关于支持河南省加快建设中原经济区的指导意见》第四十条明确指出：加大三化协调发展先行先试力度。允许采取更加灵活的政策措施，在城乡资源要素配置、土地节约集约利用、农村人口有序转移、行政管理体制改革等方面先行先试。

近年来，河南省在土地管理上不断创新。从主要创新点来看，可以归纳为"三个一"：第一，落实了一套耕地"占补平衡"制度。具体内容包括：开展以田、水、路、林、村、房为主要内容的土地综合整治，拆除复垦旧村庄和建设新型农村社区；以人口城镇化规模为依据，将整治后节余的建设用地指标有偿流转到城镇使用，支持工业化、城镇化发展；通过建立完善要素流动市场和收益返还制度，争取农村土地收益最大化。第二，探索了一条开源节流新途径。如：探索新型农村社区建设用地动态管理新模式；制定支持农产品加工、储藏和流通等设施建设用地的政策措施；以临时用地方式解决采矿用地问题；探索推进旧城镇、旧厂房、旧村庄改造试点；稳步推进集体建设用地依法、自愿、有偿、有序流转等。建立健全土地整理补偿机制，促进耕地后备资源复耕。尽管我们制定有非常严格的耕地保护制度，但是工业化、城镇化的发展，大型基础设施建设等不可避免地仍然要占用一部分耕地。为了真正做到占补平衡，必须每年不断地整理出一部分耕地。这是长远大计，必须坚定不移，坚持不懈。增加投入，保障新增耕地者的利益。土地利用归根结底是个利益问题。关键是制定有效的激励和引导机制，推进土地盘活。建立产业园区、工业项目向荒山荒坡布局的激励机制。如对使用山坡地、未利用地发展城镇和各类产业项目的，可适当降低建筑密度和建设用地的基准地价。探索建立用地计划指标奖励机制。对充分利用山地发展城镇做得好的地方，在安排年度用地计划指标时可给予多种形式的奖励。第三，探索形成一套土地管理新的政策体系。国务院在《关于支持河南省加快建设中原经济区的指导意见》中指出：加快农村土地管理制度改革试点，建立城乡统一的土地市场，改革和完善土地征用制度，确保农民在土地增值中的收益权。在严格执行土地利用总体规划和土地整治规划的基础上，探索开展城乡之间、地区之间人地挂钩政策试点，实行城镇建设用地增加规模与吸纳农村人口进入城市定居规模挂钩、城市化地区建设用地增加规模与吸纳外来人口进入城市定居规模挂钩，有效破解三化协调发展用地矛盾。2012 年 6 月 18 日，国土资源部与河南省政府签署了《共同推进土地管理制度改革促进中原经济区建设合作协议》。其中，明确表示，国土资源部将从规划计划调控、差别化管理、土地整治、人地挂钩试点、利益协调机制、集体土地使用制度改革、节约集约用地、审批制度改革等方面，加大政策支持和业务指导力度，支持河南省在城乡统筹和三化协调发展的探索方面先行先试。这些新的政策走势，为河南省结合当地实际，特别是土地资源供求需要，开展全面的政策创新探索指明了方向，必将为破解三化协调科学发展中遇到的实际问题逐步铺平道路，真正为国家土地管理制度改革创新摸索路子、积累经验。

第九章

河南省"两不三新"三化协调科学发展路子探索与成效

第一节　河南省"两不三新"三化协调科学发展路子的内涵

一、"两不三新"三化协调科学发展路子的必然性

科学发展观要求坚持以人为本，树立全面、协调、可持续的发展观，促进经济社会和人的全面发展。"两不三新"三化协调科学发展之路是中国特色社会主义道路的河南实践，是科学发展观的必然要求。

粮食是国家稳定发展的基石，只能加强，不能放松。河南省自然条件适宜粮食生产，是我国粮食生产大省。目前，河南已进入工业化、城镇化加快推进的新阶段，但存在着经济社会发展落后、城镇化水平低、"三农"问题突出等问题，这些问题的解决必须通过大力推进工业化城镇化来实现。河南地跨长江、黄河、淮河、海河四大流域，大别桐柏山、太行山、伏牛山环绕于南部与西部，生态环境保护与治理压力较大；河南省作为人口大省，人均自然资源短缺，对经济社会发展约束逐年加强，特别是水资源、土地资源的刚性约束突出。因此，确保在工业化城镇化进程中不牺牲农业和粮食、生态和环境也就成为河南发展的必然选择。而"两个不牺牲"又形成倒逼机制，迫使河南探索"两不三新"三化协调科学发展之路，并以此破解资源环境等瓶颈制约，实现真正意义上的协调发展、可持续发展

和城乡一体化发展，寻找到新形势下中原崛起、河南振兴的持久动力和新的区域发展模式。

实现中原崛起、河南振兴，既有利于国家区域经济布局的进一步完善，又有利于形成中部地区新的经济增长板块，是中原人民的殷切期盼。当前，河南正处于工业化加速发展阶段，以新型工业化为主导仍然是富民强省、实现中原崛起、河南振兴的必然选择。但要实现负重爬坡、持续发展，必须转变经济发展方式，推动产业结构调整优化、工业转型升级、信息技术融合发展、产业集聚持续提高，这一切都有赖于城镇发展环境的优化、综合功能的完善以及信息、物流、金融等现代服务业的发展来实现，有赖于发挥新型城镇化的引领作用。

努力使河南主要人均指标达到或超过全国水平，是中原崛起、河南振兴的重要标志。目前，河南经济总量居全国第五位、中西部首位，但人均主要指标低于全国平均水平。实现赶超目标的途径只有加快发展，而发展的关键，在于探索新型三化协调科学发展之路。要根据形势发展的需要，赋予三化协调科学发展的新内涵，以敢为人先的胆略和勇气，破解经济社会发展的深层次矛盾，实现更大规模更高层次的发展，不断提高经济发展的质量和效益，增强河南的综合实力、竞争力和抵御风险能力，实现从经济大省向经济强省的跨越。

实现中原崛起、河南振兴的最大障碍是"三农"问题。"三农"问题的核心是农民问题。农民问题的解决不能仅靠农业来解决，应该靠新型城镇化、新型工业化的发展来带动农业剩余劳动力的转移、农民收入的提高、农业现代化的发展，同时发展还不能造成粮食生产能力的减少和生态环境的破坏。因此，解决"三农"问题，特别是解决农民问题的出路，仍然是坚持"两不三新"三化协调科学发展。

二、"两不三新"三化协调科学发展路子的内涵

河南省建设中原经济区的核心任务是要积极探索不以牺牲农业和粮食、生态和环境为代价的三化协调科学发展的路子。这种三化协调科学发展是新型三化协调科学发展，具有丰富而深刻的内涵，与传统三化协调科

学发展所不同之处是：将不牺牲农业和粮食、生态和环境作为三化协调科学发展的前提；新型城镇化、新型工业化、新型农业现代化三新的协调发展是重点；以新型城镇化为引领、新型工业化为主导、新型农业现代化为基础是"两不三新"三化协调科学发展的根本特征。

"两不"指的是在推进新型城镇化、新型工业化、新型农业现代化的同时，不能牺牲农业和粮食，不能牺牲生态和环境。就河南省来说，作为国家粮食生产核心区的主要省份，承担着国家30%的粮食增产任务，这就要求河南省在发展自身经济的同时，必须要保障粮食产量的不断增长，这是国家赋予河南省的重要使命，是河南省经济社会发展应当为国家承担的义务。生态环境是河南省赖以生存的基础，多年来河南省把能源原材料产业作为经济发展的支柱，使经济发展取得举世瞩目的成绩，但是由于处于产业链的低端，其发展过程对河南省生态环境造成较大影响，水环境承载量已超出最佳的承载能力，部分区域大气环境容量不足，导致生态环境对经济社会发展刚性约束日益加强，这就要求河南省在未来发展中必须更加注重生态环境的改善，以缓解这种刚性约束，再造山川秀美的中原大地。

"三新"指的是用与以往不同的发展模式来发展新型城镇化、新型工业化和新型农业现代化。新型城镇化，是以城乡统筹、城乡一体、产城互动、节约集约、生态宜居、和谐发展为基本特征的城镇化，是大中小城市、小城镇、新型农村社区协调发展、互促共进的城镇化。新型城镇化新就新在是着眼于城乡统筹、城乡一体的城镇化，是农民不离乡不离土的就地城镇化，是把新型农村社区纳入五级城镇体系的城镇化。把握了新型城镇化之"新"，就要求河南省一方面按照"政策引领、规划先行、突出主体、保障权益、规范有序、拓展创新、互动联动、一体运作"的原则，积极推进新型农村社区建设，推动农村生产方式和农民生活方式转变；另一方面推进中心城市组团式发展、县域城镇内涵式发展，不断提高以城带乡能力。新型工业化，是坚持以信息化带动工业化、以工业化促进信息化，科技含量高、经济效益好、资源消耗低、环境污染少、人力资源优势得到充分发挥的工业化。新型农业现代化，是以粮食优质高产为前提，以绿色生态安全、集约化标准化组织化产业化程度高为主要标志，基础设施、机械装备、服务体系、科学技术和农民素质支撑有力的农业现代化。新型农业现代化新就新在以稳定和完善家庭联产承包责任制为基础，不断提高农业的集约化标准化组织化产业化程度，使更多农民从土地的束缚中解放出来。

"两不三新"三化协调科学发展是符合河南省实际、具有中原特色之路，是对河南省工业化、城镇化、农业现代化发展道路经验教训的总结，是基于河南省经济社会发展阶段、保粮稳粮使命、资源环境约束和就业压力基础上作出的必然选择，是科学发展的生动实践，对全国具有示范意义。河南省探索的"两不三新"三化协调科学发展之路有着内在的良性互动，是互为支撑的有机统一，因而具有丰富而深刻的意义：在目标导向上，就是以不牺牲农业和粮食、生态和环境为代价，促进新型城镇化、新型工业化和新型农业现代化共同发展；在驱动机制上，以新型城镇化为引领、以新型工业化为主导、以新型农业现代化为基础，并将现代城镇体系延伸至新型农村社区；在要素组合上，突出在城乡统筹、城乡一体的视野中节约集约、提高科技含量。其主要标志，主要体现在产业关系协调、产城关系协调、城乡关系协调。产业关系协调，就是要形成以工补农、第三次产业协调发展、良性互动的局面；产城关系协调，就是城镇规模的扩大、新城建设与产业发展相互适应、互为依托，建成生态高效的现代城镇体系和现代产业体系，形成以产带城、以城促产的良性互动局面；城乡关系协调，就是打破二元结构，形成以城带乡、城乡平等、开放互通、互补互促、共同进步的城乡经济社会一体化发展新格局。为此，必须坚持以引领为核心，以统筹为根本，以协调为关键，以新型城镇化引领特别是新型农村社区建设为切入点，深化产业互动、产城互动、城乡互动，坚持稳粮强农、统筹协调、节约集约、以人为本，坚持改革开放，大胆探索，勇于创新，推进"五个协同"，即农业增产与农民增收协同、工业化与城镇化协同、城镇建设与保护耕地协同、三化同步与资源环境保护协同、城市繁荣与农村进步协同。

促进三化协调科学发展，关键在于促进农业农村农民发展，解决城乡二元结构问题。随着经济社会发展，一方面，城镇对工业化、农业现代化的支撑作用越来越突出；另一方面，农村生产生活方式正在发生重大变化，迫切要求农业产业化、农民职业化。河南省提出以新型城镇化为引领，把新型农村社区纳入城镇体系，把新型农村社区建设作为促进三化协调科学发展的结合点、切入点，旨在统筹城乡发展、促进城乡一体化发展，从根本上破解城乡二元结构，推动城镇公共服务、基础设施等向农村延伸。这既能保证让全省人民到2020年与全国人民一道实现全面小康，又能有效推进新型城镇化、新型工业化、新型农业现代化协调发展。

三、"两不三新"三化协调科学发展路子的主要特征

（一）在"两不牺牲"的前提下推动区域跨越发展

改革开放以来，我国不少地方对区域现代化发展进行了积极探索，但一直存在两种不协调现象：一是一些地方经济发展了，粮食生产却减少了，生态环境破坏了；二是一些地方粮食生产和生态环境保住了，经济却停滞不前。例如，从东部地区如广东、浙江、江苏等省份来看，工业化城镇化发展良好，农业现代化差强人意，粮食产量加速下降，其中浙江省耕地和粮食产量下降50%左右，资源环境消耗比较严重；而我国一些传统农业生产地区，为了保障粮食产量和农业发展，往往工业化和城镇化发展比较落后，经济综合实力位于全国后列。城镇化、工业化发展与粮食安全、生态环境协调发展难度较大，逐渐成为我国区域经济社会发展的瓶颈。河南省结合自身实际和特色，创造性地提出"两不三新"三化协调科学发展路子将为全国同类地区创造经验、提供示范，有很强的创新意义和推广价值。

（二）推动新型三化协调科学发展

为破解三化协调科学发展难题，河南省创造性地提出新型三化协调科学发展的理念，根据三化之间关系的时代变化，提出以新型城镇化为引领、以新型工业化为主导、以新型农业现代化为基础的发展路径。其中，以新型城镇化为引领，是"两不三新"发展路子的核心。新型城镇化引领要体现在引领发展方式转变，增强经济社会发展的驱动力；引领城镇化内涵式发展，提升城镇服务功能和承载能力；引领产业集聚和布局优化，促进工业转型升级；引领新型农业现代化水平提升，促进农村经济平稳较快

发展；引领城乡统筹城乡一体，推进城乡公共服务均等化；引领体制机制创新，增强三化协调科学发展的保障能力。确定新型农村社区建设在新型城镇化中的特殊作用，以新型农村社区建设为切入点和城乡一体化发展的结合点，解决资源短缺和空间需求这个三化协调科学发展的突出难题。以新型工业化为主导，是"两不三新"发展路子的重心。河南省根据自身特点和实际，加快工业转型升级。以产业集聚区为载体推动产业集聚发展，形成了一批特色鲜明的产业集群。突出自主创新、承接转移、集约集聚，发展壮大高成长性产业，改造提升传统优势产业，积极培育战略新兴产业，以拓展提升为重点发展壮大服务业。以新型农业现代化为基础，是"两不三新"发展路子的轴心。河南新型农业现代化的特征主要表现在：强调粮食优质高产，突出河南粮食大省的特色；强调资源节约生态文明，突出对新型城镇化、新型工业化的支持；强调产品绿色安全，突出以人为本；强调保障农民利益，立足于逐步破解"三农"问题。

第二节　河南省"两不三新"三化协调科学发展路子的战略意义

一、保障国家粮食安全的必然选择

粮食安全是我国经济社会问题发展的基石。作为全国粮食主产区之一，河南省用占全国 1/16 的耕地生产了占全国 1/10 的粮食，为保障国家粮食安全作出了积极贡献。特别是近 20 年来，在全面推进工业化进程中，全国 13 个粮食主产区中粮食净调出省份仅剩 6 个，但同期河南省粮食总产量在保障自身需求的基础上，每年净调出原粮及加工制品 400 亿斤，是全国最大的粮食调出省份之一。伴随着工业化、城镇化进程加速，农业发展空间和粮食种植面积将受到严重威胁，如何确保国家粮食安全成为不容回避的问题。因此，河南把建设粮食生产核心区作为经济社会发展的首要任务，力争到 2020 年粮食综合生产能力提高到 1300 亿斤，为保障国家粮食安全作出更大贡献，这是国家赋予河南省的重要职责，也是河南省对国家的庄严承诺。进入 21 世纪以来，经济发展与粮食生产和生态环境保护矛盾突出：部分沿海省份地方经济发展了，粮食生产却下来了，生态环境被破坏了；中西部部分省份地方粮食生产、生态环境保住了，经济发展却长期滞后。因此，探索一条不以牺牲农业和粮食、生态和环境为代价的新型城镇化、新型工业化、新型农业现代化协调发展的路子，对当前的中国具有十分重要的现实意义。河南省人口多、底子薄、基础弱、发展不平衡的基本省情，以及在保障国家粮食安全中举足轻重的地位，不能也不允许河南重复沿海发展工业化、城镇化的老路子。河南结合自身实际和实践，提出"两不三新"三化协调科学发展的路子，坚持以新型城镇化引领，以新型工业化为主导，以新型农业现代化为基础，推动产业互动、产城互动、城乡互动，努力实现农业增产与农民增收协同、推动新型城镇化新型工业化与保护耕地"红线"协同、协调推进三化与资源环境保护协同，构建起新型工农关系、城乡关系，加快形成城乡经济社会发展一体化新格局。河南省的探索，有可能为全国同类地区创造经验、提供示范。

二、实现城乡统筹发展的必然选择

新中国成立以来，我国对工农关系、城乡关系的调整，主要是在农业养育工业、农村支持城市这一大政策框架下进行的。这种调整有其历史必然性。在一穷二白的基础上，在自力更生的条件下，它对推进工业化、城镇化，巩固和建设社会主义事业具有巨大作用，但也在客观上形成了城乡二元结构，导致农业发展明显滞后于工业发展、农村发展明显滞后于城市发展、"三农"问题日益严重，推动城乡统筹和城乡一体、破除城乡二元结构、促进三化协调发展的要求日益迫切。改革开放特别是进入本世纪以来，河南省的农业和农村经济实现了较快发展，但从总体上看，粮食生产能力提升较快，而农民收入水平偏低、农村社会事业发展滞后、城乡差距扩大，农业和农村发展仍处在艰难的爬坡阶段。特别是城乡居民收入差距明显，并呈逐步拉大的趋势。只有坚持三化协调科学发展，通过新型城镇化、新型工业化来促进新型农业现代化，促进农业剩余劳动力的转移，才能促进农业采用大型农机装备和新型农业技术，促进农业进行规模化、现代化经营，提升农业的整体效益，才能从根本上处理好工农城乡关系，才能改变工农关系失调、城乡发展失衡的现状，才能逐步破解"三农"难题，才能尽快改变农村落后面貌，才能构建工业与农业相互促进、城市与农村共同繁荣的新型城乡发展新格局。

三、实现中原崛起河南振兴的必然选择

实现中原崛起河南振兴，是1亿中原人民的殷切期盼。实现工业化是中原崛起的基本要求。当前，河南正处于工业化中期阶段，加快推进工业化进程，以新型工业化为主导仍然是富民强省、实现中原崛起河南省振兴的必然选择。但要实现负重爬坡、持续发展，必须实现从劳动、资源密集型向资本、技术和知识密集型转变，推动产业结构调整优化、传统工业转型升级、信息技术融合发展、产业集聚持续提高，这一切，都有赖于城镇发展环境的优化、综合功能的完善以及信息、物流、金融等现代服务业的发展，有赖于新型城镇化的引领。努力使河南主要人均指标达到或超过全国水平，是中原崛起河南振兴的重要标志。目前，河南省经济总量居全国第5位，中西部首位，但人均GDP、城市居民人均收入、农村居民人均纯收入等主要指标均低于全国水平。实现赶超目标的途径只有加快发展，而发展的关键，在于探索新型三化协调科学发展之路。这条路是前无古人的新路，是结合河南省实际和实践的可行之路，是促进中原崛起、河南振兴之路。

四、破解资源环境瓶颈的必然选择

河南省人口多、底子薄、基础弱、发展不平衡的基本省情，决定了走三化协调科学发展道路面临着人多地少、资源环境约束突出的现实矛盾。河南省是人口大省，人均土地面积为全国平均水平的1/5，人均耕地面积只有0.08公顷、是全国人均耕地面积的3/4，人均水资源仅相当于全国平均水平的1/5，人均矿产资源拥有量仅相当于全国的1/4。由于以前河南省经济的粗放式发展，导致资源利用率较低，环境污染严重，万元单位产

值能耗、单位工业增加值能耗均高于全国平均水平，全省水环境容量超载严重，部分地市已无新增的大气环境容量。河南省的生态环境不仅对河南省还对全国具有较大影响，特别是南水北调水源地、黄河、淮河及其沿线等生态敏感地区对全国影响尤为重要。探索三化协调科学发展道路，就必须走一条不同以往的发展路径，这就要求必须以新型城镇化为引领，通过新型农村社区建设来破解城市发展空间、工业发展空间与农业发展空间存在矛盾的现实；必须以新型工业化为主导，转变现有经济发展方式，减少工业发展对资源环境的消耗和依赖，实现从资源消耗型经济向资源节约型经济转变；必须以新型农业现代化为基础，才能保障主要农产品长期有效供给和农民增收，逐步破解城乡二元经济结构。

第三节　河南省"两不三新"三化协调科学发展路子的探索

河南省对以三化协调科学发展推动中原崛起的探索最早可追溯到1990年，先后经历了探索起步、逐步成形、拓展丰富和系统形成四个阶段。

一、探索起步阶段（1990—1998年）

20世纪90年代初，河南作为传统农业大省、工业小省、财政穷省，如何在不牺牲农业的同时，推进工业化和城镇化，成为摆在全省人民面前的重要课题，"八五"之初，河南提出了"工业、农业两篇文章一起做"和"两道难题（工业化缓慢、农民增收困难）一起解"的发展思路。这一时期，在探讨河南省作为农业大省如何实现现代化的过程中，形成了工业与农业相互促进、协调发展的思路，并探索了河南省的城市化道路，为下一时期河南省三化发展战略的确立，奠定了初步基础。

1990年11月，河南省第五次党代会上提出了"团结奋进、振兴河南"的指导思想。会议提出，在经济工作上，必须坚持"科教兴豫、教育为本"的战略方针；必须坚持以农业为基础、工业为主导；必须坚持深化改革，扩大开放，努力探索计划经济与市场调节相结合的路子。在战略布局上，要以黄河经济带为龙头，重点发展中州平原，积极开发丘陵山区。

1991年1月，河南省委五届二次全会确定了"一高一低"的战略发展目标，即经济发展速度和效益要略高于全国平均水平，人口增长速度要低于全国平均水平。

1992年1月，时任河南省长的李长春以《加快改革开放，实现中原崛起》（刊于1997年中共中央党校出版社出版的《团结奋进　振兴河南》第386页）为题撰文提出："中西部地区是我国能源、原材料工业生产基地，又是广大的工业消费品市场，这都是促进沿海工业发展不可缺少的因素。实际上，沿海与内地在经济上是一种相互依存、互惠互利、共存互荣的关系。因此，从全国一盘棋的战略出发，为促进东、中、西部经济的协调发展，必须加快中原的振兴和崛起"。

1992年，随着邓小平"南方谈话"和党的十四大胜利召开，作为农业大省的河南选择加快工业化进程来实现富民强省。

1993年1月，时任河南省委书记的李长春同志在全省农村工作会议上强调，农业大省实现工业化，必须首先立足于丰富的农副产品所提供的工业原料，坚持强农兴工的路子，把两者统一到"围绕农字上工业"上。1995年8月，在同全省理论界部分专家座谈时，他再次指出，就河南的实际来讲，必须围绕"农"字上工业，上了工业促农业。强农兴工，协调发展，走出一条农业省加快工业化进程的新路子。这条路子，既强化了农业基础，又找到了加速工业化进程的突破口。

1994年2月，河南省委、省政府在关于贯彻《中共中央国务院关于当前农业和农村经济发展的若干政策措施》的文件中提出，逐步建立土地使用权的流转机制，在坚持土地集体所有和不改变用途的前提下，农民承包土地的使用权可以依法有偿转让和入股。第二、第三产业比较发达，大部分劳动力转向非农产业并有稳定收入的地方，可尊重农民意愿，允许土地向种田能手集中，实行适度规模经营。

1994年，河南省计经委组织开展了中原城市群战略研究。研究认为，中原城市群在世纪之交期间应朝着都会带的方向发展，在我国中原地区建

郑州市二七广场

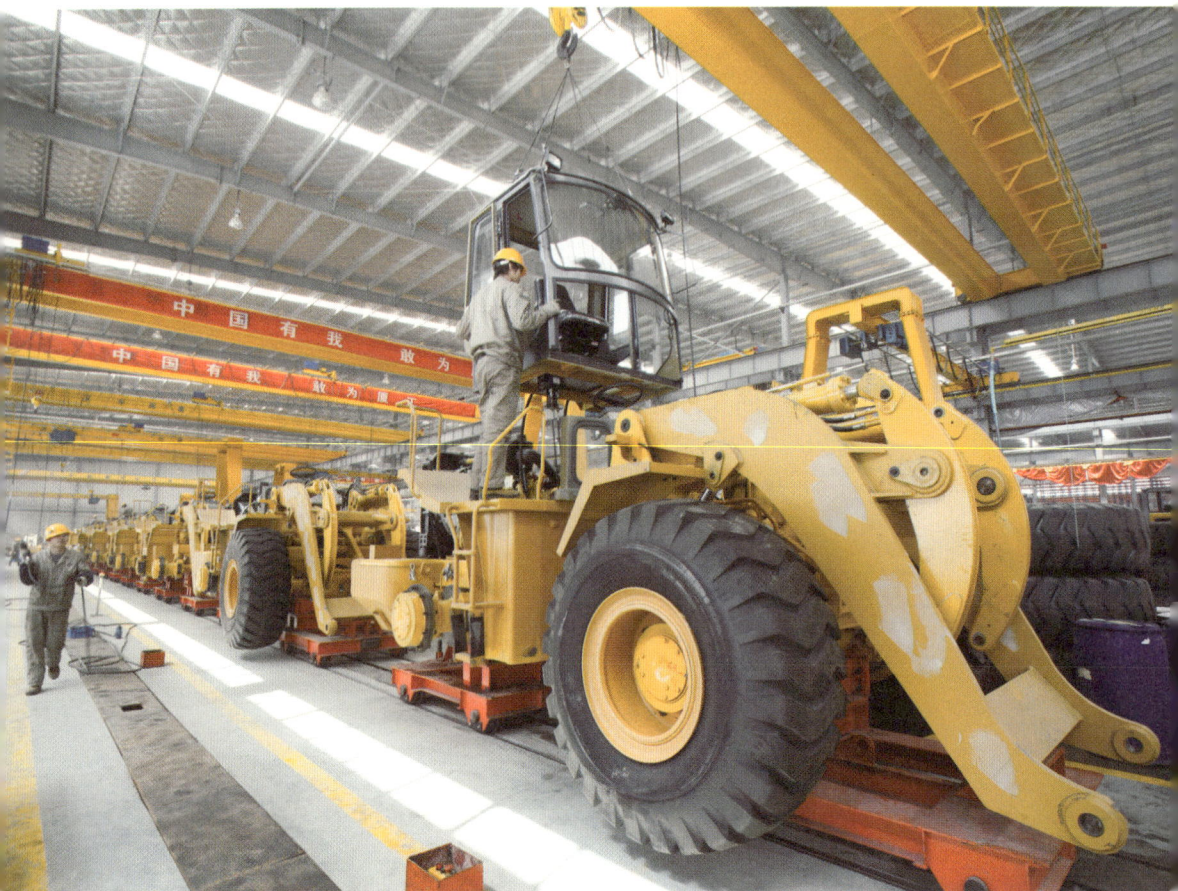

厦工集团焦作生产基地

起一个新的可带动周围地区开放开发的核心经济区,制定联体成片的布局原则,打破行政区划壁障,清除各自为战的思想,按照一个统一的群体规划,全面展开各市城建和经济布局,充分发挥中原城市群的互补优势和聚合优势。

1995年,河南省计委组织编制了《河南省生产力布局规划纲要》,提出以中心城市和交通主干线为依托,按"五个"层次展开全省生产力布局的规划:一是抓紧抓好郑州商贸城建设,使其逐步成为有较强吸引力、辐射力的经济中心城市。二是加快以郑州为核心的中原城市群的发展步伐,加强分工与协作,逐步成为亚欧大陆桥上的一个经济密集区,在全省经济振兴中发挥龙头带动作用。三是依托交通主干线,改造和建设一批对增强河南经济实力有重大影响的工业基地。重点抓好洛阳、郑州等老工业基地的改造和发展,加快洛阳、濮阳、南阳石化基地,焦作、平顶山能源和重化工基地,开封精细化工基地,以及安阳、新乡、鹤壁电力工业基地建设。四是抓住京九铁路全线开通的机遇,加快以商丘及潢川、台前为重点的沿线市县的开放开发,建设农副产品生产加工基地和水城能源基地,推动豫东和豫东南经济的发展。五是抓住黄淮海平原、南阳盆地、豫西山区、豫南山区四大农区综合开发的契机加快发展。黄淮海平原和南阳盆地重点发展粮棉油产品生产和农副产品加工业,提高农业集约化和产业化水平。豫西山区和豫南山区以发展林果业、畜牧业为重点,搞好旱地农业及矿产资源开发,加快发展步伐。

1995年12月,河南省第六次党代会提出,"九五"时期河南省经济社会的基本思路是:积极实施科教兴豫战略、开放带动战略、可持续发展战略,着力加强第一产业,强化提高第二产业,积极发展第三产业,加快基础设施建设,加速工业化、城市化进程,保持经济发展速度略高于全国平均水平、人口自然增长率略低于全国平均水平,使河南成为中西部发展较快的地区之一。其中,科教兴豫战略、可持续发展战略首次列为河南省的经济社会发展战略。

二、逐步成形阶段（1999—2002 年）

这一时期，河南省委、省政府明确提出加快工业化、城镇化进程，推进农业现代化，采取了加快中原城市群建设等一系列政策和举措。

20 世纪 90 年代后期，河南农业获得了新的发展，但由于农产品原字号多，加工链条短、附加值低，以及随之而来的新一轮"卖粮难"、财政补贴和库存压力增大等问题，加上畜禽、油料、蔬菜等农产品也相对过剩、销售不畅，导致农业效益持续下滑。

1999 年，根据党中央、国务院提出"国家要实施西部大开发战略"要求，河南省委、省政府提出了"东引西进"战略。"东引"就是充分发挥河南区位、市场、劳动力资源丰富等优势，吸引东部产业、技术、资金等，推动河南省产业改组、改造和升级；"西进"就是积极参与西部大开发，加强河南省与西部省区的经济技术合作，大力开拓中西部市场，努力提高河南省农产品、工业消费品等投资类产品在西部市场的份额。

2000 年，河南省委农村工作会议提出"调整农村经济，发展乡镇企业和农副产品加工业"的方针。接着，河南省委省政府又提出"大力发展食品工业、振兴河南经济"等一系列重大战略部署，此后河南省连续几个五年计划都把食品工业作为支柱产业来培育，带动了河南经济发展的深刻转型。

2001 年 8 月，河南省委、省政府作出"建设全国重要优质小麦生产和加工基地与建设全国重要畜产品生产和加工基地"的决定。当年，河南粮食总产首次跃居全国第一。

2001 年 10 月，河南省委第七次代表大会提出：加快工业化、城市化进程，促进农业现代化，要把城市化作为一项重要的战略来抓。

2002 年 12 月，河南省委七届三次全会又提出，要认识和顺应经济社会发展的规律和趋势，强化工业意识、城市意识，进一步加快工业化、城镇化进程。要统筹城乡经济社会发展，在促进农村富余劳动力向城镇第二、第三产业转移的同时，推进农村经济结构和农业产业结构调整，加快传统农业向现代农业的转变。

三、拓展丰富阶段（2003—2010 年）

这一时期，中原崛起概念协调形成，对三化协调发展战略确定下来付诸实施，获得了良好的发展效果，并将其上升为河南省发展战略最有特色的核心内容。

2003 年 3 月，时任中共河南省委书记的李克强在参加全国人代会期间接受人民日报记者采访，正式提出"中原崛起"概念，并指出："目前我国经济正由东向西梯度推进，世界性产业转移也由我国沿海向内地延伸，河南省这样一个中部省份要紧紧抓住这个机遇，充分发挥区位优势和比较优势，加快工业化和城镇化，推进农业现代化，努力实现中原崛起"。

2003 年 6 月，中共河南省委、省政府发布的《河南省委河南省人民政府关于加快城镇化进程的决定》指出：加快城镇化进程，是实现工业化、优化城乡布局、全面繁荣农村经济、加速现代化进程的迫切需要，是全面建设小康社会的必由之路。

2003 年 8 月，中共河南省委、省政府印发的《河南省全面建设小康社会规划纲要》指出：全面建设小康社会，最根本的是坚持以经济建设为中心，不断解放和发展社会生产力；必须大力推进经济结构的战略性调整，努力完成基本实现工业化这一历史性任务；加快工业化、城镇化，推进农业现代化，是河南全面建设小康社会的基本途径，也是从根本上解决"三农"问题的必由之路；要坚持以工业化为主导，以城镇化为支撑，以推进农业现代化为基础，统筹城乡经济社会协调发展；要加快工业化进程，走新型工业化道路；加快城镇化进程，充分发挥城市的聚集和辐射带动作用；用工业理念发展农业，推进农业现代化。至此，三化协调发展概念清晰，并明确成为河南省发展战略。工业化第一次被放在最显著的首位。

2004 年 9 月，中共河南省委、省政府颁布的《关于推进农业现代化建设的意见》提出：强化农业的基础地位，用发展工业的理念发展农业，通过科技水平的提高、产业链条的延伸、现代要素的引进、市场机制的强化和服务体系的建立，大幅度提高农业的品质和效益，增加农民收入，促进传统农业向现代农业的转变，努力把河南省建设成为农业组织程度较高、农产品加工能力较强、农业机械和现代农业科学技术应用较为广泛的现代农业强省。

2005 年 10 月，中共河南省委七届十次全会通过的《河南省委关于制定全省国民经济和社会发展第十一个五年规划的建议》提出：进一步加快工业化、城镇化，推进农业现代化。2005 年 12 月，河南省委、省政府颁布了《关于进一步促进城镇化快速健康发展的若干意见》提出实施中心城市带动战略；以加快中原城市群建设为重点，全面推进城镇化进程；大力发展第二、第三产业，增强城镇化的产业支撑；破除体制障碍，改善城镇化发展环境；放开投资市场，加快城镇基础设施建设步伐；改进城市规划工作，提高城市综合管理水平；合理利用资源，努力建设节约型城市；加强对城镇化工作的领导。2006 年 2 月颁布的《河南省国民经济和社会发展第十一个五年规划纲要》又提出：以工业化为核心，加快城镇化进程，推进农业现代化，继续保持较高的增长速度和较高的增长质量，实现又快又好发展，在中部崛起中走在前列。

在统筹城乡一体化发展上，作为顶层决策的突出标志，是 2006 年 6 月河南省政府颁布的《关于加快推进城乡一体化试点工作的指导意见》（以下简称《指导意见》）。《指导意见》提出：以加快城镇化为核心，以构建城乡统一的基础设施、公共服务体系为着力点，打破城乡二元结构，统筹城乡发展，推进农村生产、生活方式转变，使农村和城市共享现代文明。2006 年 10 月，河南省委八次党代会的报告中指出：坚持走新型工业化道路，努力在转变经济增长方式上取得新突破。2007 年 1 月，河南省委八届二次会议指出：以经济建设为中心，加快工业化、城镇化，推进农业现代化，加大改革开放和经济结构调整、转变经济增长方式的力度，推动城乡、区域、经济社会协调发展，促进人与自然相和谐，实现又好又快发展，加快经济大省向经济强省跨越。同年 12 月召开的河南省委八届五次全会指出：狠抓粮食生产不动摇，坚持发挥优势和承担责任相统一，坚持发展工业不以牺牲农业为代价。2008 年 8 月，河南省制定了《国家粮食战略工程河南核心区建设规划纲要》，提出到 2020 年再增加年产 300 亿斤粮食的生产能力,这是河南省切实肩负起国家和民族粮食安全重任的生动体现。

2009年4月,中共河南省委、省政府发布《关于推进产业集聚区科学规划科学发展的指导意见》(豫发〔2009〕14号),将产业集聚区建设作为河南省促进工业化、城镇化、农业现代化三化协调科学发展,构建现代产业体系、现代城镇体系和自主创新体系"三大体系"的有效载体。

2010年3月,中共河南省委、省政府组织50多人的专家队伍,系统研究河南省发展战略,提出了中原经济区建设、中原城市群、新型城镇化等三个初步方案。

2010年4月,河南发展高层论坛第31次会议,专题讨论河南省新型城镇化战略。综合各个方面的意见,形成会议综述,4月29日上报省委以后,5月5日河南省委书记卢展工作出重要批示,标志着新型城镇化引起中共河南省委高度重视。

2010年7月2日,中共河南省委常委扩大会议讨论决定,将中原经济区建设方案进一步完善以后,力争推动其上升为国家战略。其中,充分肯定了2003年以来河南省探索三化协调发展的成绩,并进一步明确三化协调发展是河南省发展战略中最大的特色。

2010年7月8日,由河南省委政研室、人民日报社河南分社、河南日报社联合举办的中原经济区发展战略座谈会,中原经济区专家组骨干人员参加会议,第一次向新闻界公开河南省建设中原经济区规划纲要方案,反响强烈。从7月9日开始,关于建设中原经济区的宣传报道铺天盖地,持续深入。

2010年8月到10月初,河南省连续在北京组织了5次关于中原经济区建设方案的征求意见与高层研讨会,三化协调发展理念逐步被首都各界接受。

四、系统形成阶段(2010年11月以来)

这一时期,对三化协调科学发展概念进一步完善,新型城镇化为引领的新理念凸显,国务院批准中原经济区上升为国家战略,"两不三新"三化协调科学发展概念完善提出。

2010 年 11 月，河南省委八届十一次全会提出：中原经济区是探索一条不以牺牲农业和粮食、生态和环境为代价的三化协调科学发展路子的载体和平台。必须把城镇化带动三化协调科学发展作为建设中原经济区、加快中原崛起和河南振兴的关键性、全局性战略举措。要发挥新型城镇化的引领带动作用，统筹安排城镇建设、产业集聚、农田保护、生态涵养等空间布局，协调推进粮食生产核心区、现代城镇体系和现代产业体系建设，在加快工业化、城镇化进程中保障国家粮食安全，推进农业现代化，率先走出一条不以牺牲农业和粮食、生态和环境为代价的三化协调科学发展路子。

2011 年 4 月颁布的《河南省国民经济和社会发展第十二个五年规划纲要》提出：以解决"三农"问题为出发点和着力点，统筹推进新型工业化、新型城镇化和农业现代化，持续探索不以牺牲农业和粮食、生态和环境为代价的三化协调科学发展的路子。

2011 年 8 月 1 日，河南省委书记卢展工同志在舞钢调研时提出了新型城镇化引领三化协调科学发展。此后，理论界快速行动，王永苏等调研发表了新型城镇化引领三化协调科学发展研究报告，引起广泛关注。之后，《河南日报》先后发表了新型城镇化的新密样本、舞钢样本、潢川样本、淮阳样本等，十八谈许昌篇专门谈了以新型城镇引领三化协调科学发展，全省理论界召开了专门研讨会。

2011 年 9 月 28 日，国务院颁布的《关于支持河南省加快建设中原经济区的指导意见》指出：积极探索不以牺牲农业和粮食、生态和环境为代价的三化协调发展的路子，是中原经济区建设的核心任务。

2011 年 10 月，中共河南省委第九次代表大会指出：持续探索不以牺牲农业和粮食、生态和环境为代价的新型城镇化、新型工业化、新型农业现代化的三化协调科学发展的路子，是从根本上破解发展难题的必然选择，是河南省加快转变经济发展方式的具体实践，是中原经济区建设的核心任务。走好这条路子，一是要强化新型城镇化引领，统筹城乡发展、推进城乡一体。二是要强化新型工业化主导，加快转型升级、提升支撑能力。三是要强化新型农业现代化基础作用，维护粮食安全、促进城乡繁荣。四是要强化三化协调的保障能力，增强发展后劲、推动持续发展。五是要强化三化协调的驱动力量，破解发展难题、拓展发展空间。至此，"两不三新"三化协调科学发展概念形成完整表述。

2012 年 2 月，十届全国政协副主席徐匡迪在河南调研时指出，在中原经济区建设中，河南省提出持续探索走一条不以牺牲农业和粮食、生态和环境为代价的新型城镇化、新型工业化、新型农业现代化三化协调科学发展的路子，很有现实意义。

2012 年 4 月 6 日，《人民日报》头版头条发表了"以不牺牲农业和粮食、生态和环境为代价，以新型城镇化为引领的三化协调科学发展之路悄然延伸——河南务实发展稳步前行"的文章，说明河南省的做法走在了全国前列，得到了理论方面的肯定。4 月 7 日，《河南日报》发表舞钢市为 21 户进入社区的居民发放集体土地使用证和房产证的报道，标志着新型农村社区建设管理政策取得突破，农民的财产性收入有了初步的制度保障。4 月 13 日，河南发展高层论坛召开第 49 次会议，主题河南省新型城镇化实践及对策，主讲者发言题目"河南省新型城镇化战略实施及对策"，4 月 14 日《河南日报》报道后，迅速引起省委领导重视，并要求发言全文在省委主办的《河南工作》上刊发。5 月 9—11 日，青海省党政代表团到河南省调研，重点学习新型城镇化引领三化协调科学发展的做法和经验。5 月 31 日《河南日报》报道，5 月 30 日舞钢市 21 户首批领到房产证的农民中的 10 户拿到了房屋抵押贷款 331 万元，有了房产证，农民手中的"死资产"变成了"活资产"，通过抵押贷款，入住新型农村社区的当地居民创业与致富更有了盼头，中原经济区建设中先行先试的政策威力初步显现。

2012 年 7 月 27 日，河南省委书记卢展工同志在社科理论界茶叙上指出"两不三新"三化协调科学发展之路，是中国特色社会主义理论在河南的成功实践，引起与会者共鸣，标志着河南省"两不三新"三化协调科学发展之路在理论与思想认识上的又一次升华。

第四节 河南省"两不三新"三化协调科学发展路子的初步成效

一、新型城镇化的引领作用持续增强

近年来，河南省持续探索以新型城镇化为引领的三化协调科学发展的路子，以加快城镇化进程为中心，以项目建设为重点，着力构建现代城镇体系，大力推动城乡基础设施建设、城市新区和产业集聚区建设、旧城区和城中村改造、小城镇和新型农村社区建设，初步形成以郑州为核心、大型中心城市、中小城市、小城镇和新型农村社区各具特色、竞相发展的五级城镇体系框架。

2011 年年底，河南省城镇化水平达到 40.57%，共有 17 个省辖市、21 个县级市（含省管济源市）、88 个县、50 个区和 949 个建制镇，正在建设一批新型农村社区。河南省把新型农村社区纳入城镇体系，通过新型农村社区建设，有效推动土地集约利用、农业规模经营、农民多元就业、生活环境改善、公共服务健全，加快了农村生产方式和农民生活方式转变，为广大农民低成本进入城镇创造了先机，获得了方方面面的高度关注。

2011 年，河南省实施了中心镇和中心村（社区）"百千"建设试点工程，以发展成为农村区域经济社会中心暨现代化特色城镇为目标，启动了 100 个中心镇建设试点；以发展成为新型城镇化和新农村建设的示范点为目标，启动了 1000 个中心村（社区）建设试点。同时，省财政把新型农村社区列入省重点建设项目，安排专项资金 5 亿元扶持新型农村社区建设。2012 年，河南省全面启动县（市、区）新型农村社区建设规划和建设工作。在推进新型农村社区试点建设的过程中，各地积极探索，打造出一个个成功的样本，可谓是亮点纷呈。比如新乡市，通过城镇与新型农村社区建设带动了农民增收，城乡收入差距远远低于全国平均水平。又如鹤壁市，以产业集聚区建设为契机，推动新型农村社区建设，促使 2 万多农民实现了家门口就业。再如舞钢市,通过构建"一城四镇十七个中心社区"的新型城镇体系,实现了农民不出社区就能满足就学、就医、娱乐、购物等生活需求。截至2012年7月底,河南省启动新型农村社区试点2300个,初步建成350个,累计完成投资631.5亿元。

二、新型工业化的主导作用持续增强

按照新型工业化的要求,河南省工业发展从重视速度逐步转到更加重视质量和效益上来,工业经济实现了跨越式发展,成为国民经济增长的主导力量,进一步强化了新兴工业大省的地位。2011年,全部工业实现工业增加值13949.32亿元,占GDP的比重达到51.8%,位居全国第5、中西部地区首位。规模以上工业实现增加值11882.55亿元,主营业务收入47647.21亿元,实现利润4131.59亿元,分别比上一年增长20.0%、31.8%和25.1%,工业发展保持持续快速发展的良好势头。

河南省以扩大开放、承接产业转移为主要途径,以重大项目建设为抓手,加强以产业集聚区为主的载体建设,努力构建现代产业体系、现代城镇体系和自主创新体系,工业发展亮点纷呈。特别是近年来,河南省加快发展方式转变,产业结构优化升级步伐明显加快。2011年,汽车、电子信息、装备制造、食品、轻工、建材等六大高成长性产业比2010年增长25.3%,对全省规模以上工业增长的贡献率为69.6%;高技术产业增长53.3%。传统工业进一步提升,原材料工业精深加工水平和行业集中度明显提高。全省主营业务收入超百亿元的企业达到37家,其中河南煤化集团进入世界500强。

河南省全力加快产业集聚区发展,按照"四集一转"和"提升速度、提高水平、扩大效果"的基本要求,强化政策引导,突破薄弱环节,产业集聚区综合效应日益显现,产城互动格局初步形成。2011年,全省产业集聚区工业增加值同比增长23.5%,对全省工业增长的贡献率达一半以上;固定资产投资突破7000亿元,占全省比重40%左右;利用省外资金2400亿元左右,占全省比重近60%;规模以上工业企业从业人员240多万人,占全省比重40%以上。产业集群加快形成,成为全省工业转型升级和承接产业转移的重要载体，郑州百万辆汽车基地、洛阳动力谷、中原电气谷、漯河食品城等一批优势产业基地建设稳步推进，富士康等一批高新技术产业项目相继形成规模化生产能力，一批特色产业集群茁壮成长。特别是富士康以及配套的一批电子信息产业快速进入河南省，促进了工业结构的转型升级，带动了地方就业结构的变化和航空物流的快速扩张，对当地工业发展和航空经济发展起到了重要作用。

"两化"（工业化、信息化）融合发展进入新阶段，重点行业"两化"融合取得初步成效，信息技术在现代装备制造、食品、有色、化工、纺织等5大战略性支撑产业的应用不断深化。大型骨干企业信息化程度显著提升，先后有43家企业入选中国企业信息化500强。为了改变粗放的产业结构，河南省大力推进产业结构调整升级，积极推广应用节能减排技术，大力推广清洁生产，坚决淘汰落后产能，节能减排取得重大进展。截至2011年，河南省淘汰落后产能总数和企业数均居全国前列。

三、新型农业现代化的基础作用持续增强

河南省不断巩固提高粮食综合生产能力，积极推进粮食生产核心区建设，加快推进中低产田改造，大力开展大中型灌区改造和小型农田水利建设。粮食等主要农产品连年增长，从数量上较好地满足了城乡居民和农产品加工企业对农产品不断增长的需要。粮食生产能力跨上新台阶，粮食生产克服严重自然灾害影响，连年喜获丰收，2011年粮食产量达到1108.5亿斤，连续6年超过千亿，连续8年创历史新高，为保障国家粮食安全、稳定市场物价、支撑地方发展作出了重要贡献。

近年来，河南省大力支持农业产业化龙头企业和农民专业合作社加快发展，支持特色优势农业发展和农业产业化经营，大力发展农产品加工业，有力推动了农业现代化。2011年，全省农产品加工企业达到3.3万家，实现营业收入13171.06亿元，实现利润总额1279.88亿元，年收入超亿元的企业有789个，成为拉动全省工业增长的主要支柱产业之一。其中，火腿肠、味精、面粉、方便面、挂面、汤圆等面制速冻食品的产量均居全国首位。农产品加工业的快速发展带动了农民就业和增收。截至2011年年

底，全省规模以上农产品加工企业共吸纳 180.15 万人就业。立足于丰富农产品而发展的食品工业已经成为河南省的一大优势，20 世纪 90 年代启动的工业与农业相互促进、共同发展的机制成效凸显，区域经济特色化趋势日益明显，特色经济集群化程度迅速提高，产业集群发展根植化特征更加显著。

四、三化协调科学发展的动力与活力持续增强

河南省强力推动开放招商，综合带动作用日益显现。始终把开放招商作为综合性战略举措强力推进，取得了"一举应多变"、"一招求多效"的综合带动效应，不仅拉动了经济增长、加速了科技创新和产业升级、增加了社会就业，而且促进了思想解放和观念更新，推动了体制创新和政府职能转变，提升了河南对外形象。

河南省深入推进大招商活动，富士康电子、格力电器等一大批投资规模大、科技含量高、带动能力强的龙头企业和项目战略布局河南。2011年，实际利用外商直接投资 100.8 亿美元，增长 61.4%，占全国的 8.7%，居中西部第 1 位。实际到位省外资金突破 4000 亿元，同比增长 46%。不断完善对外开放条件，产业集聚区、开发区和城市新区建设加快，郑州新郑综合保税区封关运行，"区港联动"工程稳步实施，保税物流中心、出口加工区等开放平台建设取得重大成效。口岸出入境人数达到 30.6 万人次，增长 26.3%。努力扩大进出口规模，积极承接加工出口型项目和企业，大力开拓国际市场，外贸进出口额突破 300 亿美元，达 326.4 亿美元，同比增长 83.1%，其中出口增长 82.7%，增速居全国第 2 位。2012 年 1—6 月，河南省进出口总额 217.1 亿美元，同比增长 84.6%，增速居全国第 3 位（重庆 250.4 亿美元、增长 1.7 倍；西藏 10.2 亿美元，增长 1.7 倍）。持续快速发展的大量数据表明，国家推进中部崛起和西部大开发的重大战略决策效应越来越显现出来中西部地区发展形势日益向好。

河南省强力推进改革创新，发展瓶颈得到有效破解。积极推进资金、土地、人力资源、能源电力等要素保障机制创新，继续深化重点领域和关键环节改革，发展动力活力不断增强。创新要素保障机制，探索实施土地

开发利用管理"三项机制"，开展农村土地整治和城乡建设用地增减挂钩试点，推进存量土地集约挖潜，基本保障了经济社会发展用地。积极创新投融资机制，有效整合利用政府资源、资产、资金、资信，发挥财政资金引导作用，支持投融资平台扩大融资规模。2011年，通过资本市场直接融资1578亿元、增长41%，其中新增上市公司18个、首发融资104亿元。大力实施职教攻坚计划和全民技能振兴工程，完成各类职业技能培训300万人以上。扎实推进重点领域改革，强力推进煤炭企业兼并重组，产业集中度显著提升，煤矿安全生产形势稳定好转。国企改革继续深化，310户企业实施了改革改制。深化行政审批制度改革，取消下放调整省级行政审批项目147项。10个省直管县体制改革试点工作顺利实施。医药卫生体制改革完成3年目标任务，事业单位分类改革有序展开。警务机制改革创新深入推进，政务公开范围继续扩大，文化、教育、科技、集体林权、供销社等领域改革取得新进展。

河南省在探索三化协调科学发展的路子上，万众一心，众志成城，通过领导方式转变促进了发展方式转变。目前，改革、开放、创新、务实，成为河南省经济社会发展的主旋律。伴随主旋律迎面而来的是发展的动力，发展的活力，发展的魅力，发展的实力。当今的中原大地，群雄逐鹿，百舸争流，一派繁荣，盛世华章！

第十章
河南省三化协调发展案例研究

河南省在持续探索"两不三新"三化协调科学发展道路上进行了大量的实际探索，各地涌现出很多结合当地实际富有特色的典型案例。本章选择了两个地级市（许昌市、新乡市）和两个县级市（孟州市、舞钢市）作为代表，进行实证研究。

第一节　许昌市三化协调科学发展的实践探索及体会

持续探索"两不三新"三化协调科学发展之路，是中央赋予河南的重大使命，是中原经济区建设的核心任务，也是许昌市致力实现"率先崛起、富民兴许"的现实选择。近年来，许昌市委、市政府认真贯彻河南省九次党代会精神，遵循规律，先行先试，坚定不移地走以新型城镇化引领三化协调科学发展之路，着力打造全省三化协调发展先行区，推动经济社会科学发展。全市城镇化率先连续六年每年提高两个百分点，第二、第三产业增加值占国内生产总值的比重达到89%，夏粮总产实现了"十连增"，三化发展的协调性明显增强。2011年，全市完成国内生产总值1588.7亿元，总量居全省第4位；地方财政一般预算收入74.2亿元，增长29.1%，高于GDP增速14.4个百分点；城镇居民可支配收入、农民人均纯收入分别达到17503元和8650元。2012年上半年，全市国内生产总值增长12.1%，地方公共财政预算收入增长24.1%，进出口总额增长58.2%，城镇居民人均可支配收入、农民现金收入分别增长12.6%和20.0%，持续了良好的发展趋势、态势和气势。

一、突出新型城镇化引领，统筹城乡促协调

新型城镇化一头连着工业化，一头连着农业现代化，是扩内需、促发展的最大动力，对三化协调发展具有重要引领作用。近年来，许昌市坚持城乡统筹、产城融合、以人为本，把新型城镇化作为一项历史性任务来完成，作为各级党委政府的中心工作来推进，从当地实际出发，提出了"带状城市、组团布局、向心发展、城乡统筹"的思路，突出抓好"一中心、五组团、30 个中心镇和 300 个新型农村社区"建设，积极构建中心市区、县（市）城区、中心镇区和新型农村社区 4 个层次互促共进的现代城镇体系。

（一）坚持科学规划

充分发挥规划的科学引导和综合调控作用，牢固树立全域规划理念，按照经济社会发展规划、城市总体规划、土地利用规划、交通规划、生态建设规划"五规合一、五规同向、五规同步"的要求，坚持高起点、重特色、相衔接，融入当地文化、习俗和生态元素，高标准编制各种建设规划，初步形成了从总体到单项、从城市到农村、健全完善的规划体系。

（二）实施中心带动

着力提升中心城市辐射带动能力，突出抓好中心市区建设，坚持每年实施一批城建重点项目，天宝路、魏武大道、许都大剧院、博物馆、体育馆、群众艺术馆等一批重大基础设施和社会事业项目相继建成投用。近年来，完成城市建设投资 270 多亿元，市区建成面积由 2006 年 36 平方公里拓展到 80 平方公里；按照"三年打基础、五年出形象、十年铸新城"的目标，全面启动了规划面积 180 平方公里的许昌新区建设，为许昌未来发展拓展了新的空间，搭建了宽广平台。

（三）推进组团发展

顺应中心城市组团式发展规律，规划建设了禹州、长葛、鄢陵、襄城和许昌县 5 个县市组团，明确定位，发挥优势，促进五个组团竞相发展、错位发展、融合发展，形成整体竞争优势。目前，许昌至长葛、鄢陵、襄

城的快速通道已建成投用，许昌至禹州快速通道计划 2012 年年底竣工，组团架构和半小时经济圈、生活圈、通勤圈基本形成。

（四）着力突破基点

新型农村社区是统筹城乡发展的结合点、推进城乡一体化的切入点、促进农村发展的增长点、加强农村社会管理的创新点、解放和发展农村生产力的关键点，也是推进新型城镇化的战略基点。许昌市把新型农村社区建设放在重中之重的位置，按照"政策引领、规划先行、突出主体、保障权益、规范有序、拓展创新、互动联动、一体运作"的原则，把全市2140 个行政村、7031 个自然村统一整合为 300 个新型农村社区，加快城市基础设施向农村延伸、公共服务向农村覆盖，让农民享受到与市民同质化的公共服务。强化政策引领，在充分借鉴外地经验的基础上，研究制定了群众就业、社会保障、土地流转、资金整合等 8 个方面的具体政策，靠政策调动群众参与的积极性；突出群众主体，发挥群众积极性，保障群众的知情权、参与权、选择权、监督权，让入住新型农村社区的群众土地流转有租金、充分就业有薪金、腾出的土地入股有股金、继续享受各种种粮补贴和医保、低保、社保；坚持"两个优先"，按照"五化十有"标准，优先建设基础设施，完善公共服务，加快农村生产方式和生活方式转变；注重示范带动，选择基础较好的区域进行试点，谋划启动了三化协调科学发展试验区建设，先行先试、积累经验，为全市新型农村社区建设作出示范；创新建设模式，因地制宜、分类指导，积极引导有实力、有信誉、有需求的企业参与新型农村社区建设，把解决社区产业发展、群众就业和企业用地需求有机结合起来，实现了新型农村社区建设和企业发展的双赢。目前，全市已开工建设新型农村社区60个，其中25个一期工程基本建成，受到群众欢迎。

（五）做到建管并重

以创建全国文明城市为统领，持续开展创建工作，着力提升城市数字化、精细化、灯饰化管理水平，建成了全省一流的数字化城管中心，先后荣获中国优秀旅游城市、国家园林城、森林城、卫生城、全国绿化模范城市等称号。

二、强化新型工业化主导，提升产业促协调

三化协调发展，产业是支撑，新型工业化是主导。近年来，许昌市立足产业基础和优势，坚定不移地走新型工业化道路，积极构建以高端产业为引领、主导特色产业为支撑、产业集聚区为载体的现代产业体系，加快产业集聚集群集约、高端高质高效发展。

（一）重点发展三大主导、四大特色和五大战略性新兴产业，解决"发展干什么"的问题

坚持用高新技术改造提升传统产业，积极培育壮大主导特色产业，深入实施战略性新兴产业倍增计划。2012年上半年，装备制造、能源电力、食品加工三大主导产业增加值增长22%，对规模以上工业的贡献率超过65%，智能电网、风电装备、电动汽车、新材料、生物医药五大战略性新兴产业主营业务收入突破百亿元，产业优势不断显现。

（二）规划建设"一带十区二十个产业集群"，解决"产业怎么分布"的问题

按照"四集一转"的要求，加大投入力度，扎实推进产业集聚区基础设施建设，促其尽快成为依城促产、以产兴城的最佳平台；坚持因地制宜原则，每个产业集聚区确立和培育1—2个主导产业，扬长避短、发挥优势，突出特色。2011年，全市10个产业集聚区建成区面积近60平方公里，规模以上工业主营业务收入、固定资产投资占全市的比重分别达到46%和52.4%，8个省级产业集聚区平均固定资产投资、主营业务收入增速分别居全省第一和第四位。其中，经济开发区晋升为国家级经济技术开发区，禹州市、长葛市两个产业集聚区被评为"全省十强产业集聚区"。

（三）集中力量扶持50户重点企业、100户"小巨人企业"和20户高新技术企业，解决"发展依靠谁"的问题

以建立现代企业制度为目标，持续推进企业改革改制，抓好上市企业增资扩股，激发企业动力活力。目前，全市上市公司达到7家，许继、黄河、众品食品、青山金汇4家企业2011年主营业务收入突破100亿元，形成大企业顶天立地、"小巨人企业"铺天盖地、高新技术企业抢占发展

高地的企业组织结构。

（四）大力发展面向生产、面向民生、面向社会的服务业，解决"结构如何调"的问题

加快实施服务业提速计划，着眼于产业发展与扩大就业相协调，大力发展劳动密集型与技术密集型相结合的复合型产业，积极发展现代物流、文化旅游、金融信息等现代服务业，5 家外埠银行入驻许昌市，众品冷链物流园、市旅游服务中心等项目建成投用，许昌中心商务功能区、魏都区特色商业区规划获得省政府批准，服务业项目占重点项目投资比重由 2011 年的 6% 提高到现在的 10% 以上；充分挖掘三国文化、钧瓷文化、生态文化资源，着力打造三张文化旅游品牌，文化旅游收入增速连续多年保持 30% 以上。

三、夯实新型农业现代化基础，保粮增效促协调

不以牺牲农业和粮食、生态和环境为代价，既是中原经济区与其他经济区的本质区别，也是中原经济区上升为国家战略的价值所在、优势所在。许昌市在推进三化协调发展中，牢牢把握"两不牺牲"这个前提、基础和根本立足点，坚持把保粮放在首位，以国家级农业科技园区建设为载体，深入实施优质粮食生产基地、优质花木和中药材基地、优质蔬菜生产加工基地"3 个百万工程"，持续走资源节约型、环境友好型发展道路，坚决兑现"两不牺牲"的庄严承诺。

（一）着力提升粮食生产能力

以解决"最后一公里"问题为重点，切实加强农田水利建设，规划建设了 280 万亩永久性粮田，加强农业综合开发，加大高产创建力度，健全农业科技推广体系，完善农村社会化服务体系，保障了耕地面积，改善了农业生产条件。2011 年，全市粮食总产达到 277.2 万吨，实现了"八连增"，2012 年夏粮总产 154 万吨，实现了"十连增"。

（二）积极培育现代农业产业集群

大力发展特色农业、生态农业、有机农业、循环农业，编制实施了粮食、花木、烟叶、畜牧业等十大农业产业集群规划，花木、蔬菜、中药

材等特色农业的规模和效益不断提升。2011年，全市完成造林21.5万亩，新增鲜切花面积9300亩，成为全国重要的花木生产交易基地，被中国花协授予"中国花木之都"，以鄢陵为主体的花木产业集群已经形成著名的区域品牌。

（三）加快推进农业产业化经营

大力发展壮大农业龙头企业和知名品牌，拉长产业链条、提高产业附加值。目前，全市市级以上农业龙头企业发展到245家，其中省级以上41家，总数居全省第二位，"众品"商标成为中国驰名商标，畜牧业产值占农业总产值的比重达到46.5%，荣获"全国农业产业化先进市"称号。

四、强化支撑驱动力量，加快转变促协调

协调是科学发展观的基本要求，是发展方式的转变。推进三化协调，不仅要把握三化之间的内在联系，还要强化三化协调的支撑驱动力量，拓展发展空间，转变发展方式。

（一）抓项目，优化投资结构

把项目作为扩投资、调结构的总抓手，坚持每年谋划实施投资促进计划，持续提高重大项目投资占固定资产投资的比重、工业项目投资占项目投资的比重、服务业项目在项目建设中的比重，认真落实市级领导联系重点项目、重点项目并联审批、优化资源配置、环境创优等各项工作机制，2012年确定的120个重点项目（前7个月）完成投资261.2亿元，占年度计划的65.3%，计划新开工的46个亿元以上重点项目已开工36个。最近，抓住产业转移、国家加强宏观政策预调微调和郑州航空经济综合实验区建设等重大机遇，谋划重大前期项目76个，总投资944亿元，确保了项目建设持续推进。

（二）抓招商，承接产业转移

把开放招商始终作为"一举应多变、一招求多效"的重要举措，大力实施开放带动主战略，依托企业、产业和园区，围绕"补链延链"，突出招大引优，先后与韩国浦项、德国西门子、瑞士迅达、国家电网、中国平安、东风集团等企业实现了战略合作，成功举办"百名闽商、浙商、港澳

台客商看许昌"、第七届豫商大会等重大招商活动。以打造内陆开放高地为目标，强力推进大通关建设，许昌国家级制品出口基地被评为全国首批国家级外贸转型升级示范基地，许昌出入境检验检疫局获得国家批准，目前正在积极申报设立海关、出口加工区和保税物流中心。2011年引进省外资金207.7亿元，实际利用外资3.59亿美元，增长68.7%；出口总额13.3亿美元，增长23.3%，荣获全省对外开放工作先进市。

（三）抓科技，坚持创新驱动

把科技创新作为转变发展方式的关键环节，深入实施科教兴市、人才强市战略，积极推进创新型许昌建设，加快构建以"政府主导、企业主体、人才支撑、项目抓手"为核心的自主创新体系，强化企业在技术创新中的主体地位，不断提升企业自主创新能力，市级创新型企业和试点企业达到53家，高新技术产业增加值占全市工业增加值的比重达到25%，科技进步对经济增长的贡献率达到55%，连续十年荣获"全国科技进步先进市"。

五、发扬"透竹竿"精神，破解难题促协调

推进三化协调，难免会遇到资金、土地等要素瓶颈制约。对这些难题，抓住国家鼓励河南在三化协调上先行先试的机遇，坚持"三具两基一抓手"，按照"共性问题靠政策、个性问题找对策"的原则，科学运作，积极破解。在破解资金难题上，多措并举，大胆实践，通过搭建政府投融资平台、加强银企对接、加快企业上市、完善担保体系、引进商业银行、加大招商引资、采取BT和BOT模式等路径，较好地缓解了经济社会发展的资金需求。

许昌市围绕破解新型农村社区建设的资金难题，做到"四管齐下"：一是加大财政投入，出台了支持新型农村建设的财税和收费优惠政策，建立"县乡投入为主、市级给予适当奖补"的资金保障机制，市级财政每年安排5000万元的专项资金用于新型农村社区建设奖励和补助；二是整合涉农资金，制定了整合涉农资金支持新型农村建设的实施意见，按照"职能不变、渠道不乱"的原则，改革支农资金使用管理方式，将上级涉农资金捆绑用于新型农村社区建设，仅2012年就整合各类涉农资金6.3亿元；

三是加强金融支持，出台了金融优惠政策，在降低贷款门槛、抵押担保、贴息贷款等方面提出了明确措施，积极争取省农发行、省国开行、省工商银行、省农业银行达成支持新型农村社区建设的战略合作意向，引导商业银行、股份制银行和信用社加大对新型农村社区建设的信贷支持；四是加大市场运作，对新型农村社区商业超市、通讯网络设施、幼儿园等基础设施和公益设施建设，采取市场运作、企业参与、社会赞助等方式，筹措建设资金。

许昌市在破解用地难题上，按照"扩大增量、盘活存量、用好流量"的原则，科学处理"有效保护耕地与解决发展用地"之间的关系，做到了三个"坚持"：一是坚持节约集约，把土地节约集约利用作为破解土地瓶颈的有效途径，先后采取加快产业集聚区建设、推进城中村改造、建设多层标准厂房、提高投资强度、发展循环经济"腾笼换鸟"等措施，最大限度地发挥土地资源利用效益。目前，全市产业聚集区投资强度不低于每公顷4200万元，单位土地产出达到每公顷6240万元，工业用地建筑密度高于60%，容积率大于1.2。二是坚持占补平衡，大力开展城乡建设用地增减挂钩和土地综合整治工作，积极探索开展城乡之间、地区之间人地挂钩政策试点，做到农村建设用地总量减少、城镇建设用地总量合理增加，连续十几年实现耕地占补平衡。三是坚持严格监管，严格土地执法，坚决遏制违法违规用地行为，全市建立了市县乡村四级保护机制，基本完成永久性基本农田保护，土地管理走上了规范化、制度化、科学化轨道。

六、几点体会

（一）转变是前提

探索"两不三新"三化协调科学发展之路，是对固有理念的突破，对传统体系的超越，必须解放思想、实事求是、与时俱进，坚持用领导方式转变加快发展方式转变，做到学明白、想明白、说明白、做明白。"学明白"，就是对上级政策精神、本地情况、基层实际有一个深刻的理解和把握，学得懂、吃得透、无偏差。许昌市坚持把深入学习省九次党代会精神、"一文九论十八谈"、"新九论"作为撬动领导方式转变的"杠杆"，找问题、理思路、教方法，切实增强了全市党员干部加快转变的自觉性、主动性。"想明白"，就是要遵循规律、科学谋划，定位准、路径对、目标明。许昌市坚持以新型城镇化引领三化协调科学发展，就充分考虑了许昌在中原经济区建设中的功能定位，考虑了许昌正处于城镇化加速发展阶段的历史方位，考虑了三化协调科学发展的内在规律。"说明白"，一方面是把谋划的思路梳理出来、理清思路，另一方面是搞好宣传发动，把政策、规划、思路、目标、前景向群众向基层说清楚、讲明白，转化为群众的共识，赢得群众的理解和支持。"做明白"，就是坚持说了就做、说到做到、说好做好，务实重效，把事情干成、干实、干好。近年来，许昌市始终坚持"三具两基一抓手"，注重多做"打基础、利长远、促发展、惠民众"的事情，多干"重运作、找路径、透竹竿、解难题"的工作，多用"跟得上，拿得下，办实事，真爬坡"的干部，思路在实干中创新，难题在实干中破解，能力在实干中提高，蓝图在实干中实现。

（二）协调是关键

三化协调，重在协调，难在协调，为在协调。从三化之间的内在联系看，新型城镇化为工业化和农业现代化提供需求、空间和环境，是三化协调发展的巨大引擎；新型工业化为城镇化和农业现代化提供产业支撑、就业岗位，是三化协调发展的主导力量；新型农业现代化为城镇化和工业化提供要素保障，是三化协调发展的重要基础。三者之间只有相互协调，才能互促共进、科学发展。从许昌市所处的历史方位看，经过改革开放三十多年的发展，目前经济社会发展已经进入以城带乡、以工哺农、加快构建城乡一体化格局的新阶段，过去那种城乡分割、三化分割、以牺牲农业为代价的发展模式已不适应时代要求。只有与时俱进、致力协调，才能加快转变发展方式，推动经济社会可持续发展。从许昌市承担的责任使命看，走好"两不三新"三化协调科学发展之路，是河南对中央的庄严承诺，既是发展理念的创新，也是河南站位全局、为国分忧的体现；既是对国际国内发展经验教训的吸收借鉴，也是河南增强可持续发展能力的必然选择，探索走好这条路子，责任如山，使命神圣。从当前存在的现实问题看，许昌市作为一个平原内陆的传统农区，保粮任务重、城乡差距大、要素约束紧、人员就业难等问题还比较突出。探索走好三化协调科学发展的路子，

开封景色

不能就城镇说城镇、就工业说工业、就农业说农业，不能把三者割裂开来，必须坚持统筹兼顾、协调推进。

（三）为民是本质

三化协调科学发展之路，本身就是一条为民、富民、惠民、利民之路。推动三化协调科学发展，必须靠民力。人民群众是推动历史进步和发展的根本动力。无论是在城市建设中搞搬迁，还是在工业发展中建设产业集聚区，在现代农业发展中推动土地流转，都离不开人民群众的理解、支持和参与。在推动三化协调科学发展中，许昌市始终坚持宣传群众、发动群众、组织群众，依靠群众，让群众真正发挥主人翁的作用。比如许昌市在全省率先出台政策，免费为入住新型农村社区的群众发放集体用地性质的房产证，变宅基地住房为资产，允许在市辖范围内交易、转让、抵押，让群众有恒产、有恒业、有恒心，充分调动了广大群众参与城镇化建设的积极性、主动性、能动性。推动三化协调科学发展，必须合民意。许昌市坚持把群众满意作为衡量一切工作的根本标准，充分尊重人民群众的意愿，始终遵循"合规、合体、合情、合理"的原则，每一个重大项目的实施，都要充分征求群众意见，进行信访事项评估，切实维护群众的知情权、参与权、选择权和监督权。比如在新型农村社区的选址、规划、设计、拆迁补偿、住房分配、社区建设管理上，许昌市都坚持群众参与、群众满意，让群众选择、评判、监督，深受群众欢迎。推动三化协调科学发展，必须惠民生。这些年，许昌市在城市建设上坚持"面子"和"里子"

并重，投资近亿元完善了地下管网；坚持每年深入开展"十大民生工程"，切实解决"柴米油盐酱醋茶、衣食住行教业保"等事关群众切身利益的问题，努力使更多的财政"蛋糕"切给民生，更多的政策制定倾向民生，更多的发展之举立足民生，全市每年用于改善民生的财政支出达到70%以上，人民群众成为三化协调发展的最大受益者。

（四）创新是动力

推进三化协调科学发展，是一场深刻的变革，没有现成的模式可循，需要大胆探索、锐意创新。许昌市抓住制约三化协调尤其是制约新型城镇化建设的关键点，坚持解放思想，先行先试，致力探索创新。比如，围绕腾出来的土地如何分流、如何入股、如何节约利用、如何转化为建设用地，探索完善土地政策；围绕变群众的房屋为资产，探索完善房产政策；围绕群众就业，探索完善加强就业培训、促进社区产业发展、人员分流的政策；围绕让社区群众有低保、有社保、有医保，按照"就高不就低"的要求，探索完善社会保障政策；围绕增加群众收入、破解新型农村社区建设资金难题，探索完善资金政策；围绕加强对新型农村社区建设的分类指导，探索总结了"统一规划、市场运作、整村迁建"、"政府主导、政策扶持、集中开发"、"规划到位、自筹自建、逐步推进"、"用好机遇、借力推进、整村拆迁"、"企业帮带、融合发展、互利双赢"五种模式；围绕强化新型农村社区管理服务，成立了社区党工委和管委会，探索完善管理政策。可以说，许昌市推进三化协调科学发展的每一个环节、每一个步骤、每一个突破，无一不是创新的结果。今后走好三化协调科学发展之路，还要一以贯之地在理念、体制、机制、管理等方面持续创新，激发更强动力、更大活力。

（五）机制是保障

推进三化协调科学发展，是一项浩大艰巨的工程，建立健全科学完善的制度机制至关重要。近年来，许昌市着力探索完善了四个方面的制度机制：一是土地集约节约利用机制。在坚持内部挖潜、集约利用的基础上，对新型农村社区建设腾出的土地进行合理分流，一部分直接复耕种粮，一部分通过城乡建设用地增减挂钩漂移到产业集聚区，一部分作为社区的第二、第三产业发展用地，使之充分体现三化协调内涵。二是农村人口有序转移机制。实施积极的就业政策，坚持以创业带就业，大力发展劳动密集型与技术密集型相结合的复合型产业，正确处理新型农村社区建设与产业发展的关系，促进农村人口向城镇转移、向非农产业转移、就近就地转移。目前，全市60%以上的劳动力实现了就地就近转移就业，荣获全国创业先进城市。三是城乡利益协调机制。用城镇化的理念建设农村，用公共服务均等化覆盖农村，用现代产业体系支撑农村，促进了农业农村发展与城市、工业发展相协调。四是建立健全领导机制、责任机制，有效促进了全市党员干部作风转变和工作落实，为推进三化协调科学发展提供了有力保障。

第二节　孟州市三化协调科学发展的实践与经验

如何探索不以牺牲农业和粮食、生态和环境为代价的以新型城镇化为引领的三化协调科学发展之路，加快推进中原经济区建设，是省委赋予全省各地的重大使命。作为一个仅有541.6平方公里、38万人的地域面积小、人口少、地上地下无矿产资源、区位优势不明显的县（市），近年来，孟州市按照"四个重在"和"两不三新"的要求，以"奋力走在中原经济区建设前列"为总体定位，以"率先实现新型城镇化、率先实现新型工业化、率先实现新型农业现代化、率先实现全面建设小康社会"为奋斗目标，围绕"城市带动、产业支撑、农业提升、民生改善"的总体思路，不断深入地学明白、想明白、说明白、做明白，先行先试，大胆探索，初步走出了一条资源匮乏型县（市）三化协调科学发展的路子，在国际国内经济形势复杂多变的情况下，全市经济社会发展持续保持了良好的趋势、态势和气势。2011年，全市地区生产总值完成207.6亿元，同比增长15.5%；全社会固定资产投资完成146.3亿元，同比增长25.9%；地方财政收入完成7.4亿元，同比增长5%。2012年1月至8月份，全市生产总值预计完成145.9亿元，同比增长11.3%；全市固定资产投资预计完成107.5亿元，同比增长21.2%；地方财政收入完成6.8亿元，同比增长18%。孟州市的积极探索和生动实践，诠释了"两不三新"三化协调科学发展之路的丰富内涵。

一、坚持城市带动，城乡统筹，加快推进新型城镇化

只有充分发挥好新型城镇化的引领作用，才能为新型工业化破除制约，为新型农业现代化创造条件。孟州市始终把新型城镇化作为引领三化协调科学发展的关键环节，按照"中心城市——中心镇——新型农村社区"错位发展的理念，统筹推进城乡建设，城乡一体化步伐全面提速。

（一）加快推进中心城市建设

累计完成投资 90 多亿元，实施城建项目 120 多项，中心城市辐射带动能力日益增强。一是发展规划更加完善。围绕建设"精致、特色、品位、宜居"的现代化中等城市和国家生态文明城市，制订完善了城市总体规划、控制性详细规划等发展规划。二是基础设施日益完善。新建改造城市道路 30 多条，建成了完善的污水处理、垃圾处理、中水回用、天然气利用体系，实施了一批供水排水、绿化美化等工程。主次干道道路总长增加到 51 公里，建成排水管网 106 公里、供水管网 300 公里，人均公共绿地面积提高到 9.5 平方米，绿化覆盖率达 36.4%，市容市貌明显改观，城市品位和承载能力不断提升。三是第三产业繁荣发展。建成了一批精品楼盘和高档次商业设施，金融、物流、商贸、休闲娱乐等生产性和消费性服务业快速发展。社会消费品零售总额每年保持 17% 以上的增速，城镇每年新增就业岗位 8000 个左右。

（二）积极开展新型农村社区建设

把新型农村社区建设作为新型城镇化的切入点和结合点，本着"规划先行、就业为本、先建后搬、分步实施"的原则，按照"设施完善、功能齐全、舒适宜居、树立示范"的要求，通过政府以奖代补、提供银行贷款贴息、吸引社会资金自愿参与、整合涉农资金等多种形式，积极支持新型农村社区建设，探索出了在城市近郊建设、高新区集中迁建、围绕中心镇建设、围绕中心村建设、城中村改造五种模式，形成了独具特色的"孟州模式"，8 月 16 日，河南省委书记卢展工在孟州调研新型农村社区建设时给予了高度评价。一是在城市近郊建设模式。积极引导城市近郊村建设新型农村社区，共享城市基础设施和公共服务。由长店村规划建设的中心社

区占地 460 亩，建筑面积 53 万平方米，总投资 10 亿元，可容纳 1 万多人，不仅可满足本村群众的居住需求，还可吸纳辐射周边 4 个行政村群众入住，总计可节约土地 2000 多亩，目前投资 2.5 亿元的 21 栋住宅楼，以及配套的综合服务楼、老年公寓、幼儿园和道路管网等已基本完工，预计到 2012 年年底，平均每平方米 800 多元的 11 栋居民楼具备入住条件，部分村民将真正实现农村生产生活方式向城镇生产生活方式的转变。二是围绕高新区集中迁建模式。对高新区内村庄及周边村庄进行集中搬迁，在高新区北部合并规划建设三个共计占地 4000 亩、建筑面积 400 万平方米、可安置近 6 万人的大型新型农村社区，可节约土地 1 万亩，既便于群众就地就近转移就业，又为高新区的发展腾出了建设用地。目前，占地 970 亩、建筑面积 100 万平方米、总投资 19 亿元、可合并安置 18 个村庄共计 2.5 万人的一期工程正在进行占地协调和规划设计，近期开工建设。三是围绕中心镇建设模式。发挥乡镇政府驻地区位优势，规划建设小城镇新型农村社区，有序吸引农村人口向小城镇转移。南庄镇驸马庄村位于镇区附近，其新型农村社区占地 170 亩，总投资 3 亿元，可容纳近万人居住，可节约土地 1500 亩，目前投资 5000 万元的一期工程正在建设。槐树乡东孟庄村地处丘陵区，群众迫切要求向镇区搬迁，投资 1000 万元的一期工程已完工，投资 2000 万元的二期工程近期开工，全部建成后，可节约土地 200 亩。四是围绕中心村建设模式。在人口相对集中、产业基础相对较好的中心村规划建设新型农村社区，促进中心村及周边村庄人口集中。由东韩村规划建设的中心社区占地 85 亩，建筑面积 16 万平方米，总投资 3.8 亿元，可容纳 5000 人，可节约土地 800 亩，目前已完成占地协调和规划设计，近期开工建设。五是城中村改造模式。按照"城市出形象、政府零受益、群众得实惠"的要求，加快推进城中村改造。北何庄村社区规划占地 245 亩，总计可容纳 17000 人，目前占地 26 亩、投资 1.6 亿元、可容纳 1300 人的一期工程正在建设；占地 64 亩、总建筑面积 12 万平方米、总投资 2 亿元的南街村社区将于近期动工。

（三）鼓励引导农民进城落户

放开城市及小城镇户籍限制，逐步实行城乡统一的户口管理制度。按照就近入学的原则，统筹安排进城落户农民子女就学。完善进城落户农民社保制度，进城落户农民可参加职工基本养老保险，就业人员可以灵活就业身份缴纳基本养老保险费；可参加城镇基本医疗保险，已参加新型农村合作医疗的，继续享受新型农村合作医疗补助政策；符合户口所在地城市居民最低生活保障条件的，纳入城市居民最低生活保障范围。落实计生政策，进城落户农民在享受城镇居民社会保障和福利待遇之前，继续享受农村居民计生政策，已享受城镇居民社会保障和福利待遇的，5年内继续享受农村居民计划生育政策。这些政策充分调动了农民进城的积极性，仅2011年孟州市进城农民就达到7000余人。

（四）不断加强生态文明建设

推进三化协调科学发展，绝不能以牺牲生态和环境为代价。孟州市按照"多还老账、不欠新账"的原则，不断强化污染防治和节能减排工作，加大环境治理和淘汰落后产能力度，持续改善城乡生态环境，较好地解决了环境污染与经济发展的矛盾。累计投资3亿多元，建成废水（气）处理设施106台（套）；实施减排工程61个，减排COD 3600余吨，减排二氧化硫1400余吨；建成省级生态乡镇3个，省级生态村11个，畜禽养殖污染治理工程20个。积极创建"国家园林城市"和"省级林业生态市"，实施了一大批农田林网、防护林等绿化工程，林木覆盖率达到29%。广泛开展"清洁家园行动"，健全完善了城市市容和城乡环境卫生长效机制。先后荣获"国家可持续发展实验区"、"国家级生态示范区"、"河南人居环境范例奖"等荣誉称号。

二、坚持产业支撑，转型升级，加快推进新型工业化

只有充分发挥好新型工业化的主导作用，才能为新型城镇化强化支撑，为新型农业现代化优化保障。孟州市以"把企业做成产业，把产品做成品牌，把品牌做成标准"为目标，以项目建设为抓手，以科技创新增强内生动力，以扩大开放增强发展活力，全面加快产业优化升级步伐。

（一）做强发展平台，集聚效应初步显现

把产业集聚区建设作为新型工业化的先导区，集中要素资源，加大投入力度，着力打造全省一流的产业集聚区，先后获得了"省信息化和工业

化融合试验区"、"省级特色装备制造产业园区"等多项荣誉，并于2012年2月份被河南省政府批准为"省级高新技术产业开发区"。2012年1月份—7月份，区内工业主营业务收入完成242.3亿元，同比增长26.5%；吸纳从业人员3.68万人，同比增长10.7%，已成为孟州市工业转型升级的突破口和农民转移就业的主渠道。一是完善基础设施平台。累计投资30多亿元，建设道路39.9公里，建成污水处理厂、供气等基础设施20余项，投用标准化厂房86.3万平方米，初步构建了一个设施完善、功能齐备、运转高效的产业承载平台。二是完善融资平台。以总资产5亿元的产业集聚区投资公司为依托，争取到省"百亿城乡筹资计划"贷款5亿元，同时，积极吸纳四大国有银行、股份制银行向产业集聚区注资。成立了孟州市中小企业担保有限责任公司，采取联保、授保等方式，先后累计为产业集聚区企业、基础设施担保融资11.4亿元。三是完善土地收储平台。按照"置换、挖潜、储备"的思路，采取城乡建设用地增减挂钩、盘活闲置土地等措施，共收储、申报建设用地1万多亩，有效保障了项目建设用地需要。截至目前，区内入驻企业达到276家，限额以上企业达到68家。其中，中原内配、隆丰公司入选河南省百户重点企业，占焦作市总数的一半。

（二）狠抓项目建设，主导产业迅速壮大

近年来，孟州市立足壮大产业集群，拉长产业链条，提升产业实力，实施了566个工业重点项目，其中亿元以上48个，10亿元以上9个，形成了汽车零部件、生物医药、皮毛加工、新材料四大主导产业。汽车零部件产业以中原内配公司、中原GKN公司等骨干企业为代表，主导产品覆盖气缸套、活塞、活塞环等关键环节。中原内配气缸套年产量3500万只，产销量世界第一，是唯一进入美国通用、康明斯、德国道依茨全球采购系统的中国企业。随着20亿元的汽车尾气净化器及特种车辆整车制造项目、18亿元的三丽电源电动车、13亿元的中内配三期等战略项目的实施，汽车零部件产业产值将突破300亿元，孟州市将实现汽车零部件产业的规模化生产、模块化供应，逐步建成全球规模最大、工艺先进、研发领先的汽车发动机核心零部件生产基地，形成中部地区重要的汽车装备制造产业基地。皮毛加工产业以隆丰公司为代表，先后实施了总投资10.2亿元

的革乐美高档服装革、6.5亿元的雪地靴等项目,产品覆盖整个皮毛产业链,孟州市已成为世界最大的羊剪绒、高档服装革、高档羊毛鞋等高端皮毛产品生产基地。生物医药产业以广济药业、华兴公司为代表,先后实施了总投资6.2亿元的年产5000吨核黄素、12.5亿元的年产6000吨阿斯巴甜等项目,主导产品包括核黄素、淀粉、阿斯巴甜等,广济药业成为世界最大的核黄素生产企业,产品行销40多个国家和地区,占据国内市场90%、国际市场40%的份额。引进投资了28亿元的河南省首家农业生物科技产业园项目,项目建成后孟州市将成为全国最大的现代农业生物技术产品生产基地。新材料产业以大地合金公司、飞孟金刚石公司为代表,主导产品包括多晶金刚石、合金刀具、纳米级碳化钨微钻棒材等。飞孟公司是世界最大的多晶金刚石生产企业,主导产品在国际市场上的占有率达70%以上;该公司与上海宝钢集团合作投资45亿元的再制造项目已全面开工,项目建成后,孟州市将成为河南省最大的汽车拆解、激光再制造基地。

(三)坚持创新驱动,创新能力显著提升

每年投入科技创新资金3000万元,引导企业加大科技创新力度,促进传统产业转型升级。先后建成了全省首家县域企业博士后科研工作站、2家博士后研发基地、7家省级工程技术中心,广济药业核黄素生物发酵工艺被定为"国际首创",列入国家禁止出口技术目录,中原内配、隆丰公司、泰利杰公司等企业牵头制定国家或者行业标准,中原内配荣获"省长质量奖",在美国申请的"高强度耐磨气缸套及其制备方法"成功获得受理,孟州市申报发明专利数量连续八年位居全省前十强,高新技术产业增加值占规模以上工业增加值的比重达到36.2%,先后荣获"国家科技进步示范县(市)"、"国家知识产权强县工程县(市)"等荣誉称号。

(四)持续扩大开放,合资合作成效明显

按照"攀高、联大、谋外"的思路,依托主导产业和骨干企业,瞄准世界500强、国内500强以及行业龙头企业等大企业、大集团,加大招商引资力度,先后引进了3家世界500强、3家中国500强、3家上市公司,本土80%的骨干企业实现了与外来企业的合资合作。拥有自营进出口企

业 286 家，经济外向度达 27%，"进出口总额、出口总额、人均出口额"三项指标连续六年居全省对外开放重点县（市）首位，连续九年被评为"河南省对外开放工作先进县（市）"。2012 年以来，为适应外向型经济快速发展的需要，启动建设了总投资 15 亿元的德众保税中心项目，并把该项目作为建设中原经济区先行先试的典范来抓，一期工程将于 11 月底竣工，实现当年规划、当年建设、当年封关运行，成为河南省第 2 个、全国第 30 个保税中心，孟州市将成为全省首家拥有"通关口岸"和保税区功能平台的县（市）。

三、坚持农业提升，增效增收，加快推进新型农业现代化

只有充分发挥好新型农业现代化的基础作用，才能为新型城镇化提供出路，为新型工业化夯实基础。孟州市在推进三化协调科学发展过程中，严格按照"农业和粮食，只能加强，不能牺牲"的要求，把"三农"工作摆在重要位置，不断加大强农惠农力度，有力地促进了农业增效、农民增收、农村发展。

（一）突出抓好粮食生产

粮食总产稳步提高，粮食播种面积由 2009 年的 60.5 万亩提高到 2012 年的 68 万亩，3 年间粮食总产提高了 5.8 万吨，其中小麦总产提高了 3.8 万吨，粮食总产实现了"九连增"。整县制推进小麦高产创建工作，2009 年以来连续创下了 500 亩以上超高产攻关、万亩高产创建示范片、10 万亩以上连片种植、25 万亩以上连片种植等 4 项全国纪录，走在了全国前列。近年来，孟州市获得了"全国粮食生产先进县（市）"和"河南省粮食生产先进县（市）"等荣誉称号。

（二）加快构建现代农业体系

按照产业化、品牌化、标准化的要求，大力发展现代农业，建成 14 个国家级、省级无公害生产基地和 8 个无公害核心示范区，总面积达 8.3 万亩，"孟香"果蔬成为知名农业品牌，全义农场成为全省最大的韭菜种植和交易基地，3000 亩供港蔬菜园区实现了出口创汇，荣获"全国农业标准化示范县（市）"称号。农民组织化程度持续提高，发展农民专业合

作社 341 家，其中省级示范社 4 家。农业生产机械化水平全面提升，农业机械总动力达到 45.5 万千瓦，农机对粮食生产的贡献率不断提高。大力培育农副产品加工企业，总数达到 216 家，60% 的农产品生产基地和 54% 的农户纳入了产业化经营，拉长了农业产业链条，提高了农产品附加值。建成土地流转服务中心 35 个，流转土地 6.8 万亩，促进了农业规模化经营，近 6 万农民摆脱土地的束缚，成功实现了转型。积极发展畜牧养殖业，建成国家级标准化示范场 2 个，26 家企业被认定为河南省无公害畜产品产地。

（三）不断加强农田水利建设

累计投资 6.2 亿元，实施了基本农田示范区、万亩土地综合治理、灌区节水改造、中小型水库除险加固等一批重点工程，完成农村饮水安全工程 48 处，实施中小型水库除险加固工程 13 座，发展、改善节水灌溉面积 7 万亩，农业生产条件得以改善，农业综合生产能力不断增强。2012 年，孟州市被列为全省仅有的 7 个高效节水灌溉试点县（市），争取到上级资金 1 亿多元，计划 3 年新增高效节水灌溉面积 7.53 万亩，将为提高粮食产量奠定更加坚实的基础。

四、坚持民生改善，惠民富民，共享三化协调科学发展成果

促进三化协调科学发展，出发点是为了群众，落脚点也是为了群众。孟州市牢固树立以人为本的理念，坚持发展依靠群众，发展为了群众，发展成果让群众共享，不断加大投入力度，着力保障和改善民生，先后累计投资 6.8 亿元，实施了一批民生工程，让群众得到了更多看得见、摸得着的实惠。

（一）健全完善社会保障体系

2011 年，率先实现了城乡居民养老保险全覆盖，4 万多名老年人按月领到养老金，结束了养儿防老的历史。多次提高城乡低保标准和五保对象供养标准，城市和农村低保对象月保障标准分别达到 300 元和 150 元，五保对象集中供养标准达到每人每年 4200 元，低保对象实现了动态管理下

的应保尽保，五保供养率全省领先。扎实推进就业工作，根据企业用工需求，有针对性地加强农民就业技能培训，为企业输送高素质的技术工人，促进农民向产业工人转化，推动农村劳动力实现就地就近转移，农民工资性收入占总收入的80%以上。不断加大安居工程建设力度，建成了2400多套公共租赁住房、1500间农村"温暖工程"和一批廉租房，有效缓解了群众的住房难问题。

（二）加强卫生服务体系建设

深化医药卫生体制改革，新型农村合作医疗工作率先实现"全省一卡通"，推行了"先住院、后结算"新型诊疗服务模式和基本药物零差率制度。实施了总投资1.5亿元的市中医院异地新建项目和1153万元的乡镇卫生院、农村标准中心卫生所改扩建工程。新农合参合率达到99.5%，低保户、重度残疾人全部实现了免费参保。

（三）加快发展各项社会事业

坚持优先发展教育事业，实施了总投资4870万元的校舍安全工程，启动了总投资2.5亿元的孟州市第一高级中学异地新建项目，教学条件不断改善，教育质量稳步提高，荣获"河南省义务教育均衡发展先进县（市）"、"河南省职业教育强县（市）"等荣誉称号。大力发展文化事业，乡乡拥有综合文化站，200多个农家书屋建成投用，荣获"全国文化建设先进县（市）"、"全国文化信息资源共享工程示范县（市）"等荣誉称号。不断提升人口计生优质服务水平，连续七年被评为"全国计划生育优质服务县（市）"。

（四）加强和创新社会管理

深入推进平安孟州建设，着力完善社会治安综合防控体系，严厉打击各类违法犯罪活动，社会大局保持和谐稳定，群众安全感不断增强。建立健全信访工作机制，妥善解决了一大批关系群众切身利益的困难和问题，先后获得"河南省用群众工作统揽信访工作先进市"、"河南省信访工作先进市"等荣誉称号。不断加强安全生产和食品安全工作，投资600万元建成了全省首家食品安全综合检测中心，有效保障了群众饮食安全，荣获"河南省安全生产先进市"荣誉称号。

五、坚持务实重干，求实求效，以领导方式转变促进三化协调科学发展

促进三化协调科学发展，转变领导方式是保障。孟州市按照"把风气搞正，把工作做实"的要求，创新载体，完善机制，着力促进干部作风转变，在全市上下形成了务实重干、共谋发展的浓厚氛围。

（一）着力打造优良干部作风

以"干部作风建设年"为统揽，先后组织开展了"察民情、解民忧、谋发展、促和谐"、"包乡联村驻户"、"听党话、跟党走、干党事、为人民"以及"集中梳理解决问题月"等一系列专题活动，建立了"日挤一小时、周学一晚上、月读一本书、季写一篇文"学习制度，进一步加强了干部队伍的思想作风、学风、工作作风、生活作风建设。

（二）不断完善工作推进机制

成立了市委书记任组长，市长、市人大主任、市政协主席任副组长的综合督查领导小组，以及市委常委任组长、副市长任副组长、其他县级领导参与的城市发展、产业发展、农村发展、和谐发展四个领导小组，既强化了领导责任，又形成了工作合力，确保了重点项目、重点工程、重大工作的顺利推进。建立了"各项工作实行目标责任制，落实工作建立台账制，重点工作实行领导分包制，解决问题实行联席会议制，推进工作实行督查评比制，工作成效实行严格奖惩制"的六项工作制度，有效推动了工作落实。

（三）进一步畅通民意渠道

在全省率先实现了市委、市政府权力公开，按照"公开是原则，不公开是个例"的要求，将市委、市政府的职责、决策、工作等向全社会公开，自觉接受群众监督；通过媒体等方式公布包括书记、市长在内的全市各级领导干部的分工、联系电话，方便服务群众；充分发挥"两代表一委员"的"听诊器"作用，在全市开展"人民选我当代表，我做人民代言人"活动，更加及时广泛地听取群众的诉求、意见和建议。

第三节　新乡市新型农村社区建设的探索与实践

近年来，新乡市以科学发展观为指导，按照河南省九次党代会的部署和中共河南省委书记卢展工的要求，抓住国务院支持中原经济区建设和新乡市被确立为全国农村改革试验区的重大机遇，认真学习、深刻领会河南省委提出的"新型城镇化是城乡统筹、城乡一体，把农村涵盖进去的城镇化；新型农村社区建设是统筹城乡发展的结合点、推进城乡一体化的切入点、促进农村发展的增长点，是新型城镇化的战略基点"等一系列重要精神，坚持学明白、想明白、说明白、做明白，从建设新型农村社区做起，持续探索以新型城镇化为引领的三化协调科学发展的路子。

一、工作初衷和思考认识

（一）工作初衷

新乡市探索推进新型城镇化，建设新型农村社区这条路子，主要基于以下四点考虑。一是希望农民能够过上比较体面、有尊严的幸福生活。改革开放以来，我国城乡发展取得了显著成绩，但是农村面貌没有根本改观，我国和发达国家的最大差距在农村。通过建设新型农村社区，能够从根本上改变农民的生活环境，让农民过上城里人的生活。二是探索中部地区城镇化、统筹城乡发展的路子。如何贯彻中央统筹城乡发展的战略决策，新乡市把新型农村社区建设作为突破口和有效载体，破解城乡二元结构，推动城市基础设施向农村倾斜、公共服务向农村覆盖、城市文明向农村延伸、生产要素向农村流动，逐步实现城乡一体化。传统城镇化侧重城镇建设的扩容，新乡市则把新型农村社区建设纳入城镇化范畴，探索新型城镇化的路子。三是时机已经成熟。随着农民逐步富裕起来，农村开始进入第四轮建房高潮，如何避免走过去农村无序规划建设、难以配套基础设施和公共服务设施的弯路，急需规划建设新型农村社区。如果不及时规划引导，就会重复有新房无新村的模式，再次造成浪费，增加成本，加大难度，走上一些地区的老路。四是责任和义务。新乡市是河南省统筹城乡发展试验区，2011 年年底又被确定为全国农村改革试验区，有责任有义务先行先试，探索路子，积累经验。

（二）意义所在

经过近年来的实践，新乡市推进新型城镇化，建设新型农村社区至少有以下几个方面的意义。一是实现农民就地城镇化。彻底改变过去农村脏乱差、基础设施不全的状况，改善了农民生活质量，农民变市民，让农民过上和城市一样的生活，实现了世代梦想；离土不离乡、进厂不进城，就地城镇化；农民房产确权后，房子大幅度升值，农民有了真正属于自己的财产，农民变市民，由无产者变为有产者。二是节约大量耕地。节地率达到 50% 以上。三是节约投资。做到了政府基础设施、公共服务设施投入效益的最大化，避免农民在建房上若干年一轮的重复投资。四是拉动内需。发挥政府资金的撬动作用，经测算，对新型农村社区基础设施投入 1 元钱，可拉动农村建房、装修、家居家电更新等投资消费需求 24 元，拉动比例达到 1：24。国家现在强调内需拉动，内需最大的增长潜力在于城镇化。如能加快新型农村社区建设，同时加速改造旧城区、城中村、旧县城和镇区，有望真正成为拉动内需的增长点。五是促进农村经济发展，推动新型城镇化、新型工业化、新型农业现代化。有利于促进土地流转，提高农业的规模经营程度和组织化水平。节约出的大量土地，为新型三化协调科学发展创造了必备条件。六是加快现代文化和城市文明的传播，提高农村文明程度。七是有利于密切党群干群关系、邻里关系，促进社会和谐。

（三）工作原则

注重把握好以下几个方面。一是坚持充分尊重农民意愿，绝不强迫群众。二是坚持政府主导、政策扶持，用政策调动群众的积极性，不当群众的尾巴。三是坚持规划先行，发挥规划的重要作用。四是坚持保护耕地数量不减少、质量不降低。五是坚持保护农民的合法权益，节约出来的土地收益全部返还农村，用于农民建房、拆迁和基础设施建设等，让农民少花钱、住新房。六是坚持社区建设与产业发展、农民就业增收相结合。七是坚持社区建设与城镇建设相结合，推动大中小城市、小城镇和新型农村社区协调发展、互相促进，构建现代城镇体系，走新型城镇化道路。

二、探索与实践

在工作实践中，新乡市把新型农村社区建设作为探索"两不三新"三化协调科学发展路子的重要抓手和工作着力点，按照河南省委书记卢展工提出的"政策引领、规划先行、突出主体、保障权益、规范有序、拓展创新、互动联动、一体运作"的八项原则，主要抓了提升认识、明确目标、规范运作、拆建并举、政策突破等工作。坚持新型农村社区建设与尊重农民意愿、政策引领、保障农民合法权益、规划先行、产业发展和就业增收相结合，先行先试，寻求突破，2006年开始探索，2008年全面铺开，在条件较好的地方率先启动，初步形成了"农民自建、集体代建、招商建设、社会援建"四种建设途径和"城中村改造型、旧村完善型、村庄合并型、服务共享型、整体搬迁型"五种建设模式。目前，已累计启动352个新型农村社区建设，完成各类资金投入270亿元，建房面积2789万平方米，入住农户11.7万户。城镇化率由2005年的33.6%提高到2011年的42.89%，高于全省2.2个百分点；城乡居民收入由2.65：1缩小到2.38：1。2012年，全国人大常委会委员长吴邦国、全国政协原副主席徐匡迪、国土资源部部长徐绍史、全国人大农工委主任王云龙、全国政协社法委副主任张俊九、中农办主任陈锡文等领导同志都对新乡市新型农村社区建设给予充分肯定。

（一）提升认识

全方位学习领会河南省委书记卢展工关于建设新型农村社区、推进新型城镇化、新型城镇化引领三化协调科学发展等一系列重要论述和河南省九次党代会的精神，明白新型城镇化的概念，明白干什么、怎么干等问题。不断深化认识，提升理念，提高站位，全市上下形成了以下三点共识：第一，以新型农村社区建设、新型城镇化为引领，意义重大、方向正确，应该坚定不移。第二，新型农村社区建设、新型城镇化是一个伟大的变革，一个复杂的系统工程，还需要持续探索、持续创新、持续突破。第三，对新乡市来讲，不是做不做的问题，是怎么做好的问题，是怎么努力地争取在政策的突破、机制的突破方面为全省探索经验、积累经验的问题。

（二）政策引领

出台优惠政策，鼓励引导群众到社区建房入住。最初，新乡市对在社区建房的农户，给予3000—5000元资金补贴或10—15吨水泥补助。目前，正在探索旧宅拆迁腾退土地的利益补偿机制，盘活农村土地资产，节约出来的土地收益全部用于社区建设，让农民建房尽可能少拿钱。选派优秀教师、全科医生到社区工作。在群众自愿的前提下，推进户籍制度改革，为入住社区居民累计办理城镇户口7万余户，享受城镇居民在就业、教育、医疗、社会保障等方面的同等待遇，并继续享受农村的各项惠农政策，调动群众入住社区的积极性。

（三）坚持尊重农民意愿、规范运作

坚持政府组织引导、示范带动，把工作做细，绝不强迫群众、违背农民意愿，建不建房，什么时间建，如何建，把决定权交给群众。社区规划、社区名称、户型设计、拆迁复垦、建设模式等全程落实"四议两公开"工作法，经村民大会或村民代表会2/3以上的成员同意方实施，50%以上农户签订同意协议后方启动建设。注重建筑模式的多样化，不搞千篇一律、千村一面，更好地传承村落文化。允分考虑群众承受能力，鼓励条件较好或急需建房的群众先建，条件较差或暂不需要建房的可以后建。对于社区住宅，规划设计不同造价的户型供群众选择，避免农户建房超出自己经济承受能力。针对困难群众，享受经济适用房、廉租房等政策。为方便群众生产生活，社区耕作半径不超过2.5公里。据调查，90%以上的农民愿意到社区建房入住。新乡市坚持成熟一个、启动一个；启动一个、建成一个；建成一个、发挥示范作用一个。让群众实地感受新型农村社区的好处，提高群众入住的主动性。坚持依法依规，在占地手续办理、群众发动、社区规划审定、土地流转、人地挂钩试点、破解城乡二元体制一系列制度性问题等方面规范运作，不搞大轰大嗡、大起大落。

（四）做好规划控制

新乡市把新型农村社区规划与城镇规划、土地规划、产业集聚区规划"四规合一"，综合考虑土地利用、城乡建设、产业布局和人口分布，统筹

解决农民居住和就业增收问题。按照城镇社区标准规划建设社区，把全市 3571 个行政村规划为 900 个新型农村社区，大体上是把 4 个行政村整合为一个社区，人口一般在五六千人。现在，新乡市希望社区规模再大一些，如果规模较小，基础设施和公共服务设施无法更好地进行配套。完善规划执法管理体系，村级配备规划管理员，老村不能随便乱建，新建房要经过规划审批。针对没有启动的社区，有建房需求的群众，动员鼓励其到附近已启动的社区建新房，或到附近的镇区购买新房，如群众坚持在原址上翻建，引导其建筑造价不致太高，为下一步社区启动建设奠定基础。目前，新乡市正在调研总结、论证完善，推动已开工社区如期完成建设任务，新开工建设的社区提高门槛，城区、镇区周边以多层建筑为主。

（五）拆建并举

只建不拆肯定会出现问题，不仅节约不了土地，还会多占耕地。因此，新乡市不仅加快社区建设，还坚持把旧村拆迁复垦放在更加突出的位置来抓，出台政策，制定工作目标，坚持"政府零受益、群众得实惠"和"市县统筹、乡镇主导、社区算账、群众参与、一村一策"的原则，切实保护农民利益。目前，全市累计已拆迁 5.7 万亩，复耕 2.9 万亩。耕地不仅不减少，还略有增加。

（六）多渠道筹措资金

新乡市从 2009 年开始，市县两级财政每年安排 5 亿元专项资金，社区基础设施和公共服务设施建设以政府投入为主，其他资金多方筹措。一是农民自筹。主要用于建房。二是贷款融资。向农发行融资贷款 19.74 亿元，用于社区基础设施建设，目前已全部到位。农行对有需要的农户给予适当的建房贷款。三是整合涉农资金。目前已整合教育、卫生、广电、道路等上级各类涉农资金 3 亿元。四是鼓励社会参与。组建农村公益基金管理中心，制定鼓励企业捐资的优惠政策，累计接受社会无偿捐资 2.8 亿元。五是集体经济资助。引导鼓励集体经济实力较强的村，资助新型农村社区建设。六是实施农民财产权保值增值的筹资方案。七是盘活土地资源，寻求更大突破。

（七）强化产业支撑

一是规划建设产业集聚区。依托县城、集镇和原有产业基础，规划建设 27 个产业集聚区（专业园区），建成区面积达 146 平方公里，辐射了全市半数以上的乡镇、1/3 的行政村，入驻规模以上企业（项目）超过 5000 家，2011 年规模以上工业增加值占全市 75.6%。据统计，吸纳农村劳动力就近就地转移就业达 52.5 万人。在产业集聚区辐射不到的偏远地方，首批规划建设 19 个农民创业园，建成后可吸纳 13 万农民就近就业，目前已完成基础设施投资 8733 万元，入驻企业 222 个，吸纳农村劳动力 1.6 万人就业。新乡市计划，在每个社区培育一个主导产业或高效农业园区，至少成立一个农民专业合作社，形成"一区一业"的产业布局，促进农民就业，增加农民收入，改变农民生产生活方式。目前入住社区的农户，从事第二、第三产业比重由入住前的 49.8% 提高到入住后的 79.1%。二是大力发展现代农业。坚持以工业理念经营农业，大力发展高效农业、品牌农业。积极推进高标准粮田"百千万"工程，打造全国粮食优质高产示范区。粮食生产实现"六连创"，2012 年夏粮实现"九连增"。落实耕地占补平衡制度，连续 11 年实现建设占用耕地占补平衡。发挥国家、省在新乡设立大规模农业试验示范基地的优势，探索建立科技、流通、生产、研发四方参股的科技成果推广机制。成立小麦产业集团，举办打造"中国第一麦"高层论坛。中粮集团决定在新乡市投资 10 亿—15 亿元打造全产业链的产业基地，茅台集团计划将与新乡市有机小麦原料基地合作规模逐步扩大到 20 万亩。酒鬼集团灌装、物流项目落户新乡。扎实推进国土资源部 200 万亩土地整治项目，已投入 10 亿元，完成 81.6 万亩整治任务。累计土地流转达 72.2 万亩，占家庭承包耕地总面积的 12.3%。农民专业合作社辐射带动农户达 31%。

（八）积极改革创新

坚持先行先试，大胆探索，累计出台 78 个配套文件，推进城乡发展规划、产业布局、基础设施、公共服务、劳动就业、社会管理"六个一体化"，破解城乡二元结构，解决土地、资金等发展难题，初步形成了统筹城乡发展的政策体系。一是积极推进全国农村改革试验区各项试验。制定了《推进全国农村改革试验区工作的 13 个实施细则》，重点在户籍制度改革、集体土地流转、产权制度改革、农民权益保护、粮食保障等领域探索创新，共出台 8 个方面 49 项城乡一体化政策。二是探索推进房产确权发证。出台社区房产证办理办法，为社区住房确权发证，办证房屋允许抵押贷款和流转，增加农民的财产性收入，已累计办理房产证7万余个。三是探索创新节约土地分配使用机制。积极试点，组建土地整治中心和土地矿业权交易中心，努力盘活土地资源，力求土地收益最大化，探索建立农村集体建设用地腾退收益全部用于社区建设的新机制，维护农民利益。利用旧村拆迁腾退的集体建设用地，采取农民以地入股等方式，发展农村第二、第三产业和现代农业，使土地变资产，资产变资本，资本变股份，确保农民长期收益。新乡市通过学习外地经验，正在研究在基础较好的县（市）各选择一个乡镇进行农村土地股份制改革试点。四是探索创新新型农村社区管理机制。规划建设社区服务中心，构建社区党总支委员会、社区服务管理委员会、社区居民代表委员会、社区居民事务监督委员会"四位一体"的农村社区组织机构，使乡（镇）的服务职能向下延伸至社区，为社区群众提供便民服务。五是健全工作推进机制。坚持各级党委一把手亲自抓，建立了市县两级领导分包督导、千名干部联包帮建、督察考核推进新型农村社区建设"三位一体"的工作推进机制。研究出台《县（处）级领导班子和领导干部业绩考核评价办法》，把新型城镇化、招商引资和项目建设三项工作作为干部业绩考评的重点，2011年对17名在推进新型农村社区建设工作中敢于承担风险、担当重任、创新有为的基层乡（镇）领导干部予以提拔重用。

在探索推进新型城镇化，建设新型农村社区的实践过程中，新乡市注意做到"四个坚持"、解决好"四个问题"。做到"4个坚持"，即政策引领，用政策调动农民积极性；规划先行，发挥规划的先导作用；尊重农民意愿，绝不强迫群众；保护农民权益，腾退出来的土地收益全部用于新型农村社区建设。解决好"四个问题"，一是资金问题，资金问题是新型农村社区建设最突出、最核心的问题，如果不能够有效破解资金问题，建设进程就会放缓；二是破解城乡二元结构、实现城乡一体的政策深层设计问题，要先行先试，持续探索，创新突破，增强可持续性，实现良性循环；三是统筹协调问题，要坚持新型农村社区建设与产业发展、就业增收、城镇建设紧密结合；四是管理制度创新问题，构建与新型农村社区相适应的组织架构，延伸公共服务职能，提升服务能力和水平。

近年来，新乡市在推进新型农村社区建设上进行了初步探索，起步较早，推进面也比较大，已经有了一个好的基础，取得了一定成效，积累了一些经验，但在工作实践中还面临不少困难和问题，新型农村社区建设的认识仍需不断提升，政策设计方面还需要深入研究，对如何走好三化协调科学发展道路还要加大探索力度，旧宅拆迁、农民权益保护、土地流转、规划设计、文化传承、管理模式等方面，都需要加大创新力度。

三、下一步工作设想

（一）提高思想认识

河南省委书记卢展工指出，探索三化协调科学发展路子，新乡市发挥了重要的基础性、启示性、创造性作用。新型城镇化，对新乡有较高的要求，因为这条路子是从新乡总结出来的，新乡一定要搞好；新乡在探索三化协调科学发展路子上担负特殊的责任和使命，要为全省作出示范、创造经验。河南省省长郭庚茂要求新乡市在政策、机制创新方面先行先试，积累经验。新乡备感使命光荣、责任重大、压力很大，将进一步组织学习宣传，营造氛围，促使全市各级领导干部把引领理念、"两不三新"内涵、着力协调等概念搞清楚、琢磨透，深化认识、明确方向、主动作为、坚定信心，明白新型城镇化的概念，明白干什么、怎么干等问题，不辜负省委的期望和重托。

（二）进一步明确目标

抓住被批准为全国农村改革试验区的机遇，大胆创新，先行先试，积极探索新型农村社区建设政策设计等有关内容，加快社区建设进度，2013年年底建成 52 个示范社区，5 年左右建成已启动的 352 个社区，同时再启动一批新的社区。选择条件好的镇，进行整镇推进，3 年完成。力争2025 年全面实现新型城镇化。

（三）加大力度，加快进度

新乡市将在积极稳妥推进新型农村社区建设的前提下，着力抓好规范运作、提升水平、拆建并举、政策突破、破解难题等工作，坚持工作力度不降低、工作目标不动摇，坚定不移，加快推进。加大涉农资金整合力度，支持新型农村社区建设；加大同户籍同待遇政策落实力度，调动群众入住社区的积极性；为社区住房确权发证，办证房屋允许抵押贷款和流转，增加农民的财产性收入。

（四）不断提升社区建设水平

由于新乡市新型农村社区建设起步较早，当时设计标准较低，现在来看整个面上的建设水平还不够高，与一些社区规划建设水平较高的地方存在一定差距。下一步将在不增加太多费用、不超出农民承受能力的基础上，全市统一审查把关社区建设规划和建筑样式，并组织各级干部互相学习观摩，提高水平。同时，注重建筑模式的多样化，保留民居风格，积极传承当地村落文化。

（五）在政策机制创新方面寻求更大突破

新乡市将以创新的思路、创新的举措、创新的办法，突破瓶颈，破解难题，抓好全国农村改革试验区 13 个实施细则的探索实践，在旧宅拆迁、农民权益保护、土地流转、规划设计、文化传承、管理模式等方面加大创新力度，增强可持续性，推动社区建设实现良性循环。

第四节　舞钢市新型农村社区建设的做法与成效

建设中原经济区的核心任务，就是积极探索不以牺牲农业和粮食、生态和环境为代价的三化协调科学发展的路子，其中新型城镇化是引领，新型工业化是主导，新型农业现代化是基础。舞钢市作为河南省城乡一体化试点市，近几年来，在河南省委、省政府和平顶山市委、市政府的正确领导下，按照省委"四个重在"、"三具两基一抓手"和平顶山市委"学先进、比创新、看实效"的要求，确定了"实现城乡一体，打造中原明珠"的奋斗目标，采取"土地向规模经营集中、农民向城镇集中，积极推进产业集聚区建设、龙凤湖旅游度假区建设、行政新区建设和旧城改造工作"的"两集中四推进"举措，走出了一条以新型城镇化引领"两不三新"二化协调科学发展之路。尤其是把新型农村社区建设纳入城镇规划体系，列入全市重点项目管理，把新型农村社区建设作为统筹城乡发展的结合点、推进城乡一体化的切入点、促进农村发展的增长点，着力增强新型农村社区建设在新型城镇化发展道路上的战略基点作用，在以不牺牲农业和粮食、生态和环境为代价的"新型城镇化、新型工业化、新型农业现代化"三化协调科学发展的道路上进行了积极探索，取得了明显成效。截至目前，舞钢市中心城区的产业集聚区、行政新区、龙凤湖旅游度假区和旧城改造正在有序推进，功能区组团式发展，中心城区的辐射带动功能日益增强；4 个中心镇产业支撑强劲、基础设施不断完善，已成为统筹城乡发展的重要节点，承接中心城区辐射能力和带动农村发展能力日益提高；13 个新型农村社区已开工建设，已建成新民居 4274 套，1280 户已搬迁入住，城镇化率已达到 50.9%，新型农村社区的战略基点作用日益显现。舞钢市在推进新型农村社区建设过程中，主要采取的措施是"四三二"工作法，即"坚持四个原则、出台三项政策、构建两大保障体系"。

一、坚持四个原则

（一）高起点规划、高标准建设原则

聘请清华大学规划设计院、同济大学规划设计院、重庆大学规划设计院等国内一流规划设计单位中业绩一流的规划设计人员，高起点、高标准科学编制新型城镇化建设和经济发展"两个规划"，并按规划严格实施。按照优先在产业基础比较好的地方规划建设新型农村社区的指导思想，根据不同区域特点、人口分布、文化特色、历史底蕴、资源优势等条件，将全市 190 个村整合规划为 4 个中心镇、17 个中心社区，确定了"1 个中心城、4 个中心镇、17 个中心社区"的城区—镇区—新型社区的发展格局。其中，18 个村进入中心城区，72 个村进入中心镇，100 个村进入中心社区。坚持做到不在没有规划的地方建房子，不建没有经过设计的房子，高标准配套完善基础设施和公共服务设施。聘请同济大学夏南凯教授主持完成了舞钢市城市设计，行政新区修建性规划也由同济大学完成，清华大学规划设计院主持完成了舞钢市行政新区建筑设计，舞钢市中心镇中心社区规划也是聘请清华大学规划设计院、重庆大学规划设计院等国内一流的规划设计单位完成的，确保了社区建设的品位和质量。在建设中高度重视工程质

西苑公园

量，对中标建筑单位、监理单位资质进行严格审查把关，采取政府职能部门监管、社会监视、企业自控、社区干群参与监督的办法从建筑材料、施工等环节严把工程质量关，确保群众住上放心房。在规划建设中心镇和中心社区时，着重完善公共基础设施，不仅广场游园、健身器材、供水排水、垃圾污水处理等基础设施配套完善，而且学校、幼儿园、卫生室、超市、农家乐、警务室等公共服务设施一应俱全，建成社区均配备了较高素质的专业服务人员，为入住群众提供与城市社区一样的公共服务，促进公共服务均等化。新型农村社区以良好的品位和质量、优美的生态、完善的设施、优质的服务以及低容积率（一般控制在 0.7 以下）、低密度等优势，极大地增强了群众入住的积极性。通过推进农民向城镇和社区集中，基本破解了人往哪里去的难题，加快了城乡一体化进程。

（二）节约集约用地原则

为破解土地供需矛盾，全面盘活存量建设用地，充分挖掘用地潜力，舞钢市在推进新型城镇化过程中，严格贯彻落实节约集约用地原则。一是统筹协调，实现各种规划有机衔接。按照土地利用总体规划，把市乡经济社会发展规划、城乡建设规划、产业集聚区规划、基础设施建设规划等全部叠加到土地利用总体规划上来，实现了土地规划与中心镇中心社区规划的有机衔接。二是利用城乡建设用地增减挂钩试点政策，节约集约利用土地。要求新建社区用地面积必须小于拆旧面积，户均占用集体建设用地由原来 1.1 亩降到不超过 0.4 亩，全市 190 个村占地由原来的 7.11 万亩缩减到 2.78 万亩，腾出土地 4.33 万亩，可为舞钢提供 20 年的发展用地指标。利用城乡建设用地增减挂钩政策把节约的用地指标一部分用于社区经济的发展，大部分可调剂用到中心城区及产业集聚区建设。如，将产业集聚区内 6 个村的农民全部搬迁到临近产业集聚区的铁山乡六合苑中心社区，项目全部实施后，可为产业集聚区腾出建设用地 2700 亩。同时，为确保增减挂钩项目的顺利实施，对项目区进行严格管理，市委、市政府与各乡镇签订目标责任书，确保搬新必须拆旧。居民在入住社区新房前，必须把原宅基地交还村集体，并限期拆除旧房后才能兑现市乡奖补资金，确保复耕到位，确保耕地质量不降低、面积不减少，确保粮食稳产高产。三是推动土地向规模经营集中，促进土地规模化集约化经营。鼓励种植大户、农民专业合作社、高效农业示范园区、农业龙头企业参与土地流转，大力发展林果、花卉、中药材等特色农业，提升农产品附加值。同时，积极培育壮大龙头企业，大力发展现代农业，推进高产创建示范工程，提高农业科技含量，实现农业增效、农民增收。目前，舞钢市土地流转面积已达到了 12 万亩，占耕地总面积的 36.2%，参与流转农户近 2 万户，占农户总数的 38%。全市已培育瑞祥现代农业示范园区等地市级以上涉农龙头企业 15 家，各类农民专业合作组织 40 家，带动农户 1.8 万户。通过以上措施的实施，既满足发展用地需求，又实现了耕地面积不减少、质量不降低，确保粮食稳产高产，破解了土地哪里来和粮食怎么保的难题。

（三）产业为基、就业为本原则

在推进新型城镇化进程中产业支撑是关键。舞钢市始终坚持经济发展规划与城镇建设规划"两个规划"同步推进，依靠产业发展来实现农村人口转移、充分就业、收入增长的目标，提升城乡建设的内生动力。为推进农民身份的转变，舞钢市着力加大农民转岗就业培训力度，提高农民文化素质，拓宽就业领域。同时，指导每个中心镇、中心社区依托自身优势和传统，至少培育 1—2 个支柱产业，靠支柱产业来实现农民充分就业，收入成倍增长的目标。为培育产业，在土地流转项目区，整合涉农项目资金集中使用，重点发展高、新、特、优土地流转项目。大力扶持发展农民专业合作社，对农民专业合作社扩大再生产贷款给予70%的财政贴息；对年销售额达到1000万元以上、常年吸纳社区居民就业50人以上、与社区居民签订用工合同两年以上的涉农龙头企业，市财政一次性给予30万元奖励；每年出资500万元，设立社区居民自主创业基金，择优扶持社区居民自主创业。在新型农村社区规划建设中合理设置就业安置区，吸引中小企业进区建厂。同时，创设保洁、管护、家政服务、物业管理等公益性就业岗位，吸纳社区居民就地就业。强有力的产业支撑，实现了社区农民搬得进、稳得住、能发展、可致富的目标。按照产业分类，舞钢市新型农村社区主要分为四种类型：一是新型现代农业型。瑞祥社区依托瑞祥农牧股份有限公司发展畜牧业、高效种植业，农民把土地全部流转给瑞祥农牧公司，农民就地转化为农业工人，在瑞祥农牧公司打工，每人月收入2000多元，加上土地流转每亩每年700元的固定收入，超过了城镇居民的收入水平。二是新型工业带动型。六合苑中心社区依托产业集聚区发展工业企业，农民通过土地入股有一个长期稳定的收入，每亩土地年入股收益不低于2200元，劳动力就地转化为企业工人，人均月收入1800元，超过了城镇居民的收入水平。三是新型商贸流通型。柏都社区依托地处舞钢、西平、遂平三县（市）交界处商贸物流比较繁荣的区位优势，规划建设了5万平方米的高档商铺，发展家装、灯具专业市场，可吸纳1000多人就业，入住新型社区的农民直接转化为商人，或从事运输业，或在商贸企业打工，人均收入大幅度增长。四是新型旅游服务型。张庄社区每家每户依托自然资源优势，发展特色旅游服务业，都办有农家乐项目，户均年收入10万元左右，高者可达数十万元。

　　同时，舞钢举全市之力，强力推进产业集聚区建设，让更多的农民进厂务工。高起点规划、高标准建设了占地10.9平方公里的产业集聚区，在坚持"三优先、三超前、三加大、三考评"的"四个三"推进工作法的基础上，通过采取"三举三加大"措施（举全市之人力、举全市之财力、举全市之资源，加大招商选资力度、加大征地拆迁安置力度、加大环境整治力度），加快推进品牌产业集聚区建设。目前，产业集聚区建成区面积已达 4.9 平方公里，累计完成固定资产投资 116 亿元，已入驻企业达到了 29 家，从业人员达到了 2.82 万人，生态环境优美、基建水平一流、服务体系完善、综合功能齐全的特色品牌产业集聚区已初具规模，实现了农民就地转化就业，为统筹城乡发展提供了坚实的产业支撑。通过以上措施，彻底转变了农民的生产方式，基本破解了民生怎么办的难题。

（四）群众自愿原则

在推进新型农村社区建设过程中，坚持以群众自愿和群众满意作为新型农村社区建设的出发点和落脚点，在推进新型农村社区建设过程中充分尊重农民意愿，注重典型引导，量力而行，尽力而为，不搞一刀切，不搞强迫命令，靠优美的环境、优惠的政策、优质的服务引导群众自愿入住新型农村社区。新型农村社区新建住房分配公开透明，严格入住农民资格审查，除部分商业用房外，全部由本乡镇农民入住，并按成本价出售给农户。为妥善安置孤寡老人等特殊群体，配套设置建设老年公寓，群众入住新型农村社区的积极性日益高涨。

二、出台三项政策

推进新型城镇化需要投入大量的资金，单靠农户目前的经济条件还不能解决根本性问题，靠市乡财政，也是杯水车薪。为解决这一难题，舞钢市按照"政府引导、财政奖补、群众自愿、多元投入"的原则，采取多种措施，基本破解了钱从哪里来的难题。

（一）土地收益反哺政策

通过城乡建设用地增减挂钩政策，将节余指标产生的级差收益反哺农村，政府决不与农民争利益，实现城市支持农村，工业支持农业，统筹城乡发展，加快城镇化进程。其中，中心镇中心社区建设土地挂钩指标节余部分的 50% 由乡镇自主运作，其收益由乡镇投入到社区建设；中心城区集中使用的指标，纯收益全部返还给乡镇；中心镇中心社区内的商业运作部分，土地招拍挂所获土地出让金净收益部分全额返还用于中心镇中心社区基础设施和公共服务设施建设。如舞钢公司铁前配套项目，总投资 20 亿元，年生产铁水 260 万吨，实现年销售收入 120 亿元，利税 12 亿元。

项目利用城乡建设用地增减挂钩，解决了一期占地 588 亩，实现净收益 5000 万元，全部投入到中心镇中心社区建设。2009 年以来，舞钢市用于新型农村社区建设的土地收益反哺资金达 1.1 亿元。

（二）财政奖补政策

一是实行建房购房补贴。对农户在中心镇中心社区内建房购房给予每户 5000—15000 元资金奖补，并对困难农户购房实行 3 万元 3 年期政府贴息贷款。二是匹配建设资金。市财政对中心镇中心社区基础设施和公共服务设施建设资金按照 1∶1 进行奖补。2009 年以来，市乡两级财政投入 1.8 亿元。三是加大财政投入。从 2012 年起，市财政每年投入到新型城镇化建设资金不低于 5000 万元，"十二五"期间，对新型城镇化建设投资平均增长幅度不低于 10%；对在 2012 年年底前完成整村搬迁，复耕完成土地挂钩指标及年度目标任务的乡镇，市财政给予每个项目 10 万元奖励；对土地规模经营大户以每亩 200 元的标准进行实物奖补，连奖 5 年。

（三）项目资金、社会资金扶持政策

一是整合涉农项目资金。水利、交通、扶贫、林业、农业、文化、教育、科技、金融、供电等部门积极向上级申请项目资金，按照性质不变、渠道不乱的原则，将各项惠农政策、资金、支农项目进行整合，打捆使用，已整合各项涉农资金 1.3 亿元，确保了有关涉农项目集中向新型农村社区投放，提高了资金的聚合效应和使用效益。二是广泛吸纳社会资金。根据国家相关政策，结合舞钢市实际，相继出台了《舞钢市关于以新型城镇化引领"三化"协调科学发展的实施意见》、《舞钢市关于加快中心镇中心社区建设促进农民向城镇集中的优惠扶持办法》和《舞钢市中心镇中心社区建设商业运作意见》等政策，建立"政府主导、农民主体、金融支持、社会参与"的多元化长效投入机制，引导社会力量参与中心镇中心社区建设，2009 年以来已吸纳社会资金 4.8 亿元支持新型城镇化建设（农户自筹 3.68 亿元、企业帮建 0.78 亿元、单位帮建 0.26 亿元、社会赞助 0.08 亿元）。三是积极进行社会融资。充分利用城乡建设投资公司等融资平台，以乡镇为主广泛进行社会融资，目前已融资 1.5 亿元。同时，积极拓宽信贷渠道，市农行、农村信用社等金融部门认真落实支持新型城镇化建设信贷方案，探索新的信贷形式，已筹措近亿元资金，用于中心镇中心社区建设和农业

产业项目。四是实行"两证"抵（质）押贷款。出台了入住社区居民以房屋产权抵押贷款的办法，允许以农村土地承包经营权质押贷款和以新型农村社区住房抵押贷款，金融部门在同期同档基础上下调 4 个百分点，市财政给予 70% 的贷款贴息，并拿出贷款总额的 10% 作为风险补偿金，降低金融机构的贷款风险，进一步扩大了新型农村社区有效担保物范围，改变了长久以来农民土地能种不能用、房屋能住不能用的现状，为入住社区居民扩大再生产拓宽了融资渠道，使"死资产"变成了"活资本"。2012 年 5 月 30 日，舞钢市在尹集镇张庄中心社区为首批 10 户利用新型农村社区住房进行抵押的社区居民发放贷款 331 万元，这一举措突破了农民房屋和土地不能进行贷款抵押的政策限制，解决了他们实施创业和扩大再生产融资渠道狭窄的难题，也标志着舞钢市"两证"抵（质）押贷款工作正式进入了常态化、规范化的工作轨道。

三、构建两项保障体系

（一）组织领导保障体系

一是建立健全领导分包责任制。成立三化协调科学发展指挥部，书记、市长任政委和指挥长，下设办公室，并建立联席会议制度，一周一调度，一月一观摩，协调解决工作中遇到的困难和问题。实行四大班子领导联系新型农村社区建设工作责任制，书记、市长带头分包新型农村社区建设示范工程，既确保了推进的速度，又确保了推进的质量。二是强化基层组织建设。为充分发挥基层组织在社区建设推进过程中的作用，制定出台了《舞钢市关于建立健全新型农村社区建设管理工作机制的意见》，建立了社区管理机构，成立正科级规格的社区党委和管委会，建立健全新型农村社区建设管理工作机制和保障措施，经费纳入市乡财政预算，社区领导班子成员工资参照同级在编公职人员享受相应工作报酬，并合理确定基础报酬和绩效报酬，特别优秀的可选聘为公职人员，打破身份、年龄、学历、地域等条件限制，不拘一格选贤任能。如在瑞祥中心社区，舞钢市把带富能力强、热心社区建设事业的瑞祥农牧公司董事长钮延军选拔为瑞祥社区管委会主任。钮延军以前是舞钢市朱兰街道办事处的一名职工，后来辞职经商，经过几年的打拼，现在组建了瑞祥农牧公司。钮延军被选为社区管委会主任之后，工作热情非常高，建设好社区、带领群众致富的信心非常足。这一建设和管理机制的创新，不仅有效地促进了瑞祥社区的快速发展，而且对全市新型农村社区建设也具有十分积极的引领作用。坚持把新型农村社区建设列入重点项目，作为检验创先争优活动成效的重要内容和考察识别干部、提拔使用干部的重要依据，充分调动基层广大干部投身到新型农村社区建设的积极性。同时，聘请清华大学对农业产业化组织形式、农村集体经济组织、新型农村社区管理体制等方面进行研究与设计。三是大力开展单位帮建。积极实施帮建活动，先后抽调市直百名干部组成14个帮建团体，长期驻村开展帮建活动，从人力、物力、财力、智力等方面倾力支持中心镇中心社区建设。

（二）城乡一体的社会保障体系

一是实行城乡居民养老保险。为切实解除集聚群众的后顾之忧，舞钢市在没有被上级部门列入农村养老保险试点的情况下，自筹资金对已入住新型农村社区且年满16周岁（不含在校学生）、未参加职工基本养老保险的社区居民办理城乡居民养老保险，做到应保尽保。对土地全部流转的居民，市财政在土地流转期内为每人每年代缴100元养老金。二是实行全民医保。率先在全国探索推行了全覆盖无缝隙的全民医保，新农合参合率达到99%，有效解决农民看病难、看病贵、因病返贫问题。三是实行户籍改革。对入住新型农村社区的居民，根据本人意愿可转为非农业户口，享受城镇居民相应的医疗、低保、养老、就业等待遇。当城镇户口待遇标准低于农村户口待遇标准时，按照就高不就低的原则，可继续享受农村待遇标准；愿意参加城镇居民医保的，个人交费标准仍按新农合缴费标准执行，差额部分由市财政补足。转为非农业户口的社区居民可保留原有土地承包经营权，可继续享受农村的计生政策、民政优抚和救助政策及其他农村各项优惠政策。通过户籍制度改革，入住新型农村社区的居民均可自由选择自己的"身份"并能享受到更为优越的待遇保障，缩小了因"身份"带来的城乡差别。四是实行土地确权。为入住社区居民进行住宅用地审批，办理集体建设用地使用权证，住宅用地需要依法使用国有土地的，按协议出让供地，颁发国有土地使用证。按照"地随房走"的原则，允许社区内居民住宅用地进行流转。2012年4月6日，舞钢市率先在尹集镇张庄社区开展了第一批的土地确权办证工作，为21户农民发放了房屋所有权证和集体土地使用证，其他社区也已有序展开。通过土地确权，不仅能抵押贷款，同时增强了入住群众的主人翁意识和归属感。农民有了合法的财产性收入，拓宽了农民多元化就业渠道，入住到社区的居民普遍觉得住在真正属于自己的"地盘"上，心里更踏实。五是办理房产证。对入住新型农村社区的居民取得集体建设用地使用权的办理房产证，允许社区居民房屋所有权在一定范围内进行转移，社区居民房屋可以转、出租或抵押。对社区居民通过土地出让等方式取得国有建设用地使用证的，还可办理"大房产证"。六是推进社会管理创新。坚持"以人为本，服务为先，固本强基，依法管理"的工作理念，不断推进农村社区化管理模式，全力打造"便民服务圈"。第一，积极推进城乡社会管理体制、机制改革。结合全市"一城四镇十七个中心社区"建设，按照积极探索、稳步推进、适度超前的工作思路，努力在组织领导、机构整合、资源分配上下工夫，在强基础、凝合力、求实效上寻突破。在市级建立了社会管理为民服务和社会应急联动服务"两个中心"，在乡镇（街道）和新型农村社区分别建立社会管理为民服务机构，开展社会管理服务工作，全面推行城乡一体化社会管理。第二，完善新型农村社区建立社会管理服务机构和职能。在各新型农村社区设立社会管理为民服务中心，负责所辖区域的社会管理服务工作，围绕公共服务、社会保障、综治维稳、党团文化等功能，为民服务中心设置"五室一办一厅"，即警务室、矛盾纠纷调解室、"两新"组织管理室、特殊人群帮教室、法制宣传教育室、社会管理办公室和综合服务大厅，开展全方位、一站式管理服务。第三，推进民主法治社区和星级法制示范户创建活动。为提高居民群众自我管理意识和能力，舞钢市探索实行"公约化自治"管理模式，即参照农村村民自治章程，研究制定居民自治公约，制作居民自觉遵守公约承诺卡，由居民签字承诺。以"六五"普法活动为载体，全面开展民主法治社区创建活动。同时，组织开展"六星法制示范户"创建评比活动，提高居民群众学法、知法、用法的自觉性，引导群众共同维护良好社会治安秩序。

四、初步成效

通过近几年的实践，舞钢市新型农村社区建设取得了一定成效，与此同时，群众日益高涨的入住积极性和舞钢市三化协调科学发展的快速推进，也说明新型农村社区建设是民心所向，大势所趋。

（一）破解了建设用地难题，促进了三化协调科学发展

通过新型农村社区建设能够有效整合村庄、土地、人口、产业等要素，从而实现土地的节约集约利用，有效破解了保护耕地硬性要求与新型工业化和新型城镇化用地刚性需求的矛盾。产业集聚区南区舞钢公司铁前配套项目，总投资 20 亿元，利税 12 亿元，项目利用城乡建设用地增减挂钩，圆满解决了一期 588 亩用地指标。同时，新型农村社区与土地规模经营相互促进，有效推进了农业现代化进程，真正实现了不以牺牲农业和粮食、生态和环境为代价新型城镇化新型工业化新型农业现代化三化协调科学发展。

（二）转变了农民的生活方式，农民过上城市人生活

新型农村社区是推进城乡基础设施一体化和公共服务均等化的载体。通过水、电、路、气、游园、广场和垃圾污水处理等基础设施，以及金融、超市、医院、通讯等公共服务功能的配套完善，实现了公共设施不断向农村延伸，公共服务不断向农村覆盖，改变了千百年来农村脏、乱、差的状况，让农民不出家门就过上了城市人的生活。

（三）转变了农民的生产方式，实现了农民大幅度增收

农民集中到新型农村社区之后，把自己承包的土地以出租或入股的方式，流转给专业公司或种田大户，不仅能够获得一份稳定的土地租金收入，而且还可就近在土地上打工，成为农业产业工人，获得打工收入；或者通过就业培训，在社区第二、第三产业务工，获得工资性收入；也可以通过开办"农家乐"、"农家宾馆"等，获得产业性收入。自主创业和进入产业集聚区就业的农民，正在逐步成为产业工人，农民逐步从土地上解放出来，城乡二元结构被悄然打破，城乡差距正在逐步缩小。尹集镇张庄社区内"农家乐"随处可见，已经开业的 56 家每家年均收入不低于 10 万元，已搬迁农户年户均收入达 5 万元以上。

（四）优化了资源配置，提高了公共服务水平

通过新型农村社区建设把分散的村庄进行聚集，有利于整合多方资源集中投向社区，优化资源配置。如在教育资源配置上，国家规定每20—25名学生配备一名老师，由于当前农村村民居住分散，生源相对较少，每个村一所小学，每个班级一般只有10余人，但是每所小学至少需要10—20名老师，如果配齐会造成教育资源的浪费，如果不配齐，又使农村学生难以享受到更高质量的教育。通过社区建设，一个3000—5000人规模的社区，小学学生比例占1/10，可配备20名以上的教师。这样便于集中财力和师资，既优化了教育资源，又改善了办学条件，提高了教学质量，促进了城乡教育公平。又如医疗卫生资源的配置，农村地区每1000名村民应配备1.2名医生，但由于医疗条件有限，农村医务人员、医疗水平、设备均达不到规定的标准，无法提供优良的医疗服务。集中到新型农村社区后，每个社区按照规定可配置4—6名专业医务人员，设立社区医务室，可集中配备完善先进的医疗设施和较高水平的医务人员，有效解决农村医疗水平低和看病难看病贵问题。

（五）带动了社会管理创新，促进了社会和谐稳定

新型农村社区形成了现代化的农民生产生活聚集区，必须进行社会管理创新。舞钢市在新型农村社区建立社区党委和管委会，进行社区社会事务管理，逐步实现村民自治向居民自治转变。农民集中到社区之后，制约农村和谐稳定的两大突出矛盾——宅基地纠纷和家族势力的禁锢被彻底打破。现代化生活方式也有效消除了一些封建迷信思想，农民文明道德素质也进一步增强，农村社会和谐稳定的基础更加牢固。

在下一步工作中，舞钢市将牢牢把握河南省委"重在持续、重在提升、重在统筹、重在为民"的实践要领，科学运用"项目带动、品牌带动、创新带动、服务带动"的工作方法，坚决按照"抢抓机遇，持续求进，务实发展，积极作为"以及平顶山市委"学先进、比创新、看实效"的要求，坚定不移地走好"两不三新"三化协调科学发展之路，力争用5—8年时间，实现"三个80%"的目标，即土地规模经营面积达到80%、农村转移人口达到80%、城镇化率达到80%，基本实现城乡一体化，努力在中原经济区建设中发挥应有作用。

第十一章
河南省三化协调发展对策研究

第一节　确立新型城镇化引领三化协调
科学发展路子的科学原理

本书力图从相关科学理论与河南省实践结合上寻求三化协调科学发展的原理。其中提出了区域土地资源总量平衡理论，修正完善了三化关系演化理论。

一、区域土地资源总量平衡理论

认真研究河南省"两不三新"三化协调科学发展中最为引人关注的土地资源供求平衡问题，提出了区域土地资源总量平衡理论，从理论上已经可以说明，伴随城镇化进程，区域土地资源节约集约利用水平持续提高，在持续体制机制创新的背景下，土地资源能够达到供求平衡。按照这个理论的假设与实际情况结合，探索分析了河南省三化协调科学发展过程中，通过政策调整、开源节流、节约集约等途径可以盘活、整治、开辟的土地资源，证明了河南省"两不牺牲"的可行性、"三新"的可行性，三化协调的科学性与必要性，科学发展的必然性。因此，河南省积二十余年艰苦探索经验，在持续提升、持续深化、持续延伸、持续突破的基础上，明确提出的一条"两不三新"三化协调科学发展路子是正确的、科学的、可行的、可信的。这是亿万河南人民长期结合当地实际务实探索与创新的结果，是在历届河南省委、省政府工作基础上进一步凝聚全省人民智慧升华总结的结果，是中国特色社会主义理论在河南省成功实践的结果，对加快全国现代化进程具有重要的借鉴价值与理论意义。

二、三化关系演化理论

工业化、城镇化、农业现代化本身是在不断演进的，同时三化关系也在不断演化。在工业革命之前，农业是区域经济的主导产业。在工业革命之后，随着劳动生产率的提升，经济发展重点由农业逐步转向工业，工业化成为推动经济社会发展的主导力量，促进大量农业人口从农业生产转移到工业生产中去，从农村逐步向城市集中，促进城市的兴起和繁荣，加快了城镇化的进程。在现阶段的河南，通过大量实践证明，新型城镇化在三化协调科学发展中具有引领作用。一是可以通过新型城镇化，使中心城市建设更加注重发展质量，使"城市，让人们生活更美好"的科学理念，真正落到实处，惠及城市居民。二是可以通过新型城镇化，使城镇体系更加完善，特别是在人多地少、人口稠密地区推进城镇化，要更加关注基层群众如何尽快城镇化问题。河南省把新型农村社区建设纳入城镇体系管理，实现了城镇体系的重大创新，对加快发展中国家和地区城镇化进程具有战略意义，将惠及成千上万的农民。三是可以通过新型城镇化，低成本地加速农民市民化，节约集约利用土地资源，为三化协调科学发展提供土地空间，对全国甚至全球发展中国家都具有借鉴价值。四是可以通过新型城镇化，让更多农民离开第一产业，进入第二、第三产业，为土地流转、农业规模经营提供支持，促进新型农业现代化，提高农民收入水平。五是可以通过新型城镇化，为农区工业化提供劳动力和广阔的消费市场及工业用地支撑，能够持续拉动巨大的内需，加速推进新型工业化进程。六是可以通过新型城镇化，调控更多资源向农村倾斜，加快农村发展，有利于破解城乡二元结构，统筹城乡发展，加速城乡一体化进程，促进和谐社会建设。因此，新型城镇化引领三化协调科学发展具有重要的理论价值和实践意义，对河南省推动经济社会健康发展、可持续发展、加快发展均具有实际指导作用，对全国类似地区，包括发展中国家的类似地区也具有重要的借鉴价值。

三、河南发展实践的典型性

河南省是中国中西部地区乃至全国的缩影，其具备的条件、面临的问题具有一定的代表性。首先，河南省是人口大省、农业大省、新兴工业大省，与我国在世界上的地位高度一致。其次，河南省南部属于我国南方亚热带地区，北部属于我国北方暖温带地区，东部是华北大平原，西部是丘陵山区，其地形地貌与全国的大致轮廓特征相吻合。河南省在发展过程中存在着"三农"问题突出，农村发展滞后；城镇化水平偏低，缺乏强有力的中心城市；经济市场化程度不高，对外开放程度较低；产业结构层次较低，增长方式粗放；人口众多，经济发展与人口资源环境的矛盾突出；科技竞争力较低，企业创新能力不足等问题，这也与我国发展在全球所面临的形势高度一致。为解决发展中所面临的问题，河南省经过持续探索，确立了"两不三新"三化协调科学发展之路，目前已经取得初步成效，相信持续走下去定会能够逐步解决这些问题，实现中原崛起，并为全国积累经验，探索破解难题的路子。因此，河南的实践探索，既破解了自己的现实之难，也为国家探索了未来发展之路，对全国发展具有典型的示范意义，尤其在中西部地区具有典型性和示范性。

以上三个方面的理论与实践探索，可以初步从科学原理方面解释河南省持续探索"两不三新"三化协调科学发展新路子的科学性、可行性。当然，河南省沿着这条路子进一步的探索，还有诸多需要面对的难题，包括政策法规层面、实践应用层面和管理体制机制方面的问题。但是，1亿人民的智慧，1亿人民的探索，1亿人民的利益，1亿人民的希望，足以能够让我们看到了科学发展观在中原大地实践成就，足以能够坚定我们进一步大胆探索、持续实践的信心，足以能够让我们感受到以河南省为代表的中西部地区未来发展的希望，足以能够让我们确立在当今条件下新型城镇化可以引领区域发展的新的发展经济学理论原理。

第二节　确定新型农村社区建设在土地
资源盘活方面的战略地位

在人多地少的发展中国家，人地关系情况比较复杂，人多地少是主要矛盾，城乡协调发展难度比较大。伴随经济社会发展，工业化和城镇化都要大量占用土地资源，而维持当地粮食安全，又要保持农业应有的生产规模，特别是要保持粮食生产能力持续提升。因此，土地资源供求平衡问题成为工业化、城镇化与农业现代化发展的主要矛盾，如何破解这个矛盾关系到经济社会的协调发展。

河南省的大量实践表明，新型农村社区建设以优化土地资源配置、强化节约集约用地、实现以地生财兴业、提高农民生活质量为目标，把农村住房建设与危房改造、棚户区改造、产业集聚区及南水北调搬迁村建设等统一安排，统筹运作，成效显著。新型农村社区分别按照山区、丘陵、平原对应人口规模 3000、5000、10000 人以上进行规划建设，村庄人均建设用地标准按二类控制：一类为 80 平方米 / 人—100 平方米 / 人，适用于现状人均用地低于 120 平方米、人均耕地不足 1 亩的村庄；二类为 100 平方米 / 人—120 平方米 / 人，适用于现状人均用地超过 120 平方米、人均耕地大于 1 亩的村庄。建设用地应包括居住建筑用地、公共设施用地、道路及广场用地、绿化用地等。纳入城市建设的社区要尽可能规划建设小高层，纳入小城镇建设的社区一般要建六层以上楼房。新型农村社区建设必须建新拆旧，事前签订合同，凡入住社区的农户应交回原有宅基地，并拆除地上附属物。拆迁后对村庄"腾空地"要尽快整理复垦，实现土地节约利用最大化，并保障农民的利益。着力做好耕地保护和用地保障两篇大文章，既保障国家粮食安全，又为城镇建设和工业发展提供强力支撑。

舞钢市结合城镇体系规划和村镇规划，在新型农村社区建设中坚持"建新拆旧"，确保建设用地总量减少、布局更合理，耕地面积有增加。根据规划，舞钢市 190 个新型农村社区占地由原来的 7.11 万亩缩减到 3.53 万亩，腾出土地 3.58 万亩，节约用地超过 50%；利用城乡建设用地增减挂钩政策，把节约的土地指标一部分用于社区经济发展，大部分调剂到中心城区及产业集聚区建设，有效破解了城乡建设和工业发展用地难题。

河南省的实践证明，新型农村社区建设对盘活土地资源具有重大的战略意义，对"两不三新"三化协调科学发展路子具有战略支撑作用。

第三节　确保三化协调科学发展过程中当地群众的切身利益

在三化协调科学发展过程中，必须坚持以人为本的原则，以城乡共同富裕为核心，切实维护群众的切身利益。实际上，"两不三新"三化协调科学发展的道路就是一条追求共同富裕、创造美好生活、实现人的全面发展之路。在"两不三新"三化协调科学发展中，以不牺牲农业和粮食、生态和环境为代价，就是满足人的基本生存条件和保障人良好的生活环境；新型城镇化将极大地改善人们的生产、生活方式，提升人们的生活质量和对现代文明的享有能力；新型工业化将转变现有粗放型经济增长方式，减少人类发展对资源的消耗和对环境的污染，有利于实现人与自然的和谐发展，提升人的文明程度，充分发挥人力资源的作用，改善人们的生存状态；新型农业现代化有利于提高农业的现代化程度，把农民从传统农业生产中解放出来，推进农业规模化、现代化经营，提高农业劳动的效益。

在"两不三新"三化协调科学发展过程中要实施积极的就业政策，多渠道开发就业岗位，进一步完善就业服务体系，以培训促进就业，以援助扶持就业，以维权保护就业。注重产业发展和扩大就业相结合，以创业带动就业。逐步加大教育投入，完善基本公共教育服务体系，合理配置公共教育资源。加强公共卫生服务体系，不断提高人民健康水平。继续深化医药卫生体制改革，完善覆盖城乡的基本医疗卫生制度。健全城乡居民社会保障体系，稳步提高保障水平。加快推进城乡居民社会养老保险，逐步提高城镇职工、城镇居民基本医疗保险和新型农村合作医疗保障水平。进一步加大扶贫开发力度，加强保障性安居工程建设。这些举措，对于确保当地群众的实际利益，都具有实际应用意义。

特别是在新型农村社区建设中，要充分发挥群众主体作用，在认识上和情感上端正对农民群众的态度，无论是政府支持、企业参与还是群众自建，都要设身处地为农民着想，认真听取群众意见，坚持把利益留给"三农"。要把保障农民群众的利益置于新型农村社区建设的首位，贯穿于社区建设的全过程。特别是要把农村土地整理开发的增值收益不折不扣地留给农民。土地承包经营权、宅基地使用权、集体收益分配权是法律赋予农民的财产权利，任何人都不得侵犯。

只有确保了农民利益，支持了农民发展，扶持了农民致富，三化协调科学发展才会有光明灿烂的未来！

第四节　切实通过三化协调破解发展中的难题

协调推进三化科学发展，需要着力破解一系列难题。一是着力破解三化争地难题。在工业化、城镇化过程中，土地资源日益稀缺。要做到"两保一高"，即严格保护耕地特别是基本农田，基本保障工业化、城镇化用地需求，提高土地利用效率，基本途径之一是坚持并规范城乡建设用地增减挂钩制度，合理确定增减挂钩项目区，创新增减挂钩形式，切实保护农民利益，促进城乡统筹发展。二是着力破解人力资源保障难题。解决好劳动力在农业和非农业、人口在城市和乡村优化配置的问题，需要加快发展职业技术教育以提升劳动者文化素质，努力创造就业岗位，以促进劳动力向第二、第三产业转移，坚持产城互动以促进农村人口向城镇转移。三是着力破解要素平等交换难题，建立健全城乡统一的要素市场。

创新机制破解三化争地难题。一是合理确定增减挂钩项目区。优先选择在城乡结合部、产业集聚区以及特定功能区等具备条件的地方开展增减挂钩试点，便于把农民就地转化为市民。二是切实保护农民利益。调剂到城镇的建设用地实行招拍挂制度，利用市场竞争机制使其获得较高收益，合理确定农民的分成比例。三是促进城乡统筹发展。统筹考虑产业布局、生态环境保护、农民就业和社会保障等问题，力求达到保护耕地、解决城镇发展用地与改善农民生产生活条件等综合效果。四是创新增减挂钩形式。城镇建设用地增加规模与吸纳农村人口进入城市定居规模挂钩，城市化地区建设用地增加规模与吸纳外来人口定居的规模挂钩。

创新机制破解人力资源保障难题。当前应突出抓好以下三个方面：一是加快发展职业技术教育，促进劳动者文化素质和就业能力提升。二是大力创造就业岗位，促进劳动力向第二、第三产业转移。三是坚持产城互动，促进农村人口向城镇转移。以产业集聚创造的就业岗位决定劳动力转移规模，以农业劳动力转移实际就业规模决定城镇发展规模和速度，为农村人口向城镇转移创造条件。

创新机制破解要素平等交换难题。实现农业现代化，提高农业比较效益，实现资源要素在工农城乡之间合理配置，需要从提高农业产业竞争力和加大政府保护力度两方面加以解决。从农业自身讲，可以通过提高物质技术水平和组织化程度提升土地产出率、资源利用率、劳动生产率。一要加强高标准农田建设；二要加快农业科技进步；三要推进适度规模经营；四要提高农业经营组织化程度。从政府工作角度讲，应继续加大政策保护支持力度。一要健全农产品价格机制；二要通过财税金融杠杆引导社会资本投入；三要健全粮食主产区利益补偿机制；四要加大农业基础设施投入。

破解三化协调科学发展的难点是提高土地资源节约集约利用水平。为此，建议从以下几个方面进行大胆探索：第一，改革和完善土地管理制度，建立城乡统一的土地市场。建议尽快开放农村土地市场，让农村土地能够顺利上市交易，把农村土地资源交易与城镇土地资源交易并轨，通过正常的利益机制，彻底盘活农村低效利用或者没有利用的宅基地及其他土地资源，为城镇发展，特别是中心城市发展提供应有的土地资源，也为国家土地法的修改完善探索具体的路子。第二，以新型城镇化为引领，全面推进新型农村新社区建设。在总结新乡、义马、舞钢、新密等地经验的基础上，以农民自愿为前提，通过科学的规划，因地制宜开展新型农村新社区建设，推动农村居民点迁村并点，既改变农村公共基础设施条件和公共管理和服务条件，提高农村居民生活水平，也提高农村住宅用地节约集约利用水平，减少农村居民点占用土地资源数量，为工业化、城镇化筹备土地资源，也为农村居民就地转移进入第二、第三产业创造条件，推动城乡一体化发展。第三，建立健全土地整理补偿机制，促进耕地后备资源复耕。尽管我们制定有非常严格的耕地保护制度，但是工业化、城镇化的发展，大型基础设施建设等不可避免地仍然要占用一部分耕地。为了真正做到"占补平衡"，必须每年不断地整理出一部分耕地。这是长远大计，必须坚定不移，坚持不懈。第四，探索开辟新的土地利用模式，支撑工业化和城镇化持续推进。参考国内外土地利用模式，加大力度探索项目上山、工业出城、开辟新的工业或者城镇建设用地等。

第五节　大胆探索三化协调科学发展的体制机制

一、加快"先行先试"探索与试验

围绕河南省"不以牺牲农业和粮食、生态和环境为代价的新型城镇化新型工业化新型农业现代化协调发展"的目标，针对制约发展的主要体制性因素及环节，通过实施综合配套改革，有计划、有步骤、有重点地进行政策突破和体制机制创新，建立健全有利于三化协调科学发展的新体制、新机制，培育改革试验的新典型，为全省经济社会发展实现历史性跨越提供动力保障和试验示范。

在先行先试过程中，应将中原经济区建设方案谋划与实际工作运行相结合，打破过去沿用多少年的按照行政区划组织经济发展的传统做法，按照经济区组织区域经济发展。要选取焦作市、濮阳市、南阳市、商丘市等作为跨界发展的结合点、突破点，设立与中原经济区发展密切相关的改革试验区。

开封晋开化工集团

允许各类试验区采取更加灵活的政策措施，在城乡资源要素配置、土地节约集约利用、农村人口有序转移、行政管理体制改革等方面先行先试。加快农村土地管理制度改革试点，尽快建立城乡统一的土地市场，改革和完善土地征用制度，确保农民在土地增值中的收益权，从体制上支持"三农"发展。在严格执行土地利用总体规划和土地整治规划的基础上，探索开展城乡之间、地区之间人地挂钩政策试点，实行城镇建设用地增加规模与吸纳农村人口进入城市定居规模挂钩、城市化地区建设用地增加规模与吸纳外来人口进入城市定居规模挂钩，有效破解三化协调科学发展用地矛盾。创新农民进城落户的社会保障、住房、技能培训、就业创业、子女就学等制度安排，探索建立农村人口向城镇就地就近有序转移机制，妥善解决农民流动中的社会问题，健全农民权益保障机制。

因为河南省人口特别多，人地关系特别紧张，客观上三化之间协调难度非常大。但是，在过去探索与试验的基础上，各地已经有一定的积累，具备进一步探索与创新的条件。按照国务院的要求，全省各地结合实际，积极摸索，已经初见成效。目前，河南省已建立焦作、濮阳、南阳、商丘四个试验区和新乡、信阳、包括三门峡在内的晋陕豫黄河金三角地区三个国家级试验区，在政策、制度、体制机制等方面进行了初步尝试，为全省推进中原经济区建设提供了一定的借鉴。

为了促进河南省传统农业产业转型升级，充分利用商丘作为中原经济区东向对接沿海发达地区的"桥头堡"，设立中原经济区承接产业转移示范区，在产业承接模式、区域合作机制、要素支撑等方面先行先试，为中原经济区传统农业发展提供经验和示范。为了促进中原经济区贫困落后地区发展，选取濮阳作为中原经济区濮范台扶贫开发综合试验区，通过创新体制机制，破除致贫瓶颈制约，探索扶贫开发新路子，为全省集中连片贫困地区开发建设提供经验和示范。同时也有利于发挥区位优势，有效对接周边省市，打通豫北地区的出海通道，推动形成中原经济区与山东沿海、环渤海经济圈互动合作发展的新格局。为了促进资源环境敏感区域发展，选取南阳作为中原经济区高效生态经济示范市，在生态系统建设、生态产业体系构建、城乡统筹发展、区域协调互动等方面先行先试，率先突破，为加快中原崛起和河南振兴提供经验和示范。为了促进资源型地区转型发展，选取焦作作为中原经济区经济转型示范市，发挥工业、农业、文化旅游业基础较好优势，在产业转型升级、中心城市带动、城市组团发展和增强新型农村社区战略基点作用上率先突破，为构建现代产业体系、推进新型工业化和新型农业现代化提供示范。为了促进河南省农村地区的发展，充分发挥新乡市作为全国农村改革实验区和全省统筹城乡发展试验区，通过先行先试，着力构筑城乡一体统筹发展的管理体制，破解城乡二元体制难题；着力构筑以城带乡、产业转移的发展载体，破解产业发展与资源节约环境保护难题；着力构筑转移农民、壮大农业、农民持续增收的长效机制，破解粮食安全与农民增收难题；着力构筑城乡公共服务均等化的有效平台，破解农村逐步实现城市化难题；着力构筑区域自主创新体系，破解推进可持续发展难题，为中原经济区农村、农业发展提供经验和示范。为了探索与周边省份区域合作机制，选取作为晋陕豫黄河金三角产业转移示范区主要组成部分的三门峡作为试点，以承接产业转移为突破口，突破行政区划界限，整合区域优势资源，创新区域合作机制，增强整体竞争实力，为中原经济区对接周边、承接产业转移探索新途径、新模式。为了工业化、城镇化、农业现代化协调发展，选取新乡市作为统筹城乡发展试验区，在构筑城乡一体统筹发展的管理体制，破解城乡二元体制难题；构筑以城带乡、产业转移的发展载体，破解产业发展和资源节约环境保护难题；构筑转移农民、壮大农业、农民持续增收的长效机制，破解粮食安全与农民增收难题；构筑城乡公共服务均等化的有效平台，破解农村逐步实现城市化难题；构筑区域自主创新体系，破解推进可持续发展难题。为了推进农村改革发展，选取信阳市作为河南省农村改革发展综合试验区，在农村土地流转、农村资金投入、农村社会化服务、农村社会保障、支持创业人才投身农业、文化引领社会经济发展、城乡一体化发展、农村组织建设和民主管理的方面进行体制机制创新探索。

二、着力构建三化协调科学发展的要素保障机制

要素保障是三化协调科学发展的必要基础。要按照"适度超前，留有余地"的原则，进一步激活土地、水资源、资金、能源、技术、人才、制

度等要素资源供给和保障，运用市场和产业等相关政策，推动这些要素的流动和城乡之间的优化配置，提高要素利用效率，为三化协调科学发展提供要素保障。一是在资源保障方面，积极引进资源，重点引进能源、矿产资源、水资源；合理配置资源，优化利用结构，合理开发土地等恒定性资源、充分利用水等可再生性资源、节约使用能源矿产等枯竭性资源；充分利用资源，节约使用资源。二是在资金保障方面，争取扩大信贷投放规模，力争增长幅度不应低于 GDP 的增幅；加快直接融资步伐，进一步扩大企业直接融资比例；持续加大招商引资力度，拓宽民间融资渠道，扩大资金投入的领域和范围，重点吸引外资和民资。三是在人才保障方面，优化人才结构，继续落实引进人才优惠政策，建立多层次的人才培养体系。以高等院校、科研院所和优势企业为主体，加快引进高层次创新型人才，提高研发人员比重。支持有条件的企业设立博士后科研工作站和企业技术中心，建立开放型的人才流动机制。建立健全激励机制，鼓励企业通过股权和期权等多种薪酬管理模式，对在技术创新中作出突出贡献的科技人员予以奖励，建立适应市场经济体制的用人机制。加快企业家队伍建设，以创新精神、创业能力和经营管理水平为核心，加快企业经营管理者的市场化配置，提高企业家素质。加快建立企业内部职业技术培训机构，提高员工技术水平。

重点解决发展中的土地瓶颈制约问题，节约利用、集约利用、城乡统筹配置土地资源，推进土地制度改革，在统筹城乡建设工作中建立土地置换流转制度，发挥市场对土地资源配置的基础性作用，统筹培育和发展城乡土地市场，加快务工经商农民的居住和身份的市民化探索。加强金融扶持，强化投融资体系建设，增加金融服务新举措。提高能源效率和使用率，节约能源的同时，积极开发新能源。把技术引进与自主创新有机地结合起来，注重对引进技术的消化吸收。实施人力资本提升战略。进一步强化制度创新作为三化协调科学发展的重要保障作用。特别是新型农村社区建设，节约了资源，拓宽了资金渠道，充分发挥了人力资源的作用，使各种生产要素得到充分解放，高效利用。今后要多进行类似这样的探索，增强各类要素对中原经济区建设的保障能力，促进"两不三新"三化协调科学发展顺利推进。

三、加强三化协调科学发展的制度创新

河南"两不三新"三化协调科学发展已呈现明显的互动特征，但在土地、资源等方面仍存在诸多制约。目前，土地管理制度、城乡分割的户籍制度等还严重困扰着三化协调科学发展，三化要统筹、同步推进，就要发挥市场机制配置资源的基础性作用，正确引导生产要素合理流动和优化配置，破解人口、土地和资金等突出矛盾和难题，建立有利于三化协调发展的体制机制。

（一）创新行政管理体制机制

打破各部门管理工作的局限，统一协调，统一管理。完善考核机制，把"两不三新"三化协调科学发展指标纳入目标考核体系，对各级政府三化协调科学发展情况实行年度考核。建立实绩与管理机制创新挂钩的激励机制，加大对三化协调科学发展先进的奖励力度，使管理体制能够很好地适应三化协调科学发展需要。

（二）创新土地利用制度

探索建立农用土地流转机制。鼓励引导农民以转包、出租、互换、转让、股份合作等形式流转土地承包经营权，促使土地向种养农业产业龙头企业、专业合作社、大户等单位和个人集中，推动农业规模化发展。同时，加大对规模化经营单位和个人进行奖励、补贴力度，推动农业现代化进展。充分发挥"先行先试"的政策优势，探索城乡之间、地区之间人地挂钩政策，实行城镇建设用地增加规模与吸纳农村人口进入城市定居规模挂钩、城市化地区建设用地增加规模与吸纳外来人口进入城市定居规模挂钩，同时积极探索人地挂钩的指标的在全省流转，有效破解三化协调科学发展用地矛盾。

（三）创新投融资体制机制

加大财政对三化协调科学发展的投入，设立三化协调科学发展专项资金，加强对企业科技研发、农民培训、农用机械购置、新型农村社区建设的补贴力度，促进三化协调科学发展。规范整合政府投资，优化投资结构，提高投资效率，建立协调高效、权责一致、适应社会主义市场经济体

制要求的政府投资管理体制。积极引进境内外金融机构，加强推动城镇和产业集聚发展的投融资平台建设，拓宽融资渠道，促进金融与三化协调科学发展的更加紧密结合。

（四）深化重点领域改革

重点探索建立符合区域主体功能定位的财政政策导向机制，加大对产粮大县（市）转移支付力度；推进资源性产品价格改革，提高资源税税率。深化农村综合改革。

（五）创新社会保障体制机制

积极推进城乡社会保障制度接轨。将被征地农民、外来务工人员等纳入社会保障体系，推进城乡社会保障制度相衔接，实现城乡居民社会保障全覆盖。探索以"土地换社保"方式解决被征地农民和农民工社会保障问题，即以农村宅基地置换取得城镇住房，以农村承包地换取城镇社会保障，实现由农民向城镇居民的身份转换。推进外来务工人员参加城镇养老、医疗、失业、工伤保险等。

开封印象山陕甘会馆

第十二章
河南省三化协调发展的理论创新与基本经验

在 20 世纪 90 年代初期探索农业现代化、工业化以及城镇化加快发展的基础上，2003 年，河南省首次提出"加快工业化、城镇化，推进农业现代化"战略思想，三化协调发展理论与实践全面进入河南省工作大局，并在河南省发展历史上第一次把工业化放在首位。这一战略思想的确立，有力推动河南工业崛起，使河南由过去传统农业大省逐步发展成为全国经济大省、新兴工业大省，实现了区域发展的重大进步。2011 年 9 月，《国务院关于支持河南省加快建设中原经济区的指导意见》发布，提出："河南省是人口大省、粮食和农业生产大省、新兴工业大省，解决好工业化、城镇化和农业现代化协调发展问题具有典型性和代表性。""积极探索不以牺牲农业和粮食、生态和环境为代价的'三化'协调发展的路子，是中原经济区建设的核心任务。"国务院文件第一次把河南省为主体的中原经济区三化协调发展上升到国家战略高度，并承担"为全国同类地区创造经验的需要"。2011 年 10 月，中共河南省委第九次党代会对三化协调科学发展的内涵进一步提升，正式提出"持续探索不以牺牲农业和粮食、生态和环境为代价的新型城镇化新型工业化新型农业现代化'三化'协调科学发展的路子"，新型三化协调科学发展概念第一次成为省委重大决策，并成为全省人民的共同意志，"两不三新"三化协调科学发展之路逐步明朗。20 多年来，河南 1 亿人民沿着这条越来越宽广的路子，坚持不懈地持续探索、持续深化、持续提升、持续试验，使三化协调科学发展以及新型三化协调科学发展的路子越来越清晰。在这条充满着探索与艰辛、凝聚了无数开拓者心血与汗水的道路上进行了大量的理论创新，并伴随理论创新完成了大量符合当地发展实际的实践，产生了许多值得总结的思想成果和宝贵经验。这些理论创新与思想进步，无论是对发展经济学学科本身的丰富与发展，还是对类似河南省这样人多地少、人地矛盾特别突出、三化协调任务特别繁重的地区的实践指导，都具有十分重要的战略意义。

第一节　理论创新

理论是指人们对自然、社会现象，按照已知的知识或者认知，经由一般化与演绎推理等方法，进行合乎逻辑的推论性总结。因此，理论是普遍的规律或者科学假设。理论来源于实践，高于实践，同时又能反作用于实践、指导实践，通过进一步的实践，还能够持续丰富理论的内容。理论创新是在原有基础上的提高、发展或者突破。理论创新更适应于客观规律，对实践的指导作用更强。理论创新能够推动实践活动的层次、质量不断提高和更新，甚至出现重大突破，为人类文明创造出更多、更有价值的思想成果，为经济社会繁荣发展创造更多技术成果和物质财富。同时，理论创新是一个持续不断的过程，能够不断丰富人们的精神财富和物质财富，推动社会的发展和进步。河南省三化协调科学发展的生动实践，创造了非常丰富的理论成果，通过系统梳理与初步总结归纳，我们认为至少在以下三个方面有重要创新。

一、探索到一条区域发展的新路子

全世界人口超过 1 亿人的国家有 11 个，而河南省在 16.7 万平方公里的国土上，就有 1 亿人口，占全国的 7.5%。人口密度达 599 人 / 平方公里，是全国平均人口密度 141 人 / 平方公里的 4.2 倍，属于人口最稠密的地区之一。河南省耕地面积约 1.2 亿亩，约占全国的 6%，而粮食产量占全国的 10%，小麦产量占全国的 1/4 以上，是全国著名的粮食生产大省，在国家粮食安全，特别是以小麦为主的夏粮生产中举足轻重。由于历史的原因，加上不沿海、不沿江、不沿边，只有内陆沿路（沿京广、陇海铁路

大动脉）优势，河南省经济发展水平仍然比较低。2011 年，GDP 总量 2.72
万亿，人均约 28829 元，大致相当于全国平均水平的 82.4%。在河南省这
样人地关系特别紧张、经济发展水平又比较低的地区，如何既体现国家意
志，承担保障国家粮食安全的战略任务，又结合实际促进当地经济社会加
快发展，为人民大众谋福利，确实是一个区域发展上很大的理论问题，更
是一个实实在在的实践问题。

（一）初步探索

20 世纪 90 年代初期，河南省提出"团结奋进，振兴河南"的指导思想，
确定了"一高一低"的战略目标，首次提出要实现"中原崛起"战略思想。
1992—1998 年，河南省提出大力发展县域经济，全面实施开放带动、科
教兴豫和可持续发展三大战略，加快中原城市群发展，加快全省工业化进
程的思路。进入 21 世纪，河南省制定了"两个较高"的目标，提出加强
粮食基地建设，推进城市化战略。

2003 年，《河南省全面建设小康社会规划纲要》指出："全面建设小康
社会，最根本的是坚持以经济建设为中心，不断解放和发展社会生产力。
必须大力推进经济结构的战略性调整，努力完成基本实现工业化这一历史
性任务。加快工业化、城镇化，推进农业现代化是河南省全面建设小康社
会的基本途径，也是从根本上解决'三农'问题的必出之路。坚持以工业
化为主导，以城镇化为支撑，以推进农业现代化为基础，统筹城乡经济社
会协调发展。"在重大措施上，一是"加快工业化进程，走新型工业化道
路"；二是"加快城镇化进程，充分发挥城市的聚集辐射带动作用"；三是
"用工业理念发展农业，推进农业现代化"。这是河南省，也是中国第一次
系统提出三化协调发展的概念，并明确给出了具体运作措施，说明了三化
之间的逻辑关系，即"以工业化为主导，以城镇化为支撑，以农业现代化
为基础，统筹城乡经济社会协调发展"，对河南省区域发展规律的认识与
把握达到空前的理论高度。但是，当时并没有在重大举措中单独提出三化
之间如何实现协调发展问题，对于三化协调发展的认识深度仍然有限。

（二）明确路子

2010 年，河南省组织开展中原经济区建设纲要研究，研究组对三化
协调发展途径以及实施效果给予充分肯定，并进一步深化了三化协调发展

认识。在 2010 年 11 月通过的《中原经济区建设纲要（试行）》中指出："以科学发展为主题，以加快转变经济发展方式为主线，以持续探索走出一条不以牺牲农业和粮食、生态和环境为代价的'三化'协调科学发展路子为基本途径。"其中，"两不牺牲"和三化协调成为十分突出的新亮点，"发挥新型城镇化的引领带动作用"进入决策。

2011 年 8 月 1 日，河南省委书记卢展工在舞钢市调研时，明确指出："建设中原经济区，走好一条不以牺牲农业和粮食、生态和环境为代价的三化协调科学发展之路，新型城镇化是引领。""基本途径"开始向"之路"转化，在三化协调发展关系之中，新型城镇化引领的地位进一步被强化。2011 年 9 月，国务院《关于支持河南加快建设中原经济区的指导意见》指出："积极探索不以牺牲农业和粮食、生态和环境为代价的'三化'协调发展的路子，是中原经济区建设的核心任务。"进一步把"基本途径"明确为"路子"，上升为区域发展的核心任务，理论升华意义凸显。同年 10 月，在中共河南省委第九次党代会报告中指出："持续探索不以牺牲农业和粮食、生态和环境为代价的新型城镇化新型工业化新型农业现代化'三化'协调科学发展的路子。"三化之间的关系，明确调整为"走好这条路子，必须充分发挥新型城镇化的引领作用、新型工业化的主导作用、新型农业现代化的基础作用"。至此，"两不三新"三化协调科学发展的新路

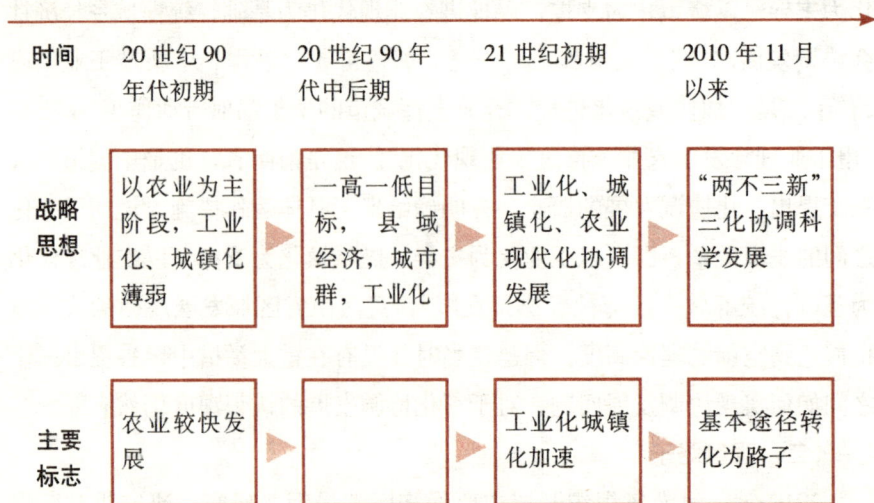

时间	20 世纪 90 年代初期	20 世纪 90 年代中后期	21 世纪初期	2010 年 11 月以来
战略思想	以农业为主阶段，工业化、城镇化薄弱	一高一低目标，县域经济，城市群，工业化	工业化、城镇化、农业现代化协调发展	"两不三新"三化协调科学发展
主要标志	农业较快发展		工业化城镇化加速	基本途径转化为路子

图 12—1　河南省区域发展路子创新路线图

子，基本完成理论提升过程（见图12—1），形成了比较完整的科学表述
与科学概念，并且在会议上形成广泛共识，变成了河南亿万人民的共同
意志。

（三）丰富内涵

"两不三新"三化协调科学发展的路子，集成了河南人民改革开放以
来持续探索的一系列经验与教训，是历届河南省委、省政府带领全省人民
艰苦探索中原崛起集体智慧的持续、延伸、拓展和深化，是河南适应区域
发展规律、贯彻落实科学发展观的具体体现，是河南未来克难攻坚、促进
中原崛起河南振兴的战略指导，具有体现时代需要的科学内涵。

河南之所以不牺牲农业和粮食，是因为农业和粮食是"国之根基"、
"民之根本"，是整个国家稳定、健康、可持续发展的基础。确保粮食安全
是河南义不容辞的政治责任，任何时候都必须把粮食生产牢牢抓在手上，
做到耕地面积不减、粮食产量不降，粮食生产能力持续提升。

1978年以来，河南省年底常用耕地面积由原来的7157.3千公顷，上
升到目前的7202千公顷，期间全省耕地总面积曾经有所减少，但是耕地
综合整治力度加大，使全省耕地面积又有所回升。近期，河南省连续13
年实现耕地"占补平衡"，确保了耕地面积，确保了耕地"红线"。正是因
为耕地面积有了保障、支持粮食生产的政策措施持续加力，粮食生产才保
持了持续上升的趋势，特别是夏粮生产实现十连增，创造了世界罕见的奇
迹，为国家粮食安全作出了重要贡献，也为新型农业现代化提供了物质保
障。之所以不牺牲生态和环境，是因为当前河南省正处于经济社会发展的
转型期、资源环境矛盾的集中期、环境问题的高发期，一些影响可持续发
展的生态、环境、资源等问题客观地摆在我们面前。支撑发展的资源环境
资源明显不足，保障发展的环境要素需求压力持续加大，公众对环境质量
改善的期待日益迫切。只有坚持优化发展引领、污染减排推动、生态创建
拉动、机制创新驱动、综合防控促动，综合运用法律、经济、技术和必要
的行政手段，持续减存量、控增量、腾容量、保环境、优发展，以较小的
环境资源代价推动实现更长时期、更高水平、更好质量的发展，才能够在
促进经济社会可持续发展同时，为老百姓创造更加优良的生产和生活环
境，为全国和全球节能减排作出应有的贡献。不牺牲农业和粮食，就意味

着我们必须为国家粮食安全承担义务，为从事粮食生产的农民提供大量补贴。这种选择与做法，表现出河南人民高度的政治责任感和勇于牺牲自己利益的宽广胸怀。不牺牲生态和环境，就意味着要为生态建设出钱，要为环境保护埋单。对于经济发展水平相对比较低的河南来说，这也是一个沉重的负担，但是河南人民义无反顾地选择了这条路径，是对子孙后代负责的做法，更是对国家环保事业的主动贡献。

河南之所以强调"三新"，是时代发展的需要。河南提出强化新型城镇化引领作用，统筹城乡发展，推进城乡一体化，并在全国首次提出新型城镇化引领三化协调科学发展，第一个把新型农村社区纳入城镇体系管理，加速推进了城乡统筹发展和城乡一体化，有力推动了城镇化理论创新和城镇化管理政策创新。新型工业化在区域经济社会发展中具有决定性作用。河南有针对性地提出强化新型工业化主导作用，加快转型升级，提升支撑能力。坚持做大总量和优化结构并重，推动工业化与信息化融合、制造业与服务业融合、科技创新与新兴产业融合，构建结构合理、特色鲜明、节能环保、竞争力强的现代产业体系。加快新型工业化进程，有力支撑三化协调发展，已经大见成效，河南工业大省的形象已经得到中央和社会各界充分肯定。新型农业现代化对于农业大省河南来说特别重要。自2007年习近平在《人民日报》发表"走高效生态的新型农业现代化道路"以来，新型农业现代化引人注目。河南结合实际，提出强化新型农业现代化基础作用，保障粮食安全，促进城乡繁荣。坚定不移地把"三农"工作摆在重中之重的位置，坚持工业反哺农业、城市支持农村和多予少取放活的方针，加大强农惠农富农支农力度，扎实推进新型农业现代化，加快农业发展方式转变，夯实城乡共同繁荣的基础，促使农业发展沿着更加生态高效的道路持续探索、持续前进，为全国现代农业发展作出了特别重要的贡献。

河南之所以强调三化协调科学发展，是因为河南的资源环境制约，倒逼机制作出的科学选择。三化协调科学发展之路饱含历史责任。不以牺牲农业和粮食为代价实现科学发展，是思想认识的重要提升，是发展理念的重要创新，也是河南站位全局服务大局的重要体现。不以牺牲生态和环境为代价实现科学发展，是对国际国内发展经验教训的吸收借鉴，也是河南省增强可持续发展能力的必然选择。三化协调科学发展之路饱含重大创新。三化协调科学发展，突出新型城镇化引领地位，是发展战略、发展方式和工作重点的重大转变，是河南在三化问题上创造性落实科学发展观的有力举措。新型城镇化为引领，在思路上突出统筹，在发展上突出一体，在机制上突出互动，在要素上突出集约，在进度上突出稳步，在效果上突出和谐。三化协调科学发展之路注重持续。面对人民的期盼、中央的决策、河南的省情，必须立足转变，始终保持忧患清醒，不断提升全省好的趋势、好的态势、好的气势、奋力开创中原崛起新局面。转变创新要持续，要在学习实践中不断转变，不断提升；探索实践要持续，建设好中原经济区和走好三化协调科学发展的路子不可能一蹴而就，要努力思考问题，破解问题，协调好、处理好问题；务实重效要持续，要始终坚持实事求是，坚持务实重做，因时因地制宜，稳步推进。推动三化协调科学发展，是促进经济平稳较快发展、社会和谐稳定、顺应农业农村发展新变化新挑战的迫切需要和必然要求，也是在资源约束条件下新型工业化、新型城镇化推进过程中的一种战略需求。

河南之所以强调科学发展，就是遵循客观规律的发展，充分体现科学发展观的发展，尽可能满足人民群众不断增长的物质与文化需求的发展。因此，要坚持统筹协调的思想，推进生产力和生产关系、经济基础和上层建筑相协调，推进经济、政治、文化建设的各个环节、各个方面相协调，实现经济发展和人口、资源、环境相协调，实现人民群众利益最大化。这种发展，是经济政治文化社会等各方面的发展与人的全面发展的统一，是经济、社会与人口、资源、环境的统一，是物质文明、政治文明和精神文明建设的统一，是河南发展实际与中国特色社会主义理论的统一。

（四）运筹推进

按照中共河南省委的部署，走好"两不三新"三化协调科学发展这条路子，需要牢牢把握"四个重在"的实践要领。

重在持续。坚持把持续作为推动科学发展的基本要求，持续科学发展意识，持续科学发展思路，持续科学发展举措，持续科学发展进程。把持续作为党性人品和从政品格，始终保持锲而不舍的韧劲，不动摇、不懈怠、不刮风、不呼隆、不折腾。把持续作为思想准则，尊重历史，尊重规律，尊重传统，尊重科学，一以贯之，传承发扬。

重在提升。坚持解放思想、实事求是、与时俱进，不断探索规律，提升发展理念，提升工作思路，提升行为准则，提升思想层次。推进体制机制创新和科技创新，拓展开放领域和发展空间，提升区域发展层次和质量。实施项目带动、创新带动、品牌带动、服务带动，着力基层基础，提升领导水平和运作能力。

重在统筹。统筹改革发展稳定，统筹经济社会发展、城乡发展、区域发展、人与自然和谐发展，统筹各项事业发展，形成共同支撑中原经济区建设的良好局面。统筹协调各方力量，围绕大局、发挥优势、团结合作、协同创新，形成建设中原经济区的强大合力。

重在为民。坚持发展为了人民，始终站在人民的立场上谋划发展、推动发展，为人民谋福利；坚持发展依靠人民，充分尊重人民主体地位，动员和组织人民群众为中原经济区建设共同奋斗，推动中原经济区建设的重大举措落到实处；坚持发展成果由人民共享，解决好人民最关心最直接最现实的利益问题，实现好维护好发展好最广大人民的根本利益。

理论与实践都已经初步证明，"两不三新"三化协调科学发展是一条科学发展之路，一条加快发展方式转变之路，一条实现富民强省目标之路，一条为基层老百姓谋福祉之路。探索并持续走好这条路子，体现了历届河南省委、省政府带领全省人民坚持不懈、积极探索的重要成果，展示了全省干部群众锲而不舍、有所作为的精神风貌，是传统历史文化沉淀丰厚的中原地区在新的历史条件下谋求科学发展的重大创新成果。

2012 年 9 月 18—19 日，河南省委书记卢展工在驻马店市确山县、新蔡县，开封市开封县调研时强调，要坚定不移持续探索走好三化协调科学发展的路子，始终如一聚精会神抓紧抓好发展这个第一要务。

二、探索出科学内涵丰富的新型城镇化理论架构

城镇化是指农村人口不断向城镇转移，第二、第三产业不断向城镇聚集，从而使城镇数量增加、城镇规模扩大、城镇发展质量不断提升的一种历史过程。它主要表现为随着一个国家或地区社会生产力的发展、科学技

术的进步以及产业结构的调整，其农村人口居住地点向城镇的迁移和农村劳动力从事职业向城镇第二、第三产业的转移。城镇化的过程也是各个国家在实现工业化、现代化过程中所经历社会变迁的一种反映。当前，世界城镇化水平已超过50%，有一半以上的人口居住在城镇。我国2011年城镇化率为51.3%，第一次突破50%，正处于城镇化高速推进期。传统城镇化导致城乡二元结构突出，为了扭转这种局面，新型城镇化在包括河南在内的发展中地区备受关注。河南省在探索新型城镇化过程中，紧密结合实际，特别是结合河南省城镇化水平低、需要转移的农村人口特别多的特殊情况，大胆创新，持续创新，逐步形成了有地方特色的、科学内涵丰富的新型城镇化理论架构。

（一）河南创新了城镇体系结构

我国传统城镇体系一般划分为国家中心城市、区域性中心城市、地区性中心城市、县域中心城镇、乡镇5级，河南省把城镇体系向下延伸一级，把新型农村社区纳入城镇体系管理，使城镇体系结构由原来的5级转化成6级，而且在刚刚被国务院批复的河南省城镇体系规划中得到肯定。这种新型城镇体系，打破了我们过去演绎了多少年的传统城镇体系的概念，但是从已经运行的实际效果看，确实能够促进当地群众的城镇化进程，确实让进入社区的居民过上了和城镇大致一样的生活，居民生产方式与生活方式均发生重大变化，具有重大历史进步意义，很可能是结合河南省当地实际情况、符合未来发展需要的一条科学可行的推动城镇化的路子。这样做是否影响中心城市的城镇化进程？从我们调查研究与分析的情况看，应该不会。因为类似河南这样的地区，人口密度非常大，一个乡镇就8万—10万人，完全集中到原来的一个镇，难度非常大。所以，根据实际需要，形成新的特色镇在理论与实践上都是可行的。

（二）河南省明确提出新型城镇化引领"两不三新"三化协调科学发展的新论断，并在实践中得到较好的应用

2010年11月，河南省委通过的《中原经济区建设纲要（试行）》中指出："发挥新型城镇化的引领带动作用。"2011年8月1日，河南省委书记卢展工在舞钢市调研时指出："建设中原经济区，走好一条不以牺牲农业和粮食、生态和环境为代价的三化协调科学发展之路，新型城镇化是引领。"

此后，全省理论界与政府管理部门开展了大量的调查研究和讨论，多数人认为符合河南实际，赞成这种提法。2011年10月，中共河南省委第九次党代会报告中明确提出："必须充分发挥新型城镇化的引领作用、新型工业化的主导作用、新型农业现代化的基础作用。"使新型城镇化的战略地位进一步明确、进一步提升，三化之间的逻辑关系也进一步明晰。从全省各地实践情况看，新型城镇化有利于提高城镇发展的质量，城镇特别是中心城镇是新文化新思想新潮流创造的中心，能够引领一个区域的发展趋势；新型城镇化有利于加快农村人口转移速度，引领当地农民生产方式与生活方式的历史性转变。在具体工作中，新型城镇化能够引领一个中心城市的新区建设，成为投资和消费热点；能够引领新型工业化，全省180个产业集聚区无不是所在县市工业化和投资的热点；能够引领新型农业现代化，转移农村劳动力，支持农村发展高效农业，高科技农业等；能够引领新型农村社区建设，所有新型农村社区无不是在汲取城镇发展经验的基础上规划设计建造的，包括进入社区的居民生活方式，也是在城镇文化深刻影响下逐步融入城镇化的，居民集聚以后的社区文化聚变为多元化城镇融合文化，不再是过去农村的聚类文化；新型城镇化还能够引领社会消费趋势，有效推动扩大内需，拉动经济增长。

（三）通过新型农村社区建设找到了破解三化协调科学发展空间的具体途径

根据河南各地的大量实际试验，通过新型农村社区建设，把原来分散居住的农村，转化成正规规划设计的社区（每个社区人数规模：一般山区3000人以上，丘陵地区5000人以上，平原地区10000人以上），一般可以节约农村居民点占地的1/3—1/2以上。在平原地区，原来居住相对集中，可以节约用地的1/3以上；在丘陵地区，一般过去居住比较分散，户均宅基地较多，可以节约用地的1/2以上，有些地方还出现了节约用地3/4的实际情况；山区一般建设用地紧张，居民点相对分散，各地情况差异比较大，经过社区化改造，大致节约居民点用地1/3。因为历史的原因，全省京广铁路沿线为主的丘陵地区，过去户均占有宅基地面积比较大。像我们到实地调查的情况，有些行政村整体计算，户均宅基地高达1—1.2亩（包括房前屋后以及村庄公共用地）。据测算，一个100万人左右的县，通过新型农村社区建设这个过程，大约可以节约土地资源 5 万亩。这些土地资源为新型工业化、新型城镇化和新型农业现代化以及三化协调科学发展腾出了非常宝贵的空间，对河南这样人地关系特别紧张的地区来说，彻底破解了过去人们最为担心的工业化、城镇化上去了，耕地减少了、环境污染了、农业几乎就会垮掉的难题，为区域三化协调科学发展奠定了特别重要的发展空间的基础。有了这个空间，三化协调科学发展就有了依托、有了靠山、有了循环周转的余地。

（四）探索创造出农民财产资本化制度框架

河南多数省辖市在推动新型农村社区建设的同时，结合当地实际，大胆探索城乡统筹发展和城乡一体化发展的政策，初步找到了在不影响农民原有利益的基础上，为进入社区的居民办理土地证、房产证、转城镇户籍、转城镇社保以及用房产证进行抵押贷款的运作政策框架，并且实现了具体运行，让千百年来没有财产权的农民，拥有了财产权和财产使用权，使党中央早就提出的让居民有财产性收入的阳光普照到了新型农村社区居民的身上。多数地方，让进入社区的群众拿出一定数额的资金以后，能够住上 120—200 平方米的社区住房，不少地方还给农民提供从事第三产业的门面房，甚至还有可供出租的创收性房子，使农民可以进得去、住得下、能就业，过上了和城镇居民一样的生活。这种政策创新对于我们从制度层面支持农村发展农民致富，实现城乡一体化具有划时代的战略意义。伴随这种制度创新的进一步规范与完善，必将为更多的农村居民带来革命性的变化。如果这项制度进一步延伸，依托新型农村社区居民住房可以进入市场的还有农村集体土地，这对于酝酿已久的农村土地市场化改革，将是一个非常积极的信号。就像当年在安徽小岗村推动农村土地承包制改革一样，一个村政策突破了，为老百姓带来了实惠，让大家看到了方向，导致中国农村发生了一场土地管理制度革命，大大解放与发展了农村生产力。这一次在传统农业大省河南探索找到了让农民拥有财产性收入的制度架构，因为能够为当地居民创造实实在在的利益，使农民也拥有了有产权的价值几十万元的住房，深受基层农民欢迎。这种制度进一步完善以后，对中国农村的发展，对中国农民圆城镇化之梦，对中国最终从制度层面破解"三农"问题，都将是一场新的革命性的伟大创举。

2012 年 4 月 6 日，《人民日报》头版头条发表了"不以牺牲农业和粮食、生态环境为代价，以新型城镇化引领的'三化'协调科学发展之路悄然延伸——河南务实发展稳步前行"的文章，说明河南的做法走在了全国前列，符合河南发展实际的区域发展模式成为理论创新的试验田，河南为全国提供三化协调科学发展示范的任务与重任初见成效。

三、找到了破解"三农"问题的新方法

"三农"问题是指农业、农村、农民问题。实际上，这是一个从事行业、居住地域和主体身份三位一体的问题，但三者侧重点不一，必须一体化地考虑。中国作为一个农业大国，"三农"问题关系到国民素质、经济发展，关系到社会稳定、国家富强。"三农"问题独立地描述是指广大乡村区域，只能以种植、养殖生产为主，身份为农民的大部分国民的生存状态的改善与产业发展以及社会进步问题。系统地描述是指 21 世纪的中国，历史形成的二元结构社会中，城市现代化，第二、第三产业发展，城市居民的殷实，受制于农村的进步、农业的发展、农民的小康相对滞后的问题。中国国民经济发展潜力巨大，且不论质的提升，仅从量上考察，中国的重大经济问题都依赖于农业、农村、农民问题的突破。"三农"问题实质是城市与农村发展不同步问题，结构不协调问题，也是城乡二元结构突出问题。

（一）探索创新

"三农"问题始终是关系中国特色社会主义建设事业的根本问题。因此，党的十六大强调指出：统筹城乡经济社会发展，建设现代农业，发展农村经济，增加农民收入，是全面建设小康社会的重大任务。特别是在2003 年 1 月 7 日召开的中央农村工作会议上，对"三农"问题的新提法尤为引人注目："全面建设小康社会，重点和难点都在农村。""必须统筹城乡经济社会发展，把解决农业、农村和农民问题作为全党工作的重中之重。"而此前的提法是"把农业放在国民经济发展的首位"，"加强农业基础地位"等。

2005 年 10 月，党的十六届五中全会提出：建设社会主义新农村是我

国现代化进程中的重大历史任务，要按照生产发展、生活宽裕、乡风文明、村容整洁、管理民主的要求，扎实稳步地加以推进。要统筹城乡经济社会发展，推进现代农业建设，全面深化农村改革，大力发展农村公共事业，千方百计增加农民收入。此后，按照中央的战略部署，从 2006 年开始，以社会主义新农村建设为主要载体，全国"三农"问题再次成为创新推动发展的热点，而且各地创造性地推出了很多行之有效的重大举措，取得了举世瞩目的成绩，农民收入增长速度明显加快，城乡协调发展状况明显改善。

从 2006 年开始，河南新乡市把新农村建设提升为新型农村社区建设，期望跳出从"农村"到"新农村"最终还是"村"的思想束缚，为农民尽快转化为城镇居民创造条件。在初步试点的基础上，2008 年全面铺开，在条件较好的地方率先启动，初步形成了"农民自建、集体代建、招商建设、社会援建"四种建设途径和"城中村改造型、旧村完善型、村庄合并型、服务共享型、整体搬迁型"五种建设模式。目前，已累计启动 352 个新型农村社区建设，完成各类资金投入 257 亿元，建房面积 2636 万平方米，入住农户 11.7 万户；完成拆迁面积 5.5 万亩，复耕或恢复生态面积 2.8 万亩。城镇化率由 2005 年 33.6% 提高到 2011 年 42.89%，高于全省平均水平 2.2 个百分点；城乡居民收入由 2.65：1 缩小到 2.38：1。

在 2010 年 12 月 21—22 日召开的中央农村工作会议上，时任新乡市委书记吴天君作为大会发言的唯一一个省辖市代表，作了题为"着眼农民利益和统筹发展，加快推进社会主义新农村建设"的大会发言，专题介绍了新乡市如何把建设新型农村社区作为城乡一体化的切入点，推动更多的城市资源向农村倾斜、向县域配置，构建以工促农、以城带乡长效机制的探索与实践。他的发言引起了与会者的广泛关注，也标志着新乡市统筹城乡发展、建设新型农村社区的探索和实践将进入一个全面加快推进的新阶段。一年一度的中央农村工作会议是我国党和政府研究制定未来一年"三农"政策措施和工作部署的最高级别会议。此次会议全面展现了全国 2010 年"三农"发展成就。新乡市提出的新型农村社区建设、县域经济发展、都市区建设"三位一体"发展的构想，在推进现代农业、产业集聚区建设、改善农民生产生活环境等方面，探索出一条统筹城乡一体化发展之路，引起了中央的高度关注。吴天君介绍了新乡市推进新型农村社区建设的指导方针和具体做法。他说，根据新乡实际，按照农民意愿，确定了"政府引导，规划先行，群众自愿，典型示范，因地制宜，有序推进"的指导方针。一是科学编制规划。综合考虑土地利用、城乡建设、产业布局、人口分布，对县城、小城镇、新型社区统一布局，在深入调查研究，广泛征求农民意见的基础上，经有关专家评审，编制新型农村社区建设规划。参照城镇社区的标准，建设的新型社区一定做到让农民满意，30—50年内不用再建新房。基础设施、公共服务设施基本齐全，互相配套，便于农民生产生活。二是加强新型农村社区基础设施建设。其中，公共基础设施和公共服务设施由政府投资建设，市、县两级政府每年财政列支4.9亿元，将上级拨付的有关农村建设资金，按照"渠道不乱、各负其责、各计其功"的原则，整合起来，捆绑使用，集中投入。另外，搭建融资平台，鼓励社会捐助。社区建设完全尊重农民意愿，不搞行政命令。在社区建房的农户，享受政府提供的一系列优惠政策。已经到社区建房的农户，原来的房屋要拆除，宅基地收归集体，整理复垦，恢复耕地。在新型农村社区建设中，新乡市坚持不从农村挖土地，不在农民身上打主意，把维护农民权益、支持农村发展作为根本出发点，建设新型农村社区节省的土地全部用于农村建设发展。吴天君在发言中说，我们一是维护农民土地权益。农民入住新型社区，仍拥有原土地承包经营权。建设新型社区占地仅为原宅基地的1/2，节约的土地不改变集体所有性质，继续留在县域用于农村建设发展。二是增加农民财产性收入。节约的土地或用于发展高效益的种养业，或通过参股、租赁、合作等方式发展第二、第三产业，或用于产业集聚区建设，不论采取哪种方式，均高于原来的收益并增加农民财产性收入，可有效地促进农村的繁荣和农民的富裕。三是有效节约农村资源。全市规划建设的1050个新型农村社区，全部建成后，不仅可节省50万亩土地，而且从长远看可以节省农民建房资金。农民说："过去一代人建三代人的住房，现在三代人住一代人建的住房。"要求到社区建房的农户越来越多。据调查，90%以上的农户都希望到社区建房，每户可节省建房资金20万—30万元。

新乡市的做法，引起各个方面广泛关注，特别是引起中共河南省委、省政府高度重视。河南省委、省政府领导，多次深入现场、深入基层、深入群众、深入家庭之中调查研究，听取群众真正的心声，感受农民的真实意愿，询问农民的生产生活变化情况。调查研究结果表明，绝大部分农民对这项重大举动发自内心地拥护新型农村社区建设，确实彻底改变了广大进入社区居民的生产和生活条件，特别是可以为进入社区的居民在保留原有国家给予农民的各种优惠，如土地承包权、各种农业补贴等的同时，为他们转为城镇户籍，办理城镇社保，从而使他们过上和城镇居民一样的生活，低成本地解决了农民城镇化问题，属于重大的制度创新。

（二）提升完善

2010 年 12 月，在河南省委经济工作会议上，卢展工指出，我们提出建设中原经济区，就是坚持探索走出一条不以牺牲农业和粮食、生态和环境为代价的三化协调科学发展的路子，但这条路子到底怎么走、怎么走得更好，需要我们深入研究、积极探索，突出河南特色、体现河南优势。比如我们经常讲城乡统筹、城乡一体化的概念，新乡市就在这方面进行了探索，通过建设新型社区来推进新型城镇化，抓住了统筹城乡发展的结合点，抓住了推进城乡一体化的切入点，得到了中央领导和国家有关部门的肯定。

2011 年 7 月下旬到 8 月初，河南省委书记卢展工亲自深入群众之中调查研究，亲自与群众座谈，亲自查看农民家庭的变化，亲自询问农民是否真实愿意，均得到非常满意的结果。因此，他在舞钢市调研时有感而发，明确提出了"建设中原经济区，走好一条不以牺牲农业和粮食、生态和环境为代价的'三化'协调科学发展之路，新型城镇化是引领"的重要观点，使全省对新型城镇化和新型农村社区建设的认识跨上了一个新的台阶。

2011 年 8 月 4 日，在全省重点项目建设调研座谈会上，河南省委书记卢展工指出："我们把新型农村社区建设列入重点项目的范畴，就是一个突破。新型农村社区建设涉及很多部门，需要统筹方方面面的力量来共同推进。从新型社区建设项目切入，可以更好地体现以新型城镇化为引领。加快推进新型社区的意义，就在于探索走出一条以新型城镇化引领三化协调科学发展的路子。'三农'问题突出，是河南最大的特点。如果不从'农'出发去考虑三化协调科学发展问题，就脱离了实际。现在的关键是新型农村社区的规划和建设问题。在这方面舞钢市做得比较好，不但把新型社区建设纳入重点项目，还决定5年内在8个乡镇建成17个新型农村社区。""过去我们也在做推进城镇化的工作，比如在移民搬迁、异地搬迁的过程中搞新村建设，但是当时对城镇化的认识不很深刻。现在，我们明确把农村纳入城镇化的范畴，切实搞好新型社区建设，使之成为统筹城乡发展的结合点、城乡一体化的切入点、农村发展的增长点，适应发展阶段的要求，符合广大农民的意愿。""特别是要坚持把新型社区建设纳入重点项目建设，作为推进城乡一体化的切入点、统筹城乡发展的结合点、推进新型城镇化的着力点，以更好地统筹城乡发展、统筹区域发展、统筹经济社会发展、统筹人与自然和谐发展。这一路径是前人没有走过的，是搞好三化协调的积极探索，是解决'三农'问题的必然要求，是破解土地制约等发展难题的有效途径，具有河南特色。"卢展工这次调研和讲话，使全省对新型农村社区的认识明显提升。

焦裕禄纪念馆

2011年10月，中共河南省委第九次党代会报告明确指出："着力增强新型农村社区战略基点作用。新型农村社区建设是统筹城乡发展的结合点、推进城乡一体化的切入点、促进农村发展的增长点"，使全省对新型农村社区建设的总体认识统一了思想。

2011年11月8—12日，在商丘周口调研座谈时河南省委书记卢展工指出："过去的城镇化仅限于城镇范围，不包括农村。我们提出的新型城镇化，把农村涵盖进来，突出了城乡统筹发展、城乡一体化发展的理念，突出了为新型工业化、新型农业现代化服务，突出了农民整体素质的提升、生产生活方式的转变。在推进新型城镇化过程中，一定要让广大农民得到更多实惠，决不能侵犯农民权益、损害农民利益。以农村宅基地为例，建设新型农村社区需要对农民的宅基地进行整合，整合出来的土地仍然是农民的，一部分可以作为耕地，一部分可以调剂为建设用地，保障城镇化、工业化的用地需求，但一定要保障农民的土地权益不受损害。""以新型城镇化为引领是一个重大课题，也是一项系统工程，不仅仅是城乡建设部门的事情，而是各级党委、政府的事情，必须由党委、政府来总揽，统筹推进大中小城市、小城镇和新型农村社区建设，构建符合河南实际、具有河南特色的现代城镇体系。新型城镇化前景很美好，但要做好却没那么简单，需要深入研究、大胆探索、持续推进。值得高兴的是，经过积极探索实践、充分研究论证、广泛征求意见，全省上下对以新型城镇化为引领形成了高度共识。推进新型城镇化，越早谋划、越早规划、越早启动，越有利于农业生产，越有利于协调发展，越有利于民生改善。要一步一个脚印地谋划好新型城镇化发展。建设新型农村社区，既不减少农业用地，不减少粮食生产，又让更多的农村劳动力向第二、第三产业转移，让农民增收致富，缩小城乡差距。"

2012年2月16—21日，河南省委书记卢展工在南阳和许昌调研座谈时指出："过去一些富裕地方的农村虽然房子盖得很好，看起来像城镇，但由于没有统一规划，城镇公共服务体系无法向下延伸，天然气、给排水、垃圾处理等配套设施跟不上，而且由于没有产权证，房子盖得再好也不值钱，实质上还是农村。正如多年前一位中央领导同志所说，'走了一村又一村，村村是城镇；走了一镇又一镇，镇镇是农村。'""过去我们虽然强调三化协调，但在实际工作中还是就城镇化而城镇化、就工业化而工业化、就农业现代化而农业现代化，没有真正将三者统一起来、协调起来。""我们坚持以新型城镇化为引领，把新型城镇化摆在更加突出的位置，从新型农村社区建设切入，核心就是为了破解城乡二元结构，解决三化不协调的问题。新型城镇化不同于以往的城镇化，新就新在把农村农民涵盖进来，是城乡统筹发展、城乡一体化发展的城镇化，更加注重新型农村社区和小城镇、县城、中心城市的统筹推进、协调发展。我们强调以新型城镇化为引领，是因为新型城镇化对新型工业化、新型农业现代化具有重要支撑作用。新型农村社区建设体现新型城镇化的内涵，不减少农业用地，不削弱粮食生产，推动农业规模化集约化经营，推进农村劳动力向第二、第三产业有序转移；把医院、学校、道路、水电、垃圾处理等城镇公共服务体现出来，让农民真正共享城镇公共服务，不断提高生活水平；把产业集聚、工业发展与农业农村发展衔接起来，让农民增收致富，缩小城乡差距。这就是我们大力推进新型城镇化的意义所在。这些年来，新乡、平顶山、鹤壁、南阳、许昌等地都围绕走好这条路子进行了积极探索，效应开始显现。南阳通过建设新型农村社区，对节约出来的土地进行复垦，增加了耕地面积，并通过中低产田改造，提高了粮食单产，在不牺牲粮食的前提下加快了城镇化工业化进程。""南阳、许昌的干部有责任心，肯动脑筋，在推进新型城镇化过程中想了很多办法，抓住了新型农村社区建设的核心，破解了面临的一些难题，取得了一定的成效，受到了人民群众的欢迎。过去很多人认为只有农民进城才算实现城镇化，现在大家的观念发生了很大转变，认为建设新型农村社区可以就地实现城镇化。城镇化离不开产业支撑，农业、粮食也是产业，与新型农村社区建设密切相关，也可以为城镇化提供支撑。社会主义新农村同新型农村社区是有区别的。建设新型农村社区不是建新村，而是要从根本上改变农村的面貌、改变农村管理体制机制、改变农民的生产生活方式，全面提升农民生产生活水平。建设新型农村社区，不仅仅是农业部门、城乡建设部门的，而是涉及国土、教育、文化、卫生、工商、计划生育等很多部门的事情，必须纳入各级党委、政府的工作全局，摆在更加突出的位置来认识、来谋划、来推动。在建设新型农村社区的过程中，我们一定要坚持群众自愿，切实维护广大农民的利益。只要政策明晰、对群众有利的事情，群众就愿意干。比如，南阳市把丹江口市辖区移民搬迁工作和新型农村社区建设结合起来，谋划建设了一批新型农村社区，不仅房子有产权，而且还能提供城镇公共服务，让老百姓的生产生活通过搬迁得到改善和提高，受到了大家的欢迎。"

（三）原则要求

2012 年 6 月，河南省委书记卢展工在洛阳主持召开全省扶贫开发工作调研座谈会时指出："建设新型农村社区，要把握好以下几个方面。一是政策引领。政策就是导向。把政策弄明白、制定好了，老百姓就看得懂，就会按照政策的引导去做。二是规划先行。要先做好规划，不在没有规划的地方建房子，不在没有公共服务的地方建房子。三是突出主体。坚持村民、居民的主体地位，发挥村民、居民的主体作用，把新型农村社区规划好、建设好、管理好。四是保障权益。在新型农村社区建设中，一定要保障群众的权益，群众应该得到的利益让群众真正得到。五是规范有序。坚持相关的重大原则，保证新型农村社区建设进展顺利，避免出现大的波折。六是拓展创新。省第九次党代会已作出部署，当前要总结经验、积极探索，允许各地拓展创新，充分调动大家的积极性、主动性、创造性。七是互动联动。上下级之间要加强互动，推动各方面的联动，使人才、资金等各种要素流动起来，充分调动上上下下的积极性，形成方方面面的合力。八是一体运作。坚持科学运作、有效运作，通过新型农村社区建设，推进城乡统筹发展，促进城乡一体化发展，使广大农民更多地享受到改革发展的成果。"这是河南省委书记卢展工在总结了各地的实际经验和好的做法以后，对新型农村社区建设提出的比较系统、明确的要求。

2012 年 8 月，河南省委书记卢展工在新乡、焦作调研时指出，新型城镇化是城乡统筹的城镇化，是城乡一体的城镇化，是包括农村在内的城镇化，是破解城乡二元结构的城镇化，是着力实现更均等更公平社会公共服务的城镇化。没有新型城镇化就没有新型工业化，就没有新型农业现代化。新型城镇化的引领作用，体现在能够为新型工业化、新型农业现代化提供重要支撑、保障和服务，体现在能够扩大内需、增加投资，有效支撑经济社会发展。最大的内需潜力在新型城镇化、最大的内需市场在农村。坚持新型城镇化引领、推进新型农村社区建设，既能够促进农村扩大投资、增加消费，又能够促进农村公共服务水平提升，成为经济社会发展一个新的重要增长点。推进新型农村社区建设，要注重运作、科学运作，严格把握"政策引领、规划先行、突出主体、保障权益、规范有序、拓展创新、互动联动、一体运作"的原则要求，使其效应更好地显现出来。只要我们把新型农村社区建设作为统筹城乡发展的结合点、推进城乡一体化的切入点，就能抓住推动三化协调发展的着力点。

（四）初步成效

目前，河南新型社区建设已在全省推开，全省已经规划新型农村社区近万个，启动试点近2000多个，初步建成400个左右。就地城镇化不仅让土地集约利用迈上一个新台阶，也将政府的公共服务、基础设施延伸到了农村，大大改善了农村面貌，促进了农民增收，加快了群众致富步伐。

我们初步总结认为，河南省正在全面推进的新型农村社区建设的主要功能可以概括为"一保留七变化"。即一保留是指保留进入社区的居民仍然享有国家给予农民的各种优惠待遇与政策，如农村集体土地承包权，各种农业补贴、各种支农资金、计划生育政策等。七变化是：农民居住集中

开封新型农村社区成为农民的新家园

化，可以享受社区公共基础设施。基础设施现代化，大幅度提高生活质量。农民财产资本化，进入社区的居民能够拿到土地证、房产证等，而且还可以抵押贷款，居民点改造腾出来的土地，还可以作价入股，享受股权收益，原有承包地通过有组织的流转，每年享受比较高的收益权，为财产性收入奠定了制度基础。户籍社保居民化，社会地位提升，不再是到处受到限制的农民或者"农民工"。就业非农化，主要转入第二、第三产业就业，居民平均收入水平大幅度提高。管理社区化，弱化了传统家族势力的影响，提高了医疗、安全、教育等保障水平，形成了多元集聚文化。土地利用节约集约化，为三化协调腾出了空间。这种政策的威力，可以让我们看到，进入社区的居民居住条件彻底改变了，每家都住上了宽敞的高标准的房子，基础设施一应俱全，生活质量显著提升。就业方式改变了，收入水平迅速提高，搭乘我们国家劳动力就业形势逆转的机遇，经过有组织的统筹协调可以安排居民到第二、第三产业就业，居民收入从过去每年每人几千元，快速跨入每年每人收入1.5万元以上。有创业条件的地区，如旅游区搞农家乐，每年每户收入5万—10万元，有些户甚至收入几十万元。居民地位提高了，不再是受歧视的农民或者农民工，而是和城镇居民一样的城镇居民，享受城镇社保待遇，对大病和养老不再忧心忡忡，而是由制度提供保障，能够过上有尊严的生活。

河南省这些探索、试验、创新、突破是革命性的，具有划时代的战略意义，为中国农村改革与发展注入了新的活力，促进了全社会资源向农村、农业、农民的倾斜，为统筹城乡发展和城乡一体化发展创造出制度性架构，为我们国家从制度层面破解"三农"问题找到了新的方法。

第二节　基本经验

河南省针对自己的实际情况，在坚持探索、务实发展，持续创新、持续提升过程中，完成了上述一系列重大的理论创新，而且这些来自实践中的问题，在创新的同时，已经在实践中又进行了大量的试验与完善，特别具有实践价值，特别值得在思想层面总结经验。

一、解放思想是促进地方经济社会发展的力量源泉

为了认识省情、市情、县情、乡情，抓牢科学发展的主线，按照河南省委、省政府的部署，从 2010 年春季开始，河南省广大领导干部积极投入"用领导方式转变加快发展方式转变"学习教育活动，在中原大地激起了思想解放的滚滚热潮，随着由《河南日报》发起的"一文九论十八谈"和"新九论"、"新十八谈映像版"的持续深化，广大领导干部切实把思想观念转到了全局上来、转到了发展上来、转到了为民上来、转到了发展方式转变上来，思想解放的春风有力地推动了中原经济区建设的伟大实践。这一场思想解放活动，没有用文件的方法贯彻落实上级文件，没有用会议的方式贯彻落实上级的会议精神，而是由主流媒体牵头，以政论文的方法渗透，请大家参与，深刻检讨工作中的不足，认真商讨中原经济区建设的对策，润物无声，沁人心田，涓涓细流，汇成时代脉动，影响了亿万人民的思想和行动。

近几年，无论是谋划和建设中原经济区，还是持续探索"两不三新"三化协调科学发展的路子，无论是提出并实施新型城镇化引领三化协调发展战略，大胆探索新型农村社区建设方式方法，积极推动新型农业现代化，使全省新型工业化新型城镇化持续高速推进，还是保持了耕地面积13 年实现"占补平衡"，夏粮生产实现十连增，新型工业化高歌猛进，实现世界 500 强企业在中原大地的突破，战略性新兴产业高速发展，力量源泉活力都来源于解放思想、开拓创新、务实探索。中原经济区建设由解放思想而起，也必由解放思想而兴，由解放思想而成。

中原虽然自古有之，但建设中原经济区却是一项前无古人的伟大事业。面对富民强省的战略抉择，河南省委、省政府带领广大干部解放思想，更新观念，自觉地遵循规律，思考问题，规划未来，把"两不三新"三化协调科学发展作为中原经济区建设的核心任务，突破了传统行政区划的限制，突破了制约科学发展的观念障碍，突破了加快河南发展与保障粮食安全之间的矛盾，突破了三化之间相互制约的资源空间限制，初步走出了一条科学发展的新路子。

破解发展难题，思想解放先行。广大领导干部跳出河南看河南，站位全局谋发展。进一步深化改革，立足优势做文章，破解"四难"求发展，实现了科学发展和重点领域、关键环节的突破。进一步开拓创新，着力把科技创新和体制机制创新结合起来，不断提高自主创新能力，提高经济发展的内在质量。进一步扩大开放，加大招商引资力度，加强与发达地区、周边地区的交流合作，奋力打造内陆开放新高地。

解放思想办法多，观念一变天地宽。回顾历史，解放思想给河南的改革开放开启了思想的闸门；直面今天，解放思想为中原经济区建设提供不竭的发展动力；面向未来，解放思想必将为中原地区加快发展、务实发展、科学发展提供持续的思想支撑。

一个持续解放思想的河南，一定是充满发展活力的区域，一定是能够造福于人民的区域，一定是可持续发展的一片宝地，一定是为所有投资者创造未来的福地。

二、注重持续是促进地方经济社会发展的思想自觉

在谋划和建设中原经济区的过程中，河南省委、省政府自始至终坚持科学发展观，实施科学决策、民主决策。遇到什么样的大事，坚持问计于民，问计于基层，问计于实践，问计于专家。坚持依法依规办事，实施依法决策，从而使全省发展和谋划中原经济区的各项工作具有科学的理论基础、可靠的实践基础和广泛的群众基础。

更为重要与难能可贵的是，河南省委、省政府领导从我做起，以身作则，反复强调并坚持了"重在持续"的发展思想、管理思想，使之成为"四个重在"实践要领之一。持续过去行之有效的好思路、好做法、好经验，不断丰富完善了中原崛起河南振兴战略。改革开放的实践证明，正确的发展思路应当持续，科学的发展理念应当持续，破解当地发展难题的重大举措应当持续。河南省委书记卢展工提出："思路太多是不成熟的表现，思路多变是急功近利的表现，思路不持续会使基层无所适从，难以统一思想、形成合力"，使持续的思想更加明确，更加具有可操作性，更加具有哲学道理，更加容易在具体的实际工作中贯彻落实。

　　为保证河南发展战略的持续性，河南省委系统梳理了河南不同时期的发展思路：诸如20世纪90年代初，河南提出的"团结奋进、振兴河南"的发展思路；21世纪初期河南提出的"'三化'协调发展、奋力实现中原崛起"的发展战略；几年之前，河南提出的"实现'两大跨越'，努力走在中部崛起前列"的发展战略。这些思路与战略，有着不同的时代特点和针对性，但"'三化'协调发展、中原崛起、河南振兴"的基调未变、方向未变、目标未变，非常值得持续。对于这一主体思路，河南省委、省政府在谋划中原经济区时充分地加以吸收，同时又以胸怀全局、改革创新、与时俱进、不断探索的务实精神，对中原崛起战略进行了持续、延伸、拓展和深化，从而把河南的发展战略提升到一个新层次、新境界、新高度，实现了新突破，这就是不以牺牲农业和粮食、生态和环境为代价的新型城镇化新型工业化新型农业现代化三化协调科学发展的一条新路子。实践已经初步证明，这是一条科学发展之路，是一条加快转变发展方式之路，是一条实现富民强省目标之路，是一条符合中国特色社会主义道路要求又具有河南地方特色能够促进当地加快发展之路，体现了历届河南省委坚持不懈、持续探索的重要成果，展示了全省干部群众锲而不舍、有所作为的精神风貌。正是得益于这种持续和提升，中原经济区才迅速地上升为国家战略，成为河南人民实现全面建设小康社会目标的康庄大道。与有些地方相比，一个领导一个调，缺乏持续的思想，缺乏持续的品格，缺乏持续的做法，缺乏持续的作风，对当地发展与建设造成负面影响非常大，甚至搞得干部群众不知道该怎么做，群众只好说是瞎折腾。

　　近些年，河南的发展确实是思路在持续，战略在持续，工作在持续，成效在持续。全省持续发展，持续创新，创新提升，持续突破。这就是中原大地，这就是务实的河南，这就是深厚地方文化的传承，这就是创新发展时代的思想自觉。这种持续发展的思想，被《人民日报》誉为"一任接着一任干，一张蓝图绘到底，一以贯之谋发展——中原旧貌换新颜"。2012年8月8日，《人民日报》头版头条的这篇长篇报道，让河南人民感到踏实，让在河南工作过历届领导感到实在，令广大社会感到我们的领导制度建设趋向于成熟。这篇报道确实反映了河南省委、省政府工作的实际情况，也确实道出了老百姓发自内心的期盼，让普通民众看到了我们党和国家一脉相承的政治路线思想路线组织路线在中原大地朴实无华、不折不扣地贯彻落实。持续发展的思想已经根植于河南干部群众的内心深处，体现在工作的方方面面，为河南改革发展和中原经济区建设提供了强大的思想动力支持，也成为广大干部职工工作与思考问题的一项思想准则。

三、务实重干是促进地方经济社会发展的思想法宝

务实、重干、稳健、坚持是河南地域文化积淀的区域精神。在中原大地，有"四种精神"大气磅礴：来源于中原传统文化的务实精神，发源于济源王屋山的愚公移山精神，创造于太行山麓林州的红旗渠精神，生成于豫东平原兰考县的焦裕禄精神。这四种精神养育和激励着一代又一代中原儿女，铸就了当地坚定信念，务实重干，忠诚报国，大公无私的精神风格。中原人民秉承特有的精神风貌，一次又一次向世人展现着"平凡之中的伟大追求，平静之中的满腔热血，平常之中的极强烈责任感"，形成新时期的"三平"精神。"三平"精神传承和发扬了河南历史积淀形成的"四种精神"！

传承这种精神，展现这种精神风貌，是中原地区的文化与土壤，是中原儿女伟岸的躯体，是中原地区各级领导的精神境界。20 世纪 50 年代，县委书记焦裕禄在生活条件最为艰苦的兰考县，搏风沙，斗盐碱，战饥荒，为百姓，带领当地广大群众改造环境，发展生产，赢得人民的爱戴，被党中央、国务院誉为"县委书记的好榜样"。20 世纪六七十年代，在经济发展最为困难的条件下，林县县委带领全县人民挺进太行山，克服种种困难，劈山开石，造出人工天河，修成了闻名中外的红旗渠，造福当地的老百姓，气壮山河，感天动地。改革开放以来，河南人民不怕吃苦，乐于奉献，勤奋苦干，谋求发展，感动中国的人物与经典故事如滔滔黄河奔流不止。史来贺、吴金印、郑永和，这些地方领导干部克服困难，创新创业，带领群众谋求发展，取得骄人业绩；任长霞、李连成、裴春亮等这些基层的优秀党员，一切为了人民，一切为了发展，造福一方，赢得尊重。李学生、彭秀英、魏青刚，这些平民一夜之间成为英雄，能够在危急时刻做奉献，与其成长的环境与土壤紧密相连。李文祥、谢延信、洪战辉，这

些普通百姓点滴平凡见真情，默默奉献促发展。邓亚萍、刘洋等能在奥运会、中国航天事业出类拔萃，绝非偶然。

务实重干，勇于追求，成为河南各级党组织和人民群众的共同特征。20 世纪 90 年代初，针对当时的具体状况，河南省五次党代会提出了"团结奋进、振兴河南"的指导思想，提出了"一高一低"战略目标，吹响了振兴河南的号角。后来，根据时代进步的需要，河南提出"奋力实现中原崛起"伟大设想。进入新世纪，河南省委提出三化协调发展的先进理念。中共河南第八次党代会，提出"两大跨越"战略。中共河南第九次党代会，乘中原经济区上升为国家战略的特殊机遇，明确提出"两不三新"三化协调科学发展的路子。河南省发展战略的每一次演进，都是务实精神的一次延伸、提升、深化和创新。10 年前，由于不正当的炒作，对河南人的不正常议论曾经甚嚣一时，影响较大。面对一系列不实言论，是组织力量辩护反击，还是踏踏实实做人做事？河南的决策者冷静对待：一个区域的形象，不取决于别人怎么看，而取决于自己的人怎么干！这一年，河南粮食总产首次跃居全国第一，工业也实现"惊人一跃"，农业大省形象更加凸显，经济大省形象逐步明朗，新兴工业大省地位逐步确立。持续务实重干风格，河南经济社会发展日新月异，让世人越来越刮目相看！

务实重干，与时俱进，转变领导方式加快发展方式转变，形成新的特色。进入 21 世纪第二个 10 年，加快经济发展方式转变的历史任务摆在了河南面前。河南省委务实分析形势，特别是干部队伍的状况，清醒地提出，讲转变首先要从党委、政府和领导干部自身转变开始，思考自己怎么转、怎么做。河南省委领导提醒广大干部，成绩让老百姓说，差距由领导干部自己讲，要用领导方式转变加快发展方式转变。2010 年 6 月起，"一文九论十八谈"，一场由媒体政论文引发的学习活动，润物无声，渗透全省。2012 年，又持续推出"新九论"和"新十八谈"，从报刊文字版到电视映像版，18 个省辖市和省直有关部门充分利用媒体，各亮"家丑"，自找"短板"，做自我批评，探发展秘籍。全省各级领导梳理出的问题近 1000 条，覆盖上下左右、方方面面。如今，由代表性县市主要领导主场的 32 谈从 10 月 15 日发力，正待深入。

务实重干，勤于学习，需要渗透到建设学习型组织的现代过程之中。

河南省委主要领导说，只有学明白，才能想明白、说明白、做明白。河南领导干部创新学习方式，推出茶叙好方式。2012 年 6 月 29 日晚，围绕三化协调和县域经济发展实际，全省 32 个县委书记参加了与省领导别开生面的"茶叙"，大家一起喝茶，一起聊天，一起交流，一起沟通。茶叙现场，不排座次，不带稿子，自带茶叶，自由发言，参加者精神激扬，现场妙语连珠，越聊越投机，越谈越深入，不觉之中统一了认识，统一了思想。7 月 27 日下午，河南理论界著名专家与河南省委、省政府领导一起，喝茶聊天，畅谈中原经济区建设方略，问询讨论新型农村社区建设的政策对策，内容丰富，场面和谐，大家有太多的话想说，有太多的想法要说，有太多的建议可说，有太多的激情释放。茶叙一直从下午 3：30 持续到晚上 10 点多，所有参加的专家无不激动，无比感动，激情洋溢，其乐融融。一年多来，已经召开了 6 次这样的茶叙。在这种环境里，没有领导与被领导约束，没有上级和下级的限制，没有"你汇报、我讲话、你表态"的固定模式，却有思想交流与碰撞的火花，有愿意讨论敏感问题的高度，有思想深度融合的氛围，有在重大问题上统一认识的土壤。大家心平气和拓思路、纠偏差、明不足、鼓干劲。从省级领导、书记厅长，到大专家大学者、县委书记，参加后纷纷感叹，这既是学习方式的转变，也是领导方式的转变，更是领导作风的转变，一定能够推动发展方式转变。这样的场合，座谈很真诚，交流很充分，明心励志，催人奋进。想好了再说，说了就要做，说到做到，说好做好！

务实重干，中原人的风格，中原人的作风，中原人的文化，中原人的品德。秉承务实重干的风格，中原经济区迅速上升为国家战略；秉承务实重干的作风，中原经济区寻到了"两不三新"三化协调科学发展的新路子；秉承务实重干的文化，中原经济区探索出有地方特色的新型城镇化架构；秉承务实重干的品德，中原经济区创造出通过新型农村社区建设从制度层面破解"三农"问题的新方法。河南省委书记卢展工一语道破："关键在做。"2011 年 8 月 9 日《人民日报》头版头条画龙点睛，一语中的："河南发展静悄悄。"

集成河南人民的理论创新，融汇河南人民促进地方经济社会发展经验，成就了三化协调科学发展的河南实践，凸显了中国特色社会主义道路的河南元素。在中国走向新的发展高度过程中，在科学发展观指导下，中原大地生机勃勃，承载"天下定兴中原"的历史趋势，充满创新创造探索持续的思想火花，凝聚亿万人民的聪明与智慧，河南一定能够迎来光辉灿烂的明天！

参考文献

[1] 习近平：《走高效生态新型农业现代化道路》，《人民日报》2007年3月21日。

[2] 李克强：《开启中欧城镇化战略合作新进程》，2012年9月10日，见 http://www.china.com.cn/international/txt/2012/05/04/content_25300628.html。

[3] ［英］威廉·阿瑟·刘易斯：《经济增长理论》，上海三联书店1994年版。

[4] ［英］威廉·阿瑟·刘易斯：《二元经济论》，施炜等译，北京经济学院出版社1989年版。

[5] 陆大道等：《中国区域发展的理论与实践》，科学出版社2003年版。

[6] 陆大道、樊杰主编：《2050：中国的区域发展》，科学出版社2009年版。

[7] 国务院发展研究中心农村经济研究部课题组：《三化带三农，促进城乡协调发展》，《金融信息参考》2005年第4期。

[8] 刘满仓：《关于加速河南省城市化进程问题的研究》，《河南大学学报（社会科学版）》1997年第6期。

[9] 李广舜：《国内外城乡经济协调发展研究成果综述》，《地方财政研究》2006年第2期。

[10] 石忆邵：《城乡一体化理论与实践：回眸与评价》，《城市规划汇刊》2003年第1期。

[11] 樊杰主编：《西江经济带（广西段）可持续发展研究——功能、

过程与格局》，科学出版社 2011 年版。

[12] 周良才：《对西方国家社会福利制度的几点认识》，《重庆城市管理职业学院学报》2009 年第 2 期。

[13] 方创琳等：《中国城市化进程及资源环境保障报告》，科学出版社 2009 年版。

[14] 张维宁：《河南城市发展报告》，河南人民出版社 2009 年版。

[15] 徐扬：《农村工业化、城市化与农业剩余劳动力的转移》，《中国经济问题》1998 年第 6 期。

[16] 李小建：《欠发达区地理环境对专业村发展的影响研究》，《地理学报》2012 年第 6 期。

[17] 尹军：《工业化、城镇化进程与耕地保护的关系》，《国土与自然资源研究》1998 年第 3 期。

[18] 刘明国：《工业化、城市化与粮食安全的冲突》，《华北电力大学学报（社会科学版）》2011 年第 4 期。

[19] 彭荣胜：《论农村剩余劳动力转移的城市经济发展瓶颈》，《经济研究导刊》2006 年第 3 期。

[20] 钱津：《农业现代化是工业化城镇化的必要条件》，《中国合作经济》2010 年第 12 期。

[21] 谢杰：《工业化、城镇化在农业现代化进程中的门槛效益研究》，《农业经济问题》2012 年第 4 期。

[22] 孔祥智：《英国在工业化、城市化进程中是怎样处理工农关系的》，《前线》1999 年第 4 期。

[23] 李青：《对我国工业化与城市化相关关系的纵向考察》，《城市问题》1999 年第 1 期。

[24] 黄群慧：《中国城市化与工业化协调发展问题分析》，《学习与探索》2006 年第 2 期。

[25] 孙新雷：《河南省工业化与城市化协调发展研究》，《经济经纬》2003 年第 5 期。

[26] 张占仓：《论中原崛起的基本问题》，《地域研究与开发》2004 年第 6 期。

[27] 王发曾:《河南省城市体系功能组织研究》,《地理学报》1992 年第 3 期。

[28] 耿德建:《河南省城市化道路的选择》,《决策探索》1997 年第 10 期。

[29] 金学良:《河南省城市化发展研究》,《河南大学学报(自然科学版)》1999 年第 2 期。

[30] 陈彦光:《河南省城市化进程的异速生长分析》,《信阳师范学院学报(自然科学版)》1999 年第 3 期。

[31] 胡际权:《中国新型城镇化发展研究》,博士学位论文,西南农业大学,2005 年。

[32] 彭红碧、杨峰:《新型城镇化道路的科学内涵》,《理论探讨》2010 年第 4 期。

[33] 杨迅周:《城镇化道路与河南小城镇发展》,《地域研究与开发》2000 年第 3 期。

[34] 张占仓等:《中原城市群发展特征与空间焦点》,《河南科学》2005 年第 1 期。

[35] 张占仓:《论城区经济发展战略》,《经济地理》2008 年第 1 期。

[36] 张占仓:《河南省新型城镇化战略研究》,《经济地理》2010 年第 9 期。

[37] 张占仓、蔡建霞:《中心城市体系建设及河南省的战略选择》,《河南科学》2010 年第 9 期。

[38] 张占仓:《河南省新型城镇化战略实施中需要破解的难题及对策》,《河南科学》2012 年第 6 期。

[39] 张占仓等:《河南省新型城镇化实践与对策研究综述》,《管理学刊》2012 年第 4 期。

[40] 张占仓:《河南新型城镇化建设的启示》,《中国科学报》2012 年 8 月 18 日。

[41] 苗长虹:《河南农村工业化进程中的人地关系研究》,《河南大学学报(自然科学版)》1994 年第 2 期。

[42] 冯德显:《河南工业化条件及模式研究》,《地域研究与开发》

1996 年第 2 期。

[43] 王淑湘：《河南省新型工业化发展的形势分析与对策研究》，《河南教育学院学报（哲学社会科学版）》2004 年第 6 期。

[44] 张教平：《豫东平原欠发达地区新型工业化的循环经济模式》，《地域研究与开发》2005 年第 4 期。

[45] 郜慧：《河南省工业经济发展与环境污染治理的关系分析》，《信阳师范学院学报（哲学社会科学版）》2008 年第 6 期。

[46] 张新光：《农业现代化的规律性与中国农业的现代化》，《河北经贸大学学报》2008 年第 6 期。

[47] 张继承：《河南省农业现代化的路径选择研究》，《西北农林科技大学学报（社会科学版）》2010 年第 5 期。

[48] 王思明：《工业化、城市化与农业变化》，《中国经济史研究》1995 年第 3 期。

[49] 马恩成：《珠江三角洲的乡村工业化、城市化与农业现代化、城乡一体化》，《中国农村经济》1995 年第 8 期。

[50] 颜海林：《工业化、城镇化与农业现代化协同推进的思考与建议》，《科技创业月刊》2005 年第 11 期。

[51] 翟雪玲、赵长保：《巴西工业化、城市化与农业现代化的关系》，《世界农业》2007 年第 5 期。

[52] 韩柱：《日本农村"三化同步"的经验及启示意义》，《中央民族大学学报（哲学社会科学版)》2012 年第 1 期。

[53] 王瑞波：《世界"三化"同步及对中国的启示》，《世界农业》2012 年第 5 期。

[54] 河南省社会科学院课题组：《在实践中探索区域科学发展之路》，《中州学刊》2012 年第 3 期。

[55] 孙智君、周滢：《中国新型工业化理论研究：回顾与展望》，《学习与实践》2012 年第 3 期。

[56] 徐志华：《国外三化发展的理论、实践及启示》，《农业工程》2012 年第 1 期。

[57] 何平均：《国外三化同步发展的道路设计、典型经验及借鉴》，

《当代经济管理》2012年第5期。

[58] 夏春萍、刘文清：《农业现代化与城镇化、工业化协调发展关系的实证研究》，《农业技术经济》2012年第5期。

[59] 曾珍香等：《基于主成分分析法的京津冀区域协调发展综合评价》，《科技进步与对策》2008年第9期。

[60] 穆东、杜志平：《资源型区域协同发展评价研究》，《中国软科学》2005年第5期。

[61] 王有国：《黑龙江垦区三化同步的成功实践》，《农业经济与管理》2012年第2期。

[62] 蔡世忠：《中原经济区建设中"三化"协调发展问题研究》，《河南农业科学》2011年第6期。

[63] 王永苏：《试论中原经济区工业化、城镇化、农业现代化协调发展》，《中州学刊》2011年第3期。

[64] 张占仓：《如何破解"三化"协调发展难题》，《中州学刊》2011年第6期。

[65] 李海玉：《河南省工业化、城镇化、农业现代化协调发展研究》，《安徽农业科学》2012年第5期。

[66] 张敬燕：《以新型城镇化为引领，走"三化"协调发展之路》，《中共郑州市委党校学报》2012年第1期。

[67] 宋伟：《中部地区县域经济"三化"协调发展问题研究》，《农村经济》2011年第5期。

[68] 徐君：《中原经济区"三化"协调发展的动力机制》，《开放导报》2012年第2期。

[69] 薛百战：《中原经济区"三化"协调发展研究》，《中共郑州市委党校学报》2012年第2期。

[70] 徐君：《中原经济区新型工业化、新型城镇化、农业现代化协调发展评价》，《技术经济》2012年第3期。

[71] 焦国栋：《以新型城镇化引领"三化"协调发展》，《学习论坛》2011年第11期。

[72] 耿明斋：《对新型城镇化引领"三化"协调发展的几点认识》，《河

南工业大学学报（社会科学版）》2011年第4期。

[73] 张占仓：《河南省建设中原经济区战略研究》，《河南工业大学学报（社会科学版）》2010年第6期。

[74] 张占仓：《中原经济区建设的战略举措》，《经济视点报》2011年1月6日。

[75] 万年庆：《河南省城市化与生态环境耦合分析》，《资源开发与市场》2010年第2期。

[76] 袁中友等：《日本土地整治经验及其对中国的启示》，《国土资源情报》2012年第3期。

[77] 周民良、赵敏鉴：《韩国的新村运动与农村发展》，《经济研究参考》2005年第70期。

[78] 范辉：《河南省耕地资源与城市化发展的协调性分析》，《水土保持通报》2010年第4期。

[79] 张占仓：《探索开辟新的用地模式是当务之急》，《资源导刊》2008年第7期。

[80] 崔伟华：《关于新型农村社区建设中的几个重要问题》，《中国党政干部论坛》2011年第2期。

[81] 董栓成：《工业化、城镇化、农业现代化协调发展的定量分析》，《经济研究导刊》2011年第17期。

[82] 杨迅周：《河南省三化协调发展评价研究》，《河南科学》2011年第12期。

[83] 吴旭晓：《我国中部地区城市化、工业化和农业现代化"三化"协调发展研究》，《农业现代化研究》2012年第1期。

[84] 喻新安：《河南蓝皮书：河南经济发展报告（2012）——中原经济区"三化"协调发展》，社会科学文献出版社2012年版。

[85] 喻新安：《中原经济区研究》，河南人民出版社2010年版。

[86] 中共河南省委宣传部：《解读中原经济区》，河南人民出版社2011年版。

[87] 耿明斋：《中原经济区竞争力报告》，社会科学文献出版社2012年版。

[88] 黄铁平:《民工潮与实施工业化、城市战略》,《福建师范大学学报（哲学社会科学版）》1996 年第 1 期。

[89] 苏喜军:《河南省工业化与城镇化的互动发展模式选择》,《华北水利水电学院学报（社科版）》2009 年第 1 期。

[90] 仇保兴:《中国的新型城镇化之路》,《中国发展观察》2010 年第 4 期。

[91] 仇保兴:《科学规划,认真践行新型城镇化战略》,《小城镇建设》2010 年第 8 期。

[92] 仇保兴:《城镇化的挑战与希望》,《城市发展研究》2010 年第 1 期。

[93] 杨重光:《新型城镇化是必由之路》,《中国城市经济》2009 年第 11 期。

[94] 张占仓:《河南省新型城镇化的战略重点》,《经济视点报》2011 年 12 月 29 日。

[95] 蓝枫等:《科学推进城镇化进程,着力提升发展质量和水平》,《城乡建设》2010 年第 9 期。

[96] 王明瑞:《关于河南省新型城镇化建设的思考》,《农业纵横》2011 年第 11 期。

[97] 王发曾:《中原经济区的新型城镇化道路》,《经济地理》2010 年第 12 期。

[98] 王旭:《芝加哥:从传统城市化典型到新型城市化典型》,《史学集刊》2009 年第 6 期。

[99] 陈明星等:《中国城市化与经济发展水平关系的省际格局》,《地理学报》2010 年第 12 期。

[100] 陈明星等:《中国城市化与经济发展水平关系的国际比较》,《地理研究》2009 年第 2 期。

[101] 高峰:《江苏新型城镇化之路:进程,挑战与走向》,《苏州大学学报》2011 年第 4 期。

[102] 阎东彬:《河北省新型城镇化建设的问题及原因剖析》,《金融教学与研究》2012 年第 1 期。

[103] 王伟：《推进新疆新型城镇化建设的思考》，《实事求是》2012年第2期。

[104] 吴江、申丽娟：《重庆新型城镇化路径选择影响因素的实证分析》，《西南大学学报（社会科学版）》2012年第2期。

[105] 张占仓：《国外产业集群研究走势》，《经济地理》2006年第5期。

[106] 张占仓：《中国产业集群研究及进展》，《地域研究与开发》2006年第5期。

[107] 张占仓：《产业集群战略与区域发展》，《中州学刊》2006年第1期。

[108] 栗洪伟：《河南工业化进程及新型工业化发展模式》，《管理工程师》2011年第3期。

[109] 侯晓轩：《战略性新兴产业调研报告——河南战略性新兴产业：崛起在中原》，《中国科技投资》2012年第10期。

[110] 杨承训：《以科技为主导的"特链环镖"之路——河南实现新型工业化的思考》，《决策探索》2003年第4期。

[111] 张占仓、陈峡忠：《河南产业发展中存在的问题分析》，《企业活力》2009年第11期。

[112] 杨文才、黄晶：《河南新型工业化的路径选择》，《决策探索》2005年第12期。

[113] 张鹏伟：《传统农业大省的新型工业化道路研究》，《经营管理者》2011年第5期。

[114] 工信：《新型工业化主导谱新篇》，《河南日报》2011年11月22日。

[115] 蔡建霞等：《河南新型工业化建设重点与对策研究》，《地域研究与开发》2006年第1期。

[116] 张占仓等：《河南省产业发展科技需求调研报告》，河南省科学院2009年。

[117] 尹继东等：《欠发达地区新型工业化道路研究》，中国财政经济出版社2006年版。

[118] 杨波：《对在经济转型中加快推进新型工业化进程探析》，《学

术交流》2011 年第 5 期。

[119] 李晓斌:《新型工业化进程中河南产业竞争力构建探讨》,《科技和产业》2012 年第 5 期。

[120] 赵淑玲:《快速城市化进程中新型农村社区规划探索》,《郑州航空工业管理学院学报》2010 年第 1 期。

[121] 贾宗岩等:《新型农村社区建设的问题与对策》,《山东省农业管理干部学院学报》2011 年第 6 期。

[122] 王建国、胡克:《农村居民点整理的必要性与可行性》,《国土资源》2003 年第 4 期。

[123] 王作成:《破解产业结构不适应新增需求变化的难题》,《河南日报》2010 年 4 月 21 日。

[124] 韩进锋、晋风:《当前新型农村社区的功能探讨与发展》,《河南城建学院学报》2011 年第 4 期。

[125] 吴琼:《新型农村社区建设路径分析》,《濮阳职业技术学院学报》2011 年第 4 期。

[126] 张建秋:《中原经济区与新型农村社区建设》,《商丘师范学院学报》2012 年第 5 期。

[127] 何平:《用领导方式转变加快发展方式转变》,河南大学出版社2011 年版。

[128] 何平:《加快领导方式转变　推进中原经济区建设十八谈》,河南大学出版社 2011 年版。

后　记

　　近年来，河南省深入贯彻落实科学发展观，持续、延伸、拓展、深化中原崛起战略，形成了一个战略、一条路子、一个要领、一个形象的发展思路。一个战略，就是中原经济区发展战略；一条路子，就是持续探索走一条不以牺牲农业和粮食、生态和环境为代价的以新型城镇化为引领以新型工业化为主导以新型农业现代化为基础的三化协调科学发展的路子；一个要领，就是坚持重在持续、重在提升、重在统筹、重在为民的实践要领；一个形象，就是以务实发展树立起务实河南的形象。随着中原经济区上升为国家战略，河南在全国大局中的定位更加明晰、优势更加彰显。作为人口大省、农业大省、新兴工业大省、有影响的文化大省，河南是中国的缩影，河南的发展变化在全国具有典型意义。中原巨变再次昭示世人：中国特色社会主义道路前程广阔，中国特色社会主义理论体系魅力无限，中国特色社会主义制度优越凸显！

　　为了充分发挥理论先行、理论引领、理论破难、理论聚力的重要作用，河南省委宣传部组织编写了"中国特色社会主义道路河南实践系列丛书"，本书是系列丛书之六。2012 年 7 月 27 日下午，河南省委、省政府领导与河南省社科理论界专家学者济济一堂，用茶叙的方法，在比较轻松与融洽的气氛中畅谈中原经济区战略、"两不牺牲"三化协调科学发展的路子等河南发展大计。河南省委书记卢展工集与会者共同探论的热点、难点问题，阐释了新型城镇化引领三化协调发展、倒逼机制、新型农村社区建设等几个关键问题，并要求社科理论界进行深入研究，为中原经济区建设的火热实践提供理论支撑。

　　接到河南省委宣传部布置的任务后，河南省科学院副院长张占仓带领的团队，在这些年连续参加中原经济区战略的酝酿、方案制定、建设纲要论证、在京征求意见、政策调研、方案批准、宣传普及、跟踪研究的基础上，迅速组成项目组，分赴全省各地，深入基层、深入一线、深入群众开展调查研究，获得了宝贵的第一手资料，增强了做好研究工作的责任感和使命感。

该书是集体劳动的成果，任务分工如下：第一章，杨迅周、李世杰；第二章，张占仓；第三章，刘爱荣；第四章，杨迅周、李世杰；第五章，张占仓、蔡建霞、韩宇辉；第六章，陈峡忠、孟超；第七章，任杰；第八章，刘爱荣；第九章，杨迅周、李世杰；第十章，许昌市委书记李亚、孟州市委书记魏超杰、新乡市委书记李庆贵、舞钢市委书记高永华；第十一章，杨迅周、李世杰；第十二章，张占仓、蔡建霞。最后由张占仓负责全书修改、通稿、定稿。河南省科学院院长郭新和、党委书记董金友为大家协调工作和时间，保证了书稿的顺利完成。

河南省委宣传部常务副部长王耀同志、省委宣传部副部长李宏伟同志审阅了全部书稿。葛卫华、刘向东、张艳辉、王珏、许桢等老师对书稿提出宝贵的修改意见，并提供了研究所必需的部分文献资料。在此一并表示诚挚的感谢。

由于水平有限，书中难免有差错和不妥之处，恳请读者批评指正。

作　者

2012 年 10 月